汤一介 李中华 主编

先秦卷 —— 王博 著

中國儒學史

北京大學出版社

图书在版编目(CIP)数据

中国儒学史. 先秦卷/王博著. —北京:北京大学出版社,2011.6
ISBN 978-7-301-18928-3

Ⅰ.①中… Ⅱ.①王… Ⅲ.①儒学－思想史－研究－中国－先秦时代
Ⅳ.①B222.05

中国版本图书馆 CIP 数据核字(2011)第 093059 号

书　　　　名:	中国儒学史·先秦卷
著作责任者:	王博　著
责 任 编 辑:	党伟龙　周　粟
标 准 书 号:	ISBN 978-7-301-18928-3
出 版 发 行:	北京大学出版社
地　　　　址:	北京市海淀区成府路 205 号　100871
网　　　　址:	http://www.pup.cn
电 子 邮 箱:	编辑部 dj@pup.cn　总编室 zpup@pup.cn
电　　　　话:	邮购部 62752015　发行部 62750672　编辑部 62756694
	出版部 62754962
印 刷 者:	北京中科印刷有限公司
经 销 者:	新华书店
	787 毫米×1092 毫米　16 开本　43.75 印张　493 千字
	2011 年 6 月第 1 版　2025 年 5 月第 4 次印刷
定　　　　价:	88.00 元

未经许可,不得以任何方式复制或抄袭本书之部分或全部内容。
版权所有,侵权必究　举报电话:010－62752024
　　　　　　　　　　电子邮箱:fd@pup.cn

总　序

一、儒学与中华民族的复兴

（一）儒学的"反本开新"

我们为什么要编著一部《中国儒学史》，这是由于中华民族正处在伟大民族复兴的进程之中。民族的复兴必然与民族文化的复兴相关联，而"儒学"在我国的历史上曾居于主流地位，影响着我国社会生活的方方面面。因此，儒学的复兴和中华民族的复兴是分不开的，这是由历史原因形成的。儒学自孔子起就自觉地继承着夏、商、周三代的文化，从历史上看它曾是中华民族发育、成长的根，我们没有可能把这个根子斩断。如果我们人为地把中华民族曾经赖以生存和发展的根子斩断，那么中华民族的复兴就没有希望了。因此，我们只能适时地在传承这个文化命脉的基础上，使之更新。就目前我国发展的实际情况看，我估计在二十一世纪儒学作为一种精神文化在中国、甚至在世界(特别是在东亚地区)将会有新的发展。为什么儒学会有一个新的发展？原因当然是多方面的,有政治的、经济的原因,更与"西学"(主要指作为精神文化的西方哲学等等)对中国传统文化(特别是儒学)所进行的全方位的冲击有着更密切的关系。回顾百多年来中国的历史,在相当长的时期里,中国文化("中学")在与西方文化("西学")的搏击中节节败退,"全盘西化"(或"全盘苏化")占尽上风,甚至"打倒孔家店"成为某些中国知识分子标榜"进步"的口号。可是在这样艰难的"中学"日衰的形势下,中国仍然有一代又一代的学人,一方面坚忍地传承着中国文化的优秀传统,另一方面又以广阔的胸怀融合着"西学"的精华。他们深信"中学",特别是"儒学"不会断绝,自觉地承担着中国传统文化"存亡继绝"和复兴中国文化的使命。因此,正是由于"西学"对中国文化的冲击,使得我国学者得到了对自身文化传统进行自我反省的机会。我们逐渐知道,在我们的文化传统中应该发扬什么、应该抛弃什么,以及应该吸收什么。因而在长达一百多年中,我们中国人在努力学习、吸收和消化"西学",这为儒学从传统走向现代奠定了基础。新的现代儒学必须是能为中华民族的复兴、能为当今人类社会"和平与发展"的前景提供有意义的精神力量的儒学;应该是有益于促进各民族结成团结、友好、互信、互助、和睦相处的大家庭的儒学;新的现代儒学该是"反本开新"的儒学。"反本"才能"开新","反本"更重要的是为了"开新"。"反本"必须要对儒学的源头有深刻的了悟,坚持自身文化的主体性。我们对儒学的来源及其发展了解得越深入,它才会越有对新世纪的强大生命力。"开新"要求我们全面、系统地了解当今人类社会所面临的亟待解决的生存和发展的重大问题和思想文化发展的总趋势,这必须对儒学作出适时的、合乎时代的新解释。"反本"和"开新"是不能分割的,只有深入发掘儒家思想的真精神,我们才可能适时地开拓儒学发展的新局面;只有敢于面对当前人类社会存在的新问题,才能使儒学的真精神得以发扬和更新,使儒家在二十一世纪的"反本开新"中"重新燃起火焰",以贡献于人类社会。

(二) 儒学与"新轴心时代"

当今世界处于全球化的形势下,人类社会面临着的是一个大变动的时代,正因为在这人类社会处于全球化的时代,使得各国、各民族在政治、经济、文化诸多方面处在错综复杂、矛盾重重的关系之中。人类社会如何从这种复杂的矛盾关系之中找出一条出路?在进入第三个千年之际,世界各地的思想界出现了对"新轴心时代"的呼唤,这就要求我们更加重视对古代思想智慧的温习与发掘。回顾我们文化发展的源头,希望从人类的历史文化智慧中找出一条能使世界走上健康合理的"和平与发展"道路,这无疑是各国人民所希望的前景。"轴心时代"的概念是由德国哲学家雅斯贝尔斯(1883—1969)提出的。他认为,在公元前500年前后,在古希腊、以色列、印度、中国、古波斯都出现了伟大的思想家。在古希腊有苏格拉底、柏拉图,以色列有犹太教的先知,印度有释迦牟尼,中国有老子、孔子,古波斯有索罗亚斯特,等等,形成了不同的文化传统。这些文化起初并没有互相影响,都是独立发展起来的。这些文化传统经过两千多年的发展,在相互影响中已成为人类文明的共同精神财富。雅斯贝尔斯说:"人类一直靠轴心时代所产生、思考和创造的一切而生存,每一次新的飞跃都回顾这一时期,并被它重新燃起火焰。自那以后,情况就是这样。轴心期潜力的苏醒和对轴心期潜力的回忆,或曰复兴,总是提供了精神力量。对这一开端的复归,是中国、印度和西方不断发生的事情。"① 例如,我们知道,欧洲的文艺复兴就是把其目光投向其文化的源头古希腊,而使欧洲文明重新燃起新的光辉,并对世界产生重大影响。中国的宋明理学(新儒学)在印度佛教文化的冲击后,充分吸收和消化了佛教文化,再

---

① 〔德〕卡尔·雅斯贝尔斯:《历史的起源与目标》,魏楚雄、俞新天译,华夏出版社,1989年,第14页。

次回归先秦孔孟,把中国儒学提高到一个新的水平,并对朝鲜半岛、日本、越南的文化发生过重大影响。

在人类社会进入新千年之际,人类文化是否会有新的飞跃?雅斯贝尔斯为什么特别提到中国、印度和西方对轴心期的回忆,或曰"复兴"的问题?这是不是意味着,中华文化又有一次"复兴"的机会?我认为,答案应是肯定的。当前,中华民族正处在民族复兴的进程之中,而民族的复兴要以民族文化的复兴为精神支柱。毋庸讳言,"国学热"的兴起,可以说预示着我们正在从传统中找寻精神力量,以便创造新的中华文化,以"和谐"的观念贡献于人类社会。我们可以看出,自上个世纪末,我国学术界出现了对中国传统文化研究重视的趋势;而进入二十一世纪则逐渐成为一种社会潮流,"读经"、"读古典诗词",恢复优良的道德修养传统,蔚然成风,不少中小学设有读《三字经》、《弟子规》、《论语》、《老子》等等的有关课程内容。社会各阶层、团体、社区也办起了读古代经典的讲习班和讲座等等。这一潮流,也影响着我国的高层领导人。胡锦涛总书记在十七大的报告中提出"弘扬中华文化,建设中华民族共有精神家园",将对有力地推动中华文化的发展产生重要影响。我们应特别注意的是,中国一批知识分子在深入研究中国自身文化传统的同时,对当今世界文化发展的总趋势更加关注,并已有较深的研究。他们知道,中国文化必须在传承中更新,这样中国文化才能得以真正的"复兴",而"重新燃起新的火焰"。我们还可以看到,世界各国人民对中国文化的重新认识和欢迎,两百多所"孔子学院"的建立,儒学经典将要被译成外国的八种文字,这无疑可以说是儒学在"新轴心时代"得以"复兴"的明证。我认为,中国文化必须在坚持自身文化的主体性中"复兴",必须在吸收其他各民族文化、特别是西方先进文化的优秀成果中"复兴",必须在深入发掘中国文化的特殊价值以贡献于人类社会中复兴,当然也必须在努力寻求我们民族文化中具有"普世价值"意义的资源中"复兴"。因此,我们期待着和各国的学者一起,为建设全球化形势下文化的"新轴心时代"而努力。在欧洲,经过解构性的后现代主义对"现代性"思潮的批判之后,出现了以过程哲学为基础的"建构性的后现代主义",他们认为:"建设性的后现代主义对解构性的后现代主义的立场持批判态度,……以建构一个所有生命共同福祉都得到重视和关心的后现代世界。"①建构性的后现代主义还认为,在崭新的时代,每个人的权利都获得尊重,如果说第一次启蒙的口号是"解放自我",那么新世纪的第二次启蒙的口号则是尊重他者,尊重差别,他们提出"人和自然是一生命共同体"的宇宙有机整体观,以此反对"现代二元论的科学主义和工具理性"。里夫金在他的《欧洲梦》中强调,在崭新的时代,每个人的权利都获得尊重,文化的差异受到欢迎,每个人都在地球可以维持的范围内享受着高质量生活(不是奢侈生活),而人类生活在安定与和谐之中。② 因此,他们认为,必须对自身前现代传统的某些观念加以重视,要重视两千多年前哲人的智慧。印度在1947年取得了独立。在争取独立的过程中,许多民族运动的领袖都把印度的传统思想作为一种精神武器。国大党的领袖甘地采取把印度教和民族运动结合在一起的策略,因此国大党在指导思想和人员构成上都有明显的印度教特征。③ 二十世纪中期印度思想家戈尔瓦卡就提出:印度必须建立强大的印度教国家,他特别强调"印度的文明是印度教的文明"。④ 他们认为,只有把印度人民的宗教热忱和宗教精神注入到政治中,才是印度觉醒和复兴的必要条件。因此,印度民族的复兴必须依靠其自身印度教的思想文化传统。印度人民党同样崇奉印度教,它是一种以"印度文化为核心的民族主义或者

---

① 《为了共同福祉——约翰·科布访谈》(王晓华访问记),上海:《社会科学报》,2002年6月13日。
② 参见〔美〕杰里米·里夫金:《欧洲梦》序言,杨治宜译,重庆出版社,2006年,第8页。
③ 参见丁浩:《浅析印度国大党的教派主义倾向及其影响》,见于《重庆科技学院学报(社会科学版)》,2007年第1期。
④ 参见汝信总主编:《世界文明大系·印度文明卷》,中国社会科学出版社,2004年,第554页。

称为'印度教特性'"。他们认为,"可将印度现在同过去的光辉连接起来","以印度教意识和认同来重建印度"。[①] 人民党的思想家乌帕迪雅耶提出的"达磨之治论",就是要把印度教"种姓达磨"观念与现代人道主义思想结合起来,其目的是要用这种学说来捍卫印度教的传统文明和精神,抵御西方文化的侵袭和影响。国大党和人民党交替执政,就说明印度教在印度的复兴。[②] 这有力地说明印度正是"新轴心时代"兴起的一个重镇。这是不是可以说,在全球化的情况下,中国、印度和欧洲都处在一个新的变革时期,他们都将再一次得到"复兴"的机会?我认为,雅斯贝尔斯的看法是有远见的。这里,我必须说明,我并没有要否定其他民族文化也同样将会得到"复兴"的机会,如拉美文化、中东北非地区的伊斯兰文化等等。但是,无论如何,中国、印度、欧洲(欧盟)的"复兴"很可能预示着"新轴心时代"的到来。

(三) 儒学的三个视角

在这可能即将出现的"新轴心时代",面对着的与两千多年前的那个"轴心时代"的形势是完全不同了。全球化已把世界连成一片,任何国家、任何民族所要解决的不仅是其自身社会的问题,而且要面向全世界。因此,世界各国、各民族理应将会出现为人类社会走出困境的大思想家或跨国大思想家集团。实际上,各国各民族的有些思想家已在思考和反省人类社会如何走出当前的困局、迎接一个新时代的种种问题。在此情况下,各国、各民族的历史文化经验和智慧,无疑是十分重要的。因此,对影响中国社会两千多年历史的主流文化"儒学"应有一总体的认识和态度是很必要的。

由于儒学是历史的产物,又有两千多年的历史,对它有种种不同的看法应说是很自然的。在今天全球化、现代化的时代,我们应该或

---

① 参见曹小冰:《印度特色的政党和政党政治》,当代中国出版社,2005年,第237页。
② 参见汝信总主编:《世界文明大系·印度文明卷》,第555—558页。

可能怎样看儒学,我认为也许可以从三个不同的角度来考察儒学:一是政统的儒学,二是道统的儒学,三是学统的儒学。(一)政统的儒学:政治化的儒学曾长期与中国历代专制政治结合,所提倡的"三纲六纪"无疑对专制统治起过重要作用。儒家特别重视道德教化,因而对中国社会在一定程度上起着稳定的作用。但是,把道德教化的作用夸大,使中国重"人治"而轻"法治",而且很容易使政治道德化,从而美化政治统治;又使道德政治化,使道德成为为政治服务的工具。当然,在专制政治统治的压迫下,儒家的"以德抗位"、"治国平天下"的"王道"理想也并非完全丧失。不过总的说来,政治的儒学层面对当今的社会而言可继承的东西并不太多,它存在着较多的问题。(二)道统的儒学:任何一个成系统有历史传承的学术派别,必有其传统,西方是如此,中国也是如此。从中国历史上看,儒、道、释三家都有其传统。儒家以传承夏、商、周三代文化为己任,并且对其他学术有着较多的包容性,他们主张"万物并育而不相害,道并行而不相悖"。但既成学派难免就会有排他性。因此,对"道统"的过分强调就可能形成对其他学术文化的排斥,而形成对异端思想的压制。在历史上某些异端思想的出现,恰恰是对主流思想的冲击,甚至颠覆,这将为新的思想发展开辟道路。(三)"学统的儒学"是指其学术思想的传统,包括它的世界观、思维方法和对真、善、美境界的追求等等。虽不能说儒学可以解决人类社会存在的一切问题,但儒学在诸多方面可为人类社会提供有意义的、较为丰厚的资源是无可否认的,应为我们特别重视。我这样区分,并不是说这三者在历史上没有关系,甚至可以说在历史上往往是密不可分的,只是为了讨论方便,为了说明我们应该更重视哪一个方面。基于此,我认为,当前甚至以后,儒学的研究不必政治意识形态化,让学术归学术;而且儒学应更具有"海纳百川"的气度,在与各种文化的广泛对话中发展和更新自己。

既然我们对儒学要特别重视的是其"学统",那么我们应该如何从

"学统"的角度来看儒学,我有以下四点看法:(一)要有文化上的主体意识。任何一个民族的生存与发展必须植根于自身文化土壤之中,必须有文化上的自觉,只有对自身文化有充分的理解与认识,保护和发扬,它才能适应自身社会合理、健康发展的要求,它才有吸收和消化其他民族文化的能力。一个没有能力坚持自身文化的自主性的民族,也就没有能力吸收和融化其他民族的文化以丰富和发展其自身文化,它将或被消灭,或被同化。(二)任何文化要在历史长河中不断发展,必须不断地吸收其他民族文化,在相互交流与对话中才能得到适时的发展和更新。罗素说得对:"不同文明的接触,以往常常成为人类进步里程碑。"①在历史上,中华文化有着吸收和融化外来印度佛教文化的宝贵经验,应该受到重视。在今天全球化的时代,面对西方的强势文化,我们应更加善于吸收和融合西方文化和其他各民族的优秀文化,以使中华文化更具有世界意义。(三)社会在不断发展,思想文化在不断更新,但古代思想家提出和思考的文化(哲学)问题,他们的思想的智慧之光,并不因此就会过时,有些他们思考的问题和路子以及理念可能是万古常新的。雅斯贝尔斯认为:在科学方法的运用上,我们可以说我们所处的时代是超过了亚里士多德,但就哲学本身而言,我们很难再达到苏格拉底和柏拉图的水准。哲学历史的某些发展是显而易见的,但我们并不能由此得出结论说,后代的哲学家就一定超过前代。②(四)任何历史上的思想体系,甚至现实存在的思想体系,没有完全正确的,没有放之四海而皆准的绝对真理的学说,它必然有其局限性,其体系往往包含着某些内在矛盾,即使其中具有普遍意义(价值)的精粹部分也往往要给以合理的现代诠释。恩格斯在《反杜林论》草稿片断中说:"在黑格尔以后,体系说不可能再有了。十分明显,世

---

① 《中西文明的对比》,见罗素:《中国问题》,学林出版社,1996年,第146页。
② 参见《论雅斯贝尔斯的世界哲学及世界哲学史的观念——代"译序"》,载〔德〕雅斯贝尔斯:《大哲学家》,李雪涛等译,社会科学文献出版社,2005年,第12页。

界构成一个统一的体系,即有联系的整体。但是对这个系统的认识是以对整个自然界和历史的认识为前提的,而这一点是人们永远也达不到的。因而,谁要想建立体系,谁就得用自己的虚构来填补无数的空白,即是说,进行不合理的幻想,而成为一个观念论者。"①这里所说的"体系"是指那种无所不包的、自以为是放之四海而皆准的"绝对真理"。"绝对真理"往往都是谬误之论。罗素在其《西方哲学史》中说:"不能自圆其说的哲学决不会完全正确,但是自圆其说的哲学满可以全盘错误。最富有结果的各派哲学向来包含着显眼的自相矛盾,但是正为了这个缘故才部分正确。"②我认为这两段话对我们研究思想文化都很有意义。因为任何思想文化都是在一定历史条件下产生的,它不可能完全解决人类社会今天和明天的全部问题,就儒学来说也是一样的。正因为儒学是在历史中的一种学说,才有历代各种不同诠释和批评,而今后仍然会不断出现新的诠释,新的发展方向,新的批评,还会有儒家学者对其自身存在的内在矛盾的揭示。在人类社会进入全球化的时代,不断反思儒学存在的问题(内在矛盾),不断给儒学新的诠释,不断发掘儒学的真精神中所具有的普遍性意义和特有的理论价值,遵循我们老祖宗的古训"日日新,又日新",自觉地适时发展和更新其自身,才是儒学得以复兴的生命线。

(四)儒学与"忧患意识"

"儒学"在中国传统文化中相对于佛道有一特点,即它的"入世"精神,并基于此"入世"精神而抱有较为强烈的忧患意识。《周易·系辞

---

① 〔德〕恩格斯:《世界是有联系的整体·对世界的认识》,载《恩格斯著〈反杜林论〉参考资料》附录,北京大学哲学系编,1962年,第137页。
② 〔英〕罗素:《西方哲学史》下册,马元德译,商务印书馆,1963年,第143页。

下》中说:"作《易》者,其有忧患乎?"①自孔子以来,从中国历史上看,儒家学者多对社会政治抱有"以天下为己任"的忧患意识。儒家的这种"忧患意识"也许可以说是儒家不同于现代知识分子的一种对社会政治的中国士大夫特有的批判精神。它是由于儒家始终抱有的对天下国家一种不可推卸的社会责任感和历史使命感而产生的。孔子生活在"天下无道"的春秋时代,《说苑·建本篇》说:"公扈子曰:春秋,国之鉴也。春秋之中,弑君三十六,亡国五十二。"孔子对此"礼坏乐崩"的局面有着深刻的"忧患意识",我们查《论语》,有多处讲到"忧"(忧虑,忧患),其中"君子忧道不忧贫"可说是代表着孔子的精神。"道"是什么?就是孔子行"仁道"的理想社会,其他富贵贫贱等等对孔子是无所谓的。《论语·阳货》中有一段表现孔子"忧国忧民"的抱负:"公山弗扰以费畔,召,子欲往,子路不悦,曰:'末之也,已,何必公山氏之之也!'子曰:'夫召我者,而岂徒哉!如有用我者,吾其为东周乎!'"孔子认为,假若有人用他治世,他将使周文王、武王之道在东方复兴。可见,孔子所考虑的问题是使"天下无道"的社会变成"天下有道"的社会。在《礼记·檀弓下》有一则孔子说"苛政猛于虎"的故事,这深刻地表现着他"忧国忧民"的"忧患意识"。这种"忧患意识"体现着孔子"仁民"的人道精神,同时也表现了他对"苛政"的批判意识。孟子有句常为人们所称道的"名言":"生于忧患而死于安乐",这种"忧患意识"正是因为他要"以天下为己任",而批判那些"入则无法家拂士,出则无敌国外患"的诸侯君王。我们读《孟子》也许只有十分深切地感受到中国士大夫所有的"富贵不能淫,贫贱不能移,威武不能屈"的精神,才能真正地立于天地之间而无愧。我认为,这不能不说是中国儒者特有的批判精神。有这种精神,就可以抵制和批判一切邪恶,甚至可以"大义灭亲"、

---

① 《周易·系辞下》中还说:"君子安而不忘危,存而不忘亡,治而不忘乱,是以身安而国家可保也。"司马迁《报任安君书》中说:"盖西伯拘而演《周易》,……大氐圣贤发愤之所为作也。"周文王演《周易》正是基于其"忧患意识"。

"弑父弑君"。① 周公不是为了国家百姓杀了他的亲兄弟吗?② 管仲不是初助公子纠,后又相桓公,孔子还说他"如其仁,如其仁"吗?③ 当齐宣王问孟子:"汤放桀,武王伐纣,有诸?"孟子回答说:那些残害"仁义"的君王之被杀只是杀了个"独夫"吧!④

在中国古代的传统社会中,君王对社会政治无疑起着极大的作用,因此臣下能对君王有所规劝是非常重要的。《郭店楚简·鲁穆公问子思》一条:

> 鲁穆公问于子思曰:"何如而可谓忠臣?"子思曰:"恒称其君之恶者,可谓忠臣矣。"公不悦,揖而退之。成孙弋见,公曰:"向者吾问忠臣于子思,子思曰:'恒称其君之恶者,可谓忠臣矣。'寡人惑焉,而未之得也。"成孙弋曰:"噫,善哉言乎!夫为其君之故杀其身者,尝有之矣。恒称其君之恶,未之有也。夫为其君之故杀其身者,效禄爵者也。恒称其君之恶者,远禄爵者也。为义而远禄爵,非子思,吾恶闻之矣。"

这段故事说明,历史上有些儒者总是抱着一种"居安思危"的情怀,为天下忧。子思认为能经常批评君王的臣子才是"忠臣",成孙弋为此解释说:只有像子思这样的士君子敢于对君王提出批评意见,这正因为他们是不追求利禄和爵位(金钱与权力)的。中国历史上确有一些儒学者基于"忧国忧民"的"忧患意识"而能持守此种精神。汉初,虽有文景之治,天下稍安,而有贾谊上《陈政事疏》谓:"进言者皆曰天下已安已治矣,臣独以为未也。曰安且治者,非愚则谀,皆非事实知治乱之体者也。"贾谊此《疏》义同子思。盖他认为,治国有"礼治"和"法治"两套,"夫礼者禁于将然之前,而法者禁于已然之后,是故法之所用

---

① 事见《左传》隐公四年。
② 事见《史记·管蔡世家》。
③ 见《论语·宪问》,又见《左传》庄公八年和九年。
④ 见《孟子·梁惠王下》。

易见,而礼之所为生难知也。"他并认为此"礼治"和"法治"两套对于治国者是不可或缺。此"礼法合治"之议影响中国历朝历代之政治制度甚深。在中国历史上有"谏官"之设,《辞源》"谏官"条说:"掌谏诤之官员。汉班固《白虎通·谏诤》:'君至尊,故设辅弼置谏官。'谏官之设,历代不一,如汉唐有谏议大夫,唐又有补阙、拾遗,宋有左右谏议大夫、司谏、正言等。"按:在中国历史上的"皇权"社会中,"谏官"大多虚设,但也有少数士大夫以"忧患意识"之情怀而规劝帝王者,其"直谏"或多或少起了点对社会政治的批判作用。此或应作专门之研究,在此不赘述。

宋范仲淹有《岳阳楼记》一篇,其末段如下:

嗟夫!予尝求古仁人之心,或异二者之为,何哉?不以物喜,不以己悲;居庙堂之高则忧其民,处江湖之远则忧其君。是进亦忧,退亦忧。然则何时而乐耶?其必曰"先天下之忧而忧,后天下之乐而乐"乎。噫!微斯人,吾谁与归!

这段话可说是表达出大儒学者之心声。盖在"皇权"统治的专制社会中,儒学之志士仁人无时不能不忧,其"忧民"是其"仁政"、"王道"理想之所求,而此理想在那专制制度下,是无法实现的,故不能不忧。其"忧君",则表现了儒家思想之局限,仅靠"人治"是靠不住的。在"皇权"的专制制度下,仁人志士之"忧"虽表现其内在超越之境界,但终难突破历史之限度。儒学者可以"杀身成仁"、"舍生取义",但不仅不能动摇"皇权"专制,反而可能在某种程度上帮助巩固了皇权统治。这或是历史之必然,不应责怪这些抱有善良理想良知之大儒,他们的主观愿望是可歌可涕的。个人的善良愿望必须建立在变革这专制制度上才可能有一定程度上之实现。

儒家的"忧患意识"虽说对"皇权"专制有一定的批判作用,但它毕竟不同于现代社会中知识分子的"批判意识"。这是因为现代知识分子的"批判意识"是建立在"人人平等"的基础之上。现代知识分子的"批判意识"不仅仅是对某个个人批判,而必须是根据理性对某种制度的批判。面对今日中国社会风气败坏、信仰缺失之现实,必须把儒家原有的具有一定程度批判精神的"忧患意识",提升至对社会政治制度的批判,而不能与非真理或半真理妥协,因此它应当是得到"自由"和"民主"保障的有独立精神的批判。① 可是话又要说回来,无论如何,儒家这种"居安思危"的"忧患意识"中包含的某种程度的批判精神和勇气,仍然是我们要在继承的基础上认真总结,并把它提高到现代知识分子的批判精神上来的。在中华民族伟大复兴的过程之中,儒家基于社会责任感和历史使命感的"忧患意识"在我们给以新的诠释的情况下,将使我民族能够不断地反省,努力地进取,并使儒学得以日日新,又日新,中华民族得以常盛不衰。

(五) 儒学与"和谐社会"建设

在二十一世纪初,我国提出建设"和谐社会"的要求,这将对人类发展的前景十分重要,并会对人类社会健康合理生存产生深远影响。我们知道,"和谐"是儒学的核心概念,在我国传统儒学中包含着"和谐社会"的理想以及可以为建设"和谐社会"提供的大量有意义的思想资源。《礼记·礼运》中的"大同"思想可以说已为中华民族勾画出一幅"和谐社会"的理想蓝图。《论语》中的"礼之用,和为贵",将会对调节

---

① 参见拙作《五四运动的反传统与学术自由》,台湾联经出版事业公司,1989年。该文中有如下两段:"中国知识分子大都对社会有着强烈的社会责任感和历史使命感;'天下兴亡,匹夫有责',他们为了尽社会责任和完成历史使命可以'杀身成仁'、'舍生取义'。中国知识分子这种对国家和民族命运的关怀,无疑是十分可贵的。但是也正因为这种过分强烈的社会责任感和历史使命感,而使他们陷于'急功近利',而要直接参与政治,去从政做官了。我不知道这对中国社会是'幸'还是'不幸',不过我私以为'不幸'的成分为多。照我看,知识分子应该是以创造知识和传播知识为谋生手段。他们对政治的意义在于批判、议论,他们应有不与非真理和半真理妥协的良心。""中国知识分子由于超强的社会责任感和历史使命感往往由'不治而议'走向'治而不议',把'做官'看成是他们最重要的使命,从而失去他们对社会政治的批判功能,并且很可能成为政治权利的附庸。"

人们社会生活之间的关系有着重要的意义;"和而不同",又可以为不同民族和民族之间的"和平共处"提供某种理据。《中庸》中的"中和"思想,要求在各种关系之间掌握适合的度,以达到万事万物之"和谐"的根本。特别是《周易》中的"太和"①观念经过历代儒学思想家的阐发,已具有"普遍和谐"的意义。"普遍和谐"包含着"人与自然"、"人与人"(人与社会、国家与国家、民族与民族)、"人的自我身心内外"等诸多方面"和谐"的意义,所以王夫之说"太和"是"和之至",意即"太和"是最完美的"和谐"。所有这些包含在儒家经典中的"和谐"思想,为中国哲学提供了一种对人类社会极有价值的世界观和思维方式。

　　复兴儒学要有"问题意识"。当前我国社会遇到了什么问题,全世界又遇到了什么问题,都是复兴儒学必须考虑的问题。对"问题"有自觉性的思考,对"问题"有提出解决的思路,由此而形成的理论才是有真价值的理论。当前,我国以及全世界究竟遇到些什么重大问题? 近一二百年来,由于对自然界的无量开发,残酷掠夺,造成了生态环境的严重破坏。由于人们片面物质利益的追求和权力欲望的无限膨胀,造成了人与人之间以及国家与国家之间的矛盾与冲突,以至于残酷的战争。由于过分注重金钱和感官享受,致使身心失调,人格分裂,造成自我身心的扭曲,吸毒、自杀、杀人,已成为一种社会病。因此,当前人类社会需要解决,甚至今后还要长期不断解决的"人与自然"、"人与人"(人与社会、国与国、民族与民族)、"人自我身心"之间的种种矛盾问题,无疑是人类要面对的最大课题。其中"人"的问题是关键。

　　针对上面提出的三个方面的问题,我认为,儒学可以为当今人类社会提供若干有益的思想资源。

　　(一) 儒家"天人合一"(合天人)的观念将会为解决"人与自然"之间的矛盾提供某些有意义的思想资源。1992年世界一千五百七十五

---

① 《周易·乾卦·彖辞》:"乾道变化,各正性命,保合太和,乃利贞。"

名科学家发表的《世界科学家对人类的警告》说:"人类和自然正走上一条相互抵触的道路。"造成这种情况不能说与西方哲学曾长期存在"天人二分"的思维模式没有关系。罗素在《西方哲学史》中说:"笛卡尔的哲学,……它完成了、或者说极近乎完成了由柏拉图开端而主要因为宗教上的理由经基督教哲学发展起来的精神、物质二元论……笛卡尔体系提出来精神界和物质界两个平行而彼此独立的世界,研究其中之一能够不牵涉另一个。"①这就是说,在西方哲学中长期把"天"和"人"看成是相互独立的,研究"天"可以不牵涉"人";研究"人"也可以不牵涉"天",这可以说是一种"天人二分"的思维模式(但进入二十世纪,西方哲学有了很大变化,已有西方哲学家打破"天人二分"的定式,如怀德海②)。而中国"天人合一"是说在"天"和"人"之间存在着相即不离的内在关系,研究其中一个必然要牵涉另外一个。《周易》是我国一部最古老重要的大书,它是中国哲学的源头。《郭店楚简·语丛一》:"易,所以会天道人道也。"《周易》是一部会通天道、人道所以然的道理的书。也就是说它是一部讲"天人合一"的书。对如何了解"天人合一"思想,朱熹有段话很重要,他说:"天即人,人即天。人之始生,得于天也;既生此人,则天又在人矣。"③"天"离不开"人","人"也离不开"天"。人初产生时,虽然得之于天,但是一旦有了人,"天"的道理就要由"人"来彰显,即"人"对"天"就有了责任。"天人合一"作为一种世界观和思维模式,它要求人们不能把"人"看成是和"天"对立的,这是由

---

① 〔英〕罗素:《西方哲学史》下册,马元德译,商务印书馆,1988年,第91页。
② 《怀德海的〈过程哲学〉》(刊于2002年8月15日上海《社会科学报》)中说:"(怀德海)的过程哲学(process philosophy)把环境、资源、人类视为自然中构成密切相连的生命共同体,认为应该把环境理解为不以人为中心的生命共同体。这种新型生态伦理,对于解决当前的生态危机具有重要的现实意义。过程哲学是生态女性主义的思想之根,因为生态女性主义的哲学基础是彻底的非二元论,是对现代二元思维方式的批判,而怀德海有机整体观念,正好为它提供了进行这种批判的理论根据。"可见,现代一些西方哲学家已经对"天人二分"的二元对立的思维模式作出反思,并且提出了"自然"与"人"构成"密切相连的生命共同体"。
③ 《朱子语类》,中华书局,1986年,第387页。

于"人"是"天"的一部分,破坏"天"就是对"人"自身的破坏,"人"就要受到惩罚。因此,"天人合一"学说认为,"知天"(认识自然,以便合理地利用自然)和"畏天"(对"自然"应有所敬畏,要把保护自然作为一种神圣的责任)是统一的。① "知天"而不"畏天",就会把"天"看成一死物,不了解"天"乃是有机的生生不息的刚健大流行,所以《周易·乾·象》中说:"天行健,君子以自强不息。"这即是说"天"与"人"为持续发展着的"生命的共同体"。"畏天"而不"知天",就会把"天"看成外在于"人"的神秘力量,而使人不能真正得到"天"(自然)的恩惠。所以"天人合一"思想要求"人"应担当起合理利用自然,又负责任地保护自然的使命。"天人合一"这种思维模式和理念应该说可以为解决当前"生态危机"提供某些有意义的思想资源。

(二)"人我合一"(同人我)的观念将会为解决"人与人(社会)"之间的矛盾提供某些有意义的思想资源。"人我合一"是说在"自我"和"他人"之间存在着一种相即不离的内在关系。为什么"自我"和"他人"之间存在着相即不离的内在关系?《郭店楚简·性自命出》中说:"道始于情。"人世间的道理(人道)是由情感开始的,这正是孔子"仁学"的出发点。孔子的弟子樊迟问"仁",孔子回答说"爱人"。这种爱人的品质由何而来呢?《中庸》引孔子的话说:"仁者,人也,亲亲为大。""仁爱"的品德是人本身所具有的,爱自己的亲人是最根本的。但孔子的儒家认为"仁爱"不能停留在只是爱自己的亲人,而应该由"亲亲"扩大到"仁民"以及"爱物"。孟子说:"亲亲而仁民,仁民而爱物。"②

---

① 康德的墓志铭上写着:"有两样东西,我们愈经常愈持久地加以思索,它们愈使心灵充满不断增长的景仰和敬畏;在我们之上的星空和我心中的道德法则。"是不是说,康德也认为应对"天"有所敬畏呢?这和孔子的"畏天命"是不是有相通之处呢?

② 见《孟子·尽心上》。《中庸》中说:"唯天下至诚,为能尽其性;能尽其性,则能尽人之性;能尽人之性,则能尽物之性;能尽物之性,则可以赞天地之化育;可以赞天地之化育,则可以与天地参矣。"此可以为孟子"亲亲而仁民,仁民而爱物"之开展。因此,孔孟之"仁爱"学说,不仅可以为解决"人与人"之间关系,也可以为解决"人与自然"之间关系,提供有意义的思想资源。

所以《郭店楚简》中说:"孝之亶,爱天下之民","亲而笃之,爱也;爱父其继爱人,仁也"。如果把爱自己的亲人扩大到爱他人,那么社会不就可以和谐了?如果一个国家、一个民族把爱自己国家、自己民族的"爱"扩大到对别的国家、别的民族的爱,那么世界不就可以和平了吗?把"亲亲"扩大到"仁民",就是要行"仁政"。在《论语》中虽然没有出现"仁政"两字,但其中却处处体现着"仁政"思想,如"博施于民,而能济众","举贤才","泛爱众","导之以德,齐之以礼"等等,都是讲的"仁政"。孔子的继承者孟子讲"仁政",意义也很广泛,我认为最重要的是他说:"民之为道也,有恒产者有恒心,无恒产者无恒心。"意思是说,对老百姓的道理,要使老百姓都有一定的固定产业,他们才能有一定的道德观念和行为准则。没有一定的固定产业,怎么能让他有相应的道德观念和行为准则呢!所以孟子说:"夫仁政,必自经界始。""仁政",首先要使老百姓有自己可以耕种的土地。我想,我们今天要建设"和谐社会",首要之事就是要使我们的老百姓都有自己的固定产业,过上安康幸福的生活。就全人类说,就是要使各国、各民族都能自主地拥有其应有的资源和财富,强国不能掠夺别国的资源和财富以推行强权政治。所以"人"与"人"、"国家"与"国家"之间的协调和相互爱护的"人我合一"思想对建设"和谐社会"、"和谐世界"应是有意义的。

(三)"身心合一"(一内外)将会为调节自我身心内外的矛盾提供某些有意义的思想资源。"身心合一"是说肉体生命与精神生命之间存在着一种相即不离的和谐关系。儒家认为达到"身心合一"要靠"修身"。《郭店楚简·性自命出》中说:"闻道反己,修身者也。"意思是说,知道了做人的道理,就应该反求诸己,这就是"修身"。所以《大学》认为,"修身"、"齐家"、"治国"、"平天下","自天子以至于庶人,壹是皆以修身为本,其本乱而末治者否矣。"《中庸》里面也说:"为政在人,取人以身,修身以道,修道以仁。"社会靠人来治理,让什么人来治理要看他自身的道德修养,修养是以符合不符合"道"为标准,做到使社会和谐就要有"仁爱"之心。这里,把个人的道德修养(修身)与"仁"联系起来,正说明儒家思想的一贯性。《郭店楚简·性自命出》中说:"修身近至仁"。修身是为达到实现"仁"的境界的必有过程。因此,儒家讲"修身"不是没有目标的,而是为了"齐家"、"治国"、"平天下",即希望建设"和谐社会"。《礼记·礼运》中所记载的"天下为公"的"大同"社会就是儒家理想和谐社会的蓝图。如果一个社会有了良好的制度,再加之以有道德修养的人来管理这个社会,社会上的人都能"以修身为本",那么这个社会也许就可以成为一个"和谐的社会",世界就可以成为一个"和谐的世界"吧!

冯友兰先生把"人生"分成四种"境界":自然境界,功利境界,道德境界,天地境界。所谓有"自然境界"是说人和动物一样,只是为活着,对于人生的目的没有什么了解(觉解)。所谓有"功利境界",是说一切为了"利益",为他自己的利益(私利)。所谓"道德境界"是说,他的行为是为了"行义",也就是为了"公利",也可以说他的行为是为了"奉献"。"天地境界"的人,他的行为也可以说是"奉献",但他不仅是"奉献"于社会,而且"奉献"于宇宙。如果人能达到"道德境界","天地境界",那么他不仅与"他人"(社会)和谐了,与宇宙和谐了,而且"自我身心内外"也和谐了。孔子有一段话,也许可以作为"修身"的座右铭,他说:"德之不修,学之不讲,闻义不能徙,不善不能改,是吾忧也。"意思是说,不修养道德,不讲求学问,听到合乎正义的话不能去身体力行(实践),犯了错误而不能改正,是孔子最大的忧虑。孔子这段话告诉我们的是做人的道理,"修德"并不容易,那就必须有崇高的理想,有为人类长远利益考虑的胸怀;"讲学"同样不容易,它要求人们天天提高自己的知识和能力,这样才可以负起增进社会福祉的责任;"徙义"是说人生在世,听到合乎道义的话应努力跟着做,应日日向着善的方向努力,把"公义"实现于社会生活之中;"改过",人总是会犯这样那样的错误,问题是要勇于改正,这样才可以成为合格的人。"修德"、"讲学"、"徙义"、"改过",是做人的道理,是使人自我身心内外和谐的路径。这就要求"修身",以求得一"安身立命"处。①

在儒家看,想要解决上述的种种矛盾,"人"是关键。因为,只有人才可以"为天地立心,为生民立命,为往圣继绝学,为万世开太平"。是不是我们可以说,当今人类社会遇到的问题,儒学可以为其提供某些有意义的思想资源?善于利用儒学的思想资源来解决当今人类社会存在的种种问题,是不是可以说为儒学的复兴提供了机会?当然,我们必须注意到,孔子的儒家思想并不是十全十美的,它并不能全盘解决当今人类社会存在的诸多复杂问题,它只能给我们提供思考的路子和有价值的理念(如世界观、人生观、价值观等等的理念),启发我们用儒学的思维方式和人生智慧,在给这些思想资源以适应现代社会和人类社会发展前途新诠释的基础上,为建设和谐的人类社会作出它可能作出的贡献。

司马迁说的"居今之世,志古之道,所以自镜也,未必尽同"是很有道理的名言。我们生活在今天,要了解自古以来治乱兴衰的道理,把它当作一面镜子,但是古今不一定都相同,需要以我们的智慧在传承前人有价值的思想中不断创新。因此,我们今天的任务是对自古以来的有价值的思想(包括儒家思想)进行现代诠释,创造适应现代社会需要的新学说、新理论。

二、儒学与"普遍价值"问题

如果说儒学能为解决"人与自然"、"人与人(社会)"、"人自身的身

---

① 朱熹《四书或问》说:"但能致中和于一身,则天下虽乱,而吾身之天地万物不害为安泰;其不能者,天下虽治,而吾身之天地万物不害为乖错。其间一家一国,莫不皆然,此又不可不知耳。"盖人生在世,必有一"安身立命"之原则和境界。黄珅校点,上海古籍出版社、安徽教育出版社,2001年,第56页。

心内外"的矛盾提供某些有意义的思想资源,那么我们能不能说这些思想资源针对某些特定的问题包含着"普遍价值"的意义呢?我认为,这应是肯定的。"价值论"是当今一种很流行的学说,[①]它涉及各个学科,如宗教、哲学、文学、艺术、政治、经济,甚至科学技术,等等,而其中"价值哲学"是讨论"价值问题"最重要的学科。"价值哲学"是一种什么样的学科呢?概括起来说,它是讨论某种哲学学说,如孔子的"仁学";某一哲学命题,如"天人合一"、"道法自然";某一哲学概念,如"忠恕"(朱熹说"尽己谓之忠"、"推己谓之恕")等等的价值问题。我认为,必须承认世界上各不同民族文化中都有某些"普遍价值"意义的因素。这是在当今全球化境域下,多元文化中寻求文化中的"普遍价值"的意义所要求的。当前,在我国学术界对文化(哲学)中的"价值"问题已不少讨论,而比较集中的是讨论文化(哲学)中是否存有"普遍价值"的问题,有些学者或政治家对文化(哲学)中存有"普遍价值"持否定的态度。我认为,这是大成问题的。这是因为,不承认在各个不同民族的文化中都具有"普遍价值"意义的因素,那么很可能走上文化的"相对主义",认为没有什么"真理"(哪怕是相对意义的"真理"),只能是"公说公有理"、"婆说婆有理",这样在不同文化之间很难形成对话,很难找到共同语言,很难对遇到的共同问题的解决达成"共识"。这种看法对当前世界全球化将是一种极为有害的消极力量,是不利于人类社会健康合理发展的。同时,如果我们不讲文化中具有"普遍价值",那么其他文化,特别是西方文化却大讲他们文化中的"普遍价值",这岂不是把我们讲"普遍价值"的权利给了西方文化,这将有助于西方某些学者和政客鼓吹有利于他们的"普遍主义"大行其道,而使他们具有了

---

① 冯平在《现代西方价值哲学经典》(北京师范大学出版社,2009年)的"序言"中说:"现代西方价值哲学是一场哲学运动,这场运动发轫于19世纪40年代,起始于新康德主义。"最早将现代西方价值哲学介绍到中国来的是张东荪先生。张东荪先生在1934年出版了以他在燕京大学的讲义为基础的《价值哲学》一书。

"话语霸权"。因此,发掘各个不同民族文化中的"普遍价值",对促进全世界各个民族、各个国家共同发展将是十分有意义的。

(一)藉文化沟通与对话寻求共识

自上个世纪九十年代以来,在中国逐渐掀起了"国学热"的浪潮,相当多的学者,特别注意论证中国文化的民族特性和它的特殊价值之所在。为什么会发生这种情况,我认为这和世界文化发展的形势有关。因为自上世纪后半叶,西方殖民体系逐渐瓦解,原来的殖民地民族和受压迫民族为了建立或复兴自己的国家,有一个迫切的任务,他们必须从各方面自觉地确认自己的独立身份,而自己民族的特有文化(宗教、哲学、价值观等等)正是确认自己独立身份的最重要的因素。在这种情况下,正在复兴的中华民族强调应更多关注自身文化的主体性和特有价值,是完全合理的。但与此同时,西方一些国家已经成功地实现了现代化,而且许多发展中国家也正在走着西方国家已经完成的工业化和现代化的道路。因此,西方发达国家出现了一种"普遍主义"(universalism)的思潮,认为只有西方文化中的理念对现代社会才具有"普遍价值"(universal value)的意义,而其他各民族的文化并不具有"普遍价值"的意义,或者说甚少"普遍价值"的意义,或者说非西方的民族文化只有作为一种博物馆中展品被欣赏的价值。我们还可以看到,某些取得独立的民族或正在复兴的民族,也受到"普遍主义"的影响,为了强调他们自身文化的价值而认为他们的文化可以代替西方文化而成为主导世界的"普世"文化。例如,在中国就有少数学者认为,二十一世纪的人类文化将是"东风"压倒"西风",只有中国文化可以拯救世界,这无疑也是一种受到西方"普遍主义"思潮影响的表现,是十分错误而有害的。因此,当前在中国,在发展中国家,更多地关注各民族文化的特殊价值,各发展中国家更加关注自身文化的"主体性",以维护当今人类社会文化的多元发展,反对西方的"普遍主义",

反对"欧洲中心论",是理所当然的。当然也要防止在民族复兴中受西方"普遍主义"影响而形成的民族文化的"至上主义"或"原教旨主义"。

现在的问题是,我们反对"普遍主义",是不是就要否定各个民族文化中具有的"普遍价值"？所谓"普遍主义"可能有种种不同的解释。本文把"普遍主义"理解为:把某种思想观念(命题)认定为是绝对的、普遍的,是没有例外的,而其他民族的文化思想观念(命题)是没有普遍价值甚至是没有价值的。"普遍价值"是说:在不同民族文化之中可以有某些相同或相近的价值观念,而这些相同或相近的价值观念应具有"普遍价值"的意义,它可以为不同民族普遍地接受,而且这些具有"普遍价值"意义的观念又往往寓于特殊的不同民族文化的"价值观念"之中。正是具有"普遍价值"意义的思想往往是寓于某些不同民族文化的"特殊价值"之中,才需要我们去努力寻求其蕴含的"普遍价值"的意义。这在哲学上是"共相"与"殊相"的问题。在我看来,在各个不同民族文化中可以肯定地说存在着"普遍价值"的因素。所以我们必须把"普遍价值"与"普遍主义"区分开来。在强调各民族文化的特殊价值的同时,我们应努力寻求人类文化中的"普遍价值"的因素及其意义。当前人类社会虽然正处在经济全球化,科技一体化的形势下,但是由于二战后殖民体系的瓦解,"欧洲中心论"的消退,文化呈现着多元化的趋势。因此,要求在不同文化中寻求"普遍价值"必须通过不同文化间的沟通与对话,以致达成某种"共识",这大概是我们寻求不同文化间"普遍价值"的必由之路。

(二) 寻求不同文化间"普遍价值"的途径

为什么我们要寻求各民族文化的"普遍价值"？这是因为同为人类,必然会遇到需要共同解决的问题,在各种不同文化中都会有对解决人类社会遇到的问题有价值的资源。这些能解决人类社会所遇到的"共同问题"的有价值的思想资源,我认为就具有"普遍价值"的意义。

如何寻求人类文化中的"普遍价值",也许有多条不同的途径,我在这里提出三条可以考虑的途径供大家批评指正:

(一)在各民族的文化中原来就有共同或者是相近的有益于人类生存和发展的理念,这些共同理念无疑是有"普遍价值"的意义。1993年在美国芝加哥召开的世界宗教大会,在寻求"全球伦理"问题的讨论中提出寻求伦理观念上的"最低限度的共识",或者叫做"底线伦理"。为此,在闭幕会上发表了一份《走向全球伦理宣言》,认为"己所不欲,勿施于人"在各民族文化中都有与此相同或相似的理念,它可以被视为"道德金律"。在《宣言》中特别举出佛经所说:"在我为不喜不悦者,在人亦如是,我何能以己之不喜不悦加诸他人?"佛经中这句话可以说十分深刻而精确地表述了具有"普遍价值"意义的"道德金律"。在《宣言》中还列举了一些宗教和思想家的思想中对"己所不欲,勿施于人"的各种表述,①因此认为它具有"普遍价值"的意义。又如,恩格斯在《反杜林论》中提出"勿盗窃"应具有"普遍价值"的意义。这类思想、理念在人类各种文化中是并不少见的。例如佛教的"五戒"中的"不盗、不邪淫、不妄语"和基督教《摩西十戒》中的"不可奸淫"、"不可偷盗"等等都有"普遍价值"的意义。

(二)在各不同民族文化的不同理路中寻求"普遍价值"。例如中国儒家的"仁",西方基督教的"博爱",印度佛教的"慈悲",虽然形式不同,出发点不同,甚至理路中也有差异,但却都具有"普遍价值"的意义。

孔子的"仁",是把"亲亲"作为出发点,作为基础,樊迟问仁,孔子曰"爱人"。为什么要爱人,"爱人"的出发点是什么?《中庸》引孔子的话

---

① 在孔汉思和库舍尔编、何光沪译的《全球伦理——世界宗教议会宣言》中《全球伦理普世宣言的原则》罗列了许多与孔子"己所不欲,勿施于人"相同或相近的话,如《圣经·利未记》:"要爱自己的人,像爱自己一样。"犹太教的主要创立者希勒尔说:"你不愿施诸自己的,就不要施诸别人。"《摩诃婆多》:"毗耶婆说:你自己不想经受的事,不要对别人做。"第149、150页。

"仁者,人也,亲亲为大"。① "仁爱"是人本身所具有的,爱自己的亲人是最根本的。但儒家认为,"亲亲"必须扩大到"仁民"以及于"爱物",② 才是完满的真正的"仁"(仁爱),所以《郭店楚简》中说:"孝之龘,爱天下之民。""爱而笃之,爱也;爱父其继爱人,仁也。"且儒家也有以"博爱"释"仁"者。③ 这就是说,孔子的"仁"虽是从爱自己的亲人出发,但它最终是要求爱天下老百姓,以实现其"治国平天下"的目标。因此,我们可不可以说,孔子的"仁"的理念具有某种"普遍价值"的意义。

基督教的"博爱",当然我们可以从多方面理解它的涵义,但它的基础是"在上帝面前人人平等",而由"在上帝面前人人平等",可以引发出来的"在法律面前人人平等",这对人类社会也应是具有"普遍价值"的意义,因为这样人类社会才能有公平和正义。"在法律面前人人平等"从表现形式上看是近代西方法律制度的一条重要原则,但其背后支撑的伦理精神理念则是"博爱",把所有的人都看成是上帝的儿子。④

佛教的"慈悲",《智度论》卷二十七中说:"大慈与一切众生乐,大悲拔一切众生苦",其出发点是要普度众生脱离苦海,使众生同乐在极乐世界。《佛教大辞典》的"普度众生"条谓:"佛谓视众生在世,营营扰扰,如在海中。本慈悲之旨,施宏大法力,悉救济之,使登彼岸也。"⑤ 由小乘的"自救"到大乘的"救他",这种"普度众生"的精神,我认为也是具有某种"普遍价值"的意义。

---

① 《郭店楚简》中的《性自命出》说:"道始于情。"人与人之间的关系开始是建立在"情感"的基础上。

② 《中庸》:"唯天下至诚,为能尽其性。能尽其性,则能尽人之性。能尽人之性,则能尽物之性。能尽物之性,则可以赞天地之化育。可以赞天地之化育,则可以与天地参矣。"

③ 《孝经·三才章》:"'君王'则天之明,因地之利,……是故先之以博爱,而民莫遗其亲。"如果能使"博爱"(即如天地一样及人、及物)成为社会伦理准则,那么就不会发生违背家庭伦理的事。

④ 《圣经·加拉太书》:"你们因信基督耶稣都是神的儿子。你们受洗归入基督的,都是披戴基督了。并不分犹太人和希腊人,自由人和奴隶,男人和女人,因为你们在基督里都成为一了。"《圣经·马太福音》记有耶稣的《登山教训》中说:"使人和睦的人有福了,因为他们必称为上帝的儿子。"

⑤ 丁福保编:《佛教大辞典》,文物出版社,1984年,第1046页。

孔子的"仁"、基督教的"博爱"、佛教的"慈悲"虽然出发点有异，理路也不大相同，而精神或有相近之处。故而是不是可以说有着某种共同的价值理念，这种共同价值的理念核心就是"爱人"。①"爱人"对人类社会来说无疑是有着极高的"普遍价值"的意义。

（三）在各不同民族文化中创造出的某些特有的理念，往往也具有"普遍价值"的意义。

要在各民族文化的特有的理念中寻求"普遍价值"的意义，很可能有不同的看法。我想，这没有关系，因为我们仍然可以在"求同存异"中来找寻某些民族文化特有理念中的"普遍价值"的意义。因为我对其他民族文化的知识了解不在行，我只想举一两个中国儒家哲学中的某些理念谈谈我的一点想法。

在不同民族文化中存在着不同的思想观念(如宗教的、哲学的、风俗习惯的、价值观的等等)，这是毫无疑义的，而且可能因文化的不同而引起矛盾和冲突，这不仅在历史上存在过，而且在当今世界范围内也存在着。在这种情况下，"和而不同"的观念是不是对消除"文明的冲突"会有"普遍价值"的意义？"不同"而能"和谐"将为我们提供可以通过对话和交谈的平台，在讨论中达到某种"共识"，这是一个由"不同"达到某种程度的相互"认同"，这种相互"认同"不是一方消灭另一方，也不是一方"同化"另一方，而是在两种不同文化中寻求交汇点，并在此基础上推动双方文化的提升，这正是"和"的作用。就此，我们是不是可以说"和而不同"对当今人类社会的"文明共存"具有某种"普遍价值"的意义？

前面我们曾引用过 1992 年世界一千五百七十五名科学家发表的一份《世界科学家对人类的警告》在开头的一句话："人类和自然正走

---

① 在佛教的"十二因缘"中有"爱"，但"十二因缘"中的"爱"是指"欲望"的意思，有"占有"义，而"慈悲"是一种无"占有欲"、无功利目的的"爱"，是"普度众生"的"博爱"。这里可能有翻译问题。

上一条相互抵触的道路。"为什么会发生这种情况,就是因为人们对自然无序无量的开发,残暴的掠夺,无情的破坏,把"自然"看成是与"人"对立的两极。针对这种情况也许中国的"天人合一"的理论会对解决这种情况提供某些有意义的思想资源。王夫之《正蒙注·乾称上》中有一段话讲到"天人合一",大意是说:我考察自汉以来的学说,都只抓到先秦以来《周易》的外在表象,不知《周易》是"人道"的根本,只是到了宋朝周敦颐才开始提出了"太极图说",探讨了"天人合一"道理的根源,阐明了人之始生是"天道"变化的结果,是"天道"运动的实在表现。在"天道"的变化中把精粹部分给了人,使之成为"人"之"性",所以"人道"的日用事物当然之"理"与"天道"阴阳变化之秩序是一致的,是统一的,这个道理不能违背。王夫之这段话,可以说是对儒学"天人合一"思想,也是对"易,所以会天道人道也"很好的解释。"人道"本于"天道",讨论"人道"不能离开"天道",同样讨论"天道"也必须考虑到"人道",这是因为"天人合一"的道理既是"人道"的"日用事物当然之理",也是"天道"的"阴阳变化之秩序"。"人道"本于"天道","人道"是"天道"的显现,因此"人"对"天"有着不可推卸的责任。这样的思想理论对当前遭受惨重破坏的"自然界",可以说是很有意义的,因而也可以说它有"普遍价值"的意义。其实这种观点,在当今西方学术界也有,例如过程哲学的怀德海曾提出"人和自然是一生命共同体"这样的命题,这个命题深刻地揭示着人和自然之不可分的内在关系,人必须像爱自己的生命那样爱护自然界。这个理念应该说有着重要的"普遍价值"的意义。

《论语·颜渊》记载着孔子的一段话,他说:"克己复礼为仁。一日克己复礼,天下归仁焉。为仁由己,而由人乎哉?"这句话,在中国历朝历代就有着不同的诠释,而这种种"诠释"都是与诠释者所处时代和他个人的学养、境界息息相关的。那么,我们今天是否可以给它以一种新的诠释呢?费孝通先生对"克己复礼"有一新的诠释,他说:"克己才能复礼,复礼是取得进入社会、成为一个社会人的必要条件。扬己和克己也许正是东西文化的差别的一个关键。"①这样的诠释是有其特殊意义的。朱熹对"克己复礼为仁"的解释说:"克,胜也。己,谓身之私欲也。复,反也。礼者,天理之节文也。"这就是说,要克服自己的私欲,以便在进入社会的人际关系中很好地遵循合乎"天理"(宇宙大法)的礼仪制度。"仁"是人自身所具有的内在品德,"爱生于性","性自命出","命由天降",②"礼"是规范人的社会行为的外在礼仪制度,它的作用是为了调节人与人之间关系,使之和谐相处。"礼之用,和为贵。"要人们遵守合乎"天理"的礼仪制度必须是自觉地,出乎内在的爱人之心,它才合乎"仁"的要求,所以孔子说:"为仁由己,而由人乎哉?"仁爱之心是发自内心的,不是由外力来强迫而有的。因此,孔子认为有了追求"仁"的自觉要求,并把人们具有的"仁爱之心"按照合乎"天理"的规范实践于社会生活中,这样社会就会和谐安宁了。"一日克己复礼,天下归仁焉。"《论语·颜渊》中孔子所说的这段话是为"治国安邦"说,"治国安邦"归根结底就是要行"仁政"。"治国平天下"应该行"仁政",行"王道",不应行"苛政"、"霸权"。行"仁政"行"王道"才能使国泰民安,使不同民族、国家和睦相处,而共存共荣。孔子儒家的"仁政"对"现代化"是否也可以有所贡献呢?如果我们对此有所肯定,那是不是也可以说具有一定的"普遍价值"的意义呢?因此,如果各国学者一起努力发展各民族、各国家文化中存在的"普遍价值"的资源,而不要坚持唯我独尊的"普遍主义",那么世界和平就有希望了。实际上,在各民族、各国家的文化中都存在着"普遍价值"意义的因素,问题是需要我们去发掘它,并给以合理的诠释。这是因为各民族、各国家文化中所具有的"普遍价值"意义的因素往往是寓于其特殊理论体系的形式

---

① 费孝通:《文化论中人与自然关系的再认识》,见北京大学中国社会与发展中心、北京大学社会学系、北京大学社会学人类学研究所《ISA 工作论文》,2002 年。
② 见于《郭店楚简》中的《语丛》和《性自命出》。

之中，这就要我们善于从中揭示其有益于人类社会发展的内在价值资源。有责任感的学者应该是既能重视和保护自身的文化"普遍价值"，同时又能尊重和承认其他民族和国家文化中的"普遍价值"。"有容乃大"的精神也许是有活力的文化能得以不断发展的原则。

（三）"多元现代性"的核心价值

最后，我想谈谈"多元现代性"的问题。对"多元现代性"可能有多种说法，至少有两种很不相同的解释：一种是，现代性是多元的，不同民族有不同的"现代性"；另一种看法是，"多元现代性"就是"现代性"，有着共同的基本内涵，只是不同民族进入现代化的道路不同，形式有异，实现方法更可能千差万别。我个人的意见，也许第二种意见较为合理。我们知道，"现代性"就其根源性上说是源自西方，因为西方早已实现了现代化，而且现在许多发展中国家也正在走现代化的道路。因此，就"现代性"说必有其基本相同的核心价值。什么是作为根源性的"现代性"核心价值？这里我想借用严复的观点谈谈我的看法。

严复批评"中学为体，西学为用"，他认为，不能"牛体马用"，这是基于中国哲学的"体用一源"（"体"和"用"是统一的）而言。[①] 他基于此"体用一源"的理念，认为西方近现代社会是"自由为体，民主为用"的社会。[②] 我想，严复所说的"西方近现代社会"不仅仅是指"西方近现代社会"，而是说的人类社会的"近现代社会"。那么，我们能不能说"近现代社会"的特征是"自由为体，民主为用"的社会，而"自由"、"民主"从根源性上说是"现代性"的核心价值？我认为是可以这样说的。对现代社会而言，"自由"是一种精神（包括自由的市场经济和个体的

---

① 严复在《与〈外交报〉主人书》中说："善夫金匮裘可桴孝廉之言曰：体用者，即一物而言之也。有牛之体，则有负重之用；有马之体，则有致远之用。未闻以牛为体，以马为用者也。……故中学有中学之体用，西学有西学之体用，分之则并立，合之则两亡。"见《严复集》第三册，中华书局，1986年，第558—559页。

② 语见严复：《原强》，《严复集》第一册，中华书局，1986年，第11页。

"人"的"自由"发展,因为"自由"是创造力),而"民主"从权力和义务两个方面来使"自由"精神的价值得以实现。就这个意义上说,"自由"和"民主"虽源自西方,但它是有着"普遍价值"的意义。我们不能因为它源自西方就认为不具有"普遍价值"的意义。当然,如何进入"近现代社会",所走的道路,所采取的方法,所具有的形式可能是不同的。但它不可能是排除"自由"和"民主"的社会。

如果我们用中国哲学"体用一源"的思维模式来看世界历史,也许会有一个新的视角。我们可以把"现代社会"作为一个中间点,向上和向下延伸,我们可以把人类社会分成"前现代社会"、"现代社会"和"后现代社会",如果用中国的"体用一源"的观点看,我们是不是可以说"前现代社会"是以"专制为体,教化为用"类型的社会;"现代社会"是以"自由为体,民主为用"类型的社会;"后现代社会"是以"和谐为体,中庸为用"类型的社会。

人类社会在前现代时期,无论是中国的"皇权专制"或是西方中世纪的"王权专制"(或"神权专制"),虽然形式不同,但都是"专制"社会,要维持其"专制"就要用"教化"作为手段。中国在历史上自汉以来一直是"皇权专制",它把儒学政治化用来对社会进行"教化"以维持其统治。① 当前中国社会可以说正处在由"前现代"向"现代"过渡之中。其他许多发展中国家大概也都是如此。西方中世纪"王权或神权"的"专制"社会,他们用基督教伦理作为"教化"之手段,以维持他们的统治。② 因此,当时的世界是一个"多元的前现代性"的世界。关于"现代性"的价值问题上面已经说过,在这里再多说一点我的看法。"自由"是一种

---

① 《白虎通义·三纲六纪篇》说:"《含嘉文》曰:君为臣纲,父为子纲,夫为妻纲。又曰:敬诸父兄,六纪道行,诸舅有义,族人有序,昆弟有亲,师长有尊,朋友有旧。……所以疆理上下,整齐人道也。……是以纲纪为化,若罗网之有纪纲,而万目张也。"

② 恩格斯在《费尔巴哈与德国古典哲学的终结》中说:"在中世纪,随着封建制度的发展,基督教形成为与封建制度相适应的宗教,……中世纪把哲学、政治、法律等思想体系的一切囊括在神学之内,变成神学的分科。"张仲实译,人民出版社,1949年,第46页。

精神,"民主"应是一种维护"自由"得以实现的保证。但是,在现代社会中"自由"和"民主"也不是不可能产生种种弊病。因为任何思想体系都会在其自身体系中存在着矛盾。① 任何制度在一时期都只有相对性的好与坏,"自由"、"民主"等等也是一样。但无论如何"自由"和"民主"对于人类社会进入"现代"是有着根本性意义的。② 人们重视"自由",因为"自由"是一种极有意义的创造力。正因为有"自由经济"(自由的市场经济)才使得工业化以来人类社会的财富极大增长,使人们在物质生活上受益巨大。正因为有"自由思想",使得科学、文化日新月异。但不可讳言,"自由经济"却使贫富(包括国家与国家的、民族与民族的以至于同一国家、民族内部)两极分化日益严重;特别是自由经济如果不受到一定程度的控制,将会引起经济危机和社会混乱,近日发生的金融危机就是一明证。③ "科学主义"、"工具理性"的泛滥扼杀着"人文"精神,弱化了"价值理性"。"现代性"所推崇的"主体性"和主客对立哲学,使得"人和自然"的矛盾日益加深,因而出现了对"现代性"的解构思潮,这就是"后现代主义"。关于"后现代"问题,我没有多少研究,只能粗略地谈点看法。在上个世纪六十年代兴起的后现代主义是针对现代化在发展过程中的缺陷提出的,他们所作的,是对"现代"的解构,曾使一切权威性和宰制性都黯然失色,同时也使一切都零碎化、离散化、浮面化。因此,初期的后现代主义目的在于"解构",企图粉碎一切权威,这无疑是有意义的。但是它却并未提出新的建设性主张,也并未策划过一个新的时代。到二十世纪末,以"过程哲学"为

---

① 罗素:《西方哲学史》中说:"不能自圆其说的哲学决不会完全正确,但是自圆其说的哲学满可以全盘错误,最富有结果的各派哲学向来包含着显眼的自相矛盾,但正因为了这个缘故才部分正确。"见《西方哲学学》下册,第143页。罗素这段话应说对任何哲学都有意义。
② 《北京晚报》2007年3月16日刊温家宝总理答法国《世界报》记者问说:"民主、法制、自由、人权、平等、博爱,这不是资本主义所特有的,这是整个世界在漫长的历史过程中共同形成的文明成果,也是人类共同的追求的价值观。"
③ "自由主义既使人免于市场经济之前时代的束缚,也使人们承受着金融和社会灾难的危机。"见耶鲁大学教授保罗·肯尼迪:《资本主义形式会有所改变》,《参考消息》,2009年3月16日。

基础的"建构性后现代"提出将第一次启蒙的成绩与后现代主义整合起来,召唤"第二次启蒙"。例如,怀德海的过程哲学(process philosophy)认为,不应把"人"视为一切的中心,而应把人和自然视为密切相连的生命共同体。他并对现代西方社会的二元思维方式进行了批判,他提倡的有机整体观念,正好为他提供了批判现代二元论(科学主义)的理论基础。过程研究中心创会主任约翰·科布说:"建设性后现代主义对解构性的后现代主义的立场持批判态度,……我们明确地把生态主义维度引入后现代主义中,后现代是人与人,人与自然和谐相处的时代。这个时代将保留现代性中某些积极性的东西,但超越其二元论、人类中心主义、男权主义,以建构一个所有生命共同福祉都得到重视和关心的后现代世界。""今天我们认识到人是自然界的一部分,我们生活在生态共同体中,……"[①]这种观点,也许会使中国儒家的"天人合一"思想与之接轨。他们还认为,如果说第一次启蒙的口号是"解放自我",那么第二次启蒙的口号是尊重他者,尊重差别。例如里夫金在他的《欧洲梦》中强调,在崭新的时代,每个人的权利都获得尊重,文化的差异受到欢迎,每个人都在地球可维持的范围内享受着高质量的生活(不是奢侈生活),而人类能生活在安定与和谐之中。他们认为,有机整体系统观念"都关心和谐、完整和万物的互相影响"。[②] 上述观点,在某种程度上也许和中国儒家中的"和谐"观念有相通之处。过程哲学还认为,当个人用自己的"自由"专权削弱社会共同体的时候,其结果一定会削弱其自身的"自由"。因此,必须拒绝抽象自由观,走向有责任的深度自由,要把责任和义务观念引入自由中,揭示出"自由"与义务的内在联系。这与中国传统文化所强调的人只能在与他人

---

① 《为了共同的福祉——约翰·科布访谈》(王晓华访问记),上海《社会科学报》,2002年6月13日。

② 参见杰里米·里夫金:《欧洲梦》,第326页。

的关系中才能生存的观点有着某种相似之处。① 因此,有见于建构性的后现代主义在西方逐渐发生影响,那么相对于"现代社会",后现代社会将可能是以"和谐为体,中庸为用"的社会。"和谐"作为一种理念它包含着"人与自然的和谐"、"人与人的和谐"(社会的和谐)、"人自我身心的和谐"等极富价值的意义。在这种种"和谐"中必须不断地寻求平衡度,这就要求由"中庸"来实现。如果中国社会能顺利地走完现代化过程,这当然是非常困难而且漫长的。但是由于在儒家文化中,有着丰富的关于"和谐"和"中庸"的思想资源,如果我们给这些有意义的思想资源以适应人类社会发展的新的诠释,②也许我国社会很可能比较容易进入"建构性的后现代社会"。正如科布所说:"中国传统思想对建设性后现代主义是非常有吸引力的,但我们不能简单的回到它。它需要通过认真对待科学和已经发生的变革的社会来更新自己。前现代传统要对后现代有所裨益,就必须批判地吸收启蒙运动的积极方

---

① 在中国传统文化的儒家思想中,特别是先秦儒家思想认为,人与人之间有着一种相互对应的关系,如"君仁臣忠"、"父慈子孝"、"兄友弟恭"等等。《礼记·礼运》:"何谓人义? 父慈子孝,兄良弟弟,夫义妇听,长惠幼顺,君义臣忠,十者谓之人义。"《左传·昭公二十六年》:"君令臣共,父慈子孝,兄爱弟敬,夫和妻柔,姑慈妇听,礼也。"

② 关于"和谐"观念在中国典籍中论述颇多,如《周易·乾卦·彖辞》:"乾道变化,各正性命,保合太和,乃利贞。"(《张子正蒙注》:"太和,和之至。")《论语》中有"礼之用,和为贵";"和而不同"。《国语·郑语》:"夫和实生物,同则不继。"在西方,莱布尼兹哲学被称为是一种"和谐的体系"(system of Harmony),他的思想建立在所谓普遍的和谐(universal Harmony)之上,他的"单子论"是视宇宙整体为和谐系统的一种学说,而在分殊性中看出统一性来。关于"中庸"的观念,如《书经·大禹谟》:"允执厥中。"《论语》:"子曰:中庸之为德也,其至矣乎,民鲜久矣。"(朱熹《四书集注·论语集注》:"中者,不偏不倚无过不及之名,庸,平常也。")《中庸》中的"中和"("中也者,天下之大本也;和也者,天下之达道也。"),郑玄《礼记·中庸》题解:"名曰中庸者,以其记中和之用也。庸,用也。""执其两端,用其中于民。"西方哲学中有"mean"一词,我们把它译成"中庸"。亚里士多德把"中庸"和节制相联系,并提出一套系统的理论。他认为,万物皆有其中庸之道,如"10"这个数"5"居其中;人的心理状态、情感中,欲望过度是荒淫,不及则是禁欲,节制是适度。中庸有两种,自然界的中庸是绝对的,人事的中庸则是相对的。在伦理学上,人的一切行为都有过度、不及和适度三种状态,过度和不及都是恶行的特征,只有中庸才是美德的特征和道德的标准。美德是一种适中,是以居间者为目的。他还把这种中庸原则运用于政治国家学说。他认为,由中等阶级治理的国家最好,因为拥有适度的财产是最好的,最容易遵循合理的原则,最不会逃避治国的工作或拥有过分的野心,是国家中最安稳的公民阶级;由中等阶级的公民组成的城邦,是结构最好的和组织最好的,因此有希望把国家治理得很好。

面,比如对个体权利的关注和尊重。"①科布的这段话,对我们应该说是很有教益的。因而,寻求不同文化中的"普遍价值"必将成为当前学术界关注的一个重点。

让我们回到"多元现代性"的问题。前面我们已经说过,就"现代性"来说必有其基本相同的核心价值,但不同民族、不同国家如何进入"现代社会",它们所走的道路,所采取的方法,所具有的形式可能很不相同。为什么会出现这种情况,我认为这是由不同民族、不同国家的历史文化原因所造成的,不可能要求完全相同。因此,我们可以设想,中国的儒家思想是不是可以在接受"自由"、"民主"等现代性的核心价值的情况下,创造出不同于西方的道路,并为此补充某些新的内容,从而可以对消除"现代性"所带来的弊端起积极作用。

我认为,儒学的"民本"思想、"宽容"精神以及责任意识应可成为接引"自由"、"民主"、"人权"等现代精神进入中国社会的桥梁。儒家的"民本"思想虽不即是"民主",但它从本质上并不是反民主的,其根据就在于"民为邦本"。"民为邦本"虽仍是由"治人者"的角度出发的,但它却知道"民"作为国家根基的重要性,因此从理论上说"民主"进入中国社会应不太困难。又,儒学有着对其他文化较为宽容的精神,如它主张"道并行而不相悖",因此"自由"应比较容易被容纳。中国许多儒者都有着"居安思危"、"先天下忧而忧,后天下乐而乐"的社会责任感,这种特殊的批判精神和责任伦理引入"民主"、"人权"等现代意识应是有意义的。在历史上,中国接受印度佛教文化就是一例。如果我们能把儒学的"民本"思想,"宽容"、"责任"意识等精神融合在"自由"、"民主"、"人权"之中,那么是不是可以走出一条新的进入"自由为体,民主为用"的现代社会呢?我想,它也许是一条使中国较快而且较稳

---

① 《为了共同的福祉——约翰·科布访谈》(王晓华访问记),上海《社会科学报》,2002年6月13日。

妥实现现代化的路子。

西方现代社会发展到今天，它的种种弊病已经显现，而且如不改弦易辙，那么将使人类社会走向毁灭其自身的道路。因而在西方有"后现代主义"思潮的出现。如果我们从儒家学者所具有的社会责任感和历史使命感中总结出某种"责任伦理"，这是不是可以减轻"现代化"所带来的弊病呢？如果"自由"、"民主"是一种负责任的"自由"、"民主"，这样的社会也许是可以比较合理的发展。法国人类进步基金会的主席卡拉梅就提出过"责任伦理"的问题，并认为除"人权合约"之外，应有一"责任公约"，这是很有见地的。[①] 同时，实际上中国的学者也已经注意到这个问题。我最近注意到西方的某些"中国学"专家已开始从儒家思想发掘有益于人类社会合理发展的思想因素。如法国当代大儒汪德迈在他的《编纂〈儒藏〉的意义》中说："面对后现代化的挑战，……曾经带给世界完美的人权思想的西方人文主义面对近代社会的挑战，迄今无法给出一个正确答案。那么，为什么不思考一下儒家思想可能指引世界的道路，例如'天人合一'提出的尊重自然的思想，'远神近人'所提倡的拒绝宗教的完整主义以及'四海之内皆兄弟'的博爱精神呢？"[②]美国学者安乐哲、郝大维在《通过孔子而思》一书中说："我们要做的不只是研究中国传统，更是要设法使之成为丰富和改造我们自己世界观的一种文化资源。儒家从社会的角度来定义'人'，这是否可用来修正和加强西方的自由主义模式？在一个以'礼'建构的社会中，我们能否发现可利用的资源，以帮助我们更好理解哲学根基不足却颇富实际价值的人权观念？"[③]法国索邦大学查·华德教授认为："孔子思想中充满信仰、希望、慈悲，具有普遍性。在二十一世纪的

---

① 参见《建设一个协力、尽责、多元的世界》，《跨文化对话》第九集，上海文化出版社，2002年。
② 该文见于《光明日报》，2009年8月31日。
③ 〔美〕郝大维、安乐哲：《通过孔子而思》中译本序，何金俐译，北京大学出版社，2005年，第5页。

今天不仅有道德的示范作用,更有精神的辐射作用。"①"自由"、"民主"、"人权"等等是现代社会的财富,"责任"、"民本"、"宽容"等等同样是现代社会的财富。现在社会不能没有"自由"、"民主"、"人权"等等,这是"现代性"社会必具备的核心价值,否定它们就没有现代社会。但是,某些民族和国家的文化中不仅会有丰富"自由"、"民主"、"人权"的内涵的思想因素,甚至会存在着制约"自由"、"民主"、"人权"等等可能发生的负面作用的思想资源。正是因为有可能制约"自由"、"民主"、"人权"可能产生的弊病,也许在人类社会发展到后现代时,各个民族和国家文化中具有特殊价值的因素将会成为更重要的"普遍价值"的资源。

我们编著《中国儒学史》,其目的之一也是希望揭示中国儒学的特殊价值中所存在的对人类文化具有"普遍价值"意义的因素以贡献于世界。

三、儒学与经典诠释

《中国儒学史》是2003年教育部哲学社会科学研究重大课题攻关项目《〈儒藏〉编纂与研究》中的一个子项目,共分九册:先秦儒学,两汉儒学,魏晋南北朝儒学,隋唐儒学,宋元儒学,明代儒学,清代儒学,近代儒学和现代儒学。这部《中国儒学史》仍是把研究的重点放在儒家的哲学思想方面,但同时我们也多少注意到不要把"儒学"仅仅限在哲学思想方面,因此希望在写作中也力图扩大"儒学"的某些研究内容。当然,我们做得如何,有待读者的评论。在写作本书时,我们特别考虑到它应包含某些"经学"的内容。

---

① 《中法学者沪上共论孔子思想》,上海《文汇报》,2009年4月18日。

1938年,马一浮应浙江大学校长竺可桢约至该校为学生讲论"国学",后集为《泰和会语》。在《楷定国学名义(国学者六艺之学)》中说:"六艺者,即是《诗》、《书》、《礼》、《乐》、《易》、《春秋》也。此是孔子之教,吾国二千余年来普遍承认一切学术之原皆出于此,其余都是六艺之支流。故六艺可以该摄诸学,诸学不能该摄六艺。今楷定国学者,即是六艺之学,用此代表一切固有之学术,广大精微,无所不备。"①马一浮这个说法确有其独特见地。盖"六艺之学"即"六经",它为中国学术之源头,而其后之学皆原于此,并沿此之流向前行,是"源头"与"支流"的关系。正因在我国历史上"六艺之学"("经学")代有大儒发挥之,并吸取其他文化以营养之,故作为中华学术文化之源头的"六艺",其中必有其"普遍价值"之意义。任何民族的学术文化都是在特定的历史环境中形成的,都是有其特殊意义的学术文化,而学术文化的"普遍价值"往往寄寓其"特殊价值"之中。如孔子的"仁者,爱人",基督的"博爱",释迦的"慈悲",虽出发点不同、理路不同,但"爱人利物"则有着相同的"价值",而具有"普遍价值"的意义。既然学术文化之"普遍价值"往往寄寓"特殊价值"之中,那么马一浮所说"六艺不唯统摄中土一切学术,亦可统摄现在西方一切学术",应亦可解。盖因"人同此心,心同此理"也。人类所遇到的问题常是共同的,人类对解决这些问题的思考往往也是大同小异的。因此,我中华民族当然应由其自身学术文化中寻求有益于人类社会生活的"普遍价值",这并不妨碍在其他民族学术文化中寻求"普遍价值",古云"道并行而不相悖"也。所以马一浮说:弘扬"六艺之学"并不是狭义地保存国粹,也不是单独发挥自己的民族精神,是要使此种文化普遍地及于人类。

六十多年之后的2001年,著名学者、国学大师饶宗颐先生在北京大学的一次演讲中提出应重视"经学"的研究和经典的整理,他说:"经

---

① 马一浮:《马一浮集》第一册,浙江古籍出版社、浙江教育出版社,1996年,第10页。

书是我们的文化精华的宝库,是国民思维模式、知识涵蕴的基础;亦是先哲道德关怀与睿智的核心精义,不废江河的论著。重新认识经书的价值,在当前是有重要意义的。'经学'的重建,是一件繁重而具创辟性的文化事业,不应局限于文字上的校勘解释工作,更重要的是把过去经学的材料、经书构成的古代著作成果,重新做一次总检讨。'经'的重要性,由于讲的是常道,树立起真理标准,去衡量行事的正确与否,取古典的精华,用笃实的科学理解,使人的生活与自然相调协,使人与人的联系取得和谐的境界。"①现在我们编撰《中国儒学史》必须注意"经学"的研究,以期使"经学"能成为此书的重要部分。

如果我们把孔子看作是儒家的创始人,那么可以说,自孔子起就自觉地继承着夏、商、周三代的文化,而"六经"正是夏、商、周三代文化的结晶。("六经"又称"六艺"②)虽然从文献考证的角度上说,"六经"(或"五经",因"乐经"早已失传)并非成书于夏、商、周三代之时,但"六经"所记却可被视为记载夏、商、周三代文化的基本传世文本。1993年于湖北出土的"楚简"中有一段关于"六经"的重要记载:

礼,交之行述也。
乐,或生或教者也。
书,□□□□者也。
诗,所以会古今之诗也。
易,所以会天道、人道也。

---

① 见于饶宗颐先生近日所写的《〈儒学〉与新经学及文艺复兴》一文,《光明日报》,2009年8月31日。
② "六艺"之名始见《史记》中《伯夷传》、《李斯传》等,后刘歆编纂《七略》,其一为《六艺略》。马一浮先生把"国学"定为"六艺之学"甚有道理。参见拙作《论马一浮的历史地位与思想价值》,见《儒学天地》,2009年1期。

春秋,所以会古今之事也。①

这段话说明了战国中期对"六经"的看法:《礼》,是人们(各阶层或谓各种人际关系)规范交往的行为规则的书;《乐》,是陶冶人的性情(生者,性也)和进行教化的书;《书》,因缺字,但据其他文献可知应是"记事"之书;《诗》,是把古今的诗会辑在一起的一部"诗集";《易》,是会通天道人道所以然的道理的书,即司马迁所说的"通天人之际"的书;《春秋》,是会通古今历史变迁之轨迹的书,即司马迁所说的"达古今之变"的书。从古代文献记载,可以说"六经"包括了夏、商、周三代的器物文化、制度文化、思想文化。《论语·述而》中说:"子曰:述而不作,信而好古,窃比于我老彭。"意思是说,孔子所"述"、所"好"是古代的典籍文献,即"六经"。《庄子·天运》:"孔子谓老聃曰:丘治《诗》、《书》、《礼》、《乐》、《易》、《春秋》六经,自以为久矣。"又,《论语·述而》:"子曰:加我数年,五十以学《易》,可以无大过矣。"②《孟子·滕文公下》:"孔子成《春秋》,而乱臣贼子惧。"这样的材料在先秦文献中还有多处,不一一详列。孔子把"六经"作为自己治学、为人、行事所依的典籍,同时也把"六经"作为教学的基本教材。③ 从今天看来,恐怕离开了"六经",我们很难了解中国文化的源头,更难了解儒学的精神。但到汉朝,《乐经》失传,而只有"五经"了。汉武帝"罢黜百家,独尊儒术",并于建元五年(前136年)设"五经博士",使《易》、《书》、《诗》、《礼》、《春秋》在我国确立了"经"的地位。此后的历史上虽有"七经"(或"六

---

① 《庄子·天下》:"《诗》以道志,《书》以道事,《礼》以道行,《乐》以道和,《易》以道阴阳,《春秋》以道名分。"《荀子·儒效篇》:"圣人也者道之管也。天下之道管是矣,百王之道一是矣,故《诗》、《书》、《礼》、《乐》之道归是矣。《诗》言是其志也,《书》言是其事也,《礼》言是其行也,《乐》言是其和也,《春秋》言是其微也。"

② 《史记·孔子世家》:"孔子五十而学《易》,韦编三绝。"

③ 《礼记·经解》:"孔子曰:入其国,其教可知也。其为人也,温柔敦厚,《诗》教也;疏通知远,《书》教也;广博易良,乐教也;絜静精微,《易》教也;恭俭庄敬,《礼》教也;属辞比事,《春秋》教也。"

经")、"九经"、"十经"、"十一经"、"十二经"以及"十三经"之设,①但其中《易》、《书》、《诗》、《礼》、《春秋》在儒学中的根本性地位是不言而喻的。

近几年来,"北京大学《儒藏》编纂与研究中心"承担着教育部《〈儒藏〉编纂与研究》重大攻关研究项目。"中心"已联合我国二十余所高校和研究院以及韩、日、越三国学者编纂《儒藏》精华编,并为以后编纂《儒藏》大全本作准备。《儒藏》精华编收书近五百种,按四部分类,其中"经部"有二百余种。另外尚专设"出土文献类"。《儒藏》精华编还有一特色,即我们还把日本、韩国、越南儒学者以汉文写作的儒学典籍有选择的收入,约有一百五十余种。预计2015年完成校点。同时组织我校各方面力量编辑《儒藏总目》,现在《总目·经部》已经完成,所著录者有一万四千余种之多。从中我们可以看到,历代儒学大家无不对"五经"的"注疏"、"论述"、"考订"等等方面用力甚勤。这次我们编著《中国儒学史》虽注意到"经学"方面,但很难说比较完满,因在这方面的研究成果不多,对此我们将会继续关注这个方面的新进展,以便再版时对这方面有所加强。学术研究是无止境的,从总体上说定是"日日新,又日新"地前进着。

儒家的"经书"不仅应包括已有的"五经"或"十三经",而且应包括自上个世纪末出土的儒家文献。饶宗颐先生在前面提到的演讲中说:"现在出土的简帛记录,把经典原型在秦汉以前的本来面目,活现在我们眼前,过去自宋迄清的学人千方百计求索梦想不到的东西,现在正如苏轼诗句'大千在掌握'之中,我们应该再做一番整理工夫,重新制订我们新时代的'圣经'(Bible)。"这是2001年饶先生说的一段话,意思是说新出土的先秦文献更能表现秦汉以前经典原型的本来面目。在2001年,我们能看到的重要出土文献主要是长沙马王堆出土的"帛

---

① 参见《中国儒学大观》,北京大学出版社,2001年,第24页。

书"和1993年在湖北荆门地区出土的《郭店楚简》；其后1994年，上海博物馆于海外购得战国竹简一千二百多支；2008年清华大学又由海外购得战国竹简两千余支，如此等等。这批简帛虽非全为儒家典籍，但可以说归属于儒家者占首位。这批归属于儒家的典籍其价值自不待言，应可与传世"五经"的地位相当，例如其中的《帛书周易》、上博《周易》、《五行篇》、《孔子诗论》以及与《尚书》的篇章等等有关的文献。这批文献又可补自孔子至孟子之间儒学之缺。因此，它是我们研究儒家思想要给以特别重视的。

　　我国历代儒家学者都十分重视对"五经"的诠释，因而可以说我们有着十分雄厚的诠释经典的资源。中国自古就是一个非常重视历史传统的国家，故有"六经皆史"的说法。孔子说他自己对"经典"是"述而不作，信而好古"。这就是说，孔子对三代经典（"六经"）只是作诠释，而不离开经典任意论说；对经典信奉而且爱好，以至于"不知老之将至"。孟子以"祖述尧舜"、"宪章文武"、"述仲尼之志"为己任。荀子认为"仁人"之务，"上则法尧舜之制，下则法仲尼、子弓之义"。实际上，孔、孟、荀及先秦儒学者所述严格地说都是对"六经"的诠释。如先秦之《易传》是对《易经》的诠释；《大学》中则多有对《书经》、《诗经》的诠释；上博《战国楚竹书》中的《孔子论诗》是对《诗经》的一种诠释（《中庸》和《五行》同样包含着对《诗经》的诠释）；《礼记》可说是对《礼经》的诠释；《春秋》三传是对《春秋》经的诠释。现试以《左传》对《春秋经》和《易传》对《易经》的解释为例说明先秦儒家对经书的诠解方式。

　　《左传》是对《春秋》的解释，相传是由左丘明作的，但近人杨伯峻考证说"我认为，《左传》作者不是左丘明"，"作者姓何名谁已不可考"，"其人可能受孔丘影响，但是儒家别派"。杨伯峻并认为："《左传》成书于公元前403年魏斯为侯之后，周安王十三年（前386年）以前。"这里我们暂且把杨伯峻先生的论断作为根据来讨论《左传》对《春秋》的解释问题。据杨伯峻推算《左传》成书的时间，我们可以说《左传》是目前知道的最早一部对《春秋经》进行全部诠释的书,或者也可以说是世界上现存最早的解释性的著作之一。这就说明中国的经典解释问题至少有着两千三四百年的历史了。

《春秋》隐公元年记载:"夏五月,郑伯克段于鄢。"《左传》对这句话有很长一段注释,现录于下:

> 初,郑武公娶于申,曰武姜,生庄公及共叔段。庄公寤生,惊姜氏,故名曰寤生,遂恶之。爱共叔段,欲立之。亟请于武公,公弗许。及庄公即位,为之请制。公曰:"制,岩邑也,虢叔死焉。佗邑唯命。"请京,使居之,谓之京城大叔。祭仲曰:"都,城过百雉,国之害也。先王之制,大都,不过参国之一;中,五之一;小,九之一。今京不度,非制也,君将不堪。"公对曰:"姜氏欲之,焉辟害?"对曰:"姜氏何厌之有? 不如早为之所,无使滋蔓! 蔓,难图也。蔓草犹不可除,况君之宠弟乎?"公曰:"多行不义,必自毙,子姑待之。"既而大叔命西鄙、北鄙贰于己。公子吕曰:"国不堪贰,君将若之何? 欲与大叔,臣请事之;若弗与,则请除之,无生民心。"公曰:"无庸,将自及。"大叔又收贰以为己邑,至于廪延。子封曰:"可矣。厚将得众。"公曰:"不义,不暱。厚将崩。"大叔完聚,缮甲兵,具卒乘,将袭郑,夫人将启之。公闻其期,曰:"可矣。"命子封帅二百乘以伐京。京叛大叔段。段入于鄢。公伐诸鄢。五月辛丑,大叔出奔共。书曰:郑伯克段于鄢。段不弟,故不言弟;如二君,故曰克;称郑伯,讥失教也,谓之郑志。不言出奔,难之也。①

《左传》这样长长一段是对经文所记"郑伯克段于鄢"六个字的注释,它是对历史事件的一种叙述。它中间包含着事件的起始,事件的曲折过程,还有各种议论和讨论以及事件的结尾和评论等等,可以说是一相

---

① 杨伯峻:《春秋左传注》,中华书局,1981年,第1册,第10—14页。

当完整的叙述式的故事。《左传》这一段叙述如果不是对《春秋》经文的铺陈解释,它单独也可以成为一完整历史事件的叙述,但它确确实实又是对《春秋》经文的注释。如果说"郑伯克段于鄢"是事件的历史(但实际上也是一种叙述的历史),那么相对地说上引《左传》的那一段可以说是叙述的历史。叙述的历史和事件的历史总有其密切的关系,但严格说来几乎写的历史都是叙述的历史。叙述历史的作者在叙述历史事件时必然都和他处的时代、生活的环境、个人的道德学问,甚至个人的偶然机遇有关系,这就是说叙述的历史都是叙述者表现其对某一历史事件的"史观"。上引《左传》的那一段,其中最集中地表现作者"史观"的就是那句"多行不义,必自毙"和最后的几句评语。像《左传》这种对《春秋》的解释,对中国各种史书都有影响。我们知道中国有"二十四史",其中有许多"史"都有注释,例如《三国志》有裴松之注,如果《三国志》没有裴注,这部书就大大逊色了。裴注不专门注重训诂,其重点则放在事实的解释和增补上,就史料价值说是非常重要的。《三国志·张鲁传》裴注引《典略》"熹平中,妖贼大起,三辅有骆曜。光和中,东方有张角,汉中有张修。骆曜教民缅匿法,角为太平道,修为五斗米道"云云一长段,大大丰富了我们对汉末道教各派的了解。裴注之于陈寿《三国志》和《左传》之于《春秋》虽不尽相同,但是都是属同一类型,即都是对原典或原著的历史事件的叙述式解释。

《易经》本来是古代作为占卜用的经典,虽然我们可以从它的卦名、卦画、卦序的排列以及卦辞、爻辞等等中分析出某些极有价值的哲理,但我们大概还不能说它已是一较为完备的哲学体系,而《易传》中的《系辞》对《易经》所作的总体上的解释,则可以说已是较完备的哲学体系了。①《系辞》把《易经》看成一个完整的整体性系统,对它作了整

---

① 《易传》中除《系辞》,还包含其他部分,都可作专门讨论,但限于篇幅,本文只讨论《系辞》对《易经》的解释问题。

体性的哲学解释,这种对古代经典作整体性的哲学解释,对后世有颇大影响,如王弼的《老子指略》是对《老子》所作的系统的整体性解释,《周易略例》则是对《周易》所作的系统的整体性解释。① 何晏有《道德论》和《无名论》都是对《老子》作的整体性解释,如此等等在中国历史上还有不少。② 《系辞》对《易经》的解释,当然有很多解释问题可以讨论,本文只就其中包含的本体论和宇宙生成论两大问题来略加探讨,而这两个不同的解释系统在实际上又是互相交叉着的。

《易经》的六十四卦是一个整体性的开放系统,它的结构形成为一个整体的宇宙架构模式。这个整体性的宇宙架构模式是一生生不息的有机架构模式,故曰:"生生之谓易。"世界上存在着的事事物物都可以在这个模式中找到它一一相当的位置,所以《系辞》中说:《易经》(或可称"易道")"范围天地之化而不过,曲成万物而不遗"。在宇宙中存在的天地万物其生成变化都在《易经》所包含的架构模式之中,"在天成象,在地成形,变化见矣。"天地万物之所以如此存在都可以在《易经》中的架构模式中找到其所以存在的道理,找到一一相当的根据,"天下之理得,而成位于其中。"因此,"易与天地准,故能弥纶天地之道。"《易经》所表现的宇宙架构模式可以成为实际存在的天地万物相应的准则,它既包含着已经实际存在的天地万物的道理,甚至它还包含着尚未实际存在而可能显现成为现实存在的一切事物的道理,"故神无方易无体","易"的变化是无方所的,也是不受现实存在的限制的。这就说明,《系辞》的作者认为,天地万物之所以如此存在着、变化着都可以从"易"这个系统中找到根据,"易"这个系统是一无所不包的宇宙模式。这个模式是形而上的"道",而世界上已经存在的或者还未

---

① 王弼大概还有专门对《系辞》作的玄学本体论解释,这不仅见于韩康伯《周易系辞注》中所引用的王弼对"大衍之义"的解释,还见于杨士勋《春秋穀梁传疏》中引用王弼的话。
② 《世说新语·文学篇》"裴成公作《崇有论》"条,注引"晋诸公赞曰:自魏太常夏侯玄、步兵校尉阮籍等皆著《道德论》"云云。

存在而可能存在的东西都能在此"易"的宇宙架构模式中找到其所以存在之理,所以《系辞》中说:"形而上者谓之道,形而下者谓之器。"在中国哲学中,从现有的文献资料看,最早明确提出"形上"与"形下"分别的应说是《系辞》。我们借用冯友兰先生的说法,可以说"形而上"的是"真际","形而下"的是"实际","实际"是指实际存在的事物,而"真际"是实际存在事物之所以存在之"理"(或"道",或"道理")。① 这就是说,《系辞》已经注意到"形上"与"形下"的严格区别,它已建立起一种以"无体"之"易"为特征的形而上学体系。这种把《易经》解释为一宇宙架构模式,可以说是《系辞》对《易经》的形而上本体论的解释。

这种对《易经》本体论的解释模式对以后中国哲学的影响非常之大,如王弼对《系辞》"大衍之数"的解释,王弼《老子指略》对《老子》的解释。韩康伯《周易系辞注》"大衍之数五十,其用四十有九"条中说:"王弼曰:演天地之数所赖者五十也,其用四十有九,则其一不用也。不用而用以之通,非数而数之以成,斯易之大极也。四十有九,数之极也,夫无不可以无明,必因于有,故常于有物之极,而必明其所由之宗也。""宗"者,体也。这里王弼实际上用"体"与"用"之关系说明"形上"与"形下"之关系,而使中国的本体论更具有其特色。②《老子指略》中说:"夫物之所以生,功之所以成,必生乎无形,由乎无名。无形无名者,万物之宗也。"用"无"和"有"以说"体"和"用"之关系,以明"形上"与"形下"之关系,而对《老子》作一"以无为本"之本体论解释。

在《系辞》中还有一段对《易经》的非常重要的话:"易有太极,是生两仪,两仪生四象,四象生八卦,……""易"包含着一个生成系统。这

---

① 冯友兰先生所用"真际"一概念,在佛教中已普遍使用,如《仁王经》上说:"以诸法性即真际故,无来无去,无生无灭,同真际等法性。"《维摩经》说:"非有相非无相,同真际等法性。"丁福保《佛学大辞典》谓"真际"即至极之义。"道"虽不是实际存在的事物,但它并不是"虚无",而是"不存在而有"(non-existence but being),这是借用金岳霖先生的意思。(参见冯友兰:《中国现代哲学史》,第 217 页,广东人民出版社,1999 年)陆机《文赋》:"课虚无以责有,叩寂寞而求音。"正是"不存在而有"的最佳表述。

② 《周易王韩注》第三十八章:"万物虽贵,以无为用,不能舍无以为体也。"

个生成系统是说《易经》表现着宇宙的生生化化。宇宙是从混沌未分之"太极"(大一)发生出来的,而后有"阴"(--)"阳"(—),再由阴阳两种性质分化出太阴(==)、太阳(⚌)、少阴(⚎)少阳(⚍)等四象,四象分化而为八卦(☰、☱、☲、☳、☴、☵、☶、☷),这八种符号代表着万物不同的性质,据《说卦》说,这八种性质是:"乾,健也;坤,顺也;震,动也;巽,入也;坎,陷也;离,丽也;艮,止也;兑,说也。"这八种性质又可以用天、地、雷、风、水、火、山、泽的特征来表示。由八卦又可以组成六十四卦,但并非说至六十四卦这宇宙生化系统就完结了,实际上仍可展开,所以六十四卦最后两卦为"既济"和"未济",这就是说事物(不是指任何一种具体事物,但又可以是任何一种事物)发展到最后必然有一个终结,但此一终结又是另一新的开始,故《说卦》中说:"物不可穷也,故受之以未济终焉。"天下万物就是这样生化出来的。"易"这个系统是表现着宇宙的生化系统,是一个开放性的系统。《系辞》中还说:"天地絪缊,万物化醇,男女构精,万物化生。"《序卦》中说:"有天地,然后有万物;有万物,然后有男女;有男女,然后有夫妇;有夫妇,然后有父子;有父子,然后有君臣;有君臣,然后有上下;有上下,然后礼仪有所错。"这种把《易经》解释成为包含着宇宙的生化系统的理论,我们可以说是《系辞》对《易经》的宇宙生成论的解释。这里有一个问题需要作些分疏,照我看"太极生两仪……"仅是个符号系统,而"天地絪缊,化生万物……"和"有天地,然后有万物"就不是符号了,而是一个实际的宇宙生化过程,是作为实例来说明宇宙生化过程的。因此我们可以说,《系辞》所建立的是一种宇宙生化符号系统。这里我们又可以提出另一个中国哲学研究的新课题,这就是宇宙生成符号系统的问题。汉朝《易经》的象数之学中就包含宇宙生成的符号问题,而像"河图"、"洛书"等都应属于这一类。后来又有道教中的符箓派以及宋朝邵雍的"先天图"、周敦颐的"太极图"(据传周敦颐的"太极图"脱胎于道士陈抟的"无极图",此说尚有疑问,待考)。关于这一问题需另文讨论,非本文所应详论之范围。但是,我认为区分宇宙生成的符号系统与宇宙实际生成过程的描述是非常重要的。宇宙实际生成过程的描述往往是依据生活经验而提出的具体形态的事物(如天地、男女等等)发展过程,而宇宙生成的符号系统虽也可能是依据生活经验,但其所表述的宇宙生成过程并不是具体形态的事物,而是象征性的符号,这种符号或者有名称,但它并不限定于表示某种事物及其性质。因此,这种宇宙生成的符号系统就象代数学一样,它可以代入任何具体形态的事物及其性质。两仪(--和—)可以代表天地,也可以代表男女,也可代表刚健和柔顺等等。所以我认为,仅仅把《系辞》这一对《易经》的解释系统看成是某种宇宙实际生成过程的描述是不甚恰当的,而应了解为可以作为宇宙实际生成系统的模式,是一种宇宙代数学,我把这一系统称之为《系辞》对《易经》解释的宇宙生成论。像《系辞》这类以符号形式表现的宇宙生成论,并非仅此一家,而《老子》的"道生一,一生二,二生三,三生万物,万物负阴而抱阳,冲气以为和",也是一种宇宙生成的符号系统,也是一种宇宙代数学,其中的数字可以代以任何具体事物。"一"可以代表"元气",也可以代表"虚霩"(《淮南子·天文训》谓"道始于虚霩",虚霩者尚未有时空分化之状态)。"二"可以代表"阴阳",也可以代表"宇宙"(《天文训》谓"虚霩生宇宙",即由未有时空分化之状态发展成有时空之状态)。"三"并不一定就指"天、地、人",它可以解释为有了相对应性质的两事物就可以产生第三种事物,而任何具体事物都是由两种相对应性质的事物产生的,它的产生是由两种相对应事物交荡作用而生的合物。① 然而汉朝的宇宙生成论与《系辞》所建构的宇宙生成论不同,大都是对宇宙实际生成过程的描述,此是后话,当另文讨论。②

我们说《系辞》对《易经》的解释包括两个系统,即本体论系统和宇宙生成论系统,那是不是说《系辞》对《易经》的解释包含着矛盾?我想,不是的。也许这两个系统恰恰是互补的,并形成为中国哲学的两大系。宇宙本身,我们可把它作为一个平面开放系统来考察,宇宙从其广度说可以说是无穷的,郭象《庄子·庚桑楚》注:"宇者,有四方上下,而四方上下未有穷处。"同时我们又可以把它作为垂直延伸系统来考察,宇宙就其纵向说可以说是无极的,故郭象说:"宙者,有古今之长,而古今之长无极。"既然宇宙可以从两个方面来考察,那么"圣人"的哲学也就可以从两个方面来建构其解释宇宙的体系,所以"易与天地准"。"易道"是个开放性的宇宙整体性结构模式,因此"易道"是不可分割的,是"大全",宇宙的事物曾经存在的、现在仍然存在的或者将来可能存在的都可以在"易"这个系统中找到一一相当的根据。但"易道"又不是死寂的,而是一"生生不息"系统,故它必须显示为"阴"和"阳"(注意:但"阴"和"阳"缊缊而生变化,"阴阳不测谓之神")相互作

---

① 关于"三"的问题,庞朴同志提出"一分为三"以区别于"一分为二",这点很有意义。如果从哲学本体论方面来考虑,"一分为三"的解释或可解释为在相对应的"二"之上或之中的那个"三"可以是"本体",如"太极生两仪",合而为"三","太极"是"本体",而"两仪"是"本体"之体现。我在一篇文章中讨论过,儒家与道家在思想方法上有所不同,儒家往往是于两极中求"中极",如说"过犹不及"、"叩其两端"、"允执其中",而道家则是于"一极"求其对应的"一极",如"天下皆知美之为美,斯恶已"。(参见《论〈道德经〉建立哲学体系的方法》,《哲学研究》,1986年第一期)儒家于"两极"中求"中极",这"中极"并不是和"两极"平列的,而是高于"两极"之上的。就本体意义上说,这"中极"就是"中庸",就是"太极"。因此,就哲学上说,"一分为三"与"一分为二"都是同样有意义的哲学命题。就哲学意义上说"一分为三"实是以"一分为二"为基础。

② 例如《淮南子·天文训》中说:"道始于虚霩,虚霩生宇宙,宇宙生元气,元气有涯垠,清阳者薄靡而为天,重浊者凝滞而为地。"《孝经纬·钩命诀》:"天地未分之前,有太易、有太初、有太始、有太素、有太极,是为五运。形象未分,谓之太易。元气始萌,谓之太初。气形之端,谓之太始。形变有质,谓之太素。质形已具,谓之太极。五气渐变,谓之五运。"可见,汉朝的宇宙生成论大体上都是"元气论"。

用的两个符号(不是凝固的什么东西),这两个互相作用的符号代表着两种性质不同的势力。而这代表两种不同性质的符号是包含在"易道"之中的,"易道"是阴阳变化之根本,所以说"一阴一阳之谓道"。杨士勋《春秋穀梁传疏》中引用了一段王弼对"一阴一阳之谓道"的解释,文中说:"《系辞》云:一阴一阳之谓道。王弼云:一阴一阳者,或谓之阴或谓之阳,不可定名也。夫为阴则不能为阳,为柔则不能为刚。唯不阴不阳,然后为阴阳之宗;不柔不刚,然后为刚柔之主。故无方无体,非阴非阳,始得谓之道,始得谓之神。"阴和阳代表着两种不同的性质,此一方不能代表彼一方,只有"道"它既不是阴又不是阳,但它是阴阳变化之宗主(本体),故曰"神无方,易无体也"。就这点看,《系辞》把《易经》解释为一平面的开放体系和立体的延伸体系的哲学,无疑是有相当深度的哲学智慧的。再说一下,《系辞》对《易经》的整体性哲学解释和《左传》对《春秋》的叙述事件型解释是两种很不相同的解释方式。

　　李零教授说:"汉代的古书传授有经、传、记、说、章句、解故之分。大体上讲,它们的区分主要是,'经'是原始文本,'传'是原始文本的载体和对原始文本的解说(类似后世所说的'旧注')。'经'多附'传'而行,'传'多依'经'而解,……'记'(也叫'传记')是学案性质的参考资料,'说'则可能是对'经传'的申说(可能类似于'疏'),它们是对'传'的补充(这些多偏重于义理)。'章句'是对既定文本,……所含各篇的解析,……'解故'(也叫作'故'),则关乎词句的解释。"李零教授说清了"经"与诠释"经"的"传"、"记"、"说"、"解"、"注"、"笺"、"疏"等等之间的关系。① 今天,我们要读懂"五经",是不能不借助历代儒学大家的注疏的。同时,在我国对经典的诠释中常需具备"训诂学"、"文字学"、"音韵学"、"考据学"、"版本学"、"目录学"等等的知识,也就是说具备这些方面的知识才能真正把握中国诠释经典的意义。

---

① 李零:《郭店楚简校读记》,北京大学出版社,2002年,第72页。

1998年，我曾提出"能否创建中国解释学"的问题，其后写了四篇文章讨论此问题。① 在中国，自先秦以来有着很长的诠释经典的历史，并且形成了种种不同的注释经典的方法与理论。而各朝各代诠释经典的理论与方法往往也有所不同。例如在汉朝有用所谓"章句"的方法注释经典，分章析句，一章一句甚至一个字一个字地详细解释。据《汉书·儒林传》说，当时儒家的经师对"五经"的注解，"一经之说，至百余万言。"儒师秦延君释"尧典"二字，十余万言；释"曰若稽古"四字，三万言。当时还有以"纬"（纬书）证"经"的方法，苏舆《释名疏证补》谓："纬之为书，比傅于经，辗转牵合，以成其谊，今所传《易纬》、《诗纬》诸书，可得其大概，故云反复围绕以成经。"此种牵强附会的解释经典的方法又与"章句"的方法不同。至魏晋，有"玄学"出，其注释经典的方法为之一变，玄学家多排除汉朝繁琐甚至荒诞的注释方法，或采取"得意忘言"，或采取"辨名析理"等简明带有思辨性的注释方法。王弼据《庄子·外物》以释《周易·系辞》"言不尽意，书不尽言"，作《周易略例·明象章》，提出"得意忘言"的玄学方法，而开一代新风。② 此是一典型解释儒经的新方法。郭象继之而有"寄言出意"之说，其《庄子·逍遥游》第一条注说：

> 鹏鲲之实，吾所未详也。夫庄子之大意，在乎逍遥游放，无为而自得，故极大小之致，以明性分之适。达观之士，宜要其会归，而遗其所寄，不足事事曲与生说，自不害其弘旨，皆可略之。

这种"寄言出意"的注释方法自与汉人注释方法大不相同。《大慧普觉禅师语录》卷二十二中说："曾见郭象注庄子，识者云：却是庄子注郭

---

① 此五篇论文均收入拙著《和而不同》一书中，辽宁人民出版社，2001年。
② 王弼《周易略例·明象》："夫象者，出意者也；言者，明象者也。尽意莫若象，尽象莫若言。言生于象，故可寻言以观象；象生于意，故可寻象以观意。意以象尽，象以言著。故言者所以明象，得象而忘言；象者所以存意，得意而忘象。"参见汤用彤先生《魏晋玄学论稿》中之《言意之辩》，《汤用彤全集》第四卷，河北人民出版社，2000年，第22页。

象。"如果说汉人注经大体上是"我注六经",那么王弼、郭象则是"六经注我"了。

郭象注《庄子》还用了"辨名析理"的方法,这种方法和先秦"名家"颇有关系,盖魏晋时期"名家"思想对玄学产生有所影响。郭象《庄子·天下注》的最后一条谓:

> 昔吾未览《庄子》,尝闻论者争夫尺棰连环之意,而皆云庄生之言,遂以庄生为辨者之流。案此篇较评诸子,至于此章,则曰:其道舛驳,其言不中,乃知道听途说之伤实也。吾意亦谓,无经国体致,真所谓无用之谈也。然膏梁之子,均之戏豫,或倦于典言,而能辨名析理,以宣其气,以系其思,流于后世,使性不邪淫,不犹贤于博弈者!故存而不论,以贻好事也。

这里郭象把"辨名析理"作为一种解释方法提出来,自有其特殊意义,但"辨名析理"几乎是所有魏晋玄学家都采用的方法,所以有时也称魏晋玄学为"名理之学"。如王弼说:"夫不能辨名,则不可言理;不能定名,则不可以论实也。"嵇康《琴赋》谓:"非夫至精者,不能与之析理也。"就这点看,魏晋玄学家在注释经典上已有方法论上的自觉。至宋,有陆九渊提出"六经注我,我注六经"的问题,①实在魏晋时已开此问题之先河,不过当时并未把它作为一问题提出来。至清,因考据之学盛,有杭世骏论诗而对"诠释"有一说:"诠释之学,较古昔作者为尤难,语必溯源,一也;事必数典,二也;学必贯三才而穷七略,三也。"②意思是说,诠释这门学问,就今人对诗文的诠释说比古昔作者更加困难,原因是首先应了解其原意,其次要知道所涉及的典故;再次是必学贯天、地、人三学而对"七略"知识有所了解。杭世骏所言之"诠释"虽非今日

---

① 陆九渊著,钟哲点校:《陆九渊集》,中华书局,1980年,第522页。《陆氏年谱》记载有杨简曾闻:"或谓陆先生云:'胡不注六经?'先生云:'六经当注我,我何注六经。'"
② 杭世骏:《李义山诗注序》,《道古堂全集·文集》卷八。

所说之西方"诠释学"(Hermeneutics)之"诠释",但也可看到自先秦两汉以来,我国学者在各学科中均意识到对著作之文本是需要通过解释来理解的。因此,对中国儒学的研究,必须注意历代对"经书"的注释,以使人们了解在我国的历史传统确有对"经典"诠释颇为丰富的理论与方法的资源。通过《中国儒学史》的撰写,对儒家经典的诠释历史加以梳理,总结出若干有意义的理论与方法,也许对创建"中国诠释学"大有益处。①

四、儒学与外来文化的传入

罗素说:"不同文明的接触,以往常常成为人类进步里程碑。"②在两千多年的儒学发展史中,我们可以清楚地看到,"儒学"的每一次发展除其自身内在自觉地更新外,都是在与我国国内存在的各学派交流中得到发展的,汉儒吸收了道家、法家、阴阳家的学说而有"两汉经学";魏晋南北朝时期,诸多玄学家均有注儒家经典者,而"以儒道为一"。③儒学在我国历史上与我国原有各学派之间的相互影响无疑是在研究儒学史时应予注意的。这方面已有论述较多,兹不详述。也许更应关注的是外来文化传入对儒学发生重大影响的问题。

在儒学发展史上,可以说有两次重大的外来文化传入对我国儒学

---

① 参见拙作《论创建中国解释学问题》,《中国哲学》第二十五辑,辽宁教育出版社,2004年。
② 《中西文明的对比》,见罗素:《中国问题》,第146页。
③ "向子期(秀)以儒道为一。"(谢灵运《辨宗论》),汤用彤《王弼之〈周易〉、〈论语〉新义》说:"陈寿《魏志》无王弼传,仅于《钟会传》尾附叙数语,实太简陋。然其称弼'好论儒道','注《易》及《老子》',孔老并列,未言偏重,……盖世人多以玄学为老、庄之附庸,而忘其亦系儒学之蜕变。"汤著《向郭义之庄周与孔子》中说:"郭序曰,《庄子》之书'明内圣外王之道'。向、郭之所以尊孔抑庄者,盖由此也。"其时有王(弼)韩(康伯)《周易注》、何晏《论语集解》、王弼《论语释疑》、向秀《周易注》、郭象《论语体略》《论语隐》、皇侃《论语义疏》等等。

产生过重大影响,第一次是自公元一世纪以下,印度佛教文化的传入,它成为宋明理学(道学)产生的重要原因之一。如果不算唐朝传入的景教和在元朝曾发生过一定影响的也里可温教,因为这两次外来文化的传入都因种种原因而中断了。第二次文化外来是西方文化大规模的进入中国。自十六世纪末,特别是自十九世纪中叶西方文化全方位的传入,大大地影响和改变了儒学在中国社会生活中的地位。那么,我们需要问,今天应该如何看儒学与西学的关系?我想,这也许涉及到文化发展中"源"与"流"的关系问题。

我们知道,任何历史悠久且仍然有着生命力的民族文化必有其发生发展的源头,也就是说有其发源地,它可被称为该民族文化之"源"。例如今日欧洲文化的源头可以说主要是源自古希腊,印度文化的发源地在南亚的恒河流域。中华文化源远流长,有五千年的历史,它的源头在东亚的黄河、长江流域。在这些有长久历史的民族文化发展过程中总是在不断吸收着其他地区民族文化以滋养其自身,而被吸收的种种文化对吸收方说则是"流"。一个有长久历史仍然有着生命力的文化就像一条不断流着的大江大河,它必有一个源头,它在流动之中往往会有一些江河汇入,这些汇入主干流的江河常被称为"支流",甚至某些支流在一定情况下其流量比来自源头的流量要大,但"源"仍然是"源","流"仍然是"流"。因此,我们在讨论一种文化的发展时必须注意处理好文化的"源"与"流"的关系。

(一) 儒学与印度佛教的传入

儒学自孔子起就自觉地继承着源自中华大地的夏、商、周三代的文化,在长达两千多年的历史中曾是中华文化的主体,因而也可以说它的学说是来自中华大地文化的源头。印度佛教文化在一世纪传入中国之后曾对中国社会的宗教、哲学、文学、艺术、建筑、医学等等诸多方面有着重大影响,这一事实是中外学界所公认的。但是,上述的所有学科在历史上仍然体现着中华文化内在的精神面貌。因此,中国固有文化仍然是"源",而印度佛教文化只是"流"。佛教传入中国的历史很长,在魏晋时有着广泛的影响,然就其与"魏晋玄学"的关系说,并非因佛教的传入而有"玄学",而恰恰相反,是因有"玄学"佛教才得以在我国比较顺利地流行。印度佛教对魏晋南北朝时期中国的思想文化起着重大作用,但它只是一个"助因",并不能改变中国思想文化的根本性质和发展方向。"玄学是从中国固有学术自然的演进,从过去思想中随时演进的'新义',渐成系统,玄学的产生与印度佛教没有必然关系。易而言之,佛教非玄学生长之正因。反之,佛教倒是先受玄学的洗礼,这种外来思想才能为我国所接受。所以从一个方面讲,魏晋时代的佛学也可以说是玄学。但佛学对玄学为推波助澜的助因是不可抹杀的。"[①]例如在中国有影响的佛教学说僧肇和道生所讨论的许多问题仍是中国原本在"玄学"中所讨论的问题,如僧肇四论:动静、有无、知与无知、圣人人格等问题都是自王弼、郭象以来玄学讨论的主题,可以说《肇论》是接着"玄学"讲的。而道生之顿悟,"实是中印学术两者调和之论,一扫当时学界两大传统冲突之说,而开伊川谓'学'乃以至圣人学说之先河。"[②]到隋时,据《隋书·经籍志》记载:当时"民间佛经,多于六经数十百倍",但也未能改变儒学在社会上的正统地位。因而至隋唐,在我国出现了若干受我国固有的儒、道学术文化影响的佛教宗派,其中在我国最有影响的天台、华严、禅宗实是中国化的佛教宗派。另虽有玄奘大师提倡的唯识宗,流行三十余年后则渐衰。天台、华严、禅宗所讨论的重要问题是心性问题。"心性问题"本来是中国儒家思想所讨论的问题(近期出土文献对此问题讨论甚多)。天台有所

[①] 参见汤用彤:《魏晋玄学的发展》,见《汤用彤全集》第四卷,河北人民出版社,2000年,第112页。
[②] 参见:汤用彤《谢灵运〈辨宗论〉书后》,《汤用彤全集》第四卷,第96—102页。

谓"心生万法";①华严宗有融"佛性"于"真心";禅宗则更认为"佛性"即人之"本心"(本性)。由于佛教的中国化,使得中国化的佛教宗派、特别是禅宗大大改变了印度佛教的原貌;佛教在中国从"出世"走向世俗化,认为在日常生活中就可以成佛,因而原来被佛教排斥的儒家"忠君"、"孝父母"②和道家的"顺自然"③等等思想也可以被容纳在禅宗里面。在世界历史上,文化也曾发生过异地发展之问题,印度佛教文化在中国的发展就是一例。公元八、九世纪佛教在印度已大衰落,然而在中国却大发展,而有天台、华严、禅宗等。中国佛教这些宗派直接影响着朝鲜半岛、日本等地。因此,我们可以说中国文化曾受惠于印度佛教,而印度佛教又在中国得到发扬光大。

至宋,理学兴起,一方面批评佛教,另一方面又吸收佛教。本来中国儒学是入世的"治国平天下"之道,而非如佛教的"出世"寻求"西方极乐世界",两者很不相同,但理学不仅吸收了华严宗"理事无碍"、"事事无碍"的思想,而有"人人一太极,物物一太极"和"理一分殊"等思想,有助于程颐、朱熹传承先秦孔孟的"心性"学说,而建立了以"理"为本的形而上学。④陆九渊、王阳明则更多地吸收禅宗的"明心见性"等思想,传承先秦儒家"尽心、知性、知天"的思想,而有"吾心便是宇宙"和"心外无物"等思想,建立了以"心"为体的形而上学。⑤程朱的"性即

---

① 智顗《修习止观坐禅法要》:"一切诸法,皆由心生。"
② 契嵩本《坛经·无相颂》:"恩则孝养父母,义则上下相邻。"宋宗杲大慧禅师说:"予虽学佛者,然爱君忧之心,与忠义士大夫等。""学不至,不是学;学至而不用,不是学;学不能化物不是学。学到彻头处,文亦在其中,武亦在其中,事亦在其中,理亦在其中,忠义孝道乃至治身治人安国安邦之术无不在其中。"
③ 无门和尚《颂》:"春有百花秋有月,夏有凉风冬有雪,若无闲事挂心头,便是人间好时节。"
④ 《朱子语类》卷一中,朱子曰:"太极只是天地万物之理。在天地言,则天地中有太极,在万物言,则万物中各有太极。未有天地之先,毕竟是生有此理。""伊川说得好,曰'理一分殊'。合天地万物而言,只是一个理,及在人,则又各有一个理。"
⑤ 《陆九渊集》中《与曾宅之》写到:"盖心,一心也;理,一理也;至当归一,精义无二,此心此理,实不容二。"王阳明《传习录上》中说:"心即理也,天下又有心外之事,心外之理乎?……心即理也,此心无私欲之蔽,即是天理,不须外面添一分。"

理"和陆王的"心即理"虽理路不同,但都是要为"治国平天下"的理想找一形而上学的根据;这样就使宋明理学较之先秦儒学有了更加完善的理论体系。这一发展正是由于理学吸收、消化和融合了隋唐以来中国化的佛教宗派而形成的。但是,从根本上说,理学仍然是先秦以来儒家"心性"学说的发展,佛教只是助因。从这里我们也可以看出文化的"源"和"流"的关系。

(二) 儒学与"西学"的传入

在十九世纪末,由于西方列强的入侵,大大有利于西方文化(西学)在中国的传播。因此,引起了"中西古今之争",此"中西古今之争"一直延续至今。所谓"中西古今之争"无非是说中国文化面临着三个相互联系的问题:如何对待西方文化;如何看待我国本民族的固有文化;在现时代如何创建我国自身的新文化。一个多世纪以来,西方学术思想像潮水一般地涌入我国,最早有影响的西方学说是严复翻译的《天演论》,因而进化论思想影响着中国几代人。其后,继之而有叔本华哲学、尼采哲学、康德哲学、古希腊哲学、无政府主义、马克思主义,英国经验主义、欧洲大陆理性主义、十九世纪德国哲学、实用主义、实在论、分析哲学、现象学、存在主义、结构主义,解构主义、解构性后现代主义以至建构性后现代主义等等,先后进入我国。中国学界面对如此众多的学术派别(西学),我们如何接受,如何选择,无疑是个大难题。

我们是不是可以根据百多年来的历史,对"西学"输入中国作一些分析?照我看,从中国社会发展的情况看也许可以把"西学"对中国学术思想的影响分成:中国社会迫切需要的思想、有利于促进中国哲学更新和发展的思想,以及和中国哲学较相近,能对中国社会发生巨大影响的思想等几类。当然也还有其他西方学术派别影响着我国学术界,此处就不一一详谈了。

第一，中国社会迫切需要的思想：自鸦片战争以来，中国社会迫切需要的是如何改变我国落后、挨打的局面。为了自强图存，再守着过时的思想文化传统，提倡什么"奉天承运"、"三纲六纪"、"中学为体，西学为用"已经不行了，中国社会必须"进化"，于是西方的"进化论"思想自严复的《天演论》译出之后无疑成为影响中国社会的主要思潮。其时，中华民国的缔造者孙中山即是"进化论"的信徒。至于我国学术文化界，无论是激进派的，如陈独秀、鲁迅、郭沫若等等，自由主义派的，如张东荪、胡适、丁文江等等都接受了"进化论"思想，甚至保守派的，如梁漱溟、杜亚泉等也不反对"进化"。① 其后，尼采的"重新估价一切"的思想深深地影响中国学术界，这正适合中国社会急遽变化之需要。中国必须改变，因而需要对过去的一切进行重新评估。1904年，王国维介绍尼采时，指出尼采学说的目的是要"破坏旧文化而创造新文化"，为"弛其负担"而"图一切价值之颠覆"，并"肆其叛逆而不惮"，盛赞尼采的"强烈之意志而辅以极伟大之知力"。其后，鲁迅、陈独秀、沈雁冰(茅盾)、郭沫若等等无不要求以"强固的意志"去对旧传统"进行战斗"。特别是蔡元培在一次演讲中说："迨至尼采（原注：德国之大文学家），复发明强存弱亡之理，……弱者恐不能保存亦积极进行，以与强者相抵抗，如此世界始能日趋进化。"而傅斯年在《新潮》杂志上号召："我们须提着灯笼沿街找超人，拿着棍子沿街打魔鬼"，赞扬尼采是一个"极端破坏偶像家"。所以尼采思想在"五四运动"前后都有过重大影响。② 其他如无政府主义思想也曾发生过一定影响，盖因其反对"专制政权"甚激烈。

第二，有利于中国哲学得到更新和发展的思想：宋明理学在中国

---

① 杜亚泉《接续主义》中说："国家之接续主义，一方面含有开进之意味，一方面又含有保守之意味。盖接续云者：以旧业与新业相接续之谓。有保守而无开进，则拘墟旧业，复何用其接续乎！"
② 参见乐黛云：《尼采与中国现代文学》，收入《比较文学与中国现代文学》，北京大学出版社，1987年。

统治了近千年,这一学说日愈僵化,逐渐成为束缚人们思想的教条。因此,有了现代新儒学的出现。人们一向以自熊十力开创,而经牟宗三等发展,至今而有第三代如杜维明、刘述先等为现代新儒学的代表。但是,实际上在中国另外还有一些企图吸收"西学"来发展儒学的学派,例如以冯友兰为代表的"新理学"派和以贺麟为代表的"新心学"派。

熊十力的"新唯识论"体系虽颇有创见,但相对地说还是比较传统地继承着儒家哲学,不过我们已可以看出,他对"西学"确颇有认识,如他说:"西学以现象为变异,本体为真实,其失与佛法等。"同时熊先生也看到中国哲学在"认识论"有不重"思辨"之缺点,故"中国诚宜融摄西洋而自广",使两者结合而成"思修交尽之学"。[1] 可见,熊十力已注意到必须吸收西方哲学之长而为中国哲学开拓新的方面。其后,牟宗三则多吸收与融合康德哲学;而杜、刘等则以开放的心态面对西方哲学,而维护儒学传统则未变。

冯友兰的"新理学"之所以新正是在把柏拉图的"共相"与"殊相"和"新实在论"(如"潜在"的观念)引入中国哲学。他把世界分成"真际"(或称之为"理",或称之为"太极")和"实际",实际的事物依照所以然之理而成为其事物。冯先生之创建"新理学",其意图主要是使中国哲学中的"形上学"更加凸显,以说明宋明理学可发展为与西方哲学媲美的形上学。[2]

贺麟的"新心学"的思想也许可以说包含在《儒家思想的新开展》一文中。他认为:(1) 必须以西洋的哲学发挥儒家理学(此"理学"指"性理之学")。由于中国哲学特别重视的在于道德精神的建构,而并非一种注重学说知识体系建构的哲学,如能会合融贯、吸收借鉴西洋

---

[1] 参见《熊十力全集》第五卷,第57、58、63页,第四卷,第105、111页,湖北教育出版社,2001年。

[2] 可参见冯友兰:《三松堂全集》第四卷《新理学》,河南人民出版社,1986年。

哲学,不仅可作道德可能的理论基础,且可奠定科学可能的理论基础。(2) 必须吸收基督教的精华以充实儒家的礼教。(3) 必须领略西洋艺术而使新诗教、新乐教、新艺术与新儒学一起复兴。① 为什么贺麟要从这三个方面来讨论"儒家思想的新开展"? 我认为,正是因为西方哲学一向重视对"真"、"善"、"美"问题的讨论,而贺麟正是希望在吸收西方文化的基础上发展"新儒学"。因此,他在《中国哲学与西洋哲学》中说:"今后中国哲学的新发展,有赖于对西洋哲学的吸收与融会,同时中国哲学家也有复兴中国文化、发扬中国哲学,以贡献于全世界人类的责任。"②

汤用彤先生为什么在写完《汉魏两晋南北朝佛教史》之后,就开始研究"魏晋玄学",主要是要梳理中国哲学自汉至魏晋南北朝之变化。他认为,中国哲学就思想上说自有其自身发展内在逻辑,印度佛教的传入虽对"玄学"的发展有推进作用,但它只是"助因",而非正因。③ 这也就是文化发展的"源"与"流"的问题吧! 但这一研究的结果,却说明中国哲学自有其"本体之学",而其"本体论"或与西方哲学不同,④其"道"、"无"、"理"、"太极"等虽为"超越性"的,但它不离万事万物,而内在于万事万物,故"体用如一",⑤而其人生境界又是"即世间而出世

---

① 贺麟:《儒家思想的新开展》,见《文化与人生》,商务印书馆,1988年,第8—9页。
② 见贺麟《哲学与哲学史》,商务印书馆,1990年,第127页。
③ 参见《魏晋思想的发展》,《汤用彤全集》第四卷,第112页。
④ 汤用彤:《魏晋玄学流派略论》中指出,魏晋玄学与东汉有根本之不同,他说:"魏晋玄学已不复拘拘于宇宙运行之外用,进而论天地万物之本体。汉代寓天道于物理,魏晋黜天道而究本体,以寡御众,而归于玄极(王弼《易略例·明象章》);忘象得意,而游于物外(《易略例·明象章》)。于是脱离汉代宇宙论(Cosmology or Cosmogony)而留连于存存本本之真(Ontology or Theory of Being)。"按:张东荪否认中国有"本体论"(参见张耀南:《张东荪知识论研究》,台湾洪叶文化事业有限公司,1995年)。又,俞宣孟教授也反对中国有本体论(参见上海《社会科学报》,2004年9月9日)。这是由于他们企图用西方本体论学说规范中国哲学之故。
⑤ 《周易注》引王弼曰:"演天地之数,所赖者五十也。其用四十有九,则其一不用也。不用而用之以通,非数而数之以成,斯易之太极也。四十九,数之极也。夫无不可以无明,必因于有,故于有物之极,而必明其所由之宗也。"郭象《庄子注》:"夫圣人虽身在庙堂之上,然其心无异于山林之中,世岂识之哉!"

间"的。

从以上几例可以看出,上个世纪中叶中国哲学的研究者们特别注意自身哲学研究所未展开的方面,如认识论、形上学(本体论)、宗教精神、纯艺术精神,从而努力吸收西方哲学"以自广"。

第三,和中国哲学较相近而对中国社会发生较大影响的思想:

中国哲学的创造者,无论儒、道还是先秦其他诸子,都是有社会关怀的"士",这一传统十分久远,我们从《尚书·说命》中"非知之艰,行之惟艰"就可以看到儒家的精神是入世的,要"明明德"于天下。要"明明德"于天下,就不仅是个理念问题,必须实践,必须身体力行,必须见之于事功。所以孔子说:"吾岂匏瓜也哉?焉能系而不食?"所以儒家哲学是一种"治国平天下"的实践的哲学。① 马克思《关于费尔巴哈的提纲》中说:"哲学家们只是用不同的方式解释世界,问题在于改变世界。""全部社会生活在本质上是实践的。"②因此,他们在"实践"问题上可有相同之处。马克思主义自上个世纪以来一直影响着中国社会,除了中国社会确实需要一巨大的变革外,我认为这和儒家思想重视"实践"(道德修养的实践,社会政治生活的实践)有着密切的关系。毛泽东的《实践论》就是证明,这是大家都了解的。同时,儒学与马克思主义又都是带有理想主义的学派。儒学有其"大同"社会的理想;马克思

---

① 参见拙作《论知行合一》,收入《反本开新——汤一介自选集》中,首都师范大学出版社,2008年。
② 《马克思恩格斯全集》第三卷,人民出版社,1960年,第8页。

主义有其共产主义的理想。[1]他们的理想主义或许带有某种"空想"成分,但无疑都有对人类社会发展前景的乐观主义的期盼,我们必须珍视。

中国学术界无疑都十分关心马克思主义中国化的问题,从哲学这个层面讲,我认为做得比较成功的应该是冯契同志。已故的冯契同志是一位有创造性的马克思主义者,他力图在充分吸收和融合中国传统哲学和西方分析哲学的基础上使马克思主义哲学成为中国化的马克思主义哲学。他的《智慧说三篇》可以说是把马克思主义的实践唯物辩证法、西方的分析哲学和中国传统哲学较好结合起来的尝试。[2]冯契同志在他的《智慧说三篇·导论》中一开头就说:"本篇主旨在讲基于实践的认识过程的辩证法,特别是如何通过'转识成智'的飞跃,获得性与天道的认识。"冯契同志不是要用实践的唯物主义辩证法去解决西方哲学的基本问题,而是要用实践的唯物主义辩证法解决中国哲学的"性与天道"的问题;而如何获得"性与天道"的认识,又借用了佛教哲学中的"转识成智",以此来打通"天"与"人"的关系问题。他说:"通过实践基础上的认识世界与认识自己的交互作用,人与自然、性与天道在理论与实践的辩证统一中互相促进,经过凝道而成德、显性以宏道,终于达到转识成智,造成自由的德性,体验到相对中的绝对、有限中的无限。"接着冯契同志用分析哲学的方法,对"经验"、"主体"、"知

---

[1] 《礼记·礼运》:孔子曰:"大道之行也,与三代之英,丘未之逮也,而有志焉。大道之行也,天下为公,选贤与能,讲信修睦。故人不独亲其亲,不独子其子,使老有所终,壮有所用,幼有所长,矜、寡、孤、独、废、疾者皆有所养,男有分,女有归。货,恶其弃于地也,不必藏于己;力,恶其不出于身也,不必为己。是故谋闭而不兴,盗窃乱贼而不作,故外户而不闭。是谓大同。"《马克思、恩格斯、列宁、斯大林论共产主义社会》:"在共产主义社会高级阶段,迫使人们奴隶般的服从社会分工的现象已经消失,脑力劳动和体力劳动的对立也随之消失,劳动已不仅仅是谋生的手段,而且成了生活的第一需要,生产力已随着每个人的全面发展而增长,一切社会财富的资源都会充分地涌现出来,……只有在那时候,才能彻底打破资产阶级法权的狭隘观点,社会才能把'各尽其能、各取所需'写在自己的旗帜上。"(人民出版社,1958年,第11页)

[2] 参见拙作《读冯契同志〈智慧说三篇〉导论》,上海《学术月刊》1998年增刊。

识"、"智慧"、"道德"等等层层分析,得出如何在"认识世界和认识自己的过程中转识成智"。首先,冯契同志把金岳霖先生的"以经验之所得还治经验",扩充为"得之以现实之道还治现实",而这个"得之以现实之道还治现实"必须有一个主体,这个"主体"即"我"。我认为这点很重要,因为没有离开"主体"的"现实"("现实"已不是自在的,而是"为我之物"了),必须有一个主体,才可以在"认识世界和认识自己的过程中转识成智"。而"我"这个主体在现实生活中,必定是一"知识"的主体,又是一"道德"的主体。我想这里可能产生两个必须回答的问题:第一个问题是:"转识成智",即是由"知识"领域进入"智慧"领域(境界),也就是说要由"以物观之"进入到"以道观之"。由此就要超越这个作为主体的"我",这样,作为主体的"我"必须达到"与道同体"(王弼语)的境地,才是"以道观之"。第二个问题是:作为知识的主体(认识世界的主体)和自由道德人格的主体(认识自己的主体)在"转识成智"的过程中是同一的还是不同一的?如果是不同一的,"转识成智"将不可能,因为这样就不可能在"自证中体认道(天道、人道、认识过程之道)"。我认为,冯契同志正是运用实践唯物主义辩证法解决这两个问题的,也就是说用实践唯物主义辩证法来解决"性与天道"这一古老又常新的哲学问题。

冯契同志有一非常重要的命题:"化理论为方法,化理论为德性。"他对这个命题解释说:"哲学理论一方面要化为思想方法,贯彻于自己的活动,自己的研究领域;另一方面又要通过自己的身体力行,化为自己的德性,具体化为有血有肉的人格。"而无论"化理论为方法",还是"化理论为德性",都离不开实践。照我的理解,"化理论为方法"不仅是取得"知识"的方法,而且也是达到"智慧"的方法。冯契同志说:"知识和智慧、名言之域和超名言之域的关系到底如何,便成为我一直关怀、经常思索的问题。""知识"的取得无疑离不开实践,而"智慧"是否也只能靠实践才能体证呢?冯契同志说:"在实践的基础上认识世界和认识自己的交互作用中如何转识成智,获得关于性与天道的认识?这样一种具体的认识是把握相对中的绝对,有限中的无限,有条件的东西中的无条件的东西。这里超名言之域,要通过转识成智,凭理性的直觉才能把握的。"这里可以注意的是:认识世界和认识自己都必须在实践的基础上实现。世界和自我都是一个实在的发展过程,人生活在这个过程之中离不开实践的活动,没有实践就没有人的"世界"和人的"自我",当然也就没有"性与天道"的问题;只有在实践中人才可以把"世界"和"自我"内化,而有"性与天道"的问题。对"性与天道"的证悟,是把握相对中的绝对、有限中的无限。当然,我们说"转识成智"这种具体的认识是把握"相对中的绝对、有限中的无限"也是具有相对性的。对于一个哲学家来说,他可以完成"转识成智",但是对于人类来说,由于只要有人类存在,人们的实践活动总是要继续下去的,而且要不断地使人们的认识在实践的基础上,由具体到抽象,再由抽象上升到具体。因此,实践的唯物主义辩证法作为一种方法,它不仅是取得"知识"的方法,而且也是体证"智慧"的方法。但是,正如冯契同志所说,"知识"和"智慧"不同,"知识"所及为可名言之域,而"智慧"所达为超名言之域,这就要"转识成智"。照冯契同志看,"转识成智"要"凭理性的直觉才能把握"。对这一点冯契同志也有一个解释:"哲学的理性的直觉的根本特点,就在于具体生动地领悟到无限的、绝对的东西,这样的领悟是理性思维和德性培养的飞跃。"(按:这有点像熊十力先生所提出希望建立"思修交尽"的"量论"那样)"理性的直觉"这一观念很重要,照我看,它是在逻辑分析基础上的"思辩的综合"而形成的一种飞跃。如果没有逻辑分析,就没有理论的说服力;不在逻辑分析基础上作"思辩的综合",就不可能形成新的哲学体系。因而,"理性的直觉"不是混沌状态的"悟道",而是清楚明白的自觉"得道"。我们从冯契同志许多论文中,特别是《导论》中,可以体会他运用逻辑分析和思辨综合的深厚功力,正由于此,实践唯物主义辩证法才更具有理论的力量,这也说明他研究的目的归根结底是为了用实践唯物辩证法来解决"性与天道"这一古老又常新的中国哲学问题,以贡献于世界。

前面我们已经讲到,冯契同志的"智慧"学说就是要解决"性与天道"问题的学说,他说:"关于道的真理性认识和人的自由发展内在地联系着,这就是智慧。"这里冯契同志非常注重"道的真理性的认识"和"人的自由发展"的内在联系。从这一点看,冯契同志的"智慧"学说也是颇具有中国哲学的特色的。"涵养须用敬,进学在致知"。前者是属于道德修养的问题,后者是属于知识学问的问题。在中国哲学史中,特别是在儒家哲学中,"道德"和"学问"是统一的,学以进德。朱熹说:"为学,须思所以超凡入圣。"[1]冯契同志认为,"转识成智"是在实践基础上认识世界和认识自己交互作用所达到的飞跃。我认为这里有两点很重要:第一是认识世界和认识自己都必须在实践的基础上才有可能实现;第二是认识世界与认识自我是一个统一的过程。只有在它们的交互作用中才能实现"转识成智"。对此,冯契同志把"德性之知"引入他的哲学体系。他特别申明:"我不赞成过去哲学家讲德性之智时所具有的先验论倾向,不过,克服了其先验论倾向,这个词还是可以用的。"在中国哲学史中,张载首先提出"德性之知",他说:"见闻之知,乃物交而知,非德性所知;德性所知,不萌于见闻。"[2]张载把"见闻之知"与"德性之知"割裂开来,因此确有先验论倾向。为什么在张载的哲学里会发生这样的问题呢?我认为,他没有认识到在实践的基础上"见闻之知"和"德性之知"可以统一起来。而冯契同志解决了这个问题,他说:"主体的德性自在而自为,是离不开化自在之物为我之物的客观实践活动过程的。"我认为冯契同志的这个看法是接着中国哲学的问题讲的,对中国哲学中关于"知识学问"与"德性修养"的关系给了更为

---

[1] 《朱子语类》,第135页。
[2] 《正蒙·大心篇》,《张载集》,中华书局,1978年,第24页。

合理的解决。

从中国哲学的传统看,"做学问"与"做人"应是统一的,一个人学问的高下往往是和他境界的高低相联系的。冯契同志认为,"做学问"首先要"真诚"。《中庸》说:"唯天下至诚,为能尽其性;能尽其性,则能尽人之性;能尽人之性,则能尽物之性;能尽物之性,则可以赞天地之化育;可以赞天地之化育,则可以与天地参矣。"学问要作到"转识成智",要达到"参天地,赞化育"的境界,必须有一至诚的心。"做学问"要"真诚","做人"同样要"真诚",真诚的人才可以作到"化理论为方法,化理论为德性"。这无疑是儒家理想的生活态度,也是马克思主义者理想的生活态度。冯契同志在这两方面都为我们作出了榜样,而且他的"智慧学说"之所以有其理论的力量也正在于此。

近半个世纪以来,要想作一个真正有创造性的哲学家是很难的,这点我们大家都有体会,正因为如此,《智慧说三篇》就更有其特殊的价值。我之所以用比较长的篇幅来讨论冯契同志的《智慧说三篇》,这是因马克思主义中国化对当前中国哲学的发展是个最重大的问题。司马迁作《史记》对自己有个要求,这就是要求他的书能"究天人之际,通古今之变,成一家之言",冯契同志的《智慧说三篇》不正也是一部努力追求"究天人之际,通古今之变,成一家之言"的智慧书吗?有真诚之心做学问的学者们多么希望有更为宽松的学术环境,使他们能充分发挥自己的才智,创作更多更好的体现我们这个时代的哲学著作来。

从印度佛教文化(哲学)的传入到西方文化(哲学)的传入毕竟有一个"源"与"流"的关系。我认为,从文化(哲学)发展的"源"与"流"的关系看,中国文化(哲学)的前景可以有两个不同的提法:一是新的中国文化(哲学)将沿着中国化的马克思主义发展;另一是新的中国文化将会是吸收马克思主义和其他各民族的优秀文化(哲学)的中国自身的文化(中国哲学)。说法或有差异,前者的重点是在马克思主义吸收了中国特有文化而成为新的中国文化;后者是说中国自身文化传统吸收了马克思主义而成为新的中国文化。我认为，这两个发展方向也许并不对立，或可互补？但是，中国文化毕竟应是中国自身的文化，这样才有"根"，才是由其源头发展下来的中国文化。无论如何，建设新的中国哲学、新的儒家哲学是需要我们长期、深入不断研究的。

《中国儒学史》是由多位学者合力撰写的，在学术思想上不可能完全一致，甚至可能是很不一致，如何办？我认为，或许不一致并不是坏事，而是好事，因为这样可以留下继续讨论、更加深入研究的余地。我们只要求史料有根有据，论说"持之有故，言之成理"，表达清楚明白，并有自己的创新见解，这样就可以了。也就是说，《中国儒学史》虽是一部书，但仍应可体现"百家争鸣"的精神。当然，在写作的"体例"上，我们希望能尽可能地一致。

这篇"总序"并不代表参与《中国儒学史》编撰的众多学者的看法，也没有经过大家讨论，因此它只是我个人的一些看法，所以不能算是一篇真正的"总序"。欢迎大家批评指正。

汤一介
2010年4月3日完成

目 录

第一章 前儒家的一些重要观念 ……………………………… 1
  第一节 儒家的起源 …………………………………………… 1
  第二节 天与天命 ……………………………………………… 5
  第三节 德的世界 ……………………………………………… 11
  第四节 礼乐 …………………………………………………… 21
  第五节 教育与经典 …………………………………………… 33
  第六节 圣王与圣贤 …………………………………………… 41

第二章 孔子与儒家的成立 ……………………………………… 50
  第一节 人类情怀与政治冲动 ………………………………… 50
  第二节 礼:以为政和修身为中心 …………………………… 58
  第三节 礼之本 ………………………………………………… 65
  第四节 作为爱的仁 …………………………………………… 68
  第五节 命与天命 ……………………………………………… 78
  第六节 经典 …………………………………………………… 82
  第七节 士、君子与圣人 ……………………………………… 87
  第八节 孔子与儒家 …………………………………………… 93
  第九节 《论语》的编纂 ……………………………………… 99

第三章 早期儒家的开展 ………………………………………… 138
  第一节 孔子弟子的分化 ……………………………………… 138

第二节　曾子及其学派 …………………………………… 142
　　第三节　子张氏之儒 ……………………………………… 153
　　第四节　子游氏之儒 ……………………………………… 194

第四章　郭店竹简的意义 ………………………………………… 210
　　第一节　郭店竹简《缁衣》的研究 ……………………… 210
　　第二节　《五行》与子思五行说 ………………………… 236
　　第三节　五行与四行 ……………………………………… 247
　　第四节　人伦与人道 ……………………………………… 254
　　第五节　早期儒家的仁义说 ……………………………… 277

第五章　孟子 ……………………………………………………… 307
　　第一节　孟子的思想世界 ………………………………… 307
　　第二节　良心的发现与性善论的提出 …………………… 319
　　第三节　与告子的辩论 …………………………………… 326
　　第四节　养心、养气与尽心 ……………………………… 330
　　第五节　论天道与圣人 …………………………………… 338
　　第六节　仁政 ……………………………………………… 346
　　第七节　经典之学 ………………………………………… 354

第六章　《易传》与易学 ………………………………………… 365
　　第一节　《易传》的形成和编纂 ………………………… 365
　　第二节　《系辞传》对《周易》一书的理解 …………… 378
　　第三节　论占筮与大衍之数 ……………………………… 389
　　第四节　易象的空间 ……………………………………… 395
　　第五节　卦爻辞的弹性 …………………………………… 417

第七章 《诗》学与经典诠释 …… 436
  第一节 出土文献与经典诠释 …… 436
  第二节 《孔子诗论》的意义 …… 455
  第三节 《五行》与《诗》学 …… 475
  第四节 《中庸》与《诗》学 …… 484
  第五节 《民之父母》与《诗》学 …… 491

第八章 荀子 …… 515
  第一节 辩者与儒者 …… 515
  第二节 《劝学篇》在《荀子》及儒家中的意义 …… 522
  第三节 天人之分 …… 538
  第四节 礼论 …… 548
  第五节 性恶 …… 571
  第六节 君道与臣道 …… 586
  第七节 经典之学 …… 607

第一章
前儒家的一些重要观念

第一节 儒家的起源

儒家的产生,当然是以孔子为标志。但儒学史却无法完全从孔子开始撰写,理由很简单,这是一个从传统中建构出来的学派。孔子以为自己是"述而不作,信而好古"(《论语·述而》)的人,传统以及传统中出现的那些圣贤们是他自己心灵和思想的支撑。后来思想史的描述者,也多注意到儒家思想的产生与传统之间的关联。譬如《庄子·天下》篇称:

> 古之人其备乎!配神明,醇天地,育万物,和天下,泽及百姓,明于本数,系于末度,六通四辟,小大精粗,其运无乎不在。其明而在数度者,旧法世传之史尚多有之。其在于《诗》、《书》、《礼》、《乐》者,邹鲁之士、缙绅先生多能明之。

这里的最后一句,分明说的就是儒家。按照《天下》的理解,邹鲁之士、缙绅先生通过明《诗》、《书》、《礼》、《乐》的方式,接续了古之人的道术。也因此,这并不是一个全新的学派。到了汉代,以《汉书·艺文志》为代表,提出了儒家出于司徒之官的说法:

> 儒家者流,盖出于司徒之官。助人君,顺阴阳,明教化者也。游文于六经之中,留意于仁义之际。祖述尧舜,宪章文武,宗师仲尼,以重其言,于道最为高。

《汉志》从学在官府的前提出发,以为诸子之学皆出于某王官,于是有儒家者流出于司徒,道家者流出于史官,法家者流出于理官,墨家者流出于清庙之守等说法。这种理解过于拘泥,因此虽然有一定的道理,并不为现当代的学者所看重。胡适曾经专门著文《诸子不出于王官论》,对此说法从根本上提出质疑。①

20世纪以来对于儒家思想起源的研究,有两个角度是最值得注意的。一是着眼于"儒"的身份和职业,二是突出儒家与三代文化之间整体的精神联系。就前一个角度来说,胡适的《说儒》最为著名。从章太炎《原儒》关于"儒有三科,关达、类、私三名"之说出发,胡适特别注重《说文》关于儒的解释:"儒,柔也,术士之称。从人,需声。"并进一步去讨论儒服与殷服、儒生的柔弱气质与殷商遗民之间的关系,从而把儒的起源追溯到殷商的巫祝。而这些巫祝由于亡国的原因,在西周和春秋时期则演变成为职业的治丧相礼者。胡适的研究引起了充分的讨论,几乎所有的人都不接受胡适把儒和殷遗民结合起来的做法,但是让学者充分地注意到儒家之前"儒"者的存在及其工作,以及儒家与儒之间的关系。以钱穆的说法为例:

> 儒为术士,即通习六艺之士。古人以礼、乐、射、御、书、数,为六艺,通六艺,即得进身贵族,为之家宰小相,称陪臣焉。孔子然,

---

① 见《胡适学术文集·中国哲学史》,北京:中华书局,1991年,第591—598页。

其弟子亦无不然。儒者乃当时社会生活一流品。①

所以孔子对子夏才有"女为君子儒,毋为小人儒"之语。不过对于"儒"的主要工作,也有着不同的理解。钱穆的理解主要是政治性的,而另外一些学者则着眼其教育的功能。《周礼·天官·大宰》记载:

> 以九两系邦之民:一曰牧,以地得民;二曰长,以贵得民;三曰师,以贤得民;四曰儒,以道得民……九曰薮,以富得民。

这是古代文献中唯一提到儒作为一种官职。郑玄注云:"师,诸侯师氏,有德行以教民者。儒,诸侯保氏,有六艺以教民者。"(《周礼正义》)按照这个说法,儒主要承担的是教民以六艺之责。由于孔子以及儒家对于教育的特别关注,《周礼》的这个记载引起学者的兴趣是必然的。从教育之职出发,再联系《汉志》儒家出于司徒之官的说法,当然可以开启从教育出发探讨儒家起源的思考。在这方面,有代表性的研究是阎步克关于乐师与儒家起源之间关系的讨论。在他看来,"儒家之所以别异于诸子百家的基本事业,不外乎传承礼乐、传承诗书,以及教育学子等等,《史记·孔子世家》所谓'孔子以诗书礼乐教'……进而,当我们向较早时代追寻'以诗书礼乐教'这个功能的承担者时,可以发现它们全都在乐官职责的涵盖之内。"②联系到乐官的职责,以及孔子和乐师之间的紧密联系,这个说法对于儒家思想起源的研究是有推进的。

如果说上述的角度主要是着眼于儒的名义和职业特征,那么第二个角度基本上是偏重在思想史的立场。作为出发点的不再是"儒"或者"儒家"的名义,而是儒家思想的整体特征。在这种观察之下,学者更强调儒家与三代文化之间的继承关系。显然,第一个角度无法解答

---

① 钱穆:《古史辨第四册钱序》,载于罗根泽编著:《古史辨》(第四册),上海:上海古籍出版社,1982年,钱序第1页。

② 阎步克:《乐师与史官》,北京:三联书店,2000年,第5页。

这样的问题。陈来说：

> 近代以来原儒的研究，都集中在职业类型与职业名称上面，虽然各自都取得了有意义的成果，却大都未能在根本上涉及到儒家思想的来源。借用冯友兰先生的分疏，都只是在论述"儒"的起源，而未尝在根本上挖掘"儒家"作为一种思想的起源。换句话说，这些研究都是语学的或史学的方法，却都不是思想史的方法（虽然思想史的研究需要借助语学的和史学的研究）。从思想史研究的立场来看，其中的问题似很明显，试问，仅仅相礼的职业就能产生出孔子的思想来吗？或者，仅仅从巫师和术士就能产生出儒家思想来吗？①

这样的反问是很有力量的。在陈来看来，儒家思想本身是三代以来中国文化的产物："因此，离开了三代以来的中国文化发展、去孤立考察儒字的源流，就难以真正解决儒家思想起源这一思想史的问题。"②

从整体上来说，作为一种思想的儒家之起源的研究必须回归到思想史的立场。以《古代宗教与伦理——儒家思想的根源》和《古代思想文化的世界——春秋时代的宗教、伦理与社会思想》为代表，陈来先生也提供了这方面研究的范例。但在细节的方面，文字学或者历史学的角度仍然可以提供有益的帮助，让我们可以找到三代文化或精神具体落实下来的载体。更重要的是，它可以帮助我们理解儒家为什么更多地继承三代文化的这个方面而不是另外的方面。这在和另外的学派进行对比时就变得更加明显。譬如老子与道家，同样是三代文化的传承者，却呈现出和儒家不同的精神气质和思想主题。在以下的部分，我将从三代特别是西周到春秋时期的几个重要观念出发，简要地勾勒

---

① 陈来：《古代宗教与伦理》，北京：三联书店，1996年，第341页。
② 陈来：《古代宗教与伦理》，第342页。

儒家思想发生的背景。很显然，这不是一个系统地关于儒家思想起源的研究，而仅仅是想呈现儒家思想和传统之间在某些观念上的联系。

第二节　天与天命

最先被提到的观念一定是天和天命。作为中国文化中最核心的字眼，天的权威贯穿在儒家产生前后几千年的历史之中。在最古老的书籍《尚书》和《诗经》中，读者很容易感受到天在当时人心灵中间的崇高地位。人类以及人类世界中最重要的权力都来自于天，《商颂·玄鸟》如此叙述商人的来历：

> 天命玄鸟，降而生商，宅殷土茫茫。古帝命武汤，正域彼四方。方命厥后，奄有九有。

商人乃是承天之命而降生在大地之上，也在同样的天命之中，汤才正彼四方，奄有九州。与天同质的词汇是帝，郑笺："古帝，天也。"天与帝在古人的叙述中经常交叉使用，如《玄鸟》云天命生商，《长发》则云"帝立子生商"。又如《周颂·思文》：

> 思文后稷，克配彼天。立我烝民，莫匪尔极。贻我来牟，帝命率育。无此疆界，陈常于时夏。

后稷乃是周人的始祖，在后代的心目中，正是因为与天的联系，后稷才能够奠定周人成功的基础。在这段话中，天与帝也是交互使用。尽管郭沫若认为帝和天之间有着重大的区别，譬如"卜辞称至上神为帝，为上帝，但决不曾称之为天"，[①]作为至上神的帝同时也是殷商的祖先神，周代殷之后，帝才被天所取代。但这个说法并不能得到文献的

[①] 《郭沫若全集》，历史编，第一卷，北京：人民出版社，1982年，第321页。

强有力支持,在更多的时候,如我们前面看到的,天和帝似乎可以彼此取代,因此陈梦家认为,帝就是昊天的别称。①《周书·召诰》中的"皇天上帝"和《大雅·云汉》的"昊天上帝"之称似乎都能显示这一点。在这种理解之下,文献中某些提到帝的地方,也都可以看作是有关天的论述的一部分。

对天和帝的信仰起源于何时,还是一个无法完全确定的问题。如果我们相信《尚书·尧典》中的记载:"正月上日,受终于文祖,在璇玑玉衡,以齐七政。肆类于上帝,禋于六宗,望于山川,遍于群神。"那么,在夏代之前,就已经有对天地山川的系统祭祀。这很显然是以对天帝的信仰和崇拜为前提的。无论如何,从卜辞来看,其祭祀的对象属于天神类的就有上帝、日、东母、西母、云、风、雨、雪等。因此,至少在殷商时代,对于天和帝的信仰就已经很确定地存在。这在《尚书》中也可以得到证明。从《汤誓》到《微子》,作为主宰的天和帝的观念都贯穿在其中,讨伐夏桀是秉承天命,《汤誓》:"有夏多罪,天命殛之","予畏上帝,不敢不正";而殷商的堕落也是天的意志,《微子》:"天毒降灾荒殷邦,方兴沉酗于酒";至于王朝的存亡,纣王也以"呜呼!我生不有命于天"(《西伯戡黎》)的说法,表达出天在其中的决定性作用。

周人在最初就继承了商人对于天的信仰,以《诗经》为例,《大雅》和《周颂》非常集中地表现出周人心目中天和帝的权威。如《大雅·大明》:

> 维此文王,小心翼翼。
> 昭事上帝,聿怀多福。
> 厥德不回,以受方国。
>
> 天监在下,有命既集。

---

① 罗根泽:《古史辨》(第四册),第574页。

> 文王初载,天作之合。
> 在洽之阳,在渭之涘。
>
> 文王嘉止,大邦有子。
> 大邦有子,俔天之妹。
> 文定厥祥,亲迎于渭。
> 造舟为梁,不显其光。
>
> 有命自天,命此文王。
> 于周于京,缵女维莘。
> 长子维行,笃生武王。
> 保右命尔,燮伐大商。
>
> 殷商之旅,其会如林。
> 矢于牧野,维予侯兴。
> 上帝临女,无贰尔心!

在这些段落中,以"昭事上帝,聿怀多福"、"天监在下,有命既集"、"有命自天,命此文王"、"上帝临女,无贰尔心"等句子为代表,文王、武王与天、帝的紧密关系被突出地呈现出来。《周颂·昊天有成命》更简单地将这概括为"昊天有成命,二后受之",所谓二后,即指文、武二王。他们受命于天,奠定了周人的王业。此外,在《尚书》的《泰誓》和《牧誓》中,武王也一直强调自己是在遵照天的意志,恭行"天之罚"。

周人对天的信仰在祭祀体系中也得到了体现,根据《周礼·大宗伯》的记载,以及我们在其他文献中看到的情形,在周代的祭祀中,天、昊天、帝以及日月星辰等都占据着最重要的位置。只有天子才有祭天的资格,晚出的《礼记·王制》说:

> 天子祭天地,诸侯祭社稷,大夫祭五祀。天子祭天下名山大

川。五岳视三公,四渎视诸侯。诸侯祭名山大川之在其地者。

这也基本符合周代的情形,祭天乃是人王受命的一个象征。祭天的活动被称做"禘郊之事",所谓的"禘",就是对上帝的祭祀。《礼记·丧服小记》说:"礼,不王不禘。""王者禘其祖之所自出,以其祖配之。"其祖之所自出就是其祖所出之上帝,祭祀时以其祖配祭。郊礼不同,它配祭的对象是日月等,《礼记·郊特牲》说:"郊之祭也,迎长日之至也,大报天而主日也。"《祭义》说:"郊之祭,大报天而主日,配以月。""报"的观念显示出周人实际上把天看作是人的来源,所以对天的祭祀被认为是报本反始的行为。

天的权威还表现在它是人间秩序和价值的源头。后来的儒家经常引用《诗·大雅·烝民》"天生烝民,有物有则。民之秉彝,好是懿德"之说,毛传云:"烝,众。物,事。则,法。彝,常。懿,美也。"此中的则和彝都有法则和秩序的意义,它们都来自于天。关于此点,《洪范》的叙述最为清晰:

> 惟十有三祀,王访于箕子。王乃言曰:"呜呼!箕子。惟天阴骘下民,相协厥居,我不知其彝伦攸叙。"箕子乃言曰:"我闻在昔,鲧堙洪水,汩陈其五行。帝乃震怒,不畀洪范九畴,彝伦攸斁。鲧则殛死,禹乃嗣兴,天乃锡禹洪范九畴,彝伦攸叙。初一曰五行,次二曰敬用五事,次三曰农用八政,次四曰协用五纪,次五曰建用皇极,次六曰乂用三德,次七曰明用稽疑,次八曰念用庶征,次九曰向用五福,威用六极。"

所谓洪范,即指治国平天下的根本法则。此根本的法则分成九类,乃是天所赐予禹者。禹正是凭借此洪范九畴,平水土,奠山川。而其父亲鲧则是因为没有得到天之所赐,因治水失败而被惩罚。这里有两点是值得注意的:一方面,天的意志是人事成败的关键;另一方面,此天的意志已经通过法则的形式更确定地表现出来,洪范九畴的实践,就是对于天意的遵循。在这种理解之下,天道等观念的出现已经是必然的事情。

在考察古代天之观念的时候,天命和天道的分疏是该引起注意的。《尚书》和《诗经》等比较早的文献中,我们基本上看到的是天命一词。命的基本意义是令,所以天命是指天的命令或意志。它可以决定人间的诸种事务,大到王权的转移,小到人之贵贱死生。天道一词的出现显然要晚得多,其流行开来,应该是在春秋时期。其意义大概可以从两个角度去理解,一是和日月星辰等的运行有关,指它们运行的法则;二是抛开天象,一般地讲天的意志或安排。前一层意思比较早的使用者主要集中在史官的群体,这大概与其观察天象的职责有关。因其职业的特点,史官逐渐形成推天道以明人事的思维习惯。如《左传·昭公九年》:

> 夏四月,陈灾。郑裨灶曰:"五年,陈将复封。封五十二年而遂亡。"子产问其故,对曰:"陈,水属也,火,水妃也,而楚所相也。今火出而火陈,逐楚而建陈也。妃以五成,故曰五年。岁五及鹑火,而后陈卒亡,楚克有之,天之道也,故曰五十二年。"

裨灶完全是以火星和岁星等星象判断陈国的命运。其所谓天道,即是隐藏在天象后面的法则,此法则与数字有着密切的关系。又《左传·昭公十一年》:

> 景王问于苌弘曰:"今兹诸侯,何实吉?何实凶?"对曰:"蔡凶。此蔡侯般弑其君之岁也,岁在豕韦,弗过此矣。楚将有之,然壅也。岁及大梁,蔡复,楚凶,天之道也。"

这是根据岁星的位置论诸侯之吉凶,所谓天道,即体现在岁星所处的位置以及其与诸侯国的关系之中。

但是这种天道的观念在春秋时期一直面临着强有力的挑战。《国语·周语下》记单子预言晋将有乱,鲁侯问其预言的根据是天道,还是人故?单子回答说:

> 吾非瞽史，焉知天道？吾见晋君之容而听三郤之语矣，殆必祸者也。

瞽史常言天道，并以之论人事之吉凶。至于单子，则是根据人之德行来论人事吉凶，体现出完全不同的态度。这种态度在后来的子产那里表现的更加明显，《左传·昭公十八年》：

> 夏五月，火始昏见。丙子，风。梓慎曰："是谓融风，火之始也。七日，其火作乎！"戊寅，风甚。壬午，大甚。宋、卫、陈、郑皆火。梓慎登大庭氏之库以望之，曰："宋、卫、陈、郑也。"数日，皆来告火。裨灶曰："不用吾言，郑又将火。"郑人请用之，子产不可。子大叔曰："宝以保民也。若有火，国几亡。可以救亡，子何爱焉？"子产曰："天道远，人道迩，非所及也，何以知之？灶焉知天道？是亦多言矣，岂不或信？"遂不与，亦不复火。

"天道远，人道迩，非所及也"的说法，实际上是拒绝从天道的角度来论人道。这里所谓的天道，当然是立足于天象以及占星术的基础之上。必须指出的是，子产并不是要否定天的权威，他只是不相信天的权威通过天象表现出来。结合子产另外的言论，我们可以了解他对于天仍然保持着足够的尊重。不过天之经在人的世界是以礼的形式表现出来的：

> 吉也闻诸先大夫子产曰："夫礼，天之经也，地之义也，民之行也。"天地之经，而民实则之。则天之明，因地之性，生其六气，用其五行。气为五味，发为五色，章为五声，淫则昏乱，民失其性。是故为礼以奉之：为六畜、五牲、三牺，以奉五味；为九文、六采、五章，以奉五色；为九歌、八风、七音、六律，以奉五声；为君臣、上下，以则地义；为夫妇、外内，以经二物；为父子、兄弟、姑姊、甥舅、昏媾、姻亚，以象天明，为政事、庸力、行务，以从四时；为刑罚、威狱，使民畏忌，以类其震曜杀戮；为温慈、惠和，以效天之生殖长育。

民有好、恶、喜、怒、哀、乐,生于六气。是故审则宜类,以制六志。哀有哭泣,乐有歌舞,喜有施舍,怒有战斗;喜生于好,怒生于恶。是故审行信令,祸福赏罚,以制死生。生,好物也;死,恶物也;好物,乐也;恶物,哀也。哀乐不失,乃能协于天地之性,是以长久。(《左传·昭公二十五年》)

在这样的理解之下,天的权威就转化为礼的权威。是人的德行以及人间秩序而不是天象,才决定着人的命运。就子产把天理解为秩序的源头而言,其思路与《洪范》有一致之处,但子产所论表现出更多的人文理性色彩。

不难看出,奠基于天象之上的天道是与善恶无关的。比较起来,天象之外的天道观念表现出更多的德义化的色彩,与善之间的联系非常紧密。《国语·周语中》:"天道赏善而罚淫。"《晋语六》:"天道无亲,唯德是授。"《左传·襄公二十二年》:"忠信笃敬,上下同之,天之道也。"这些说法所揭示出的天道都与善密不可分。这种理解很显然与德的兴起有关,使得天与德之间呈现出一种既紧张又统一的关系。

第三节 德的世界

至少从周初开始,德在古代的思想世界中就开始占据核心的地位。从《诗》、《书》可见,周人把德视为最重要的和人相关的品质,同时也是赢得天之眷顾的依据。这种理解是否可以追溯到更远的时代,还是一个值得思考的问题。《尧典》说尧"克明俊德",《舜典》云舜"玄德升闻",《左传·庄公八年》引《夏书》曰:"皋陶迈种德,德,乃降。"但学者一般认为,包括《尧典》在内的《尚书》中的《虞夏书》部分基本上出自于周人的叙述。果真如此的话,这部分中出现的"德"的观念也许是周人的想法在古代的投射。一些文字学家认为,在甲骨文中出现了"德"字。这表明至少在商代,德的观念已经非常明确地提了出来,但它在当时思想世界的地位也许没有后来那么突出。值得注意的一个现象是《诗经》中的《商颂》五篇,竟然没有出现一个德字。这五篇一般认为是作为殷遗民的宋人所作,在西周德的观念很流行的情况之下,德字在这些作品中的缺失或许不是偶然的,如果和殷人的观念有关,那就可以反证德的观念和周人之间的紧密联系。

周初对德的重视,很大程度上和对殷周革命的反省有关,并且有一个提炼的过程。天命从大邦殷到小邦周的转移,武王的克商,需要一个充分的解释,才有利于天下的稳定。在最初的时候,周人强调更多的是纣王的暴虐引起上帝的愤怒,于是命周人讨伐之。请看分别出自《泰誓》三篇的如下三段话:

> 今商王受,弗敬上天,降灾下民。沈湎冒色,敢行暴虐,罪人以族,官人以世,惟宫室、台榭、陂池、侈服,以残害于尔万姓。焚炙忠良,刳剔孕妇。皇天震怒,命我文考,肃将天威,大勋未集。肆予小子发,以尔友邦冢君,观政于商。惟受罔有悛心,乃夷居,弗事上帝神祇,遗厥先宗庙弗祀。牺牲粢盛,既于凶盗。乃曰:吾有民有命!罔惩其侮。

> 今商王受,力行无度,播弃犁老,昵比罪人。淫酗肆虐,臣下化之,朋家作仇,胁权相灭。无辜吁天,秽德彰闻。惟天惠民,惟辟奉天。有夏桀弗克若天,流毒下国。天乃佑命成汤,降黜夏命。惟受罪浮于桀。剥丧元良,贼虐谏辅。谓己有天命,谓敬不足行,谓祭无益,谓暴无伤。厥监惟不远,在彼夏王。天其以予乂民,朕梦协朕卜,袭于休祥,戎商必克。

> 今商王受,狎侮五常,荒怠弗敬。自绝于天,结怨于民。斫朝涉之胫,剖贤人之心,作威杀戮,毒痡四海。崇信奸回,放黜师保,屏弃典刑,囚奴正士,郊社不修,宗庙不享,作奇技淫巧以悦妇人。

上帝弗顺,祝降时丧。尔其孜孜,奉予一人,恭行天罚。

类似的说法还见于《牧誓》:

> 王曰:古人有言曰:牝鸡无晨;牝鸡之晨,惟家之索。今商王受惟妇言是用,昏弃厥肆祀弗答,昏弃厥遗王父母弟不迪,乃惟四方之多罪逋逃,是崇是长,是信是使,是以为大夫卿士。俾暴虐于百姓,以奸宄于商邑。今予发惟恭行天之罚。

可以看出,武王每次的誓词都会突出纣王的无道和暴虐,以证明其兴兵讨伐的合理性。武王的"恭行天罚",是建立在商王纣(受)"自绝于天,结怨于民"的基础之上,这是周人的思考逻辑。虽然也有"秽德"的提法,但"德"在此时显然没有成为关键词。而且,周人自身之德在这些篇中也没有得到特别的强调。这种情形一方面与誓词的性质有关,另一方面也许反映出此时德的观念还没有被从容地提炼出来。大约在成王和周公的时代,在历史反思和现实需要的双重作用之下,"德"逐渐地走上思想世界的中心。《康诰》总结殷周革命,先述文王以明德而得天命,强调"惟命不于常",通篇发挥以德配天的思想。其述文王受命云:

> 王若曰:孟侯,朕其弟,小子封。惟乃丕显考文王,克明德慎罚;不敢侮鳏寡,庸庸,祗祗,威威,显民,用肇造我区夏,越我一、二邦以修我西土。惟时怙冒,闻于上帝,帝休,天乃大命文王。殪戎殷,诞受厥命越厥邦民,惟时叙,乃寡兄勖。肆汝小子封在兹东土。

文王因为其德其行而闻于上帝,乃领受天命。在这个时候,最重要的因素已经变成了周人之德,再配合上纣王的无道,"殪戎殷"就成为顺天应人之事。到了《召诰》,天命和德之间的关系变得更加成熟:

> 呜呼!皇天上帝,改厥元子,兹大国殷之命。惟王受命,无疆惟休,亦无疆惟恤。呜呼!曷其奈何弗敬?天既遐终大邦殷之

命,兹殷多先哲王在天,越厥后王后民,兹服厥命。厥终,智藏瘝在。夫知保抱携持厥妇子,以哀吁天,徂厥亡,出执。呜呼!天亦哀于四方民,其眷命用懋。

王其疾敬德!相古先民有夏,天迪从子保,面稽天若;今时既坠厥命。今相有殷,天迪格保,面稽天若;今时既坠厥命。今冲子嗣,则无遗寿考,曰其稽我古人之德,矧曰其有能稽谋自天?

呜呼!有王虽小,元子哉。其丕能諴于小民,今休。王不敢后用,顾畏于民嵒。王来绍上帝,自服于土中。旦曰:其作大邑,其自时配皇天,毖祀于上下,其自时中乂。王厥有成命治民,今休。王先服殷御事,比介于我有周御事,节性,惟日其迈。王敬作所,不可不敬德。我不可不监于有夏,亦不可不监于有殷。我不敢知曰,有夏服天命,惟有历年;我不敢知曰,不其延。惟不敬厥德,乃早坠厥命。我不敢知曰,有殷受天命,惟有历年;我不敢知曰,不其延。惟不敬厥德,乃早坠厥命。今王嗣受厥命,我亦惟兹二国命,嗣若功。王乃初服。呜呼!若生子,罔不在厥初生,自贻哲命。今天其命哲,命吉凶,命历年;知今我初服,宅新邑。肆惟王其疾敬德?王其德之用,祈天永命。其惟王勿以小民淫用非彝,亦敢殄戮用乂民,若有功。其惟王位在德元,小民乃惟刑用于天下,越王显。上下勤恤,其曰我受天命,丕若有夏历年,式勿替有殷历年。欲王以小民受天永命。拜手稽首,曰:予小臣敢以王之仇民百君子越友民,保受王威命明德。王末有成命,王亦显。我非敢勤,惟恭奉币,用供王能祈天永命。

《召诰》是召公对成王之语,其中回顾三代的历史,以突出敬德和天命之间的关系。在召公看来,夏殷周三代的兴替,从天的一面说,当然是命的转移,所谓"皇天上帝,改厥元子"。从王的一面说,其失其得,完全取决于敬德与否。"惟不敬厥德,乃早坠厥命"。因此提出"王其疾敬德"的呼吁。王德与天命之间似二而一,天命虽是至高无上的,却也不是无法可循,德就是其转移与否的关键。余敦康在叙述周初思想时说:"在周人的这种历史观中,贯穿着两个关键词,一个是天命,一个是敬德。"① 这个观察是非常准确的。此时期《周书》诸篇多发挥此义,如《酒诰》云:

> 王曰:封,我闻惟曰:在昔殷先哲王迪畏天显小民,经德秉哲。自成汤咸至于帝乙,成王畏相惟御事,厥棐有恭,不敢自暇自逸,矧曰其敢崇饮?越在外服,侯甸男卫邦伯,越在内服,百僚庶尹惟亚惟服宗工越百姓里居,罔敢湎于酒。不惟不敢,亦不暇,惟助成王德显越,尹人祇辟。
>
> 我闻亦惟曰:在今后嗣王酣身,厥命罔显于民,祇保越怨不易。诞惟厥纵,淫泆于非彝,用燕丧威仪,民罔不盡伤心。惟荒腆于酒,不惟自息乃逸,厥心疾很,不克畏死。辜在商邑,越殷国灭无罹。弗惟德馨香,祀登闻于天,诞惟民怨。庶群自酒,腥闻在上,故天降丧于殷,罔爱于殷,惟逸。天非虐,惟民自速辜。

这里以酒为中心来讨论人之德,以及人与天的关系。"湎于酒"、"荒腆于酒",都是失德的表现,如此则"弗惟德馨香,祀登闻于天"、"庶群自酒,腥闻在上"。这些说法是非常形象的,用来突出王德与上天之间的关系。上天之载,虽然无声无臭,但人德的香臭还是可以上闻于天,并成为上天做出决定的唯一根据。《酒诰》等文献特别强调的是,天是无好无恶的,其降丧于殷人和授命于周人,完全是出于他们各自不同的德行。这样的思想后来被概括为"皇天无亲,惟德是辅。"《左传·僖公五年》曾经提到此语出自《周书》,今见于《蔡仲之命》。在这样的概括中,天和德被捆绑到了一起。虽然从形式上来看,天是至上的主宰,德是人属于人的品质,但天和德如此紧密地联系在一起,以至于我们很难把它们彻底区分开来。一方面,德成为和天有关的东西,另一方面,

---

① 余敦康:《宗教·哲学·伦理》,北京:中国社会科学出版社,2005年,第46页。

天逐渐地被"德"化了。

德和天之间的这种紧密联系在《诗经》中也有明显的表现,更可以看出这是周初的思想主调。在《大雅》和《颂》的部分篇章中,王德和天、天命一起成为最常见的主题词。如《周颂·维天之命》:

> 维天之命,於穆不已。於乎不显,文王之德之纯!假以溢我,我其收之。骏惠我文王,曾孙笃之。

《清庙》:

> 於穆清庙,肃雍显相。济济多士,秉文之德,对越在天。骏奔走在庙,不显不承,无射于人斯。

《大雅·文王》:

> 无念尔祖,聿修厥德。永言配命,自求多福。殷之未丧师,克配上帝。宜鉴于殷,骏命不易。

类似的例子还有很多,这里不一一列举。在德与天的这种联系之中,古代思想正在发生着重要的变化。虽然从形式上来看,天(或者上帝)的权威仍然延续着,但这种权威的行使是有条件的。天不再是一个任意的发号施令者,必须遵循着某种条件,而这个条件就是德。沿着这个方向继续的发展,以德释天就成为必然的事情,义理之天的出现不过就是时间的问题。

从西周到春秋时期,德的力量仍然在积聚着,并且在不同的角度中展开。从超越的天和鬼神,到作为人间秩序的礼,以及个人的品质,德弥漫在前所未有的领域之中。天的德义化进行仍然继续着,以《左传·宣公三年》的一段记载为例:

> 楚子伐陆浑之戎,遂至于洛,观兵于周疆。定王使王孙满劳楚子。楚子问鼎之大小轻重焉。对曰:"在德不在鼎。昔夏之方有德也,远方图物,贡金九牧,铸鼎象物,百物而为之备,使民知神

奸。故民入川泽山林，不逢不若。螭魅罔两，莫能逢之，用能协于上下，以承天休。桀有昏德，鼎迁于商，载祀六百。商纣暴虐，鼎迁于周。德之休明，虽小，重也。其奸回昏乱，虽大，轻也。天祚明德，有所厎止。成王定鼎于郏鄏，卜世三十，卜年七百，天所命也。周德虽衰，天命未改，鼎之轻重，未可问也。"

王孙满的言论涉及到的是对政权的理解。鼎不过是政权的象征，对于政权而言，其真正的基础"在德不在鼎"。夏因为有德，方赢得天下。桀有昏德，导致鼎迁于商。而商纣暴虐，鼎又迁于周。今周德虽衰，但天命未改，因此周之天下他人不能觊觎。从这段话来看，德与天命之间的紧密联系，以及德作为政权基础的看法已经成为常识，但仍然不能忽视的是德与天命之间的张力，提醒我们它们仍然是两个东西。

德的因素同样地渗透到对鬼神的理解之中。我们知道，鬼神其实是作为天或上帝的关系者而存在的。因此对天的理解当然会影响到对鬼神的理解。《左传·庄公三十二年》记载：

> 秋七月，有神降于莘。惠王问诸内史过曰："是何故也？"对曰："国之将兴，明神降之，监其德也；将亡，神又降之，观其恶也。故有得神以兴，亦有以亡，虞、夏、商、周皆有之。"王曰："若之何？"对曰："以其物享焉，其至之日，亦其物也。"王从之。内史过往，闻虢请命，反曰："虢必亡矣，虐而听于神。"神居莘六月。虢公使祝应、宗区、史嚚享焉。神赐之土田。史嚚曰："虢其亡乎！吾闻之：国将兴，听于民；将亡，听于神。神，聪明正直而一者也，依人而行。虢多凉德，其何土之能得！"

类似的记载也见于《国语·周语上》。鬼神的存在仍然被肯定着，不仅如此，它的出现还预示着国家的兴亡。但国家的兴亡并不取决于鬼神，如"国之将兴，明神降之，监其德也；将亡，神又降之，观其恶也"所揭示的，兴亡的决定因素在于君主之德或者恶，明神不过是起着见证和象征的作用。在这里，鬼神被描述为可以把握和理解的存在，是"聪

明正直而一者也",是依人而行的。在《僖公五年》的一段记载中,这种"依人而行"又进一步地被提炼为"惟德是依":

> 晋侯复假道于虞以伐虢。宫之奇谏曰:"虢,虞之表也。虢亡,虞必从之。晋不可启,寇不可玩,一之谓甚,其可再乎?谚所谓辅车相依,唇亡齿寒者,其虞、虢之谓也。"公曰:"晋,吾宗也,岂害我哉?"对曰:"大伯、虞仲,大王之昭也。大伯不从,是以不嗣。虢仲、虢叔,王季之穆也,为文王卿士,勋在王室,藏于盟府。将虢是灭,何爱于虞?且虞能亲于桓、庄乎,其爱之也?桓、庄之族何罪,而以为戮,不唯逼乎?亲以宠逼,犹尚害之,况以国乎?"公曰:"吾享祀丰洁,神必据我。"对曰:"臣闻之,鬼神非人实亲,惟德是依。故《周书》曰:'皇天无亲,惟德是辅。'又曰:'黍稷非馨,明德惟馨。'又曰:'民不易物,惟德繄物。'如是,则非德,民不和,神不享矣。神所冯依,将在德矣。若晋取虞而明德以荐馨香,神其吐之乎?"弗听,许晋使。宫之奇以其族行,曰:"虞不腊矣,在此行也,晋不更举矣。"

这段论述可以说是一个关于"德"的宣言。在宫之奇看来,宗族、鬼神等因素都不能成为政权的根基,真正可以成为这个根基的是德。他引《周书》"皇天无亲,惟德是辅"、"民不易物,惟德系物"的说法,来说明天和鬼神之所依在德,民之所系也在德。这种理解,实际上是把天命和民心安放在德的观念之上。由此,德的观念也就内在地包含了对民的安顿之义。史嚚"国将兴,听于民"的说法绝不是孤立的声音,《左传·桓公六年》记载季梁的话说:

> 所谓道,忠于民而信于神也。上思利民,忠也;祝史正辞,信也……夫民,神之主也。是以圣王先成民而后致力于神。故奉牲以告曰博硕肥腯,谓民力之普存也,谓其畜之硕大蕃滋也,谓其不疾瘯蠡也,谓其备腯咸有也。奉盛以告曰洁粢丰盛,谓其三时不害而民和年丰也。奉酒醴以告曰嘉栗旨酒,谓其上下皆有嘉德而

无违心也。所谓馨香，无谗慝也。故务其三时，修其五教，亲其九族，以致其禋祀。于是乎民和而神降之福，故动则有成。

先民而后神，民和而神降之福，这才是德之馨香。如果再结合《左传·僖公二十七年》富辰"太上以德抚民"，《文公八年》郤缺"九功之德皆可歌也，谓之九歌。六府、三事，谓之九功。水、火、金、木、土、谷，谓之六府。正德、利用、厚生，谓之三事。义而行之，谓之德、礼"等说法，可以说德和民的连接已经成为春秋时期贵族精英的共识。

德落实到实际的秩序中，便是所谓的礼。周公本着"则以观德，德以处事，事以度功，功以食民"的理念，重新制作了周礼，使得礼贯注着德的精神。以《左传·桓公二年》的一段记载为例：

> 夏四月，取郜大鼎于宋。戊申，纳于大庙。非礼也。臧哀伯谏曰："君人者将昭德塞违，以临照百官，犹惧或失之。故昭令德以示子孙：是以清庙茅屋，大路越席，大羹不致，粢食不凿，昭其俭也。衮、冕、黻、珽、带、裳、幅、舄、衡、紞、纮、綖，昭其度也。藻、率、鞞、鞛，鞶、厉、游、缨，昭其数也。火、龙、黼、黻，昭其文也。五色比象，昭其物也。钖、鸾、和、铃，昭其声也。三辰旂旗，昭其明也。夫德，俭而有度，登降有数。文物以纪之，声明以发之，以临照百官，百官于是乎戒惧，而不敢易纪律。今灭德立违，而置其赂器于大庙，以明示百官，百官象之，其又何诛焉？国家之败，由官邪也。官之失德，宠赂章也。郜鼎在庙，章孰甚焉？武王克商，迁九鼎于雒邑，义士犹或非之，而况将昭违乱之赂器于大庙，其若之何？"公不听。周内史闻之曰："臧孙达其有后于鲁乎！君违不忘谏之以德。"

在臧哀伯看来，君主最重要的乃是昭其令德。先王之礼都是令德的体现，如清庙茅屋等是昭其俭，衮、冕、黻、珽是昭其度等，"夫德，俭而有度，登降有数。文物以纪之，声明以发之，以临照百官，百官于是乎戒惧，而不敢易纪律。"这一说法，体现的正是德和礼之间的同一性，以及德对于君主而言的重要。因此，昭其令德也就表现为依礼而行。关于礼的问题，后文有专门的讨论，此不赘述。

如我们已经看到的，德在从西周到春秋的时代已经成为人格评价的最重要标准。与此相关，吉德和凶德的区分也逐渐明确。"孝敬忠信为吉德，盗贼藏奸为凶德"（《左传·文公十八年》），有吉德者则举之，行凶德者则去之。太史克提到高阳氏之才子八人，齐圣广渊，明允笃诚，天下之民谓之八恺；高辛氏之才子八人，忠肃共懿，宣慈惠和，天下之民谓之八元。舜举八恺主后土，举八元布五教。至于好行凶德的混敦、穷奇、梼杌、饕餮，虽然贵为帝王之后，则流放之，投诸四裔。这种历史的叙述其指向无疑是现实的，实际上是为当下的政治实践提供一个历史的背景，它意味着德而不是血缘已经成为衡量一个人可否举用的最重要因素。

从以上可见，自西周以降一直到春秋时期，德的观念几乎弥漫在一切的领域之中，成为意义和价值的核心，从而名副其实地成为国家之基。《左传·襄公二十四年》记载子产致范宣子书中有如下的说法：

> 夫令名，德之舆也。德，国家之基也。有基无坏，无亦是务乎！有德则乐，乐则能久。《诗》云："乐只君子，邦家之基。"有令德也夫！"上帝临女，无贰尔心。"有令名也夫！恕思以明德，则令名载而行之，是以远至迩安。

德乃是国家之基，令名之本，安乐之原。它也是真正可以让人不朽之物。范宣子和叔孙豹之间关于不朽的对话让我们更能体会到德的观念在这个世界的成长：

> 二十四年春，穆叔如晋。范宣子逆之，问焉，曰："古人有言曰，'死而不朽'，何谓也？"穆叔未对。宣子曰："昔匄之祖，自虞以上，为陶唐氏，在夏为御龙氏，在商为豕韦氏，在周为唐杜氏，晋主夏盟为范氏，其是之谓乎？"穆叔曰："以豹所闻，此之谓世禄，非不朽也。鲁有先大夫曰臧文仲，既没，其言立。其是之谓乎！豹闻

之,大上有立德,其次有立功,其次有立言,虽久不废,此之谓不朽。若夫保姓受氏,以守宗祊,世不绝祀,无国无之,禄之大者,不可谓不朽。"

所谓不朽,并非指世禄而言,那不过是权力、地位和血缘的延续。真正让人不朽的是德,其次是功和言。这种对话,反映出的是价值观的改变,以及德在此种价值观念中的主导地位。

随着德走上思想世界的中心,各种各样积极的价值都和它联系了起来。根据陈来先生的统计,仅在《国语》中,就有六德、五德、四德、三德、十一德、十二德等不同的说法或概括。如《鲁语下》的六德指咨、询、度、诹、谋、周;《周语》上的四德指忠、仁、信、义;《周语下》的五德指义、祥、仁、顺、正;《晋语二》的三德指仁、知、勇;《晋语七》四德指知、仁、勇、学。《楚语下》六德指信、仁、知、勇、衷、周等。[①] 这些提法足以表明德在此时期价值体系中所具有的核心和统摄地位,并且帮助我们理解儒家思想产生的土壤。以孔子多次提及,在《中庸》中被称为三达德的"知、仁、勇"为例,春秋时期就已经成为非常重要的价值。

第四节 礼 乐

对于儒家而言,历史留给他们的最大制度遗产便是礼乐。如上所述,这也是德的观念在秩序上的具体体现。在后世的追溯中,礼乐被认为是产生在文明奠基的时代。《商君书·画策》说:"神农既没,以强胜弱,以众暴寡,故黄帝作为君臣上下之义,父子君臣之礼。"把礼的制作归功于中华文明的始祖黄帝。这只能看作是一种历史观念影响下的目的性叙述,但由此也可以看出古人认为礼的起源相当悠久。《周

[①] 参见陈来:《古代思想文化的世界》,北京:三联书店,2002年,第269页。

易·系辞传》提出"观象制器"的理论,其中说道:"黄帝、尧、舜垂衣裳而天下治,盖取诸乾坤。"古人上衣下裳,所谓垂衣裳就意味着对尊卑贵贱上下之分的肯定和强调,之所以说"取诸乾坤",就是效法"天尊地卑,乾坤定矣;卑高以陈,贵贱位矣;方以类聚,物以群分,吉凶生矣"之义,这倒正符合礼的宗旨,所以此说也包含着对黄帝、尧、舜与礼乐之间关系的肯定。当然,这些都带有传说或者依托的性质,不能看作是严格的历史事实。

在比较肯定的意义上,礼的发生应该可以上溯到三代时期,并在周代达到阶段性的顶峰。战国时期的著作经常有三代之礼的说法,《礼记》中还有很多关于夏礼、殷礼和周礼的具体记载,这些都不会是无稽之谈。而且,在夏商周三代之礼之间,还有因袭和变革的关系,古称损益。《论语·为政》记载孔子的话说:"殷因于夏礼,所损益,可知也;周因于殷礼,所损益,可知也;其或继周者,虽百世,可知也。"《八佾》也记载孔子说:"夏礼,吾能言之,杞不足征也;殷礼,吾能言之,宋不足征也。文献不足故也。足,则吾能征之矣。""周监于二代,郁郁乎文哉,吾从周。"可见在孔子看来,三代之礼是同质的,其间有很强的连续性,到周代更是后出转精。目前看来,这个说法有重新检讨的必要。检讨的关键是在连续性背后的精神性转变,具体而言,即是殷周之际的变化。史称周公制礼作乐,当然不是说周公是礼乐秩序的奠基者。这个说法的真正意义也许在于周公对于礼乐精神的理解与此前存在着重大的差异,如我们后面论述周公时会指出的,即把以祭祀为主的事神模式转变为以德政为主的保民模式。相应地,礼也由最初主要处理神人关系变成处理人和人之间的关系。

从文字学的意义上来说,礼字的构造原本就和祭神的活动有关。我们知道,"禮"字左边的部分代表着祭祀的对象,右边的部分则是祭祀时奉献给对象的礼物以及盛放这些礼物的工具。一般说来,祭祀的对象包括天地、山川、祖先和鬼神等。《国语·鲁语上》记展禽的话说:

夫圣王之制祀也，法施于民则祀之，以死勤事则祀之，以劳定国则祀之，能御大灾则祀之，能扞大患则祀之。非是族也，不在祀典。昔烈山氏之有天下也，其子曰柱，能殖百谷百蔬；夏之兴也，周弃继之，故祀以为稷。共工氏之伯九有也，其子曰后土，能平九土，故祀以为社。黄帝能成命百物，以明民共财，颛顼能修之。帝喾能序三辰以固民，尧能单均刑法以仪民，舜勤民事而野死，鲧障洪水而殛死，禹能以德修鲧之功，契为司徒而民辑，冥勤其官而水死，汤以宽治民而除其邪，稷勤百谷而山死，文王以文昭，武王去民之秽。故有虞氏禘黄帝而祖颛顼，郊尧而宗舜；夏后氏禘黄帝而祖颛顼，郊鲧而宗禹；商人禘舜而祖契，郊冥而宗汤；周人禘喾而郊稷，祖文王而宗武王；幕，能帅颛顼者也，有虞氏报焉；杼，能帅禹者也，夏后氏报焉；上甲微，能帅契者也，商人报焉；高圉、大王，能帅稷者也，周人报焉。凡禘、郊、祖、宗、报，此五者国之典祀也。加之以社稷山川之神，皆有功烈于民者也。及前哲令德之人，所以为明质也；及天之三辰，民所以瞻仰也；及地之五行，所以生殖也；及九州名山川泽，所以出财用也。非是不在祀典。

这里所述相当详细，特别强调的是被祭祀对象对于国家和百姓的意义。如果加上展禽此前"夫祀，国之大节也；而节，政之所成也"之说，更可见祭祀之礼的重要地位。

从内容上来看，祭祀之礼是所谓五礼中间的一种。《礼记·祭统》云："礼有五经，莫重于祭。"这里所谓五经，即吉、凶、军、宾、嘉，亦称五礼。吉礼即指祭祀而言，此外，凶礼主丧葬，军礼是行军打仗的礼节，宾礼包括诸侯对天子的朝觐、各诸侯之间的聘问和会盟等，嘉礼则以冠、婚为主。五礼涵盖了社会生活的各个方面，有效地发挥了规范社会生活的作用。但实际上，礼的范围比五礼所包含者要广阔得多，诸如宗法的制度、政治秩序和权力的继承制度等都在其中。就宗法制度而言,这是古代中国传统社会典型的制度之一。它最初是从氏族公社后期的父系家长制发展演变来的,其核心是确立宗族内部的等级秩序和权力分配原则,具体的途径则是通过嫡和庶的分别来确立大宗和小宗,在宗族内部发展出明确的区分原则。其中嫡为大宗,这是宗族的主干,为百世不迁之宗。庶为小宗,是宗族的分支。小宗之嫡在本支中为大宗,庶仍为小宗,以此类推。《礼记·大传》对此有详细的记载:

> 别子为祖,继别为宗,继祢者为小宗。有百世不迁之宗,有五世则迁之宗。百世不迁者,别子之后也。宗其继别子之所自出者,百世不迁者也。宗其继高祖者,五世则迁者也。
>
> 自仁率亲,等而上之至于祖;自义率祖,顺而下之至于祢。是故人道亲亲也,亲亲故尊祖,尊祖故敬宗,敬宗故收族,收族故宗庙严,宗庙严故重社稷,重社稷故爱百姓。
>
> 上治祖祢,尊尊也;下治子孙,亲亲也;旁治昆弟,合族以食,序以昭穆,别之以礼义,人道竭矣。

这是关于宗法制度的一个系统的说明。所谓的别子,此处是指天子或诸侯嫡长子之弟,因其有别于嫡长子,所以称别子。在政治上,由于他们无法继承君位,所以一般服务于朝廷或者封建于他地,成为卿大夫或诸侯,而为一支之始祖。到了别子的第二代,始祖(即别子)的地位和权力被其嫡长子所继承,成为此一支之大宗,这就叫"继别为宗"。"别子为祖,继别为宗",祖宗的观念即本于此。别子之庶子,其长子继承宗统,称为小宗。大宗小宗之分,一方面是嫡庶之别,另一方面也是迁与不迁之别。大宗是百世不迁之宗,永远不变;小宗则五世而迁,逐渐地脱离近亲的范围,和原来宗族之间的关系也就发生了变化。此所谓"祖迁于上,宗易于下"。宗法的制度无疑是礼在宗族内部的体现,在《礼记》看来,宗法制度最重要的基础乃是亲亲,但在此之上同时容纳了尊尊的原则。亲亲重在强调宗族内部的血缘统一性,尊尊则突出此种统一性之中的尊卑贵贱之别。其具体的路径,是由亲亲引申出尊祖敬宗,以至于收族——把同一宗族的亲属按照亲疏贵贱聚合起来,所谓上治祖祢、下治子孙、旁治昆弟,合族以食。如此则可以严宗庙、重社稷、爱百姓,由宗族伦理引申出政治伦理,与《大学》所谓"修身、齐家、治国、平天下"的思路是一致的。

宗法制度表现在政治领域,就是以宗统为模式和灵魂的宗统与君统相结合的政治制度。我们可以发现,在前面关于宗法制度的描述中,天子的角色被忽略了。关于天子与宗法制度之间的关系,目前有不同的说法。一种说法认为天子是天下的大宗,在宗法的制度中居于最核心的地位;另一种说法则认为天子因为其特殊的政治地位,其他所有的族人都处于臣的身份,因此不能包含在宗法之内。但无论如何,君位的传承方式和宗法制度之间都有着密切的联系。这种联系至少始于夏代,《礼记·礼运》说,夏以"天下为家……大人世及以为礼,城郭沟池以为固"。根据孔颖达的解释,这里所谓的"世及"和传位的制度有关,"父子曰世,兄弟曰及。谓父传与子,无子则兄传于弟也。以此为礼也。"《史记·三代世表》具体记载了这种"世及"的情形,"从禹至桀十七世",传子十三,传弟二,回传嫡子一。可见是以传子为主,传弟为辅。宗统与君统相结合,君统依托于宗统的特点是很明确的。殷商看来和夏朝是相似的,但略显复杂。从《殷本纪》看,是以父死子继为主,兄终弟及为辅。子以嫡为主,弟则以长为先。根据统计,殷二十九帝之中,传弟者十三,传子者十六(其中包括回传嫡侄三),以至于王国维认为商的君位传递是以兄终弟及为主,且无嫡庶之制,只有君统,而无宗统。[①] 这个说法可能有些过分,事实上,自庚丁之后,父死子继的制度连续实行了四世四王,一直到商朝灭亡,都没有改变。

宗法制度经过了夏朝和商朝的发展,在周朝达到了它的顶峰。它既是政治和宗教秩序,又是社会和生活秩序。就政治秩序而言,其最

[①] 王国维:《殷周制度论》,见《观堂集林》卷十,石家庄:河北教育出版社,2001年,第288—291页。

大的特点是君统宗法化和封国宗亲化。周天子位置的继承,完全是在宗法制度内部的嫡长子继承制的观念下进行的。《礼记·文王世子》专门记述了文王以嫡长子为太子的事实。武王驾崩,成王年少,召公作《召诰》云:"呜呼!有王虽小,元子哉。"表达的是同样的观念。此时虽有武王之弟周公摄政,后仍然归政于成王。自武王至幽王,传十二世十三王,虽然中间有例外发生,但嫡长子世袭制的原则是牢固的。譬如懿王崩之后,曾立其叔辟方,是谓孝王。但孝王崩后,诸侯复立懿王太子燮,是为夷王。孝王在这个过程中不过是个插曲。当然,王位的继承也可能会遇到无嫡可立的情形,必须考虑补充的继承方法。《左传·昭公二十六年》记载周王子朝告诸侯曰:"昔先王之命曰:王后无适,则择立长;年钧以德,德钧以卜。王不立爱,公卿无私,古之制也。"即是说,如果没有嫡子可立的话,首先是按照年龄的大小来确定继承的顺序,长者优先。年龄相同,则考虑德行的因素。如果年龄和德行都无法分别,那就通过占卜的手段。天子不能以私意或偏爱来选择继承者,而应完全按照继承的原则来行事。有了嫡长子继承制以及这些补充的办法,君位实际上就确定了下来,避免了许多争端。这对于王朝的巩固是极其重要的。

在周的政治秩序中,王拥有最高的权力,如《诗·小雅·北山》所说"溥天之下,莫非王土;率土之滨,莫非王臣"。但如此广阔的区域,必须借助于他人才能进行有效的控制和统治。为此需要,周王把国土划分为两类不同的统治区。一种是以周王所在的京师为中心,四周五百里之内,称为王畿,或称邦畿、内服等,由天子或朝廷直接管辖;其土地和庶民的一部分直接隶属王室,另一部分以采邑的名义赏赐给为朝廷服务的大小臣僚,充作俸禄。另一种是王畿以外的广大区域,称外服,通过分封诸侯的方式进行控制。诸侯在夏商时期就存在,基本上是原有的部落或方国,处于独立或半独立状态,其权力并非完全由天子所授予。但真正的分封制度从西周才开始实行。所谓分封,就是天子把外服的疆域分成若干的部分，每一部分都委托他人代为管理。被委托的他人称为诸侯，他们所控制的土地、人民是不同的，有等级的差别，此谓"班爵禄"。根据孟子的说法，爵有五等：公、侯、伯、子、男；禄分三级：方百里、七十里和五十里。其具体的搭配，公侯一级、伯一级、子男一级。(《孟子·万章下》)诸侯对天子有镇守疆土、勤于王事、交纳贡赋、朝觐述职等义务。关于宗法制度和分封制度之间的联系，主要体现为所谓的封国宗亲化，即所封建的诸侯绝大部分是天子的宗亲。周王朝分封的对象，主要有三类：一是亲戚，二是功臣，三是古帝王之后与友邦冢君。后者如封神农之后于焦，黄帝之后于祝，帝尧之后于蓟，帝舜之后于陈，大禹之后于杞等，还有友邦庸、蜀、羌、卢等。功臣如姜太公，封之于营丘，国号曰齐，后来一度成为春秋时期的霸主。数量最多的则是第一类，"封建亲戚，以蕃屏周"(《左传·僖公二十四年》)。《昭公二十八年》记载："武王克商，光有天下，其兄弟之国者十有五人，姬姓之国者四十人，皆举亲也。"《荀子·儒效》也记载，武王崩，周公"兼制天下，立七十一国，姬姓独居五十三人"。典型者如晋、郑、鲁、卫等。其中鲁是周公的封国，康叔封于卫，唐叔封于晋，此三人都是成王的叔父，又有令德，所以封以最高的等级。封建亲戚的最主要考虑，当然是基于血缘关系的信任。因此，封建宗亲制一方面是宗法制度在封建过程中的体现，另一方面，又会反过来强化宗法的观念。同时对于异姓的国家，则采取婚媾的方式确立甥舅的关系，于是天下大国非天子之宗亲即天子之甥舅，各个封国之间也是如此，从而组成一个紧密的网络，来维护周天子的一统。这种制度在古代社会曾经相当有效，使周王朝在名义上延续了八百年之久。

关于礼在三代尤其是周代社会的根本性地位，春秋时期曾经有众多的说法。《左传·隐公十一年》云："礼，经国家，定社稷，序民人，利后嗣者也。"全面地阐述了礼的作用和意义。在这种理解之下，礼对于国家政治而言具有本体性的意义，因此更有"周礼，所以本也"(《闵公元年》)、"礼,国之干也"(《僖公十一年》)的认识。到了春秋后期,面对着礼崩乐坏的现实,晏婴、子产等更加强调礼的作用和意义。《昭公二十六年》记载晏子有"礼之可以为国也久矣,与天地并"之说,《昭公二十五年》郑国子大叔对赵简子说:"吉也闻诸先大夫子产曰:夫礼,天之经也,地之义也,民之行也。天地之经,而民实则之。"同时,对应着礼之精神的转变,礼与仪的区分成为此时的一个重要话题。《左传·昭公五年》:

> 公如晋,自郊劳至于赠贿,无失礼。晋侯谓女叔齐曰:"鲁侯不亦善于礼乎?"对曰:"鲁侯焉知礼?"公曰:"何为?自郊劳至于赠贿,礼无违者,何故不知?"对曰:"是仪也,不可谓礼。礼所以守其国,行其政令,无失其民者也。今政令在家,不能取也。有子家羁,弗能用也。奸大国之盟,陵虐小国。利人之难,不知其私。公室四分,民食于他。思莫在公,不图其终。为国君,难将及身,不恤其所。礼之本末,将于此乎在,而屑屑焉习仪以亟。言善于礼,不亦远乎?"君子谓:叔侯于是乎知礼。

某些具体的礼数不过是仪,礼则是"所以守其国,行其政令,无失其民者也"。礼所处理的最根本关系是君与民的关系,这在春秋时期得到了普遍的接受。"夫名以制义,义以出礼,礼以体政,政以正民。"(《左传·桓公二年》)"夫礼,所以整民也。故会以训上下之则,制财用之节。朝以正班爵之义,帅长幼之序。"(《庄公二十三年》)如果无法处理好这个关系,那么再熟悉所谓的礼数也不能被认为是知礼。类似的说法也见于《左传·昭公二十五年》:

> 子大叔见赵简子,简子问揖让周旋之礼焉。对曰:"是仪也,非礼也。"……"礼,上下之纪,天地之经纬也,民之所以生也,是以先王尚之。"

礼与仪的这种区分显然会引导人们对于礼之本的关注,这个问题正构成了孔子及早期儒家思考的核心。

从广义上来说,乐就是礼的一部分。先秦文献常把礼乐并称,两者其实密不可分,周公制礼作乐,不过是一事的两面。但在相对的意义上,乐和礼发挥着不同而互补的功能。《礼记·乐记》系统地论述到这一点,如"乐者为同,礼者为异;同则相亲,异则相敬;乐胜则流,礼胜则离。合情饰貌者,礼乐之事也","大乐与天地同和,大礼与天地同节,和,故百物不失;节,故祀天祭地"等,认为礼的精神偏重在区别亲疏贵贱的秩序,乐的精神则是在此基础上制造和乐如一的气氛。两者的均衡配合,才是世界的理想状态。传说中乐的起源很早,根据周人的说法,黄帝之乐曰《云门》,之后的尧乐为《咸池》,舜乐为《箫韶》。它们与三代的《大夏》《大濩》《大武》一起,合为六代之雅乐,用于祭祀天地、日月、山川、祖妣等庄严的场合。这里就牵涉到乐的功能,就乐的缘起而言,原本是巫用来沟通人神的工具。巫在从事事神的行为时,同时需要的还有舞蹈,所以乐和舞就成为一体的两物。《山海经》中记载的刑天舞干戚的说法也许就和事神的舞蹈有关。《尚书·大禹谟》中提到禹征有苗不服,于是舞干羽七十天,有苗始归服。禹和舞蹈的关系似乎非常紧密,巫舞中一种特有的舞步就叫禹步,据说是由他创造的。商汤之时,天下大旱,汤以自身作为牺牲,到桑林去求雨,于是天降甘露,万民欢洽,遂作《桑林》乐舞,一直到春秋时期还在宋国流传。[①] 到了周代,随着礼的完善,乐的制度化也达到了前所未有的程度。《周礼》中记载有大司乐一职,由中大夫二人担任,下辖乐师、大胥、小胥、大师、小师、瞽蒙、眂、典同、磬师、钟师、籥师、典庸、司干等。其中大司乐的职责是:

> 掌成均之法,以治建国之学政,而合国之子弟焉。凡有道者、有德者,使教焉。死则以为乐祖,祭于瞽宗。以乐德教国子:中、

[①] 《左传·襄公十年》:"宋公享晋侯于楚丘,请以《桑林》。"

和、祗、庸、孝、友。以乐语教国子：兴、道、讽、诵、言、语。以乐舞教国子：舞《云门》、《大卷》、《大咸》、《大韶》、《大夏》、《大濩》、《大武》。以六律、六同、五声、八音、六舞大合乐，以致鬼神，以和邦国，以谐万民，以安宾客，以说远人，以作动物。乃分乐而序之，以祭，以享，以祀。乃奏黄钟，歌大吕，舞《云门》，以祀天神。乃奏大蔟，歌应钟，舞《咸池》，以祭地示。乃奏姑洗，歌南吕，舞《大韶》，以祀四望。乃奏蕤宾，歌函钟，舞《大夏》，以祭山川。乃奏夷则，歌小吕，舞《大濩》，以享先妣。乃奏无射，歌夹钟，舞《大武》，以享先祖。凡六乐者，文之以五声，播之以八音。

由此可见大司乐不仅仅如一般理解的只是乐师，他们实际承担着贵族教育的功能，教之以德、语、舞等。后来儒家讲礼乐教化，以为"移风易俗，莫善于乐"，都本于此。同时我们也可以了解乐舞和祭祀的密切关系以及它的分类，不同的乐舞适用于不同的祭祀活动。在实际的使用过程中，随着爵禄的不同，可以用的乐舞也有严格的等级区别。《左传·隐公五年》记载关于舞蹈编队规模的规定："天子用八，诸侯用六，大夫四，士二。"根据《论语·八佾》的记载，鲁国的卿大夫季氏"八佾舞于庭"，使用的乃是天子的仪仗，这种明显的僭越，被"吾从周"的孔子斥责说："是可忍也，孰不可忍也！"

综合观察周乐的一个方便途径其实是《诗经》，诗三百皆入乐，诗词都是配乐的歌词。《左传·襄公二十九年》记载，吴公子季札访问鲁国，请观于周乐。于是先为之歌《周南》、《召南》、其余诸国之风、雅和颂，后为之舞《象箾》、《南籥》、《大武》、《韶濩》、《大夏》和《韶箾》。这些歌舞该就是所谓周乐的主体，从中可知"歌"的内容就是《诗》。《诗》内部风、雅、颂的区分，很多学者认为就是乐的不同，以及适用场所的不同。一般认为，颂是宗庙之乐，主要是祭祀时所用，所以其词的内容以歌颂先祖为主。雅是朝廷之乐，适用于从祭祀到宴享的一系列活动，随事情的小大，而有小雅和大雅的不同。风则主要是各地方的民间音

乐,在乡饮酒等场合使用。以《周颂·清庙》为例:

> 於穆清庙,肃雍显相。
> 济济多士,秉文之德。
> 对越在天,骏奔走在庙。
> 不显不承,无射于人斯!

这是《周颂》的第一篇。《毛诗序》说:"颂者,美盛德之形容,以其成功告于神明者也。"从《清庙》诗看的非常清楚,这是在宗庙祭祀文王时所用之辞。其他如《维天之命》、《维清》也是如此。一般来说,此类诗文字篇幅都不长,每句也比较短小,所配乐亦迟缓,庄严肃穆。但如《小雅·鹿鸣》就不同,这是天子或者诸侯宴饮群臣嘉宾时所赋之诗,《仪礼·燕礼》记载诸侯宴请宾客时使"工歌《鹿鸣》、《四牡》、《皇皇者华》",充满了欢快助兴的气氛。其诗云:

> 呦呦鹿鸣,食野之苹。
> 我有嘉宾,鼓瑟吹笙。
> 吹笙鼓簧,承筐是将。
> 人之好我,示我周行。
>
> 呦呦鹿鸣,食野之蒿。
> 我有嘉宾,德音孔昭。
> 视民不恌,君子是则是效。
> 我有旨酒,嘉宾式燕以敖。
>
> 呦呦鹿鸣,食野之芩。
> 我有嘉宾,鼓瑟鼓琴。
> 鼓瑟鼓琴,和乐且湛。
> 我有旨酒,以燕乐嘉宾之心。

诗中表达着主人对于客人的热烈赞美和殷殷热情，我们可以想象当时的场景，乐工弦歌鼓舞，宾主把酒换盏，其乐融融。当然，乐带给人们的并不仅仅是简单的快乐，道德和秩序在这种快乐之中延伸和渗透，这正是乐的精神所在。

根据周人对于乐的理解，其最重要的精神乃是"和"。此"和"首先体现在声音之中，然后由耳入心，并影响现实的社会和政治秩序。乐通过这样的方式来达到其移风易俗的效果。《国语·周语下》记载伶州鸠的话说：

> 夫政象乐，乐从和，和从平。声以和乐，律以平声。金石以动之，丝竹以行之，诗以道之，歌以咏之，匏以宣之，瓦以赞之，革木以节之，物得其常曰乐极，极之所集曰声，声应相保曰和，细大不逾曰平。如是，而铸之金，磨之石，系之丝木，越之匏竹，节之鼓而行之，以遂八风。于是乎气无滞阴，亦无散阳，阴阳序次，风雨时至，嘉生繁祉，人民和利，物备而乐成，上下不罢，故曰乐正。

乐正的标准即是和平之声。此和平之声由律来加以规定，取决于六律和六吕之间的配合和平衡。如伶州鸠所说："律所以立均出度也。古之神瞽考中声而量之以制，度律均锺，百官轨仪，纪之以三，平之以六，成于十二，天之道也。"圣王以此和平之声布之于百姓之耳目，以实现教化之功用。单穆公说：

> 夫乐不过以听耳，而美不过以观目。若听乐而震，观美而眩，患莫甚焉。夫耳目，心之枢机也，故必听和而视正。听和则聪，视正则明。聪则言听，明则德昭，听言昭德，则能思虑纯固。以言德于民，民歆而德之，则归心焉。上得民心，以殖义方，是以作无不济，求无不获，然则能乐。夫耳内和声，而口出美言，以为宪令，而布诸民，正之以度量，民以心力，从之不倦。成事不贰，乐之至也。口内味而耳内声，声味生气。气在口为言，在目为明。言以信名，明以时动。名以成政，动以殖生。政成生殖，乐之至也。若视听

不和,而有震眩,则味入不精,不精则气佚,气佚则不和。于是乎有狂悖之言,有眩惑之明,有转易之名,有过慝之度。出令不信,刑政放纷,动不顺时,民无据依,不知所力,各有离心。上失其民,作则不济,求则不获,其何以能乐!(《国语·周语下》)

这段话一方面涉及到乐之教化的方式,另一方面则突出乐和政治之间的关系。后来儒家的乐论,即是对此的继承和发展。

第五节 教育与经典

至少在三代时期,教育在古代人的政治和生活中就占有很重要的地位。《孟子·滕文公上》云:"设为庠序学校以教之。庠者,养也;校者,教也;序者,射也。夏曰校,殷曰庠,周曰序,学则三代共之,皆所以明人伦也。"这是说三代皆有专门的教育机构,有校、庠、序等不同的名字,其主要的职责是教以人伦。孟子还具体提到圣人(舜)以契为司徒,"教以人伦,父子有亲,君臣有义,夫妇有别,长幼有序,朋友有信"。如此,契所承担的司徒之职就是负责教育的主要官员。这在《尚书》中也可以得到印证,《尧典》云:

> 帝曰:"契,百姓不亲,五品不逊。汝作司徒,敬敷五教,在宽。"

所谓五教,即是孟子所说的"父子有亲,君臣有义,夫妇有别,长幼有序,朋友有信"。在这段叙述中,同时被任命的还有伯夷和夔等,前者的职责乃是作秩宗、典三礼,后者的任务是典乐,教胄子,培养其"直而温,宽而栗,刚而无虐,简而无傲"的德行。如我们稍后看到的,礼乐乃是古代教育的核心内容,因此礼官和乐官也自然地担负着教育之责。

关于夏商两代及此前的教育情形,由于文献不足征,无法进行详细的讨论。目前可见的有周一代的教育,已颇具系统性,从中可以了解古代教育的一般状况。教育由官府所控制是其重要的特征,即所谓学在官府。官师合一,承担主要教育职责的官员似乎是大司徒和大司乐,《周礼·地官司徒》云:

> 大司徒之职……施十有二教焉,一曰以祀礼教敬,则民不苟;二曰以阳礼教让,则民不争;三曰以阴礼教亲,则民不怨;四曰以乐礼教和,则民不乖;五曰以仪辨等,则民不越;六曰以俗教安,则民不偷;七曰以刑教中,则民不虣;八曰以誓教恤,则民不怠;九曰以度教节,则民知足;十曰以世事教能,则民不失职;十有一曰以贤制爵,则民慎德;十有二曰以庸制禄,则民兴功。……以乡三物教万民,而宾兴之。一曰六德:知、仁、圣、义、忠、和;二曰六行:孝、友、睦、姻、任、恤;三曰六艺:礼、乐、射、御、书、数。

《周礼·春官宗伯》云:

> 大司乐掌成均之法,以治建国之学政,而合国之子弟焉。凡有道者、有德者使教焉,死则以为乐祖,祭于瞽宗。以乐德教国子:中、和、祗、庸、孝、友;以乐语教国子:兴、道、讽、颂、言、语;以乐舞教国子:舞云门、大卷、大咸、大䪻、大夏、大濩、大武。

此外还有师氏、保氏、乐师、大胥、小胥、大师、小师等都参与教学的活动,如乐师掌国学之政,大胥掌学士之版等。其教学的内容,以德行为先,而寓德行于仪、艺之中。《周礼·地官司徒》记载:

> 师氏以三德教国子:一曰至德以为道本;二曰敏德以为行本;三曰孝德以知逆恶。教三行:一曰孝行以亲父母;二曰友行以尊贤良;三曰顺行以事师长。
>
> 保氏养国子以道,乃教之六艺:一曰五礼,二曰六乐,三曰五射,四曰五御,五曰六书,六曰九数;乃教之六仪:一曰祭祀之容,二曰宾客之容,三曰朝廷之容,四曰丧纪之容,五曰军旅之容,六

曰车马之容。

这些内容似乎很符合孔子"志于道,据于德,依于仁,游于艺"的说法,(《论语·述而》)也可以看出后来孔门教育的渊源有自。

周代负责教育的机构,包括着不同的层次。《礼记·学记》云:"古之教者,家有塾,党有庠,术有序,国有学。"由塾而学,构成一个完整的从家到国的教育体系。就具有代表性的国学而言,基本上是由小学和大学两个部分构成。《礼记·王制》:"天子命之教,然后为学。小学在公宫南之左,大学在郊:天子曰辟雍,诸侯曰泮宫。"依此说,小学位于宫殿附近,而大学则位于郊。天子的大学谓之辟雍,诸侯的大学则称为泮宫。此外似乎还有一些名字都与大学有关,如东序、成均、瞽宗等。贵族子弟大约八到十岁始入小学,束发成年后入大学,《大戴礼记·保傅》记载:"古者年八岁而出就外舍,学小艺焉,履小节焉;束发而就大学,学大艺焉,履大节焉。"《礼记·内则》云:"十年出就外傅,居宿于外,学书计……朝夕学幼仪,请肄简谅。十有三年,学乐诵诗舞勺。成童舞象,学射御。"小学和大学的区分与年龄和教学的内容有关,小学之所教主要在小艺和小节,大学之所教则在大艺和大节。后来的文献中一再地提到"大学之道",如《礼记》的《学记》和《大学》等,即与古代的大学教育有关。《学记》说:

> 比年入学,中年考校。一年视离经辨志,三年视敬业乐群,五年视博习亲师,七年视论学取友,谓之小成。九年知类通达,强立而不反,谓之大成。夫然后足以化民易俗,近者说服,而远者怀之,此大学之道也。

如果再结合"大学之道,在明明德,在亲民,在止于至善"的说法,更可以看出大学的精神。这种教育与德行和政治关系密切,其培养的目标乃是施政的人才,教化的主体。教育本身就是权力体系的一部分,因此,学与仕之间不存在任何的距离。学习的过程就是为施政所做的准备,学士之秀者可以直接获得官职。《礼记·王制》记:

> 大乐正论造士之秀者，以告于王，而升诸司马，曰进士。司马辨论官材，论进士之贤，以告于王，而定其论。论定，然后官之；任官，然后爵之；位定，然后禄之。

这更不要说那些直接的权力继承人了。以天子或诸侯的世子为例，其教育一直备受关注。《礼记·文王世子》记载：

> 凡三王教世子，必以礼乐。乐所以修内也，礼所以修外也。礼乐交错于中，发形于外，是故其成也怿，恭敬而温文。立大傅少傅以养之，欲其知父子君臣之道也。大傅审父子君臣之道以示之，少傅奉世子，以观大傅之德行而审喻之。大傅在前，少傅在后，入则有保，出则有师，是以教喻而德成也。师也者，教之以事，而喻诸德者也。保也者，慎其身以辅翼之，而归诸道者也。

由礼乐以成就道德，这和有周一代的意识形态是完全一致的，也符合此时期贵族或世子教育的实际情形。《国语·楚语上》曾经给我们提供了一个具体的例子，楚庄王问申叔时以傅太子之事，申叔时对曰：

> 教之《春秋》，而为之耸善而抑恶焉，以戒劝其心；教之世，而为之昭明德而废幽昏焉，以休惧其动；教之诗，而为之导广显德，以耀明其志；教之礼，使知上下之则；教之乐，以疏其秽而镇其浮；教之令，使访物官；教之语，使明其德，而知先王之务用明德于民也；教之故志，使知废兴者而戒惧焉；教之训典，使知族类，行比义焉。

礼乐当然是世子教育的重要内容，此外，教授的内容还包括春秋、世、诗、令、语、故志、训典等，它们以历史为主，不过其所重不在知识的传递，而是德性培养和政治智慧的提升。

在这个世子教育的书单中，我们已经看到了此时期经典系统的基本轮廓。故志、训典等显然略相当于书，再加上诗、礼、乐、春秋，构成了一个与我们后来在孔子、孟子和荀子那里看到的几乎相同的经典系统。① 这个经典系统的形成一定不会太早，文献的确切出现也不过是商代的事情，礼乐经过了周公的制作，更不要说以"春秋"为名的历史记录主要出现在平王东迁以后。如此说来，这些文献初步地构成一个系统不过是春秋时代的事情。《左传·僖公二十七年》记载赵衰"说礼乐而敦诗书。诗书，义之府也；礼乐，德之则也"，是文献中最早以整体的方式提到诗书礼乐的例子，比上述《楚语》的记载还要早几十年。如果我们离开这些一般的记载，深入到当时人们实际的生活中去，更能体会到诗书礼乐以及历史等的力量。《诗》、《书》作为精神和价值的根据体现在贵族的政治和社会生活之中，支撑并塑造着这个时代。其最典型的表现是人们对于《诗》、《书》文字的引用，以作为其主张或看法的支持。以《左传·襄公二十七年》的一段记载为例：

> 秋，栾盈出奔楚。宣子杀箕遗、黄渊、嘉父、司空靖、邴豫、董叔、邴师、申书、羊舌虎、叔罴。囚伯华、叔向、籍偃。人谓叔向曰："子离于罪，其为不知乎？"叔向曰："与其死亡若何？《诗》曰：'优哉游哉，聊以卒岁。'知也。"乐王鲋见叔向曰："吾为子请！"叔向弗应。出，不拜。其人皆咎叔向。叔向曰："必祁大夫。"室老闻之，曰："乐王鲋言于君无不行，求赦吾子，吾子不许。祁大夫所不能也，而曰必由之，何也？"叔向曰："乐王鲋，从君者也，何能行？祁大夫外举不弃仇，内举不失亲，其独遗我乎？《诗》曰：'有觉德行，四国顺之。'夫子，觉者也。"晋侯问叔向之罪于乐王鲋，对曰："不弃其亲，其有焉。"于是祁奚老矣，闻之，乘驲而见宣子，曰："《诗》曰：'惠我无疆，子孙保之。'《书》曰：'圣有谟勋，明征定保。'夫谋而鲜过，惠训不倦者，叔向有焉，社稷之固也。犹将十世宥之，以

---

① 在此，我们又一次看到了儒家和传统之间的本质关联。当然，不可忽视的是在这种关联之中的精神上的转变。而这种关联的一个重要媒介是教育，有周一代贵族教育的课本同时就是儒家教育的基本内容。孔子以《诗》、《书》、《礼》、《乐》教，从形式上来说，与此前并无大的不同。

劝能者。今壹不免其身,以弃社稷,不亦惑乎? 鲧殛而禹兴。伊尹放大甲而相之,卒无怨色。管、蔡为戮,周公右王。若之何其以虎也弃社稷?子为善,谁敢不勉?多杀何为?"宣子说,与之乘,以言诸公而免之。不见叔向而归。叔向亦不告免焉而朝。

叔向两引《诗》,祁奚则并引《诗》、《书》,以为其立论的根据,充分体现出它们的权威角色。值得指出的是,这不是孤立的事实,而是春秋时期的普遍情形。① 在贵族们的言语和交往中,《诗》、《书》是不可或缺的部分。它们被看作是"义之府",即德义和价值的渊薮。这个说法非常能够体现经典的意义,经典之所以为经典,乃是因为它们体现并承载最根本的意义和价值,以为人们思考和生活的根据。此时期,有关经典的初步解释工作已经开始,《国语·周语下》曾经记载叔向评价单子的话说:

> 且其语说《昊天有成命》,颂之盛德也。其诗曰:"昊天有成命,二后受之。成王不敢康,夙夜基命宥密。於,缉熙!亶厥心肆其靖之。"是道成王之德也。成王能明文昭,能定武烈者也。夫道成命者,而称昊天,翼其上也。二后受之,让于德也。成王不敢康,敬百姓也。夙夜,恭也;基,始也。命,信也。宥,宽也。密,宁也。缉,明也。熙,广也。亶,厚也。肆,固也。靖,和也。其始也,翼上德让,而敬百姓。其中也,恭俭信宽,帅归于宁,其终也,广厚其心,以固和之。始于德让,中于信宽,终于固和,故曰成。单子俭敬让咨,以应成德。单若不兴,子孙必蕃,后世不忘。《诗》曰:"其类维何?室家之壶。君子万年,永锡祚胤。"类也者,不忝前哲之谓也。壶也者,广裕民人之谓也。万年也者,令闻不忘之谓也。胤也者,子孙蕃育之谓也。单子朝夕不忘成王之德,可谓不忝前哲矣。膺保明德,以佐王室,可谓广裕民人矣。

---

① 关于《诗》、《书》在春秋时代被称引的情形,学者有着丰富的讨论,晚近的研究可以参考陈来《古代思想文化的世界》,第161—169页。

文中提到《周颂·昊天有成命》和《大雅·既醉》,并对诗句的意义进行详细的解释和发挥。这已经不限于单纯的赋诗引诗,初步具有诠释的特点。

关于礼乐在此时期社会生活中的地位,此前已经有专门的讨论,此不赘述。唯一需要提及的是与礼乐有关的书籍问题。从逻辑上来看,规范社会生活各领域的礼仪必须通过文字的方式记录下来,才可以发挥其应有的作用。因此,礼书的出现应该是很早的事情。由《左传》和《国语》的记载我们可以知道,在春秋时代,人们经常以"非礼也"或者"礼也"来判断某件事情,这些判断的根据或者也与礼书有关。不过,现存的与礼有关的几部书籍如《仪礼》、《周礼》等一般认为出现较晚,但应该是有更早的基础和来源。《左传·襄公十二年》记载:

> 灵王求后于齐。齐侯问对于晏桓子,桓子对曰:"先王之礼辞有之,天子求后于诸侯,诸侯对曰:'夫妇所生若而人。妾妇之子若而人。'无女而有姊妹及姑姊妹,则曰:'先守某公之遗女若而人。'"齐侯许昏,王使阴里逆之。

这里所谓的礼辞,即礼所规定的言说方式,相当严格而庄重,应该就是出于礼书的记录。这些礼书,在规范着社会秩序的同时,也承担着教科书的功能。

《春秋》本是史书的通称,由史官负责记录。《墨子》中有"周之春秋"、"燕之春秋"、"宋之春秋"、"齐之春秋"之说,其佚文中又有墨子"吾见百国春秋"的说法。《国语·楚语》"教之春秋"中的春秋,应该就是泛称,不必指楚国的《春秋》。按照孟子的记载:"晋之乘,楚之梼杌,鲁之春秋,一也。其事则齐桓晋文,其文则史。"(《孟子·离娄下》)那么楚国的史书可能以梼杌命名,但也属于《春秋》之类。《春秋》类史书的特点是编年记事,极其简洁。在这一方面,《鲁春秋》可以作为代表。其记载以君主为中心,集中在国家以及天下之大事,史官被要求以直笔书之。《春秋》并不仅仅是一本普通的文献,它是整个时代精神和价值体系在历史中的体现,因此占有紧要的地位。《左传·昭公二年》记载晋韩宣子聘于鲁,"观书于太史氏,见《易象》与《鲁春秋》,曰:'周礼尽在鲁矣!吾乃今知周公之德与周之所以王也。'"按照《楚语》的说法,学习《春秋》的目的乃是通过对历史事实的了解,在心中培养起善恶的观念。《国语·晋语七》也有一段与此类似的记载:

> 悼公与司马侯升台而望曰:"乐夫!"对曰:"临下之乐则乐矣,德义之乐则未也。"公曰:"何谓德义?"对曰:"诸侯之为,日在君侧,以其善行,以其恶戒,可谓德义矣。"公曰:"孰能?"对曰:"羊舌肸习于春秋。"乃召叔向,使傅太子彪。

按照司马侯的理解,《春秋》由于记载诸侯之善恶,对君主的行为有劝戒的作用,乃是一部德义之书。因此之故,习于春秋的叔向才被委以傅太子的重任。这个事实与《楚语》等的记载一起,可以反映出《春秋》在时人心目中的重要地位。

需要提到的一部书是《周易》,它在后来的经典系统中占据了显赫的位置,但在春秋时期,却不是贵族教育的一部分。这在很大程度上和该书的性质有关。如我们知道的,《周易》属于占筮的传统,其主要的功能是沟通天人,预测吉凶。由于筮法或者占法都有很强的技术性,不容易为一般人所了解和掌握,所以多由专门的卜史来负责。从《左传》和《国语》所见的占筮记载可见,用《周易》来占筮的例子基本都由职业的卜和史来进行。这就决定了尽管该书所代表的占筮活动在当时的意识形态中享有崇高的位置,但它和世俗教育之间仍然有着相当的距离。卜史之外的贵族们即便偶而谈到《周易》,也多是就卦爻辞来发挥义理,和卜史们的做法有着很大的差异。同时,受着以德和礼为代表的时代思潮的影响,和其他经典一样,《周易》也逐渐地朝着德义化的方向进行解释。

总的来说,至少在春秋时代,以《诗》、《书》、《春秋》等为代表的文献已经具有了经典的地位。它们被看作是德义和价值的体现者,因此成为主流话语的重要组成部分,并且通过教育的方式影响那个时代人们的心灵和生活。在上述的讨论中,读者一定会注意到教育和经典之间的密切关系。值得说明的是,我们并不认为教育的需要制造了经典,教育只是把经典传达给人们的一种方式。究竟说来,是某种时代精神凝聚为经典,并成为教育的基础。

第六节　圣王与圣贤

　　历史作为道在时间之中的展开,包含着众多的面向。以儒家对于历史的追溯和理解为例,圣王、典章制度、经典、种族意识等都是其关注的重点,而这些都是道之现实性的证明。其中典章制度是道在现实世界中秩序化的体现,经典是道的文字化形态,种族意识是以道为标准在族群中进行的区分,圣王则是道的人格化形态。就儒家所理解的圣王而言,其谱系基本上不出尧、舜、禹、汤、文、武、周公的范围,而这个谱系在《论语》中已经得到了初步的确认。《论语》的末篇《尧曰》提到尧、舜、禹之间一脉相承的关系,其后还记载有汤和武王。若再加上见于该书其他篇章的文王和周公,这个圣王谱系已经相当完整。《孟子·尽心下》末章"由尧舜至于汤,五百有余岁……由汤至于文王,五百有余岁",表现出一种更加系统化的趋势。儒者之间可能表现出对某些圣王的特殊偏好,如孔子和荀子之于周公、孟子之于舜等,但总不会超出这个谱系。比较特别的是以《易传》为代表的易学传统,在尧舜之上,又增加了伏羲、神农、黄帝等,[①]当然并不构成早期儒家思想的主流。司马迁后来作《史记·五帝本纪》,历叙黄帝、帝喾、颛顼、尧、舜等,但篇末云:"学者多称五帝,尚矣。然《尚书》独载尧以来。而百家言黄

---

① 《系辞传》提到包羲氏没,神农氏作;神农氏没,黄帝尧舜氏作。

帝,其文不雅驯,缙绅先生难言之。孔子所传《宰予问五帝德》及《帝系姓》,儒者或不传。"似乎有自我否定的意味。在那个弥漫着五帝论述的时代,《五帝本纪》的写作似乎有作者不得已的苦衷。以太史公真实的想法,真正的历史当然还是从文献足征的尧开始。我们有理由相信,这个态度也是儒家主流的态度。

作为儒家肯定的第一个圣王,尧在儒者的心目中占据着特殊的地位。记载尧事迹的主要文献是《尚书·尧典》。这当然是一篇追溯性的文字,所以开篇就是"曰若稽古帝尧",但尧在后世的形象几乎全由此篇奠定。根据《尧典》的叙述,尧最大的功绩应该是钦若昊天,历象日月星辰,敬授人时:

> 曰若稽古帝尧,曰放勋,钦明文思、安安,允恭克让,光被四表,格于上下。克明俊德,以亲九族。九族既睦,平章百姓。百姓昭明,协和万邦。黎民于变时雍。乃命羲和,钦若昊天,历象日月星辰,敬授人时。分命羲仲,宅嵎夷,曰旸谷。寅宾出日,平秩东作。日中,星鸟,以殷仲春。厥民析,鸟兽孳尾。申命羲叔,宅南交。平秩南为,敬致。日永,星火,以正仲夏。厥民因,鸟兽希革。分命和仲,宅西,曰昧谷。寅饯纳日,平秩西成。宵中,星虚,以殷仲秋。厥民夷,鸟兽毛毨。申命和叔,宅朔方,曰幽都。平在朔易。日短,星昴,以正仲冬。厥民隩,鸟兽氄毛。帝曰:咨!汝羲暨和。期三百有六旬有六日,以闰月定四时,成岁。允厘百工,庶绩咸熙。

开头是对尧之德的赞美,后面才是具体的事迹,即尧命令羲和"钦若昊天"。在《史记·太史公自序》中,羲和被称为古之传天数者,他们就是帝尧的天官,负责观察天象,制订历法,并在此基础之上指导人事。思想史学者都知道天事在古代社会的重要性,此时的天并不如后世一样仅仅具有自然的意义,它是这个世界的主宰,世界和人间秩序的提供者。从《尧典》"寅宾出日"、"寅饯纳日"的说法中,读者完全能够感受到对于日和天的敬畏。从这个意义上来说,《论语·泰伯》"大哉尧之为君也,巍巍乎,唯天为大,唯尧则之"的说法就不能完全从誉美之辞的角度来了解,帝尧确实是敬天则天的典型,并确立了"期三百有六旬有六日,以闰月定四时,成岁"的天文秩序,为后世所遵循。

除了天道之外,帝尧的另一个功绩就是对于帝舜的选拔和禅让。此事的重要在于开启了儒家政治哲学中权力转移的一个重要模式,并具有鲜明的德政和尊贤色彩。根据《尧典》的记载,在位七十载的尧开始思考继承人的问题,他首先征求的是四岳的意见,四岳明确地认为自己之德不足以继位,并推荐了"在下"的鳏夫舜:

> 帝曰:"咨!四岳。朕在位七十载,汝能庸命,巽朕位?"岳曰:"否德忝帝位。"曰:"明明扬侧陋。"师锡帝曰:"有鳏在下,曰虞舜。"帝曰:"俞?予闻,如何?"岳曰:"瞽子,父顽,母嚚,象傲;克谐以孝,烝烝乂,不格奸。"帝曰:"我其试哉!女于时,观厥刑于二女。"厘降二女于妫汭,嫔于虞。帝曰:"钦哉!"

舜和尧之间并无任何的血缘关系,事实上,尧有一子曰丹朱,在《尧典》中被称为"胤子朱启明",但尧以为丹朱"嚚讼",所以不予考虑。这个描述暗示着圣王对于权力的态度,权力不是一家一姓私有之物,它该由有德者所有,为有德者所用。但是鳏夫的身份理想地保留了联姻的空间,尧在"我其试哉"的想法之下,下嫁二女于舜,对舜的德行进行了确认,并把权力顺利的传给了舜。

作为儒家圣王谱系中的第二人,舜的形象与尧之间有着比较大的差别。这是一个自平民而天子的典型,实现这种身份变化的最终根据不是别的,只是自身的德行。作为一介草民,舜并没有复杂的社会关系和责任,因此他的德行主要是在最基本的人伦之中来体现的。"瞽子,父顽,母嚚,象傲;克谐以孝,烝烝乂,不格奸",生活在一个缺乏温情甚至有些恶劣的家庭环境之中,舜始终能够克尽孝道,尽力与父亲、后母和同父异母弟保持和谐的关系。正是这种看起来只是局限于家庭内部的伦理实践使舜得到天下的承认,最终登上了天子之位。在这里,我们一方面看到家庭伦理在古代社会中的重要地位;另一方面,也看到了一种人人皆可以凭借自己的德行成为天子的可能性。舜在家庭内部的人伦实践证明的是一种能力,即和他人相处并保持和谐关系的能力。和父母亲的相处正是和他人相处的开始,如果能够和顽父、嚣母、傲弟相处,那么他就能够和所有的人相处。舜的这种能力在他成为天子之后仍然有突出的表现,这就是"任人"。其以伯禹为司空,以平水土;弃为后稷,播时百谷;契为司徒,敬敷五教;皋陶为士,五刑有服;垂为共工、益作虞、伯夷作秩宗、夔典乐、龙纳言。这些大臣和四岳、十二牧一起,组成天子之下的一个权力核心,共同来协助舜治理天下。《论语·泰伯》有"舜有臣五人而天下治"的说法,朱熹注:"五人,禹、稷、契、皋陶、伯益。"(《论语集注》)《卫灵公》记孔子说:"无为而治者,其舜也与!夫何为哉,恭己正南面而已矣。"这话也并不是空话,舜的无为,正是得益于其"任人"的智慧。由陶于河滨的草民到圣王,舜提供了一个普通人由修身而齐家、而治国平天下的内圣外王的典范。

尧舜之后的圣王就是禹,在《尚书》的叙述中,禹也是通过禅让的方式继承了舜的天下。但他之所以能接受舜的禅让,凭借的主要是事功,即平水土的伟绩。《禹贡》对此有详细的记载,"禹别九州,随山浚川,任土作贡。禹敷土,随山刊木,奠高山大川。"根据这个说法,九州是禹最早划分的。所谓九州是指冀州、兖州、青州、徐州、扬州、荆州、豫州、梁州、幽州,乃是华夏族活动的主要区域。禹之所以能够划分九州,与其随山浚川、疏江导河的活动是联系在一起的。这些工作综合起来,奠定了华夏族活动区域的地理秩序。《尚书·吕刑》:"禹平水土,主名山川。"《诗经》中多次提到禹,基本上是和平水土有关,如《小雅·信南山》:"信彼南山,维禹甸之。"《大雅·韩奕》:"奕奕梁山,维禹甸之。"《商颂·长发》:"洪水芒芒,禹敷下土方。"《大雅·文王有声》:"丰水东注,维禹之绩。"此外,如《左传·襄公四年》"芒芒禹迹,画为九州,经启九道"之说,也是此意。

如果我们总结一下古代记载中尧、舜、禹的形象，会发现一个有趣而重要的现象。他们的工作似乎有着明确而完美的分工，各有偏重却共同构成了一个整体。尧的功绩主要在天文、舜的成就在人伦、而禹的事功在地理。他们分别奠定了天、人和地的基本秩序，从而共同构造了一个宇宙秩序的整体。从这个意义上来说，尧、舜、禹在儒家的圣王谱系中构成了不可分割的一组，担当着秩序创立者的角色。如《论语·尧曰》所记："尧曰：'咨！尔舜！天之历数在尔躬。允执其中。四海困穷，天禄永终。'舜亦以命禹。"由尧而舜而禹，形成了一个一脉相承的圣王和秩序系列。这个秩序的核心是天和人的关系，我们知道，这也是古代思想世界的中心。此外，尧、舜、禹作为整体存在的另外一个理由是他们之间存在着的禅让关系。① 由尧而舜、由舜而禹的权力转移，采取的是授德尚贤的禅让方式，传贤而不传子，其中包含着对于政治和权力基础的重要理解，并包含着理想政治世界的影子。如果结合着《礼记·礼运》所说的大同和小康的分别，就可以发现，这个时代实际上是一个梦幻般的理想时代，是政治理想在历史中的投射。

就儒家的圣王谱系而言，我们基本上可以把它分成三种不同的类型。第一种是尧、舜、禹，第二种是汤和文王、武王，第三种是周公。尧、舜、禹已如上述，汤和文王、武王是另一种圣王的类型，其特殊处在于他们是通过征伐而非禅让的方式得到政权。同时，由于宇宙的秩序已经由尧、舜、禹所奠定，这一组圣王要做的就不是创造，而是恢复被破坏了的东西。汤伐桀、武王伐纣，见诸于众多古代文献。《尚书》中有《汤誓》和《泰誓》、《牧誓》等篇，记载着汤和武王聚众征伐的誓词。《汤誓》云："有夏多罪，天命殛之。""夏氏有罪，予畏上帝，不敢不正。"讨伐的理由乃是有夏多罪以及天、上帝的命令。《牧誓》云："王曰：古人有言曰：牝鸡无晨；牝鸡之晨，惟家之索。今商王受惟妇言是用，昏

---

① 其实，尧、舜、禹的禅让说在历史上很早就遇到质疑，法家就不承认禅让的存在，《韩非子·说疑》有"舜逼尧，禹逼舜"的说法。

弃厥肆祀弗答,昏弃厥遗王父母弟不迪,乃惟四方之多罪逋逃,是崇是长,是信是使,是以为大夫卿士。俾暴虐于百姓,以奸宄于商邑。今予发惟恭行天之罚。"与《汤誓》所说的理由在结构上非常类似,都是着眼于罪和天罚的角度。不难看出,在这样的叙述中,汤武革命的合法性首先是建立在桀纣之罪过的基础之上。因此,与圣王形象的建构相对,历史所需要的暴君形象也应运而生,形成了"圣王——暴君"的二元模式。《论语·子张》记子贡的话说:"纣之不善,不如是之甚也。是以君子恶居下流,天下之恶皆归焉。"桀纣愈是残暴,汤武革命的合法性和圣王形象愈容易建立起来。《仲虺之告》说:"初征自葛,东征,西夷怨;南征,北狄怨,曰:奚独后予?"孟子引《书》曰:"汤一征,自葛始。天下信之,东面而征,西夷怨;南面而征,北狄怨,曰:奚为后我?"(《孟子·梁惠王下》)征伐的行为具有解民于倒悬、救民于水火的意义。但这不意味着征伐者自然会取得胜利,他们必须是有德者。在历史的叙述中,与桀纣相反,汤武都是德性的楷模。《汤诰》记载汤的言论说:"其尔万方有罪,在予一人。予一人有罪,无以尔万方。"与《论语·尧曰》"(汤)曰:予小子履,敢用玄牡,敢昭告于皇皇后帝:有罪不敢赦。帝臣不蔽,简在帝心。朕躬有罪,无以万方;万方有罪,罪在朕躬"可以对观。《史记·殷本纪》记载汤之德及于禽兽:

> 汤出,见野张网四面,祝曰:自天下四方皆入吾网。汤曰:嘻,尽之矣!乃去其三面,祝曰:欲左,左。欲右,右。不用命,乃入吾网。诸侯闻之,曰:汤德至矣,及禽兽。

类似的记载也见于《吕氏春秋》,[①]应该是渊源有自,至少可以看作是后人对于汤之形象的想象。至于武王,在自身德行的基础之上,又承继

---

① 《吕氏春秋·异用》:"汤见祝网者,置四面,其祝曰:'从天坠者,从地出者,从四方来者,皆离吾网。'汤曰:'嘻!尽之矣。非桀,其孰为此也?'汤收其三面,置其一面,更教祝曰:'昔蛛蝥作网罟,今之人学纾。欲左者左,欲右者右,欲高者高,欲下者下,吾取其犯命者。'汉南之国闻之曰:'汤之德及禽兽矣。'四十国归之。人置四面,未必得鸟;汤去其三面,置其一面,以网其四十国,非徒网鸟也。"

着其父祖之德。《论语·尧曰》记武王的话说："周有大赉,善人是富。虽有周亲,不如仁人。百姓有过,在予一人。"表现出鲜明的尊仁保民之德。《论语·泰伯》说文王:"三分天下有其二,以服事殷。周之德,其可谓至德也已矣!"突出了文王所奠定的坚实基础。于是有"武王缵大王、王季、文王之绪,壹戎衣而有天下"(《礼记·中庸》)之说,以明武王克商之举非一人之力,而是累世之功。

尧舜和汤武虽然同属圣王之列,但儒家对于他们还是进行了某种高下的区分。孔子评舜乐《韶》以为"尽美矣,又尽善也",武王之乐《武》则是"尽美矣,未尽善也"(《论语·八佾》)。其中的大义是很清楚的。孟子继续着孔子的看法,一则说:"尧舜,性之也;汤武,身之也。"再则说:"尧舜,性者也;汤武,反之也。"(《孟子·尽心上》)同样表达着尧舜高于汤武的态度。这种区分的背后当然是某种价值观。汤武革命,虽然是顺乎天而应乎人,但此种革命以流血而不是禅让的方式完成,终究要面临着以臣弑君的诟病。以臣子的立场,总会对此觉得不安,《仲虺之诰》记载:"成汤放桀于南巢,惟有惭德。曰:予恐来世以台为口实。"无论该段文字是否实录,都把汤的心态惟妙惟肖地描述了出来。其实这不仅是汤的心态,也是世人的心态。而对于后世的君主而言,汤武的故事总会让他们强烈地感受到某种威胁。《孟子·梁惠王下》记载齐宣王向孟子提问说:"汤放桀,武王伐纣,有诸?"孟子回答说:"于传有之。"齐宣王进一步问,"臣弑其君,可乎?"孟子辩护说:"贼仁者谓之贼,贼义者谓之残,残贼之人谓之一夫。闻诛一夫纣矣,未闻弑君也。"这种辩护虽然有它的道理在,但总觉得有些勉强的气息。至少对于已经掌握权力的君主来说,汤武革命可以说是一把双面刃。

周公构成了圣王的第三种类型。作为文王之子、武王之弟、成王的太傅,周公虽然是周初统治集团内的核心人物,但并不具有天子或王的身份。历史上曾经有周公称王后还政于成王的说法,学者对此聚讼纷纭。显然是周公之成为圣王谱系中的一员,并不是由于其暧昧不清的王的身份。其理由一方面如孟子所说是"周公兼夷狄、驱猛兽而百姓宁",另一方面则是所谓的制礼作乐。就前者来说,武王得天下不久后驾崩,成王年幼,管叔蔡叔联合东夷之人叛乱,端赖周公之力,天下才得以稳定下来。这当然是周公政治上的一大功绩,并使之具有周民族英雄和王者师的地位。就后者而论,《左传·文公十八年》记载鲁大史克的话说:"先君周公制周礼,曰:则以观德,德以处事,事以度功,功以食民。"《礼记·明堂位》亦云:"成王幼弱,周公践天子之位以治天下……制礼作乐,颁度量而天下大服。"就我们所知道的,礼乐秩序并不始于周代,儒家经常讲三代或四代之礼,孔子说:"殷因于夏礼,所损益可知也;周因于殷礼,所损益可知也。"(《论语·为政》)按照这个说法,周礼是在因袭了夏殷两代之礼的基础之上产生的。但从周人一再强调的周公制礼作乐的说法来看,在因袭之中,一定包含着某些重大的改变。这种改变或许包含着某些制度或者仪式性的东西,但最重要的,该是对礼乐精神的根本理解。如大史克所说的,周公制礼的精神乃是"则以观德,德以处事,事以度功,功以食民",这里最重要的四个字是德、事、功、民。德而不是别的什么东西构成了"则"即礼乐秩序的根据,此德是面向事功的,而事功的核心是食民,不是事神。从这里来看,周公所制定的礼乐已经摆脱了早期以祭祀为主的事神的模式,而转向了以德政为主的保民的模式。这个改变是剧烈而根本的,正是在这个意义上,周公才成为"制礼作乐"的典范。

在圣王之外,值得注意的是还有一些被称为圣、贤或者仁人等的人物,如伊尹、微子、箕子、比干、伯夷、叔齐、柳下惠等。其中伊尹、微子都见于《尚书》。伊尹为汤相,《尚书》中《伊训》、《太甲》、《咸有一德》几篇都与其有关。《左传·襄公二十一年》记叔向之语,提及"伊尹放太甲而相之,卒无怨色"。微子当纣之时,进谏不成而去之,《尚书》中有《微子》和《微子之命》,周代殷后被封于宋。柳下惠即展禽,鲁公族之后,《国语·鲁语上》曾记其言,其中因臧文仲祭海鸟爰居而论祭祀一段非常著名。这些人物经常被孔子、孟子等儒者所称引,同样具有生命典范的意义。而且由于其非帝王的身份,似乎有着和儒者更近的距离。从《论语》中可见,孔子对这些人物经常会提及,并充满敬意。《微子》篇有比较集中的记载:

> 微子去之,箕子为之奴,比干谏而死。孔子曰:"殷有三仁焉。"
>
> 柳下惠为士师,三黜,人曰:"子未可以去乎?"曰:"直道而事人,焉往而不三黜;枉道而事人,何必去父母之邦。"
>
> 逸民,伯夷、叔齐、虞仲、夷逸、朱张、柳下惠、少连。子曰:"不降其志,不辱其身,伯夷、叔齐与?"谓:"柳下惠、少连:降志辱身矣。言中伦,行中虑,其斯而已矣。"谓:"虞仲、夷逸:隐居放言,身中清,废中权。我则异于是,无可无不可。"

从这些评价中可知,儒家的仁人可以有不同的生活样式。微子之去、比干之死,伯夷之清、柳下惠之和,虽有不同,其归于仁则一也。而孔子自己的选择是无可无不可,与时进退,所以孟子称之为"圣之时者也"。就孟子而言,他经常称道的人物是伊尹、伯夷和柳下惠。他们都是圣人,而其为圣的理由并不相同。伊尹是圣之任者也,伯夷是圣之清者也,而柳下惠是圣之和者也。这些不同的圣人分别体现了儒者的某种品质,伊尹是承担的楷模,伯夷是不同流合污的典型,柳下惠则是与人相处的模范。这些品质之间有时候是矛盾的,但对儒者而言又是必须的,所以分别承载在不同的生命形象之中。圣贤们的存在,既丰富了儒家的生活世界和生命选择,同时,他们和圣王一起成为儒家思想现实性的重要证明。

第二章

孔子与儒家的成立

第一节 人类情怀与政治冲动

儒家对于人的理解,一直是视之为"能群"的存在。这在荀子中表达的最为系统和明显,此种"能群"的能力把人和动物区别了开来,并使人成为天地的中心。如果追根溯源的话,这种理解当然是开始于孔子。我们通过阅读《论语》得到的孔子印象,一直是突出自己"人"的身份,并认为"人"在"群"才能获得安顿。这在和当时隐者的对比中表现得更加突出,《微子》篇记载:

  长沮、桀溺耦而耕,孔子过之,使子路问津焉。长沮曰:"夫执舆者为谁?"子路曰:"为孔丘。"曰:"是鲁孔丘与?"曰:"是也。"曰:"是知津矣。"问于桀溺,桀溺曰:"子为谁?"曰:"为仲由。"曰:"是鲁孔丘之徒与?"对曰:"然。"曰:"滔滔者天下皆是也,而谁以易之。且而与其从避人之士也,岂若从避世之士哉?"耰而不辍。子路行以告,夫子怃然,曰:"鸟兽不可与同群,吾非斯人之徒与而谁与?天下有道,丘不与易也。"

此事的发生,应该是在孔子周游列国时由陈适蔡的途中。长沮、桀溺显然不是一般的耕者,他们应该就是所谓的隐者,因为对于政治的失望,所以采取避世的方式而生存。对于他们来说,道之不行乃是确定不过的事情。"滔滔者天下皆是也",无论到哪个国家都是如此,既然如此,与其心存侥幸选择如孔子般周流列国式的避人,还不如更彻底些的避世。在这个充满着污浊的人的世界中推行其道是不可能的,而流浪式的寻求不过是个悖论。在这段话中,隐者区别了避人和避世两种不同的躲避。所谓避人,是指由于对某个人的失望因此对他采取躲避的姿态,但与此同时,还对另外的人抱有期望。而避世则是基于对此世界的绝望因此选择彻底的离群索居生活。孔子在列国的周游就是典型的避人的例子,失望地离开一个国家,又怀抱着希望抵达另一个国度。对于隐者来说,期望着遇到一个好的君主并且得君行道不过是一场梦,一旦认识到此,就会发现最好的生活方式一定是避世而不是避人。忘记人群,忘记政治,忘记世界,过一种如后来《庄子》所说的"同与鸟兽居,族与万物并"的生活。但是对于孔子来说,这是永远不能接受的。一个绕不过的问题是:什么是真正的人的生活?如果"群"是人的本质和命运,那么离群索居的生活就和真正的人无关。生存始终而且必须是在人群中的生存,这就意味着你必须和他人和社会发生关系。每个人正是在与他人的关系中,而不是在与鸟兽的关系中确认着自身的存在与价值。"吾非斯人之徒与而谁与"的说法,具有强烈地确认人的身份的含义。其中虽然包含着"道之不行"的无奈,但更多地是一种坚定和信念。与此相比,"道不行,乘桴浮于海"的说法不过是瞬间感受。在此感受背后的,埋藏的则是深刻的人类情怀。

《公冶长》篇曾经记载了让读者直接了解孔子心志的一段话:

> 颜渊、季路侍,子曰:"盍各言尔志?"子路曰:"愿车马,衣轻裘,与朋友共,敝之而无憾。"颜渊曰:"愿无伐善,无施劳。"子路曰:"愿闻子之志。"子曰:"老者安之,朋友信之,少者怀之。"

这段话由子路和颜回的言志开始,引出孔子的想法。三者所说虽然不同,但其中包含着共同的东西,这就是对他人存在的承认和关切。对于尚勇的子路来说,是和朋友在财物上的分享,体现着其一贯的侠义之风。比较起来,颜回由于更关注他人的感受,因此表现为在自律方面的强调。孔子更进一步,他希望能够帮助安顿他人的生命。"老者安之,朋友信之,少者怀之",语虽平实,但其中充满的却是孔子的人类情怀,以及由此而来的对于他人的使命和责任。作为群的存在,人的生存不仅仅是孤立的,而是和他人之间有着内在和本质的联系。这就决定了人不能仅仅是自为的,必须意识到自己和他人的本质联系,并在生活中确认这种联系。对他人的安顿就是对自己的安顿,这是一回事。我们再看一段孔子和子路讨论君子的文字:

> 子路问君子。子曰:"修己以敬。"曰:"如斯而已乎?"曰:"修己以安人。"曰:"如斯而已乎?"曰:"修己以安百姓。修己以安百姓,尧舜其犹病诸?"(《宪问》)

由修己而安人而安百姓,我们可以看到个体生命在群之中的展开。君子永远不会满足于单纯的修己,修己只是个开始,承担对于他人责任的开始。修己是指向着安人和安百姓的。从这里,我们也可以看到《大学》八条目的雏形。八条目的核心,乃是"修身为本",而修身的方向,则是齐家、治国和平天下。

基于对君子的这种理解,政治不可避免地成为孔子和儒家生命中的重要内容。孔门的教育包含着四科,其中有专门的"政事"一科,这当然并不意味着另外的三科——德行、言语和文学——与政治无关。实际上,它们也都是政治世界的一部分。列于政事科的弟子代表是冉有和季路,他们显然具备在此方面的突出能力以及热情。冉有曾经如此表达过自己的志向:"方六七十,如五六十,求也为之,比及三年,可使足民。如其礼乐,以俟君子。"(《先进》)孔子对其能力也给予了充分的肯定,以为"求也,千室之邑,百乘之家,可使为之宰也"(《公冶长》)。果然,冉求一度成为"季氏宰",负责管理鲁国最重要的公族季氏的政务。子路也出任过卫"蒲大夫"以及"季氏宰",其志向是"千乘之国,摄乎大国之间,加之以师旅,因之以饥馑,由也为之,比及三年,可使有勇,且知方也"。"孔子哂之。"(《先进》)"哂之"是微笑的表情,似乎表示孔子某种程度上的认可。在《公冶长》中,孔子说:"由也,千乘之国,可使治其赋也。"也相当肯定子路的政事能力。

《论语》中记载弟子及时人的问学,包括诸方面,譬如问政、问仁、问礼、问君子、问士、问孝、问知、问友、问事君、问为邦等等,比较起来,问政的内容几乎是最多的。初步的统计,直接向孔子问过政的就有季康子、子张、子路、子夏、仲弓、子贡、叶公、齐景公等,有的还不只一次。如果把事实上的问政都包括在内,如颜渊的问为邦等,那么这一范围会扩大很多,包括冉有、哀公、定公等。这一事实表明:第一,孔子本身具有丰富的为政知识和政治热情,这才会有时人及弟子的请教;第二,孔门弟子具有强烈的政治冲动;第三,孔子的交游几乎都在政治世界,从这也能看出其关心所在。

在这个前提之下,我们来看孔门"仕"的冲动,就是一件非常合理的事情。无论是从孔子及其弟子的生命历程,还是着眼于其思想的范围,我们都可以了解"仕"的紧要。在某种意义上说,孔门的教育,是以出仕为直接目的的。① 子夏所说"仕而优则学,学而优则仕"(《子张》),透露出学和仕之间的密切关系。孔子的一生,一直汲汲以求用,并在中年之后获得过短暂的机会。先是在鲁定公九年成为中都宰,并于次年成为司空和大司寇,相定公与齐夹谷之会。定公十二年,提出堕三都的主张,未能取得最后的成功。孔子在鲁国的仕途由此结束,于定

---

① 其最终的目的当然是"行道",但行道需要建立在出仕的基础之上。

公十三年开始了他十多年的周游生活,并在卫国和陈国有过出仕的经历。周游的艰辛和坎坷是很难想象的,畏于匡,伐树于宋,厄于陈蔡之间,即便是出仕的时候,也并不如意。孔子和他的弟子们也有过灰心的感受,"在陈绝粮,从者病,莫能兴。子路愠见,曰:'君子亦有穷乎!'子曰:'君子固穷,小人穷斯滥矣!'"(《卫灵公》)既然如此,为什么还要如此的执著呢?下面的记载也许可以帮助我们找到答案:

> 子路从而后,遇丈人,以杖荷蓧,子路问曰:"子见夫子乎?"丈人曰:"四体不勤,五谷不分,孰为夫子?"植其杖而芸。子路拱而立。止子路宿,杀鸡为黍而食之,见其二子焉。明日,子路行以告。子曰:"隐者也。"使子路反见之,至则行矣。子路曰:"不仕无义。长幼之节,不可废也。君臣之义,如之何其废之。欲洁其身,而乱大伦。君子之仕也,行其义也,道之不行,已知之矣。"(《微子》)

仕,乃是和义紧密联系在一起的,这是在隐者冲击之下对仕展开的新理解。仕不仅仅是通过获得某种政治身份进而参与政治活动,在更深的层次上,它代表的是对于他人和人类的使命与责任。这是作为一个人尤其是君子必须具有的使命和责任。如隐者般对仕的逃避貌似高洁,实际上却是对于大伦的破坏,因此也是对于生活本质的破坏。在阅读《论语》的时候,我们明显可以感受到孔子并不是一个故作清高的人,并不会因为这个世界的污浊就拒绝进入。他甚至把自己比做一件待价而沽的商品,《子罕》:"子贡曰:'有美玉于斯,韫椟而藏诸?求善贾而沽诸?'子曰:'沽之哉!沽之哉!我待贾者也。'"虽然有出仕的原则,但出仕的热情有时候也难免会引起他人甚至弟子的误解。

> 公山弗扰以费畔,召,子欲往,子路不说,曰:"末之也已,何必公山氏之之也!"子曰:"夫召我者而岂徒哉!如有用我者,吾其为东周乎!"(《阳货》)

公山弗扰乃季氏私邑费之宰,其叛乱之事见载于《左传·定公八年》。

一个叛臣的见召竟然让孔子动心,这引起了子路的强烈不满。孔子对此的辩护是"如有用我者,吾其为东周乎!"他关心的只是实现自己的理想,经常感受到的是实现自己理想的冲动。这种冲动甚至会让他愿意和并不美好的现实之间实现妥协。同样的情形也发生在另外的一个场合中:

> 佛肸召,子欲往。子路曰:"昔者由也闻诸夫子曰:'亲于其身为不善者,君子不入也。'佛肸以中牟畔,子之往也,如之何?"子曰:"然。有是言也:不曰坚乎,磨而不磷;不曰白乎,涅而不缁。吾岂匏瓜也哉?焉能系而不食。"(《阳货》)

佛肸乃晋范氏之臣,鲁定公十三年,赵氏攻范氏中行氏,迫其出奔。佛肸以中牟叛赵氏,召孔子。落寞的孔子同样地为之心动,这种心动可以看作是道想要把自身落实到现实世界之中的冲动。也同样是子路,阻止了孔子的这种冲动。的确,怀抱着要把善落实到人间的想法,却为了一个不善的人出仕,似乎是很矛盾的举动。但是,孔子太想在现实世界中实现自身了,他不愿意成为一个"系而不食"的匏瓜,孤悬在这个世界之上。他想落实,把道落实到这个世界,把理想落实到自己现实的生命中。因此,他的某些举动在他人看来也许显得过于迫切,《宪问》篇记载:

> 微生亩谓孔子曰:"丘何为是栖栖者与?无乃为佞乎?"孔子曰:"非敢为佞也,疾固也。"

我们都熟悉孔子"巧言令色,鲜矣仁"的教导,但是在微生亩的眼中,孔子也许正是这样的一个人物,依靠着甜言蜜语(为佞)来寻找出仕的机会。孔子的辩护看起来是没有力量的,"疾固也",即追求变通,在某些人看来也许就是不择手段的投机。与此相关的最著名的事件当然是"子见南子":

> 子见南子,子路不悦。夫子矢之曰:"予所否者,天厌之,天厌

之。"(《雍也》)

关于此事,《史记·孔子世家》有很详细的记载。南子是卫灵公的夫人,有淫行,但很受灵公的宠爱。欲见孔子,孔子不能辞,不得已而见之。无论如何,这次会见被看作是孔子想要通过"走后门"的方式以求出仕的行为。又是忠实的弟子子路,对此表现了强烈的不满,甚至是谴责。孔子则通过发誓的方式来澄清自己的心志。如我们知道的,发誓乃是证明自己的最后手段,读者可以想象孔子当时所受到的巨大压力。从这种压力中,我们能够感受到的是孔子生命中的矛盾:行道的热切愿望和无奈的现实世界之间的矛盾。这个矛盾其实在更早的时候就已经暴露出来了,《阳货》篇记载:

> 阳货欲见孔子,孔子不见,归孔子豚,孔子时其亡也而往拜之,遇诸途,谓孔子曰:"来,予与尔言。"曰:"怀其宝而迷其邦,可谓仁乎?"曰:"不可。""好从事而亟失时,可谓知乎?"曰:"不可。""日月逝矣,岁不我与。"孔子曰:"诺。吾将仕矣。"

阳货即阳虎,乃是季氏的家臣,却长期执掌季氏的政事。《左传·定公五年》曾经记载其囚季桓子之事,俨然凌驾于主人之上。孔子对此人,尚需虚与委蛇,表达欲仕的想法,其他更可想而知。实际的政治和理想之间的距离,是永远无法逾越的鸿沟。对此,孔门政事科的弟子冉有和子路应该有更多真切的感受。在孔子弟子中,冉有被孔子批评的次数是最多的。《论语》中就有若干次记载:

> 冉求曰:"非不悦子之道,力不足也。"子曰:"力不足者,中道而废。今女画。"(《雍也》)
>
> 季氏旅于泰山。子谓冉有曰:"女弗能救与?"对曰:"不能。"子曰:"呜呼!曾谓泰山不如林放乎!"(《八佾》)
>
> 季氏富于周公,而求也为之聚敛而附益之。子曰:"非吾徒也,小子鸣鼓而攻之可也。"(《先进》)

季氏将伐颛臾。冉有、季路见于孔子曰："季氏将有事于颛臾。"孔子曰："求，无乃尔是过与？夫颛臾，昔者先王以为东蒙主，且在邦域之中矣，是社稷之臣也，何以伐为？"冉有曰："夫子欲之，吾二臣者皆不欲也。"孔子曰："求，周任有言曰：'陈力就列，不能者止。'危而不持，颠而不扶，则将焉用彼相矣。且尔言过矣。虎兕出于柙，龟玉毁于椟中，是谁之过与？"冉有曰："今夫颛臾，固而近于费，今不取，后世必为子孙忧。"孔子曰："求，君子疾夫，舍曰欲之，而必为之辞。丘也，闻有国有家者，不患寡而患不均，不患贫而患不安，盖均无贫，和无寡，安无倾。夫如是，故远人不服，则修文德以来之。既来之，则安之。今由与求也，相夫子，远人不服而不能来也，邦分崩离析而不能守也，而谋动干戈于邦内，吾恐季孙之忧，不在颛臾，而在萧墙之内也。"（《季氏》）

在这几个例子中，冉有所辅佐的季氏的作为都和礼之间存在着紧张甚至对立的关系。作为实际的政治事务参与者，冉有可以充分地感受到权力的力量，以及在这种力量之下不得已进行的妥协。"夫子欲之，吾二臣者，皆不欲也"说出了权力和儒者之间的分歧，但这种分歧最后是以儒者服从于权力来解决的。孔子的批评可以看作是政治理想对于从政现实的批评。如我们前面可以看到的，孔子对冉有的批评并不意味着自己的行为就无可指摘。事实上，只要你踏入了政治世界，理想的东西就会逐渐地退场，并突显出道在这个世界中落实的艰难。道和权力之间的紧张关系经常以拥有道的一方对于权力的妥协来结束。孔子、冉有、子路等的从政经历可以看作是儒家最早的政治实践，开启了后来儒家和政治权力之间复杂关系的大门。

第二节 礼：以为政和修身为中心

对于"述而不作，信而好古"（《述而》）的孔子以及儒家来说，其所面临的最大传统就是三代尤其是周所创造和代表的礼乐文明，这和他们同时面临的"礼坏乐崩"的最大现实正好形成一种呼应的关系。我们知道，至少在周代，礼已经成为规范整个社会政治、宗教、公共生活和贵族生活方式的普遍秩序。比较而言，其政治的功能尤其得到了强调和重视。这从"礼，经国家、定社稷、序民人、利后嗣者也"（《左传·隐公十一年》）、"礼，上下之纪，天地之经纬也，民之所以生也"（《左传·昭公二十五年》）和"礼之可以为国也久矣，与天地并"（《左传·昭公二十六年》）等说法中可以看出。对于以周文的继承者自居的孔子来说，礼作为当然的世界秩序是毋庸置疑的。这是所谓"道"的核心内容，规范这个世界的主要秩序。有子所说"礼之用，和为贵。先王之道，斯为美。小大由之"（《学而》），在一定程度上道出了礼的重要地位。现实世界中的礼坏乐崩无疑激发了孔子恢复周礼的使命感，当然同时也会提供了全面探索礼乐秩序诸问题的契机。与此前相比，孔子关于礼的阐述在很多方面颇具创造性。譬如对于礼之本的重新理解，把有关礼之依据问题的重心由天道转移到人心的方面，并把仁和礼紧密地联系起来。以此为前提，主要作为政治和修身原则的礼的意义就获得了重新的理解，这为后来儒家丰富的礼论奠定了基础。

作为"儒"的一员，孔子早年即以"知礼"闻名。因此当"子入太庙，每事问"之时，才有"孰谓鄹人之子知礼"的疑问（《八佾》）。这种"知礼"当然包含着知识性的一面，具体表现为对于历史、政治和社会生活中礼仪制度的了解。但更重要的则是对于礼的认同和遵守，在这个角度之下，礼作为秩序和价值的意义就突显了出来。以孔子对于三代之礼的兴趣而论,这种兴趣很显然不完全是知识性的,他是要从历史中寻找秩序和价值的源头。在回答颜渊问为邦时,孔子所说"行夏之时,乘殷之辂,服周之冕,乐则韶舞"(《卫灵公》)不能单纯地做就事论事的了解,我们应该把它看作是归本三代的政治精神和原则的表达。由于书缺有间,三代中的夏殷之礼不得窥其全貌,其故国杞和宋也不能有完整的保存,孔子对此颇有感叹。"子曰:'夏礼,吾能言之,杞不足征也;殷礼,吾能言之,宋不足征也。文献不足故也。足,则吾能征之矣!'"(《八佾》)因此,对于继承了夏殷又保存相对完整的周礼,孔子充满了深厚的敬意,这从"周监于二代,郁郁乎文哉,吾从周"(《八佾》)以及"如有用我者,吾其为东周乎"(《阳货》)的说法中可以得到清楚的了解。周文的可贵正在于它是三代文化的集大成者,"殷因于夏礼,所损益可知也;周因于殷礼,所损益可知也。"(《为政》)此以礼为核心的文化乃是万世不可易者,孔子对此充满了信心。其云:"其或继周者,虽百世可知也。"(《为政》)正是基于这种认识,孔子就不能接受礼坏乐崩的政治现实,对此给予强烈的批评和谴责是自然的。从"八佾舞于庭,是可忍也,孰不可忍也"(《八佾》)的愤怒,到"天下有道,则礼乐征伐自天子出;天下无道,礼乐征伐自诸侯出。自诸侯出,盖十世希不失矣。自大夫出,五世希不失矣。陪臣执国命,三世希不失矣。天下有道,则政不在大夫。天下有道,则庶人不议"(《季氏》)的谴责,孔子对于"斯文"的破坏充满了忧心,对于斯文的延续则充满着强烈的使命感,"子畏于匡,曰:'文王既没,文不在兹乎!天之将丧斯文也,后死者不得与于斯文也。天之未丧斯文也,匡人其如予何?'"(《子罕》)很显然的,虽然有时候会感觉到无奈,但现实并没有动摇孔子对于礼的信念,他把礼乐秩序的恢复和重建看作是自己和儒者最重要的使命。

就《论语》而言,由于出自弟子们的结集,其编纂原则并不相同。有些篇明显的围绕着某一主题,譬如《八佾》,其记载的中心就是礼乐之事。这当然不是说此篇之外就没有关于礼乐的内容,但这确实是

《论语》中最集中的一篇,我们可以借此了解孔子论礼的规模和范围。该篇共26章,其中论政治秩序者7章,论祭祀者6章,论君子之礼者3章,论礼之本者3章,论乐者3章,论历史和心志者2章。我们知道,礼的起源原本就和事神有关,所以祭祀在礼乐文明之中一直占有主要的地位,居五礼之首,因此自古有"国之大事,在祀与戎"(《左传·成公十三年》)之说。但孔子对于祭祀,有着自己新的理解。"季路问事鬼神。子曰:'未能事人,焉能事鬼?'曰:'敢问死。'曰:'未知生,焉知死?'"(《先进》)无论我们对这段话有何种的理解,其中总包含着人对于鬼神、生对于死的优先性。祭祀的目的并不是真的相信鬼神的存在,或者鬼神具有福善祸淫的能力,而是通过使"民德归厚"(《学而》)来建立和巩固人间道德的秩序。"祭如在,祭神如神在"(《八佾》)的说法清楚地表现出孔子对于鬼神的双重态度,一方面是敬,一方面是远。敬则在,远则如在。祭祀的直接对象虽然是指向鬼神的,但其目的则是落在了实际的人间世界。就这一点来说,祭祀乃是从属于为政的,它本身就是政治生活的一部分。论君子之礼的内容,则偏重在修身的方面。《八佾》篇两次论到射礼,"君子无所争,必也射乎!揖让而升,下而饮,其争也君子。""射不主皮,为力不同科,古之道也。"重在解释射礼的精神在德不在力、重让不重争。论礼之本者,体现着孔子对礼的重新理解,尤其重要,我们在下一节有专门的讨论。

概括地说,孔子关于礼的理解,主要是把它视为为政和修身的基本原则。我们先从前者谈起。礼作为最基本的政治秩序,这是三代尤其是周以来的历史传统。从内容上来说,这种秩序是通过一系列的名来表现的,譬如天子、诸侯、大夫、士、庶民等代表着社会中人群的不同等级,公、侯、伯、子、男代表着不同的爵位等。《左传·桓公二年》记载晋师服云:"夫名以制义,义以出礼,礼以体政,政以正民。"不同的名分显示出某一存在或生命在此世界中的不同角色,因此具有明显的以分别和定位为核心的秩序内涵。《左传·成公二年》引仲尼之语有云:"唯器与名,不可以假人。"《昭公三十二年》记史墨云:"是以为君,慎器与名,不可以假人。"都在强调名对于生命和秩序而言的重要性。其实,给一个事物命名的过程同时就是秩序化的过程,在这一过程中,名和实之间的一致性是必须的。孔子对此有深刻的体认,在回答弟子有关为政的问题,他将正名视为首要的事情,并非偶然。《子路》篇记载:

> 子路曰:"卫君待子而为政,子将奚先?"子曰:"必也正名乎!"子路曰:"有是哉,子之迂也。奚其正?"子曰:"野哉由也。君子于其所不知,盖阙如也。名不正则言不顺,言不顺则事不成,事不成则礼乐不兴,礼乐不兴则刑罚不中,刑罚不中则民无所措手足。故君子名之必可言也,言之必可行也。君子于其言,无所苟而已矣。"

这该是孔子晚年周游列国在卫国时子路和孔子的对话。此时的卫君是出公辄,其父早年出奔晋国,得到晋的支持欲成为卫君,于是卫国形成父子相拒之势。孔子的正名主张,当然不能和父子君臣无关,这势必要影响甚至改变卫国的政治现实。在子路看来,此种要求是迂腐而不切实际的。但孔子的所重乃是以礼的原则和秩序来规范政治现实,而不是相反,这从他在鲁国担任大司寇期间主持的堕三都事件中也可以看出。孔子认为,正名乃是礼乐秩序得以展开、刑罚得以施行、百姓生命得以安顿的前提。名如不正,一切都无从说起。

有关正名的一个典型例子见于《颜渊》篇的记载。"齐景公问政于孔子。孔子对曰:'君君,臣臣,父父,子子。'公曰:'善哉!信如君不君,臣不臣,父不父,子不子,虽有粟,吾得而食诸?'"此事的发生远在孔子适卫之前,我们从中可以看到孔子思想的一贯性。景公之时,齐国政归大臣陈氏而君主失政,因此孔子"君君,臣臣,父父,子子"的说法,具有明显的针对性。其意图是通过正君臣父子之名,强调社会中的每个存在都应该依据名分来确定自己的角色,从而恢复和巩固贵贱尊卑的秩序。君就是君,臣子对待之也就必须符合臣事君之礼;臣就是臣,君主对待之也该符合君使臣之礼。父子之间也是如此。推而广之,此社会上一切人之间的关系都该纳入到由名分所表现的礼之秩序中。以此而教化,也就是后来人常说的名教。

礼作为一个政治原则最明确的表达见于《为政》篇:"子曰:'道之以政,齐之以刑,民免而无耻;道之以德,齐之以礼,有耻且格。'"这里比较了两种不同的政治原则,一种是政和刑,一种是德和礼。按照孔子的理解,两者都具有秩序和约束的功能,但前者对于民的约束是外在的,后者则能够触及到内心深处,因此是更为稳固和彻底的。联系到当时以郑国子产铸刑鼎等反映出来的由礼而刑的转变趋势,孔子此处的说法充满着针对性和对话的色彩。这是礼的原则和刑的原则之间的对话。《左传·昭公二十九年》记载了孔子对于晋国铸刑鼎之事的评论:"晋其亡乎!失其度矣。夫晋国将守唐叔之所受法度,以经纬其民,卿大夫以序守之,民是以能尊其贵,贵是以能守其业。贵贱不愆,所谓度也。"所谓唐叔的法度,其实就是周礼。礼的重要内容,如上所述,乃是以正名的方式确立贵贱尊卑的秩序,而刑的原则却是对贵贱秩序的破坏。如果说这里的批评还是偏重外在的一面,那么,《论语》中指出的政刑和德礼的不同,显然是提出了另一个角度。孔子认为礼的优势在于把秩序和人心联系了起来,而刑无法做到这一点。在礼的秩序之下,"非礼"的行为会在人心中引起某种"耻"的感觉,这种感觉会强化礼作为生存秩序的意义,使这种秩序变得更加稳固。

除了作为政治原则之外,礼的另外一个重要意义体现在修身的方面。在讨论这个问题的时候,我们会特别提炼出两个字眼,一是"约",一是"立",并借此来理解孔子思想中礼与生命之间的关系。就"约"的一面而言,这很显然是礼的一项重要功能,《论语》中几次把礼和约联系在一起。如《颜渊》篇记载孔子的话说:"博学于文,约之以礼,亦可以弗畔矣夫。"《子罕》篇记载颜渊的话说:"仰之弥高,钻之弥坚,瞻之在前,忽焉在后。夫子循循然善诱人,博我以文,约我以礼。欲罢不能,既竭吾才,如有所立卓尔。虽欲从之,末由也已。"这里的"约"显然有对生命的约束之义。的确,作为一个君子,其一举一动都必须合乎礼的要求。《颜渊》篇记载:

> 颜渊问仁。子曰:"克己复礼为仁。一日克己复礼,天下归仁焉。为仁由己,而由人乎哉!"颜渊曰:"请问其目。"子曰:"非礼勿视,非礼勿听,非礼勿言,非礼勿动。"

无论如何,克己包含着对自己的克制、战胜和约束之义,而用来克制自己者就是礼。孔子提出视、听、言、动都必须要合乎礼,这就是把生命纳入到礼的约束之下。一个儒者的生命必须是一个合乎礼的生命。具体而言,如容貌、颜色、辞气等都该如此。《泰伯》篇记载曾子的话说:

> 君子所贵乎道者三:动容貌,斯远暴慢矣;正颜色,斯近信矣;出辞气,斯远鄙倍矣。

所谓动容貌、正颜色、出辞气,就是使此三者合于礼的要求。非礼的举动,如原壤夷俟,孔子以杖叩其胫(《宪问》);宰予昼寝,孔子语之朽木不可雕(《公冶长》)。观《乡党》篇所记夫子的言行,足见礼法如何融化到生命之中,以适应各种不同的环境。这在最初是一种强制性的努力,到最后则到达"从心所欲不逾矩"(《为政》)的境界。在此境界中,生命和礼合二为一,臻于化境。

在讨论礼的约束义之时,我们最容易想到的是对于生命血气一面的约束,如《季氏》篇所说"君子有三戒:少之时,血气未定,戒之在色;及其壮也,血气方刚,戒之在斗;及其老也,血气既衰,戒之在得"的内容。这当然是约束义的重要一面,用以整齐人的生命。更值得注意的是,即便如某些抽象的道德原则,也必须纳入到礼的规范中,才不致发生弊病。《泰伯》篇说:

> 子曰："恭而无礼则劳，慎而无礼则葸，勇而无礼则乱，直而无礼则绞。"

恭、慎、勇、直等都是一般以为积极的德行，但也并不就是无条件的正确。孔子以为，其中仍然有过的问题，如过恭则劳，过勇则乱。因此必须合乎礼之制中的要求。

礼与"立"的关系在《论语》中表达的似乎更加直接。从"兴于诗，立于礼，成于乐"（《泰伯》），到"不学礼，无以立"（《季氏》），"不知礼，无以立"（《尧曰》），我们都可以看到礼乃是立的前提。什么是立？从《论语》中来看，这个词被孔子经常地使用，如自述时提到"三十而立"（《为政》），以及"己欲立而立人"（《雍也》），"可与共学，未可与适道；可与适道，未可与立；可与立，未可与权"（《子罕》）等。以"三十而立"的说法而论，"立"处在"志于学"和"不惑"之间，其一般的意义乃是学道之后道德生命的确立，离完成当然有相当的差距。程子解释"三十而立"云："立，能自立于斯道也。"（朱熹：《论语集注·为政》）特别强调立与道的关系。此道的确立位于"学"之后，尤其与学礼有关。《季氏》篇记载：

> 陈亢问于伯鱼曰："子亦有异闻乎？"对曰："未也。尝独立，鲤趋而过庭。曰：'学诗乎？'对曰：'未也。''不学诗，无以言。'鲤退而学诗。他日又独立，鲤趋而过庭。曰：'学礼乎？'对曰：'未也。''不学礼，无以立。'鲤退而学礼。闻斯二者。"

在道没有扎根于内心之前，道德生命的塑造需要来自于外部秩序的规范，发挥这个作用的就是礼。因此，从一方面来看，礼是约束，对于血气生命的约束；而从另一方面来看，礼是成就，它所成就的是一个道德的生命，儒家所谓的君子。在成就的意义上，礼就是春秋时期一些贵族所谓的"身之干"（《左传·成公十三年》）或者"人之干"（《昭公七年》）。有了此"干"，君子的生命才可以挺立起来。君子之立，需要自觉地使自己的生命合乎礼的要求。以君子有九思为例，《季氏》：

> 君子有九思：视思明，听思聪，色思温，貌思恭，言思忠，事思敬，疑思问，忿思难，见得思义。

所谓"思"，即包含有自觉的意思，君子应该自觉地使自己的视、听、色、貌等合乎礼义的要求，以成就自己道德的生命。春秋后期郑国的子大叔把这种努力称之为"成人"：

> 人之能自曲直以赴礼者，谓之成人。（《左传·昭公二十五年》）

成人的说法最能够体现出礼对于人而言的意义，这是让人成为一个人的东西。儒家也有"成人"的说法，意义与此不同。《宪问》：

> 子路问成人。子曰："若臧武仲之知，公绰之不欲，卞庄子之勇，冉求之艺，文之以礼乐，亦可以为成人矣。"

孔子所谓成人是指一个理想而完满的道德生命的成就。它当然和礼有关，但是由礼而来的立仅仅是道德生命的确立，其完成则需要诸多因素的配合。

第三节　礼之本

礼乐重建的问题自然地会引出关于其根据的思考。礼乐该建立在什么样的基础之上才是稳固的，才不容易出现当时所面临的崩坏局面？这在《论语》中就表现为关于什么是"礼之本"的讨论。《八佾》篇记载：

> 林放问礼之本。子曰："大哉问！礼，与其奢也，宁俭；丧，与其易也，宁戚。"

在《论语》记载的众多提问中，似乎只有林放的问题赢得了孔子"大哉问"的评价，足见该问题在孔子心目中的重要。他给出的答案是"礼，与其奢也，宁俭；丧，与其易也，宁戚。"这个回答并不简单明快，但却包含着孔子关于礼之本的重要理解。如荀子《大略》所说："礼者，以财物为用，以贵贱为文，以多少为异。"因此物的贵贱、多少乃是礼制不可或缺的一部分，但过分地看重财物，则会忽略另外更重要的东西，譬如人的真情实感。"与其奢也，宁俭"的说法，很显然地有淡化外物之作用的意义，从而突出礼之顺人心的一面。过分的文饰并不就增强礼的意义，《阳货》篇所谓"礼云礼云，玉帛云乎哉！乐云乐云，钟鼓云乎哉！"明显就是针对世俗把玉帛和钟鼓等同于礼乐的看法。对于礼来说，玉帛和钟鼓固然是不可或缺的一部分，但有更重要的无形的内容在。以孔子这里提到的丧礼为例，"与其易也，宁戚"，所谓"易"，乃是"治"的意思。戚，主要是指内心的悲戚。和外在仪式的井井有条、庞大的排场相比，内心的悲戚是更重要的。可以看出，孔子揭示礼之本的方向，乃是去文从质，由外在的一面返回人心。

如果从礼之本的角度来讨论，力图从人心上建立礼乐的秩序，这乃是相对于传统而言的新的理解。礼的根据，在孔子之前，一般是从天道的方面进行思考的。所谓："礼，天之经也，地之义也，民之行也。天地之经而民实则之。"(《左传·昭公二十五年》)以天经地义的方式来肯定礼的价值，偏重在把礼建立在天道的基础之上。但这个基础在礼坏乐崩的现实面前显得相当脆弱，它无法唤起人们内心的情感。于是，重新为礼乐寻找基础就成为必然之事。当天道暂时退场之后，人心就成为必然的选择。孔子关于礼与人心的思考并不限于上述的例子，我们试在从《论语》中找几条材料进行讨论。《八佾》篇曾经记载孔子和子夏之间的一段对话：

　　子夏问曰："'巧笑倩兮，美目盼兮，素以为绚兮'，何谓也？"子曰："绘事后素。"曰："礼后乎？"子曰："起予者商也！始可与言诗已矣。"

子夏和孔子之间讨论的诗句属于逸诗,其中"巧笑倩兮,美目盼兮"句见于今传《诗经》中的魏风《硕人》,本意是赞美一个美丽的女子,不过这里讨论的重点显然是在"素以为绚兮"句上,不施脂粉,却依然绚烂。子夏所问并非着眼于该诗句的原义,孔门读诗的方法,向来是"由色喻于礼",即从男女之情上升到有关人伦之理的思考。此处孔子的回答是"绘事后素",以绘画之事来引申诗义。朱熹解释说:"绘事,绘画之事也。后素,后于素也。《考工记》曰:绘画之事后素功。谓先以粉地为质,而后施五采。犹人有美质,然后可加文饰。"(《论语集注·八佾》)子夏不拘泥于诗的文字以及孔子的设譬,而能得言外之意,于是有"礼后乎"的说法。这个说法得到了孔子的高度赞赏,谓"起予者商也,始可与言诗已矣。"其最大的原因就是与林放一样涉及到了"礼之本"的问题。绚的根本是素,绘的根本是素,礼的根本同样是素。朱熹云:"礼必以忠信为质,犹绘事必以粉素为先。"(《论语集注·八佾》)以为素是忠信。其实,如果从更广泛的意义上来看,素或者质就是人的真情实感,就是人心。孔子曾经讨论过文与质的关系,"质胜文则野,文胜质则史,文质彬彬,然后君子。"(《雍也》)理想的生命乃是文与质的均衡,但如果无质,文就变成了完全虚伪的东西。

最明确地提到礼和人心之间关系的,是孔子和宰我之间关于三年之丧问题的争论。《阳货》篇记载:

> 宰我问:"三年之丧,期已久矣。君子三年不为礼,礼必坏;三年不为乐,乐必崩。旧谷既没,新谷既升,钻燧改火,期可已矣。"子曰:"食夫稻,衣夫锦,于女安乎?"曰:"安。""女安则为之!夫君子之居丧,食旨不甘,闻乐不乐,居处不安,故不为也。今女安,则为之!"宰我出,子曰:"予之不仁也!子生三年,然后免于父母之怀。夫三年之丧,天下之通丧也。予也有三年之爱于其父母乎?"

如孔子所说,三年之丧乃是天下之通丧,但在当时已经遇到了很大的挑战。宰我以天道循环为依据,以为四时转移,万象更新,因此为父母守丧，一年已经足够。太长的三年之丧，反而会导致礼坏乐崩的结局。但孔子则把关注的重点从外部转移到了内心的世界，文中的"安"当然指的是心安。父母去世几年之内的食稻衣锦会让孝子觉得不安，这正是三年之丧的最终依据。子生三年，然后免于父母之怀，如果说这是出自父母对于子女之爱的话，那么三年之丧可以看作是对于父母之爱的回报，是子女对于父母之爱的表现。在孔子的理解中，这个回报涉及到的不是利益，而是爱，发自于内心的爱。正是这种爱成为三年之丧的最根本理由。

孔子关于礼之本的思考，使得儒家把重心从外部的世界转向生命的内部。正是在这个方向上，心性论才得以发展出来。从上述的例子可以看出，儒家关于人心的思考和礼之本的讨论有着直接的关系，此外，其关于人性的讨论也一直和礼乐教化的主题密切相关。我们知道，在孔子这里，有关人性的思考就已经发端。"性相近也，习相远也"（《阳货》）的说法虽然简略而模糊，却把性和习的问题提了出来，成为后来儒家内部丰富的人性论主张的基础。性之中究竟有没有包含着仁和礼或者它们的"端"，这是后来儒家一度争论不休的问题。

第四节 作为爱的仁

在对礼之本的反省中，仁的发现就成为儒家思想史上最大的事件。"人而不仁，如礼何？人而不仁，如乐何？"（《八佾》）的说法足以表明仁与礼乐之间的关系，它乃是作为礼和乐的基础出现的。这和上一节所讨论的孔子把礼之本落实到人心的理解并不矛盾。因为仁不是别的，正是作为人心之情感的爱。换言之，孔子在把礼之本落实到人心的时候，更进一步地把它落实到爱的情感之上。这在和宰我讨论三年之丧时已经非常明显，如"夫三年之丧，天下之通丧也。予也有三年之爱于其父母乎"(《阳货》)所表示的,三年之爱乃是三年之丧的最终根据。

学术界对于什么是孔子思想的核心一直存在着争议,这种争议很大程度上来自于观察的角度。从历史影响上来看,没有什么别的观念可以和"仁"相比。《吕氏春秋·不二》篇说"孔子贵仁",这个观察是准确的。我们知道,仅在《论语》一书中,"仁"字便出现了110次,而在《诗经》和《尚书》中,这个词总共才出现7次。这个数字的对比足以说明仁对于孔子及儒家而言的意义。作为一个既比较新又很核心的观念,孔子的弟子们也不断地和老师一起追问它的意义。在《论语》的记载中,向孔子问过仁的弟子有颜渊、仲弓、司马牛、樊迟、子贡、子张等,论及仁之意义的弟子当然更多。孔子在回答弟子的问题时,给出的答案并不相同。以《颜渊》篇为例,其中记载了四条相关的材料:

> 颜渊问仁。子曰:"克己复礼为仁。一日克己复礼,天下归仁焉。为仁由己,而由人乎哉?"颜渊曰:"请问其目。"子曰:"非礼勿视,非礼勿听,非礼勿言,非礼勿动。"颜渊曰:"回虽不敏,请事斯语矣。"

> 仲弓问仁。子曰:"出门如见大宾,使民如承大祭,己所不欲,勿施于人,在邦无怨,在家无怨。"仲弓曰:"雍虽不敏,请事斯语矣。"

> 司马牛问仁。子曰:"仁者其言也讱。"曰:"其言也讱,斯谓之仁已乎?"子曰:"为之难,言之,得无讱乎?"

> 樊迟问仁。子曰:"爱人。"问知。子曰:"知人。"樊迟不达,子曰:"举直错诸枉,能使枉者直。"樊迟退,见子夏曰:"向也吾见于夫子而问知,子曰:'举直错诸枉,能使枉者直。'何谓也?"子夏曰:"富哉言乎!舜有天下,选于众,举皋陶,不仁者远矣。汤有天下,选于众,举伊尹,不仁者远矣。"

孔子向来有因材施教的传统，对于弟子的特点也非常熟悉。① 因此其关于同样问题的回答，随着提问者的不同也势必有所不同。对于颜渊有关仁的请教，孔子的回答重在仁和礼之间的关系。其回答仲弓，则突出己和人的关系，以强调他者的存在与感受。司马牛多言而躁，所以孔子的回答特别指出仁就表现在言语要谨慎。对樊迟的回答最简洁明快，就是"爱人"。这些不同的回答当然不能被视为矛盾的，同时也不能被看作是杂乱的。孔子曾经两次和弟子提到"吾道一以贯之"，一次是和曾子（《里仁》），一次是和子贡（《卫灵公》）。尤其是和子贡的谈话，否认自己"多学而识之者"的形象，即是认为自己的思想并不驳杂，而是有核心的东西。② 因此，在孔子关于仁的不同的回答中，③我们应该可以找到一以贯之的东西，用来揭示仁的最基本内涵。

从《论语》和儒学史共同构成的观察视角来看，仁的最基本内涵就是爱，更确切地说是爱人。《论语》中所记载孔子讨论"仁"的场合，多次直接使用了"爱"字。前述回答樊迟的"爱人"当然最为著名，此外，如《学而》篇的"弟子入则孝，出则悌，谨而信，泛爱众，而亲仁。行有余力，则以学文。"以及孔子批评宰我时所说的"予之不仁也……予也有三年之爱于其父母乎"（《阳货》）等。这种关联当然是仁和爱之间意义联系的一种表现。而在那些没有出现爱字的场合，爱的精神也无一不渗透在仁的观念中，如"己所不欲，勿施于人"等。

我们该如何理解作为爱的仁呢？作为孔子思想中最核心的要素，它应该具有足够的综合性和发散性，以统摄其他的部分。如孔子在回

---

① 《论语》中随处可见孔子对于弟子不同才能与性格的了解，典型者如"师也过，商也不及"，"柴也愚，参也鲁，师也辟，由也喭"等评价。

② 《卫灵公》："子曰：'赐也，女以予为多学而识之者与？'对曰：'然，非与？'曰：'非也，予一以贯之。'"

③ 除了上述《颜渊》篇的几例，另外几处有关弟子问仁或问为仁的地方是："樊迟问仁。子曰：'居处恭，执事敬，与人忠，虽之夷狄，不可弃也。'"（《子路》）"子贡问为仁。子曰：'工欲善其事，必先利其器。居是邦也，事其大夫之贤者，友其士之仁者。'"（《卫灵公》）"子张问仁于孔子。孔子曰：'能行五者于天下，为仁矣。'请问之。曰：'恭、宽、信、敏、惠。恭则不侮，宽则得众，信则人任焉，敏则有功，惠则足以使人。'"（《阳货》）

答子张提问时所说的能行恭、宽、信、敏、惠五者于天下则为仁,在这个时候,仁就表现出了足够的弹性和张力,用以容纳恭、宽、信、敏、惠五者。我想先从横向的角度,在情感、关系、秩序和对象几个方面对作为爱的仁进行讨论,以期达到比较完整的理解。在这种理解之下,仁是一种情感,它涉及到某种关系,它关联着一种秩序,它指向着某一对象。

让我们先从情感入手。毫无疑问,爱首先可以被理解为一种情感,"喜、怒、哀、乐、爱、恶、欲"(《礼记·礼运》)的七情之一。但是,这确实又不是一种一般的情感,这是可以建立起道德秩序和道德世界的情感。仁的观念体现着孔子和儒家思想的一个重要特点,即情感与秩序的统一。但这种统一是有分际和层次的,人首先是个情感的存在,然后才是秩序的存在。在秩序世界之前,存在着的是情感世界。因此,当我们把仁理解为爱的时候,就意味着把生命首先视为情感的存在。尤其重要的一点,即便道德的生命也不例外。孔子关于仁者的一个说法历来很受重视,"唯仁者能好人,能恶人。"(《里仁》)仁者不是一个抽象的理或者法则,他是不离好恶而存在的,能好而不能恶者不过是"德之贼"的乡愿,而没有好恶者不过是草木顽石。当然,仁者的好恶并非建立在私意之上,它的基础同样是爱的原则。《论语》中曾经多次提到过好恶之恶的问题。如《阳货》篇中的两例:

> 子贡曰:"君子亦有恶乎?"子曰:"有恶。恶称人之恶者,恶居下流而讪上者,恶勇而无礼者,恶果敢而窒者。"曰:"赐也亦有恶乎?""恶徼以为知者,恶不孙以为勇者,恶讦以为直者。"

> 子曰:"恶紫之夺朱也,恶郑声之乱雅乐也,恶利口之覆邦家者。"

君子所恶的对象乃是某些非礼的破坏秩序的行为或者言语,其恶乃是由于物之可恶。此种恶与爱并不矛盾,事实上,正是由于对道德和秩序的爱,才有对秩序破坏者的恶。这个时候,恶恰恰成了爱的证明。

恶的情感并不需要用"巧言令色"加以掩饰,孔子说:"巧言令色,鲜矣仁!"(《学而》)与之相对的是说法是"刚毅木讷,近仁"(《子路》)。情感可以文饰,但不能掩饰,以掩饰为文饰,则成为乡愿。《公冶长》记载孔子的话说:

> 巧言令色足恭,左丘明耻之,丘亦耻之。匿怨而友其人,左丘明耻之,丘亦耻之。

夸张或者掩饰自己的情感是可耻的,因为它们失去了最重要的东西,这就是真情实感。① 在此,我们接触到了孔子思想中很重要的一个努力,即把道德秩序建立在真实的情感之上的努力。以丧礼为例,如子游所说的,"丧致乎哀而止"(《子张》),哀这种情感就是丧礼中最重要的因素。如果没有这种真实的情感,一切的行礼如仪都是无意义的。有好恶的仁者当然会有过错,"人之过也,各于其党,观过,斯知仁矣"(《里仁》),正是在某些过错中,我们看到了真实的生命和真实的好恶,其背后则是真实的爱。君子和小人的区别不在于有没有过错,而在于是什么过错,以及对待过错的态度。子夏说:"小人之过也必文。"(《子张》)小人一定会掩饰自己的过错。但君子不同,如子贡所说:"君子之过也,如日月之食焉:过也,人皆见之;更也,人皆仰之。"(《子张》)由此,我们也可以理解孔子对于管仲看似矛盾的评价,或许不知礼,却配得上仁。② 这并非说管仲已经是个仁者,但他是个有真情实感的人,是个有大爱的人。《论语》中所见的孔子,也是个喜怒哀乐形于色的生命。于季氏之八佾舞于庭,有"是可忍也,孰不可忍也"(《八佾》)的愤

---

① 冯友兰特别强调仁所具有的真情实感的意义,见《中国哲学史新编》(上卷),北京:人民出版社,1998年,第149—152页。
② 《八佾》:"'然则管仲知礼乎?'曰:'邦君树塞门,管氏亦树塞门;邦君为两君之好,有反坫,管氏亦有反坫。管氏而知礼,孰不知礼?'"《宪问》:"子路曰:'桓公杀公子纠,召忽死之,管仲不死。'曰:'未仁乎?'子曰:'桓公九合诸侯,不以兵车,管仲之力也。如其仁!如其仁!'""子贡曰:'管仲非仁者与?桓公杀公子纠,不能死,又相之。'子曰:'管仲相桓公,霸诸侯,一匡天下,民到于今受其赐。微管仲,吾其被发左衽矣。岂若匹夫匹妇之为谅也,自经于沟渎而莫之知也。'"

怒;于冉求之助季氏聚敛,有"非吾徒也,小子鸣鼓而攻之可也"(《先进》)的谴责;于颜渊之死,有"天丧予、天丧予"(《先进》)的悲痛;在齐闻韶,有"三月不知肉味"(《述而》)的快乐;闻子游治武城的"弦歌之声不绝",则有"杀鸡焉用牛刀"(《阳货》)的调侃。不过,让读者印象最深刻的是一些有关孔子生活细节的记载,真实展现着一个仁者的情感世界。譬如:"子食于有丧者之侧,未尝饱也。子于是日哭,则不歌。"(《述而》)他人的悲伤不仅仅是他人的,还被转化为自己的。这正是奠定在仁者之爱基础上的与他人一体的感觉,他人不再是无关之物。

  从关系的角度来理解作为爱的仁,意味着仁不是仅仅关联着某一个体的事情。即便从文字上来看,从人从二的仁字就意味着两个人,意味着某种关系的存在。这种关系可以是君臣父子,也可以是夫妇兄弟和朋友,或者其他。关系就意味着对于他者的肯定,爱就已经存在于其中。作为爱的仁是指向着他者的,仁是"爱人",而不是爱自己。孔子关于仁的说法虽然不同,但都包含着同他人之间某种肯定的关系。《子路》:"樊迟问仁。子曰:'居处恭,执事敬,与人忠,虽之夷狄,不可弃也。'"《卫灵公》:"子贡问为仁。子曰:'工欲善其事,必先利其器。居是邦也,事其大夫之贤者,友其士之仁者。'"执事、与人、事贤者、友仁者,无一不是关联和指向着他人。《阳货》:"子张问仁于孔子,孔子曰:'能行五者于天下,为仁矣。'请问之。曰:'恭、宽、信、敏、惠。恭则不侮,宽则得众,信则人任焉,敏则有功,惠则足以使人。'"所谓的五者无一不存在于与他人的关系之中。这种关系当然很复杂,但其基本结构可以简化为己和人。仁就存在于己和人的关系中,并取决于如何处理这个关系。让我们看看如下的一段话:

  子贡曰:"如有博施于民,而能济众,何如?可谓仁乎?"子曰:"何事于仁,必也圣乎!尧舜其犹病诸!夫仁者,己欲立而立人,己欲达而达人。能近取譬,可谓仁之方也已。"(《雍也》)

仁者的所为,就是在己和人之间建立起肯定的关系。这首先是一种态度,而未必是一种结果。"夫仁者,己欲立而立人,己欲达而达人。"这个推己而及人的过程所体现的逻辑是,他人和自己有同样的愿望和要求。由肯定自己推及肯定他人,这是仁者的作为。仁者的心中始终有他者的存在,并以肯定和成就他者为自己的责任。当然,这种肯定和成就并不需要以否定或舍弃自己作为代价。自己和他者并不是水火不容的,毋宁说,这是一个连续的共存的整体。这个整体的建立当然需要某种方法,在此,孔子提出了"能近取譬"的"仁之方"。关于"能近取譬",朱熹解释说:"近取诸身,以己所欲譬之他人,知其所欲亦犹是也。然后推其所欲以及于人,则恕之事而仁之术也。"(《论语集注·雍也》)这个解释相当清楚,仁之方不是别的,就是将心比心,推己及人。这个推并不是逻辑的推理,而是从心到心的情感的类推。我想要的,是不是他人也想要?而我不想要的,他人是不是也不想要?就前者来说,就是"己欲立而立人,己欲达而达人"的对他人的成就。就后一方面来说,孔子在回答仲弓问仁时所说的"己所不欲,勿施于人"就成为最好的表达。自己不想承受的,就不要加于他人。在这样的表达中,己和人之间成为息息相通的整体,每个人都发现自己生活在与他人之间紧密的关系之中。

儒家对于仁爱的理解,不仅是把它置于关系之中,更重要的,是置放在不同的关系之中。随着他人身份和角色的差异,自己和他人的关系也会随之发生变化。从《论语》上来看,孔子和儒家最重视的关系无疑是父子、君臣和朋友。有趣的是,《学而》篇的前两章就提到了这三种关系,见于第一章的"有朋自远方来,不亦乐乎!"以及第二章的"其为人也孝悌,而好犯上者,鲜矣!"而第七章所记子夏的话则同时包含着对于这三种关系的说明:

> 贤贤易色,事父母能竭其力,事君能致其身,与朋友交言而有信。虽曰未学,吾必谓之学矣。

很显然的,这是三种不同的关系。所以对于父母和君用了"事"字,对朋友则是"交"。而在父母和君主之间,其差异也是相当明确的。前者奠基于血缘和家庭的基础之上,后者则是纯粹的政治和社会关系。问题在于,儒家如何理解这些不同的关系,它们是并列的,还是有本末轻重的区别?有没有一种关系是更根本的,而另外的关系可以建立在这种关系之上?

看来是有这样的区分,而子夏所叙述的次序也许就包含着轻重本末的考虑在内。《学而》篇第二章所记有子的言语就表现出很明显的本末次第,可以作为此说法的证明:

> 其为人也孝悌,而好犯上者,鲜矣。不好犯上而好作乱者,未之有也。君子务本,本立而道生。孝悌也者,其为仁之本与!

所谓孝悌,是就父子兄弟之间的关系而言;而犯上,则是就君臣关系而言。孝悌乃是不好犯上作乱的前提,这实际上是把维系君臣关系的伦理建立在父子伦理的基础之上。此说法的意义,在于突出了孝悌在整个伦理体系中的位置,并把它看作是"为仁之本"。相应地,它也就突出了父子关系在一切人伦关系中的优先地位。

孝悌不是别的,其实就是对具有血缘关系的父母和兄弟的爱。它是仁在父子和兄弟关系中的反映。当儒家把孝悌规定为"为仁之本"的时候,它也就承认了有一种爱不同于一般的爱,这种爱相对于其他的爱来说具有"本"的意义。不过要注意的是,这是"为仁之本",而不是"仁之本"。仁之本涉及到的问题是仁的根据,为仁之本仅仅关涉爱从哪里开始。让我们来看一下《学而》篇中如下的一段话:

> 子曰:"弟子入则孝,出则悌,谨而信,泛爱众,而亲仁。行有余力,则以学文。"

这个次序最能够体现上述"开始"的意义,由孝而悌,而朋友之信,而人类之爱,如此才算是接近了仁德。这是一个不断向外扩展的过程,但这个扩展有一个开始,这就是为仁之本。此"本"仍然存在于经验世界,它虽然不是所有爱的依据,却是爱的最确切证明。这个说法丝毫不能降低父子之爱的意义,事实上,在经验世界所有的爱中,父子之爱被赋予了最重要的地位。在《论语》中,我们可以看到孔子和弟子们对于孝的反复讨论:

子曰:"父在,观其志;父没,观其行。三年无改于父之道,可谓孝矣。"(《学而》)

孟懿子问孝。子曰:"无违。"樊迟御,子告之曰:"孟孙问孝于我,我对曰无违。"樊迟曰:"何谓也?"子曰:"生,事之以礼;死,葬之以礼,祭之以礼。"(《为政》)

孟武伯问孝。子曰:"父母唯其疾之忧。"(《为政》)

子游问孝。子曰:"今之孝者,是谓能养。至于犬马,皆有能养,不敬,何以别乎?"(《为政》)

子夏问孝。子曰:"色难。有事弟子服其劳,有酒食先生馔,曾是以为孝乎?"(《为政》)

子曰:"事父母几谏。见志不从,又敬不违,劳而不怨。"(《里仁》)

子曰:"父母在,不远游,游必有方。"(《里仁》)

子曰:"三年无改于父之道,可谓孝矣。"(《里仁》)

子曰:"父母之年不可不知也,一则以喜,一则以惧。"(《里仁》)

从这些讨论中我们当然可以了解父子关系以及与之相关的孝的德行的重要。孔子秉承其一贯的做法,针对不同的对象强调孝的不同的内涵。从中可以总结出最重要的两点,一是养之以敬,二是事之以礼。前者偏重在内心的情感,后者突出外在的行为。但其核心则是一个爱字,对他人的爱中最切近最深刻的一种爱。父子关系的重要首先源自于自然的血缘,但同时值得注意的是建立在家庭之上的权力和财产共同体。这些共同的东西,让父子之间最容易意识到彼此之间的紧密联系,对方乃是自己生命的一部分,而不全然是一般意义上的他者。父子一体的事实,让爱的情感在父子之间最容易被感觉到。孔子对于父子关系的特殊性有着深切的体认,我们可以通过孔子的父子相隐说进行说明。《子路》篇记载:

> 叶公语孔子曰:"吾党有直躬者,其父攘羊,而子证之。"孔子曰:"吾党之直者异于是。父为子隐,子为父隐,直在其中矣。"

叶公所理解的"直"着眼的是外在事实的层面,某一个发生过的事件的如实呈现就是所谓的直。譬如某人的父亲是否真的偷了羊?但孔子主要考虑的是人和人之间特定的关系,以及存在于这种特定关系背后的情感。父子一体基础上的父子之爱让我们更复杂地去理解父亲攘羊的事实。这里至少存在着两种真实,一是父亲是否偷了羊?二是儿子是否愿意指证父亲偷羊的事实从而使父亲获罪?前者是外在事件的真实,后者则是内心情感的真实。这两种真实之间有时是矛盾的,因此选择就成为问题。我们是选择事件的真实,还是情感的真实?决定如何选择的理由取决于要优先维护什么东西,取决于对两者轻重的理解。外在的事实重要,还是父子之情重要?在孔子看来,基于父子一体的特殊关系,父子之情显然要重于外在的事实。对父子之情的维护是优先的,所以"子为父隐"就成为当然的选择。更进一步地,两个选择之间的分别并非是道德和不道德的区分,而是道德内部的区分。正是在这个地方,我们才发现了"为仁之本"的重要性。

除了情感、关系之外,作为爱的仁还必须从秩序的角度来进行理解。爱本身就有着内在的秩序,如我们在上面讨论不同关系时所看到的。对于父母的爱一定会超过对于陌生人的爱,这就是爱的秩序。但这种内在的秩序必须通过某种外在的规定加以表现,才会具有普遍性的意义。不加限制的爱是因人而异的,因此也具有潜在的破坏性。如我们在孔子和宰我讨论三年之丧中所看到的,孔子对于父母之爱的理解和宰我之间有着相当大的距离,在某一个行为是否让我们"心安"的问题上,如果缺乏一个外在的尺度,那很可能会导致在生活世界中的各行其是。而不同的行为都可以在爱的名义下进行,这会使爱本身失去正当性。如孔子所主张的,三年之丧的规定其实是使子女对于父母的爱有一个普遍性的表现形式。这种形式可以泯灭个体之间的情感差异,以建立起为个体所普遍遵循的伦理秩序。

由此我们就可以理解仁和礼之间的紧密联系。当颜渊向孔子问仁时,孔子的回答是克己复礼。通过这个回答,孔子想达到两方面的目的。一方面是把外在的有时显得冷冰冰的礼建立在仁爱的基础之上,另一方面则是以某种外在的约束来限制爱的表达。爱的本质是把人们联系起来,成为一个整体,而礼则负责构造支撑起这个整体的结构,以让这个整体可以延续下去。在前面讨论礼的时候,我们特别指出礼和"立"的关系。但那里的讨论主要集中在个人生命的方面。在这里,我们可以看到,礼之立的作用不仅是就个人生命而言的,它同时也涉及到整个的社会组织。正是由于礼,一个社会才可以"立",建立在爱的基础之上的各种关系才可以得到普遍而确定的表达。以君臣关系而言,"君使臣以礼,臣事君以忠"(《八佾》),这不仅是君臣之间的秩序和伦理,更是君臣之爱的体现。在这个时候,抽象的秩序和规矩被赋予了爱的基础。

第五节 命与天命

仅仅从墨子的非命说中,我们就可以看到孔子及儒家对于命的肯定,以及这种肯定在其思想中的地位。《论语》的最后一章特别提到"不知命,无以为君子",把知命与否和君子的人格生命紧密地联系在一起。这种联系反映的是命的观念对于孔子及儒家而言的重要意义。那么,这个观念是如何在儒家思想中发挥作用的,它和其他的观念之间又有什么样的关系？这些问题在儒家思想史的讨论过程中是无法回避的。

首先应该指出，命的观念很早就已经出现，并且经常和天结合在一起构成"天命"一词。在《尚书》和《诗经》等经典所反映的古典时代，命或天命被看作是影响和决定大至皇权转移，小至个人吉凶祸福的力量。从这个意义上来讲，孔子和儒家对于命的承认和肯定不过是传统的延续。《颜渊》篇记载子夏所说："商闻之矣，死生有命，富贵在天。"这一方面是对于命运可以决定诸如死生或富贵之说的承认，另一方面也很清楚地指出此观念并非儒家的创造。关于命的含义，后来孟子的说法是相当确切的："莫之为而为者，天也；莫之致而至者，命也。"(《孟子·万章上》)该说法的好处一是提出了命和天之间的联系，二是突出了命之超越人力的意义。相对于人而言，命代表着来自外部的某种限制和规定，并在终极意义上体现人之无可奈何的处境。人力尽管可以改变某些东西，却不是万能的，在这个意义上，命和人力之间处在相对的关系之中。在对命运的肯定之中，我们发现了人力的限度。并不是我们想做一个事情，哪怕是想做一个正确的事情，就是可以成功的。《宪问》篇记载孔子的话说：

> 道之将行也与？命也。道之将废也与？命也。公伯寮其如命何？

公伯寮本孔子弟子，但在"堕三都"的事件上，却愬子路于季孙，使此事不能成功。这个举动引起子服景伯的不满，欲加罪于公伯寮。在这个情形之下，孔子说道之行废，非单纯的人力所能决定。这一方面有替公伯寮开脱的味道，另一方面也确实包含着孔子对于这个世界的理解。但这绝非如墨子所说，承认命就意味着对人力的否定。命和力的关系并不就是非此即彼的，事实上，在孔子和儒家看来，命只存在于人力的极限处。《雍也》篇记载弟子冉求和孔子的对话：

> 冉求曰："非不说子之道，力不足也。"子曰："力不足者，中道

而废。今女画。"

在行道的过程中，确实存在着力不足的情形，但这并不能成为"不为"的借口。只有在"为"之后，力的足与不足才显示出来。所以孔子说力不足的情形只表现在"中道而废"的上面，为之前的放弃不过是"画"，即止步不前的画地为牢。

《论语》中所记载孔子谈到命的情形，除了道之行废外，比较集中的就是死亡。对于人类而言，死亡(甚至连同出生)乃是无法抗拒的事情。虽然孔子有"仁者寿"(《雍也》)的说法，但这个说法丝毫不意味着德行可以决定或改变一个人的生死。① 事实上，孔门德行科中，颜渊早夭。"有颜回者好学，不迁怒，不贰过，不幸短命死矣！"(《雍也》)其死之后，孔子哭之恸，曰："噫！天丧予！天丧予！"(《先进》)冉伯牛似乎也不长寿，《雍也》篇记载：

> 伯牛有疾，子问之，自牖执其手，曰："亡之，命也夫！斯人也而有斯疾也！斯人也而有斯疾也！"

仁而不寿，恰如道之不行，只能由无法抗拒的命来解释。在这个时候，我们发现了命在规定和限制之外的另一层意义，这就是安慰。当我们把某些失败或者挫折归之于命运的时候，释怀就成为更容易的事情。命运意识不能成为不为的借口："君子之仕也，行其义也。道之不行，已知之矣。"(《微子》)这样的说法中在无奈中包含着某种执著。同样，努力之后的无果而终甚至失败换来的不该是沮丧或者埋怨，而是在命运意识支配之下的心安。《宪问》曾经记载孔子和子贡的一段对话：

> 子曰："莫我知也夫！"子贡曰："何为其莫知子也？"子曰："不怨天，不尤人。下学而上达，知我者其天乎！"

当努力之后换来的是挫折和失败时，君子是不该指责命运的。"不怨

---

① 从义理上来说，"仁者寿"中的寿似乎并不是自然的寿命，而是指仁者给后人留下的长久记忆。与《左传》"三不朽"以及《老子》"死而不亡者寿"类似。

天,不尤人",一切反求诸己,继续着"下学而上达"的过程。对于命运,君子最该具有的态度是敬畏。《季氏》:

> 君子有三畏:畏天命,畏大人,畏圣人之言。小人不知天命而不畏也,狎大人,侮圣人之言。

天命的观念突出了命和天之间的关系,命运是在人力之外的,在这个意义上,命就是天命。孔子认为,君子应该敬畏的有三种事物,第一是天命,第二是大人,第三是圣人之言。在这三种事物中,大人代表的是世俗的权力,圣人之言象征着人间的智慧,对他们的敬畏是相对容易理解的。那么,天命是什么呢?这是超越性的限制和规定,它提示的是人力的限度。在天命面前,这个世界中一切有力量的存在都应该意识到自己的有限性,无论是权力还是道德。因此,对天命的敬畏并非就是仅仅指向外部的或者超越的地方,事实上,它更多地表现为对于自己想法和行为的忌惮,其背后体现的是对于人和天之间关系的理解。从根本上来说,人是受限制的存在,而限制人的存在就是天或者天命。这正是孔子把畏天命视为三畏之首的理由。与此同时,孔子谈到天的时候很多,大多充满了尊崇和敬畏的态度。典型者如:

> 王孙贾问曰:"与其媚于奥,宁媚于灶,何谓也?"子曰:"不然。获罪于天,无所祷也。"(《八佾》)

> 子曰:"天生德于予,桓魋其如予何?"(《述而》)

> 子畏于匡。曰:"文王既没,文不在兹乎?天之将丧斯文也,后死者不得与于斯文也。天之未丧斯文也,匡人其如予何?"(《子罕》)

> 子曰:"予欲无言。"子贡曰:"子如不言,则小子何述焉。"子曰:"天何言哉!四时行焉,百物生焉。天何言哉!"(《阳货》)

在孔子的心目中,天不仅是效法的榜样,更是价值的寄托以及精神与情感的最终依恋。而其论圣王,亦不离天:

> 大哉尧之为君也！巍巍乎！唯天为大,唯尧则之。荡荡乎！民无能名焉。巍巍乎！其有成功也。焕乎！其有文章。(《泰伯》)
>
> 尧曰:"咨！尔舜！天之历数在尔躬,允执其中。四海困穷,天禄永终。"舜亦以命禹。(《尧曰》)

圣王与天之间的关系更能够显示出天的崇高。这个事实也向人们昭示着,人只有在与天的联系中的才能够走向神圣。而这种联系中一个很重要的向度就是对于天命的体认。当然,体认命运并不是一件容易的事情,以孔子之圣,不过是"五十而知天命"(《为政》),其难度可想而知。不过,这也正符合着我们前面的说法,天命只在人力的极限处呈现。

第六节 经 典

孔子说:"志于道,据于德,依于仁,游于艺。"(《述而》)道、德和仁说的都是儒家哲学根本观念,"游于艺"的艺,指的却是经典。《汉书·艺文志》评儒家:"游文于六艺之中,留意于仁义之际。"用的就是《论语》中孔子的说法。孔子和儒家有一个很大的特点,就是重视古代传下来的经典,并在学习和解释之中发挥自己的主张。这当然和其"述而不作,信而好古"(《述而》)的态度有关。就《论语》所见,孔子和弟子讨论到的经典,有《诗》、《书》、《礼》、《乐》和《易》,但没有关于《春秋》的只言片语。这和司马迁所说"孔子以《诗》、《书》、《礼》、《乐》教"是一致的(《史记·孔子世家》)。应该指出,这些文献在孔子之前就已经具有经典的意义,《诗》、《书》、《礼》、《乐》等至少在春秋时期,就已经是贵族教育的基本素材，并被视为"义之府"和"德之则"。① 至于《周易》，更是贵族占筮的主要经典。从这个意义上讲，孔子和弟子们对于这些经典的学习和讨论不过是对传统的延续。但是，在表面的延续之中，深刻的改变却在发生着。这些旧的经典在孔子和儒家的阅读及解释中，被赋予了新的意义。表面上是"述而不作"，其实"作"就在"述"中。

最重要的经典无疑是《诗》。这是孔子和弟子们讨论最多的一部，也被认为是最早该学习的一部。孔子教自己的儿子和弟子，最初的要求就是学《诗》，认为"不学《诗》，无以言"，(《季氏》)足见学《诗》的重要。这个说法突出的是《诗》的交往功能，从《左传》和《国语》可见，春秋时期贵族之间的对话，往往采取赋诗言志的方式。在这个时候，对《诗》的无知就意味着无法找到合适的说话方式，因此陷入到"无以言"的尴尬处境中去。孔子"诵诗三百，授之以政，不达；使于四方，不能专对，虽多，亦奚以为"(《子路》)的说法，也包含着类似的理解。但《论语》对《诗》的阅读重点显然不在此。不仅是无以言，而且还是无以行。"子谓伯鱼曰：汝为《周南》、《召南》矣乎？人而不为《周南》、《召南》，其犹正墙面而立也与？"(《阳货》)《周南》、《召南》乃是《诗》最初的两部分，合称二南，按照孔子的说法，人不学此，则如面墙而立，无所见无所行。这显然是认为《诗》中包含着指导人生的道理。从大处来讲，这个道理就是《诗》所承载的情的内涵以及情和礼之间的关系，我们且看下面的几个记载：

> 子曰："《关雎》，乐而不淫，哀而不伤。"(《八佾》)
> 子夏问曰："'巧笑倩兮，美目盼兮，素以为绚兮。'何谓也？"子曰："绘事后素。"曰："礼后乎？"子曰："起予者商也，始可与言诗已矣。"(《八佾》)
> 子曰："《诗》三百，一言以蔽之，曰：'思无邪。'"(《为政》)

---

① 赵衰："《诗》、《书》，义之府也；《礼》、《乐》，德之则也。"(《左传·僖公二十七年》)

这三段话中,第一段提到的《关雎》是《诗》的首篇,孔子以"乐而不淫,哀而不伤"论之。从内容上来看,包括两个方面:第一是突出哀和乐的情感,这与"诗言志"之说是呼应的;第二是突出对此情感的节制,不淫不伤,合乎儒家以礼节情的基本主张。第二段是和子夏论《诗》,前面讨论礼之本的时候已经引用过,其所重也在礼与情的关系。最后一段是对《诗》大义的把握,历来受到高度的重视,"思无邪"三字,不过是"发乎情,止乎礼义"(《毛诗序》)的另外一个说法。所谓的"思",偏重在内心的情感;而无邪,是指合乎礼的标准。

因此,在《诗》中包含着儒家理想的生命形象,一个有情有义的君子。《诗》当然是一个情感的世界,但更重要的,它是一个伦理和秩序的世界。读《诗》不仅可以言,更可以通情达礼,可以事父事君,《阳货》篇记载:"子曰:'小子,何莫学夫诗?诗可以兴,可以观,可以群,可以怨。迩之事父,远之事君。多识于鸟兽草木之名。'"根据朱熹的说法,"学《诗》之法,此章尽之"(《论语集注·阳货》)。所谓兴是指感发志意,观是考见得失,群是和而不流,怨是怨而不怒。这里中心的意思是摄情归礼,以此事父事君,人道备矣。

比较起来,孔子和弟子关于《尚书》的讨论并不多。《宪问》篇记载:"子张曰:'《书》云:高宗谅阴,三年不言。何谓也?'子曰:'何必高宗,古之人皆然。君薨,百官总己以听于冢宰,三年。'"高宗,即殷王武丁。今传古文尚书有《说命》三篇,其上篇有"王宅忧,亮阴三祀"之语。此外,伏生《尚书大传》说命篇云:"《书》曰:高宗梁暗,三年不言。何谓梁暗也?传曰:高宗居倚庐,三年不言,百官总己,以听于冢宰,而莫之违,此之谓梁暗。"可知子张所问或即出自《尚书·说命》。子张的问题主要集中在"三年不言"上面,孔子以三年之丧之礼答之,并认为这是古代的通礼。《论语》中提到《书》的还有一例:

或谓孔子曰:"子奚不为政?"子曰:"《书》云:'孝乎惟孝,友于兄弟,施于有政。'是亦为政。奚其为为政!"(《为政》)

此处所引《书》文，与《周书·君陈》"王若曰：'君陈，惟尔令德孝恭。惟孝友于兄弟，克施有政'"接近。① 其主旨在于主张孝于父母友于兄弟即是为政，因其与政道相通。除了以上两条直接引用《书》外，《论语》中所记很多与历史有关的内容，或许也是出自《尚书》。如：

  舜有臣五人而天下治。武王曰："予有乱臣十人。"孔子曰："才难，不其然乎？唐虞之际，于斯为盛，有妇人焉，九人而已。三分天下有其二，以服事殷，周之德，可谓至德也已矣！"(《泰伯》)

  尧曰："咨！尔舜！天之历数在尔躬，允执其中。四海困穷，天禄永终。"舜亦以命禹。(《尧曰》)

清儒李光地已经指出此所述武王之语即出自《太誓》，如《左传·昭公二十四年》引《太誓》语："纣有亿兆夷人，亦有离德。余有乱臣十人，同心同德。"《成公二年》："《太誓》所谓'商兆民离，周十人同'者，众也。"《襄公二十八年》记叔孙穆子曰"武王有乱臣十人"，相信也是出自《太誓》。以此例之，如上述尧舜禹之间的对话，以及《论语》中记载的很多孔子和弟子关于历史的讨论，也许都和《尚书》有一定的关系。

  礼的问题相对有些复杂。目前所存的礼书中，《礼记》明显是孔子之后儒家关于礼的解说；《周礼》的年代一直颇有争议，学者多认为其出自战国时代甚至之后；可以作为礼经的只有《仪礼》，《礼记》中明显有很多解释它的内容。以我们目前的了解，孔子的时代存在着某些礼书是肯定的。

  孔子对于乐的热爱是《论语》的阅读者可以充分感受到的。和乐师的交往是生活中很重要的一部分，著名者如大师挚、鲁大师、师冕等。《卫灵公》篇记载："师冕见，及阶，子曰：'阶也。'及席，子曰：'席也。'皆坐，子告之曰：'某在斯，某在斯。'师冕出，子张问曰：'与师言之道与？'子曰：'然。固相师之道也。'"从中可见孔子对于乐师的尊敬和

---

① 学者或以为是《君陈》的编者采用了《论语》的记载，这里所引该是佚《书》内容。

体贴。其对于乐的理解显然并非泛泛：

> 子语鲁太师乐，曰："乐其可知也。始作，翕如也。从之，纯如也，皦如也，绎如也。以成。"（《八佾》）

自始而成的变化和节奏，孔子都能够娓娓道来。《泰伯》篇所谓"子曰：'师挚之始，关雎之乱，洋洋乎盈耳哉'"，也是此意。但孔子的所重不是技术上的，他把乐视为礼的重要部分，因此特别强调其秩序和价值的意义，于是有正乐之说。《子罕》云：

> 子曰："吾自卫反鲁，然后乐正，《雅》、《颂》各得其所。"

综合先儒的说法，所谓正乐的意义，有整齐《诗》的篇次和正声律之错两种不同的理解，汉儒多主前说，清儒基本持后一种看法。两者兼而有之的情形也不能完全排除。孔子在回答颜渊问为邦的时候，曾经严格区分了两种不同的"乐"。《卫灵公》篇记载：

> 子曰："行夏之时，乘殷之辂，服周之冕，乐则韶舞。放郑声，远佞人。郑声淫，佞人殆。"

在儒家的理解中，乐乃是治道中重要的一部分。其中雅乐的代表是舜之《韶》，孔子在齐闻之，"三月不知肉味。曰：'不图为乐之至于斯也。'"（《述而》）其对于《韶》的推崇和热爱显然并非仅仅是声音上的，"尽善尽美"的评价更偏重在乐之德的方面，这种乐德表现的是舜的至德。比较起来，武王之乐《武》不过是"尽美矣，未尽善也"（《八佾》）。与雅乐相对的是郑声，这是所谓的"新乐"，其声淫，对于既有的秩序显然是一种破坏。

孔子与《易》的关系一直被学者关注。司马迁说："孔子晚而喜《易》，序彖、系、象、说卦、文言。读《易》，韦编三绝。"（《史记·孔子世家》）可见其晚年对《易》的热爱。《述而》篇："子曰：加我数年，五十以学易，可以无大过矣。"似乎能够证明司马迁这里的说法。不仅如此，马王堆帛书《要》篇也表达着同样的看法。《要》篇记载孔子和子贡的对话,特别澄清的就是晚年好《易》的事实。其中说明学《易》的态度乃是观其德义,和占筮无关。"吾与史巫同涂而殊归",这话虽不必是历史上真正的孔子所说,却符合其对于《周易》的理解。① 众所周知,《易》本卜筮之书,所以其中有卦象且多吉凶之辞。但孔子的阅读,却完全离开其占筮的一面,《子路》篇:"子曰:'不占而已矣。'"语虽简练,却很有决断的力量。"吾非安其用而乐其辞也",孔子的所好并不在其占筮的功能,而是卦爻辞中所蕴藏的智慧。根据《论语》的记载,孔子确曾引用过恒卦的九三爻辞:"不恒其德,或承之羞",用来说明人应有恒的道理。

至于《春秋》,孟子特别强调孔子与该书的关系,把"孔子成《春秋》,而乱臣贼子惧"视为可以和大禹治水和周公兼夷狄相提并论的事情。并且提到孔子自己的话说:"知我者其唯《春秋》乎,罪我者其唯《春秋》乎!"(《孟子·滕文公下》)但在《论语》中,没有反映孔子和《春秋》关系的痕迹。

第七节 士、君子与圣人

伴随着对于古代文化意义的重新理解,孔门对早前一些表示身份的称谓也进行了新的诠释,并将它们转化为儒家道德生命的载体。这里我们要讨论的主要称谓是士和君子,同时也会提到圣人,以见孔门及儒家对于生命的理解,以及人格生命的几个不同阶段。

先从士说起。从文字学上来看,士的出现应该是很早的事情,甲骨文中就有"士"字。关于士的具体身份,学术界中存在着不同的说

---

① 本章所引《要》篇的文字根据是陈长松、廖名春的释文,见《道家文化研究》第三辑,上海:上海古籍出版社,1993年。

法。在周代,它显然是贵族阶层的一员,其地位居于大夫之下,庶人之上,并且有上士、中士和下士的区分。他们和其他的贵族一样,接受"《诗》、《书》、《礼》、《乐》"的教育。《礼记·王制》说:"乐正崇四术,立四教,顺先王《诗》、《书》、《礼》、《乐》以造士。春秋教以《礼》、《乐》,冬夏教以《诗》、《书》。"《王制》虽然是汉初的作品,其中"春秋教以《礼》、《乐》,冬夏教以《诗》、《书》"的说法或许掺杂了后世阴阳家的气息,但所说的教育内容却近于古代的事实,可以和其他的文献相印证。因此,士可以很方便地描述为有知识的低级贵族。在稳定而正常的社会秩序中,他们可以保持自己的身份,并凭借地位与知识参与政治活动,成为大夫甚至更高的官员。但在社会大变动的时期,身处贵族底层的他们似乎更容易失去自己原有的位置。这种丧失体现为两种相反的趋势,少数人幸运地上升到卿大夫的阶层,但大多数人则和他们拥有的知识及技能一起,降入庶人的行列。士地位下降的一个典型表现,就是"四民"说法的出现。《谷梁传·成公元年》记载:"古者有四民:有士民,有商民,有农民,有工民。"我们当然不必完全相信成公时期或者更早就已经有了四民的区分或者说法,因为《谷梁传》的写成应该是在汉代初年的事情。但是从《管子·小匡》也有类似的说法来看,士、农、工、商的区分至少在战国时期已经是非常普遍的了。

  如果我们力图还原孔子时代"士"的角色,基本上可以把其定位在贵族和平民之间:下可以为民,上可以居官。此时人们对于士的一般理解主要仍与地位有关,《论语》中也还有以士与大夫相提并论的例子。"子贡问为仁。子曰:'工欲善其事,必先利其器。居是邦也,事其大夫之贤者,友其士之仁者。'"(《卫灵公》)在这种并列的语境中,士显然与大夫一样,更多地是突出其身份和地位的意义。《史记·孔子世家》曾经记载孔子的一个尴尬经历:

    季氏飨士,孔子与往。阳虎绌曰:"季氏飨士,非敢飨子也。"孔子由是退。

孔子虽然事实上是"大夫之后",但由于出身的争议和少也贱的现实,或许并没有得到当时贵族的承认。阳虎以孔子不具有士的身份来排斥孔子,主要地还是出于地位的考虑,与学问和德行无关。但在孔门关于士的讨论中,德行和政事成为最主要的内容,《子路》篇记载:

> 子贡问曰:"何如斯可谓之士矣?"子曰:"行己有耻,使于四方,不辱君命,可谓士矣。"曰:"敢问其次。"曰:"宗族称孝焉,乡党称悌焉。"曰:"敢问其次。"曰:"言必信,行必果,硁硁然小人哉,抑亦可以为次矣。"曰:"今之从政者何如?"子曰:"噫!斗筲之人,何足算也。"

这显然不是一般的提问,而是对于士的重新理解。在子贡的持续提问之下,孔子把士分为三个不同的等级。理想的士是"行己有耻,使于四方,不辱君命",由于子贡于孔门属言语科,善为说辞,出仕时主要承担外交的工作,所以孔子此说应该有很强的针对性。行己有耻偏重在德行,不辱君命着重在政事,士应该是在这两方面都很突出的人。其次是"宗族称孝焉,乡党称悌焉",如果没有出仕的机会,那么在宗族和乡党也该表现出为人称道的德行。再其次是"言必信,行必果",虽然以"硁硁然小人哉"称之,[①]但其执著有可取之处,仍然可以被归于"士"。至于"今之从政者"更在此后,不足称道。同样在《子路》篇中,还记载着子路有关士的提问:

> 子路问曰:"何如斯可谓之士矣?"子曰:"切切、偲偲、怡怡如也,可谓士矣。朋友切切偲偲,兄弟怡怡。"

朱熹《四书集注》引胡氏曰:"切切,恳到也;偲偲,详勉也;怡怡,和悦也。"子路好勇,故孔子以其所不足且可以成就之者言之,于朋友诚恳,

---

① 儒家对于"言必信,行必果"者的评价一直不高,孟子曾云:"大人者,言不必信,行不必果,唯义所在。"(《孟子·离娄下》)盖"必"则执一而无权,失之于凿,违背孔子"毋意,毋必,毋固,毋我"之教(《子罕》)。

于兄弟和乐,则可以为士。应该指出的是,这显然不是关于士的定义,而是孔子因材施教,随处成就的例证。但其论士偏重在德行,却是一贯的。这在《论语》中所记一些有关"士"的文字中也可以得到印证:

> 子曰:"士而怀居,不足以为士矣。"(《宪问》)

> 子曰:"士志于道,而耻恶衣恶食者,未足与议也。"(《里仁》)

> 子曰:"志士仁人,无求生以害仁,有杀身以成仁。"(《卫灵公》)

> 子张曰:"士见危致命,见得思义,祭思敬,丧思哀,其可已矣。"(《子张》)

> 子张问:"士何如斯可谓之达矣?"子曰:"何哉,尔所谓达者?"子张对曰:"在邦必闻,在家必闻。"子曰:"是闻也,非达也。夫达也者,质直而好义,察言而观色,虑以下人。在邦必达,在家必达。夫闻也者,色取仁而行违,居之不疑,在邦必闻,在家必闻。"(《颜渊》)

> 曾子曰:"士不可以不弘毅,任重而道远。仁以为己任,不亦重乎?死而后已,不亦远乎?"(《泰伯》)

由上述的例子可知,"士"的内涵确实是孔子及其弟子们关注的一个问题。在《论语》中,士已经不仅仅是表示外在身份的一个名词,我们尤其通过孔子和子贡的对话可以了解到,儒家力图把士和一般的从政者区别开来,这显然与士作为潜在的从政者的角色有关。从整体上来说,儒家希望塑造一个道德的政治,士的重新理解就是此种道德政治的一个侧面。

比较起来,对于君子意义的讨论是孔门更加热心的内容。狄百瑞甚至认为这就是《论语》的中心。"虽然《论语》作为一部语录和轶事的集子看起来缺乏系统的结构,叙述也颇为游离,但是它作为一个整体仍然具备自身的焦点——君子。从君子入手十分有利于我们更好地理解《论语》。《论语》的魅力之所以经久不衰,并不在于它阐释了一套哲学或者思想体系,而是在于它通过孔子展现了一个动人的君子形象。① 如学者们普遍承认的,在春秋时代以前,君子主要是一个表达身份和地位的称呼,基本上是指贵族而言。但在孔门之中,它却主要从道德的方面进行了理解。此词在《论语》中共出现106次,贯穿于全书的始终。② 关于该书使用君子一词的意义,朱熹曾经有一个简单的描述:"君子,成德之名"③。这个理解是正确的。学者们几乎都承认,正是孔子和他的弟子们促成了"君子"意义从身份到成德的转变。

与之相对的词汇主要是小人。《论语》中多有君子与小人对举的例子,如:

子曰:"君子周而不比,小人比而不周。"(《为政》)

子曰:"君子怀德,小人怀土。君子怀刑,小人怀惠。"(《里仁》)

子曰:"君子喻于义,小人喻于利。"(《里仁》)

子曰:"君子坦荡荡,小人长戚戚。"(《述而》)

子曰:"君子成人之美,不成人之恶。小人反是。"(《颜渊》)

子曰:"君子和而不同,小人同而不和。"(《子路》)

子曰:"君子易事而难说也。说之不以其道,不说也;及其使人也,器之。小人难事而易说也。说之虽不以道,说也;及其使人也,求备焉。"(《子路》)

子曰:"君子泰而不骄,小人骄而不泰。"(《子路》)

这里出现的君子和小人的用法,很显然已经完全脱离了传统意义上地位和身份的内涵,而主要表示人格生命的高下。我们试比较一下此前

---

① 〔美〕狄百瑞:《儒家的困境》,北京:北京大学出版社,2009年,第34页。

② 首篇的首章和末篇的末章都有"君子"一词,这也许没有特别的意义,但足见此词在《论语》中出现的密度和频率。

③ 朱熹:《论语集注》"人不知而不愠,不亦君子乎"条下。

出现的君子和小人对举的情形,如《诗经·大东》:"君子所履,小人所视。"孔颖达正义云:"此言君子小人,在位与民庶相对,君子则引其道,小人则供其役。"很显然是在地位和身份的意义上使用的。又如《左传·襄公九年》:"君子劳心,小人劳力,古之制也。"以及《国语·鲁语下》:"君子劳心,小人劳力,古之训也。"亦是如此。余英时说:"孔子以来的儒家是把'君子'尽量从古代专指'位'的旧义中解放了出来,而强调其'德'的新义。"①从《论语》大量地关于君子的描述来看,这个说法是确当的。

圣人作为人伦之至,代表着儒家所理解的最高人格理想。或许正由于其高不可攀,所以孔子与其弟子对此几无讨论。《论语》中"君子"一词屡见,但"圣"及"圣人"仅六见:

> 子贡曰:"如有博施于民,而能济众,何如?可谓仁乎?"子曰:"何事于仁,必也圣乎!尧舜其犹病诸!夫仁者己欲立而立人,己欲达而达人。能近取譬,可谓仁之方也已。"(《雍也》)

> 子曰:"圣人,吾不得而见之矣,得见君子者斯可矣。"(《述而》)

> 子曰:"若圣与仁,则吾岂敢。抑为之不厌,诲人不倦,则可谓云尔已矣。"(《述而》)

> 太宰问于子贡曰:"夫子圣者与?何其多能也。"子贡曰:"固天纵之将圣,又多能也。"子闻之,曰:"太宰知我乎。吾少也贱,故多能鄙事。君子多乎哉?不多也。"(《子罕》)

> 君子有三畏:畏天命、畏大人、畏圣人之言。(《季氏》)

> 君子之道,焉可诬也?有始有卒者,其唯圣人乎!(《子张》)

---

① 余英时:《儒家"君子"的理想》,载于《中国思想传统的现代诠释》,南京:江苏人民出版社,1989年,第121页。

这仅有的几条主要是在渲染圣人的不可企及。由第一条可知圣远高于仁,即便是尧舜等与圣都有一间未达,他人则可想而知。圣所需要的不仅仅是德,还有能够"博施于民而能济众"之位。此种位置的获得与否属于孟子所谓"求之有道,得之有命"(《孟子·尽心上》)之列,所以对一般人而言,比较现实的是追求成为一个"仁者"。第二条同样比较圣人和君子,通过君子可见而圣人不可见,来突出君子的现实性。第三条是孔子自称未至于圣和仁,固然有谦虚的成分,但也可以看作是真实生命的表达。颜回"三月不违仁"(《雍也》)已经是大不易之事,孔子自称"七十而从心所欲不逾矩",(《为政》)才可以看作是达到了仁的自由境界。第四条则是他人评价孔子为圣者,而孔子不敢居,只是以君子自许。

第八节 孔子与儒家

在师弟讲学的基础之上,一个在后世具有重大影响的团体开始出现,这就是儒或者儒家。孔子的授徒教学,开始于三十岁左右,[①]到其辞世为止,一直持续了四十多年。秉承着"自行束修以上,吾未尝无诲焉"的"有教无类"原则,孔子"以诗书礼乐教,弟子盖三千焉,身通六艺者七十有二人"(《史记·孔子世家》)。详见《史记·仲尼弟子列传》。弟子中最著名者有所谓"四科十哲":"德行:颜渊、闵子骞、冉伯牛、仲弓;言语:宰我、子贡;政事:冉有、季路;文学:子游、子夏。"(《先进》)除此之外,有子、曾子、子张等都具有很大的影响,并在编纂《论语》的过程中发挥了积极的作用。

从后人的描述中,我们知道孔子和他的弟子们就是所谓的儒,他

[①] 钱穆:《孔子传》,北京:三联书店,2002年,第12页。

们构成的团体和思想派别就是儒家。但是在《论语》中,很少能够看到他们自称"儒"的情形,甚至"儒"字的出现也只有如下的一处,《雍也》篇记载:

> 子谓子夏曰:"女为君子儒,无为小人儒。"

从这个例子来看,孔子和弟子们以"儒"自居是不必怀疑的。当然,我们同时可以看到的是在"儒"内部进行的区分,即君子儒和小人儒。可以肯定的是,"儒"并不是一个全新的身份,孔子之前就已经存在。而且,孔子和弟子们的工作应该和"儒"之间存在着某种紧密的联系,不然,他们也不会被称为"儒"或者以"儒"自居。关于儒的身份和角色,20世纪以来,有着众多的讨论。如章太炎著有颇具影响的《原儒》一文,以为儒之名可以有广狭不同的意义。章氏主张儒有三科:达名为儒,儒者术士也;类名为儒,儒者知礼乐射御书数;私名为儒,即儒家者流。这三科之间其实有着历史和逻辑的联系,作为术士的儒应该出现最早,儒家者流则最为晚出。他们之间的联系在礼乐射御书数所谓六艺中得到了集中的体现。钱穆曾经说过:

> 儒为术士,即通习六艺之士。古人以礼、乐、射、御、书、数为六艺,通习六艺,即得进身贵族,为之家宰小相,称陪臣焉。孔子然,其弟子亦无不然。儒者乃当时社会生活一流品。①

《周礼·天官冢宰》中记载"儒,以道得民",如果此言不虚的话,那么这里的"儒"就该是通习六艺之士,在礼乐秩序中发挥着重要的作用。孔子及其弟子在某种程度上沿袭了他们的工作,因此也被称为儒。但此儒和彼儒是不同的,彼儒不过是官僚系统的一部分,此儒则是一个新的意义世界的开创者。孔子所谓君子儒和小人儒的区分,其根本也许在此。后来荀子一直强调官人百吏和士君子的分别,以为"官人守数,

---

① 钱穆:《古史辨第四册钱序》,载于罗根泽编著:《古史辨》(第四册),上海:上海古籍出版社,1982年,钱序第1页。

君子养原"(《荀子·君道》),继承的正是这种思路。

从儒中分化出来的君子儒就是后世我们熟悉的儒者,其最早的代表则是孔子和他的弟子们。从《论语》等文献的记载看,孔子和弟子们经常作为一个团体参与各种各样的活动。譬如孔子周游列国之时,就有很多的弟子追随。孔子闲居的时候,弟子也经常问学随侍于左右。总的来说,这是一个以学术和政治为主要关注的知识团体。学术是指其教和学的功能,其内容除《诗》、《书》等经典之外,如《论语》上所记:"子以四教:文、行、忠、信。"(《述而》)可知其所注重的主要是以礼乐为主的德行。政治是指其对实际世界的关注和强烈的出仕冲动,孔子和其弟子们的教学实践和出仕活动是相辅相成的,子夏说:"学而优则仕,仕而优则学。"(《子张》)学和仕构成了儒者团体的主要性格。学不是单纯的知识积累,而是指向仕的德行储备;仕也不是一种单纯的权力追求,而是道在政治生活中的具体落实。这种学与仕的紧密联系使得儒家成为一个具有强烈现实关怀的思想派别。

这个派别的核心人物无疑是孔子,而孔子个人的生活实践在某种程度上也体现了儒家学与仕结合的精神,并深刻地影响了他的弟子们。通过《论语》,我们还能想象和还原一些以孔子为中心的儒者团体的生活。他们切磋古代的经典、琢磨德目的意义、谈论各自的志向、评论古人的得失,他们希望在现实的社会政治生活中发挥作用,以实践其仁义和礼乐的价值理想。尽管我们也能看到某些分歧甚至争执的情形,但弟子们对于孔子的热爱和尊敬是毋需怀疑的。这种热爱和尊敬对于一个团体的凝聚力而言是必要的。孔子最得意的弟子颜回曾经如此赞美过老师:

> 颜渊喟然叹曰:"仰之弥高,钻之弥坚,瞻之在前,忽焉在后。夫子循循然善诱人,博我以文,约我以礼。欲罢不能,既竭吾才,如有所立卓尔。虽欲从之,末由也已。"(《子罕》)

从中我们可以感受到弟子心目中孔子的伟大形象,以及其教化和感召的力量。这并非说孔子就是一个没有过失的完人,"从心所欲不逾矩"(《为政》)不过是七十岁以后的事情。他自己也从来没有以圣或者仁自居,只是谦虚地承认自己是个"为之不厌,诲人不倦"或者"发愤忘食,乐以忘忧,不知老之将至"(《述而》)的人。过失当然是难免的,但如子贡所说:"君子之过也,如日月之食焉。过也,人皆见之;更也,人皆仰之。"(《子张》)君子之所以为君子,不是因为没有过失,而是过而能改,或者如颜回般的"不贰过"(《雍也》)。这正是孔子的伟大和动人处,唯有真实,才能真实地动人。因此在有人贬低甚至诋毁孔子的时候,弟子们表现出了坚定的捍卫态度。以子贡为例,《子张》篇有如下的几个记载:

> 叔孙武叔语大夫于朝曰:"子贡贤于仲尼。"子服景伯以告子贡,子贡曰:"譬之宫墙。赐之墙也及肩,窥见室家之好。夫子之墙数仞,不得其门而入,不见宗庙之美,百官之富。得其门者或寡矣。夫子之云,不亦宜乎?"

> 叔孙武叔毁仲尼,子贡曰:"无以为也。仲尼,不可毁也。他人之贤者,丘陵也,犹可逾也。仲尼,日月也,无得而逾焉。人虽欲自绝,其何伤于日月乎?多见其不知量也。"

> 陈子禽谓子贡曰:"子为恭也,仲尼岂贤于子乎?"子贡曰:"君子一言以为知,一言以为不知,言不可不慎也。夫子之不可及也,犹天之不可阶而升也。夫子之得邦家者,所谓立之斯立,道之斯行,绥之斯来,动之斯和。其生也荣,其死也哀。如之何其可及也?"

在子贡的心目中,孔子的生命是不可逾越的。这在很大程度上代表了弟子们对于孔子的共同理解。正是这种理解让儒家团体在"祖述尧舜,宪章文武"之外,还有鲜明的"宗师仲尼"的特征(见《汉书·艺文志》)。无论这个学派内部有多么重大的差异甚至激烈的冲突,但他们对于孔子都表现出一致的尊崇态度。孟子和荀子是明显的例子,孟子认为孔子是"圣之时者也"、"集大成者"(《孟子·万章下》),因此有"乃所愿,则学孔子也"(《公孙丑上》)的表白。荀子虽然非孟,但对于仲尼,却抱有和孟子同样的敬意。

但我们切不可把儒家看作是一个围绕着某个人建立起来的学派,儒家不是孔家,真正把他们联系在一起的乃是某些共同的观念和生活方式,譬如仁义价值、礼乐秩序、教化传统和经典信仰等。这也是孔子去世之后儒家能够延续下来的最根本理由。汉代人谈论儒家,无论是司马谈《论六家要旨》,还是班固的《汉书·艺文志》,突出的都是上述的内容。司马谈有明显的道家倾向,其论儒家云:"夫儒者以六艺为法。六艺经传以千万数,累世不能通其学,当年不能究其礼,故曰博而寡要,劳而少功。若夫列君臣父子之礼,序夫妇长幼之别,虽百家弗能易也。"这里最强调的是作为经典的六艺和作为秩序的礼乐。班固生活在儒家已经成为意识形态的东汉,与司马谈的看法不同,其关于儒家的论述是:

> 儒家者流,盖出于司徒之官。助人君顺阴阳、明教化者也。游文于六经之中,留意于仁义之际。祖述尧舜,宪章文武,宗师仲尼,以重其言,于道最为高。

这里几乎提到了儒家全部最核心的要素:教化、经典、仁义、圣王以及宗师。应该指出,这些要素不是汉代才形成的,在孔子及其弟子的时代,它们已经存在,并且是儒家之所以成为儒家的最主要特征,以及儒者在孔子之后还能够凝聚在一起的基础。

尽管有这样一些核心的共同性,但儒家从一开始就是一个包含着差异、分歧的学派。孔子自身思想的变化,以及弟子们各自不同的气质、偏好等,都造就了儒家内部的丰富性。就孔子自身思想的变化而言,他本人的自述原本就有指示的意义,《为政》所记:"子曰:'吾十有五而志于学,三十而立,四十而不惑,五十而知天命,六十而耳顺,七十而从心所欲不逾矩。'"显示出孔子生命不断地提升,内中当然也会蕴涵着思想的变化。就学者的讨论而言，比较关注的一个标志是孔子与《周易》的关系。《史记·孔子世家》说"孔子晚而喜易"，对照《述而》所说"加我数年，五十以学易，可以无大过矣！"以及"五十而知天命"的说法，或许可以看作是孔子思想变化的证明。从此时开始，"性与天道"的话题开始浮现。近些年来，随着考古材料的增加，学者们对此有了更多的关注。马王堆帛书《要》篇记载"夫子老而好易，居则在席，行则在囊"，并提到子贡对于孔子好易的质疑，无论是实录还是依托，都具有启示的价值。在最低的限度上，它会提醒我们注意好《易》的事件在儒家内部所具有的转折意义。用于占筮的《周易》进入孔子的视野时，却得到了"不占而已矣"（《子路》）的评论，这当然是一种根本性的改变。问题在于，孔子和儒家在拥有了《诗》、《书》礼乐之后，为什么还需要这部《周易》？把它纳入儒家是否意味着某种重要的转变？如果如某些学者所认为的，这代表着孔子晚年的思想和早年有着明显的不同，那么，它带给弟子们以及儒家的影响就是非常直接而深刻的。

孔子弟子们各自的气质差异对于儒家思想的发展而言也是不容忽视的。《论语》中多见孔子对于弟子们不同气质和个性的评论，相当直接和尖锐。不同的气质和个性如何影响他们的思想，这还是一个有待细致处理的问题。以《子张》篇所记，弟子之间的差异和冲突已经非常明显。子夏和子张之间、子夏和子游之间、子游与子张之间、曾子与子张之间都表现出不同的发展倾向。子游曰："吾友张也，为难能也，然而未仁。"曾子曰："堂堂乎张也，难与并为仁矣。"这一方面说明子张有着很大的影响力，因此颇受同门师兄弟的重视；另一方面却也显示出他未能赢得子游们的完全认同。而如下的记载，更表现着文学科两大弟子之间直接的碰撞：

> 子游曰："子夏之门人小子，当洒扫、应对、进退，则可矣。抑末矣，本之则无。如之何？"子夏闻之曰："噫！言游过矣！君子之道，孰先传焉？孰后倦焉？譬诸草木，区以别矣。君子之道，焉可

诬也？有始有卒者,其唯圣人乎！"

这些区别的意义在儒家思想的展开过程中得到了充分的体现,后来经常出现的子游氏之儒、子夏氏之儒和子张氏之儒的说法足以证明这一点。

如果我们把视野再扩大一些,那么另外的一些材料同样能够说明儒家内部的丰富性。根据孟子的记载,在孔子死后,他的弟子们曾经想要奉有子为师,以延续这个由孔子创立的儒者团体,但由于遭到曾子等的反对,才没有成功。以及孔门四科的现实,都有助于我们理解儒家内部的差异和丰富。

第九节 《论语》的编纂

《论语》一书,班固《汉书·艺文志》云:"孔子应答弟子、时人及弟子相与言而接闻于夫子之语也。当时弟子各有所记,夫子既卒,门人相与辑而论纂,故谓之《论语》。"由于该书直接记载孔子的言行,且具有极大的可靠性,在儒家文献中的地位自然十分重要。所以从汉代起,就作为经书的辅翼,与"六经"并行。如《汉书·艺文志》"六艺略"除著录"六经"之外,附列的三种书,其中之一就是《论语》。① 同时,经师治《论语》者也有很多。汉代流行的《论语》,至少有三个不同的来源:一个是鲁《论》,鲁人所传;一个是齐《论》,齐人所传;一个是古《论》,为武帝末时鲁恭王坏孔子宅所得。② 比较起来,三种传本各各不同,鲁《论》

---

① 其余两种为《孝经》和《尔雅》。
② 此事亦见载于《汉书·艺文志》:"武帝末,鲁共王坏孔子宅,欲以广其宫,而得古文《尚书》及《礼记》、《论语》、《孝经》凡数十篇,皆古字也。"

和齐《论》虽同属今文，但差别也较大，后者多出两篇，一篇是《问王》，①一篇是《知道》，所以总共为二十二篇。古《论》与鲁《论》接近，不过把后者的最后一篇《尧曰》分作两篇，所以虽然是二十一篇，但与鲁论二十篇的规模并无差异。值得注意的是，在篇次上，古《论》与鲁《论》和齐《论》不同。何晏《论语序》称：

> 鲁共王时，尝欲以孔子宅为宫，坏得古文《论语》。齐《论》有《问王》、《知道》，多于鲁《论》两篇。古《论》亦无此二篇，分《尧曰》下章子张问以为一篇，有两《子张》。凡二十一篇，篇次不与齐鲁《论》同。

所谓的篇次不同，据皇侃《义疏叙》所说，如古文中"《乡党》为第二篇，《雍也》为第三篇，内倒错不可具说"。② 古文虽发现于武帝时，但其年代，无疑可追溯至战国，与齐鲁《论》类似。这说明战国时期，尽管《论语》的规模和篇次并未固定，但从大的方面说，仍然具有相当的一致性。今所流传的《论语》二十篇，乃东汉时张禹以鲁《论》为主，参考齐《论》整理的结果，当时号曰"张侯论"。③ 从这个意义上来说，《论语》的编辑，直到此时方算完成。

但是本文要讨论的《论语》的编辑，重点并不在于这整个的过程，而主要是着眼于它最初的结集。如上所说，汉代的《论语》，虽然有不同的传本，也经过了重新的整理，但是其规模相对固定，且有较明确的线索可寻。比较而言，战国时期《论语》的结集和编纂就显得模糊不清。前人对此就有众多歧异的说法，我们在考察这些意见的基础上，结合近些年出土文献所提供的新的线索，尝试着进一步探讨这个问题。

---

① 学者或以为《问王》乃《问玉》之误。《荀子·法行篇》有孔子论玉之事，《孔子家语》也有《问玉篇》。详参曾秀景：《论语古注辑考》，台北：学海出版社，1991年，第90—91页。
② 从何晏谓古论"篇次不与齐鲁论同"的话，倒可以推知齐鲁论的篇次应该是相同的。
③ 何晏《论语集解序》称："安昌侯张禹，本受鲁论，兼讲齐说，善者从之，号曰张侯论，为世所贵。"

先秦古书多非作于一时，也非成于一人之手，这已经是学者们比较普遍的看法。《论语》就更是如此。如上述班固的说法，《论语》乃是众多门人将孔子弟子们所记载的一些文字编纂在一起的结果。但具体是哪些人所为，后世有多种说法。① 较早的如郑玄，认为是"仲弓、子游、子夏等撰"。他特别提出了三个人的名字，其根据何在，我们不得而知，也许只是推测之辞，所以又加上"等"字以示众多。其后学者多沿袭此说，或稍为之变通。如《论语崇爵谶》认为是"子夏六十四人"，纬书中多喜用神秘数字，六十四自然也属于此例，并无实际意义。傅玄《傅子》则说是"仲弓之徒"。总之，这都是本郑玄以为说。也有学者另外指出一些线索，如柳宗元《论语辨》，指出《论语》中屡称"曾子"。"子"为弟子对本师之尊称，所以《论语》当出于曾子弟子乐正子春和子思之徒。程子、朱子沿此思路，以为《学而》称有子、曾子，所以当出于二子之门人。胡寅《论语详解》、赵顺孙《四书纂疏》都认为《宪问》篇第一句"宪问耻"不书姓，直接称呼名字，所以可能是原宪所记。可以看出，越到后来，关于《论语》作者的讨论，就越加细致，由整部书而具体到某一篇了。俗云后出转精，这话用到这里也是不错的。

刘宝楠的《论语正义》在评议诸说的时候，也提出自己的看法。如其提到柳宗元和程朱之说时，进一步指出：

> 又考《论语》之称子者，自有子曾子外，闵子骞皆书字，而《先进》篇一称闵子。冉伯牛冉仲弓冉有皆书字，而《雍也》篇、《子路》篇，各一称冉子。则意书字者，为弟子所记。书子者，为三子之弟子所记也。

这是推演前人之说，以补前人之缺。据此，则可知《论语》中除孔

---

① 以下论述主要参考刘宝楠：《论语正义》，北京：中华书局，1990年。以后凡引刘宝楠说，皆出此书。

子外,其弟子辈中曾被称"子"者前后计有有子、曾子、闵子、冉子四人,余皆称其名字。在此基础上,关于《论语》的作者,刘宝楠说:

> 要之《论语》之作,不出一人,故语多重见。而编辑成书,则由仲弓、子游、子夏,首为商定。故传《论语》者,能知三子之名。郑君习闻其说,故于序标明之也。

表面上看起来,这好像是又回到了郑玄的旧说,其实却有了很多不同。值得注意者,刘氏这里关于《论语》的作者,实际上是区分为两类:一是"作",一是"编"。"作者"众多,"编者"则为仲弓、子游、子夏。其所谓"作",有时是指一篇甚至一章而言,所谓"编",是指将多章结集成篇,以及多篇结集成书。《论语正义》注首篇"学而"时说:

> 当孔子时,诸弟子撰记言行,各自成篇,不出一人之手。故有一语而前后篇再出也。

这里讲的更加明白,《论语》的各篇,应该是出于不同弟子之手。他强调的一个重要依据,则是各篇中或有重复的文字。此点对于研究《论语》的编纂非常重要,稍后会专门论及。惟其关于编者为孔子弟子之说,虽是继承旧说,但未必妥当。如《泰伯》篇中已经记载了曾子之死,曾子于孔门弟子中属于晚辈,其去世之时,孔子弟子恐怕已荡然无存,所以将《论语》的最后编者归于弟子辈,应该不能成立,我们后面也会有讨论。

刘宝楠之后,关于《论语》编纂的讨论,不少学者又提出许多新的看法。如关于《论语》的编辑,梁启超就提出可能也历经不同的时期。他特别提出后面五篇来,认为与前面不同,应属后人附益等。后五篇的问题,崔述已经注意到,并指出除《子张》篇外,可能都是后人所续入。这应该是梁启超说之所本。而比较系统的讨论,则见于钱穆《论语要略》、胡志奎《论语辨证》和曾秀景《论语古注辑考》等书中。曾书后出,在钱、胡之基础上,于该书绪论部分的第二章专门讨论《论语》的作者、编者和成书年代等问题。曾先生收集了许多前人的说法，并特别提出应注意以下的观念：

> 首先，我们必须具备一个观念，那就是：《论语》是由若干片断的篇章集合体；其次，我们必须具备另一个观念，那就是：《论语》既然是一个篇章集合体，那么，它的作者必非只有一个人。第三，我们必须具备另一个观念是：《论语》这些篇章的排列不一定有什么道理；就是同一篇前后两章间，也不一定有什么关联。而且这些片断的篇章绝对不是一个人的手笔。①

这些说法是值得重视的，虽然其中也有可以商量的地方，我们后面会提到。在另外的地方，他还提醒我们注意作者和编者的区别。如上所述，这也是刘宝楠注意的问题。曾先生提到的《论语》作者，主要有子张、琴牢、原宪、曾子的学生和闵子的学生等。不过，这些是否能称为《论语》的作者，是大有疑问的。关于作者和编者的区分，其实应该做进一步的解释。就《论语》来说，如果我们说有"作者"的话，那么这个"作者"只能是"编者"，而不是另外的什么人。如曾先生所说，《论语》由若干片断的篇章组成，这些片段的篇章只能算是《论语》的素材，这些素材当然由众多的人记载下来。但当他们记载的时候，也许原本并没有要编《论语》的想法。在他们那里，这只是些素材而已。这些片断之所以成了《论语》的一部分，完全是因为编者的缘故。所以，我觉得曾先生关于《论语》作者和编者的区分，严格的说，应该是《论语》素材的来源和《论语》编者（作者）的区分。这样说，也许会更清楚一些。这个区分，也是我们讨论《论语》编纂问题的基础。

对于一部材料来源复杂、也许是多人编纂而成的著作来说，出现一些不一致的现象是再正常不过的事情了。这些不一致可以是文体

---

① 曾秀景：《论语古注辑考》，第33页。

的差异,文字的重复,甚至思想的冲突,等等。它们往往是我们推测这些材料的不同来源甚至编者身份的线索和依据。就《论语》而言,这种不一致在很多方面都有所表现。我们可以先从最引人注意的文字重复现象开始。如果依照严格的标准,这种文字的重复在《论语》中共有五例,它们是:

一、《学而》:子曰:"父在观其志,父没观其行。三年无改于父之道,可谓孝矣!"

《里仁》:子曰:"三年无改于父之道,可谓孝矣!"

二、《学而》:子曰:"主忠信,毋友不如己者,过则勿惮改。"

《子罕》:子曰:"主忠信,毋友不如己者,过则勿惮改。"

三、《学而》:子曰:"巧言令色,鲜矣仁。"

《阳货》:子曰:"巧言令色,鲜矣仁。"

四、《泰伯》:子曰:"不在其位,不谋其政。"

《宪问》:子曰:"不在其位,不谋其政。"曾子曰:"君子思不出其位。"

五、《雍也》:子曰:"博学于文,约之以礼,亦可以弗畔矣夫。"

《颜渊》:子曰:"博学于文,约之以礼,亦可以弗畔矣夫。"

这些重复的文字对于我们理解《论语》一书的重要性是公认的,在前引刘宝楠的话中,我们可以看出它被看作是说明"《论语》之作,不出一人"的理由。这个认识毫无疑问是可以被接受的。在此基础上,我们还可以注意以下的几点,就是对于那些重复的文字来说:

第一,它们绝不出于同一篇;

第二,它们都是孔子之语,以"子曰"的形式出现;

第三,它们都不是出现在对话的语境中。

这几点对于理解上述的结论是有帮助的。就第一点说,这有助于我们对《论语》进行以篇为单位的考察。如前人已经指出,也为近些年的考古发现证实的看法,我们现在视为整体的古书往往是单篇流传的,而其背后的东西则是,每一篇可能都有不同的来源。对于《论语》而言,这也意味着有不同的作者(或者编者)。如上所述,刘宝楠等已经注意到这一点,但并没有得到现代学者的强调。重复的文字不出于同一篇的事实,表明就每一篇而言,由于其可能出于同一个作者或编者,所以其内部至少保持着某种形式上的统一性。同时,出现重复文字的两篇则有相当大的可能是分别结集的,也就是说,编者之间并没有密切的沟通。我们应该具体分析一下这些有重复文字的各篇之间的关系,看看它们在其他方面是不是也有明显的区别。

可以先以《学而》和《里仁》为例。与《里仁》篇相比,《学而》篇所记的孔子话中还多出了"父在观其志,父没观其行"的内容。这应该是"传闻异辞"的结果,没有太多的研究价值。从形式上看,《里仁》篇共包括二十六章,其中前面二十五章都以"子曰"开头,表明是记载孔子的话。只有最后一章是"子游曰"。这种安排有没有特别的意义?我觉得是有的。从前的儒者们曾经处理过类似的问题。譬如《礼记·礼运》篇记载孔子和子游的对话,一般认为这是子游氏之儒的作品。《大学》中提到曾子,就认为是曾子门人所作。由这个思路来看,《里仁》这一篇会不会也和子游或者子游氏之儒有着密切的关系呢?因为把子游的话附在孔子之后,一方面固然是谦虚,另一方面也有暗示此人是孔子传人的味道吧!

比较起来,《学而》篇在形式上要杂乱的多。全篇十六章中,"子曰"开头的只有八章,其余则是弟子们的话。这之中,"有子曰"三章,"曾子曰"两章,子贡和孔子的对话一章,"子夏曰"一章,还有子禽和子贡的对话一章。前人都已经注意到该篇称有若和曾参为"有子""曾子",与称呼"子夏""子贡"不同,所以怀疑是"有子""曾子"的弟子所编。这应该是一种可能的情况。但是形式上的杂乱并不影响该篇在主题上有某种统一性。仔细分析可以看出,首章的内容正是该篇的主题。这篇的首章说:

> 子曰："学而时习之，不亦说乎！有朋自远方来，不亦乐乎！人不知而不愠，不亦君子乎！"

这章有三句话，分别说三个意思。一是学习；二是朋友；三是不知而不愠。这些内容在以下诸章中，都有涉及到。如直接论到"学习"的，有六章。其中第四章记曾子的话，有"传不习乎"之语。第六章是"行有余力，则以学文"。第七章是"虽曰未学，吾必谓之学矣"。第八章是"君子不重，则不威；学则不固"。十四章是"就有道而正焉，可谓好学也已"。十五章虽然没有"学习"二字，探讨的却是学习的方法。孔门学习的内容，若依"子以四教：文、行、忠、信"（《述而》）的说法来看，共有四个方面。从这个角度考虑的话，该篇论"学"的章节还不限于此，而且四个方面都有涉及到。"学文"在第四章已见。"行"主要是指"德"的实践，如仁义礼等，在多章中都有提及。"忠"和"信"则见于第四、五、六、七、八和十三各章。学习之外是朋友，儒家很注重朋友一伦，第四章曾子说"与朋友交而不信乎"，第七章子夏说"与朋友交，言而有信"，第八章子曰"主忠信，无友不如己者"，都是关于朋友之道的。其实朋友之道也和"学"不无关系，如"无友不如己者"一句所示，交友的目的是要求"学"的进步。第三是不知而不愠，见于最后一章：

> 子曰："不患人之不己知，患不知人也。"

这正与首章末句"人不知而不愠"相应，也可以说"学"的态度。如果说这里面没有编者的存在，我是不会相信的，恐怕大部分读者也不会相信。大体说来，《学而》篇的宗旨确是以论学为主，而辅之以朋友之道等内容。

再回头来看《里仁》篇，明显与此是不同的。如上所述，该篇在形式上非常整齐，而且很可能是子游氏之儒编辑而成。在章节的排列上，我们也可以发现其中有整齐的规则可寻。如第一到第七章，全部讨论与"仁"有关的问题，而以后的十九章，竟无一处出现"仁"字。第八到第十七章，以"道"为主线，集中论述义和礼。第十八到第二十一章是论事父母之道。第二十二到第二十四章,则是关于言行的问题。最后两章论朋友。这个现象表明,每篇之中各章的顺序在《论语》中并不是无所谓的,这种顺序都体现着某种想法,因此一定是出于编者有意识的安排。

通过以上的描述,我们可以看出,《学而》篇和《里仁》篇的编辑原则是不同的。《学而》篇是以首章为中心,收集与之有关的材料汇编而成。所以它的来源比较杂,体现在人物上,就有孔子、有子、曾子、子贡、子夏和子禽。《里仁》篇则不同,它大概是以子游之所闻为中心,将材料按问题来归类,编辑在一起。所以每个问题的材料都相对集中,同时提到的人物非常单纯,除了孔子,就是子游。而且,碰巧的是,《学而》篇中没有出现子游的名字。

如果《里仁》篇的内容都出自子游之所闻,那么,它和《学而》篇重复的那句话是否就可以看作是《学而》篇取自于《里仁》或者子游的呢?问题好像没有这么简单。这也是我们在前面提醒大家注意的三点之中后面两点的意义。重要的是,这些重复的文字都是孔子的话,而且不是出现在对话的语境中。这表明孔子的这些话可能是出现在公共的场合,而不是私人的对话中,所以它有可能被不同的弟子所记录。也就是说,子游固然记录了下来,子夏或者其他什么人也可能记录了下来。

但是具有挑战性的问题是:沿着同样的思路,我们应该怀疑为什么重复的文字会这么少?可能的解释可以在两个方向上进行。一个是如果当时弟子们真的是有计划编纂一本书的话,那么大致的分工就可以避免太多的重复;另一个是《论语》的最后编纂者对重复的文字已经进行了处理,我们现在看到的几处不过是漏网之鱼。这两种可能性都存在,因为若如班固所说,是"门人相与辑而论纂"的话(《汉书·艺文志》),就存在着编纂工作中既分工又合作的情形。

无论如何,各篇之间的重复现象对我们研究《论语》的编纂有很大的帮助。它至少表明,《论语》的编者并非一人,而可能是一个编纂的团体。这些有重复内容的篇之间很可能出于不同的编者,这样,我们虽然不确切知道哪些人编纂了哪些篇,但可以推知哪些篇不出于同一个编者。也就是说:第一,《学而》与《里仁》、《子罕》、《阳货》;第二,《泰伯》和《宪问》;第三,《雍也》和《颜渊》,它们应该出于不同的编者。也许我们可以按此线索把《论语》分成不同的小组来分析出可能的分类。不过,这个工作处理起来非常困难。

　　重复的文字之外,体例上的差异也体现在不同的篇中。典型者如对孔子言论的记载,就有"子曰"和"孔子曰"的不同。"子"本是古代男子之通称,刘宝楠《论语正义》说:"尊卑皆得称子,故此孔子门人称师亦曰子也。邢疏云:'书传直言子曰者,皆指孔子。以其圣德著闻,师范来世,不须言其氏,人尽知之故也。'"(《论语正义·学而》"子曰:学而时习之"条)这是说《论语》中的"子曰"都是"孔子曰"的意思,所谓邢疏是指宋代邢昺的《论语疏》。弟子称师为"子",讳去姓氏,也有尊重之意。如果加上姓氏的话,一般在姓氏之前又加"子"字,如文献中常见的"子墨子"、"子列子"之类。《论语》中的材料因为多半为孔子弟子所记,所以称"子曰"者最多。至于"孔子曰"的例子,可以分为两种情形:一种是弟子所记孔子与弟子以外时人之问答,如《八佾》篇:

　　　　定公问:"君使臣,臣事君,如之何?"孔子对曰:"君使臣以礼,臣事君以忠。"

这是回答鲁定公的问题,当为弟子所追记。孔子和别人谈过话以后,有时候会向弟子来转述,譬如《为政》篇所记的孟懿子问孝,孔子回答说"无违",在回去的路上就说给驾车的弟子樊迟听,而樊迟就把它记了下来。与定公的对话或许就属于此类。弟子记载的时候,考虑到对话的语境,为了表示对定公的尊重,就用了"孔子曰"的格式。属于这种情形的还有《雍也》篇的第三章(哀公问)、《述而》篇的第三十一章(陈司败问)、《先进》篇的第七章(季康子问)、《颜渊》篇的第十一章(齐景公问)、第十七、十八和十九章(季康子问)、《子路》篇的第十五章(定公问)、第十八章(叶公)、《宪问》篇第十九章(康子)、第二十一章(对哀公)、第三十二章(微生亩)、《卫灵公》篇第一章(卫灵公问)等。使用"孔子曰"的另一种情形是,这些材料不是弟子所亲记,而是再传或更晚的弟子等所追记。这个时候,为了把孔子与其他人区别开来,就要加上"孔"字。这种情形最明显的应该是《季氏》篇,这篇从第二到第十一章都以"孔子曰"起句,非常整齐。其中分析第一章的内容就更有意义。该章说:

> 季氏将伐颛臾。冉有、季路见于孔子曰:"季氏将有事于颛臾。"孔子曰:"求!无乃尔是过与?夫颛臾,昔者先王以为东蒙主,且在邦域之中矣,是社稷之臣也,何以伐为?"冉有曰:"夫子欲之,吾二臣者皆不欲也。"孔子曰:"求!周任有言曰:'陈力就列,不能者止。'危而不持,颠而不扶,则将焉用彼相矣?且尔言过矣。虎兕出于柙,龟玉毁于椟中,是谁之过与?"冉有曰:"今夫颛臾,固而近于费。今不取,后世必为子孙忧。"孔子曰:"求!君子疾夫舍曰欲之而必为之辞。丘也闻有国有家者,不患寡而患不均,不患贫而患不安。盖均无贫,和无寡,安无倾。夫如是,故远人不服,则修文德以来之。既来之,则安之。今由与求也,相夫子,远人不服而不能来也,邦分崩离析而不能守也,而谋动干戈于邦内。吾恐季氏之忧,不在颛臾,而在萧墙之内也。"

这在《论语》中是最长的一章之一,全章为孔子弟子冉有、季路与孔子的对话。照一般的通例,如果是二子所记,文中对孔子的话应该是以"子曰"称之。这里全部用"孔子曰",明显与一般的规则不同。以理衡之,最有可能的记录者是他们的弟子。对冉有、季路不称"子",应该是由于文中有孔子的缘故。与此类似的例子是《阳货》篇的第六章,"子张问仁于孔子,孔子曰……",也是答弟子问,记载为"孔子曰"。此外,《微子》篇、《尧曰》篇都有"孔子曰"的例子,但不是出现在问答的情形中。

就材料的写定来看,带有"孔子曰"的段落,特别是属于上述第二种情形的,应该比带有"子曰"的段落为晚。除了上面提到的理由以外,我们还可以举孟子和荀子以为旁证。孟、荀都自称是孔子的追随者,其中称引孔子的话时,无一例外都是用"孔子曰"的说法,而绝对不会称"子曰"。这是因为他们去孔子已稍远,不称孔子,一般人都不会理解的缘故。值得注意的是,在现在《论语》的篇次中,属于这种情形的"孔子曰"的例子,几乎都出现在后面的几篇中。这是否意味着《论语》的编纂者,也有意识的按照材料的先后来排列各章的次序呢?类似的情况在古书中是常有的,典型者如《庄子》,内七篇一般认为是庄子自著,居前;外杂篇为弟子所为,居后。又如《管子》,"经言"的部分较早,居前;"解"的部分晚出,居后等等。

当然,这里我们要注意到先秦时期存在着不同的《论语》章次的传本的可能。如前面以及提到的,现在我们看到的《论语》次第依据的是鲁《论》和齐《论》,至于古《论》,其次第则非常不同。像《乡党》篇居第二,《雍也》篇居第三之类。由于古《论》的失传,以及缺乏关于其篇次的明确记载,我们对此不能有更多的认识。因此关于篇次排列的意义,就不能下绝对的断语。同时,对于学术界"上《论》"和"下《论》"的区分,也不应过于执著。当然,古《论》的篇次,就上面皇侃所记,《乡党》篇在鲁论中居第十,《雍也》篇居第六,仍然属于古论的前十篇之列。如果其他篇都属于这样的情形,那么上《论》和下《论》的区分可能确有意义。但遗憾的是,我们缺乏明确的依据。虽然我觉得,这个区分对于我们理解《论语》材料的不同来源是很有意义的。因为"子曰"和"孔子曰"的讨论也趋向这个看法。

与"子曰"和"孔子曰"的问题相关,在《论语》中还有很多记载孔子弟子们言行的文字。就其与"子曰"或者"孔子曰"的关系来说,可以分成不同的类型。一种是通篇只有"子曰"或"孔子曰",而没有"弟子曰",①属于这种类型的有《为政》、《八佾》、《雍也》、《述而》、《子路》、《卫灵公》、《先进》、《阳货》、《季氏》和《尧曰》；一种是通篇皆为"弟子曰"，而没有"子曰"的，只有《子张》一篇；一种的二者混杂的，这又可区分出两种情形，其一：只涉及到一个弟子者，有《里仁》、《公冶长》、《泰伯》和《宪问》，其二：两个以上弟子者，则有《学而》、《子罕》、《颜渊》。这样的分析对于确定某一篇的编者来说是有重要意义的。譬如整篇只涉及到一个弟子者，很可能该篇的编辑就与其后学有关。

无论是《论语》各篇存在着的重复文字，还是存在于不同篇之间对孔子不同的语气与称呼，一方面表明《论语》诸篇的编辑是由不同的人完成，另一方面也表明各篇内部则有某种一致性。这种一致性并不相同，有的表现于主题，有的表现于人物，等等。同样，既然出于有意的安排，各篇中章与章的顺序也不能说完全是随意的。以下，我们逐篇进行分析。《学而》和《里仁》两篇因为上面已经讨论过，所以此处略过不提。

(一)《为政》

该篇分二十四章，从内容上来看，比较杂乱。但其中部分章节的安排仍有脉络可循。如五到八章都是论孝的文字，分别记载了孔子对孟懿子、孟武伯、子游和子夏问孝的回答。十二到十四章都是对于"君子"人格的描述。十五到十八章论"学"。十九到二十一章则讨论如何使民和为政。篇中提问的弟子有樊迟、子游、子夏、子贡和子张，颜回则在孔子的话中涉及到。子游、子夏和子张都属于孔子的后进弟子，子贡和樊迟则要早些。在全部为记载弟子言论的《子张》篇中，子游、子夏、子张和子贡也是同时出现。这种情形也许不是偶然的，考虑到子游、子夏和子张在《孟子》和《荀子》中也是一并提起，我们倒宁愿相信这是编者的有意安排。

---

① 弟子们的提问并不包括在内。因为提问的目的只是为了引出"子曰"的部分。

（二）《八佾》

该篇共二十六章，每章都与"礼"或"乐"有关，明显属于以主题来组合材料的类型。刘宝楠在《论语正义·后叙》中说："《八佾》此篇皆言礼乐之事。"又说："至《八佾》、《乡党》二篇，多言礼乐制度。"此言诚是。该篇中所涉及到者，有祭礼，有射礼，有帝礼，有三代之礼，有告朔之礼，有事君之礼，有社礼，有乐，有舞，有礼乐之本等等。本篇所述之孔子弟子，有子夏、冉有、子贡和宰我。其章序的安排，有些也颇有道理。如第一章是评季氏"八佾舞于庭"，第二章是"三家以雍彻"，都是鲁国公族在礼乐制度上面的僭越行为，所以第三章就感叹说"人而不仁，如礼何？人而不仁，如乐何？"这三章显然是有意放置在一起的。到第十章和十一章都论"帝礼"，后面继之以"祭礼"，也是把同类的语录放在一起。孔门弟子以"礼"名者，应在文学之科，有子夏、子游等。该篇可能主要是以子夏一系为主的材料编成。而下篇的《里仁》则属于子游的系统。

（三）《公冶长》

该篇二十九章，也属于以主题来组合材料的类型。其内容大部分是孔子评论诸弟子和时人的记录，也有少许弟子评论孔子和夫子自道的话。孔子评论的弟子有公冶长、南容、子贱、子贡、仲弓、漆雕开、子路、公西华、颜回、宰予、申枨，时人则有子产、晏婴、孔文子、臧文仲、令尹子文、陈文子、季文子、宁武子、伯夷和叔齐、微生高、左丘明等。值得注意的是，这里涉及到的弟子大部分都是所谓孔门"先进"，后期的弟子像曾子、子游、子夏一个都没有出现过。从门类上看，这些弟子都偏重在德行和政事的方面。其编排明显有秩序可循，如对弟子的评论在前，对时人的评论在后，最后结之以夫子自道。本篇最初的两章是关于公冶长和南容的，一个是孔子"以其子妻之"，一个是"以其兄之子妻之"。这种编排显然也属有意。

（四）《雍也》

该篇三十章，也属于以主题来组织材料的类型。其内容与上一篇有些类似,前面主要是孔子品评和劝诫弟子言论的记录,后面有一些一般性的议论。弟子中除了颜回、仲弓、闵子骞、冉伯牛等外,还包括了后进的子游、子夏等人。与《公冶长》的区别还在于,该篇的评论着重在政事的角度,而《公》则偏重在德行。故《公》之论弟子,则曰仁或未仁,勇或未勇。此篇之论人,则重在从政、取予、得人等。其论仁智,也偏重于治民的方面。如二十二章:

> 樊迟问知。子曰:"务民之义,敬鬼神而远之,可谓知矣。"问仁,子曰:"先难而后获,可谓仁矣!"

这里的仁知显然是有特定的指向。如刘宝楠所说:"窃以夫子此文论仁知,皆居位临民之事,意樊迟时或出仕故也。"即谓此处所说的仁知不是针对一般人,而是就有位者而言。观此章中论齐鲁之变、仁圣之别、中庸之德,都是如此。

(五)《述而》

该篇三十八章,从内容上看,皆为夫子自道和弟子所记夫子之行事。很显然是以孔子之形象为中心而展开,在《论语》各篇中,也属于以主题组织材料的类型。其中提到的弟子,有子路、公西华、冉有、子贡、颜渊,明显也属于"先进"之列。其中子路出现三次,良可注意。

(六)《泰伯》

该篇二十一章。篇中全部为孔子和曾子之语,疑为曾子弟子所记。这和《里仁》篇只记载孔子和子游的情形类似。不同的是,在《里仁》篇中,子游的话是放在最后的,而该篇中曾子的话则穿插在中间。而且,子游称字,曾子则称"子"。《论语》于孔子诸弟子,始终皆称"子"者,惟有"曾子"和"有子"二人。这二人在孔门弟子中的地位也非常特殊。据《孟子·滕文公上》所记,孔子死后,弟子思慕,子游、子夏、子张以有子似夫子,故欲师事之如夫子,惟曾子不肯。似乎有子和曾子都是弟子中领袖型的人物,以故弟子众多。该篇中记孔子之言曰:

> 不在其位,不谋其政。

在《宪问》篇中,不仅重复了这句话,后面还有曾子发挥的文字:"君子思不出其位"。这可以提供一个证明,孔子的这句话确实为曾子所记,所以碰巧是他而不是别人有发挥其意义的文字流传。后来做《象传》的人又采取了曾子的这句话,见其对艮卦的解释。①

(七)《子罕》

此篇三十一章,亦属以主题组织材料者。全篇多夫子自道与弟子、时人评论夫子之语,与《述而》篇有些类似。亦间有夫子评论弟子等语,又与《公冶长》类似。其中颜渊谓孔子"仰之弥高,钻之弥坚。瞻之在前,忽焉在后",以及子贡论夫子,赞之以"圣"等,显示出将孔子神圣化的倾向。该篇出现的孔子弟子,有子贡、子牢、颜渊、子路等,也属于先进之列,值得注意。

(八)《乡党》

此篇只一章,但文甚长。《正义》云:"此篇虽一章,而其闲事义,各以类从。"是说其内容按类来记载,所以为阅读方便,历史上皇侃、邢昺都将其分成二十五节。该篇所记,为孔子之行状,多为容貌、衣服、饮食、应答等方面,属于"礼仪"的方面,所以刘宝楠也把该篇和《八佾》篇相提并论,认为主要是发明"礼乐"制度的。该篇显然也是以主题组织材料者。全篇没有提及任何一位弟子之名,疑为编者有意之作。因此,从文体而论,也较特殊,与一般的语录有别。其目的,似乎是想通过记载孔子之行事,给后人提供一实际的榜样。

(九)《先进》

此篇全为孔子论弟子之语,属于以主题组织材料者。所谓德行、言语、政事、文学四科中,该篇所论,集中在德行和政事两类弟子上面。言语和文学两类,则无一涉及到。这种情形是值得注意的。篇中称冉求为冉子,疑为其门人所编。所以偏于德行和政事。又所谓"先进"和"后进",当从刘宝楠说,指弟子入门先后而言。"先进"当为孔门早期

---

① 《易·艮·象传》:"兼山,艮。君子以思不出其位。"应本于《论语》所记曾子之语。

弟子，"后进"为晚期弟子。早期弟子多属德行和政事二科，此篇记孔子说"先进于礼乐者，野人也；后进于礼乐者，君子也。如有用之，则吾从先进"，这里"从先进"的说法，正为先进弟子张目者。与此相应，子游、子夏、曾子等后进弟子均不见于本篇。

（十）《颜渊》

该篇仍然属于以主题组织材料者，不过主题不一。开始几条是论"仁"，分别是：

1. 颜渊问仁……
2. 仲弓问仁……
3. 司马牛问仁……

接下来因为提到司马牛，所以附带又提到了与他有关的另外两条记载：

1. 司马牛问仁……
2. 司马牛问君子……
3. 司马牛忧曰……

司马牛在《论语》中提到的次数甚少，所以一旦提及，便将有关的材料并在一起。透过这种安排，我们可以了解编者的编辑原则，前人多称"类记之"，即把同类的材料放在一起。

然后是"问政"，这占据了大部分篇幅。有子贡问政、齐景公问政、子张问政、季康子问政等。最后两条是"论友"。先是子贡问友，然后是曾子说"君子以文会友，以友辅仁"。

与上篇相比，后进弟子的篇幅虽然不多，但地位重要。如子夏两次充当了解释者的角色，一次是针对司马牛"人皆有兄弟，我独无"的话，说"四海之内皆兄弟也"。另一次是对樊迟解释夫子"举直错诸枉，能使枉者直"的意义。此类做法，无形中体现了子夏在儒家思想的理解和传授方面具有的某种权威性。相信这种记载和编排都应该是有意义的,也许该篇出于子夏的门人之手。

(十一)《子路》

该篇在主题上与上篇有类似之处,如论为政的内容也占据了本篇的大部分。有子路问政、仲弓问政、叶公问政、子夏问政,又有夫子论鲁卫之政和正名等。两篇前后相继,大概也是这个原因。以理推测,其编辑者应和上篇不同,很像是两个人领了同一个题目,而做出的不同文章。该篇论及的弟子,有子路、仲弓、樊迟、冉有、子夏、子贡等。文中称冉有为冉子,又其中心为政事类,疑为冉子弟子所编。有趣的是,上篇恰好没有出现冉有的名字。

(十二)《宪问》

该篇四十四章,刘宝楠据"宪问耻"句说:"宪不称氏,疑此篇即宪所记。"此说可以重视。原宪字子思,鲁人,曾为孔子家宰,可见是孔子十分信任的人物。

在孔门弟子中,他是少有的一个"不厌糟糠,匿于穷巷"(《史记·货殖列传》)的人物,孔子死后,他便隐居于草泽,《仲尼弟子列传》曾记载他和子贡的一番对话,其时子贡已经相卫,志得意满。见原宪身居穷巷,衣冠破敝,开口便道:"夫子岂病乎?"结果被原宪抢白道:

> 吾闻之,无财者谓之贫,学道而不能行者谓之病。若宪,贫也,非病也。

这种抱道守贫的精神与《宪问》篇确实是一致的。该篇开头就说:

> 宪问耻。子曰:"邦有道,谷。邦无道,谷,耻。"

谷指的是俸禄。邦有道的话,当然要做官取禄。但无道之时,做官取禄则是可耻的行为。孔子和原宪的时代,很难说是有道的。看来《宪问》篇对这个问题也很关心,所以稍后又提到有道无道的问题。其云:

> 子曰:"邦有道,危言危行。邦无道,危行言逊。"

既然无道,则当安贫而不怨。所以该篇又记:

> 子曰:"贫而无怨难,富而无骄易。"

这段话虽然涉及到了贫富两方面,但显然是偏重于贫而无怨的,大概也是原宪自己终身诵道之辞吧。而且,《宪问》篇记载了几条关于隐者的材料,全部是带着称颂的语气。如果将这与《微子》篇记载的几例比较一下的话,更可以看出不同。如果这篇的编者确实是原宪的话,这种称颂就非常容易理解。

该篇的一个重要特点是提到了很多同时代的国君和大臣

该篇涉及到的弟子还有南宫适、子路、冉求、子贡、曾子、子张等。

(十三)《卫灵公》

该篇四十九章,其中记卫灵公问陈(阵)、在陈绝粮、史鱼、蘧伯玉等,疑为弟子因于陈蔡前后所记。该篇忽然论到舜,称"无为而治者,其舜也与?夫何为哉,恭己正南面而已矣!"这或许是因为陈为舜后,所以夫子睹地思人、有感而发吧。弟子子张为陈人,该篇先有"子张问行"的话,篇末也以子张和孔子的对话作结,或者与子张有密切的关系。据《史记·孔子世家》和《弟子列传》记载,从夫子于陈蔡者,有名可察者为颜渊、子贡、子路、子张四人。而该篇提到的弟子,正为此四人,这恐怕不是巧合,而且恰好能呼应该篇为从夫子于陈蔡之间者所作的说法。于"行"之中,故子张问行。困厄之际,故夫子有"志士仁人,无求生以害人,有杀身以成仁"的豪言壮语。此外,该篇有些文字也可以看出一些痕迹,如:

> 子贡问为仁。子曰:"工欲善其事,必先利其器。居是邦也,事其大夫之贤者,友其士之仁者。"

可注意的是"居是邦也"的说法,刘宝楠云"言居是邦,则夫子周游时"。这个说法应该是正确的。

(十四)《季氏》

从《季氏》起,至于《尧曰》,为《论语》最后的五篇。前人多怀疑此五篇晚出不类,清崔述称:

>《论语》后五篇,惟《子张》篇专记门弟子之言,无可疑者。至于《季氏》、《阳货》、《微子》、《尧曰》四篇之中可疑者甚多。《季氏》篇将伐颛臾章、《阳货》篇公山弗扰章,皆记孔子之事不可信者,疑皆后人取续得者之所续入,未敢信以为必然也。《微子》篇杂记古今逸事,有与圣门绝无涉者,而楚狂三章,语意乃类庄周,皆不似孔氏遗书。至《尧曰》篇,《古论语》本两篇,篇或一章,或二章,其文尤不类。盖皆断简无所属,附之书末者。(《洙泗考信录》)

此说影响很大,后来如梁启超等都受其影响。可参见曾秀景《论语古注辑考》的讨论。

无论如何,《论语》从《季氏》篇开始,文章风格为之一变。《季氏》篇十四章,提到孔子言论的地方,与之前诸篇多用"子曰"的提法不同,全部都是采用"孔子曰"。一般来说,孔子弟子称老师都是"子"或者"夫子",弟子以后,为了区别起见,著氏于"子"上,变成了"孔子"。明显者如孟子和荀子引用孔子的话,都是用"孔子曰"来表示。所以《季氏》篇从体例上看,确实有晚出的证据,不可否认。另外,该篇又喜用数字,如十世、五世、四世、三世、三友、三乐、三愆、三戒、三畏、九思等,非常整齐,也许出于后人的加工。即使这些话果然都是孔子所说,把它们放在一起,显然也是出于编者有意的构造。

(十五)《阳货》

该篇二十四章,似乎很难说有一个统一的主题。篇中提到的弟子有子游、子路、子张、子贡和宰我等,孔子的儿子伯鱼也有出现,是孔子告诫他学习《周南》和《召南》的。其中子路出现的次数最多,共四次。该篇中表现出的孔子形象与《述而》、《子罕》等篇明显不同,值得注意。一是仕与不仕的尴尬,这从"阳货欲见孔子"章、"公山弗扰以费畔"章、"佛肸召"章等中看的非常明显。二是愤世嫉俗的心情,这表现在对人物以及世风尖刻的评论之中。

(十六)《微子》

该篇十一章,其内容主要是对一些人物的评论,如殷之三仁、周之八士等,似乎借此来揭示儒家的理想人格。篇中记载了隐者和逸民,也似乎是有意在儒家之隐者和一般的隐者之间划出一个界限。其论伯夷、叔齐、柳下惠及夫子自道的一段,明显与《孟子》有关,当为孟子之所本。试比较如下:

> 逸民:伯夷、叔齐、虞仲、夷逸、朱张、柳下惠、少连。子曰:"不降其志,不辱其身,伯夷叔齐与?"谓:"柳下惠、少连,降志辱身矣,言中伦,行中虑,其斯而已矣。"谓:"虞仲、夷逸,隐居放言,身中清,废中权。我则异于是,无可无不可。"

《孟子·万章下》云:

> 孟子曰:"伯夷,圣之清者也;伊尹,圣之任者也;柳下惠,圣之和者也;孔子,圣之时者也。"

又《孟子·公孙丑》亦论伯夷、柳下惠,云:

> 伯夷,非其君不事,非其友不友。不立于恶人之朝,不与恶人言……柳下惠不羞污君,不卑小官,进不隐贤,必以其道。遗佚而不怨,厄穷而不悯。

与《微子》篇所记孔子之言都类似。此外,《公孙丑》篇还论及微子、比干和箕子,即《微子》篇所谓的"殷有三仁",显示出该篇或与《微子》篇有些瓜葛。

从这来看,尽管《论语》的后五篇有晚出的迹象,那只是相对于孔子弟子而言的。若说晚于孟子,似乎也不可能。

(十七)《子张》

该篇全部是记载孔子弟子的话,而且主要是晚期弟子,如子张、子夏、子游、曾子,只有子贡属于早期弟子。而且从内容上来看,子贡的话主要是对孔子的赞美之辞,与子张等说明自己的想法不同。这种情形,更让我们觉得该篇的材料明显是有意编辑在一起的,而且属于孔子后进弟子的系统。其中弟子之间互相批评的记载,对于研究孔门弟

子的分化,很有价值。子张、子夏和子游在孟子中也经常一并提及,公孙丑曾问孟子说:

> 昔者窃闻之,子夏、子游、子张皆有圣人之一体,冉牛、闵子、颜回则具体而微。(《孟子·公孙丑上》)

看来当时在儒家内部对孔门弟子有这样的评价。这明显是偏重于所谓的德行之儒,而贬低文学之儒。又《滕文公》篇说:

> 他日,子夏、子张、子游以有若似圣人,欲以所事孔子事之,强曾子。

而曾子表示了不同的意见。从整部《孟子》看,孟子对曾子是非常尊重的。看来在后进弟子中,子夏、子游、子张虽然有别,但有更多的一致性,而曾子则更独立一些。荀子在《非十二子篇》中也对三子进行了激烈的批评,但不及曾子。如果考虑到《论语》一书中全部称"曾子",但对子夏子游等却从未称"子"的情形,似乎对曾子的尊崇在很早就已经开始。孟子、荀子不过是其余绪而已。

(十八)《尧曰》

该篇只三章,其体例与他篇不类。首章称述尧舜禹汤武王和孔子之语,有编织"道统"的味道。孔子虽也以崇敬的语气提到过尧舜禹等,但从未称述过他们的话,而且他更重视"周"、"东周"、"文王"、"周公"等。这里的追溯,有"祖述尧舜,宪章文武"的感觉。篇中又提到子张问孔子,或许与子张之儒有关。子张陈人,陈为舜后,《荀子·非十二子篇》说"子张氏之贱儒"是"禹行而舜趋",大概是对尧舜禹非常景仰的,正与该篇称述尧舜禹的风格类似。所以说该篇是子张的后学所编,极有可能。进一步看,该篇所云"宽则得众,信则民任焉,敏则有功,公则说",与《阳货》篇孔子答子张的话几乎相同,其文曰:

> 子张问仁于孔子。孔子曰:"能行五者于天下,为仁矣!"请问之,曰:"恭、宽、信、敏、惠。恭则不侮,宽则得众,信则民任焉,敏

则有功,惠则足以使人。"

相信经过比较,大部分人都会相信《尧曰》篇的那段话应该与此是同样的来源,当为子张所记。另外,该篇所述尧舜禹所传之十六字箴言,以"允执其中"为核心,与孟子所说"子莫执中"倒是合拍。而据钱穆先生的说法,这子莫,正是《说苑·修文》篇提到的颛孙子莫,也就是子张的儿子申详。[①] 如果我们接受这个说法的话,倒给前面的推理又增加了些把握了。

从前面对《论语》各篇的简要分析来看,至少我们可以认为,每一篇都不是随意杂凑起来的,相反,它们都有明显的组织材料的痕迹,虽然每篇中材料的组织原则并不相同。这些组织原则大致可以区分为如下的几种情形:

一、一篇之内只有单一的主题。譬如《学而》篇的主题是论学、《八佾》篇的主题是礼乐、《公冶长》篇的主题是孔子与弟子和时人的相互评论等,属于这一类的还有《雍也》、《述而》、《乡党》、《先进》和《子张》等篇。

二、一篇之中包含不同的主题。属于这一类的有《为政》、《子罕》、《颜渊》、《子路》、《微子》等篇。

三、虽缺少明显的主题,但怀疑为某一弟子或其后学所编辑者,如《里仁》篇之于子游、《泰伯》篇之于曾子、《宪问》篇之于原宪、《尧曰》篇之于子张等。

这当然只是初步的归纳,但我觉得这样的归纳对于我们试图复原《论语》编辑过程的努力应是有帮助的。它可以帮助我们了解可能有哪些人参与了编辑的工作、当时可能的编辑和分工情形,等等。而如果我们能够做到这一点——哪怕只是部分的做到这一点,那么对于早

---

① 见钱穆:《先秦诸子系年考辨》卷三"子莫考",上海:上海书店,1992年,第232—233页。

期儒学的研究来说，意义更是多方面的。下面，我们可以先对上述的几个编辑原则进行一下分析，看看能够从中得出一些什么样的结论来。

首先，众多单一主题的"篇"的存在，很显然是编者有意结集的结果。按照班固的说法，《论语》是孔子去世以后"门人相与辑而论纂"的结果。(《汉书·艺文志》)这就是说，某些门人，根据孔子弟子等记载下的材料以及自己的所闻，共同编辑了这本书。其中的一种情形，可能就是一些人先把各自记载或传述的材料集中在一起，然后再按照主题的原则进行分类，于是出现了这种单一主题的"篇"的情形。这意味着，在《论语》的形成过程中，那些按照主题原则进行分类的材料，它们应该属于某个由一些接近的人组成的团体。这个团体当然并不包括所有的或大部分的孔门后学，也不一定是一个严格的组织，它可能只是在编辑《论语》的过程中才形成的，在编辑之后，也可能就不再存在。很多人可能会觉得这个团体的存在只是作者的想象，但假设这一点是必要的，而且也是合理的。

其次，一篇之中包含不同的主题的情形，可以有多种多样的解释。譬如由于每一篇规模的限制，要把一些主题的材料剩下一些，最后把这些剩余的材料编纂在一起，就出现不同主题的材料见于同一篇的情形。或者这些篇的编者按照自己的兴趣选择不同的材料。还有一种可能是有些篇也许与某一个特殊的学派或者组织有关，所以他们按照自己的原则来编纂，或者只是把自己收集到的材料编辑在一起。

第三种情形是最值得认真考虑的。假如真的如我们所假设的，某些篇可以归之于某个特殊的人物或者团体，那么在《论语》中我们就可以得到早期儒家分化的更直接而重要的资料。同时，我们也就会确信，《论语》是由不同倾向的儒家学者共同完成的。这样的话，关于《论语》编纂的研究就不再只限于文本的领域，而是扩展到思想史的范畴。譬如，对于子游氏的研究，就不必执著于《论语》中有限的关于子游的记载,整个的《里仁》篇都会成为研究的素材。

如果我们把《论语》的形成看作是一个有意结集的过程的话,这个过程至少可以区分为如下的几个阶段:
1. 收集弟子和门人们记载下来的孔子和孔子弟子的言论;
2. 追记某些言论;
3. 结集成篇;
4. 编纂成书。

第一种情形从"子张书诸绅"的记载中可以推知,弟子们有时候当下会把自己喜欢或重视的孔子言论或与孔子的问答记载下来。弟子的弟子们对老师的言论想必也有这种习惯。这种情形在《论语》的整个素材中占有了相当的比重,绝大部分的"子曰"和"曾子曰"、"有子曰"等都属于此类,可以说构成了《论语》的主体。第二种情形是在编辑的过程中发生的,有些口传的东西在此时会记录下来,这个时候,口吻是追溯式的。而且,有时候会在口传的过程中出现一些改变,譬如形式上会比较整齐。但是基本的精神仍然是渊源有自,不能说是编造的。我觉得大部分的"孔子曰"都属于这种情形。这类材料的可靠性可能会比前一类稍差一些,但如前所说,仍然是有充分根据的。结集成篇的过程应该是由不同的人来完成的,有些人也许结集了很多篇,譬如按照主题分类的某些篇可能是由一批人完成的。有些人也许只结集了一篇,如子游之儒之于《里仁》篇等。最后是汇编成书,应该是在鲁地完成的,有子和曾子的后学也许成了最后的编定者。

《齐论》和《鲁论》的差别有助于我们了解《论语》的编纂过程。《汉书·艺文志》对二者都有著录,何晏《论语集解序》称:

> 《齐论语》,二十二篇。其二十篇中,章句颇多于《鲁论》。……《齐论》有《问王》、《知道》,多于《鲁论》二篇。

从汉人以及何晏这里的说法来看,《齐论》和《鲁论》前二十篇的篇次相同,(但《古论》不同)但《齐论》较《鲁论》多出两篇。而且,重要的是,在其余的二十篇中,《齐论》的章句也较《鲁论》为多。显然,《齐论》和《鲁论》不可能是毫无关系的两本书,它们只是一部书,不过在流传过程中发生些变异而已。把《齐论》和《鲁论》看作是齐地和鲁地的儒者分别结集孔子及其弟子言论而成书的说法是不对的,至少是不严格的。从《齐论》较《鲁论》多出一些内容来看,应该是《鲁论》在前,而《齐论》在后,所以有结合齐地的特点而增益的情形。这种推测也可以得到另外的支持,即《论语》中"有子"和"曾子"的称呼表明其最后的编定者与二子有密切的关系,而他们都是鲁国人。与此类似的,偶而称"子"的闵子和冉子,也都是鲁国人。

编纂成为一个具有二十篇规模的《论语》,不应该是一个很长的过程。这就涉及到所谓"上论"和"下论"的问题。《论语》的二十篇中,前十篇也称"上论",后十篇称"下论"。这种区分有没有实质的意义,是一个值得讨论的问题。古书分内外或者上下的情形是常见的。一般而言,内外的区分往往蕴涵着某种重要的信息。如《庄子》的内外篇之别就意味着不同的作者和时代,以及相应的主题的变换。《孟子》的内外篇也是如此,现在的七篇都是内篇,属于外篇的四篇经过东汉赵歧的删削后,已经失传了。但上下的区分与内外似乎不同。古书中一篇之中因为字数太多,可以分上下,如《孟子》。这种情形在先秦著作中屡见不鲜,大量见于《管子》、《墨子》、《韩非子》以及《周易》等书中。也有一书而分上下的情形,但并不多见,有时候可能只是因为该书只有两篇,称呼上下似乎比较方便,典型者如《老子》,司马迁说是上下篇。在这些情况下,"上下"的区分显然并没有如上述"内外"区分所具有的意义。

但就《论语》来说,"上论"和"下论"的区分要复杂的多。一方面,这种区分并不是原来就有的,只是后来的人们为了方便而提出的说法。所以不能说这种区分就有什么实质的意义,譬如包含着时间先后的意味等等。但另一方面,由于它不是在某一篇之中分出上下,而是在一个由很多篇(而不只是两篇)组成的书中分出上下。这样,考虑到其素材和编者的复杂,原本存在于不同篇之间的差异性就是在所难免的。而且,按照古书的编辑习惯,如先内后外的排列所显示的,篇次从来就不是无意义的安排。它不必然代表着素材或者创作年代的早晚,但在很多情况下,却暗含着这种意味。从这个角度讲,"下论"和"上论"的称呼本身中原本并不包括的意思,在实际上却可能存在。

这个问题就是学者们已经讨论过的"上论"可能早于"下论"。甚至有人认为《论语》的初编本只包括"上论","下论"是另一次结集的结果。① 或者再进一步将下论区分为两部分,前五篇为续编,后五篇为附编。② 其中提出的一个理由是上论看来已经是一个完成的整体,钱穆《论语要略》引伊藤仁斋的话说:

> 《论语》二十篇,相传分上下,犹后世所谓正续三集之类乎?盖编《论语》者先录前十篇自相传习,而又次后十篇,以补前所遗者,故今合为二十篇云。盖观《乡党》一篇,其体制要当编在全书之最后,而今适居第十篇,则知前十篇本已自为成书矣。③

曾秀景也说:

> 初编《论语》上论前九篇记孔子和早期弟子的言行,第十篇——《乡党》篇——考其内容则为前九篇不类,专记孔子日常生活及处事态度和一些琐事。这一篇似乎就是一期所编《论语》的

---

① 胡志奎说:"齐论之作,似即《论语》今传本之下论;至上论则正鲁论之原编。"见胡志奎:《论语辨证》,台北:联经出版事业公司,1978年,第77页。这是把上论和下论的区分和鲁论、齐论的说法结合起来。但《汉书·艺文志》等明白记载,《鲁论》二十篇,即今传《论语》的底本,《齐论》二十二篇,所以胡先生之说似不能成立。

② 曾秀景《论语古注辑考》说:"大体而言,初编《论语》以上论为主要,续编《论语》以下论前五篇为本营,附编《论语》则以下论末五篇为最多。"见该书第60页。

③ 钱穆:《论语要略》,上海:商务印书馆,1930年,第7页。

完结篇。①

这说法的核心是位居第十篇的《乡党》，从内容上来看很像是一书的最后部分。且不说《乡党》在古论中位居第二，如果有一天证明了古论的篇次较为原始，不知学者又当如何解释。其实，究竟什么叫做"完结篇"，本身就有太多讨论的余地。另外譬如曾先生提到的早期弟子和晚期弟子的问题，属于"上论"的《公冶长》、《述而》和《子罕》诸篇固然以先进弟子为主，但如《泰伯》、《学而》、《里仁》则又明显以后进弟子为主。同样，就"下论"而言，既有像《先进》这样主要记载先进弟子的事迹，并为其张目者。也有如《子张》篇主要记载后进弟子言行者，也有先进、后进混杂者。以先进和后进弟子为标准来看某些篇之间编辑原则的差异，应该没有问题，但以之区别"上论"和"下论"，就明显不能成立。而且不可忽视的一个问题是，由于先进弟子主要以德行和政事为主，所以门人较少，就是他们的言行，恐怕主要也是通过后进弟子及其门人的记载和转述才保留下来的。更应注意者，很多般人都怀疑《论语》的主要编纂者是曾子、有子的弟子，而曾子、有子都属于后进之列。

"上论"与"下论"中的某些区别，前贤多有指出，乃是不争的事实。② 关键的问题是，我们究竟如何理解这种差别？是不是《论语》"上论"先编成之后，经过了若干的时间，才有"下论"的出现？还是说，上下论的区别只是编辑素材的差异，至于编定的时间，则几乎是同时的？在考虑这个问题的时候，我们不能忽略所谓"上论"的编定时代。如果"上论"在很早就已经编纂完成，当然可能存在这种情形。但是，如学者们已经指出的，整个《论语》中最晚的年代标志恰恰出现在上论的《泰伯》篇中，因为该篇记载了曾子之死。换句话说，"上论"的编定年代，至少是在曾子死后。曾子小孔子四十六岁，在孔门弟子中已经属

---

① 曾秀景：《论语古注辑考》，第55页。
② 关于此问题的论述，请读者参考钱穆：《论语要略》，第7—12页，以及胡志奎《论语辨证》、曾秀景《论语古注辑考》等书的有关部分。

于年少者,其去世之年,虽无明文记载,但从各种线索来看,他属于较长寿的人,所以学者推测他活到七十岁以后,约公元前435年左右。此时距孔子之死,至少已有四十余年。这只是《论语》"上论"编纂完成的上限,显然,这时间也可能较此还要晚很多年。

如果以《论语》的编纂是在公元前430年左右进行或者完成的话,这时孔子固然已经死去将近50年,就是弟子辈中,恐怕也没有活着的人。就儒家的群体而言,活跃的应该是七十子弟子,甚至他们的弟子们。这时如果再将口传的孔子言行记载下来的话,当然有很多是追记的口吻,或者稍加整理和变通的东西。类似于下论的一些说法,譬如"孔子曰"或者面称"夫子"等,显然可以出现。像《季氏》篇那样很整齐的以数字为特征表达一些想法的形式,也就不难理解。就形成文字的时间说,它们显然较那些由弟子直接记载下来的素材晚。但就编纂《论语》这个事件而言,情形就可能完全不同。所以,在我看来,"上论"和"下论"的区别不必然代表编纂时间(譬如所谓的初编和续编)的差别,这种差别可能是由于素材的记载年代差异而造成的,而素材的差别和编纂的时间完全是两个不同的问题。

《论语》与《孟子》,作为研究先秦儒学最重要的两部著作,有着密切的关系。自称"乃所愿,则学孔子"(《孟子·公孙丑上》)的孟子,经常直接称引孔子的话,或者称述孔子与其弟子们的言行事迹,这其中很多内容见于《论语》。据胡志奎先生的统计,《孟子》中涉及到孔子的地方(不完全是指"孔子曰")有二十九处,其中与《论语》有关者十四处,不见于《论语》者十五处。依据胡先生的看法,在和《论语》有关的十四处中,属于《上论》的无疑是《孟子》本于《论语》,而与《下论》有关者,有些则反恐为《论语》之所本。[1] 换言之,由于胡先生认为《论语》的编辑时间延伸相当长,所以就《论语》与《孟子》的关系而言,有早于《孟子》

---

[1] 胡志奎:《论语辨证》,第23—42页。

者,也有晚于《孟子》者,不可一概而论,应具体分析。这个问题非常重要,值得仔细的处理。我们先来举一个胡先生认为是《论语》本于《孟子》的例子,以为讨论的基础。《孟子·告子下》云:"鲁欲使慎子为将军,孟子曰:'不教民战而用之,谓之殃民。'"又《离娄上》云:"诸侯有行文王之政者,七年之内必为政于天下矣!"这里的说法与《论语·子路篇》的两段话非常相似:

子曰:"以不教民战,是谓弃之。"

子曰:"善人教民七年,亦可以即戎矣!"

按照胡先生的说法,应该是《论语》本于《孟子》,其理由是:

1.《论语》上论所记孔子思想,乃一归于"德行"而已,未尝记孔子言"兵"事;即于下篇所记孔子言"兵""戎"亦仅见于此,与孔子平日思想似有未合。

2.《论语》上下论各篇篇末,殆均有可疑之"篇末语";而下论则犹显然(辨详《论语篇章组织考征》)。今下论《子路》所记孔子言兵事者,亦适位于篇末;固亦当在可疑之列焉。

3.《论语》下论《子路》所记孔子之说,上二章与孟子之措辞均分别略同;尤以前章为甚。至后章所记,于《孟子》一书虽无言"兵"事;然所谓"七年"云云,于措辞之语气上,亦约略近似;故今一并考辨及之。今观上列二章之《子路》篇末语,本已有晚出之疑,现既与《孟子》一书所记有疑似略同处;然则孔子言"兵"事,亦当出孔门后学转引孟子之说,而为增屡附益之章句;今则相续连而共同出现于《子路》篇末也。①

这些理由很难说是充分的。"一归于德行"并不就意味着不能谈兵,否则的话,就是孟子也不应该谈兵。至于篇末语的问题,这要和《论语》

---

① 胡志奎:《论语辨证》,第41页。

篇章的结构结合起来讨论。在很多情况下，由于很多篇包含着多个主题，所以从属于各主题的材料之间，看起来是互不连属的，并无密切的关系。这样的话，即便我们把现在居中的一些章节置于篇末，也会出现类似的问题。也就是说，它们看起来和前面的章节没有紧密的联系。最要紧的恐怕是第三点，就是在儒者明知是孟子之语的情形下，他们会把这些东西冠以"子曰"，变成是孔子的言论吗？我觉得这种可能性几乎是没有的。而相反，如果是孔子的言论，孟子加以引用和发挥则是正常的。

这就涉及到如何看待《论语》以及各种文献中的"子曰"或者"孔子曰"之类的问题。从《论语》中来看，尽管在称述孔子的话时有"子曰"和"孔子曰"的差别，但是很显然，编者在孔子和弟子的言论之间进行了清楚的区分。这种区分显然可以间接地表明"子曰"和"孔子曰"的内容所指孔子言论的严肃性。也就是说，编纂者确信这些话是孔子而不是别的什么人说的，才会在前面冠以"子曰"或者"孔子曰"。从《论语》来看，孔子在他的晚年就已经被弟子们奉为圣人，死后更是如此。弟子们容不得其他人对孔子的任何诋毁，也容不得任何弟子可以和孔子相提并论。所以，虽然有子游、子张和子夏的支持，但有子仍然不能成为儒家团体的宗师。这就意味着，在孔子和儒家内部的其他人之间，有清楚的界限存在。任何其他人的话，从孔子的弟子到他的后代，当然也包括孟子，都不可能具有和孔子的话混淆的资格。当然有依托的情形存在。

对于《论语》的研究来说，近几十年来的考古发现可以提供一些新的线索。

如 20 世纪 70 年代河北定州发掘的西汉后期中山怀王刘修的墓中，就有竹简《论语》，这是迄今为止发现的最早的《论语》传本，为我们了解汉代《论语》的流传情形,无疑具有重大的价值。① 90 年代湖北荆门郭店竹简的发现,由于其年代可以早至战国中期,公元前三百年左右,所以对于研究先秦的文献和思想,意义深远。更重要的是,郭店竹简中有直接和《论语》有关的资料,无疑可以帮助我们思考《论语》的问题。②

最明显的线索见于《语丛三》的部分。这里有两段话,都出现在《论语》中。一段是:

> 志于道,狎于德,依于仁,游于艺。

《述而》篇作:

> 子曰:"志于道,据于德,依于仁,游于艺。"

二者只有一字之别,应该只是流传过程中形成的差异,不过《论语》中明确说这是孔子的话,《语丛三》中则没有。鉴于郭店文本的年代相当早,我们暂时不能轻率的得出《语丛三》本于《论语》的结论。但是,鉴于"子曰"的说法暗示着这是直接从孔子那里听来的话,《论语》的记载仍然带有某种"原始"的色彩。而没有"子曰"称呼的《语丛》更可能是从《论语》中转述过来的,属于次级的文本。《语丛三》和《论语》有关的另一段话是:

> 毋意,毋固,毋我,毋必。

《子罕》篇作:

> 子绝四:毋意,毋必,毋固,毋我。

两相比较,《论语》中叙述"四毋"的顺序不同,而且多出了"子绝四"这几个字。很明显,和上一段话一样,《论语》的表述似乎更有身临其境

---

① 参见河北省文物研究所定州汉墓竹简整理小组编:《定州汉墓竹简·论语》,北京:文物出版社,1997 年。

② 该墓出土的竹简经过整理,已经以《郭店楚墓竹简》之名出版,北京:文物出版社,1998 年。

的感觉。"子"的称呼表示着这是出于弟子的直接记录。

在《语丛二》中,也有一句怀疑是和《论语》有关的话。就是:

小不忍败大势。

《卫灵公》篇中有如下的一句话:

子曰:"巧言乱德,小不忍则乱大谋。"

其间虽有"势"和"谋"的区别,但意思是相近的。同样的,《论语》中这句话冠以"子曰",而《语丛》中则无。与前述《语丛三》的两个例子相同。

关于《语丛》各篇的性质,学者们的看法并不一致。可以看出,它们与同出的其他文本如《五行》、《性自命出》、《六德》等有着密切的关系。但这种关系的性质为何,却可以有完全不同的说法。有的学者视《语丛》为"前言往行"的记录,所以以之为其他文本的创作基础。有的学者则把《语丛》视为对郭店同出文献的节录或者解说、发挥之类。从《语丛》类文献的一般情形来看,前一种可能性是最大的。如果以此为前提进行推理的话,那么,《语丛三》和《论语》相似的文字,就是在证明着《论语》至少在此时已经流传并发生影响了,以至于它可以被《语丛》的编者所引用。

《语丛三》之外,郭店儒家类文献中,还有其他一些和《论语》有密切关系者。其中以《尊德义》最为明显,也最值得注意。我们先看一下该篇中和《论语》有关的内容,然后再尝试着做一些分析和推论。首先是下面的一段话:

民可使道之,不可使知之。民可道也,而不可强也。

这让人想起《论语》中有名的一段话,《泰伯》篇说:

子曰:"民可使由之,不可使知之。"

在《泰伯》篇中,这段话紧接在"子曰:兴于诗,立于礼,成于乐"的后面,过去有学者以为两章前后相承,"谓诗礼乐可使民由之,不可使知之"。① 从《尊德义》来看,无疑是正确的。《尊德义》的主旨,就是要君主以礼乐教民,则百姓"忠信日益而不自知也"。这也正是《中庸》所说的"百姓日用而不知"。《尊德义》还说:

> 善者民必富,富未必和,不和不安,不安不乐。善者民必众,众未必治,不治不顺,不顺不平。是以为政者教导之取先。教以礼,则民果以劲。教以乐,则民弗德争将。教以辩说,则民艺陵长贵以忘。教以艺,则民野以争。教以技,则民少以吝。教以言,则民讦以寡信。教以事,则民力啬以湎利。教以权谋,则民淫昏,违礼无亲仁。先人以德,则民进善焉。

这段话简直是在直接发挥《论语·子路》篇中如下的记载:

> 子适卫,冉有仆。子曰:"庶矣哉!"冉有曰:"既庶矣,又何加焉?"曰:"富之。"曰:"既富之,又何加焉?"曰:"教之。"

这里的庶、众、教,就是上引《尊德义》的民富、民众和教道,这三者是一一对应的,无丝毫的加减。可知《尊德义》的作者对《论语》这一条是很熟悉的。作者这里对于富和众之后为什么还需要"教"给出了解释,那就是富并不见得就和,而不和就不安,不安就不乐;众也不见得就治,不治则不顺,不顺也就不平。要想和顺、平乐,教就是必要的了。但教的内容是很有讲究的,这可以分作两类:一类是礼乐,一类是辩说、技艺、权谋、言、事等。作者的先后取舍是很明白的,前一类的礼乐就是"德",这是根本的东西,所谓先人以德,百姓就会向善。对后一类的东西,我以为作者并不是完全的排斥,而是要有德做基础,否则的话就会有争、寡信、淫昏等不善的结果。这种想法,与"君子不器"的主张也是合拍的。

---

① 刘宝楠《论语正义》引凌鸣喈《论语解义》,有此说。

除了有上述两段可以和《论语》对应的文字外，《尊德义》值得注意的地方，是篇中出现了"凡动民必顺民心，民心有恒，求其永。重义集理，言此章也"的话。从"言此章也"来看，它很可能是对某个文献的某一章的解释。从其与《论语》的密切关系来看，这个文献会不会就是《论语》呢？这是一个值得认真处理的问题。

书籍的分章，从很早就已经开始了。现在可知的，如《诗经》原本就有"章"的称呼，所以春秋时人有"断章取义"的说法。郭店的文献中，像《缁衣》就被分为二十三章，章与章之间都有某种符号分开。《老子》和《太一生水》也是如此。至于《论语》，各种传世的本子都在篇中分章，虽然分法并不相同。定州发现的最早《论语》传本，在每一篇中也分章。上面提到的可以和《尊德义》相比较的部分，涉及到的就是《论语》的两章。

从《尊德义》的拼接情况来看，"言此章也"句出现的那只竹简在原整理者那里被安置在该篇的最后。实际上，该简肯定不是篇末简，因为它的末端没有通常篇末简都会出现的符号。所以后来有些学者在重新拼接的时候对该简的位置进行了调整。如把它置于上引"善者民必富"段的后面等。这种调整当然是有意义的，实际上，从整个篇来看，不管这只简在什么位置，都不大影响我们将要进行的推论。这个推论就是：整个《尊德义》一篇可以看作是对《论语》"道之以政"章的解释。该章见于《为政》：

> 子曰："道之以政，齐之以刑，民免而无耻。道之以德，齐之以礼，有耻且格。"

该章的主题是提出两种治国的方法，比较其差别。其取舍是很明显的，就是要以德和礼来治民，而反对用政和刑的办法。这与《尊德义》的宗旨是完全相同。该篇说：

> 尊德义，明乎民伦，可以为君。去忿戾，改惎胜，为人上者之务也。

"尊德义"固然是"道之以德","明乎民伦",人伦之所归就是"礼",这和"齐之以礼"也无二致。这正是《论语》"道之以德,齐之以礼"另外的说法。《尊德义》还说:

> 赏与刑,祸福之基也,或前之者矣。爵位,所以信其然也。征侵,所以攻□[也]。刑[罚],所以□与也。杀戮,所以除害也。不由其道,不行。

这里批评的正是单纯的"道之以政,齐之以刑"的做法。作者认为,有比这更根本的东西,这就是"道",即"德"和"礼"。因此,论述德和礼也就成了《尊德义》的核心。

在《论语·为政》的那段话中,孔子所说两种治国方法的区别在于:前一种是"民免而无耻",后一种是"有耻且格"。免的意思是只求避祸,但不能感其心,所以说无耻。有耻则其心感动,"格"是"至"的意思,则民归于礼。这与《尊德义》所说"凡动民必顺民心"之说也相呼应。

有趣的是,郭店《缁衣》中也出现了和上述《论语》"道之以政"章对应的文字:

> 子曰:长民者教之以德,齐之以礼,则民有劝心;教之以政,齐之以刑,则民有免心。故慈以爱之,则民有亲;信以结之,则民不倍;恭以莅之,则民有逊心。《诗》云:"吾大夫恭且俭,靡人不敛。"《吕刑》云:"非用臸,制以刑,惟作五疟之刑曰法。

二者虽然有较大的区别,但其间的联系是不可否认的。《论语》中的"道",通"导引"的"导",与"教"的意思相同。《尊德义》中就把"教道"连称。至于"长民者"的称呼,不见于《论语》,但《缁衣》中却不只一见。假设是《缁衣》引用《论语》的话,可以看作是为了适应《缁衣》的风格而做的改变。而相反的情形似乎是较难理解的。这里附带提一下《坊记》也许是有意义的。因为其中直接提到了《论语》,它说:

> 子云：君子弛其亲之过而敬其美。《论语》曰：三年无改于父之道，可谓孝矣。《高宗》云：三年其惟不言，言乃欢。

这是先以"子曰"的形式提出一个主张，然后引他书以为证。《论语》之名，王充认为要到孔安国之后才出现，[①]很多学者据此以为《坊记》中的"《论语》曰"一定是后来窜入，其实不必然。[②] 值得注意的是，《坊记》和《论语》的关系是非常密切的，除了上一条之外，还有几处的文字都和《论语》脱不了干系。我们试比较如下的一些内容：

> 1. 《坊记》：子云：贫而好乐，富而好礼，众而以宁者，天下其几矣。
> 《论语·学而》：未若贫而好乐，富而好礼者也。
> 2. 《坊记》：子云：从命不忿，微谏不倦，劳而不怨，可谓孝矣。
> 《论语·里仁》：事父母几谏，见志不从，又敬不违，劳而不怨。
> 3. 《坊记》：子云：小人皆能养其亲，君子不敬，何以辨？
> 《论语·为政》：子游问孝。子曰：今之孝者，是谓能养。至于犬马，皆能有养。不敬，何以别乎？

两相比较，看起来都像是《坊记》在发挥《论语》的意思。《坊记》的情形，和《缁衣》应该是相似的。沈约以为《礼记》中的《表记》、《坊记》、《缁衣》和《中庸》四篇，都取自《子思子》，表明这四篇可能与子思的学派有着密切的联系。也许我们可以相信，《坊记》的某种形式的传本，在战国中期已经存在，如《缁衣》一样。但其中所引用的"《论语》曰"，是否在这个传本中就有，还是后来在编入《礼记》的时候才加入的，实在不好判断。因为从《缁衣》的情形来看，《礼记》本就加入了一些文

[①] 王充《论衡·正说篇》："初，孔子孙孔安国，以教鲁人扶卿……以曰《论语》。"据此说，则《论语》之名似出于孔安国。
[②] 读者可参见曾秀景先生的讨论，《论语古注辑考》，第9—16页。

字,特别是称引其他文献的文字。但是,也不能就说《坊记》中的"《论语》曰"一定就是后来加入的。看来,在严格的意义上,我们最好把这个材料束之高阁了。但是,如果我们愿意推论的话,考虑到《论语》的编纂和曾子学派的密切关系,再考虑到曾子和子思的密切关系,绝对不能否认子思学派传述《论语》的可能性,而且,这种可能性应该是非常大的。另外,从文体上来看,《缁衣》的每一章都包括三个部分,一是"子曰",二是解说,三是引经据典。这应该较单纯的记载孔子言行的文本要晚。

《缁衣》的特点,是每一章都冠以"子曰"的名义,似乎是孔子说过的话。如果我们相信《缁衣》的那段文字是依据于《论语》的话,我们必须要考虑的一个问题是:《缁衣》中其他不见于《论语》的"子曰"内容的性质是如何的?可以假设两种情形。一种是作者从其他的途径得到了很多孔子的遗言,一种是大部分出于作者的依托。需要连带处理的是《孟子》中许多不见于《论语》的"孔子曰"。因为如前所述,《孟子》中和孔子有关的记载见于《论语》者固然不少,但是不见于《论语》者却也一样的多。可以肯定的是,不能想象《论语》中包括了所有的孔子言论。因为《论语》的编者中不会包括所有的孔门弟子,这就存在着以其他形式传述孔子言论的可能性。但是同样可以肯定的是,《论语》之外的很多孔子言论是属于依托性质的。这样的话,我们面临的另一个问题是如何区别出这些依托的言论,而得到那些真实的东西。客观地说,这几乎是不可能的。

但对于《缁衣》或者《坊记》等来说,大部分的"子曰"属于依托的可能性是非常大的。在本书关于《缁衣》的讨论中,我曾经指出过这一点。我们可以看到,即便是其中和《论语》相关的那段文字,也在很大程度上做了改变,以适应《缁衣》的风格,或者说《子思子》的风格。这和《语丛三》以及《尊德义》的做法并不相同。

总结地说,从新出土的郭店竹简的情形来看,虽然没有直接的证据证明,但从一些例子来推测,我们更愿意相信《论语》的编纂在这批文献之前应该已经完成。

作为记载孔子及其弟子言行的著作,《论语》一直得到学者和普通人们的尊重和注意。其中的"子曰"或"孔子曰"成为了解和研究孔子的最可靠材料。在结束本章的时候,我们还要提出的一个问题是:如何看待先秦时期大量不见于《论语》的"子曰"或者"孔子曰"?如前所述,我们知道孟子关于孔子的议论,只有一半见于《论语》。这是不是说另一半就不是孔子的言论呢?而荀子引用的"孔子曰",全部不见于《论语》,他们都是假托吗?这是一个很复杂的问题。一方面,我们不会相信《论语》的编者们把全部孔子的话都收集了起来,因此也就不能完全否认《论语》之外所谓孔子言论的真实性;但另一方面,大量的依托现象使我们在承认《论语》之外的孔子言论的真实性时,确实会有些底气不足。我们意识到这是一个重要的问题,却也是一个难以解决的问题。

第三章

早期儒家的开展

第一节 孔子弟子的分化

孔子弟子的分化于孔子在世的时候就已经发生,这种分化和各自不同的气质及偏好有关,或者也和所闻于夫子者不同有关。但由于孔子的存在,这种分化还不是那么突出。孔子去世以后,弟子为之服丧三年,儒者团体仍然在对老师的哀思中保持着它的存在,但是其凝聚力显然在降低。大概是为了维护这个团体的需要,子游等曾经提出奉有子为师的主张,却遭到曾子等的反对。《孟子·滕文公上》记载:

> 昔者孔子没,三年之外,门人治任将归,入揖于子贡,相向而哭,皆失声,然后归。子贡反,筑室于场,独居三年,然后归。他日,子夏、子张、子游以有若似圣人,欲以所事孔子事之,强曾子。曾子曰:"不可。江汉以濯之,秋阳以暴之,皓皓乎不可尚已。"

根据朱熹的解释,所谓有若似圣人,是指"言行气象有似之者"(《孟子集注·滕文公上》)。《史记·仲尼弟子列传》说有若"状似孔子",大概不仅指相貌而言。《论语》首篇在记载孔子之言后,第二章就是有子的话,提出"孝悌也者,其为仁之本与!"不知道是否有表明身份的意义。其后又有两章记载有子的话,其中"礼之用,和为贵。先王之道,斯为美"一段非常著名。此外,《论语》中所记有子的言行并不多,《颜渊》篇有如下的一段:

> 哀公问于有若曰:"年饥,用不足,如之何?"有若对曰:"盍彻乎?"曰:"二,吾犹不足,如之何其彻也?"对曰:"百姓足,君孰与不足? 百姓不足,君孰与足?"

这里对哀公之言可谓掷地有声,确能够体现儒者的精神。后来孟子对有若也有一定程度的认可,称"宰我子贡有若智足以知圣人",并引有若的话来证明其"自有生民以来,未有孔子也"的说法。《公孙丑上》:

> 有若曰:"岂惟民哉! 麒麟之于走兽,凤凰之于飞鸟,太山之于丘垤,河海之于行潦,类也。圣人之于民,亦类也。出于其类,拔乎其萃。自生民以来,未有盛于孔子也。"

有若对于孔子思想的理解和把握看来是很得要旨的,因此他在孔门晚期弟子中确具有比较大的威信。因此,为了维持儒者团体的存在,奉之为师似乎是一个自然的选择。《史记·弟子列传》云:"孔子既没,弟子思慕,有若状似孔子,弟子相与共立为师,师之如夫子时也。"曾子提到的理由当然也是可以成立的,弟子中没有人可以和孔子分庭抗礼,这是包括有若在内的所有人的共识。但关键不在这里,对于子游们来说,他们需要的也许是一个凝聚的标志。但曾子等的反对让这个想法无法继续实行,有若很快就丧失了这个位置:

> 他日,弟子进问曰:"昔夫子当行,使弟子持雨具,已而果雨。弟子问曰:'夫子何以知之?'夫子曰:'诗不云乎? 月离于毕,俾滂

沱矣。昨暮月不宿毕乎?'他日,月宿毕,竟不雨。商瞿年长无子,其母为取室。孔子使之齐,瞿母请之。孔子曰:'无忧,瞿年四十后当有五丈夫子。'已而果然。问夫子何以知此?"有若默然无以应。弟子起曰:"有子避之,此非子之座也!"

这段记载颇有些戏剧化的内容,不大像是历史的真实,但其中透露出的信息是明确的,那就是儒者团体无法接受孔子之外的任何一个人作为他们的领袖。这样的结果就是儒家内部分化的加剧。其实,在孔子诸弟子中,曾子和有子的冲突是有据可察的。《礼记·檀弓上》曾经有如下的一段话:

> 有子问于曾子曰:"问丧于夫子乎?"曰:"闻之矣:丧欲速贫,死欲速朽。"有子曰:"是非君子之言也。"曾子曰:"参也闻诸夫子也。"有子又曰:"是非君子之言也。"曾子曰:"参也与子游闻之。"有子曰:"然。然则夫子有为言之也。"曾子以斯言告于子游。子游曰:"甚哉,有子之言似夫子也!昔者夫子居于宋,见桓司马自为石椁,三年而不成。夫子曰:'若是其靡也,死不如速朽之愈也。'死之欲速朽,为桓司马言之也。南宫敬叔反,必载宝而朝。夫子曰:'若是其货也,丧不如速贫之愈也。'丧之欲速贫,为敬叔言之也。"

从孔子"参也鲁"的评价来看,曾子并不是弟子中聪明秀出的人。这段话似乎也能证明此点,曾子不能够辨别夫子所说的乃是有为之言,不足以为通论。有子很确定地说曾子所闻于孔子的话非君子之言,子游也明确地支持有子,并且说"有子之言似夫子"。这种记载也许显示着儒者团体内部不同的思想倾向,最低限度则是某种人际关系亲疏的反映。《檀弓下》还有一段有关曾子和有子的文字:

> 曾子曰:"晏子可谓知礼也已,恭敬之有焉。"有若曰:"晏子一狐裘三十年,遣车一乘,及墓而反。国君七个,遣车七乘,大夫五

个,遣车五乘,晏子焉知礼?"曾子曰:"国无道,君子耻盈礼焉。国奢,则示之以俭,国俭,则示之以礼。"

围绕着晏子是否知礼的问题,曾子和有子也表现出非常不同的认识。这样的一些资料足以说明曾子和有子之间的差异乃至冲突,这很可能是曾子不能接受有子的主要理由。

根据《史记·儒林列传》的记载,孔子死后弟子分散在不同的地区:

> 自孔子卒后,七十子之徒散游诸侯,大者为师傅卿相,小者友教士大夫,或隐而不见。故子路居卫,子张居陈,澹台子羽居楚,子夏居西河,子贡终于齐。如田子方、段干木、吴起、禽滑厘之属,皆受业于子夏之伦,为王者师。

这段话中,很多居鲁的弟子没有被提到。弟子的分散客观上加速了儒者的分化,形成了儒家内部的不同派别。这其实是非常正常的现象,如后来的墨家,就离为三派。《韩非子·显学》篇记载:"有相里氏之墨、相夫氏之墨、邓陵氏之墨。"《庄子·天下》篇也提到:"相里勤之弟子五侯之徒,南方之墨者苦获、己齿、邓陵子之属,俱诵墨经,而倍谲不同,相谓别墨。"法家内部也形成了重法的商鞅、重术的申不害以及重势的慎到三派。在我们归之于道家的学者中,《庄子·天下》篇也区分出不同的派别,一派是彭蒙、田骈和慎到,一派是关尹、老聃,另一派是庄周。战国末年的韩非总结儒家的分化,有"儒分为八"说:

> 世之显学,儒墨也。儒之所至,孔丘也。墨之所至,墨翟也。自孔子之死也,有子张之儒,有子思之儒,有颜氏之儒,有孟氏之儒,有漆雕氏之儒,有仲良氏之儒,有孙氏之儒,有乐正氏之儒……故孔、墨之后,儒分为八,墨离为三,取舍相反不同,而皆自谓真孔墨。(《韩非子·显学》)

这里所谓八派的说法需要做些补充的说明,首先,八派并非是共时性的关系,而是包括了春秋末期到战国后期几百年间的儒者,如其中子张、颜氏(回)、漆雕氏都属于孔子弟子,子思则是孔子之孙,孟氏指孟子,孙氏则指荀子。其次,在孟子和荀子中提到的有很大影响的子游氏之儒和子夏氏之儒并没有被提到,此外,在后来的道统说中有重要地位的曾子,以及荀子非常推崇的子弓也付诸阙如。所以,儒分为八的说法只是帮助我们了解儒家内部的分化和丰富性,但对此说却不必过分地执著,以为儒家只有这八派。

第二节　曾子及其学派

《汉书·艺文志》著录《曾子》十八篇,班固自注云"名参,孔子弟子",可知曾子或曾子的学派有著作传世。《隋志》、《旧唐志》、《新唐志》中都记载有《曾子》一书,作二卷,《隋志》中还提到有《目》一卷。晁公武《郡斋读书志》说《曾子》二卷共十篇,从这来看,《隋志》等所记和《汉志》提到的《曾子》应该有所不同。古书在流传过程中经常出现重新编辑的情形,导致篇卷数目的差异,甚至内容的某些变化,是非常正常的,如大家熟知的《孟子》就是如此。《汉志》中记载《孟子》十一篇,到了《隋志》就发生了很大的变化,《孟子》有赵岐注的十四卷本,还有郑玄和刘熙注的七卷本,很明显是我们现在看到的《孟子》七篇的规模。《曾子》大概也是同样的情形。与《孟子》不同的是,学者一般肯定《孟子》七篇是孟子和弟子所作,如司马迁所说:孟子"退而与万章之徒序《诗》、《书》,述仲尼之意,作《孟子》七篇"。(《史记·孟子荀卿列传》)但对于《曾子》,则无法确定其与曾子本人的关系,甚至无法确定其具体的内容。今传《大戴礼记》中有与曾子有关的十篇,宋王应麟和高似孙说就是《曾子》十篇。王应麟《汉书艺文志考证》云:

《汉志》儒家《曾子》十八篇,隋、唐《志》,《曾子》二卷。参与弟子公明仪、乐正子春、单居离、曾元、曾华之徒,论述立身孝行之要,天地万物之理。今十篇,自《修身》至《天圆》,见于《大戴礼》,于篇第为四十九至五十八,盖后人摭出为二卷。

高似孙的说法与此类似,两人当时还看到过《曾子》,做出这个说明应该是可信的。其中《修身》就该是《曾子立事》,大概当时的篇名就是《修身》,从其内容上来看,主要与修身有关。按照古代子书的通例,题名为《曾子》的书籍可以看作是曾子一派的著作,譬如曾子弟子汇集老师的言论等编辑而成的一部著作。在有《论语》作典范的情形之下,这种编辑工作从理论和实践上来说都是非常可能的。① 从形式上来看,《大戴礼》中与曾子有关的篇章多采取"曾子曰"或者"弟子问于曾子曰"的叙述方式,与《论语》相似。文中提到的弟子主要有公明仪、乐正子春和单居离等,尤其值得注意的是乐正子春,《韩非子》中所谓八儒里有"乐正氏之儒",有些学者认为即指乐正子春所传的曾子之学有关。

果真如此,那么古本《曾子》的性质也许和《论语》相同,乃是弟子们记录的曾子言行,具有相当的可信度。近些年的出土资料对解决与《曾子》有关的文献问题似有一定的帮助。如上海博物馆藏竹简《内礼》一篇,与《大戴礼记·曾子立孝》和《曾子事父母》篇关系密切,让一些学者相信这部分内容来源颇早,也间接地证明了《曾子》书或主要成于战国时期。

值得提及的是,南宋汪晫还编辑了一个《曾子》,有十二篇,现存十篇,包括《大学》、《孝经》以及《大戴记》中的几篇等,与古来流传的《曾子》并不相同。到了清代,人们只能看到汪所编辑的《曾子》,对于原来

---

① 事实上,孔门弟子之中很多都有自己的门人,并逐渐地形成一个派别。有理由相信,这些门人会记载自己老师的言行并以某种方式编辑在一起。《汉志》中著录的《曾子》、《宓子》、《漆雕子》、《世子》、《公孙尼子》等或都属于此类。除此之外,应该还有一些没有著录的作品。这些应该就是《孟子》、《荀子》等引用到的孔门弟子言行之所本。

的《曾子》以及其与《大戴记》的关系，阮元只能推测后者中的十篇皆采自《曾子》，所以篇名中才包含有"曾子"字样。《大戴礼记》的一些内容确实采自先秦子书，有《劝学》和《礼三本》等取于《荀子》为证。当然，另外一种可能性是古本《曾子》和《大戴记》都出自于古文记，所以其中有共同的内容并不为奇。

根据《史记》的记载，曾子名参，字子舆，鲁国南武城人，少孔子四十六岁，与父亲曾晳同为孔子的学生。曾晳与季路、宰我、子路等各言其志，谓"暮春者，春服既成，冠者五、六人，童子六、七人，浴乎沂，风乎舞雩，咏而归"，独得孔子的赏识，有"吾与点也"之叹（《论语·先进》）。但《论语》关于曾晳的思想并无太多的记载，孟子以为他是孔门中的"狂者"。在孔门弟子中，曾子并不算是特别突出的一个。钱穆曾经这样描述过：

> 曾子于孔门为后进，孔子死，曾子年仅二十七。孔子称"参也鲁"，门人记德行、言语、政事、文学四科，无曾子。则曾子之在孔门，未必夙为群弟子所推尊。其后游、夏、子张欲尊有子为师，强曾子，曾子不肯，其时犹不见尊曾子。曾子既为鲁费君所重，其子曾申又见崇于鲁缪。吴起出曾氏门，显名楚魏，至孟子推尊曾子，后世因谓其独得孔门一贯之传，实不然也。①

这话的记载似乎不错，只是忽略了孔子死后，曾子之学或有了很大的进步，并且得益于弟子的传播，因此对后来的儒者有颇大的影响。《论语》的编辑者尊称其为曾子，就该是个显著的证明。该书所记，以孔子和弟子们的对话为主，有关曾子的部分共有十四处。兹依序排列于下：

1. 曾子曰："吾日三省吾身：为人谋而不忠乎？与朋友交而不信乎？传不习乎？"（《学而》）

---

① 钱穆：《先秦诸子系年考辨》，上海：上海书店，1992年，第69页。

2. 曾子曰:"慎终,追远,民德归厚矣。"(《学而》)

3. 子曰:"参乎,吾道一以贯之。"曾子曰:"唯。"子出,门人问曰:"何谓也?"曾子曰:"夫子之道,忠恕而已矣!"(《里仁》)

4. 曾子有疾,召门弟子曰:"启予足,启予手。《诗》云:'战战兢兢,如临深渊,如履薄冰。'而今而后,吾知免夫小子。"(《泰伯》)

5. 曾子有疾,孟敬子问之。曾子言曰:"鸟之将死,其鸣也哀;人之将死,其言也善。君子所贵乎道者三:动容貌,斯远暴慢矣;正颜色,斯近信矣;出辞气,斯远鄙倍矣。笾豆之事,则有司存。"(《泰伯》)

6. 曾子曰:"以能问于不能,以多问于寡,有若无,实若虚,犯而不校,昔者吾友,尝从事于斯矣!"(《泰伯》)

7. 曾子曰:"可以托六尺之孤,可以寄百里之命,临大节而不可夺也,君子人与?君子人也!"(《泰伯》)

8. 曾子曰:"士不可以不弘毅,任重而道远。仁以为己任,不亦重乎!死而后已,不亦远乎!"(《泰伯》)

9. 柴也愚,参也鲁,师也辟,由也喭。(《先进》)

10. 曾子曰:"君子以文会友,以友辅仁。"(《颜渊》)

11. 曾子曰:"堂堂乎张也,难与并为仁矣。"(《子张》)

12. 曾子曰:"吾闻诸夫子:人未有自致者也,必也亲丧乎!"(《子张》)

13. 曾子曰:"吾闻诸夫子:孟庄子之孝也,其他可能也,其不改父之臣,与父之政,是难能也。"(《子张》)

14. 孟氏使阳肤为士师,问于曾子,曾子曰:"上失其道,民散久矣。如得其情,则哀矜而勿喜。"(《子张》)

可以看出,这些有关曾子的资料比较集中地出现在《学而》、《泰伯》和《子张》三篇之中。《学而》乃《论语》首篇,位置特殊。《泰伯》只记载夫子和曾子的言语,很有可能为曾子门人所编辑。《子张》记载的都是孔门几个著名后进弟子的言行,其中包括曾子是很自然的事情。这些记载的时间跨度应该很大,从青年时候从夫子问学一直到曾子有疾的暮年,所以该有很大的代表性,从中可以窥见曾子思想的重心所在。不过在讨论这方面之前,需要谈到的是曾子对于夫子的态度,这些材料中,有两条是曾子提到"吾闻诸夫子",一条是对夫子一贯之道的说明,足见其对孔子的恭敬和追随。这种对夫子的恭敬应该也是曾子不能接受有子的一个重要的理由,同时也就决定了曾子思想的基本方向乃是延续孔子思想的主题,在这种延续中呈现自己的特点。这些特点可以概括如下:第一,承继着孔子的思想,曾子非常强调仁的观念。如"仁以为己任","以友辅仁"是直接地论仁,忠恕之道则是仁的具体体现。他对阳肤所说"上失其道,民散久矣。如得其情,则哀矜而勿喜。"充满了深厚的仁者情怀。曾子对仁的体认,特别地突出其内在性的一面。其评论子张"堂堂乎张也,难与并为仁矣",大概子张是属于外有余而内不足的人物,所以基于内在性的立场,曾子对他有微词就是很正常的事情。第二,但此对内在一面的重视同时也要与外在的礼仪相配合,如孔子所说"克己复礼为仁"(《论语·颜渊》),《泰伯》篇记载曾子所说动容貌、正颜色、出辞气等,都是外在一面的修养。此与内心的仁相配合,以追求情文之间的平衡。《子张》篇"人未有自致者也,必也亲丧乎!"从另外一个角度说明除非遇到"亲丧"的情形,否则人之情感的表达必须要考虑到礼的节制。第三,由对此种内在性的重视,进而突出内心的体验以及内省的方法。"吾日三省吾身"即代表着一种内省的态度,此种态度必然发展出"求诸己"的态度和对于内心的重视。后来孟子推崇曾子,即与此有关。第四,对于孝的重视,这是曾子的标志之一。上述十四例中,有四例直接与孝有关。孔门对于孝的理解,以有子所说"孝悌也者,其为仁之本与?"最为著名。在这种理解之下,事父母的孝乃是行仁的根本。曾子显然接受此种认识,并重点围绕着它来展开自己的仁学和仁德实践。他所说的孝既包括内心不可抑制的爱的情感，又不离外在的对于父母的顺从，同时也含盖了对于祖先的祭祀。这种对孝的理解显然具有一种发散性，它和仁以及礼构成了不可分割的整体，并且具有实践之本的意义。

如果以《论语》中有关曾子的资料作为标准来看《大戴礼记》中与曾子有关的十篇，这也是古本《曾子》中的内容，两者之间的一致性是显而易见的。如前所述，我们基本上可以把这看作是研究曾子学派的比较可靠的文献。这十篇大致可以分为四类：第一类是《曾子立事》，以"曾子曰"开始，主要从言和行两方面阐述君子之道。有时候还直接引用孔子之语，如"与其奢也，宁俭"（《论语·八佾》）等。第二类是《曾子本孝》、《曾子立孝》、《曾子大孝》和《曾子事父母》四篇，从名字上即可以了解，这几篇讨论的中心是孝道。第三类是《曾子制言》三篇和《曾子疾病》，推崇仁义，论君子进退和交游之道。第四类是《曾子天圆》，充满了阴阳观念的气息，在诸篇中显得比较另类，可能比较晚出。

根据王应麟和高似孙的说法，《曾子立事》原来的篇题是《修身》，这个篇名也许更能够反映该篇的主题以及曾子学派的思想。该篇以"曾子曰"开始，讨论君子的德行，大概包括三十多个相对独立的段落。从文献上来说，不乏解释和发挥《论语》文字的内容。以如下的一段为例：

> 巧言令色，能小行而笃，难于仁矣。嗜酤酒，好讴歌，巷游而乡居者乎！吾无望焉耳。出入不时，言语不序，安易而乐暴，惧之而不恐，说之而不听，虽有圣人亦无若何矣。临事而不敬，居丧而不哀，祭祀而不畏，朝廷而不恭，则吾无由知之矣。

这段话明显与《论语》中的某些说法有关，譬如"巧言令色，鲜矣仁"（《学而》），"好行小慧，难矣哉"（《卫灵公》），"居上不宽，为礼不敬，临丧不哀，吾何以观之哉"（《八佾》）。类似的情形还有一些，这都可以看作是曾子一派对于孔子思想的继承。就该篇核心的主张来看，很要紧的是一个"学"字。尤其最前面的几章内容都直接地与学有关：

曾子曰：君子攻其恶，求其过，强其所不能，去私欲，从事于义，可谓学矣。

君子爱日以学，及时以行，难者弗辟，易者弗从，唯义所在，日旦就业，夕而自省思，以殁其身，亦可谓守业矣。

君子学必由其业，问必以其序。问而不决，承间观色而复之，虽不说亦不强争也。

君子既学之，患其不博也；既博之，患其不习也；既习之，患其无知也；既知之，患其不能行也；既能行之，贵其能让也。君子之学，致此五者而已矣。

君子博学而孱守之，微言而笃行之，行必先人，言必后人，君子终身守此悒悒。

这几段话以论学为中心，层层递进，足见作者对于学的重视。以此来看《论语》以"学而时习之"为首句的安排，当非偶然。宋人多以《论语》的编纂与曾子有密切的关系，果然如此，那么这种安排可以看作是对"学"的强调，并与上述文字的想法契合无间。从某个意义上来说，上述的几段都可以视为"学而时习之"的注脚。学、习和知、行构成了由学出发的修身活动的基本结构，对于道德活动而言，知道什么是善固然重要，但更重要的是善的实践，即所谓的习行。而在所有的习行之中，曾子学派对孝表现出了特别的注重。我们知道，从汉代开始曾经流行有《孝经》一书，司马迁以为是孔子向曾子陈孝道之作。这个说法未必符合历史的真实，但《孝经》的成立与曾子学派有关，该是可以肯定的。除了《论语》中有关曾子重视孝道的材料之外，最主要的当然是《大戴礼》中的《曾子本孝》等四篇。与《论语》相比，这些篇对孝的论述更加系统。兹分数端略述之：第一是在心和礼之间来规定孝的范围，其中涉及到的主要概念是忠、爱和敬。如《曾子本孝》："曾子曰：忠者，其孝之本与！"《曾子立孝》："曾子曰：君子立孝，其忠之用，礼之贵。""君子之孝也，忠爱以敬，反是乱也。"《曾子事父母》："单居离问于曾子曰：事父母有道乎？曾子曰：有。爱而敬。"爱言其内，而礼正其外，内外合，孝道毕矣。这一方面突出了孝首先必须有内心的基础，另一方面又强调孝必须有礼作为规范，如"生，事之以礼；死，葬之以礼，祭之以礼，可谓孝矣"（《孟子·滕文公上》）等。第二是以孝为行仁之本，诸德之端。《曾子大孝》中的一段话最有代表性：

> 夫仁者，仁此者也；义者，宜此者也；忠者，中此者也；信者，信此者也；礼者，体此者也；行者，行此者也；强者，强此者也。乐自顺此生，刑自反此作。夫孝者，天下之大经也。夫孝，置之而塞于天地，衡之而衡于四海，施诸后世，而无朝夕，推而放诸东海而准，推而放诸西海而准，推而放诸南海而准，推而放诸北海而准。

仁义忠信礼等都围绕着信而展开，这里所谓推而放的过程即是孝之扩充的过程，譬如由孝可以观忠："是故未有君而忠臣可知者，孝子之谓也；未有长而顺下可知者，弟弟之谓也；未有治而能仕可知者，先修之谓也。故曰孝子善事君，弟弟善事长。君子一孝一弟，可谓知终矣。"（《曾子立孝》）这无疑和《论语·学而》"孝悌也者，其为仁之本与"的说法一脉相承。在这种理解之下，孝已经超越了简单地侍奉父母的范围，而成为延伸至家庭之外的更普遍的社会和政治范围内的德行。《曾子大孝》说："故居处不庄，非孝也；事君不忠，非孝也；莅官不敬，非孝也；朋友不信，非孝也；战陈无勇，非孝也。"很明显是以孝作为诸德的基础。其实《曾子立事》篇也有类似的说法："事父可以事君，事兄可以事师长；使子犹使臣也，使弟犹使承嗣也；能取朋友者，亦能取所予从政者矣。赐与其宫室，亦犹庆赏于国也。忿怒其臣妾，亦犹用刑罚于万民也。是故为善必自内始也。内人怨之，虽外人亦不能立也。"这与《大学》齐家而后能治国的主张是一致的。第三是由孝导出修身的主题。先来看《孟子·离娄下》的一段文字：

> 孟子曰："事，孰为大？事亲为大。守，孰为大？守身为大。不失其身而能事其亲者，吾闻之矣。失其身而能事其亲者，吾未

之闻也。孰不为事？事亲，事之本也。孰不为守？守身，守之本也。曾子养曾晳，必有酒肉。将彻，必请所与。问有余，必曰'有'。曾晳死，曾元养曾子，必有酒肉。将彻，不请所与。问有余，曰'亡矣'。将以复进也。此所谓养口体者也。若曾子，则可谓养志也。事亲若曾子者，可也。"

事亲为事之本，守身为守之本，这里由事亲而守身，线索相当清晰。其中的逻辑乃是基于儒家对于生命的特殊理解，这就是以之为父母的遗体。"身者，亲之遗体也。行亲之遗体，敢不敬乎！"（《曾子大孝》）孝子应该意识到，他的生命并不属于自己，乃是父母之所赐，因此对于自家之"身"的爱护，便成为孝的一部分。"故孝子之事亲也，居易以俟命，不兴险行以徼幸。孝子游之，暴人违之。出门而使不以，或为父母忧也。险途隘巷，不求先焉，以爱其身，以不敢忘其亲也。"（《曾子本孝》）孝子之一举一动，都不仅是个人的事情，同时就关乎着父母。《孟子·梁惠王下》引用曾子的话说："戒之戒之！出乎尔者，反乎尔者也！"杀人之父者，人亦杀其父。于是，戒慎恐惧的敬就成为最基本的立身行事之方。曾子疾病之时对门人所说的"启予手，启予足，《诗》云：'战战兢兢，如临深渊，如履薄冰'"（《论语·泰伯》），以手足的完整来向门人显示对先人遗体的尊重，而这手足的完整则得益于无时不在的战战兢兢的生存反省。

对于曾子来说，这种反省一直有两个标准：一是内在的仁，二是外在的礼。这在《曾子制言》三篇中也得到了充分的体现。《制言上》开始就说："行也者，行礼之谓也。夫礼，贵者敬焉，老者孝焉，幼者慈焉，少者友焉，贱者惠焉。此礼也，行之则行也，立之则义也。"在尊卑贵贱长幼的分别之中，礼所代表的秩序体现着敬和爱之德。因此，对于非礼的行为，人们会有强烈的耻的感觉。相比起外在的约束而言，这种耻的感觉乃是道德秩序得以落实的内在基础。曾子学派的这种论述当然会让我们想起《论语·为政》中孔子所说的"道之以德，齐之以礼，有耻且格"。因此,虽然就直接的意义而言,礼只是和行有关,但由此却可以通向内心的世界,所谓"执仁立志"(《制言上》)是也。曾子学派对仁给予了特别的重视,《制言中》说:

> 是故君子以仁为尊。天下之为富,何为富?则仁为富也;天下之为贵,何为贵?则仁为贵也。昔者,舜匹夫也,土地之厚,则得而有之;人徒之众,则得而使之。舜唯以得之也。是故君子将说富贵,必勉于仁也。昔者,伯夷、叔齐死于沟浍之间,其仁成名于天下。夫二子者,居河济之间,非有土地之厚,货粟之富也,言为文章,行为表缀于天下。是故君子思仁义,昼则忘食,夜则忘寐,日旦就业,夕而自省,以役其身,亦可谓守业矣。

在这个世界上,最尊贵的东西不是名与货,而是仁。仁是富贵和成名的基础,这种看法,直接承接的是《论语·里仁》里的如下说法:"富与贵是人之所欲也,不以其道得之,不处也;贫与贱是人之所恶也,不以其道得之,不去也。君子去仁,恶乎成名?君子无终食之间违仁,造次必于是,颠沛必于是。"不过说得更加明快。其核心的主题是,对于一个君子而言,名、欲和仁相比哪一个是生命中最重要的东西,是生命的根基?这两者之间不必是矛盾的,可以有奠基于仁基础之上的富贵,也可以有在仁基础之上的成名,如舜和伯夷、叔齐。但是,当出现二者择一式的情形时,我们该如何做出决定?对于曾子来说,答案是显然的。这种答案实际上是把仁和君子生命的本质联系在一起,相比而言,名与富贵等是和生命更加疏离的东西。

在这个逻辑之下,曾子学派对于君子的进退定下了严格的标准。《曾子制言中》云:

> 曾子曰:君子进则能达,退则能静。岂贵其能达哉,贵其有功也;岂贵其能静哉,贵其能守也。夫唯进之何功,退之何守,是故君子进退有二观焉。故君子进则能益上之誉,而损下之忧。不得志,不安贵位,不博厚禄,负耜而行道,冻饿而守仁。则君子之义

也。其功守之义,有知之,则愿也;莫之知,苟吾自知也。

从表面上来看,进退不过是达和静之别,但曾子学派强调的是,达以观功,静以观守。而无论功守,皆以仁为依归。达则行仁,静则守仁,这是君子的进退之义。因此,尽管君子有其政治理想和出仕的愿望,但按照此义的要求,应根据具体的情形做出恰当的选择。《制言下》云:

> 曾子曰:天下有道,则君子䜣然以交同;天下无道,则衡言不革。诸侯不听,则不干其土;听而不贤,则不践其朝。是以君子不犯禁而入,入境及郊,问禁请命,不通患则出危色,则秉德之士不谄矣。故君子不谄富贵,以为己说;不乘贫贱,以居己尊。凡行不义,则吾不事;不仁,则吾不长。奉相仁义,则吾与之聚群向尔;寇盗,则吾与虑。国有道则突若入焉,国无道则突若出焉,如此之谓义。

这里关于进的限制是相当严格的,如果我们考虑到孔子丰富的进退实践,以及某些实践在儒门内部所引起的争论,曾子学派这里的论述其实具有相当的针对性和实用意义。这种比较严格的规定,以及天下无道的客观现实使得该学派对于出仕持有相对保守和谨慎的态度,因此给予退守的选择以广大的空间。"仁者殆,恭者不入,慎者不见使,正直者则迍于刑,弗违则殆于罪。是故君子错在高山之上,深泽之污,聚橡栗藜藿而食之,生耕稼以老十室之邑。是故昔者禹见耕者五耦而式,过十室之邑则下,为秉德之士存焉。"曾子本人的生活实践以及其对孝的重视,似乎都和这种认识之间有某种一致性。

曾子一派的学问,明显表现出了对于朋友一伦的重视,这似乎也可以看作是该派的特点。《论语》所记载曾子的话,有两条都涉及到朋友。"吾日三省吾身"中的第二项就是"与朋友交而不信乎?"(《学而》)另外一条是"君子以文会友,以友辅仁"(《颜渊》)。从中可知曾子交友的目的乃是通过礼乐的切磋实践以促进仁德的提升,而交友最基本的原则乃是信。《曾子疾病》篇记载曾子给儿子的遗言中有如下的一段:

> 与君子游，苾乎如入兰芷之室，久而不闻，则与之化矣；与小人游，贷乎如入于鲍鱼之次，久而不闻，则与之化矣。是故君子慎其所去就。与君子游，如长日加益，而不自知也；与小人游，如履薄冰，每履而下，几何而不陷乎哉！

这可以看作是对《论语·季氏》中"益者三友，损者三友"之说的发挥。汉儒对朋友二字的解释，以为"同门曰朋，同志曰友"，友显然比朋更进一层。交友的重要在于它对修身所发生的潜移默化的影响，因此必须非常谨慎。

第三节 子张氏之儒

子张之儒的说法，最早见于《韩非子·显学》，其云：

> 自孔子之死也，有子张之儒，有子思之儒，有颜氏之儒，有孟氏之儒，有漆雕氏之儒，有仲良氏之儒，有孙氏之儒，有乐正氏之儒。

这就是所谓的儒家八派。在韩非所列的次序中，子张氏之儒位居第一，可见在先秦它应该是很有影响的一派，而且在韩非的时候应该保持着它的势力和影响。遗憾的是，由于文献不足的缘故，对于子张之儒的面貌，后来的学者很难获得详细的了解。郭沫若《十批判书》中有"儒家八派的批判"一文，其中有对子张之儒简单但很重要的讨论。这以后，就很难见到专门讨论这问题的文字了。1993年，湖北荆门郭店楚墓发现了一批战国中期的竹简，其中有好多篇儒家的文献。[①] 这些

---

① 其释文见荆门市博物馆编：《郭店楚墓竹简》，北京：文物出版社，1998年。以及李零：《郭店楚简校读记》，载于《道家文化研究》第十七辑，北京：三联书店，1999年。

文献由于时处孔孟之间,因此对于研究包括子张之儒在内的战国儒家,具有重大的价值。就我看来,其中应该有些是子张之儒的作品。正是在此背景之下,本文拟较系统的探讨一下战国时期子张之儒的情形,以期有助于对先秦儒家的讨论。

一、子张其人与子张之儒

关于子张生平的最早记载见于《史记·仲尼弟子列传》:

> 颛孙师,陈人,字子张,少孔子四十八岁。

这是说子张姓颛孙,名师,字子张。《通志·氏族略》说:"颛孙氏出陈公子颛孙。"正与此条记载吻合。梁玉绳《古今人表考郑目录》进一步说是"阳城人",不知何据,但其地正属于陈国。同时也有以子张为鲁人的说法,《吕氏春秋·尊师篇》说:

> 子张,鲁之鄙家。

案《左传·庄公二十二年》曾记"陈人弑其大子御寇,陈公子与颛孙奔齐,颛孙自齐来奔",因此鲁国也有以颛孙为氏者。前人欲调和陈鲁二说,所以推测子张为此奔鲁之颛孙氏后人,居鲁久之,故又称鲁人。之所以称陈人,则是为了明其来源。所以仍应以鲁人的说法为准确,如崔述称:

> 子张乃颛孙之后,颛孙于庄二十二年自齐奔鲁,历闵、僖、文、宣、成、襄、昭、定至哀公,凡十世,子张之非陈人明矣。盖因其先世出自陈,而传之者遂误以为陈人耳。若子张为陈人,孔子亦将为宋人乎?子张之子申详亦居鲁。

这说法得到了钱穆的赞同,详见其《先秦诸子系年考辨》。① 但仔细的考虑,情形未必如此。且不说司马迁作《弟子列传》时根据的有古文

---

① 钱穆:《先秦诸子系年考辨》卷一"孔子弟子通考"条,上海:商务印书馆,1935年,第59页。

《弟子职》之类的文献,比我们现在所能见到的材料自然为多。因此对他的记载,后人不应轻易怀疑和改变。再从另一方面来看,也有不妥当之处。《史记·儒林列传》说:

> 自孔子卒后,七十子之徒散游诸侯,大者为师傅卿相,小者友教士大夫,或隐而不见。故子路居卫,子张居陈,澹台子羽居楚,子夏居西河,子贡终于齐。

子张在孔子死后的居陈,应该和子夏的居西河一样,都是回到故国去发展。否则的话,他的居陈就不好解释。从这点来看,子张是陈人的可能性要更大一些。鲁国固然有颛孙氏,陈国就未必不能有。也许是因为子张在鲁国从夫子问学十余年,这个时候,家境困苦,所以有"鲁之鄙家"的说法。况且《吕氏春秋》本来只是一般的记载,其态度又非正史为某人树碑立传所能比。所以我觉得我们还是要遵从司马迁的说法,以子张为陈人。其实,原本在那个时候,士阶层的流动并不是罕见的事情。因此对于先秦诸子的籍贯,常常有不同的说法,这是很正常的情形。如墨子就有鲁宋两说,争执不下。说子张居陈,也未必就把他的活动都限定在陈地。他的儿子申详曾经和子思同殿为鲁穆公之臣,当然也不能证明子张是鲁国人。

子张小孔子四十八岁,在孔门弟子之中,明显属于后进。他的入门,确切的年代不得而知。但据《仲尼弟子列传》,孔子困于陈蔡之间的时候,子张便已经追随夫子了。《孔子世家》叙述该事在鲁哀公六年,即孔子死前十一年,其时夫子六十二岁,子张仅十四岁。如果按朱子所说,则孔子困于陈蔡事发生在哀公二年,又早四年。刘宝楠则以为在哀公四年,早二年。以子张的年龄,加上作为陈国人的身份,说子张就是在孔子游历陈国的时候才刚刚加入孔门,也不是太荒唐的想法。此后大概一直随夫子问学,直到为孔子守丧三年后离去。

子张在孔子的弟子之中,应该是很引人注目的人物,所以在《论语》中记载了很多孔子和同门评价他的言论。如:

> 子贡曰:"师与商也孰贤?"子曰:"师也过,商也不及。"曰:"然则师愈与?"子曰:"过犹不及。"(《先进》)
>
> 子游曰:"吾友张也,为难能也。然而未仁。"(《子张》)
>
> 曾子曰:"堂堂乎张也,难与并为仁矣!"(《子张》)

他和子夏都属于有名的弟子,而其间的分歧大概也是很明显,所以子贡特别向夫子请教二人的优劣。又《论语·子张》篇曾经记载:

> 子夏之门人问交于子张。子张曰:"子夏云何?"对曰:"子夏曰:'可者与之,不可者拒之。'"子张曰:"异乎吾所闻。君子尊贤而容众,嘉善而矜不能。我之大贤与,于人何所不容?我之不贤与,人将拒我,如之何其拒人也?"

这可以作为孔子评价二人"过"和"不及"的注脚。子游虽然对子张也有微词,但从子游称其为友的情形来看,二者的私交还是不错的。比起对子夏的评价来,子游对子张的评价要高的多。

孔子去世的时候,子张只有二十五岁左右。他活了多久,我们也不得而知,但不像是短寿的人。《礼记》中有关于他疾病和丧礼的记载:

> 子张病,召申祥而语之曰:"君子曰终,小人曰死。吾今日其庶几乎?"
>
> 子张之丧,公明仪为志焉。(以上均见《檀弓上》)

看来子张对自己的一生还是比较满意的,认为是接近了君子的要求。子张之丧也被记载了下来,这应该就是子张氏之儒所为。这一派的儒家,想必是以子张所居住的陈地为中心,活跃在陈鲁之间,我们可以称之为子张氏之儒的早期形态。高专诚曾经指出子张的儿子申详和公明仪两人,作为子张氏之儒的代表。[①] 但公明仪能否列入还是一个值

---

① 高专诚:《孔子·孔子弟子》,太原:山西人民出版社,1991年,第333页。

得进一步斟酌的事情。我倒以为可以列入考虑范围的至少还应有世子。《汉书·艺文志》儒家类记载着《世子》二十一篇,班固自注云:

> 名硕,陈人,七十子弟子。

这个叫世硕的陈国人正好是子张的同乡,而且七十子弟子的身份更使我们怀疑他和子张有关,或者就是子张的学生,也未可知。世硕曾经做过一篇叫《养书》的东西,王充《论衡·本性篇》说:

> 周人世硕,以为人性有善有恶。举人之善性,养而致之则善长;恶性,养而致之则恶长。如此,则情性各有阴阳,善恶在所养焉。故世子做《养性书》一篇。宓子贱、漆雕开、公孙尼子之徒,亦论情性,与世子相出入。

看来世硕很重视人性的问题,并主张人性中有善有恶。至于后天行为的善恶,关键则在于个人的所"养"。养其善性则为善人,养其恶性则为恶人。这应该也是对孔子"性相近,习相远"(《论语·阳货》)说法的一种发挥。现存文献中很少有关于世子的资料,①幸运的是,在马王堆帛书《五行》篇"说"的部分中,竟然出现了世子的名字。该篇两处提到世子:

> 世子曰:人有恒道,达□□□□□□间也,间则行矣。
> 世子曰:知轸之为轸也,斯公然得矣。

这为我们探讨世子的思想及其在儒家中的位置都有很大的帮助。这一点,我们稍后再作讨论。

至于佚名的门徒们,自然是最多的。《礼记》和《大戴礼记》中都有关于子张的材料,特别是后者中,还有关于子张的专门记载,我以为就应该和子张氏之儒有关,这当然也是我们研究这派儒家的重要参考资料。值得注意的还有《尚书大传》,其中多有子张的名字。另外一个容

---

① 《春秋繁露·俞序》曾经引用过世子的话,是罕见的例子。

易被忽视的文献则是《论语》，我不是指其中直接关于子张的记载，而是说其中可能就有这派儒家编辑的某些篇章。它们对于子张之儒的研究来说，是非常重要的。

二、《论语》中的子张（一）

关于子张本人最可靠和最早的记载，当然要到《论语》中去寻找。根据班固在《汉书·艺文志》中的说法，《论语》是"孔子应答弟子时人，及弟子相与言而接闻于夫子之语也。当时弟子各有所记，夫子既卒，门人相与辑而论纂"的结果。虽然自郑玄开始，就突出仲弓、子游和子夏三人为主要的编者。① 但其中无疑有子张氏之儒的参与。迄今我们知道的唯一一个当场将孔子的话记载下来的就是子张。《卫灵公》篇记载：

> 子张问行。子曰："言忠信，行笃敬，虽蛮貊之邦，行矣。言不忠信，行不笃敬，虽州里，行乎哉？立，则见其参于前也；在舆，则见其倚于衡也，夫然后行。"子张书诸绅。

这段话，据太史公《仲尼弟子列传》，是子张从夫子困于陈蔡时的记录。大概于师徒行游困顿之时，子张才有此问，夫子才有此答，皆有为之言也。是时子张方值少年，对于夫子的话是很看重的，所以当时就把它们写在腰带上。这样生动的细节当然只有子张本人或者子张氏之儒才可以描述，所以从来源上说，这样的段落无疑是出于子张一派的。

《论语》中关于子张的记载共有十九条。除上面提到的四条外，其余诸条是：

> 子张学干禄。子曰："多闻阙疑，慎言其余，则寡尤；多见阙殆，慎行其余，则寡悔。言寡尤，行寡悔，禄在其中矣！"
>
> 子张问："十世可知也？"子曰："殷因于夏礼，所损益，可知也；

---

① 详见本书第二章关于《论语》编纂的讨论。

周因于殷礼,所损益,可知也。其或继周者,虽百世,可知也。"(以上两条见《为政》)

子张问曰:"令尹子文三仕为令尹,无喜色;三已之,无愠色。旧令尹之政,必以告新令尹。何如?"子曰:"忠矣!"曰:"仁矣乎?"曰:"未知,焉得仁?""崔子弑齐君,陈文子有马十乘,弃而违之,至于他邦。则曰:'犹吾大夫崔子也。'违之,之一邦,则又曰:'犹吾大夫崔子也。'违之,何如?"子曰:"清矣!"曰:"仁矣乎?"曰:"未知,焉得仁?"(《公冶长》)

柴也愚,参也鲁,师也辟,由也喭。

子张问善人之道。子曰:"不践迹,亦不入于室。"(以上见《先进》)

子张问明。子曰:"浸润之谮,肤受之愬,不行焉,可谓明也已矣。浸润之谮,肤受之愬,不行焉,可谓远也已矣。"

子张问崇德辨惑。子曰:"主忠信,徙义,崇德也;爱之欲其生,恶之欲其死,既欲其生,又欲其死,是惑也。'诚不以富,亦只以异。'"

子张问政。子曰:"居之无倦,行之以忠。"

子张问:"士何如斯可谓之达矣?"子曰:"何哉,尔所谓达者?"子张对曰:"在邦必闻,在家必闻。"子曰:"是闻也,非达也。夫达也者,质直而好义,察言而观色,虑以下人。在邦必达,在家必达。夫闻也者,色取仁而行违,居之不疑。在邦必闻,在家必闻。"(以上见《颜渊》)

子张曰:"书云:'高宗谅阴,三年不言',何谓也?"子曰:"何必高宗,古之人皆然。君薨,百官总已以听于冢宰三年。"(《宪问》)

师冕见,及阶,子曰:"阶也。"及席,子曰:"席也。"皆坐。子告之曰:"某在斯,某在斯。"师冕出,子张问曰:"与师言之道与?"子曰:"然。固相师之道也。"(《卫灵公》)

> 子张问仁于孔子。孔子曰:"能行五者于天下,为仁矣!"请问之。曰:"恭宽信敏惠。恭则不侮,宽则得众,信则人任焉,敏则有功,惠则足以使人。"(《阳货》)
>
> 子张曰:"士见危致命,见得思义,祭思敬,丧思哀,其可已矣。"
>
> 子张曰:"执德不弘,信道不笃,焉能为有,焉能为亡?"(以上见《子张》)
>
> 子张问于孔子曰:"何如斯可以从政矣?"子曰:"尊五美,屏四恶,斯可以从政矣!"子张曰:"何谓五美?"子曰:"君子惠而不费,劳而不怨,欲而不贪,泰而不骄,威而不猛。"子张曰:"何谓惠而不费?"子曰:"因民之所利而利之,斯不亦惠而不费乎?则可劳而劳之,又谁怨?欲仁而得仁,又焉贪?君子无众寡,无小大,无敢慢,斯不亦泰而不骄乎?君子正其衣冠,尊其瞻视,俨然人望而畏之,斯不亦威而不猛乎?"子张曰:"何谓四恶?"子曰:"不教而杀谓之虐,不戒视成谓之暴,慢令致期谓之贼,犹之与人也,出纳之吝谓之有司。"(《尧曰》)

这些材料可能出于不同人的记载,并非有系统的撰述。但是从中我们仍然可以看出某些特定的兴趣或倾向。这种兴趣一是政治的,一是历史的。

政治的兴趣是相对于修身齐家而言的。孔门弟子曾经被分成四科,即德行、言语、政事和文学。德行科偏重于修身,如颜回、闵子骞等。政事科当然是偏重在治国平天下的事功,如冉有、仲弓。子张虽然没有被看作是四科中某一科的代表,但他与政事和文学似乎是比较接近的。子张对政事的兴趣见于他向孔子提出的问题上,大凡"问何如斯可以从政"、"问政"、"问干禄"、"问达"等,都集中在政治的方面。子张提到的令尹子文和陈文子,也都是有名的政治家。孔子很显然知道他兴趣所在,所以当子张问仁的时候,他的回答是"恭宽信敏惠",

明显偏重到政事上来,而与回答其他弟子同样问题的内容就不同。

子张对历史的兴趣在弟子中间也是很突出的。他对《尚书》好像很有兴趣,《论语》中唯一一例孔子和弟子讨论《尚书》文句的记载就是子张提出的,这就是关于"高宗谅阴,三年不言"的解释。高宗指的是殷代的武丁,也算是有名的贤君。从这点来看,《尚书大传》中有很多和子张有关的段落就不是偶然的事情。令尹子文和陈文子不消说也是已经过去的人物。子张还提出过十世以后如何的问题,引出孔子著名的三代损益之说。可见他有着开阔的视野,绝不满足于当下的情形的。孔子也教导他要因循前代圣人的足迹,所以当子张问"善人之道"的时候,孔子答之以"不践迹,亦不入于室",正是要子张效法前言往行的意思。而子张也确实做到了这一点,所以《荀子·非十二子篇》批评子张氏之贱儒是"禹行而舜趋",大概就是因为子张太重视先王的缘故。

三、《论语》中的子张(二)

如上所述,《论语》一书,乃众弟子门人所编。全书二十篇,每篇多有固定的主题。而且各篇应该成于不同的儒者团体之手,所以篇与篇之间或有重复者。子张氏之儒对于《论语》的形成当然有其贡献,这从"子张书诸绅"的那段记载可以看出。以篇为单位而论,最值得怀疑为子张氏之儒作品的是《子张》和《尧曰》两篇,这也是现行《论语》传本中位居最后的两篇。

《子张》篇的体例在《论语》中独树一帜。它全部记载的是孔子弟子的言论,显示出它编定的时候,这些弟子们已经成为儒家学派的主角。该篇共涉及到有子张、子游、子夏、曾子和子贡五人,除子贡外,其余四人都是孔门后进弟子中的杰出者。怀疑这篇为子张氏之儒编撰而成,主要基于如下的三点理由:

一、子张在该篇提到的五子中虽然年龄最小,但他的话却是被放在篇首的;

二、篇中记载了子夏之门人向子张请教的对话,以及子游和曾子对子张的评论,似乎子张是一个中心的人物;

三、篇末提到了陈子禽,和子张一样,也是陈国人,应该是交往密切者。

如果这个推论可以成立的话,那么我们可以知道,子张氏之儒仍然是活跃在儒家的整体之内的。并且,它正是在这个整体中来显示自己的独特性。《子张》篇的倾向,我觉得是突出七十子之间的差异,而不是共同性。它借子夏门人和子张的对话来突出子夏和子张的差异,借子游对子夏门人的评价来强调子游和子夏的不同,还借子游和曾子对子张的评论来表现他们之间的距离。这种划清界限的做法,正是子张氏一派欲自成一家的强烈信号。篇末借子贡之言来推尊孔子,也是以孔子嫡传自居的重要标志。

《尧曰》篇的体例在《论语》中也是特殊的。它开始就是尧命舜的话,然后依次提到了禹、汤、武王和孔子,颇有些后来道统说的雏形。这种历史感与子张"禹行而舜趋"的崇古倾向是吻合的。碰巧的是,篇中唯一提到的弟子就是子张,他向孔子请教从政的问题。这为我们的推测增加了些可能性。另外有一点值得注意的是尧舜禹之间相传的箴言,据记载是这样的:

天之历数在尔躬,允执其中。四海困穷,天禄永终。

文中"允执其中"的提法,如历代注释家已经指出的,和中庸的主张是一致的。但很少有人注意到,最接近它的提法实际上是孟子提到的"子莫执中"。《尽心上》说:

杨子取为我,拔一毛而利天下,不为也。墨子兼爱,摩顶放踵利天下,为之。子莫执中,执中为近之。执中无权,犹执一也。所恶执一者,为其贼道也,举一而废百也。

这里批评了三种不同的学说,一是杨子的为我,一是墨子的兼爱,一是子莫的执中。孟子最推崇孔子"圣之时者也"(《万章下》)的作风,就是"可以速则速,可以久则久,可以处而处,可以仕则仕"(《公孙丑上》),这乃是随心所欲而不逾距的表现。所以对于杨朱和墨翟固然是严辞漫骂,就是对子莫的执中,也是持保留态度的。孟子认为执中必须和权结合起来,如《离娄上》所说的"男女授受不亲,礼也;嫂溺,援之以手,权也"。只有中而无权,就和"执一"就没有什么不同。子莫其人,钱穆以为就是《说苑·修文》提到的颛孙子莫,也就是子张的儿子申详。① 果真如此的话,那么《尧曰》篇就为申详所编,也未可知。所以在篇首就借尧、舜、禹相传的箴言来宣传执中的道理。从这来看孟子的批评,也许正是针对着《尧曰》篇所说的"允执其中"而来的呢。

四、子张与子夏、子游等的关系

按照太史公的说法,孔子弟子三千,受业身通者七十余人。这七十余人中,真正著名的也不算太多。除了四科十哲以外,大概就是曾子、子张、有若、以及传易的商瞿了。这些人一同随夫子受业,大方面的旨趣当然是相同的。但我们若着眼于儒家分化的立场,自应注重其不同的方面。就子张和同门的关系而言,最值得注意是他和子夏、子游的关系。这三个人在孟子和荀子中常常被一并提到,而且子夏和子游是孔门"文学"一科的代表,地位特殊。所以讨论子张与二者的关系对于了解儒家的分化更有意义。

子张和子夏这两个人的差别是非常显著的,以至于孔子在世的时候就已觉察。所以当子贡问二人于孔子的时候,他得到的答案是"师也过,商也不及"。(《论语·先进》)按照孔子的说法,过和不及并没有好坏之分,但这评价足以显示出两人对立的思想性格。不及的话当然会有些拘谨,专注于小节,而遗忘根本;过的话不免有些豪放,不切于实际,或致远恐泥。有几个例子足以说明子张和子夏的不同:

---

① 钱穆:《先秦诸子系年考辨》,第 232—233 页。

> 子夏之门人问交于子张。子张曰:"子夏云何?"对曰:"子夏曰:'可者与之,不可者拒之。'"子张曰:"异乎吾所闻。君子尊贤而容众,嘉善而矜不能。我之大贤与,于人何所不容?我之不贤与,人将拒我,如之何其拒人也?"(《论语·子张》)
>
> 子夏既除丧而见,予之琴,和之而不和,弹之而不成声。作而曰:"哀未忘也。先王制礼,而弗敢过也。"子张既除丧而见,予之琴,和之而和,弹之而成声。作而曰:"先王制礼,不敢不至焉。"(《礼记·檀弓上》)
>
> 传曰:孔子过康子,子张、子夏从。孔子入坐,二子相与论,终日不决。子夏辞气甚隘,颜色甚变。子张曰:"子亦闻夫子之议论邪?徐言訚訚,威仪翼翼,后言先默,得之推让,巍巍乎,荡荡乎,道有归矣!小人之论也,专意自是,言人之非,瞋目搤腕,疾言喷喷,口沸目赤。一幸得胜,疾笑嗌嗌。威仪固陋,辞气鄙俗,是以君子贱之也。"(《韩诗外传》卷九)

这些记载前后呼应,和夫子对他们的评论是若合符节的。前一个是关于"交"的看法,子夏以我为主,抱的是慎交的态度,有拒人于千里之外的感觉。子张则于众人无所不容,一切随人。第二个例子好像是有意的设计,以帮助说明孔子的评价。子夏对于礼,是弗敢过也;子张的态度则是不敢不至。至于第三个例子,更是借子夏的局促来显示子张的大器。看来,子张和子夏在儒门中的取向和气象确实不同。子张喜欢从根本处着眼,我们看他说"执德不弘,信道不笃","见危致命,见得思义",都透显着这种精神。而子夏则主张从小处做起,"日知其所亡,月无忘其所能,可谓好学也已矣","百工居肆以成其事,君子学以致其道"(《子张》),强调从日常的学问上做工夫。对于子夏的这一点,子游也是颇有微辞的。《子张》篇也记载了一段子游和子夏的话:

> 子游曰:"子夏之门人小子,当洒扫应对进退,则可矣,抑末也,本之则无,如之何?"子夏闻之曰:"噫!言游过矣!君子之道,

孰先传焉,孰后倦焉?譬诸草木,区以别矣。君子之道,焉可诬也?有始有卒者,其惟圣人乎?"

子游批评子夏之徒有末而无本,留意于洒扫应对进退这些礼仪的东西,而不悟背后的根本。子夏则认为对君子之道的了解,要有始有卒,好比是草木,先看到末梢,而后及于根本。这很显然是体现了两种不同的思路。

在汉代的儒生们看来,子夏是孔门传经中最重要的人物。夫子死后,子夏居魏西河教授,并为文侯的老师,算是弟子中很风光的一个。但是在同门之中,他得到的称许并不算多,互相的交流也很少。《礼记·檀弓上》记载子夏老而丧其子又丧其明,自以为无罪而遭到曾子的批评后说:

吾过矣,吾过矣。吾离群而索居,亦已久矣!

所谓的"离群而索居",大概是实情。比较而言,子张与同门之间的联络要更加密切。这大概和二人不同的交友看法是呼应的吧。

子张和子游的关系明显与子夏不同,从两人对子夏的批评来看,他们都对子夏舍本逐末的做法不满,因而有着某些共同的倾向。中国文化史上一直有南学和北学的分歧。大抵如《隋书·儒林传序》所说:"南人约简,得其英华;北学深芜,穷其枝叶。"这个分歧没想到在孔门中就可以见其端倪。子张和子游在孔门中同属南方人,一出于陈,一出于吴,是战国时期儒学南传的重要途径。二人好像都是比较重视大处的。子张固不必论,子游治武城的时候,孔子过访,闻弦歌之声不绝,而有"割鸡焉用牛刀"之讥(《论语·阳货》)。虽然后来夫子以"戏言"解之,但也是能体现子游特点的。《论语》关于子游的记载并不多,除了上述的一则外,还有如下的几例:

子游问孝。子曰:"今之孝者,是谓能养。至于犬马,皆能有养。不敬,何以别乎?"(《学而》)

> 子游曰："事君数，斯辱矣！朋友数，斯疏矣！"（《里仁》）
>
> 子游为武城宰。子曰："女得人焉耳乎？"曰："有澹台灭明者，行不由径，非公事，未尝至于偃之室也。"（《雍也》）
>
> 文学：子游、子夏。（《先进》）
>
> 子游曰："丧至乎哀而止。"
>
> 子游曰："吾友张也为难能也，然而未仁。"（以上两条见《子张》）

如果说他思想的倾向的话，确实是偏重在内心的。就他得之于夫子的关于孝的看法而言，能养当然是外在的，所以是次要的。敬则是发自于内心的，因此是最重要的。丧礼中最要紧的也是哀的情感。虽然这话没有前后的背景铺陈，但应该是相对于各种仪式而言的。从这看他对子夏门徒的批评，所谓的本，正是就心说的。

在《子张》篇的记载中，子游称子张为"吾友"，显示出二者的关系比较亲近。根据后来的说法，他们两人还是儿女亲家。（见下节）同门的师兄弟，如果再加上这层亲情，当然是不同一般的了。但是子游并没有许子张以仁，可能是因为子游重"心"，而子张对此缺乏体认的缘故吧。从现有的文献来看，子张是不怎么讨论到"心"的问题的。相反，他对外在的东西倒是很在意。子游说他是"堂堂乎"，恐怕不是随便讲的，大概其平常的相貌就是如此。郑玄对这里"堂堂"的解释是："言子张容仪盛而于仁道薄也。"颇值得参考。《列子·仲尼》篇也有"子曰'师之庄，贤于丘'"的说法。如果说人们对《列子》书多有怀疑的话，那么儒家的书中，也有孔子对子张类似的评论。《大戴礼记·五帝德》说：

> 他日，宰我以语人。有为道诸夫子之所，孔子曰："吾欲以颜色取人，于灭明邪改之；吾欲以语言取人，于予邪改之；吾欲以容貌取人，于师邪改之。"宰我闻之，惧，不敢见。

其中暗含的意思是说子张的容貌堂堂，但内在的方面却不足。

曾子和子张的关系应该也比较紧密。《礼记·檀弓下》记载子张死的时候,曾子还曾去哭过。另外值得提及的是子贡,他曾经请孔子评价过子张和子夏,《礼记·仲尼燕居》也记载子张、子贡和子游在一起。更有趣的是,在怀疑是子张门徒编纂的《论语·子张》篇中,提及的孔子弟子,除了子张之外,就是曾子、子游、子夏和子贡。这似乎暗示出他们之间的密切联系。

五、申详和世硕

子张的儿子申详应该也是一个有名的人物。孟子曾经提到过他,《公孙丑下》说:

> 昔者鲁缪公无人乎子思之侧,则不能安子思;泄柳、申详无人乎缪公之侧,则不能安其身。

申详和子思的关系似乎是很密切的,他们一起在鲁穆公的朝廷中服务。子思被看作是穆公的老师,而申详只是一般的臣子。所以他们和穆公的关系也不大一样。以年纪而论,申详和子思的差距应不会太大,而子思会稍长一些。在《孔丛子》中,申详几次以请教的语气和子思说话,其身份象是子思的学生。《居卫》篇记载申详向子思问殷周祭礼的问题,《抗志》篇则借公叔木评论子思的话而向子思发问。《孔丛子》这书的信用一直有问题,其记载当然不是特别可信,但书中涉及到的人物之间的关系还是不会紊乱的。这些对话即便全部是假的,但其构造也一定是根据了子思和申详之间有密切关系的事实。这个事实提醒我们应该注意儒家八派中子张之儒和子思之儒之间的瓜葛。

与申详和子思都有密切关系的是子游。子游作为孔门文学科的一个重要代表,在儒家早期思想中占有一定的位置。荀子在批评子思五行说的时候,特别提到他们假借孔子和子游的名字,虽然一些人怀疑这里的子游应该是子弓,但只是毫无根据的推测。子游并没有建立一个独立的学派,但他可能是子思很多思想的来源,荀子的批评不会是空穴来风。值得注意的是,子游也是申详的岳丈。《礼记·檀弓》记

"申祥之哭言思",郑玄注称:"说者云:言思,子游之子,申祥妻之昆弟。"可知郑玄前已有此说。这说法虽然不见于更早的记载,但实在看不出有伪造的理由,所以应该是可信的。因此阎若璩《四书释地又续》说:"陈之颛孙氏,与吴之言氏,联为婚姻。"那么,子张之儒也和子游之间存在着密切的关系。

另一个值得注意的人物则是世硕。在前面,我们曾经推测他也许就是子张之儒的一分子。而同时,世子和子思的关系也不容忽视。根据荀子的批评,学者们一般都相信记载仁义礼智圣五行说的《五行》篇是子思或者子思氏之儒的作品。而在马王堆帛书《五行》篇"说"的部分,世子的话两次被提及。李学勤先生推测"说"的部分也许就是世硕或者其后学所为,这种可能性无疑是存在的,如果是这样的话,那么世子的一系和子思氏之儒就有合流的倾向。当然,另一种可能性是子思氏之儒受到了世子的影响。但无论如何,这都可以被理解为子张氏之儒和子思氏之儒的融合。这种情形,可以帮助我们理解郭店楚墓竹简中的一批儒家文献的性质。

从世子书有二十一篇来看,他的思想应该是很丰富的。根据现有的线索,我们可以知道世硕在人性问题上曾经提出了自己的看法。在《论语·阳货》中,孔子有"性相近也,习相远也"的说法,但他还没有把性和善不善的问题联系起来。世子大概是最早的把人性和善不善问题联系起来的人,从王充的描述看,他是主张人性有善有恶的,所养不同,则所长不同。类似的意见在《孟子》中也能看到。《告子上》说:

> 公都子问曰:"告子曰:'性无善无不善。'或曰:'性可以为善,可以为不善。故文武兴,则民好善。幽厉兴,则民好暴。'或曰:'有性善,有性不善。是故以尧为君而有象,以瞽瞍为父而有舜,以纣为兄之子且以为君,而有微子启、王子比干。'"

公都子这里列举了三种不同于孟子性善说的人性主张。其中性可以为善,可以为不善的说法与世子性有善有恶的主张相同,应该就是世子的看法。应该注意,这里并没有使用"恶"这个字眼,看来最初的时候,都是用善或者不善来描述人性的。结合这里和王充的论述,我们对于世子的人性思想,大概有这样的了解:

1. 人性有善有不善;
2. 因此后天的"养"是人之善恶的关键;
3. 养的关键又在君主,所以文武兴,则民好善。幽厉兴,则民好暴。

在儒家思想的展开中,人性问题的讨论和御民方法的探索是分不开的。因此,人性其实指的是"民性",这一点是要明白的。所谓的"养",也指的是"养民"而言。只有这样,我们才能了解君主的重要性。"养"这个字,本来没有什么特别的意义,但把它和"性"联系起来,就显得有些不同。《论语》中的很多"养"字都在普通的意义上使用,到了《孟子》,就有些不同。大凡"养心"、"养气"、"养贤"等词,我们都可以在孟子那里发现。这很难说不是受到了世子之类的影响。

从对人性问题的讨论中就不难看出,世子对于治道应该是很有兴趣的。帛书《五行》篇对世子的称引证明了这一点。那前后的一大段话都是围绕着世子的言论展开的,我们把它引述如下:

> □□□□□□人行之大,大者,人行之□然者也。世子曰:人有恒道,达□□□□□□间也,间则行矣。不匿,不辩于道。匿者,言人行小而轸者也。小而实大,大之者也。世子曰:知轸之为轸也,斯公然得矣。轸者,多矣。公然者,心道也。有小罪而赦之,匿也。有大罪而弗□诛,不行也。有小罪而弗赦,不辨于道也,间为言犹衡也,大而炭者,直之也。不周□四者,不辨于道也。

《五行》篇这里讲人之行应该有两个方面,一是简,一是匿。前者是指有大罪而大诛之,后者是指有小罪而赦之。不简则不行,不匿则不辨于道,二者缺一不可。而简和匿又被归结为儒家的根本原则:仁和义。在这个讨论中,引用世子的话,似乎世子是考虑过这个问题的。其实

在《论语》上,就已经提到过简和匿的问题,不过是很粗略而已。《雍也》篇说:

> 仲弓问子桑伯子。子曰:"可也,简。"仲弓曰:"居敬而行简,以临其民,不亦可乎?居简而行简,无乃太简乎?"子曰:"雍之言然。"

《说苑·修文》篇对此处"简"字的解释是"易野也。易野者,无礼文也。"是说质直而不拘于礼文。《尔雅·释诂》谓"简,大也"。将这两个意思合起来看,简是直和大的意思。这与《五行》篇对"简"的解释也很吻合。孔子和仲弓的看法,是说要把敬和简结合起来,仅仅有"简"的不够的。

六、郭店竹简与陈国的关系

郭店楚墓竹简中的儒家文献,一共有十几篇。其中有一篇记载着鲁穆公问子思的一段话,这是郭店竹简中唯一提到儒家学者名字的地方。另外,其中的《五行》和《缁衣》两篇,从历史的线索来看,也都与子思或子思氏之儒有关。所以学者多以郭店儒家的文献为子思之儒的作品。但我的看法,儒家既然从孔子死后就已经分化,而且不同派别之间应该是大同小异的关系。再加上各派也不是画地为牢,互相之间的沟通融合也不会太少,所以单凭有几篇和子思有关,就断定这些都是子思氏之儒的文献,也许过于匆忙。郭店地处湖北,战国时期乃是楚国的核心区域,从南方儒家的线索来考虑这批文献的性质,也许更有道理。当然,战国时期,南北的交流已经非常的频繁,这并不是说它们不可能来自北方。就子思来说,固然是鲁人,但由于他的母亲改嫁到卫国,所以居卫的时间倒是很久的。《史记》上说子思还困于宋国,于是才有《中庸》的创作。这足以说明他是一个在南北之间流动的人物。如果考虑到子思和南方的子游及子张之儒的密切关系,我们的考虑范围更要扩大许多。

从地域的角度来研究郭店的竹简,最值得考虑的是陈这个地方。

陈本是舜后裔的封国，其地在今河南淮阳一带，处于中原和楚国之间，是南北文化交流的中心。该国从周初到春秋时期都存在，但春秋末期开始，便沦为楚国的附庸，到哀公十七年即孔子死后一年，更为楚国所兼并，成为楚的一部分。陈地的文化似乎是古老且颇具特色的，《左传·昭公八年》中记载着陈为颛顼之族（在古帝王谱系中，颛顼是舜的祖先），其后一年又提到陈为水属，原本与作为祝融之后和火属的楚国是对立的。① 子张以颛臾为氏，就应与颛顼有关。春秋战国时期，陈地出了很多著名的思想家，其中最有名的无疑是老子，他是苦县厉乡曲仁里地方的人。此外，老子的弟子庚桑楚，儒家中的子张、世子、陈良（见《孟子》）等都是这里的人。在郭店竹简中，与陈地有关的文献是很多的，值得特别的注意。最明显的当然是《老子》。此外，《太一生水》一篇，非常重视水的作用，特别引人注目。尽管到现在学者对此已经有了多种多样的解释，但很难说不与水属的陈文化有密切的关系。在后世的五行说中，陈的祖先颛顼一直是被视做北方的大帝，和水的位置是重合的。老子对水的推崇当然也可以在他的著作中看到。所以把《太一生水》放在陈的文化背景中考虑，未尝不是一种可行的做法。另外应该提到的则是《五行》篇，在马王堆帛书的《五行》篇中，其解说的部分有"世子"的名字，这至少说明世子一系的儒者对这文献是有过极大兴趣的。而世子也是陈地的人。

　　从这个角度来看郭店的文献，以陈地为中心的南方儒家是值得注意的。这之中，子张作为陈地儒家的领袖，再考虑到子张之儒的重大影响，无论如何是不能忽略的。同时考虑的还有子游，他与《五行》篇和《性自命出》的关系已经受到了学者的注意。② 如上所述，子张之儒

---

① 《左传·昭公九年》说："陈，水属也；火，水妃也。而楚所相也。"
② 《荀子·非十二子》中批评子思和孟轲的五行说时，最后特别提到"以为仲尼、子游为滋厚于后世"。这显示出当时五行说的主张者是把子游看作自己思想的先驱的。另外，《性自命出》所说"喜斯陶，陶斯奋，奋斯咏，咏斯犹，犹斯作。作，喜之终也。愠斯忧，忧斯戚，戚斯叹，叹斯辟，辟斯通。通，愠之终也"的一段话与《礼记·檀弓》所记子游之语略同。

和子游、子思本来就有密切的关系。本着这样的理解,我觉得在郭店竹简儒家类文献中,有相当多的内容是和子张之儒有关的。以下试做讨论。

七、《唐虞之道》

《唐虞之道》这一篇,与其说是子思一派的文献,倒不如说是子张之儒的作品更有道理一些。这篇的重点是说明"唐虞之道,禅而不传。尧舜之王,利天下而弗利"的道理。它的特点,与子张的倾向是很相合的。试举几端论之:

一、这篇讲尧舜禅让的故事,应该是本于《尚书·尧典》。内中的很多文字是在发挥《尧典》的意思,可见作者对《尚书》是很熟悉的。孔门的弟子之中,子夏和子游当然是"文学"科的高足,子张和他们也应不相上下。我们看孟子和荀子都把这三人一块评论就可以知道。如前所述,子张对《尚书》和历史是很有兴趣的,这正和《唐虞之道》的性质符合。

二、儒家讲尧舜禅让最早的,大概就是《论语·尧曰》一篇了。篇中记载尧、舜、禹相传的箴言,虽然没有说是禅让,但内含的意思是明白无疑的。如前所说,这篇可能就是子张之儒所编,与《唐虞之道》也是类似的。

三、荀子批评子张氏之儒"禹行而舜趋"(《荀子·非十二子》),可知他们是十分尊崇尧舜,并努力效法其行为的。考子张本为陈人,孔子死后又主要回到陈地活动。陈乃是舜后裔的封国,对于舜自然是崇敬无比的。因此,这派儒家结合舜的事迹发挥自己的主张,正是理所当然之事。

四、唐虞之道讲究亲亲尊贤,前者为仁,后者为义。亲亲自然是从孝开始,这本是儒家的通义。但"孝之方,爱天下之民",却又是该篇的特殊处。它把仁发挥为爱天下之民的原则,倒有些接近于墨家的兼爱。尊贤在《论语》上就说过,也是儒家普遍的主张。但由尊贤发展出禅让,说"禅,义之至也",却也是这篇的特异处。也有点像是墨子的尚贤。曾经有人怀疑《唐虞之道》是墨家的作品,固然不对,却也不是没有一点道理。儒家之中,子张的一派是最宽让的了,这从《子张篇》记载的子张"尊贤而容众,嘉善而矜不能"的主张就可以看出。所以郭沫若认为子张之儒比较接近于墨家,确实是值得注意的一件事情。

八、《忠信之道》

在郭店竹简中,《忠信之道》和《唐虞之道》可以说是孪生的兄弟。它们在形制上完全相同,字体也一致,与其他篇比较,则有明显的差别。所以学者们一般认为这两篇文献之间应该有某种密切的关联。譬如它们的来源可能相同,或者原本出于同样的作者。《唐虞之道》主要论述禅让的问题,而《忠信之道》中,也有"其言尔信,故徂而可受也"的话,显然是承继着《唐虞之道》而来。同时,该篇把"信"作为禅让的前提,而信又是"义之期也",与《唐虞之道》由"义"谈禅让的论调也一致。两篇似乎也做了有意的分工,《唐虞之道》论禅让主要是根据仁义,而《忠信之道》则专门讨论忠信的问题。

忠信在孔子那里就是非常重要的话题。在弟子的记载中,孔子主要教授四方面的内容:"文、行、忠、信",从中可见孔子对忠信的重视。就《论语》中所见,"忠信"并称的共有四处,它们是:

> 子曰:"主忠信,无友不如己者,过则勿惮改。"(《学而》、《子罕》)

> 子曰:"十室之邑,必有忠信如丘者焉,不如丘之好学也。"(《公冶长》)

> 子张问崇德辨惑。子曰:"主忠信,徙义,崇德也。……"(《颜渊》)

> 子张问行。子曰:"言忠信,行笃敬,虽蛮貊之邦行矣。言不忠信,行不笃敬,虽州里,行乎哉?立则见其参于前也,在舆则见

其倚于衡也,夫然后行。"子张书诸绅。"(《卫灵公》)

在这有限的四条之中,最值得注意的是子张的名字。其中头两条是夫子自道,后两条则是孔子和子张的对话。忠信当然是孔子对所有弟子的教诲,绝不能说是专门为子张而发。但子张之儒把这些内容特别地记载下来,加入到《论语》中去,却足以显示出他们对"忠信"的格外重视。实际上,先秦儒家中对忠信地位的认识并不是完全一致的。像孟子,当浩生不害向他请教"乐正子何人也"的时候,他的回答是"善人也,信人也"。而再被问及"何谓善,何谓信"之时,孟子回答说:

> 可欲之谓善,有诸己之谓信,充实之谓美,充实而有光辉之谓大,大而化之之谓圣,圣而不可知之之谓神。乐正子,二之中,四之下也。(《尽心下》)

按照孟子的说法,"有诸己"叫做"信",即善的东西存在于自身。但和"充实"即善的扩充还是有很大的距离。这是把信和信人看的比较低。所以进一步的才有"大人者,言不必信,行不必果,惟义所在"(《离娄下》)的说法。意思是说,当信和义发生冲突的时候,信是要服从于义的。但《忠信之道》的看法显然与此是不同的,它集中阐述忠信的意义。该篇的文字是这样的:

> 不讹不孚,忠之至也。不欺弗知,信之至也。忠积则可亲也,信积则可恶也。忠信积而民弗亲信者,未之有也。至忠如土,化物而不伐;至信如时,毕至而不结。忠人无讹,信人不倍。君子如此,故不忘生,不倍死也。
>
> 太久而不渝,忠之至也。陶而睹常,信之至也。至忠无讹,至信不倍,夫此之谓此。大忠不说,大信不期。不说而足养者,地也。不期而可遇者,天也。似天地也者,忠信之谓此。
>
> 口惠而实弗从,君子弗言尔;心[疏而貌]亲,君子弗申尔。故行而争悦民,君子弗由也。三者,忠人弗作,信人弗为也。

> 忠之为道也，百工不楛，而人养皆足。信之为道也，群物皆成，而百善皆立。君子其施也忠，故怸亲附也；其言尔信，故怛而可受也。忠，仁之实也。信，义之期也。是故古之所以行乎蛮貊者，如此也。"

这是把忠信和天地挂起钩来了。而所谓的信人忠人，也是理想中的君子。与孟子的评价是不同的。这篇文献对忠信的论述，有如下的特点：

第一，《论语》中虽然说孔子以忠信教授弟子，但是对于什么是忠信，并没有明确的说明。也许忠信当时本是习用的词汇，所以不需特别的解释。但作为专门阐发这两种德目的作品，《忠信之道》不能不对其有所界定。这个界定虽然是很具体的，如以"不讹""无讹"为"忠"，"不欺""不倍"为"信"，但可以很明显地看出其政治学的倾向。它是在君民关系的层面上讨论忠信之道的，并把忠信向爱民的方向去解释。所以说"忠之为道也，百工不楛，而人养皆足。信之为道也，群物皆成，而百善皆立。"这一方面与子张之儒的政治兴趣相合，另一方面，也合乎一贯的亲民主张。如其中提到"至忠如土，化物而不伐"等，与子张所说"君子尊贤而容众，嘉善而矜不能"(《论语·子张》)固然一致，与《大戴礼记》中子贡和孔子论子张的一段竟也密合无间。《卫将军文子》云：

> 子贡对曰："……业功不伐，贵位不善，不侮可侮，不佚可佚，不敖无告，是颛孙之行也。孔子言之曰：'其不伐则犹可能也，其不弊百姓者则仁也。《诗》云：恺悌君子，民之父母。'夫子以其仁为大也。"

"业功不伐，贵位不善"当然是"化物而不伐"的另一种说法，"不侮可侮，不佚可佚，不敖无告"不也正是"不讹不孚，忠之至也。不欺弗知，信之至也"的另一种表述吗？如此说来，《忠信之道》的主题与子张之儒的精神是完全一致的。

第二，《忠信之道》的最后一句话，是说："忠，仁之实也。信，义之期也。是故古之所以行乎蛮貊者，如此也。"这两个比较难认的字，据赵建伟的考证，当是"蛮貊"。这让我们想起子张书诸绅的那段话，与这里是颇可以对照的。这里说"行"，那里则是子张问"行"。这里说"蛮貊"，那里也是"蛮貊"。两相比较，我觉得，《忠信之道》很象是子张之儒对夫子之言的发挥。

九、《性自命出》与世子

郭店竹简中被整理者命名为《性自命出》的文献，因为涉及到大家都非常感兴趣的心、性、情的学说，所以备受学者的瞩目，成为讨论最多的一篇。在现存文献中，如学者已经指出的，《乐记》、《中庸》、《大学》、《檀弓》等都和它有这样那样的联系。《乐记》按旧说是取自《公孙尼子》，《中庸》是子思的作品，所以很早就有学者提出《性自命出》和子思或公孙尼子有关。另外被提到的人物还有告子，因为他主张性无善无不善，似乎与此篇接近。在我看来，最值得注意的人物却恰恰没被提及，这个人物就是世子。

《性自命出》是目前所见最早的讨论人性问题的文献。其对人性的了解为我们认识儒家人性论的发展线索提供了重要的资料。目前学者对该篇已经有不同的解读，这为我们下面的研究提供了重要的基础。但读者仍然会注意到，在很多方面，本文的认识和要强调的重点与既有的研究仍有一定的区别。

第一，该篇对于性的了解，如学者已经注意到的，是以"喜怒哀悲之气"为性，以"好恶"为性。"喜怒哀悲之气"显然不等于喜怒哀悲，后者是情，而前者是情的基础。从这个规定来看，我觉得这里对性的讨论主要是要为情寻找一个根源。它是从情入手而达之于性的。值得注意的是其探讨性的思路，是把性和气联系起来。众所周知，性和生原本是一个字，所以所谓性，其实就是生而具有的某些东西。但生的本质是什么？就古人的认识来说，仍然是要把"生"放在天地的框架

中,如《诗·大雅·烝民》"天生烝民"所显示的。更明显的说法见于《左传·昭公二十五年》如下的句子:

> 天地之经,而民实则之,则天之明,因地之性,生其六气,用其五行。气为五味,发为五色,章为五声。淫则昏乱,民失其性。
>
> 民有好恶喜怒哀乐,生于六气,是故审则宜类,以制六志。哀有哭泣,乐有歌舞,喜有施舍,怒有战斗。喜生于好,怒生于恶。是故审行信令,祸福赏罚,以制死生。生,好物也;死,恶物也。好物,乐也;恶物,哀也。哀乐不失,乃能协于天地之性。

民是在天地之中生存的,它的性当然是和天地之性相关的。天地是什么? 至少从西周初年开始,伯阳父已经把气和天地联系了起来。春秋时期流行的一种说法是"天六地五",若论六气和五行的先后,那么前者要更根本一些。这种对天的了解正是《性自命出》以气论性的前提。明显可以发现的是,该篇的思考已经更为缜密。在《左传》的记载中,好恶喜怒哀乐是直接生于天之六气的,而在《性自命出》中,增加了一个中间环节,这个环节就是"性",就是喜怒哀悲之气。

这里也就涉及到了本篇著名的"性自命出,命自天降"的说法。《中庸》中也有"天命之谓性"之说,学者往往引彼以证此。但在我看来,二者之间除了字面上的类似外,共同的东西几乎没有。在《中庸》中,所谓的天道是用"诚"来规定的。因此天命本身包含的是道德性的内容,和孟子相同。我们还记得孟子关于命的说法,仁义礼智等是命,但是因为有性存焉,所以君子不把它们叫做命。这正是《中庸》"天命之谓性"的含义。但《性自命出》所说的命和天,应该沿着自然之天的思路去了解。

第二,性和情的关系是该篇论性的一个重要内容。"情生于性"是《性自命出》的一个基本认识。性是内在的不表现于外的东西,如果要它表现出来,需要两方面的条件。一个是物的刺激,所谓"及其见于外,则物取之也",就是这个意思;一个是心的作用,所谓"人之虽有性,

心弗取不出"。心和物共同作用,性就表现出来。但这个表现于外的东西,已经是情而非性了。该篇非常重视"物",其云:

> 好恶,性也。所好所恶,物也。善不[善性]也,所善所不善,势也。凡性为主,物取之也。

"凡性为主"的"主"是主人客人之主,性是主人,物是客人。有客人来访,主人就要迎接。"所好所恶"者是物,"所善所不善"者是势,从后文的说明来看,所谓的"势",是指"物之势者",所以还是指物而言。后人常用"能"和"所"来区别主体和客体,这里的"所"也是形容客体的词。但是,虽说是客体,却不是完全被动的。从它能取性来看,反而是主动的方面。《性自命出》说:

> 凡物无不异也者,刚之树也,刚取之也。柔之约,柔取之也。

凡物都是不同的,什么样的物来和性接触,就能取出什么样的性。譬如有的人刚,那是因为被刚物所取;有的人柔,是被柔物所取。这说法的目的似乎是在提醒人们,要注意和什么样的物接触。

"物"的意义,在很多时候是指"事"的。《大学》中的"格物",古训都说是"物犹事也",所以格物就是行事之义。这里的物,也可以从事的角度来理解。做什么样的事,就直接影响到"性"的方向。善的事,就引导性朝善的方向走;不善的事,就引导性朝不善的方向走。

第三,这里就涉及到性的善不善问题。《性自命出》这地方的竹简正好出现了残缺,李零补了"不善性"三个字,应是正确的。所谓是"善不善,性也",可以做两种解读:一种是性有善有不善;一种是有性善,有性不善。结合本篇其他地方的论述,前一种解读应该是主要的。该篇显然不主张性善论,这只要从"道始于情,情生于性。始者近情,终者近义"的说法就可以看出。义是"群善之蕰也",是善的标准,但这是以道教化所达到的最终结果,而不是开始的样子。但也不是性不善论,它说"凡人情为可悦也,苟以其情,虽过不恶。"所以对人情只是要采取"理"的态度。人性中存在着向善和不善发展的可能性，所以"教"是非常重要的手段。这样看来，它是主张性有善有不善之说的。

但是，在该篇文献中，却明确出现了"性善"和"美情"的字眼，这段话说：

> 未言而信，有美情者也；未教而民恒，性善者也；未赏而民劝，含福者也；未刑而民畏，有心畏者也；贱而民贵之，有德者也；贫而民聚焉，有道者也……

这里所说的主体，与民相对，应该是圣人。所谓的"美情"和"性善"，似乎是在承认有一些人是生来就美善的，这些人就是圣人。它说：

> 诗书礼乐，其始出皆生于人。诗，有为为之也；书，有为言之也；礼乐，有为举之也。圣人比其类而论会之，观其先后而逆顺之，体其义而节度之，理其情而出入之，然后复以教。教，所以生德于中者也。

《史记》上曾说孔子以诗书礼乐教，这里好像讲的是同样的事情。圣人是教民者，教的目的是让德扎根于民心。显然，圣人和民是不同的。《论语·述而》上记孔子说"天生德于予"，似乎是说他的德是天给予的。这和此处说民之德由教而生不同。其实，在早期儒家中，并没有人人平等的观念。圣人和一般人的界限还是很大的，甚至是不可逾越的。《论语·阳货》有"惟上智与下愚不移"的说法，《论语·季氏》另外记载孔子的话说：

> 生而知之者上也；学而知之者次也；困而学之，又其次也；困而不学，民斯为下矣。

这仍然是承认在"学而知之者"之上，还有"生而知之者"。这就是所谓的圣人。子贡曾经用"天纵之将圣"来描述孔子，即有此意。其实，如果看《五行》篇所说"天施诸其人，天也；其人施诸人，儃也"，表达的不也是同样的意思吗？

因此，所谓的人性讨论，主要是针对着"民"而言的。我们看《左传》中不都是说"民性"吗？这是人性论出现的直接基础。所谓的"四海之内，其性一也。其用心各异，教使然也"，是就一般人而说，显然是不包括圣人在内的。因为圣人是不需要"教"的，他们是天生的有德者，即性善的人。而且，"教"的责任正是由他们来承担的。这种认识，并不是说《性自命出》就主张有性善，有性不善。因为该篇不认为有性不善的人。从主体上来说，它仍然是主张性可以为善可以为不善的。从善不善的角度，我们可以把该篇的认识概括为如下两点：

1. "四海之内，其性一也"的说法，是就民性而言的。这个性可以为善可以为不善；

2. 在民之上，还有性善者，就是圣人，属于教民者。

第四，讨论"性"的目的是要引出"道"的问题。所以开篇就说"道始于情，情生于性。始者近情，终者近义。知情者能出之，知义者能内（入）之。"道有始有终，始于情而终于义，或者说出情入义。这是以情和义作为道的两端，其实质就是以义理情。这里所谓道，从后文来看，很明显是指礼乐而言。道因为包含着情和义两端，所以它和性的关系，就不是简单的"率性之谓道"，而包含着对性的改造。《性自命出》说：

> 凡性，或动之，或逆之，或交之，或厉之，或出之，或养之，或长之。凡动性者，物也；逆性者，悦也；交性者，故也；厉性者，义也；出性者，势也；养性者，习也；长性者，道也。

> 凡见者之谓物；快于己者之谓悦；物之势者之谓势；有为也者之谓故；义也者，群善之蕰也；习也者，有以习其性也；道者，群物之道。

这里讲到了各种和"性"有关系的因素。物是动性的，悦是迎接性的，故是交性的，义是厉性的，势是出性的，习是养性的，道是长性的。接下来又对从物到道的意义进行说明。道是帮助长性的，但这个长，是长性中善的因素,而不是不善的因素。所谓的"群物之道",并不是通常所说万物之道。这里的群应该做动词解释,是聚集的意思,正是荀子讨论的人"群"之"群"。

第五,在性与道的关系中,心是非常重要的。性固然是需要心取才能够出来的,道的两端——情和义——也都和心脱不了干系。心所取出的性就表现为情,情也叫做志,如在《左传·昭公二十五年》中所谓的"六志",就是"六情"。该篇认为,心是无定志的,所以要想发挥人的善性,心上的工夫是最重要的。《性自命出》所说从动性到长性的系列,大凡动性之后,其实都是就情来说。因为性在动之后就表现为情。所以所有的工夫都是与心有关的。它说,"凡道,心术为主",说的就是这个意思。道——即礼乐的制度,是以心为核心的。所以后文反复说明这层意思。这应该直接发展出孟子的养心之说。

第六,值得注意的是作者对仁义的认识。与《五行》篇一样,这里也把仁和义看作是两个对立而互相补充的原则。它说:

> 割,义之方也;义,敬之方也;敬,物之节也。笃,仁之方也;仁,性之方也;性或生之。

这段话是非常重要的。仁义在战国中期前后都是一个热烈的话题,其中的一个争论就是仁义内外的问题。较孟子稍早的告子就主张仁内义外,而遭到孟子的批评。郭店竹简《语丛》中,有明确的"仁内义外"的说法。仔细分析上述话的内涵,似乎也有这样的意思。义是和敬相关的规范,是节制物的。它和性并没有什么关系,但仁则是和性直接相关的,性之中可以生出它来。我们不要忘记这篇的主张虽然不是性善论,但至少认为性中有善的种子。所以认为性可以生出仁来并不十分奇怪。这样说来,仁其实属于人情的范围,它可以是内在固有的。但义不同,它作为物之节,是"理"情的。这里虽然没有使用内外的字眼,但意思很清楚。我们再看下面的说法:

> 爱类七,惟性爱为近仁;智类五,惟义道为近忠;恶类三,惟恶

不仁为近义。

文中的"爱类七"等,我们不得而知,但"性爱为近仁"的意思还是清楚的。这是说发自性的爱接近于仁,与"性或生之"的说法是一致的。它真正要说的是:与本性无关的爱不能叫做仁,爱必须是有真情作为基础的。这当然是对孔子"仁者爱人"说法的一个进一步界定。与此相对,所谓的"义",则被规定为恶不仁。义首先是和恶联系在一起的,但恶的对象是不仁。孔子曾说:"唯仁者能好人,能恶人",这里是把"好人"归于仁,而把"恶人"归于义。我们感兴趣的是,作者分别用"爱"和"恶"来规定"仁"和"义"。后面的一段话与此是有关的:

> 恶之而不可非者,达于义者也。非之而不可恶者,笃于仁者也。

可恶与否是情感的问题,可非与否是道理的问题。情感和道理有时候是有冲突的。恶一个东西但不违背道理,这是通于义的人;虽违背道理但不能恶,是通于仁的人。大体而言,仁偏重于情感,而义偏重于道理。《庄子·天下》篇说邹鲁之士、缙绅先生们"以仁为恩,以义为理",与此相同。

以上简单概括了《性自命出》中与性有关的一些基本观念。不难发现,在一些基本点上,和世子是一致的。首先要注意王充的说法,世子等是论"情性"的,这正与该篇大谈性情的倾向重合。其次是性有善有恶,也是世子和《性自命出》共同的主张。再次是"养"和"长"的说法,更是密合无间。在王充的描述中,"养"和"长"是专门针对着世子说的。王充距离班固不远,当然是看过著录在《汉书·艺文志》中的《世子》书的。最后是对仁义的看法,与帛书《五行》篇所引世子的看法也一致。所以说《性自命出》与世子有关,或许是目前最合理的推测。即便不是世子亲著,也和他的传人有关。

十、《尊德义》

《尊德义》一篇的核心是治国原则的探讨,其中德和教是两个基本的原则。"为政以德"从孔子开始就是儒家的重要主张,其具体表现则是"礼",或者再加上"乐"。这篇也是把礼乐看作德治的主体,所以说"德者,且莫大乎礼乐焉"。值得注意的是,文中透露出某些批评别家的色彩。其云:

> 赏与刑,祸福之基也,或前之者矣。爵位,所以信其然也。征侵,所以攻□[也]。刑[罚],所以□与也。杀戮,所以除害也。不由其道,不行。

赏与刑,固然是祸福的根基,要看重的。但还有比它们更根本的东西,这就是道。这里所谓道,和《性自命出》应该是一样的,其具体的内容也就是礼乐。这段话当然可以看作是对《论语·为政》上"道之以政,齐之以刑,民免而无耻;道之以德,齐之以礼,有耻且格"的发挥,但说的更具体和明确。赏和刑作为治国的手段,大体是法家的主张。这里的批评,让人觉得这时法家的思想似乎是已经出现了。这里要注意赏和德的区别,两者虽然看起来有类似的地方,但一个是着眼于利害,一个是着眼于道德,实质是不同的。《尊德义》特别强调治民要顺民道办事:

> 禹以人道治其民,桀以人道乱其民。桀不易禹民而后乱之,汤不易桀民而后治之。圣人之治民,民之道也。禹之行水,水之道也。造父之御马,马之道也。后稷之艺地,地之道也。莫不有道焉,人道为近。是以君子,人道之取先。

万物莫不有道,圣人面对不同的对象,当然要采取不同的道。譬如治水要效法水之道,御马要遵循马之道,艺地要因顺地之道,治民当然要依据民之道。这里的提法,可以让人想起《性自命出》的说法:

> 凡道，心术为主。道四术，唯人道为可道也。其三术者，道之而已。

"道四术"是否就是这里所说的四道，还可以存疑。但两篇文献体现了同样的精神，即对人道的重视。这个"人道"，说白了，又是"民道"。这一点还是要提醒读者的，因为正如我们前面所说，所谓的人性，其实着眼的也是"民性"，并从民性的讨论中发展出的。既然要顺民道，而道又以心术为主，所以不免和民心发生联系，《尊德义》说：

> 凡动民必顺民心，民心有恒，求其永。重义集理，言此章也。

这里的民心，其实更多的是民性的意思。"重义集理"，则是用义理来引导民性，使之向德的方向来发展。这里就涉及到化民的方法，《尊德义》推崇的是"教"。在它看来，教不是完全把外在的东西强加于民之上，但很显然也不是完全由民心可以生发出来的，而是二者兼而有之：

> 故为政者，或论之，或义之，或由中出，或设之外，论列其类。

结合其他篇的看法，可知这里所谓由中出的是情，由外作的是义。"论列其类"的说法与《性自命出》的"圣人比其类而论会之"无疑是有关的。该篇有专门论"教"的文字，首先是要"教其人"：

> 教其政，不教其人，政弗行矣。故终是物也而有深焉者，可教也而不可疑也。可教也而不可迪其民，而民不可止也。

当然，教的内容不同，民的作为也就不同：

> 善者民必富，富未必和，不和不安，不安不乐。善者民必众，众未必治，不治不顺，不顺不平。是以为政者教道之取先。教以礼，则民果以劲。教以乐，则民弗德争将。教以辩说，则民艺陞长贵以忘。教以艺，则民野以争。教以技，则民少以吝。教以言，则民讦以寡信。教以事，则民力啬以湎利。教以权谋，则民淫昏，违礼无亲仁。先人以德，则民进善焉。

这段话简直是在直接发挥《论语·子路》中如下的记载：

> 子适卫，冉有仆。子曰："庶矣哉！"冉有曰："既庶矣，又何加焉？"曰："富之。"曰："既富矣，又何加焉？"曰："教之。"

这里的庶、众、教，就是上引《尊德义》的民富、民众和教道，这三者是一一对应的，无丝毫的加减。可知《尊德义》的作者对《论语》这一条是很熟悉的。作者这里对于富和众之后为什么还需要"教"给出了解释，那就是富并不见得就和，而不和就不安，不安就不乐；众也不见得就治，不治则不顺，不顺也就不平。要想和顺、平乐，教就是必要的了。但教的内容是很有讲究的，这可以分作两类：一类是礼乐，一类是辩说、技艺、权谋、言、事等。作者的先后取舍是很明白的，前一类是"德"，这是根本的东西，所谓先人以德，百姓就会向善。对后一类的东西，我以为作者并不是完全的排斥，而是要有德做基础，否则的话就会有争、寡信、淫昏等不善的结果。这种想法，与"君子不器"的主张也是合拍的。

除了内容之外，教还有一个重要的方面，就是君主要以身作则。第一，老百姓是不可强迫的，但可以引导。所谓"民可使道之，不可使知之。民可道也，而不可强也。桀不谓其民必乱，而民有为乱矣。受不若也，可从也而不可及也。"这是借桀纣的故事来讲民受君影响的道理。第二，如果在上位的人遵守礼乐制度的话，百姓会如影随形地仿效。所谓"下之事上也，不从其所命，而从其所行。上好是物也，下必有甚焉者。夫唯是，故德可易而施可转也。"这是讲身教胜于言教的道理，即"不言而信"者也。这段话在《缁衣》中出现过：

> 子曰：下之事上也，不从其所以命，而从其所行。上好此物也，下必有甚焉者矣。故上之好恶，不可不慎也，民之表也。《诗》云："赫赫师尹，民具尔瞻。"

其间的关系实在不好确定，但可知它们之间也是有密切联系的文献。以理衡之，《缁衣》是依托"子曰"，大概不会引用其他的文献，可能要早一些，是《尊德义》之所本。可以支持这个说法的还有如下的一条线索：

> 凡动民必顺民心，民心有恒，求其永。重义集理，言此章也。

这里出现了"言此章也"四个字，看起来应该是对某一章的解释。古书的分章，《诗经》就已开始，所以《左传》记春秋时期的事，有"断章取义"之说。郭店竹简中，《缁衣》分二十三章也是标在篇末的，不容争议。上面这段话是不是对《缁衣》的解释，我们还不敢论定，但是讨论的余地是存在的。

十一、《六德》

人伦在儒家思想中的地位一直是很突出的。就郭店竹简而言，《尊德义》说明乎人伦才可以为君，《成之闻之》说"天絭大常，以理人伦。制为君臣之义，著为父子之亲，分为夫妇之辨"，都体现出对人伦的重视。这里所谓人伦，主要是指君臣、父子和夫妇而言的。在《六德》中，它们又被成为"六位"。就现存文献而言，"六位"的提法曾经在《象传》中出现过，不过那里是指一卦六爻的位置，与这里所说无关。"六位"之"位"是指一个人在社会关系中的位置和角色，儒家对这一点一直是很留心的。孔子说"不在其位，不谋其政"（《论语·泰伯》），曾子发挥为"君子思不出其位"（《宪问》）。在这里内含的想法是，每一个人都应该做与其位相称的事情。这实际上也就是孔子所谓的正名：君君臣臣，父父子子。孔子没有提到夫妇，这是他和后来儒家的一个差异。同时，他也没有具体指出每一个位置的人行事的法则。《六德》篇似乎是沿着这个方向做了进一步的努力。

在我看来，《六德》篇的核心乃是处理最基本的人伦问题，寻找出适合不同关系的原则。其具体表现一是在六位、六职和六德之间建立起对应的关系，二是将各种不同的关系区分为内和外两种，并寻求内外之间的平衡。就第一点来说，《六德》把六位分成三组：夫妇、父子和

君臣,同时,处在每一位置的人各有自己的本分,这称做六职:

> 有率人者,有从人者;有使人者,有事人[者;有]教者,有学者。此六职也。

率与从是指夫妇的关系,使和事是指君臣关系,教和受是指父子的关系。因为有不同"职"的区别,所以就需要有不同的"德"来与之配合,有点像我们现在说的职业道德。具体的说:

> 义者,君德也……忠者,臣德也……智也者,夫德也……信也者,妇德也……圣也者,父德也……仁者,子德也。

这样的配合在儒家思想史上是饶有趣味的。原本是普遍的道德,在这里则被分配给某一个特殊的位置。在现存文献中我们也能看到一些类似的做法,但内容并不相同。如《礼记·礼运》篇说:

> 何谓人情?喜怒哀惧爱恶欲,七者弗学而能。何谓人义?父慈、子孝、兄良、弟弟、夫义、妇听、长惠、幼顺、君仁、臣忠十者,谓之人义。

比较起来,只有臣忠一条是一致的,其他的都不相同。这种不同的搭配,一方面显示出儒家学者在此问题上正处在一个探索和尝试的过程之中,而另一方面,也可以看出不同的人对德行的不同强调。不用说,《六德》篇是很重视圣智、仁义和忠信的,所以它拿这六德来和六位搭配。事实上,这也是郭店竹简儒家类文献的一个共同特点。如《五行》篇讨论的仁义礼智圣,《忠信之道》的忠信仁义,《唐虞之道》的仁义等等。

《六德》篇对于"六位"的理解中,还包含着内外的区分。所谓的内位指父子夫,外位指君臣妇。处理内位和外位的原则是不同的,该篇说:

> 仁,内也。义,外也。礼乐,共也。内立父、子、夫也,外立君、

臣、妇也。疏斩布绖杖,为父也,为君亦然。疏衰齐牡麻绖,为昆弟也,为妻亦然。袒免,为宗族也,为朋友亦然。为父绝君,不为君绝父。为昆弟绝妻,不为妻绝昆弟。为宗族疾朋友,不为朋友疾宗族。人有六德,三亲(亲)不断。门内之治恩掩义,门外之治义斩恩。

仁内义外的提法很容易让人想起告子,但这里所说也许和告子的主张不完全相同。从整个段落来看,"仁,内也;义,外也"应该和"门内之治恩掩义,门外之治义斩恩"是同样的意思。《庄子·天下》篇有"以仁为恩"的说法,可以知道恩和仁的一样的。仁内的意思是说仁是处理门内之事的原则,义外是说义是处理门外之事的原则。后面还有一句"礼乐,共也",是指礼乐是门内门外都需要的。譬如,"疏斩布绖杖,为父也,为君亦然",这是说丧礼,为父亲应该这样,这是门内;为君主也应该如此,这是门外。后面所说"疏衰齐牡麻绖,为昆弟也,为妻亦然。袒免,为宗族也,为朋友亦然",也是同样的意思。但是在内外的区别和分庭抗礼之中,《六德》明显地表现出了重内轻外的倾向。当内和外发生冲突的时候,是要取内而舍外的。所以为父可以绝君,为兄弟可以绝妻,为宗族可以绝朋友,反之是不可以的。这里表现出在处理人伦问题上亲亲原则的优先性。这种优先性的一个重要理由可能是,血缘关系是不能选择的,而君臣和朋友则是可以选择的。《语丛》中曾提到"友君臣,其择者也",表现出儒家确实这样考虑问题。

令人感兴趣的是夫妇之间的复杂关系。从儒家思想史上看,《六德》篇无疑是突出了夫妇一伦位置的,它说:

男女不别,父子不亲(亲)。父子不亲(亲),君臣无义。

这里的男女,是指夫妇而言,它是父子和君臣关系的基础。所以该篇在叙述这三组时,总是按照男女(夫妇)、父子和君臣的顺序。男女和父子不同,父子是有血缘关系的,是同姓,男女是没有血缘关系的,是异姓,所以父子关系的核心是"亲",而夫妇关系的核心是"别"。由此,夫妇虽然同在门内生活,但却是被分属于门内门外的。这种处理仍然是本于夫妇关系的可选择性。

十二、孟子和荀子对子张之儒的评价

作为先秦儒家最重要的代表人物,孟子和荀子都提到子张的名字,但态度不同。在孔子的弟子们之中,孟子最尊重的无疑是颜回和曾子。他说"禹、稷、颜回同道"、"禹、稷、颜子易地则皆然"(《孟子·离娄下》)。这几乎是给予颜回以圣人的地位。至于曾子,则是孟子经常称引的对象。《孟子》中有两次把子游、子夏和子张一起提及。一次见于《公孙丑上》:

> (公孙丑问曰)"昔者窃闻之,子夏、子游、子张皆有圣人之一体,冉牛、闵子、颜渊则具体而微,敢问所安?"曰:"姑舍是。"

公孙丑拿当时人们的一种看法请教孟子,这种看法认为子张、子夏、子游各自得到了圣人的一部分,但孟子却回避了这个问题,没有做出回答。看来是孟子不同意这样的看法,所以采取了不理睬的态度。另一次是《滕文公上》:

> 昔者,孔子没。三年之外,门人治任将归,入揖于子贡,相向而哭,皆失声,然后归。子贡反,筑室于场,独居三年,然后归。他日,子夏、子张、子游以有若似圣人,欲以所事孔子事之,强曾子。曾子曰:"不可。江汉以濯之,秋阳以暴之,皓皓乎不可尚已。"

这是在批评陈相等背叛其老师陈良时举的例子。在孟子看来,子夏、子张和子游等欲奉有若为师的做法,也可以说是对孔子的背叛,但曾子阻止了这个尝试。不难看出,孟子虽然没有直接批评子张等的话,但这足以显示出其不满意的态度。

荀子提到子张的地方只有一处,也是和子夏、子游一起,同被称为贱儒。《非十二子篇》称:

> 弟佗其冠,神禫其辞,禹行而舜趋,是子张氏之贱儒也;正其衣冠,齐其颜色,嗛然而终日不言,是子夏氏之贱儒也;偷儒惮事,无廉耻而嗜饮食,必曰君子固不用力,是子游氏之贱儒也。

这些描述,虽然因批评而不免有夸张的成分,但仍然是我们了解这几派的重要参考,而且与其他角度的认知是相似的。子游的一派主张君子固不用力,不做事情但是却很讲究吃喝,应该与他们重视"心"的态度有关。孟子所说"劳心者治人,劳力者治于人",可能就是这一派的说法。子夏的一派重视外在的礼仪,衣冠、颜色和言语都非常的讲究,正与《论语》上子张和子游对子夏的评论可以呼应。这里对子张氏之贱儒的批评,使用的词语不大好理解,然而据郭沫若的意见,《儒效篇》中有一段话也是批评子张等的。他把这段话分成三项:

> (一)逢衣浅带,解果其冠,略法先王而足乱世术,缪学杂举,不知法后王而一制度,不知隆礼义而杀诗书。(二)其衣冠行伪已同于世俗矣,然而不知恶者,其言议谈说已无以异于墨子矣,然而明不能别。(三)呼先王以欺愚者而求衣食焉,得委积足以掩其口,则扬扬如也,随其长子,事其便辟,举其上客,亿然若终身之虏而不敢有他志。是俗儒者也。

然后指出:

> 这应该是统括着"子张氏之贱儒"、"子夏氏之贱儒"、"子游氏之贱儒"而混骂的。我们把《非十二子篇》对于三派的分骂和这对照起来,便可以看出这里面的分别。子夏氏之贱儒是"正其衣冠,齐其颜色,嗛然而终日不言",和第一项相当。子游氏之贱儒是"偷儒惮事,无廉耻而嗜饮食,必曰君子固不用力",和第三项相当。那么第二项必然是指子张氏之贱儒了。因此子张氏之儒的"弟佗其冠"即是頯唐其冠,这和"解果其冠"不同,杨倞引或说"解果盖高地",即是高拱起来的意思。故"解果其冠"即巍峨其冠,正

与"逢衣浅带"为配。据此可知子夏氏一派讲究带高帽子,宽衣博带,气象俨然;而子张氏一派讲究带矮帽子,随便不拘,同乎流俗。"言议谈说已无疑于墨子",可见这一派的后生已经是更和墨家接近了。①

这个意见是可以考虑的。如我们分析《唐虞之道》时也指出的,子张氏的一派儒家确实和墨家有相似之处,足可以与这里郭沫若的说法对照。

十三、《尚书大传》中的子张

《尚书大传》相传是汉初传授《尚书》的大师伏生的作品,其中多述孔子和其弟子讨论《尚书》的故事。对于子张之儒的研究而言,令人感兴趣的是其中子张是孔门弟子中提到最多的人物,显示出子张这派儒家在《尚书》的传授中应有着重要的地位。如我们前面提到的,《论语》中记载的唯一一条讨论《尚书》的材料就是在孔子和子张之间进行的。《大传》所载的材料有如下数条:

> 孔子对子张曰:男子三十而娶,女子二十而嫁。女二十而通织纴"绩纺之事,黼黻文章之美。不若是,则上无以孝舅姑,下无以事夫养子也。

> 孔子曰:文王得四臣,丘亦得四友焉。自吾得回也,门人加亲,是非胥附与?自吾得赐也,远方之士日至,是非奔辏与?自吾得师也,前有辉,后有光,是非先后与?自吾得由也,恶言不入于门,是非御侮与?文王有四臣以免虎口,丘亦有四友以御侮。

> 书曰:高宗梁暗,三年不言。何谓梁暗也?传曰:高宗居倚庐,三年不言。百官总已以听于冢宰,而莫之违,此之谓梁暗。子张曰:何谓也?孔子曰:古者君薨,王世子听于冢宰,三年,不敢服

---

① 郭沫若:《十批判书》,见《郭沫若全集》历史编第二卷,北京:人民出版社,1982年,第129—130页。

先王之服,履先王之位而听焉。以民臣之义,则不可一日无君矣。不可一日无君,犹不可一日无天也。以孝子之隐乎,则孝子三年弗居矣。故曰:义者彼也,隐者此也。远彼而近此,此孝子之道备矣。

子张曰:尧舜之王,一人不刑而天下治。何则?教诚而爱深也。今一夫而被此五刑。子龙子曰:未可谓能为书。孔子曰:不然也,五刑有此教。

子张曰:仁者何乐于山也?孔子曰:夫山者□然高。□然高则何乐焉?夫山,草木生焉,鸟兽蕃焉,财用殖焉,生财用而无私为焉,四方皆代焉,每无私予焉。出云风以通乎天地之间,阴阳和合,雨露之泽,万物以成,百姓以飨,此仁者之所以乐于山者也。

其中第一条明显是讨论舜的事迹,第四条也推崇尧舜,与荀子所谓子张之儒"禹行而舜趋"(《荀子·非十二子》)的性格是一致的。第二条即便是假托孔子的话,其目的也是要抬高子张在孔门中的地位。第三条的记载与《论语》可以参看,这里更细致一些。第五条也当与《论语·雍也》"仁者乐山"之说有关,也许是借题发挥之类。

《尚书》由于基本是古代官府的文献,与政治和历史的关系是最密切的。这与《论语》所见子张思想的特点一致,也许是子张和其一派儒家喜欢《尚书》的原因。对于子张之儒的研究来说,《尚书大传》的记载最重要的意义在于,可以让我们了解其在早期《尚书》学形成中的地位和作用。

十四、二戴《礼记》中的子张

《礼记》和《大戴礼记》作为汉初保存和整理的儒家礼学文献的选本,其中保存了许多很早的资料。从整个的文本而言,它们中的大部分也许完成于汉初,但其中的素材则主要是取自先秦的。① 所以对于研究先秦的思想史而言,仍然有着重要的价值。其中也多记载孔子和其弟子事迹,关于子张的记载集中在《檀弓》和《仲尼燕居》两篇中。《檀弓》记载了子张临死的情形和他的丧礼,还有前面已经提到的子张和子夏除丧弹琴的不同表现。《仲尼燕居》记载子张与子游、子贡和孔子谈论礼的问题,重复了《论语·先进》中孔子对子张和子夏"过"和"不及"的评价,强调要一归于礼,以礼制中。其中有"子张问政"的细节,孔子的回答是:

> 君子明于礼乐,举而错之而已。

这与郭店《尊德义》诸篇的取向是完全一致的。当子张进一步追问的时候,孔子的回答道:

> 师!尔以为必铺几筵,升降酌献酬酢,然后谓之礼乎?尔以为必行缀兆,兴羽籥,作钟鼓,然后谓之乐乎?言而履之,礼也;行而乐之,乐也。君子力此二者,以南面而立,夫是以天下太平也。诸侯朝,万物服体,而百官莫敢不承事矣。礼之所兴,众之所治也;礼之所废,众之所乱也。目巧之室,则有奥阼;席则有上下,车则有左右,行则有随,立则有序,古之义也。室而无奥阼,则乱于堂室也;席而无上下,则乱于席上也;车而无左右,则乱于车也;行而无随,则乱于涂也;立而无序,则乱于位也。昔圣帝、明王、诸侯,辨贵贱、长幼、远近、男女、外内,莫敢相逾越,皆由此涂出也。

如果把这和郭店楚简中的一些言论对照,会发现它们是非常类似的。譬如《成之闻之》说:

> 是故君子衽席之上,让而受幼;朝廷之位,让而处贱。

说的正是"席则有上下"和"立则有序"。而"辨贵贱、长幼、远近、男女、

---

① 详见本书第四章关于《缁衣》的讨论。

外内,莫敢相逾越"也正是《成之闻之》和《六德》的主题。

《大戴礼记》中关于子张的记载,最值得注意的是《子张问入官》一篇。入官即是"仕进",这和《论语》中多见的"子张问政"所体现的政治兴趣是一致的。篇中多讨论治民之道,其中的核心是后面的结语:

> 故君子欲言之见信也者,莫若先虚其内也;欲政之速行也者,莫若以身先之也;欲民之速服也者,莫若以道御之也。故不先以身,虽行必邻矣;不以道御之,虽服必强矣;故非忠信,则无可以取亲于百姓矣;外内不相应,则无可以取信者矣。四者治民之统也。

若与郭店我们视为子张之儒的作品比较的话,其间的相似性是再明显不过的。"以身先之"是《成之闻之》的主题,"道御之"的说法见于《六德》,①"忠信"则见于《忠信之道》和《六德》等篇,"外内相应"主要是讲言行一致,读者在很多篇中都可以发现。这里的主题仍然是政治的问题,治民的方法成了讨论的核心。事实上,这是该派儒家从子张开始一直延续到战国末和汉初的基本问题。

第四节 子游氏之儒

作为孔子晚年最重要的弟子之一,子游在孔子没后的儒家学派中占据着重要的地位,并对后来儒家思想的展开发生了重要的影响。孟子以为子游与子夏、子张一起"皆有圣人之一体"(《孟子·公孙丑上》),虽然不及颜回等德行之儒的具体而微,但总算是在某些方面有所贡献。荀子认为子思、孟子和子游之间颇有渊源,并有"子游氏之贱儒"(《荀子·非十二子》)的说法。孟子与荀子对子游的评论当然是基于他

---

① 《六德》中的"道御止"看来应该读为"道御之",在上下文中,这几个字有些突兀,也许是对之前内容的概括之语。

们自己的背景,但从中可见子游氏之儒在战国时代的重要影响。《礼记》中关于子游的记载也比较多,其中的子游有着精通礼乐的形象,享有很高的地位,这大概符合其"文学"之儒的特点。尤其是《礼运》一篇,学者多以为是子游后学所作,被看作是研究子游氏之儒的重要文献。

一、子游与子游氏之儒

根据《史记·仲尼弟子列传》的记载,子游姓言,名偃,字子游,小孔子四十五岁,吴人。后来的文献如《孔子家语》也有子游鲁人的说法,大概是因为子游居鲁时间比较久,又在此地为官的缘故。《论语》提到子游为武城宰,看来他具有政事的才能,加上又具有孔子弟子的身份。子游治武城期间,孔子曾经来过此地,闻弦歌之声,于是有"割鸡焉用牛刀"的戏言。子游很严肃地回答这是遵循着老师的如下教诲:"君子学道则爱人,小人学道则易使也。"(《阳货》)在孔门四科中,子游与子夏同属于文学科,而且位居子夏之前。我们知道,文学的主要内涵是与礼乐制度和典籍有关。这说明在孔门弟子中,子游和子夏是礼乐之学的佼佼者。但二者的倾向似乎不同,大抵子夏重视礼的具体节目,而子游更关注礼的根本,《论语·子张》中有一段重要的记载:

子游曰:"子夏之门人小子,当洒扫应对进退,则可矣,抑末也,本之则无,如之何?"子夏闻之曰:"噫!言游过矣!君子之道,孰先传焉,孰后倦焉?譬诸草木,区以别矣。君子之道,焉可诬也?有始有卒者,其惟圣人乎?"

这里所谓末,很显然是指洒扫应对进退等而言,子游对子夏门人小子"本之则无"的批评,可以看作是对子夏的委婉批评。于是才引起子夏的不满和回应,认为为学当有本末次第,而最终的目标则是有始有卒,本末兼具。看来子夏也不反对子游所做出的本和末的区别,所谓本,也就是林放所问的"礼之本",这是孔子和弟子们一直关注的问题。弟子们也许对于其具体内涵的理解有些不同,但其基本的方向一定与心有关。子游在众弟子当中对于心的作用和意义是颇有自觉的,《论语》关于子游的记载并不多,除了上述的一则外,还有如下的几例:

  1. 子游问孝。子曰:"今之孝者,是谓能养。至于犬马,皆能有养。不敬,何以别乎?"(《学而》)

  2. 子游曰:"事君数,斯辱矣!朋友数,斯疏矣!"(《里仁》)

  3. 子游为武城宰。子曰:"女得人焉耳乎?"曰:"有澹台灭明者,行不由径,非公事,未尝至于偃之室也。"(《雍也》)

  4. 文学:子游、子夏。(《先进》)

  5. 子游曰:"丧致乎哀而止。"

  6. 子游曰:"吾友张也为难能也,然而未仁。"(以上两条见《子张》)

如果从上述材料看子游思想倾向的话,确实是偏重在内心的。就他得之于夫子的关于孝的看法而言,能养当然是外在的,所以是次要的。敬则是发自于内心的,因此是最重要的。同样,丧礼中最要紧的也是哀的情感,而不是外在的东西。他反对事君数和交友数,也可以从这个角度来理解。按照朱熹的解释,数是烦渎的意思。以事君而言,君有过当谏,但无须烦数,使心知其意则可。从这看他对子夏门徒的批评,所谓的本,正是就心说的。① 在子游看来,子夏的门徒只是关注具体的仪式,而忽略了内心的情感。但子游等对内心的过分强调,却可能导致对外在修为的忽视,荀子在《非十二子篇》中批评"偷儒惮事,无廉耻而耆饮食,必曰君子固不用力,是子游氏之贱儒也",或许与此有关。

  考察子游的思想倾向,除了上述《论语》中的直接记录外,《里仁》

---

① 梁涛以为这里的"本"是指"礼化民易俗、平治天下的功能和作用",似有不妥。梁说见《郭店竹简与思孟学派》,北京:中国人民大学出版社,2008年,第181页。

篇也是值得关注的。根据我们对于《论语》编纂过程的理解,《里仁》在记录了孔子的若干言论之后,最后附了一条子游的语录,因此该篇的编者很可能与子游或者他的门人有关。该篇的中心,乃是对于仁、孝的理解以及义利之辨。这些内容大抵都触及到礼之本和心的问题,可以看作是子游所特别留意者,也从一个侧面可以印证我们前面对于子游思想倾向的理解。

关于子游氏之儒的具体所指,如果按照郭沫若的说法,其实是包括着子思、孟子和乐正克的。① 其直接的根据,当然还是荀子在批评子思和孟子时候的一段话,其中有"以为仲尼、子游为滋厚于后世"(《荀子·非十二子》)的句子。这个句子的确值得重视,我们该相信荀子的确看到过子思、孟子称道子游的文字。而且,如果我们从子游对礼之本和心的重视,确实可以看作是子思和孟子心学的先驱。但是,把子思、孟子等归入子游氏之儒,却不一定恰当。且不说《韩非子·显学》已经把子思氏之儒和孟氏之儒并列为八派中的独立派别,即就思想的影响力而言,子思和孟子超过子游远甚。在儒家的历史中,子游等注定了仅仅是过渡性的角色。他们思想的展开要由后来者如孟子等来加以系统地完成。

二、《礼记》中的子游(一)

对于以文学著名的子游来说,《礼记》中有比较多的记载并不是一件奇怪的事情。在《檀弓》中,子游明显是以好礼和知礼者的形象出现的。《檀弓上》的第一条里就有子游向孔子请教公仪仲子应该立庶子还是立嫡孙的问题,后面还有一条他向孔子请教有关丧具问题的记载:

　　子游问丧具,夫子曰:"称家之有亡。"子游曰:"有亡恶乎齐?"

---

① 郭沫若:《十批判书》,第131页。

> 夫子曰："有,毋过礼。苟亡矣,敛首足形,还葬,县棺而封,人岂有非之者哉?"

丧具是指送终时所要准备的物事和仪式,这是丧礼的一部分。孔子认为应该根据家庭的贫富程度不同,而有所差异。但仍然有一定的标准在,譬如富裕之家不能越礼,贫穷之家则可以简化。

该篇还有一段重要的记载,牵涉到有子和曾子之间的争论,子游在其中承担了裁判者的角色:

> 有子问于曾子曰:"问丧于夫子乎?"曰:"闻之矣,丧欲速贫,死欲速朽。"有子曰:"是非君子之言也。"曾子曰:"参也闻诸夫子也。"有又曰:"是非君子之言也。"曾子曰:"参也与子游闻之。"有子曰:"然,然则夫子有为言之也。"曾子以斯言告于子游。子游曰:"甚哉,有子之言似夫子也。昔者夫子居于宋,见桓司马自为石椁,三年而不成。夫子曰:'若是其靡也,死不如速朽之愈也。'死之欲速朽,为桓司马言之也。南宫敬叔反,必载宝而朝。夫子曰:'若是其货也,丧不如速贫之愈也。'丧之欲速贫,为敬叔言之也。"曾子以子游之言告于有子,有子曰:"然,吾固曰,非夫子之言也。"曾子曰:"子何以知之?"有子曰:"夫子制于中都,四寸之棺,五寸之椁,以斯知不欲速朽也。昔者夫子失鲁司寇,将之荆,盖先之以子夏,又申以冉有,以斯知不欲速贫也。"

我们知道,有子曾经一度被奉为儒门的领袖,但由于曾子的反对而没有成功。因此,这里关于有子和曾子之间的争论就显得更加有趣。曾子说他听孔子说过"丧欲速贫,死欲速朽"的话,有子则以为"非君子之言"。曾子为了证明自己的可靠,便把子游提了出来,说子游和自己一起听闻了此言。但子游的说法却让曾子陷入到很尴尬的境地,在子游看来,夫子的说法都是有为之言,即有针对性的感慨。死欲速朽,是为桓司马言之;丧欲速贫,是为敬叔言之。即如子之武城,闻弦歌之声,而有"割鸡焉用牛刀"之戏言一样(《论语·阳货》)。这些说法不能当真,无法代表孔子正式地关于礼的理解。在这样的记载中,比较起曾子来,子游更像是一个知礼通礼的博学儒者,而曾子则是一个愚钝而不能通达大义的人。

另外的一条材料同样能够显示出子游对于礼的深厚理解,这次和子游面对的对象是有子:

> 有子与子游立,见孺子慕者。有子谓子游曰:"予壹不知夫丧之踊也,予欲去之久矣。情在于斯,其是也夫?"子游曰:"礼有微情者,有以故兴物者。有直情而径行者,戎狄之道也。礼道则不然,人喜则斯陶,陶斯咏,咏斯犹,犹斯舞,舞斯愠,愠斯戚,戚斯叹,叹斯辟,辟斯踊矣,品节斯,斯之谓礼。人死,斯恶之矣,无能也,斯倍之矣。是故制绞衾,设蒌翣,为使人勿恶也。始死,脯醢之奠,将行,遣而行之,既葬而食之,未有见其飨之者也,自上世以来,未之有舍也,为使人勿倍也。故子之所刺于礼者,亦非礼之訾也。"(《檀弓下》)

讨论的引子是两个人见到号慕的孺子,于是引发有子关于丧之踊的批评。有子的态度是:丧之踊当如孺子,一任其情,不需有节。在这个仪式中,最重要的是自然的情感。而子游则把"直情而径行者"看作是戎狄之道。礼的实质乃是对于情的品节,所谓"品节斯,斯之谓礼"。情有余者则损之,所谓"微情"是也;情不足者则兴之,所谓"以故兴物"是也。子游在此从两方面对于品节进行了说明,一是自喜而踊,情动于中,则形动于外,于是需要礼的节制,使踊之有度;一是有关死者之文饰和安葬的过程等,也是充分考虑到人们对于死者的复杂感情而为之节制的结果。子游在此充分地表现出他对于礼的理解,从根本上来说,礼是根据于人情却又是对于人情的品节。

《檀弓》材料的来源应该是多元的,如上述的材料显然具有赞美子游的色彩。另外,如《檀弓下》记载:"有若之丧,悼公吊焉,子游摈,由左。"这显然是由于子游知礼达礼的声名和地位,因此才会主持有子的

丧礼,并纠正当时流行的摈者居右的错误。而其他的一些材料则比较中立,甚至有贬损子游的意味。我们且来看以下的两条:

> 公叔木有同母异父之昆弟死,问于子游。子游曰:"其大功乎?"狄仪有同母异父之昆弟死,问于子夏,子夏曰:"我未之前闻也,鲁人则为之齐衰。"狄仪行齐衰。今之齐衰,狄仪之问也。(《檀弓上》)
>
> 司士贲告于子游曰:"请袭于床。"子游曰:"诺。"县子闻之,曰:"汰哉,叔氏!专以礼许人。"(《檀弓上》)

第一条是说公孙木和狄仪分别向子游和子夏请教有关同母异父兄弟丧礼的问题。这两位孔门文学科的高弟给出了不同的答案,从"今之齐衰,狄仪之问也"的说法来看,显然是子夏的回答对后来发生了重大的影响。第二条是说子游迁就了不合乎礼的要求,因此遭到了县子的尖锐批评,称之为"专以礼许人",即因人可以放弃礼。这两条资料或许是子游的批评者所记,后来被收入到《檀弓》之中。

三、《礼记》中的子游(二):《礼运》

《礼运》篇和子游的关系,历代的学者似乎都不否认。的确,以子游在文学科上的造诣和他对礼乐的熟悉及思考,《礼运》这篇专门讨论礼的文字出自子游氏之儒是合乎情理的。其以《礼运》名篇,孔颖达《礼记正义》曾经有如下的解释:"按郑《目录》云:'名曰《礼运》者,以其记五帝三王相变易、阴阳转旋之道,此于《别录》属通论。'不以子游为篇目者,以曾子所问,事类既烦杂,不可以一理目篇;子游所问唯论礼之运转之事,故以《礼运》为标目耳。"这一方面解释"运"的含义,另一方面又对照着同属于《礼记》的《曾子问》,提出该篇不名以《子游问》的理由。战国时期的"运"字,最著名者应该是邹衍的"主运",即五德终始,根据五行相克的关系解释从黄帝以来的历史。其所谓主运者,乃是描述主的变迁及其规律。其次如《庄子》有《天运》等,所谓天运是指天的运转。以此来看,"礼运"一词的意义,当然是描述礼的变迁和运转,以及其中内在的规律。

孔子关于礼的变迁的论述,著名的当然是有关夏殷周三代之礼相损益的说法。与此不同,《礼运》篇对礼的论述,是从著名的有关大同和小康的分别开始的:

> 大道之行也,天下为公。选贤与能,讲信修睦。故人不独亲其亲,不独子其子。使老有所终,壮有所用,幼有所长,矜寡孤独废疾者,皆有所养。男有分,女有归,货恶其弃于地也,不必藏于己;力恶其不出于身也,不必为己。是故谋闭而不兴,盗窃乱贼而不作。故外户而不闭,是谓大同。
>
> 今大道既隐,天下为家。各亲其亲,各子其子,货力为己。大人世及以为礼,城郭沟池以为固。礼义以为纪,以正君臣,以笃父子,以睦兄弟,以和夫妇,以设制度,以立田里,以贤勇知,以功为己。故谋用是作,而兵由此起。禹、汤、文、武、成王、周公,由此其选也。此六君子者,未有不谨于礼者也。以著其义,以考其信,著有过,刑仁讲让,示民有常。如有不由此者,在势者去,众以为殃,是谓小康。

这个分别的意义何在,也许可以有不同的解读。如果我们把"礼"看作是《礼运》篇的核心问题,那么大同和小康的区别也应该围绕着这个核心来理解。显而易见的是,小康的世界是一个礼义的世界,也是一个天下为家,各亲其亲,各子其子的世界。表现在政治制度上,是天子和诸侯的世袭。表现在社会生活中,是货力为己,以功为己。礼义制度和天下为家之间应该存在着必然的关系,正是天下为家各亲其亲的事实,才使得礼义的存在成为必要。禹、汤、文、武、成王、周公都是礼义英雄。从对比的角度来看,与小康相对的大同世界可以说是一个"无礼"的世界。此时天下为公,没有亲亲的观念,没有为己的想法,没有出于私意的分别。因此,礼义也就没有安放的基础。后来的注释家围于历史的观念,把大同安放在五帝的时代,以与三王的小康时代对照。其实,大同和小康的分别与其说是历史的,不如说是观念的。这个区分的实质,和礼义有着密切的关系。《正义》云:"然五帝犹行德不以为礼,三王行为礼之礼,故五帝不言礼,而三王云以为礼也。"五帝与三王、大同与小康之间的分别,被理解为德和礼之间的分别。原本在儒家的价值体系中,德和礼并不是对立的。孔子"道之以德,齐之以礼"(《论语·为政》)的说法中,突出的是它们之间的一致性。但在这里,德和礼之间则有明显的区别。

因此,在大同和小康的分别中,包含着子游氏之儒对于礼的重要理解。首先,礼的世界并不是一个最理想的世界,这是大道既隐的结果。在大道之行的大同世界中,礼的观念是不存在的。这种看法在儒家传统之中是比较特别的,更像是受到道家刺激之后而进行的回应。我们知道,老子对于礼以及仁义持批评的态度,有"失道而后德,失德而后仁,失仁而后义,失义而后礼"以及"夫礼者,忠信之薄而乱之首也"的说法。(《老子》三十八章)在老子看来,最理想的状态是道或者大道,大道失去之后才是仁义礼等。礼的出现恰恰是忠信缺乏的证明,以及社会混乱的根源。子游氏之儒当然不能认同此点,但这可能在他们的思考中留下了某些痕迹,譬如说对于礼之地位的理解。事实上,当《正义》说"然五帝犹行德不以为礼,三王行为礼之礼"时,其中的语言就体现出很明显的老子的影响。"不以为礼"和"为礼之礼"的区别很容易让我们想起老子指出的"上德无为而无以为"以及"上义为之而有以为"的不同。其次,礼的成立与世界的分别之间有着本质的联系。在大同世界中,由于没有亲疏人己的分别,因此,规定这种分别的礼也就没有存在的基础。小康的世界是一个存在着亲疏贵贱区别的世界,人己的意识以及亲亲的情感非常突出,礼的必要性也就充分地体现了出来。原本在儒家的理解中,礼的一个重要精神就是分别。作为一种秩序,礼不过是对这种分别的确认。第三,在一个分别的世界中,礼义的存在与否就成为社会治乱的依据,得礼则兴,失礼则亡。人伦秩序赖礼得以建立,道德价值赖礼得以确立。

《礼运》篇最重要的内容是对于礼的理解。在这方面,子游氏之儒提出了一个很重要的说法,这就是"夫礼,先王以承天之道,以治人之情。"上承天道,下治人情,这就是礼的本质。就上承天道的一面来说,《礼运》提出了"礼必本于天"的说法:

> 是故夫礼必本于天,殽于地,列于鬼神,达于丧、祭、射、御、冠、昏、朝、聘。故圣人以礼示之,故天下国家可得而正也。

礼一定要取则于天,效法于地,致敬于鬼神。其具体的表现则是丧、祭、射、御、冠、昏、朝、聘,即礼的八个具体领域。关于则天法地的意义,《正义》引《左传·昭公二十五年》的一段话来加以说明:

> 夫礼,天之经也,地之义也,民之行也。天地之经而民实则之。则天之明,因地之性,生其六气,用其五行。气为五味,发为五色,章为五声,淫则昏乱,民失其性。是故为礼以奉之:为六畜、五牲、三牺,以奉五味;为九文、六采、五章,以奉五色;为九歌、八风、七音、六律,以奉五声;为君臣上下,以则地义;为夫妇、外内,以经二物;为父子、兄弟、姑姊、甥舅、婚媾、姻娅,以象天明;为政事、庸力、行务,以从四时;为刑罚、威狱,使民畏忌,以类其震曜杀戮;为温慈、惠和,以效天之生殖长育。

两者当然不能等同,但《左传》的这段话可以帮助我们理解《礼运》的说法。这实际上是对礼之根据和内容的认识。《论语》中所讨论的礼之本,比较偏重在人心的方面,《礼运》的说法,可以看作是对此的补充。与此相关的是,该篇还有"礼必本于大一"之说:

> 是故夫礼,必本于大一,分而为天地,转而为阴阳,变而为四时,列而为鬼神。其降曰命,其官于天也。夫礼必本于天,动而之地,列而之事,变而从时,协于分艺,其居人也曰养,其行之以货

力、辞让、饮食、冠、昏、丧、祭、射、御、朝、聘。

大一(太一)是一个和道家关系更密切的观念。《庄子·天下》篇说关尹、老聃"建之以常无有,主之以太一",郭店竹简中有《太一生水》篇,以太一为天地阴阳之本。《吕氏春秋·大乐》等篇中也有关于太一的记载。从这里"礼必本于大一,分而为天地"的说法来看,大一显然较天地阴阳更为根本。《礼运》这里的说法或许是受到了当时流行的太一观念的影响。此说法的意义在于把礼和世界本原联系在一起,从而把礼的基础安放在世界的根基之上。与此相比,"礼必本于天"的说法更具有实际的内容。表现在礼的上面,首先便是对于天地鬼神等的祭祀:

> 故祭帝于郊,所以定天位也;祀社于国,所以列地利也;祖庙,所以本仁也;山川,所以傧鬼神也;五祀,所以本事也。故宗祝在庙,三公在朝,三老在学,王前巫而后史,卜筮瞽侑皆在左右。王中心无为也,以守至正。故礼行于郊,而百神受职焉;礼行于社,而百货可极焉;礼行于祖庙,而孝慈服焉;礼行于五祀,而正法则焉。故自郊社、祖庙、山川、五祀,义之修而礼之藏也。

此祭祀的目的当然是为了教化百姓,使之归于孝慈、法则。但为什么会有此祭祀,却不能够完全从目的来获得了解。在《礼运》篇看来,天地等不是和人无关的存在:

> 故人者,其天地之德,阴阳之交,鬼神之会,五行之秀气也。

人乃是天地和合之所生,天秉阳,地秉阴,因此又是阴阳之交。所谓鬼神之会,《祭义》云:"气也者,神之盛也;魄也者,鬼之盛也。"气魄之会,则构成人的形体和精神。五行之秀气,当指人之一身,兼具五行之气,其表现则是仁义礼知圣之德。《正义》以为五行之秀气指仁义礼知信而言,如果考虑到子游氏之儒和子思的关系,那么这里的五行也许和《五行》篇所说的仁义礼知圣更加接近。总之,《礼运》把人看作是天地、阴阳、鬼神和五行的凝聚，在这个意义上，又有"人者天地之心"的说法：

> 故人者，天地之心也，五行之端也，食味、别声、被色而生者也。故圣人作则，必以天地为本，以阴阳为端，以四时为柄，以日星为纪，月以为量，鬼神以为徒，五行以为质，礼义以为器，人情以为田，四灵以为畜。

无论如何，人为天地之心的说法是对于人在这个世界之中特殊地位的肯定。如果我们把心看作是形之君，那么人就是天地之中的万物之君。当然，这个说法的另一个意义是把人紧密地安放在天地之中。所以圣人作则制礼之时，一定要以天地为本，以阴阳为端。不如此，则不足以治人情。其实人情不是别的，也仍然是天地之气在人之中的表现。根据《左传·昭公二十五年》记载的子产和子大叔的看法：

> 民有好、恶、喜、怒、哀、乐，生于六气。是故审则宜类，以制六志。哀有哭泣，乐有歌舞，喜有施舍，怒有战斗。喜生于好，怒生于恶，是故审行信令，祸福赏罚，以制死生。生，好物也；死，恶物也；好物，乐也；恶物，哀也。哀乐不失，乃能协于天地之性。

人的情感来自于天的六气，即阴、阳、风、雨、晦、明。正如六气需要以时出入一样，好恶等情感也需要一定的节制，才能够合于天地之性。所以哀乐喜怒都要以某种合秩序的方式表现出来，如哀有哭泣，乐有歌舞之类。《礼运》篇把这看作是在"以承天道"之外的礼最重要的意义之一，所谓"以治人情"。该篇对此有详细的讨论：

> 故圣人耐以天下为一家，以中国为一人者，非意之也，必知其情，辟于其义，明于其利，达于其患，然后能为之。何谓人情？喜、怒、哀、惧、爱、恶、欲，七者弗学而能。何谓人义？父慈、子孝、兄良、弟弟、夫义、妇听、长惠、幼顺、君仁、臣忠，十者谓之人义。讲信修睦，谓之人利，争夺相杀，谓之人患。故圣人之所以治人七

情,修十义,讲信修睦,尚辞让,去争夺,舍礼何以治之?饮食男女,人之大欲存焉。死亡贫苦,人之大恶存焉。故欲恶者,心之大端也。人藏其心,不可测度也。美恶皆在其心,不见其色也。欲一以穷之,舍礼何以哉!

一个理想世界的建立不是出自圣人的想象,而是综合了情、义、利、害四方面的考虑。在这中间,情是最基础性的。《礼运》篇后文有个很形象的比喻,"以人情为田",人情就是圣人耕种的土壤,一切的收获都要建立在此基础之上。什么是人情?"喜、怒、哀、惧、爱、恶、欲,七者弗学而能。"首先,人情是不学而能的东西,这里虽然没有提到性的概念,却是隐含在其中的。我们可以认为《礼运》篇的作者对于人性的观念是成熟于心的。其次,就先秦时期的文献而言,提到人情的时候,有不同的表述。如前述《左传·昭公二十五年》的记载是喜怒哀乐好恶,郭店竹简《性自命出》是喜怒哀悲和好恶,《中庸》是喜怒哀乐,《荀子》是好恶喜怒哀乐,在这里则是喜怒哀惧爱恶欲七情之说。比较起来,其他的文献大体上是一个系统的表述,《礼运》则显得有些特殊。这种特殊性,我觉得或许和阴阳五行观念的影响有关。《礼运》对礼的论述,一个别致处在于有着浓厚的阴阳和五行的气息。从这个角度来看,七情其实可以分成两类:一类是喜怒哀惧爱五种,另一类是欲恶。后文有"故欲恶者,心之大端也"的说法,可以作为这种划分的一个证明。这个划分的实质,其实是以欲恶对应着阴阳,以喜怒哀惧爱对应着五行。这样的话,阴阳和五行的法则很自然地就可以成为治理人情的原则。第三,情欲是自然的赐予,如饮食男女等,这是无法避免的东西。其所以需要治理,需要节制,乃是它的不可测度性。"人藏其心,不可测度也。美恶皆在其心,不见其色也",这里所谓心显然不是孟子说的良心,而是作为情欲的心,此心可美可恶,藏于胸中。如果任此心任意地表现,是很危险的事情。在此,礼作为情的节制者的必要性充分地体现了出来。

作为人情的节制者,礼又是根据什么建立起来的呢?《礼运》给出的直接答案是义,间接的答案还包括仁等。"故礼也者,义之实也。协诸义而协,则礼虽先王未之有,可以义起也。义者,艺之分,仁之节也。协于艺,讲于仁,得之者强。仁者,义之本也,顺之体也,得之者尊。"因此,在人情之后,人义就自然地被提了出来。情是自然的情感,义则是用来规范人们之间关系的当然法则。《性自命出》把义看作是节制情的原则,以为道"始者近情,终者近义"。这个思路可以看作是儒家的一般思路,因此也是子游氏之儒的思路。"故圣王修义之柄、礼之序,以治人情。故人情者,圣王之田也,修礼以耕之,陈义以种之",礼义是耕种人情者,从这个角度说,与七情相对的十义,究其实乃是对于七情的节制。所谓十义,指的是处理父子君臣夫妇兄弟长幼这五对关系的基本原则。"父慈、子孝、兄良、弟弟、夫义、妇听、长惠、幼顺、君仁、臣忠,十者谓之人义。"在这种节制之下,其他的情感都要让位于这些伦理的法则。譬如就父子而言,他们的喜怒哀乐都要让位于父亲的慈和儿子的孝,而此种慈和孝也就构成了制作父子之礼的依据。君臣、夫妇等莫不如此。子游氏之儒显然还没有把此十义视为不学而能者,它们是必须的,却非内心固有的。

《礼运》篇对于礼的论述是相当全面的。在承天之道、治人之情的基础上,该篇系统论述了礼之于人和世界的意义,提出了礼为人之大端、礼为君之大柄等说法。我们先来看礼义为人之大端之说:

> 故礼义也者,人之大端也。所以讲信修睦,而固人之肌肤之会,筋骸之束也。所以养生送死,事鬼神之大端也。所以达天道顺人情之大宝也。故唯圣人为知礼之不可以已也,故坏国、丧家、亡人,必先去其礼。

礼义对人的意义是全面的,讲信修睦说的是与他人的关系,"固人之肌肤之会,筋骸之束"是指对自己容貌、颜色、辞令等的要求,养生送死、事鬼神是就人与祖先的关系而言。在这些关系中,若要达天道顺人情,则非礼莫能实现。孔子关于礼曾经有"约之以礼"(《论语·雍也》、《颜渊》)和"不学礼,无以立"(《季氏》)等说法,这里所论,可以看作是进一步的发展。

对于关心政治的儒家而言,礼对于君主的意义显然是更值得重视的。在这里,《礼运》提出了礼者君之大柄之说:

> 是故礼者,君之大柄也,所以别嫌明微、傧鬼神、考制度、别仁义,所以治政安君也。故政不正,则君位危;君位危,则大臣倍,小臣窃。刑肃而俗敝,则法无常;法无常则礼无列;礼无列则士不事也。刑肃而俗敝,则民弗归也。是谓疵国。
>
> 故政者,君之所以藏身也。是故夫政必本于天,殽以降命。命降于社之谓殽地,降于祖庙之谓仁义,降于山川之谓兴作,降于五祀之谓制度。此圣人所以藏身之固也。

可以对比的是韩非二柄的说法,其所谓二柄是就赏罚而言。《礼运》把礼作为君之大柄,显然是认为这是君主治国最根本和重要的手段。国家之治乱、君主之安危全系于此。礼所以治政,政所以藏身,因此《礼运》极言礼对治国而言的重要性:

> 故治国不以礼,犹无耜而耕也。为礼不本于义,犹耕而弗种也。为义而不讲之以学,犹种而弗耨也。讲之以学,而不合之以仁,犹耨而弗获也。合之以仁,而不安之以乐,犹获而弗食也。安之以乐,而不达之于顺,犹食而弗肥也。四体既正,肤革充盈,人之肥也。父子笃,兄弟睦,夫妇和,家之肥也。大臣法,小臣廉,官职相序,君臣相正,国之肥也。天子以德为车,以乐为御,诸侯以礼相与,大夫以法相序,士以信相考,百姓以睦相守,天下之肥也。是谓大顺。大顺者,所以养生、送死、事鬼神之常也。故事大积焉而不苑,并行而不缪,细行而不失,深而通,茂而有间,连而不相及也,动而不相害也。此顺之至也。

由礼而义,由义而学,由学而仁,由仁而乐,由乐而顺,这些因素的综合造就了人、家、国和天下之肥,《礼运》称之为大顺。此大顺的状态虽然还不及大同,但在小康世界中已臻极至。

在早期儒家的文献中,《礼运》篇可以看作是一篇专门讨论礼的内容、根据和意义的文字。其规模和深度足以媲美于《荀子·礼论》,而其角度和立场则有重要的差异。《礼论》从礼起于何也的问题开始,经过礼有三本和礼为人道之极的论述,而归结到礼谨于治生死者也。该篇的后半部分几乎就是围绕着丧礼的讨论。比较而言,《礼运》篇更能呈现礼的全体大用,并围绕着天道和人情两方面展开论述,尤其注重礼在政治生活中的作用。

第四章

郭店竹简的意义

第一节　郭店竹简《缁衣》的研究

《礼记》中的《缁衣》,在其总共四十九篇之中并不算引人注目。但自从在郭店楚墓竹简中发现了迄今为止最早的传本以后,学者们对它的兴趣就突然增加了起来。① 而且据说在上海博物馆收藏的战国竹简中还有另外一个甚至两个《缁衣》的传本存在,② 更说明该文献在战国中后期就已经得到了广泛的流传。(而且在并非儒家传播中心地区的楚国)在郭店竹简属于儒家类的篇目中,由于仅仅《缁衣》一篇才有传世本可以对照,所以它的研究价值就更为丰富。除了思想史上的意义

---

① 其释文见荆门市博物馆编:《郭店楚墓竹简》,北京:文物出版社,1998年。以及李零:《郭店楚简校读记》,载于《道家文化研究》第十七辑,北京:三联书店,1999年。

② 根据饶宗颐先生的一些口头报告,上海博物馆藏竹简中应该包括两个不同的《缁衣》文本,一个比较完整,另外一个则残缺不全。

外,对于考察古代文献特别是儒家文献的流传与演变的情形也提供了重要的线索。本文对《缁衣》的研究,在全面考察的基础上,将会特别注意考察隐藏在不同版本背后的编者意图,并提出儒家文本流传过程中"寓作于编"的现象,希望能够藉此加深对古代文本性质的认识。

一

郭店本《缁衣》原无篇名,但因其与《礼记·缁衣》篇的内容基本相同,而且首章首句中有"缁衣"的字眼,所以整理者据此将其命名为《缁衣》。该篇在竹简中即分章,篇末还有"二十有三"的字眼,显然是章数统计,可知竹简《缁衣》有二十三章。该篇每章都以"子曰"开始,然后是引申或发挥的文字,最后引《诗》或者《书》以为证,形式非常整齐。《礼记》本《缁衣》与之相比,最直接的差别是多出了两章。其中一章在《礼记》本中居于篇首,其文曰:

> 子言之曰:为上易事也,为下易知也,则刑不烦矣。

这一章很简单,体例也和其他章不同,很多学者已经指出,这里"子言之"的用法与篇中其他章都称"子曰"明显不同,应该是后来出于某种需要增加的。比较《礼记》中的《表记》和《坊记》,会发现他们在篇首或者篇中一个段落的开始,也都是采取"子言之"的形式,《礼记》本《缁衣》与此是一致的。按照沈约的说法,这几篇都是取自于《子思子》,所以体例相同,也许在《子思子》中就已经是如此。另外一章很长,其文曰:

> 子曰:小人溺于水,君子溺于口,大人溺于民,皆在其所亵也。夫水近于人而溺人,德易狎而难亲也,易以溺人。口费而烦,易出难悔,易以溺人。夫民闭于人,而有鄙心,可敬不可慢,易以溺人。故君子不可以不慎也。《大甲》曰:"毋越厥命以自覆也";"若虞机张,往省括于厥度则释。"《兑命》曰:"惟口起羞,惟甲胄起兵,惟衣裳在笥,惟干戈省厥躬。"《大甲》曰:"天作孽,可违也;自作孽,不

可以遁。"《尹吉》曰："惟尹躬天，见于西邑；夏自周有终，相亦惟终。"

与其他章相比，这一章的篇幅明显要长很多。其意义我们后面将会涉及到，这里暂且放下不提。

除了多出的这两章以外，我们在《礼记》本与郭店本《缁衣》的其他二十三章之间基本上可以发现对应的关系，不过《礼记》本的某些章多出了一些文字。但是，最重要的差别是结构上的，即它们排列各章的次序有非常大的不同。这种差异是如何出现的，其性质如何，譬如是有意的编纂行为还是无意的错简？后面的分析会指出，这是编者有意识的行为。换句话说，郭店本和《礼记》本《缁衣》的编者出于不同的考虑，因此对类似的材料进行了不同的编排。对这种情形我们应该如何估计呢？譬如，我们是把它们看作同一个文本的不同流传形式，还是干脆可以视之为两个不同的文本？

这个问题是非常重要的，特别是对于古代的文本研究而言。较早的文本往往是流动的、不定型的。这一方面是受传播材料的限制，因此文本的传播还没有完全摆脱口头流传的影响，文字常常在流传过程中发生一些无意的变异；而另一方面，我们也要到与文本流传有关的人那里去找理由。这些人都是潜在的编者，他们会把自己的想法以某种方式注入到文本之中。郭店材料中典型的例子是《老子》，不管郭店《老子》的性质如何，与通行本相比，它们在篇章结构上面的差别都是巨大的。如果以通行本为参照系，在这里相连的章，在郭店的文本之中几乎都不再接续。这种差异显然应该被看作是编者有意的行为，按照我的理解，郭店的三本《老子》是按照主题被组织在一起的，以适应某种特殊的需要。① 郭店与通行本的组织方式显然不同。这个时候，你不能够说郭店《老子》和通行本是同一个文本，譬如你不能从郭店

---

① 参看王博：《关于郭店楚墓竹简〈老子〉的结构与性质》，载于《道家文化研究》第十七辑。

《老子》就推出通行本《老子》一定就存在,反之亦然。类似的情形也见于《五行》篇,以郭店和马王堆的文本比较,除了后者多出"说"的部分以外,即便在二者共有的所谓"经"的部分,它们之间也有明显的差异。根据庞朴先生的概括,在二者不同的地方,帛书是先分别谈仁义礼智圣之所以,然后对此再做进一步的论述,最后总括这五行和仁义礼智四行。而竹简则是先谈圣智,再论仁义礼,然后再谈圣智、五行、四行和仁义礼。庞朴先生总结这种差别说:

> 两书在这一处的次序差异,不是错简所致,不是手笔之误,也不像是出自两个来源,而是理解上的不同。帛书按照仁义礼智圣的次序谈,循序而进;竹书则先谈圣智,把最重要的放在最前面。根据这种理解,竹书或帛书的主人,乃有意识地对原书次序做了一下调动。①

这种理解是正确的。像竹帛《五行》篇之间这样复杂而有序的差别,如果要排除有意的编纂者,而归之于错简或者其他的原因,是不可想象的。而编纂的目的,则是在旧的文本中注入新的想法。冯友兰先生论述中国哲学史的时候,喜欢说的一句话是"旧瓶装新酒",他主要是指解释者(注释者)把新的想法通过注释的方式加入到旧的经典(文本)之中。其实像文本的改编者,做的也是"旧瓶装新酒"的工作。他们往往不说自己"作"了什么,他们只是在"述",但是这种"作"已经存在于"述"里面了。

这样看来,所谓的"旧瓶装新酒",至少可以有两种不同的方式。一种是注释或解释,一种是改编。前一种学者已经谈论的很多,后一种似乎还没有引起足够的注意。其实,这种借改编来表达自己某种想法的情形,可以说是儒家的老传统。儒家的宗师孔子,其实就是一个

---

① 庞朴:《竹帛五行篇校注及研究》,台北:万卷楼图书有限公司,2000年,第92页。邢文先生对此也有讨论,参见姜广辉主编:《中国哲学》第二十辑,沈阳:辽宁教育出版社,1999年。

最大的编纂者,也是一个最大的借改编某些文本来表达自己想法的典型。根据《史记·孔子世家》等处的说法,孔子对于古代的《诗》、《书》、《乐》、《春秋》等都进行了重新编定的工作。譬如古诗有三千多篇,孔子取其合于礼义者三百余篇,作为课本教授学生。这种取舍显然是一种有意识的改编,它有一个取舍的标准,就是看是否合乎"礼义"。对其他文本的改编也是如此,司马迁说"至于为《春秋》,笔则笔,削则削,子夏之徒不能赞一辞",可以看出这种编纂其实是一项非常严肃认真的事情。在后儒看来,孔子于"笔削"之间,就存在着"微言大义"。这种改编当然不是完全创造新的文献,从这个意义上说,它是旧的,就如孔子说自己是"述而不作,信而好古"(《论语·述而》)。但"古"有很多内容,孔子"述"什么,不"述"什么,本身就是有意识选择的结果。而这种选择往往又通过"编"的形式表现出来。所以从其用一定的想法对文本进行了改造而言,它又是新的。我们就可以说,孔子的"述而不作,信而好古"其实是"借述而作,寓作于述"。

在这样的背景之下看郭店和《礼记》本《缁衣》在结构等方面的差别,也许我们可以思考更多的问题。这涉及到对古代文本的一般理解,以及对包括《礼记》在内的许多书籍的看法。以下,我们先从讨论郭店和《礼记》本《缁衣》的差别开始。

二

从版本学的角度来说,郭店本《缁衣》和《礼记》本《缁衣》的差别是非常显著的。已经有几篇文章都讨论到这一点,[①]不过,我们还是要从自己的角度出发做一些概括。

首先是结构上的。一般而言,结构指的是文章的组织方式,而次序是其中主要的一部分。郭店本《缁衣》与《礼记》本《缁衣》内容略同,

---

① 已知的文章可参见姜广辉主编:《中国哲学》第二十辑,以及武汉大学中国文化研究院编:《郭店楚简国际学术研讨会论文集》,武汉:湖北人民出版社,2000年。

但在次序上有明显的差异,从而体现出两者不同的组织原则。初看之下,郭店本的次序似乎更能让人发现编者(或作者)的存在。全篇二十三章,大体可以分成四个部分:

第一部分是一到八章,以"好恶"为中心进行论述,认为君主的好恶会被臣民所效法,所以要小心谨慎。第八章的"故上之好恶,不可不慎也,民之表也",很明显有结语的味道。该部分除了第二章和第七章外,其他几章中都出现好恶这两个字,这显然是编者有意的安排。而且,虽然没有出现"好恶"的字样,但第二章引用《诗经》中的"淑人君子,其仪不忒"句,第七章中引用《诗经》"成王之孚,下土之式"的话,表明君主为臣民榜样的意思,正与本部分其他章的说法呼应。

第二部分是九到十三章,主要说明君主治国的方法,其核心是明德慎罚。其中提到尊贤人、敬大臣、教以德、齐以礼等,与《论语》及《中庸》的一些说法一致。

第三部分是十四到十九章,全部围绕着的是言行的问题。这里的"言"并非一般的说话,而是王者之言,有政令的意思。这部分的中心是说君子要言行相顾,这样才可以获得民众的信任。

第四部分是余下的四章,主要讨论的是朋友之道。儒家视朋友为五伦之一,见于《中庸》,所以非常重视交友之道。《论语·季氏》中就有损益之说,这里说朋友不以私惠,即合乎《卫灵公》"群而不党"的意思。又说交友要能好能恶,与富贵或贫贱无关,其标准应是好仁恶恶。

郭店本的这四个部分之间既相对独立,又互相补充,重点是阐明为君之道。编者依照主题,将相同或类似的内容安排在一起,足见其用心。与此相比,《礼记》本《缁衣》的次序表面上看起来虽然没有这样整齐,但仍然有其明显的编辑原则。我们来分析一下《礼记》本《缁衣》的结构。

《礼记》本《缁衣》开始的一章,不见于郭店本,如很多学者已经指出的,在原来《缁衣》的本子中,此章也不当有。一是因为古书命名的习惯,一般是取篇首几字为该篇的篇名。"缁衣"二字,正在郭店本的首章首句之中,但在《礼记》本中,包含"缁衣"字样的文字却放在了第二章,显然不合乎这个通例。其二,该篇各章都以"子曰"开头,无一例外,而《礼记》本的首章则是"子言之曰",与《表记》、《坊记》相同,明显可以知道是将这几篇文献编辑在一起的时候,为追求统一的体例而做的改变,但绝非原来的样子。从这似乎就可以说,《礼记》本的《缁衣》一定是个改编本。我们先举前三章为例,①来具体说明编者的想法:

  1.子言之曰:为上易事也,为下易知也,则刑不烦矣。

  2.子曰:好贤如缁衣,恶恶如巷伯,则爵不渎而民作愿,刑不试而民咸服。《大雅》曰:"仪刑文王,万国作孚。"

  3.子曰:夫民,教之以德,齐之以礼,则民有格心;教之以政,齐之以刑,则民有遁心。故君民者,子以爱之,则民亲之;信以结之,则民不倍;恭以莅之,则民有孙心。《甫刑》曰:"苗民匪用命,制以刑,惟作五虐之刑曰法。"是以民有恶德,而遂绝其世也。

这三章之所以放在一起,并非偶然。读者很容易就可以看出,其中每一章都与"刑"的问题有关。这正是它们联系在一起的理由。第三章明确提出了德与刑两种统治方法的对立,所以在后面的第四到第六章,就从正面来阐述作为德治核心内容的"仁政",特别是第五和第六章,其内容如下:

  5.子曰:禹立三年,百姓以仁遂焉,岂必尽仁?《诗》云:"赫赫师尹,民具尔瞻。"《甫刑》曰:"一人有庆,兆民赖之。"《大雅》曰:"成王之孚,下土之式。"

  6.子曰:上好仁,则下之为仁争先人。故长民者,章志、贞教、尊仁,以子爱百姓,民致行己以说其上矣。《诗》云:"有梏德行,四

---

① 这里的论述参考了芝加哥大学夏含夷教授在 2000 年该大学举办的"战国考古"工作会议中发表的意见。

国顺之。"

这完全是要求统治者好仁、行仁政,与前面尊德抑刑的看法正相一致。仅凭此就可以看出,《礼记》本《缁衣》的组织原则与郭店本非常不同。

结构上的差异之外,郭店本和《礼记》本《缁衣》之间在文字上也有很多不同。而且,这个不同主要是体现在《礼记》本多出了一些文字。譬如郭店本第五章是:

> 子曰:民以君为心,君以民为体。心好则体安之,君好则民欲之。故心以体废,君以民亡。《诗》云:"谁秉国成,不自为正,卒劳百姓。《君雅》曰:"日暑雨,小民惟曰怨。资冬祁寒,小民亦惟曰怨。"

与之相对应的是《礼记》本的第十七章,其文如下:

> 子曰:民以君为心,君以民为体。心庄则体舒,心肃则容敬。心好之,身必安之;君好之,民必欲之。心以体全,亦以体伤,君以民存,亦以民亡。《诗》云:"昔吾有先正,其言明且清,国家以宁,都邑以成,庶民以生。谁能秉国成,不自为正,卒劳百姓。"《君雅》曰:"夏日暑雨,小民惟曰怨,资冬祁寒,小民亦惟曰怨。"

如果把《缁衣》每章的文字分为两部分,即"子曰"的部分和称引经典部分的话,可以发现,这两部分内容在《礼记》本中都有了增加。"子曰"部分内容的增加可以看作是文意上进一步的补足,对内容虽然没有实质性的影响,但感觉上仍然会有一些变化。如郭店本"民以君为心,君以民为体"句的后面,《礼记》本增加了"心庄则体舒,心肃则容敬"的话,通过对心和体关系的描述,就突出了君主的主导地位。同样,郭店本"故心以体废,君以民亡"的文字,到了《礼记》本中,就变成了"心以体全,亦以体伤,君以民存,亦以民亡"。前者只偏重在否定的方面,后者则正反兼顾。因为"子曰"部分的这种变化,随后就影响了对经典的引用。不难发现,《礼记》本该章引用《诗》、《书》的文字都较郭店本为

多,以引《诗》为例,郭店本的文字是这样的:

> 谁秉国成,不自为正,卒劳百姓。

到了《礼记》本,则变成了如下的文字:

> 昔吾有先正,其言明且清,国家以宁,都邑以成,庶民以生。
> 谁能秉国成,不自为正,卒劳百姓。

两相比较,郭店本的引《诗》,只是在说明"心以体废,君以民亡"的道理,与该本中"子曰"部分的内容是呼应的。而《礼记》本为了照应"子曰"部分文字的增加,所以也补充了从正面说明"心以体全……君以民存"的文字,这正是引《诗》部分多出的"昔吾有先正,其言明且清,国家以宁,都邑以成,庶民以生"的主题。从这个例子不难看出,《礼记》本文字的增加也不是随意进行的,它是编者有意识的安排。

在引用经典文字增加的例子中,另外一种情形是,虽然"子曰"部分的内容没有改变,但《礼记》本的编者认为增加了的引文较之原引文更能恰当地说明该部分的主题,所以要作出增加。以郭店本第九章为例:

> 子曰:长民者,衣服不改,从容有常,则民德一。《诗》云:"其容不改,出言有训,黎民所信。"

与之对应的《礼记》本内容如下:

> 子曰:长民者,衣服不贰,从容有常,以齐其民,则民德一。《诗》云:"彼都人士,狐裘黄黄,其容不改,出言有章;行归于周,万民所望。"

也许《礼记》本的编者认为"彼都人士,狐裘黄黄"的《诗》句与"子曰"部分的"衣服"二字呼应密切,所以补充了这两句话。这与上述的情形虽有不同,但在经典的引用和"子曰"部分的呼应上面,还是一致的。

说到对经典的引用,我们知道这是儒家著作的一个重要特点,所以他们对这点是非常重视的。这个方面,除了上述《礼记》本较之郭店本多出了一些文字之外,另外还有两个值得注意的现象。一个是引用《诗》、《书》的次序,另一个是《礼记》本增加了对《周易》的引用。

先来看第一点,在郭店本《缁衣》中,引用的经典仅限于《诗》、《书》。按照先秦时期一般的习惯,人们说到《诗》、《书》的时候,都是《诗》先《书》后。郭店本的《缁衣》符合这个习惯,凡是在一章中同时引用二者的时候,郭店本一定是先引《诗》,后引《书》,从无例外。但是在《礼记》本中,就发生了一些变化,虽然有几处和郭店本一致,但在几个地方,它却把《诗》、《书》的引用次序颠倒了过来,变成了先《书》后《诗》。这几例分别对应于郭店本的如下各章:

1. 郭店本第二章,先引《诗》,后引《尹诰》。《礼记》本变成先引《尹诰》,后引《诗》;

2. 郭店本第七章,先引《诗》,后引《吕刑》。《礼记》本变成先引《甫刑》(即《吕刑》),后引《诗》;

3. 郭店本第十八章,先引《诗》,后引《君陈》。《礼记》本变成先引《君陈》,后引《诗》。

我们知道,在经学史上,曾经存在着不同的经典排列顺序。就六经来说,《诗》、《书》、《礼》、《乐》、《易》、《春秋》是一种,《易》、《书》、《诗》、《礼》、《乐》、《春秋》又是一种。不同的排列顺序体现着对不同经典的重视程度的差异。譬如《汉书·艺文志》采取后一种次序,这与当时对《周易》的推崇是分不开的。班固以其余五经分别对应了五常,而《易》则是它们共同的源头。这就把《易》放在了最根本的地位。他说:

> 六艺之文,乐以和神,仁之表也;诗以正言,义之用也;礼以明体,明者著见,故无训也;书以广听,知之术也;春秋以断事,信之符也。五者,盖五常之道,相须而备,而易为之原。

从这个角度来看《礼记》本《缁衣》对《诗》、《书》次序的调整,应该包含着抬高《书》经地位的考虑。这是值得注意的一种倾向。

第二点是《礼记》本《缁衣》增加了对《易》的引用,这见于最后一章。该章说明"恒"的问题,并涉及到卜筮,郭店本中只引了《诗》,《礼记》本则加入了引用《周易》的内容。其中恒卦九三的爻辞"不恒其德,或承之羞"在《论语·子路》篇中就出现过。就《周易》在儒家经典系统中的位置而言,客观地说,在先秦时期并没有被特别重视。孟子中固然不见《易》的踪影,在《荀子》中,它也很难和《诗》、《书》、《礼》、《乐》、《春秋》等五经并列。很多学者说《周易》的发迹是在秦始皇"焚书坑儒"之后,大体是不错的。《缁衣》的引用《周易》,固然与该章牵扯到卜筮,《周易》恰巧是卜筮之书有关。但同时,也是《周易》地位上升的表现。这表明《周易》和《诗》、《书》一样,在此时已经成为不可忽略的经典,所以需要从中寻找立说的依据。

三

从形式上来说,郭店本《缁衣》每一章都以"子曰"开头,其体裁带有语录的性质,与《论语》有类似之处。全篇由相对独立的二十三章组成,也可以说是二十三条语录。作为语录的汇编,各条的先后本身并没有固定的次序可言。从这个角度来说,并没有郭店本和《礼记》本《缁衣》哪一个更接近于原貌的问题。当然,从时间上讲,一定有一个最先出现的版本,这是没有问题的。但这个最先出现的版本是怎样的,我们无法得知,所以讨论这个问题并没有什么大的意义。但是,讨论一下造成不同版本之间差别的原因,却是有必要的。

对待像郭店本和《礼记》本《缁衣》之间结构差别的问题,可以有两种完全不同的解释方法。一种解释是,这个差别并没有什么特别的意味,它完全是由于竹简的错乱所致。但是,从考古发现的竹简实例来看,这种可能性微乎其微。因为竹简的抄写是连续的,并非以章为单位,抄写完一章,就另外换一支简。如果是偶然的或极小的差别,还可以归咎于错简。像郭店本和《礼记》本《缁衣》这样整体的不同,无论如何是不能用错简来解释的。因此,我们只能求助于另一种解释,即不同的结构完全处于有意的安排,体现了编者的不同想法。我们现在要做的就是,通过分析文本不同的结构,来尽量还原不同的编辑意图。

可以从《礼记》本开始,如上节所述,编者把对"刑"的反省置于开篇的位置,与郭店本强调"好恶"有很大的差异。一般而言,古人的著述,开始的部分总是很重要的,往往能够看出作者或编者关心的重点和主题。在我看来,如果考虑到《礼记》本《缁衣》可能出现较晚,那么,它开篇就讨论"刑",无疑蕴涵着重要的时代特征。如我们熟知的,由于秦帝国一任法治,导致很快灭亡,所以汉初的学者们在总结秦亡汉兴的经验教训时,多有关于刑法问题的反省,并主要发展出崇尚德治(儒家)或者无为(道家)两个不同的方向。《缁衣》篇首对刑的态度,主张"刑不试"、"刑不烦",德礼之治高于刑法之治,虽然也是儒家传统的主张,但在某个特定的时期被突出出来,仍然值得特别的注意。它体现了汉初儒家对秦帝国覆亡事件的反省,而这一点是具有普遍意义的。所以《礼记》本《缁衣》最有可能是汉初的儒者对原有《缁衣》进行改编的结果。它也使我们注意到,汉初儒家的反省可以包括不同的途径,一种是如陆贾、贾谊般直接著书,另一种则是通过对古书的改编来完成。前一种可以说是"作",后一种则可以称为"寓作于编"。当然,形式虽然不同,其基本的指向则无二致。

从这个角度来看《礼记》本《缁衣》增加的两章,第一章对"刑"的反对,固然与汉初"刑德"的主题有关。而后面较长的一章,"大人溺于民"的说法一方面与原来就有的"心以体废,君以民亡"的表述类似,另一方面,似乎也有着很强的现实感和针对性。这样的增加,更突出了民的力量和破坏性,大人可以在民中毁灭。这更像是经历了秦帝国灭亡之后的口吻。

比较起来,郭店本的安排表现出编者更重视"好恶"的问题,包括君主的好恶和民的好恶。实际上,从孔子起,儒家在推动以"礼"为中心的社会秩序学说时,就十分注意人情的因素。[①] 孔子开始强调的"仁"的原则本身就包含着"能好人,能恶人"(《论语·里仁》)的规定在内。所以,与礼乐制度的讨论相关,早期儒家就十分关注性情的问题,并提出了不同的性情学说。[②] 而"好恶"正是所谓"人情"的核心部分。[③] 在《礼记·礼运》篇中,人情被规定为"喜怒哀乐爱恶欲"七者,其中的"爱恶"即是"好恶"。这在郭店楚墓竹简其他篇中也有表现。譬如《性自命出》明确地把"好恶"规定为性,它说"好恶,性也;所好所恶,物也"。如果从这个角度来考虑,郭店本《缁衣》对"好恶"问题的重视,实质上乃是对"性"的问题的重视。

在我看来,郭店本和《礼记》本《缁衣》结构的不同,涉及到了不同阶段儒家发展的不同特点。汉代儒家和战国儒家的一个重大分别在于,后者尚偏重于理论的斟酌和设计,而前者则更多是应付现实的需要。战国时期包括儒家在内的诸子之学,如《淮南子》所说,都起于"救世之弊",绝非凿空之论,但是由于统一的帝国尚未形成,诸侯国唯兼并是务,所以除了重视耕战的法家学说有实践的机会之外,各家大都是停留于理论的设计上面。在这种情形之下,思想的展开往往可以沿着其自身的线索进行,对于儒家而言,从恢复礼乐秩序的要求开始,到仁的强调,性情的讨论,义和天道的突出,性善与性恶之说,其每一步的发展都有自身的脉络可寻。譬如郭店《缁衣》对好恶的强调,以及《性自命出》等对性情问题的重视,正是深入认识礼乐教化的本质之后的必然要求。除此以外,战国时期诸子之间的互相争辩,使得每一种学说都不断在修补自己的缺失。对于一种理论的完善来说,争辩是绝妙的催化剂。

但汉代的儒家不同,对于他们而言,重要的是机会的把握,而不是

[①] "礼"与情的关系在孔子之前已有讨论,《左传·昭公二十五年》以"喜怒哀乐好恶"为六志,而"礼"则是对它们的节制。

[②] 据《孟子》,其前有性善和性不善的说法。王充的《论衡·本性》篇也有涉及到。

[③] 在《左传·昭公二十五年》的记载中,喜怒是被认为出于好恶的,"喜出于好,怒出于恶"。

理论的创新。面对着统一的新帝国,以及面对着法家的失败,作为承继了历史传统以及与法家对立的思想的代表,儒生们的面前突然出现了千载难逢的机会。陆贾的时时称《诗》、《书》,贾谊的《过秦论》,都体现着儒生们把握机会的努力。他们无一例外地强调儒家重德与法家尚刑的对立,在儒家的传统中寻找并突出这些内容。《礼记》本《缁衣》正合乎这个倾向。从这个角度来看,我觉得它的出现确实要晚于郭店本,应是汉代初年的产物。我们看到,一直到董仲舒,"天道任德不任刑"还是一个重要的论题。这足以反映出汉初的儒家对该问题的特殊兴趣。

四

包括《缁衣》、《表记》、《坊记》和《中庸》在内的《礼记》中的几篇,据南朝梁沈约的说法,乃是出自《子思子》。①《子思子》见于《汉书·艺文志》儒家类,著录为二十三篇。如前人早已指出的,古代称某子的书籍并不都是该人所为,而大多是属于整个学派的集体创作。典型者如《庄子》五十二篇,②一般认为,只有"内篇"为庄子自著,"外篇"和"杂篇"等则都是其后学的作品。《子思子》应该也是类似的情形。《韩非子·显学篇》中提到儒分为八,其中有子思氏之儒,可见这派儒家在战国末期还有一定的影响。不仅如此,即便到了汉初,虽说儒学中荀子一派的势力最大,但仍然有子思氏之儒活动的证据。如《淮南子》中的《缪称》,无疑是该书中儒家色彩比较明显的一篇,其中多有与《子思子》相合的文字。这一点,黄以周、杨树达等都曾讨论过。刘乐贤先生前不久也曾经特别报告过。因此,《子思子》作为子思氏之儒的集体作品,其中的文字,当然不必都早到子思,但属于先秦时期的可能性是很大的。个别的作品写作于汉初,也有可能。好比《庄子》五十二篇之

---

① 沈约说见《隋书·经籍志》。他提到的另外几篇是《表记》、《坊记》和《中庸》。
② 今传本为三十三篇,由晋代的郭象所编定。《汉书·艺文志》著录有五十二篇。

中，虽然大部分作于先秦，但也确有汉初的东西，如《庄子要略》、《庄子后解》之类，便作于淮南王刘安的时候。①

在儒家的各派之中，子思氏之儒的一个特点似乎是其喜欢依托孔子。荀子在《非十二子篇》中批评子思的时候，特别提到的是他将自己的主张装扮成"先君子之言"，以欺惑愚众。《孔丛子·公仪》中，也有如下的一段话：

> 穆公谓子思曰："子之书所记夫子之言，或者以为子之辞也。"子思曰："臣所记臣祖之言，或亲闻之者，有闻之于人者。虽非其正辞，然犹不失其意焉。且君之所疑者何？"公曰："于事无非。"子思曰："无非，所以得臣祖之意也。就如君言以为臣之辞，臣之辞无非，则亦所宜贵矣！事既不然，又何疑焉？"

《孔丛子》或为伪书，这段对话也不必可信，但其中提到的问题却是有意义的。至少这段话的作者注意到《子思子》中多引用孔子之言的现象，并试图加以解释。按照这里的说法，书中所引孔子的话未必真的出于孔子，但与孔子之意是吻合的。

如果这个特点属实的话，那它应与子思作为孔子嫡孙的角色不无关系。已经有很多人注意到，在沈约认为是出于《子思子》的《礼记》诸篇中，"子曰"的存在是这些文章在形式上的重要而共同的特点。《表记》、《坊记》和《缁衣》的每一章全部由"子曰"的字样开头，《中庸》也包含了大量的"子曰"内容。② 从子思学派依托孔子的角度来说，这个"子曰"显然是指孔子，而不会是子思或者其他什么人。③ 当然，如上所述，它后面的内容并不一定是真的孔子之言。但这种现象反映出子思一派儒家对孔子的尊崇，却是不争的事实。

尊崇孔子、宗师仲尼是儒家各派共同的倾向，但其表现的方式未

---

① 此二篇的名字见于《文选》李善注。
② 如陈澧：《东塾读书记》，上海：商务印书馆，1930年。
③ 简朝亮《礼记子思子言郑注补正》认为这几篇中的"子曰"是"子思曰"。

必相同。以孟子和荀子为例，二者都奉孔子为不可逾越的圣人，都以发扬他的思想为己任，但在《孟子》和《荀子》书中，直接引用孔子言论的地方并不是很多。统计一下的话，《孟子》七篇中不过二十九处，这显示出与《子思子》不同的风格。另外一个可以用来比较的例子是《论语》，因为《坊记》中曾经引用了《论语》的话，[①]所以该书的编辑一定是在《坊记》的写作之先。作为主要记载孔子及其弟子言论的著作，《论语》虽然将孔子和其弟子们的言论以"子曰"和"有子曰""曾子曰"等的方式加以区别，但是在每一篇中，它们都是混杂在一起的。而且，先后之间也没有一定的次序可寻。这与《子思子》中清一色的"子曰"形成了明显的对比。而与此并生的一个现象就是，在目前可以确认为《子思子》著作的几篇中不见称引任何一位孔子弟子的言论，哪怕是曾被孟子视为子思老师的曾子，[②]或者荀子提到的作为子思前辈的子游。[③]相反，《孟子》和《荀子》中却仍保留有许多有关孔子弟子言行的记载。

　　这个现象，是否可以理解为在儒家学派已经分化的前提下，子思学派想借独尊孔子来宣示正统，并且与其他学派划清界限的努力呢？不可否认的是，无论《论语》的编者是谁，它的将孔子之语和弟子之语混在一起的编辑方式，都在客观上有利于孔子的弟子们显示自己的特殊地位，并帮助其确立正统性。而对于子思学派来说，要命的是，由于孔鲤的早死以及子思在年辈上的差异，《论语》中不可能有关于子思及其父亲的任何有意义的记载。在这种情形之下，利用作为孔子嫡孙的特殊地位，越过七十子，而直接求助于孔子，是子思及其学派最好的选择。但是，在《论语》之外，还有什么所谓的孔子言论吗？可以想见，当子思学派以"子曰"的方式著述的时候，注定了要面临怀疑和批评的目

[①]《礼记·坊记》："子云：君子弛其亲之过而敬其美。《论语》曰：'三年无改于父之道，可谓孝矣！'"
[②]《孟子·离娄下》："曾子、子思同道。曾子师也，父兄也；子思臣也，微也。"
[③]《荀子·非十二子》："……以为仲尼、子游为兹厚于后世，是子思、孟轲之罪也。"此中蕴涵着子思承继仲尼、子游之意。

光。所以,上引《孔丛子》中鲁穆公对子思所记孔子言论真实性的怀疑,可以看作是当时人特别是儒家内部的普遍看法。

　　回应这种怀疑和批评可以有不同的方式,前引《孔丛子》的故事中,子思的回答是其中的一种。子思并没有争辩说,这就是孔子的话,不容你们怀疑。他退了一步,指出这些即便不是孔子说过的,但重要的是,它们与孔子的想法一致。换句话说,这是孔子可能说,或者想说的话。子思不过是替孔子说出来而已。但这种回应方式终究显得不够有力,于是,另一种辩护的方式也随之出现了。这种方式就是引经据典,进一步从经典中寻找支持。

　　儒家重视古代经典的态度是众人皆知的。孔子自称"述而不作,信而好古",(《论语·述而》)所述所信的就是经典中的记载。司马迁说孔子以《诗》、《书》、《礼》、《乐》教授弟子,[①]这在《论语》中也可以看出。[②]虽说如此,但从《论语》中也可以看出的是,孔子及其弟子们并没有到言必称《诗》、《书》的地步。可是,如果我们看《表记》、《坊记》、《中庸》和《缁衣》诸篇,与"子曰"一起构成其文章特点的是对《诗》、《书》等经典的大量征引。这种征引在《缁衣》中达到了极致,即在每一个"子曰"的后面,一定也会有"《诗》云"或"《书》曰"相伴,无一例外。这种体例的意义何在呢?

　　就《缁衣》的每一章而言,都可以分成三部分:一部分是"子曰"的内容,一部分是对"子曰"的申述,一部分是引证《诗》或《书》的话。这一点,陈澧已经指出过,他说:

　　　　古者记言之体有三……其一:传闻而记之。所记非一时之言,记之者则一人之笔,伸说引证而成篇。此著书也,《坊记》、《表记》、《缁衣》是也。……所谓伸说引证者,如《缁衣》子曰:夫民教

---

① 见《史记·孔子世家》。
② 《论语·述而》所说:"子所雅言,《诗》、《书》执礼,皆雅言也",应该指的就是教学的情形。至于孔子与弟子讨论《诗》、《书》的例子,也不难发现。

之以德,齐之以礼,则民有格心;教之以政,齐之以刑,则民有遁心。此与《论语》略同。下文故君民者,子以爱之,云云,则记者所伸说也。下文引《甫刑》,则记者所引证也。①

这就是把每一章分成三个部分:一记言("子曰"部分),一伸说("故"后面的文字),一引证(《书》或《诗》曰)。这三个部分当然是互相配合的,如我们在前面已经指出的。但同时也是相对独立的,换言之,《诗》、《书》的称引并不包括在"子曰"的范围之内。证明这一点的最有力的证据,是《坊记》中引用《论语》的例子。如果"子曰"的内容涵盖了后面称引经典部分的话,"《论语》"是绝对不会出现在其中的。道理很简单,即便是依托的孔子,从他的嘴里也不会出现"《论语》"的字眼。所以,称引经典的部分一定是独立于"子曰"的部分。其实,我们看在《表记》、《坊记》等中,有很多"子曰"的文字以后并没有对《诗》或者《书》等的称引,就可以说明这一点。

"子曰"部分和称引经典部分的相对独立,表明这两部分内容其实可以是分开的。在文本的构成过程中,也许最初只有"子曰"的部分,它们是作者主要想表达的见解。然后,为了给这部分内容寻找依据,所以就增加了"经典"中可以提供支持的文字。这种作文的形式一方面是对经典权威的认可,另一方面又反过来加强了经典的权威。对于经学的发展来说,发生了积极的影响。

五

郭店本《緇衣》在组织形式上的另一特点是有位者和有德者的严格区分。所谓有位者,《緇衣》使用了君、有国者、上、王、君民者、长民者、大人等不同的称呼。究其实,这些称呼都是就君主而言。君、上、王自不必论,从字面上说,有国者是有国家的人,君民者、长民者是为

---

① 陈澧:《东塾读书记》,卷九关于《礼记》的评论。

民之君、长的人,大人也指的是有位者,如《论语·季氏》中的"畏大人"[①]和《周易》中经常出现的"利见大人"。有德者即君子,该词在《论语》中的使用就明显偏重于道德性的方面。《五行》篇中,有一个定义,说"士有志于君子道,谓之君子",也可以为证。值得注意的是,在郭店本《缁衣》二十三章中,这两类称呼分别被安放在前后两部分中,没有一例混淆。以下依据次序,将每一章中出现的上述称呼一一罗列:[②]

2. 为上、君;
3. 有国者;
4. 上、君民者、君;
5. 君;
6. 上、长民者;
8. 上;
9. 长民者;
10. 大人;
11. 君;
12. 长民者;
13. 上;
14. 王、大人;
15. 君子;
16. 君子;
17. 君子;
18. 君子;
20. 君子;
21. 君子;

---

① 郑玄注云:"大人,谓天子、诸侯为政教者。"
② 由于《诗》、《书》的年代较早,其中"君子"的用法与其他部分不同,所以统计时应是把它们排除在外的。

可以看出,除了第1、7、19、22、23章中没有出现这些称呼之外,14章以前都出现了有位者的名号,而没有一例"君子";15章以后则全部是"君子",没有一例与有位者相关的称呼。这样清楚整齐的区分,如果不看作是编者有意的作为,无论如何是说不通的。

　　有位者与有德者的严格区分显示出儒家思想进一步的清晰化。这个区分在《论语》中也可以见到,所谓的君子三畏,即"畏天命,畏大人,畏圣人之言",已经包含了位和德的区分。大人代表了位,圣人之言代表了德。(孟子当然更自觉地意识到了这一点。他曾经有关于齿、爵和德的论述。)但从总的方面看,《论语》所代表的早期儒家并没有就此发展出清楚的君道和君子之道的思想划分。孔子虽汲汲于用世,周游列国,力图施展其为政的主张,《论语》中也记载有其关于君道的阐述,但更多的还是君子修身进德的内容。这与孔子不能于国君处得志,因此不得已退而授徒讲学的经历是分不开的。他的学徒中没有国君,都是普通的人,自然不能讲那些漫无边际的为君的大道理。但是到了子思的时候,就有了不同。虽然只有短短的几十年,但这时国君对于"士"的态度发生了很大的变化,魏文侯的养士是大家都熟知的,孔子的高足、四科中文学科的代表子夏,一跃而成为王者师。这并不是说子夏有多大的本领,而是他赶上了好的时机。子思对此的认识是很清楚的,所以古书中多有子思傲视君主的记载。《孟子·万章下》说:

　　　　穆公亟见于子思,曰:"古千乘之国以友士,何如?"子思不悦,曰:"古之人有言曰,事之云乎?岂曰友之云乎?"子思之不悦也,岂不曰:"以位,则子君也,我臣也,何敢与君友也?以德,则子事我者也,奚可以与我友?"千乘之君,求与之友而不可得,而况可召与?

在子思看来,穆公对他应该是"事",奉他为师,而不是"友"。孟子进一步把这概括为"德"和"位"的不同。以位而论,穆公为君,子思为臣;但以德而论,穆公为弟,子思为师。你有位,我有德,德与位是可以分庭抗礼的。联想起孔子见到君主时唯唯诺诺的样子,子思的傲慢确实与其先君子之间有天壤之别。但这个差别并不是本质性的,而是时移世异的结果。《孔丛子·居卫》篇中有这样一个故事,就是对这个差别的解释:

> 曾子谓子思曰:"昔者吾从夫子游于诸侯,夫子未尝失人臣之礼,而犹圣道不行。今吾观子有傲世主之心,无乃不容乎?"子思曰:"时移世异,各有宜也。当吾先君,周制虽毁,君臣固位,上下相持若一体然。夫欲行其道,不执礼以求之,则不能入也。今天下诸侯方欲力争,竞招英雄以自辅翼,此乃得士则昌,失士则亡之秋也。伋于此时不自高,人将下吾;不自贵,人将贱吾。"

这话是否为子思所说,我们不必争论。我们也可以用子思的办法,认为这话虽不必为子思所说,但无疑合乎子思之意。在郭店竹简中,有一个短篇叫《鲁穆公问子思》。穆公问什么是忠臣,子思回答说:"恒称其君之恶者,可谓忠臣矣!"将这话与上引《孟子》中的记载并观,确实能显示出子思恃德傲君、以德抗位的性格。

德与位的分途是在有德者和有位者的越来越密切的联系中发生的。有位者关心的是君道,治民之道,这是要向有德者去请教的;反过来,有德者为了可以和有位者分庭抗礼,自己德性和知识的培养当然是不可或缺的。这样,在儒家思想发展的过程中,君道和君子之道这两个不同而又不离的领域就逐渐明确起来。从这个角度说,《缁衣》编者区分有位者和有德者的安排就是一个很好的例证。

但是《礼记》本《缁衣》中,这个意义上的区分则被打乱了。"君子"和"君"、"长民者"这两类称呼混杂在一起。在它的总共二十五章中,"君子"一词出现在第七、八、十六、十九、二十、二十二和二十四章中。更能体现出它与郭店本《缁衣》区别的是,在同一章中,这两类称呼还一起出现,试比较下面的文字:

> 子曰：王言如丝，其出如缗，王言如索；其出如绋。故大人不倡流。《诗》云："慎尔出话，敬尔威仪。"
>
> 子曰：王言如丝，其出如纶，王言如纶；其出如綍。故大人不倡游言。可言也，不可行，君子弗言也；可行也，不可言，君子弗行也。则民言不危行，而行不危言矣。《诗》云："淑慎尔止，不愆于仪。"

该章的郭店本中只有"王"和"大人"，《礼记》本在增加的文字中，又出现了"君子"的字样。显然，《礼记》本的编者在这样做的时候，他破坏了存在于郭店本中的那个规矩。当然未必是有意的，也许只是没有意识到规矩的存在。这并不是说，这个时候的儒家已经没有这样的区分，但是起码这个区分对于编者来说已经没那么重要。的确，如果像我们估计的那样，《礼记》本《缁衣》形成于汉初的话，那么，在大一统的帝国之下，"士"还具有战国时期曾经具有的和有位者抗衡的本钱吗？显然没有。高祖并不在乎把儒生的帽子当作他的溲器，汉初的帝王太后们也没有太在意过"士"们的生命，当然更不要说他们的荣誉了。

六

从内容上来说，《缁衣》主要关心的是君道和朋友之道。在儒家所谓的"五伦"之中，父子、兄弟、夫妇属于"门内"的一类，而君臣和朋友是"门外"的一类。前者是不能选择的（父子和兄弟）或者一经选择便很难改变的（夫妇），后者则完全是选择性的。① 郭店竹简《六德》认为，这两类不同性质的关系应该适用不同的原则，"门内之治恩掩义，门外之治义斩恩。"《缁衣》专门讨论属于"门外"的君臣和朋友，而不涉及到父子、兄弟和夫妇，这到底是偶然的巧合，还是作者有意的安排，我们不得而知。但这个现象是可以注意的。

---

① 《语丛三》云："君臣，朋友，其择者也。"

君道在先秦诸子的讨论中占有重要的位置。如较早出现的《老子》书，基本就是在处理君道的问题。这与老子史官的身份不无关系，从职责上来讲，史官原本就具有天子和侯王顾问的角色，所以自然会关注君道的问题。但若从记载孔门师弟言行的《论语》一书来看，君道的内容并不突出。相反，人伦日用的规范、君子的人格培养是其中的主要论题。这当然与孔子作为一个教育家的身份有关。当孔子和其弟子们日夜切磋学问的时候，指望他们把大量的讨论放在君道上是不可能的。相反，从分量上来说，关于事君的臣道肯定是涉及到的更多的。这种情形到了战国初期有了改变。如我们上节指出的，随着"士"地位的提高，为王者师成了包括儒者在内的知识分子的共同想法。与此相应的，君道的讨论也就占有越来越突出的位置。

老子讲君道，强调的是"无为"二字，其核心是百姓之"自然"。所以有"我好静而民自正，我无为而民自化，我无欲而民自朴"的话。儒家讲君道，虽然也有过"无为"的字眼，但其意义却正好与老子相反。从孔子开始，强调的就是礼乐教化，而且要君主以身作则。《论语·子路》篇记载孔子对冉有的话，对待百姓在庶和富之后，就是教之。子路问政，孔子的回答则是"先之，劳之"，而且必须是"无倦"。先之、劳之的意义，就是要君主或统治者身先、身劳，而不是像老子一样的主张"后其身而身先"。所以后来《管子》批评儒家的君主是"劳君"，司马谈的《论六家要旨》也说儒家的主张是：

> 儒者博而寡要，劳而少功，是以其事难尽从。……儒者则不然，以为人主天下之仪表也，主倡而臣和，主先而臣随。如此则主劳而臣逸。至于大道之要，去健羡，绌聪明，释此而任术。夫神大用则竭，形大劳则散。形神骚动，欲与天地长久，非所闻也。

郭店《缁衣》对君道的看法，继承了《论语》上记载的孔子的一些主张。其中"教之以德，齐之以礼"章，更是略变《论语·为政》"导之以德，齐之以礼"之文而来。引人注意的是，《缁衣》把"导"字改成了"教"字。这两个字虽然意思接近,但我们仍然可以说这是体现了《缁衣》的作者更重视"教"民的观念。除了该章外,"教"这个字眼也出现在郭店本的十和十三章中。欲教民,则要考虑民性,从而十分重视民之好恶的问题。这与早期儒家对人性问题的关注是一致的。另外,教民的一个方便的办法,是要求君主或长民者以身作则,《缁衣》认为,这样的话,"教"才有更大的感染力。它的逻辑,就是"上好此物也,下必有甚焉者矣"。《缁衣》虽然是语录体,又比较短,但儒家关于君道的一些核心观念譬如"德治"、"教化"、"身教"等都已经出现。这为后来儒家君道理论的形成奠定了基础。

君臣关系是《缁衣》关注的一个问题,郭店本十和十一章强调君主要亲贤人,敬大臣。传统上,君臣关系一直被看作是一种不平等的关系。但在儒家发展的过程中,一种倾向是视君臣为朋友,甚至要君主以臣为师,详见上节的论述。这会不会是《缁衣》把君臣和朋友这两种关系放在一起讨论的一个重要原因呢?

七

郭店本《缁衣》的发现,带给人们最直接的刺激是年代学上的。由于发现竹简的一号墓被认为下葬于公元前三百年左右,墓中所藏竹简的年代又肯定不会晚于这个年代,因此,竹简《缁衣》至少在公元前三百年时已经完成。如果考虑到文献流传的因素,它的创作年代也许还可以再上溯一段时间。这个事实,对于从事古代研究的学者们来说当然是一个很大的鼓舞。因为现存的可以确认是战国中期以前的文献,从数量上来说,仍然极其有限。所以一旦发现新的材料,研究者的兴奋是可以想象的。这些新材料可以为古代文化研究的很多领域提供新的线索,而且,这些新材料发现的意义有时还不限于它们本身,同时还会推动我们重新认识一些相关的现存文献的价值。

对于郭店《缁衣》的发现而言,最直接而重要的影响是对于《礼记》的看法。我们已经可以听到很多积极和乐观的言论,譬如认为《礼记》

诸篇的年代可以上推到先秦。众所周知,我们通常说的《礼记》,也称《小戴礼记》,①是东汉时一个叫戴圣的传礼经师在众多礼学文献之中选编出来的。"记"本是古代传经的一种体裁,原本就是"记录"的意思。本来属于"礼记"类的文献篇目就众多,如《汉书·艺文志》所记,就有一百三十一篇。如果再加上诸子中论"礼"的篇章,其数目的庞大是可以想见的。从便于传授的角度考虑,在这些礼学的文献中去粗取精,确定一个适合经师们传习的规模,无疑是一个很合理的想法。《礼记》的出现,就是这种想法的实践。所以从来源上讲,《礼记》的取材是非常丰富而复杂的。同时,由于是一部选编而成的著作,所以我们现在所谓的《礼记》一书虽然出现在西汉后期,但其中的文献无疑要早得多。至于早到什么时候,当然是一个棘手的问题。班固在《汉书·艺文志》的自注中说"礼记"类文献是"七十子后学者所记也"。但《古史辨》的时代以来,随着疑古思潮的兴起,学者们关于《礼记》的基本看法,则是将它视为战国到西汉初期儒家作品的汇编。② 这较班固的说法无疑变化了许多。同时,由于究竟哪些是战国时期的作品,并不易确定。所以一般的思想史和哲学史在涉及到《礼记》中一些篇章的时候,基本上还是放在汉初来处理。③ 这种处理当然是一种保守的做法,但是也是一种不得已的做法。

  20世纪后期的考古发现,特别是大量的简帛材料,对于疑古思潮提出了严重的挑战。很多被怀疑的古代文献和记载,又被重新证实。因此在20世纪末期,有"走出疑古时代"的呼声出现。郭店竹简的出土,无疑又有推波助澜的作用。本来一些学者已经不满足于《古史辨》

---

  ① 与此相对的还有《大戴礼记》,为其叔父戴德所编,共八十五篇,今存三十九篇。
  ② 钱玄同在《重论经今古文学问题》一文中,曾引龚自珍说,谓:"二戴之记,皆七十子以后逮乎炎汉之儒所为。源远而流分,故多支离猥陋之词,或庸浅无味,敷衍成篇。盖杂家喜依托黄帝,而儒家喜依托孔子,周末汉初人习尚类然。"见顾颉刚编:《古史辨》第五册,上海:上海古籍出版社,1982年,第54页。又见洪业:《礼记引得序》。
  ③ 如冯友兰《中国哲学史》、《中国哲学史新编》、侯外庐《中国古代思想史》、任继愈《中国哲学发展史》等皆然。

时期学者对《礼记》的看法，他们认为，把《礼记》主要放在汉初，显然大大降低了《礼记》对于研究先秦儒家思想的意义，因此也限制了它的史料价值。郭店《缁衣》的发现，对于学者们重新反省《礼记》的问题，无疑是个重要的刺激，并出现了努力将其中各篇的创作年代提前的倾向。但是仔细地考虑，问题似乎没有这样简单。

如本文前面讨论的，由于《礼记》本和郭店本《缁衣》之间的重要差别，我们已经不能把它们简单地等同起来，看作是同一个文本。这样的话，我们也就不能那样乐观地从郭店《缁衣》中推出《礼记》本《缁衣》的存在。当然，我们也就更不能推出《礼记》诸篇的早出。

事实上，根据可靠的记载，《礼记》中某些部分可以肯定是完成于汉初。以《王制》为例，《史记·封禅书》上很明白地记载道：

(文帝)使博士诸生刺六经中做《王制》，谋议巡狩封禅事。

今《礼记·王制》中，正有讨论巡狩封禅的内容，应该即是汉文帝时博士诸生的作品。而《乐记》更完成于武帝之时。《汉书·艺文志》记载：

武帝时，河间献王好博古。与诸生共采《周官》及诸子云乐事者，以作《乐记》。①

我们当然不能漠视这些古代的记载，更不必刻意地去曲解它。但是我们也应该全面了解这些记载的复杂内涵。事实上，一个被学者们有意无意忽略的事实，同时也是包含在这些记载中的一个很明白的意思，就是这些作品并不是凭空创造的，它们都以过去的文献作为基础。如《周礼》、《孟子》之于《王制》，《荀子·乐论》、《公孙尼子》之于《乐记》等。在这种意义上，它们与其说是创作，倒不如说是编纂更恰当一些。

从文献流传的角度而言，经历了焚书坑儒、禁经毁子的秦帝国之后，汉代是一个先秦文献保存和整理的时代。保存和整理是以不同的

---

① 后来也有《乐记》取公孙尼子的说法，与此也不矛盾。因为这里已经提到了"诸子"，其中或包含公孙尼子在内。

方式进行的,将口传的东西笔录下来,是一种。属于这类的例子,如伏生之于《尚书》,以及胡毋生之于《公羊传》、江公之于《谷梁传》等;广求天下之遗书,是一种,所以此时在民间发现了很多古文典籍;根据需要,撮述旧有书中论述同样主题的文字,编纂在一起,成为似新实旧、既旧又新的文献,像前举的《王制》和《乐记》,又是一种;到成帝命令刘向、歆父子校书,对古籍重新分类、编定,自然是意义和影响都最大的工作。我们现在看到的很多先秦书籍的规模和形制,就是由刘氏父子确定的。

就《缁衣》而言,由于有郭店和《礼记》两个文本的存在,我们大概可以了解一些文本流传或编纂的情形。无疑,郭店的《缁衣》是一个较早的文本,而《礼记》中的《缁衣》应该是在此文本的基础上,经过了许多改编之后形成的。根据我们前面的分析,后一个文本形成的时间应该是在汉初,和《王制》、《乐记》类似。所以,郭店《缁衣》的发现,在我看来,仍然不能将《礼记·缁衣》送回到先秦。恰恰相反,它正好能证明《礼记》中的很多(如果不是全部)篇章都经过了汉初人的编纂,虽然它们有更早的来源。

第二节 《五行》与子思五行说

阴阳和五行学说与儒家思想结合的典型形态,较早的我们可以在董仲舒的体系中发现。不过,结合的过程在此之前就已经开始了。阴阳学说与儒家的结合应以《易传》作为代表,《系辞传》提出了"一阴一阳之谓道"的命题,《说卦传》进一步把阴阳和儒家的核心观念——"仁义"——相提并论。① 而五行与儒家的联姻似乎要更早一些,可以追溯

---

① 《说卦传》说:"立天之道曰阴与阳,立地之道曰柔与刚,立人之道曰仁与义。"

到战国初年的子思。荀子在《非十二子篇》中提到：

> 略法先王而不知其统，犹然而材剧志大，闻见杂博。案往旧造说，谓之五行。甚僻违而无类，幽隐而无说，闭约而无解。案饰其辞而祗敬之曰：此真先君子之言也。子思倡之，孟轲和之，世俗之沟犹瞀儒，嚾嚾然不知其所非也，遂受而传之，以为仲尼、子游为兹厚于后世。是则子思、孟轲之罪也。

这里指出子思依据旧有的五行观念，而别造新说，也叫"五行"。① 并一连用了几个大同小异的句子，来形容此说的荒唐无稽。此处"五行"的意义，《荀子》最早的注释者杨倞说：

> 五行，五常。仁义礼智信是也。

虽然杨倞是唐时人，距离荀子比我们要早得多，但现在看来，这个解说并不十分准确。荀子说的子思"五行"应该是指"仁义礼智圣"，而不是"仁义礼智信"。② 我们之所以能够有比古人更准确的认识，乃是得益于1973年在湖南长沙马王堆西汉墓葬中的考古发现。在其中一号墓的帛书中，有被称为《五行》的一篇，整理者已经正确指出，它记载的就是荀子批评的子思的"五行说"。稍后，庞朴先生撰文做了详细的讨论。③ 令人惊奇的是，类似的文本在1993年发掘的湖北荆门郭店战国楚墓中再次发现，其释文见文物出版社1998年出版的《郭店楚墓竹简》一书。④ 一部早已经失传的文献，却在最近的二十年中间突然出现了两个类似的文本，这不能不引起研究者浓厚的兴趣。众多的研究文章加深了人们对思孟五行说以及先秦思想史的认识，但是在很多问题

---

① 这里并没有孟子的份，而只是子思的发明。所以后面讽刺子思假借祖父（先君子）的话而立说。孟子和很多人一样，只是这个说法的继承和鼓吹者。

② 虽然这里只有一字之差，但区别却是不可小看的。

③ 见其所著《马王堆帛书揭开了思孟五行说古迷》和《思孟五行新考》，载于刘贻群编：《庞朴文集》第二卷，济南：山东大学出版社，2005年。

④ 据说上海博物馆所藏战国竹简中也还有《五行》，惜不能确知。

上，仍然有继续讨论的必要。譬如思孟五行说和传统五行说的关系，就是一个值得深入的话题。

一

传统五行说所谓的"五行"，指的是"金木水火土"。最早而明确的记载见于《尚书·洪范》：

> 五行：一曰水，二曰火，三曰木，四曰金，五曰土。水曰润下，火曰炎上，木曰曲直，金曰从革，土爰稼穑。润下作咸，炎上作苦，曲直作酸，从革作辛，稼穑作甘。

除了提到五行之所指以外，从民生的角度，还列举了金木水火土各自的性质和味道。《洪范》的内容，据文中说是周初时箕子向武王陈述的治国大法。果真如此的话，五行之说至少在此时就已出现。但该篇的写作，《古史辨》时期的学者曾认为是成于战国，所以我们姑存而不论。但就《左传》和《国语》所记，西周和春秋时期人们提到"五行"的地方，就有很多。从这些记载来看，当时人们对"五行"的认识，约有如下数端：

(一) 五行之"和"

五行作为五种自然物，之所以能够被特别提出，构成一个整体，起初是因为它们与民生有着密切的关系。《左传》所谓"天生五材，民并用之"(《襄公二十七年》)，其中的"五材"，指的就是五行，乃是百姓生活中不可或缺之物。这"五材"和"谷"一起，又被称做"六府"，与"正德、利用、厚生"所谓"三事"一起，成为"九歌"所歌颂的对象(《文公七年》)。"五行"之间，虽然性质不同，用途各异，但在人类生活中，却可以相互为用，所以人们很看重它们之间"和"的关系。从很早时候起，就有人借五行来说明"不同而和"的道理。典型的如西周的史伯，《国语·郑语》记载：

> 夫和实生物，同则不继。以他平他谓之和，故能丰长而物归

之;若以同裨同,尽乃弃矣。故先王以土与金木水火杂,以成百物。是以和五味以调口,刚四支以卫体,和六律以聪耳,正七体以役心,平八索以成人,建九纪以立纯德,合十数以训百体。

这里虽然没有五行的字眼,但已有五行的观念做基础,应该是没有问题的。五行之间各各不同,是"他"和"他"的关系,它们的相互配合,叫做"和",可以生成百物。

(二) 相生相克

五行之间的生克(胜)关系是后世五行说中几乎最重要的内容。它的出现,似乎也有一个过程。在《洪范》中,我们见不到一点生克的痕迹。但《孙子兵法·虚实》中,已有"五行无常胜"的说法,《墨经》中也有关于"五行毋常胜"的讨论。这说法以及讨论的出现,显然是以五行相胜说的流行为基础的。我们现在虽然找不出关于"五行相胜说"的明确记载,但在《左传》中,也还有一些蛛丝马迹可寻。如《昭公九年》所记:

陈,水属也。火,水妃也。而楚所相也。

以及《昭公十七年》:

水,火之牡也。

这里实际说的就是"水胜火"之义。但毕竟不大明确。从现存文献看,最早明确提及五行相胜说的是春秋末期晋国的史官"史墨"。《哀公七年》史墨在为赵简子解梦的时候,曾经说到"水胜火"。而在《昭公三十一年》中,史墨也还提到:

庚午之日,日始有谪,火胜金,故弗克。

明确指出"火胜金"。可知至少在史墨的时候即春秋末期,五行相胜说已经流行。这与《孙子》和《墨子》中提供的线索是一致的。值得注意的是,史墨之时,天干地支与五行配合已经出现,如庚配金,午配火之类。根据这个线索，前人看春秋时期一些人的名字，又可发现五行相生说的存在。如王引之著《春秋名字解诂》、张澍著《春秋时人名字释》，都曾分析了秦白丙字乙、郑石瘗字甲父、楚公子壬夫字子辛、卫夏戊字子丁等的意义。兹引张说如下：

  白丙字乙。丙为火，乙为木，名丙字乙，取火生于木之义。
  石瘗字甲。瘗为水，甲为木，取木生于水也。
  公子壬夫字子辛。壬为水，辛为金，取水生金之义。
  夏戊字丁。戊为土，丁为火，取土生于火之义。①

这足以说明五行相生说在春秋时期的存在。

（三）五行与德目的初步结合

  古代中国思想中，天地的角色是十分重要的。很多东西都要被归入天或者地，才算是有了着落。就五行而言，它是属于地的，如《国语·鲁语上》记臧文仲所说：

  地之五行，所以生殖也。

有时又与天之三辰或六气相对，前者见《左传·昭公三十二年》史墨之言：

  物生有两，有三，有五，有陪贰。故天有三辰，地有五行。

后者见《左传·昭公二十五年》所记子太叔的话中：

  则天之明，因地之性。生其六气，用其五行。气为五味，发为五色，章为五声。

所谓"六气"，据《昭公七年》的记载，指的是"阴阳风雨晦明"。"五行"，自然是指"水火木金土"。这样的观念大概是当时的常识，所以《国语·周语下》中有"天六地五，数之常也"的说法。而更值得注意的，乃是

---

① 见周法高：《周秦名字解诂汇释补编》，第 224—227 条，台北：中华丛书编审委员会，1964 年，第 79—81 页。

"五行"与德目的联结,足以成为子思五行说的前奏。《周语下》称:

> 晋孙谈之子周适周,事单襄公,立无跛,视无还,听无耸,言无远;言敬必及天,言忠必及意,言信必及身,言仁必及人,言义必及利,言智必及事,言勇必及制,言教必及辩,言孝必及神,言惠必及和,言让必及敌;晋国有忧未尝不戚,有庆未尝不怡。
>
> 襄公有疾,召顷公而告之,曰:必善晋周,将得晋国。其行也文,能文则得天地,天地所胙,小而后国。夫敬,文之恭也;忠,文之实也;信,文之孚也;仁,文之爱也;义,文之制也;智,文之舆也;勇,文之帅也;教,文之施也;孝,文之本也;惠,文之慈也;让,文之材也。象天能敬,帅意能忠,思身能信,爱人能仁,利制能义;事建能智,帅义能勇,施辩能教,昭神能孝,慈和能惠,推敌能让。此十一者,夫子皆有焉。
>
> 天六地五,数之常也。经之以天,纬之以地。经纬不爽,文之象也。文王质文,故天胙之以天下。

单襄公列举了晋周的十一种德行:敬、忠、信、仁、义、智、勇、教、孝、惠、让,以与"天六地五"相配。这里虽然没有在五行和五德之间建立起一一对应的关系,但无疑具有将六气、五行与德目配合的意味。这个倾向是值得注意的,它为五行学说进入后来的儒家思想奠定了根基。

二

子思据往旧造说,将仁义礼智圣也称为"五行"。这样做的时候,绝不仅仅是因为数字上的巧合。同时,他并没有简单地把仁义礼智圣和金木水火土进行搭配。但他一定也会考虑到人们已经加在传统五行说上面的一些理解。仔细分析子思的五行说,可以发现荀子批评他"案往旧造说"是颇有道理的。在很多方面,子思五行承继了传统五行说的精神。

(一)与传统五行说一样,在子思的五行说中存在着五行相生的内容。我们看以下的说法：

> 闻君子道,聪也。闻而知之,圣也。圣人知天道也。知而行之,义也。行之而时,德也。见贤人,明也。见而知之,智也。知而安之,仁也。安而敬之,礼也。圣,智礼乐之所由生也。

这段话中论五行相生的次序,从圣开始,依次是义、智、仁和礼。所以最后的结语是"圣,智礼乐之所由生也。"在儒家其他的派别中,我们看不到从相生的角度来说明这些德目之间关系的说法。这应该是子思学派的特色,也是荀子批评他"僻违而无类"的重要理由。再看下面一段话：

> 见而知之,智也。知而安之,仁也。安而行之,义也。行而敬之,礼也。仁义礼所由生也。四行之所和也,和则同,同则善。

这是"四行"范围内的相生,从智开始,依次是仁、义和礼,所以智是仁义礼所由生。

如果抛开"生"字,而着眼于实质上讲德目之间相"生"关系的内容,我们在《五行》篇中还可以发现。譬如：

> 不聪不明,不圣不智,不智不仁,不仁不安,不安不乐,不乐无德。

这里用连珠式的句法,讲的是圣生智、智生仁的关系,与上引五行相生的次序正好相合。

子思五行相生的说法,如果考虑到其特殊性的话,很显然是继承了传统五行说而出现的。在子思这里,"相生说"的意义是突出"圣"在五行和"智"在四行中的特殊位置。

(二)子思论五行也强调它们之间"和"的关系。

"和"字在《五行》篇中也是一个很重要的概念。"和"分两种,有五行之和,有四行之和。关于前者,《五行》说：

> 德之行五，和谓之德……德，天道也。

五行之和称做"德"，德是天道。与金木水火土之"和"可以生百物一样，仁义礼智圣五行之和一方面可以产生"乐"的心理状态，另一方面，也会使国家兴旺。《五行》称：

> 五[行之所和]也，和则乐，乐则有德，有德则邦家兴。文王之见也如此。

关于四行之和，《五行》说：

> 四行和谓之善，善，人道也。

虽然同属于"和"，但与五行之和不能同日而语。四行之和仍局限在人道的领域之内，五行之和则属于天道。

在传统五行说中，"和"是与"同"相对的。五行之间因为不同，才能"和"，所谓"以他平他谓之和"。子思五行说也有类似的看法。仁义礼智圣五者各有自己的性质，但又要互相配合。以仁义为例，《五行》篇说：

> 不简不行，不匿不辩于道。有大罪而大诛之，简也；有小罪而赦之，匿也。有大罪而弗大诛也，不[行]也；有小罪而弗赦也，不辩于道也。简之为言犹练也，大而晏者也。匿之为言犹匿匿也，小而轸者也。简，义之方也；匿，仁之方也。刚，义之方；柔，仁之方也。"不强不絿，不刚不柔"，此之谓也。

仁代表了比较"柔"的一面，义代表了比较"刚"的一面，二者不同，但又相需为用。所以马王堆帛书《五行》篇"说"的部分就直接说：

> 非刚之也，非柔之也……言仁义之和也。

正因为不同，才可以"和"。所以《五行》篇很多篇幅都在说明五行各自的意义和特点，这是读者一望便知的。

三

在《古史辨》关于阴阳五行说的讨论中，子思（或思孟）五行说也曾经是一个热门的话题。因为在思孟的著作中不能发现"五行"的痕迹。所以，便有了怀疑荀子的批评思孟，或许是指鹿为马的主张。先是刘节作《洪范疏证》，说孟子与邹衍俱盛于齐鲁，孟氏之学或受了邹衍的影响。第一个把思孟和邹衍联系起来。① 到了顾颉刚，更说荀子乃是批错了人，所谓的子思、孟子，应该换做邹衍。他说：

> 《非十二子》中所骂的子思孟轲即是邹衍的传误，五行说当即邹衍所造。……孟子是邹人，邹衍以邹为氏，当也是邹人。《史记》言邹衍后孟子，或邹衍闻孟子之风而悦之，刺取其说以立自己的主张，观其言仁义言六亲可知。不过那时的齐国人说话是很浪漫的，邹衍是齐彩色的儒家，他把儒家的仁义加上齐国的怪诞，遂成了这一个新学派。给人传讹，即以邹衍之说为孟子之说，因以邹衍的五行说为孟子的五行说。又因孟子受业子思之门人，遂又以孟子的五行说为子思的五行说。于是荀子遂有"子思唱之，孟轲和之"的话。②

这个主张当时就有一些人出来反对，③现在更确知顾先生的说法，只不过是大胆的假设而已。但此中涉及到子思五行说与邹衍的关系，却是一个有价值的问题。

众所周知，邹衍是所谓阴阳（五行）家的主将，是将阴阳和五行的学说结合在一起并发扬光大的人。同时值得注意的，是邹衍和儒家之间密切的关系。《史记·孟荀列传》说：

---

① 刘节：《洪范疏证》，收入顾颉刚编：《古史辨》第五册。
② 顾颉刚：《五德终始说下的政治和历史》，收入顾颉刚编：《古史辨》第五册，第409—410页。
③ 如童书业《儒家和五行的关系》、吕思勉《思孟五行考》等，皆收入顾颉刚编：《古史辨》第五册。

> 邹衍睹有国者益淫侈,不能尚德,若大雅整之于身,施及黎庶矣。乃深观阴阳消息而作怪迂之变,终始大圣之篇,十余万言……称引天地剖判以来,五德转移,治各有宜,符应若兹……然要其归,必止乎仁义节俭,君臣上下六亲之施。

顾颉刚特别根据此处"止乎仁义节俭,君臣上下六亲之施"的话,怀疑邹衍也属于儒家。这虽不见得适当,但可见邹衍与儒家的相通处。而从五行说发展的角度看,邹衍也不能说和儒家毫无干系。

邹衍五行说最引人注目的一点,是他用五行之德来解释历史,提出了所谓的五德终始说。这个学说的要点,在于依据五行相克的关系,通过五德转移来描述黄帝以下直到周代的历史。按照邹衍的说法,黄帝为土德,其后夏为木德,商为金德,周为火德。火、金、木、土,逆数上去,正符合五行相克的次序。比较起来,子思学派虽然没有用五行解释历史,但把五行观念引入人事的领域,无疑是从他们开始的。这对于邹衍不能不说是一个很好的基础。但更值得注意的,乃是《史记》所说邹衍所著的"终始、大圣之篇",与子思的五行说似乎也不无关系。且不说"圣"是《五行》篇一再强调的,就是用"终始"二字来说明"五行"间的关系,除了子思学派之外,在邹衍之前我们见不到第二例。《五行》篇论终始的文字,有:

> [君]子之为善也,有与始,有与终也;君子之为德也,[有与始,无与]终也。金声而玉振之,有德者也。金声,善也;玉音,圣也。善,人道也;德,天[道也]。唯有德者,然后能金声而玉振之。

善与德,分别指"四行之所和"与"五行之所和"。这里用始终来形容善和德,已经把终始的观念融入了五行说之中。后面更以金声和玉振作比,《孟子·万章下》说:

> 孔子之谓集大成。集大成也者,金声而玉振之也。金声也者,始条理也;玉振也者,终条理也。始条理者,智之事也;终条理

者,圣之事也。

这话显然和《五行》篇有关。以智为始条理,圣为终条理,更是以终始论五行的显例。从这来看,如果说邹衍的"五德终始说"受了思孟五行说某种程度的影响,也不能完全算是无稽之谈吧!

四

子思五行说影响了邹衍,邹衍反过来却又影响了儒家与五行说的结合。邹衍不仅用五行解释历史,他还通过五行与阴阳的结合,使整个的自然界及社会生活都被置于阴阳五行的框架之下。在这个气氛中,儒家倡导的一些基本德目也很难阻挡五行的渗透。东汉的郑玄在注释《中庸》首句"天命之谓性"时说:

木神则仁,金神则义,火神则礼,水神则信,土神则智。

这里明确把金木水火土和仁义礼智信一一搭配。但郑玄的说法不过是汉代各种说法中的一种,我们看记载西汉后期确立的儒家权威说法的《白虎通义·情性》中,就有另一种说法,木仁、金义、火礼、水智、土信。从目前的资料看,最早明确而系统地把五行和五种德目搭配的,如庞朴先生已经指出的,应该是从董仲舒开始的。

不过,董仲舒的具体意见和上引郑玄及《白虎通义》所说都不相同,他提出的搭配方案是:

木仁、火智、土信、金义、水礼

三说相比较,差别还是相当明显的。董仲舒的说法之所以未能被全部接受,当然是有在后儒看来不完善之处。我们试着思索这一点,也许可以提出两方面的理由,来指出这种不完善:

第一是"次序"的因素。这里有两种次序,一是五常的次序,当然是仁义礼智信。另一种是五行和四时配合的顺序,为木火土金水。五行和五常的配合,除了其他的考虑之外,应该尽量做到次序上一致。

由于土在五行中的特殊地位，所以主要考虑的是其他四行的次序。按董仲舒的方案，与五行配合的五常的次序是：仁智信义礼。这里面智与礼的先后关系是容易引起争议的。在孟子中，智被看作是对于仁和义的知识，所以一说起来，一定是"仁义礼智"的次序。可是这里，"智"却被安排在"义"和"礼"的前面，显得没有着落。《白虎通义》的调整，解决了这个难题。

第二是与儒学传统的契合。董仲舒之前，虽然没有将五行和五常搭配的做法，但是，零散的比喻性的说法有时也会涉及到类似的内容。譬如水经常成为儒家的喻象，有时被认为具有众多的德行，《韩诗外传》卷三记载：

> 问者曰：夫智者何以乐于水也？曰：夫水者，缘理而行，不遗小间，似有智者；动而下之，似有礼者；蹈深不疑，似有勇者；障防而清，似知命者；历险致远，卒成不毁，似有德者。天地以成，群物以生，国家以宁，万事以平，品物以正。此智者所以乐于水也。

这段话后面还有一段是问"仁者何以乐于山也"，很明显是对《论语·雍也》中孔子所说"智者乐水，仁者乐山"的发挥。文中虽然提到了水和智、礼、勇、德的关系，但重点无疑是放在"智"上面的。从这点来看，董仲舒用以和水配合的礼尽管也在水的诸种德行之中，但并不是主要的东西。而《白虎通义》以智配水，似乎更符合儒家的传统。

第三节　五行与四行

一

《五行》篇有关于"德之行五"和"四行"的区分："德之行五，和谓之德；四行和，谓之善。善，人道也；德，天道也。"这里因为牵涉到善和

德,以及人道和天道,非常重要,值得仔细分疏。我们先看之前的文字,郭店《五行》篇说:

> 五行:仁形于内谓之德之行,不形于内谓之行;义形于内谓之德之行,不形于内谓之行;礼形于内谓之德之行,不形于内谓之行;智形于内谓之德之行,不形于内谓之行;圣形于内谓之德之行,不形于内谓之德之行。

这里以是否"形于内"为标准,而提出"德之行"和"行"的区别,是很重要的。尤其是关于"圣"的论述,无论其"形于内"否,都称之为"德之行",与论"仁义礼智"不同,更有意义。马王堆帛书中也曾经发现《五行》篇,其中上述段落涉及到"圣"的句子,因有缺文,所以整理小组依据之前同样的句法做了补充,便是如下的样子:

> 圣形于内谓之德之行,不形于内谓之行。①

郭店竹简的整理者因为有马王堆帛书的背景,所以认为该处论圣的文字多出了"德之"二字,其句法结构与上述四句应该相同。这种意见,可以称作"衍文说"。庞朴先生则提出了另外一种看法,他说:

> 形而上的天道,只有被人觉悟,方得成形于人心之内,是为形于内;此时的某天道,便谓之某德之行(如:仁道形于内,谓之仁德之行;等等)。倘或并未被人觉悟,没能在人心中成形,只是被仿效于行为,便谓之某行(如:仁道不行于内,谓之仁行;等等)。仁义礼智诸道,莫不如此;只有圣道例外。盖圣之为道,只能形于内而成圣德,不能不形于内而有圣行。②

此处强调"圣"与"仁义礼智"的不同,是值得注意的。这个不同,在孟子那里表达得非常明显。孟子经常把"仁义礼智"并提,而不及"圣",

---

① 此文引用马王堆帛书《五行》篇的文字,俱见于国家文物局古文献研究室:《马王堆汉墓帛书》(壹),北京:文物出版社,1980年。此条见于该书第17—24页。
② 庞朴:《竹帛五行篇校注及研究》,第111页。

偶而谈到这五者的时候,语气上的区别也是很显著的。《孟子·尽心下》说:

> 仁之于父子也,义之于君臣也,礼之于宾主也,智之于贤者也,圣人之于天道也,命也。有性焉,君子不谓命也。

如庞朴已经意识到的,此处所说仁义礼智,都落实在具体的人际关系之中,但"圣人"例外,"只与天道相往还"。①

从孟子这里回过头来看《五行》篇,就觉得它论"圣"与"仁义礼智"的不同,不应该仅仅当作"衍文",蜻蜓点水般一笔带过。它似乎正是在突出"圣"的特殊性。那么,"圣"究竟特殊在何处呢?

二

在《五行》篇中,圣和智经常是相伴出现的。② 它们构成了一个对子,我们也正好可以通过比较圣智的不同,来了解"圣"的特殊性。我们且看这段文字:

> 见而知之,智也;闻而知之,圣也。明明,智也;赫赫,圣也。"明明在下,赫赫在上",此之谓也。

很显然,圣和智是两种不同层次的"知"。这里引用了《诗经》的文字,如果我们根据"明明,智也;赫赫,圣也"的说法,把圣和智分别代入诗句的话,它要表达的就是智在下圣在上的意思。在《大雅·文王》中,下和上指的是下民和上天。毛诗郑笺云:

> 明明,察也。文王之德,明明于下,故赫赫然著见于天。

所以,用上和下来区别圣智,应该含有圣知天而智知人的意味。事实也是如此,《五行》篇说:

---

① 庞朴:《竹帛五行篇校注及研究》,第111页。
② 圣和智相对使用的例子,应以《国语·楚语》为最早。其云:"其智能上下比义,其圣能光远宣朗。"

> 闻君子道,聪也。闻而知之,圣也。圣人知天道也。

明确的把圣人和天道联系起来。换句话说,圣人之所以能够成为圣人,是由于他对天道的把握。而智则不同:

> 见贤人,明也。见而知之,智也。

它被规定为"见贤人"而知之,只能在人道的圈子里打转。

值得注意的是圣人知天道的方式。这是"闻而知之",以区别于"智"的"见而知之"。见与闻分别对应人的耳目之官,它要求的是耳聪目明。① 所以,相应的,圣表现为耳聪,而智表现为目明。《五行》篇说:

> 智之思也长,长则得,得则不忘,不忘则明,明则见贤人,见贤人则玉色,玉色则形,形则智。
>
> 圣之思也轻,轻则形,形则不忘,不忘则聪,聪则闻君子道,闻君子道则玉音,玉音则形,形则圣。

在《五行》篇看来,聪和明是不能等量齐观的。聪是比明更根本的东西,它说"不聪不明",但是你不能反过来说"不明不聪"。"不聪不明"的说法,很明显是把聪看作比明更高级的认识能力,它蕴涵了"明",所以能够作为明的前提。这个说法的目的实际上是要导出紧接着的"不圣不智",圣是高于智的,它同时也包含了智。

"圣"之所以是"闻而知之",以耳的聪作为前提,是因为它与声音的密切关系。在马王堆帛书中,还有一篇题名为《德圣》的作品,其中说道:

> 知人道曰智,知天道曰圣,圣者,声也。圣者智,圣之智知天,其事化翟。其谓之圣者,取诸声也,知天者有声。知其不化,智也。化而弗知,德矣。

---

① 在《国语·楚语》中,圣智也是与聪明相提并论的。所以在上引文之后,紧接着就是"其明能光照之,其聪能听彻之"。

这里把"圣"和声音的关系讲得非常明确。

三

"圣"的特殊除了表现在它和天道的联系以外,还在于它是其他诸"德之行"的基础。《五行》篇说:

> 闻君子道,聪也。闻而知之,圣也。圣人知天道也。知而行之,义也。行之而时,德也。见贤人,明也。见而知之,智也。知而安之,仁也。安而静之,礼也。圣,智礼乐之所由生也。五[行之所和]也,和则乐,乐则有德,有德则邦家兴。文王之见也如此。"文王在上,於昭于天",此之谓也。

荀子在《非十二子》中批评子思"案往旧造说,谓之五行",可见子思"仁义礼智圣"的五行说和旧的"金木水火土"五行说之间还是有渊源的。子思很着意说明其所谓"五行"之间的相生关系,应该就是受了传统五行学说中相生观念的影响。就上引文来看,《五行》篇明确地指出,圣是"智礼乐之所由生"。其实不只如此。我们看这段话从"圣"开始,依次推出了"义"、"智"、"仁"、"礼"。因此,它实际上是认为,从"圣"中可以生出其他的四行,而且是"德之行"。换言之,一个人如果达到了圣的境界,他就自然具有了仁义礼智诸德,因而就是一个五行和的有德而乐的境界。

但是"智"就不同。智与圣的差别使得智只能局限在人道的范围之内,只能了解"善",不能达到"德"。从"智"中虽然也可以引出仁义和礼,如《五行》篇所说:

> 见而知之,智也。知而安之,仁也。安而行之,义也。行而敬之,礼也。仁义礼所由生也。四行之所和也,和则同,同则善。

这段话中"仁义礼所由生也"句,通常在"仁"字下句读,虽然也可以通,但却错过了它要表达的主题。作者这里不是想说明仁为义和礼的根源,而是要说明智和仁义礼的关系,即后面三者都可以从智中发生,即智为"仁义礼之所由生"。所以应该采取如上所用的连读方式。这样,"仁义礼"与"智"一起构成了所谓"四行"。四行"和"是"同","同"就是"善"。

在这里,很明显的我们可以发现两个系列:一个是从"圣"开始的五行系列,另一个是从"智"开始的四行系列。二者虽然只有一行之差,却完全是天壤之别。圣因为其包含着对天道的认知,所以在这个背景之下,由它所生出的义、智、仁、礼就不仅仅是"行",而是天道的运行,是"德之行"。具有此五行的人,会有"乐"的体验。相反,智由于局限在人道的范围之内,在它的基础上生出的仁、义和礼就仅仅是"行",也没有"乐"的体验。

值得注意的是"和"与"同"两个字的用法。在《国语·郑语》所记史伯的话中,曾经提到了金木水火土"五行"与"和"、"同"的问题。"和"被看作是"以他平他",与"同"正好是相对的。这里也是如此。从这我们也能发现一些子思五行说与传统五行说之间的微妙联系。

四

五行和四行的区别,《五行》篇用"德"和"善"来说明。德是天道,善是人道。这话的意义是很丰富的,值得仔细地分析。"德"是一个悠久的字眼,至少在周初,就已经被突出了。这个字和心的联系,仅仅从字形上就可以看出。《说文》解释"德"是"外得于人,内得于己",内得于己当然是就"心有所得"而言。说一个人有德,就意味着"德"已经进入了他的内心,为心所得。所以"德"常常被解释为"得"。《五行》篇中"德"字的使用,也有类似的意义。"形于内"的"行"才能叫做"德之行",可知所谓的"德"和"内"是不可分的。内,这里指的就是心。而形于内,就是扎根于内心,或者叫得于内心。仁义礼智等只有扎根于内心,得于内心,才可以称为"德"。否则就不是,只能叫行。

问题是,这个"心有所得"的"德"是先天的,还是后天的。孔子曾经说过"天生德于予"(《论语·述而》),似乎是说德是天生的。但这里并非专门讨论"德"的问题,所以很难成为立说的依据。我觉得《五行》篇并未正面提出这个问题。它只是提出"仁义礼智"等德目有"形于内"和"不形于内"的分别,这里暗含的意思是,内心中可以具有这些德目,也可以不具有这些德目。它特别强调君子和志士,他们是有德或者可能有德的人。言外之意好像是说,小人是无德的人。

与德相比,善则可以和心无关。纯粹的"行"可以称做"善",但是绝对不能称做"德"。从这来看,"善"或者"不善"完全是一种外在的评价。这种德和善的严格分别体现了儒家向内心寻找秩序根源和基础的努力。

善和德的区别,我们在《老子》中也可以看到。老子对善是很蔑视的,他以为天下"皆知善之为善,斯不善已"。但是对德则不同,德正是他要内具和培养的东西。关于德和善的区别以及老子的态度,最集中的体现在三十八章:

> 上德无为而无以为也,下德为之而有以为,上仁为之而无以为也,上义为之而有以为,上礼为之而莫之应,则攘臂而仍之。故失道而后德,失德而后仁,失仁而后义,失义而后礼。夫礼者,忠信之薄而乱之首也。

老子虽然没有明确地说"善"指什么,但是这里的仁义和礼,我想就应该是"善"的主要内容。在儒家的思想中,它们也确实被称做"善"。在"善"之中,虽然也有区别,但有一个根本的共同点:它们都是"为"。"德"则是"无为"。譬如"天地不仁,以万物为刍狗"(第五章),不仁是不善,但不是无德。"天地相合,以降甘露,人莫之令而民自均"(三十二章),这就是天地之"德"。"德"的表现是无知无欲,而纯粹出于自然,好比是赤子或婴儿。所以,"德"和"道"是不离的。"善"就不同,它和"道"是背离的。

从这个背景看《五行》篇,其关于"德"和"善"的区别,也有类似的意义。

"善"只是"行",是"为",所谓"善弗为无近"。"德"则由于有"形于内"的基础,所以叫"德之行"。又因为"德"属于"天道",所以也就是"天道之行"。天道之行没有矫揉造作可言,是自然的,不同于完全属于人道的"善""行"。这就像是孟子讲的"由仁义行"和"行仁义"。(《孟子·离娄下》)"由仁义行"是仁义之德的自然的流行,"行仁义"则是按照仁义的要求去做。前者大略相当于"德",后者则是"善"。

第四节　人伦与人道

在现存文献之中,"人伦"一词,最早见于《孟子·离娄下》:"舜明于庶物,察于人伦。由仁义行,非行仁义也。"又《滕文公上》:"学则三代共之,皆所以明人伦者也。人伦明于上,小民亲于下。有王者起,必来取法,是为王者师也。"但"伦"或"大伦"的说法,《论语》中已经出现。《微子》篇记载子路对隐者的批评说:

> 不仕无义。长幼之节,不可废也;君臣之义,如之何其废之。
> 欲洁其身,而乱大伦。

这里的"大伦",很明显是指长幼之节和君臣之义而言。又同篇称柳下惠等时有"言中伦,行中虑"之语。再向前追溯,《尚书·洪范》中有"彝伦"的说法:

> 天乃锡禹洪范九畴,彝伦攸叙。

《说文》解释"伦"字说:

> 伦,辈也。从人仑声。一曰道也。

可见"伦"字的意义,主要是"辈",侧重在"类"的区别上面,所以"伦类"

常常并称。这个意义上的"人伦"主要是指人的不同角色和身份,以及人与人之间的区别。同时,按照许慎的记载,也有人把"伦"解释为"道",这时的"人伦"则是指对不同角色和身份的人的规定,以及处理他们之间关系的法则,和"人道"的意义几乎完全相同。这两种解释显然既有联系,又有不同的侧重。在文献中,很多时候还是可以清楚区分的。如上述孟子的用法,都偏重在"人道"的方面。其内容,主要指仁义。而如《荀子·富国篇》所说"人伦并处"中的"伦"字,显然只能作"辈"或者"类"来解释,这时的"人伦",就偏重在指不同类型的人群及其关系。就这里的讨论来说,如果从"人伦"的广义用法上来看,似乎有些不伦不类。因为"人伦"本来就有"人道"的意义。但是在这里,我主要是想突出"人伦"一词所具有的人之角色及人际关系的意义,而把"人道"的意义暂时独立出来,看作是人伦应遵循的法则。这样的考虑,如上所述,一方面当然是有传统的用法作为基础和参照,另一方面,也与我们考察的郭店文本有关。以下我们以郭店文本为主,结合先秦儒家的论述,来讨论人伦和人道的问题。

一

人伦和人道,是郭店儒家类文献十分关注的一个问题,也是儒家思想的一个重要特点。"人道"在很多篇中都被特别的强调,被认为是最值得甚至唯一值得关怀的主题。《尊德义》说:

> 教非改道也,教之也。学非改伦也,学已也。禹以人道治其民,桀以人道乱其民。桀不易禹民而后乱之,汤不易桀民而后治之。圣人之治民,民之道也。禹之行水,水之道也。造父之御马,马之道。后稷之艺地,地之道也。莫不有道焉,人道为近。是以君子,人道之取先。

有趣的是,这段话一开始就出现了"道"和"伦"的字眼。二者相对成文,显示出密切的联系。以下的说法是认为,任何东西都有自己的道,而且各各不同。如水有水之道,马有马之道,地有地之道,民有民之道。要先了解好这些不同的"道",面对它们的时候才可以成功。这当然是强调把握"道"的重要。其中对于治民的君子而言,人道当然是头等重要的东西。与人道相比,地道、水道、马道要次要得多。这里的说法让我们想起孔子教训弟子樊迟的话,《论语·子路》篇记载:

> 樊迟请学稼。子曰:"吾不如老农。"请学为圃。曰:"吾不如老圃。"樊迟出。子曰:"小人哉,樊须也!上好礼,则民莫敢不敬;上好义,则民莫敢不服;上好信,则民莫敢不用情。夫如是,则四方之民襁负其子而至矣,焉用稼?"

学稼、学为圃,这也许和地道有关,但和人道却毫无瓜葛。[①] 人道是指礼乐的制度,在孔子看来,这才应该是君子要关注的内容。君子掌握了人道,以礼乐治民,则四方之众云集,何事而不可为?从这来看,并不是不要了解地道、马道、水道等,而只是说,不要把它们置于人道之上,在任何时候,人道都是最根本的。从这来看,《尊德义》可以看作是直接承继着孔子的想法而来。《性自命出》也有类似的说法:

> 所为道者四,唯人道为可道也。

> 凡道,心术为主。道四术,唯人道为可道也。其三术者,道之而已。

仅从字面上来说,所谓人道,是指人类生活应遵循的法则而言。生活的范围当然是很广的,儒家的关注点似乎是如何把人类组织成一个有序的群体,所以特别提出"群"的问题。《性自命出》进一步解释人道说:

> 道者,群物之道也。

这里的"群物",就是使人群或者聚集人群的意思。这种考虑问题的方

[①] 《中庸》称:"人道敏政,地道敏树。"也是区别地道和人道,可与《尊德义》的说法相比照。

式,显然就把注意力集中到了人和人关系的方面。因为要想让人"群",结合为一个社会,就必须从"分"入手,从人与人的关系入手,这就是人伦。于是,人道的问题就和人伦的问题联系了起来。荀子曾经很明白地讲述过这个道理,《荀子·荣辱篇》说:

> 故先王案为之制礼义以分之,使有贵贱之等,长幼之差,知愚能不能之分,皆使人载其事,而各得其宜。然后使谷禄多少厚薄之称,是夫群居和一之道也。故仁人在上,则农以力尽田,贾以察尽财,百工以巧尽械器,士大夫以上至于公侯,莫不以仁厚知能尽官职。夫是之谓至平。故或禄天下,而不自以为多,或监门、御旅、抱关、击柝而不自以为寡。故曰:斩而齐,枉而顺,不同而一。夫是之谓人伦。

这段话由"分"开始,提到贵贱之等、长幼之差、知愚能不能之分,而归结为群居合一之道。正是我们上面讨论的人伦和人道的问题。最后的结语,更好像是为"人伦"下一个定义。在荀子看来,人伦和人道是不能分开的。似乎可以这样说,人伦本身就包含了人道在里面,而人道就是人伦之道。所以荀子说圣人可以是"人伦之极也"、也可以是"人道之极也"。放大的说,这其实不仅是荀子自己的看法,也是儒家普遍的主张。《成之闻之》说:

> 天登大常,以理人伦。制为君臣之义,著为父子之亲,分为夫妇之辨。

首先值得注意的是,这里出现了"人伦"一词。从郭店一号墓的年代来看,考古学家一般认为是在公元前三百年前后。如此说来,郭店的文献应该要早于《孟子》,那么这段话的一个意义,就是把文献中"人伦"一词的使用上推到孟子以前。这段话中,"人伦"与"大常"相对,并作为大常所"理"的对象,很明显是偏重在人与人的关系上面。就这里所言,又主要是指君臣、父子和夫妇。人伦当然是需要秩序的,作为秩序的人道,在这里被称做"大常","常"原本就有"道"或者"理"、"法"的意思。值得注意的是,按照这里的说法,"大常"似乎是从天而降的。从文献上说,这可以与上述《尚书·洪范》"天乃锡禹洪范九畴,彝伦攸叙"的说法相比照。所谓的"洪范",据旧注,就是"大法"之义,与"大常"类似。"大法"来自天赐,与"天降大常"之说略同。而在《六德》中,就明确地说君子有"立身大法三",这立身的大法,就是指处理君臣、父子和夫妇的法则而言,正好与此处的"父子之亲"、"君臣之义"和"夫妇之辨"呼应。

人与人的关系当然是很复杂的,多种多样的。而儒家则从这复杂的关系中提炼出几种它认为是最主要者,如《中庸》说:

> 天下之达道五,所以行之者三,曰:君臣也,父子也,夫妇也,昆弟也,朋友之交也。五者,天下之达道也。

这五种关系,就是人们通常说的"五伦"。其实"五伦"的确立,也经历了一个过程。儒家最初似乎最重视君臣和父子,如《论语·微子》中子路所谓的"大伦"主要指这两者。而且在《论语》中,并没有涉及到夫妇的关系。但在郭店中,夫妇一伦的重要性被突出了。所以很多篇经常把君臣、父子和夫妇相提并论,这些被认为是每个人一定要面对的关系。《六德》说:

> 生民斯必有夫妇、父子、君臣。君子明乎此六者,然后可以断谗。道不可体也,能守一曲焉,可以讳其恶,是以断谗速。凡君子所以立身大法三,其绎之也六,其衍十又二。三者通,言行皆通。三者不通,非言行也。三者皆通,然后是也。三者,君子所生与之立,死与之敝也。

这三种立身大法,如上所述,就是处理君臣、父子和夫妇这三对关系的基本原则。把握住了这三种关系,一切言行都可以通顺;反之,则一切都不通。这是决定一个人能否成为君子的最重要因素。

不同的人际关系,当然需要不同的法则。如我们已经看到的,父子之间是亲,君臣之间是义,夫妇之间则是别。这样的配合,当然基于对不同关系的理解。对此,郭店文献多有讨论。以下我们分别予以考察。

二

父子关系由于建立在血缘的基础之上,是儒家最重视的人际关系。与其他的关系相比,这种关系最大的特点是它的不可选择性。在这个意义上,它是一种完全内在的关系。郭店竹简曾经用内和外来描述不同类型的人际关系,如《六德》篇有"门内"和"门外"的提法,所谓内外的范围,该篇解释说:

> 内立父、子、夫也,外立君、臣、妇也。

很显然的,父子属于内,而君臣属于外。至于夫妇的关系,则比较复杂,是介于内外之间的。

作为门内的关系,由于父子之间本身有"血气之亲",所以适用于这种关系的原则也应该体现这一点。郭店竹简一再指出"父子有亲",这"亲"的精神主要靠"恩"或者"仁"来体现。《六德》篇说:

> 门内之治恩掩义。

"治"也就是"理"的意思。这句话是说处理门内关系的原则是"恩掩义"。所谓的"恩",其实就是我们熟知的"仁"。《庄子·天下》篇论"邹鲁之士,缙绅先生"时说:

> 以仁为恩,以义为理,以礼为行,以乐为和,薰然慈仁,谓之君子。

《礼记·丧服四制》也有"恩者,仁也"的话。"恩掩义"说的是要用仁而不用义。这与《六德》"仁,内也"的说法当然一致,同时也就是所谓的"父子有亲"的"亲"。因为仁和亲本是一体的两面,《语丛一》说:

> 厚于仁，薄于义，亲而不尊。厚于义，薄于仁，尊而不亲。

这段话也见于《礼记·表记》。"厚于仁，薄于义"也就是所谓的"恩掩义"，这样的结果是"亲而不尊"。从这来看，所谓的"父子有亲"也就是说，父子之间应适用于"仁"的原则。仁和亲的关系，也见于《五行》篇：

> 颜色容貌温，变也。以其中心与人交，悦也，中心悦䔍。迁于兄弟，戚也。戚而信之，亲[也]。亲而笃之，爱也。爱父，其继爱人，仁也。

这段话从身到心、从内到外，主要是讲"仁"的。"仁"可以表现于颜色容貌，扎根于中心之悦，然后由悦而戚，由戚而亲，由亲而爱，才得以最后完成。在这个步骤中，亲是仁的一个环节，可以说是仁的一部分。这也正是"仁"为什么适用于亲人，又能够使人相"亲"的原因。

与"亲"相联系的当然是"爱"。在《论语》中，"仁"的意义曾经从多方面被规定过，但最基本的定义则是"爱人"。"爱人"的开端则是"亲亲"，也就是父子之爱。我们当然记得《中庸》所说"仁者，人也，亲亲为大"的话，所说的就是这个意思。父子之间的"爱"因为基于"血气之亲"，所以是自然生出的东西，而非强加的规范。《语丛一》说：

> 仁生于人，义生于道。或生于内，或生于外。
> 由中出者，仁、忠、信。由外入者，礼□□。

按照这里的说法，仁和义的根据是不同的。仁是发源于人自身的，所以是"生于内"的；义则是来自于"道"的，所以是"生于外"的。"生于内"者又被称为"由中出者"，是指人中心固有的东西。在《语丛一》看来，仁、忠、信都属于此类。与此相反，礼等则是外在的东西。

因为是在内的东西，所以就不是外在的约束，或者有意的作为。《语丛三》说：

> 父孝子爱，非有为也。

子对父的爱就是"孝",父对子的爱有时侯叫做"慈"。这种父慈子爱不是有意的作为,而是出于自然。因此,如果"为孝"的话,就失去了"孝"的本意。《语丛一》云:

> 为孝,此非孝也;为弟,此非弟也;不可为也,而不可不为也。为之,此非也;弗为,此非也。

这里说的就更加复杂。"为孝"显然是不对的,但"不为"也不行。前后的两个"为"字看来并不完全相同,前一个"为"是"有为"的"为",后一个"为"只是"行为"的"为"。无论如何,"孝"是要表现于行为之中的。譬如"三年无改于父之道,可谓孝矣"之类(《论语·学而》、《里仁》)。子对父的爱因为是完全内在的,所以儒家认为是"仁"的根本。由"孝"而"悌",《语丛三》说:

> 长弟,孝之方也。

"悌"是对兄弟的爱,这是"孝"的推展。而它们又共同构成了"仁"的根本。《论语·学而》记载有子的话说:

> 孝悌也者,其为仁之本与?

郭店竹简中也有类似的说法。《六德》篇云:

> 孝,本也。

《唐虞之道》则说:

> 孝之方,爱天下之民。

"孝"或者"孝悌"只是血亲之爱,由它推展出去,则会爱天下之民。从这个意义上说,它当然是根本,也是源头。

关于父子相处之道,除了"父孝子爱"之外,《六德》篇中还有一种说法。该篇把仁义、圣智、忠信这六德和父子、君臣、夫妇这六位进行搭配。它关于父子关系的理解是"[有]教者,有学者",即父教子受。

相应的,父子各应具有的德行是父圣子仁。其云:

> "既生畜之,又从而教诲之,谓之圣。圣也者,父德也。子也者,会埤长材以事上,谓之义,上共下之义,以睦□□,谓之孝,故人则为[人也,谓之]仁。仁者,子德也。"

这和上述"门内之治恩掩义"的原则是一致的。

儒家所倡导的父子关系之中还有一点就是父子相隐。这被认为是"仁"的精神的一个体现,《广雅·释诂四》则有"恩,隐也"的直接阐说。父子相隐的说法最早见于孔子。《论语·子路》云:

> 叶公语孔子曰:"吾党有直躬者,其父攘羊,而子证之。"孔子曰:"吾党之直者异于是:父为子隐,子为父隐,直在其中矣!"

父子之间因为有"血气之亲",和一般的关系不同,所以"隐"反而是"直"的一个表现。这种"直"当然不能扩大到其他的关系中去,譬如君臣的关系。依照郭店竹简《鲁穆公问子思》的说法,"恒称其君之恶者为忠臣"。这时,就需要叶公式的"直",如果"隐"的话,就变成了不"直"。《五行》篇对"仁"所包含的"隐"的意义有较详细的发挥。该篇说:

> 不简,不行。不匿,不辩于道。有大罪而大诛之,简也。有小罪而赦之,匿也。有大罪而弗大诛也,不[行]也。有小罪而弗赦也,不辩于道也。简之为言犹练也,大而晏者也。匿之为言也犹匿匿也,小而轸者也。简,义之方也。匿,仁之方也。刚,义之方。柔,仁之方也。"不强不絿,不刚不柔",此之谓也。

这里说的"匿",就相当于《论语》说的"隐",它被视为仁的表现,其意义是"有小罪而赦之"。"匿"的原则建立在血气之亲的基础之上,首先是针对着父子关系而言的。但是,这种家庭中"父子相隐"的精神可以向社会领域进一步推广,譬如由爱父而爱人,就是其表现的一种形式。从这来看,父子关系及其原则并不只是停留在家庭内部,而是一种可

以普遍化的东西,因而可以及于社会政治的领域。如《论语·为政》篇所记:

> 或谓孔子曰:"子奚不为政?"子曰:"《书》云:'孝乎!惟孝,友于兄弟,施于有政。'是亦为政,奚其为为政?"

作为子事父的德行,"孝"可以扩展到兄弟,施行于有政。很显然是不能仅仅视之为家庭内部的伦理的,它同时也是政治伦理的一个重要内容。这一点我们后面还会提到,兹不赘述。

三

父子之外,还有君臣,这是人间仅次于父子的最重要的关系。《庄子·人间世》有云:"仲尼曰:'天下有大戒二:其一,命也;其一,义也。子之爱亲,命也,不可解于心;臣之事君,义也,无适而非君也,无所逃于天地之间。是之谓大戒。'"所谓"仲尼曰",自然是依托或者寓言之类,但这段话中的道理却是丝毫也不错的。如《诗经·小雅·北山》所说"普天之下,莫非王土;率土之滨,莫非王臣",人一出生,就有君上。在这种意义上,君臣关系是不可避免的,或者说无法逃避的。但其实说来,臣有两种,一种是广义的,举凡天下之民,皆谓之臣;一种是狭义的,有爵有禄者才叫做臣。儒家所说的君臣关系,主要是在"臣"的狭义用法上展开的。

和广义的君臣关系不同,狭义的君臣关系是可以选择的。你可以选择接受爵禄,也可以选择不接受。或者你可以选择做这个君主的臣,而不是那个君主。这与朋友有些类似。《语丛一》说:

> 君臣、朋友,其择者也。

这是君臣关系和我们刚刚讨论过的父子关系之间的本质区别。既然能够选择,则可合可离。《语丛三》说:

> 父无恶。君犹父也,其弗恶也,犹三军之旌也,正也,所以异

> 于父,君臣不相戴也,则可已;不悦,可去也;不义而加诸己,弗受也。

儒家常常把君、父并称,君主有时候可以和父亲相提并论,君主在臣子面前,就像是父亲在儿子面前一样,都好像是三军的旗帜。但君和父的一个重要区别在于,当君臣不和的时候,他们可以结束这种关系。臣子不高兴的时候,他也可以选择离去。加给自己的不义的事情,臣子也可以不接受。用内外的说法,君臣关系是属于"门外"的,因此,君臣的结合也就不像父子一样是基于血气之"亲",而是"义"。《语丛三》说:

> 长弟,亲道也。友君臣,无亲也。

朋友和君臣,不像父子和兄弟,是没有血气之亲的。所以,将君臣结合在一起的,也就不是和"亲"相关的"仁",而是"义"。这也就是《成之闻之》和《六德》所说的"君臣之义"。或者如《六德》所说:

> 门外之治义斩恩。

"义斩恩"当然与"恩掩义"正好相反,"斩"是"断"的意思,要断掉仁而行之以义。用《语丛一》或者《礼记·表记》的话来说,乃是"厚于义,薄于仁,尊而不亲"。因此适用于君臣关系的就不是"爱",而是"义"。体现在君臣关系之中的也不是"亲",而是"尊"。《中庸》论"义"的时候说:

> 义者,宜也。尊贤为大。

这是和"仁者,人也。亲亲为大"相对提出的。"尊贤"当然是"尊"的一种表现,"宜"则是对"义"的字义的说明。与"仁"根源于人的情感不同,"义"或者"宜"的依据则是"理"或者"道"。从这个意义上讲,它是外在的。《语丛一》说:

> 仁生于人,义生于道。或生于内,或生于外。

在上一节中,我们曾经引用过这句话,以说明仁是内在于人的。同样,它也指出义是外在于人的。如果说"仁"是本然之情,那么"义"就是当然之则。这一点是很重要的,事实上,透过父子和君臣两种不同性质的关系,儒家也发展出了两种不同的原则。它们共同构成了人间秩序(礼乐)的基础。

《五行》曾经比较了仁义的不同特点和表现。它说:

> 中心辩然而正行之,直也。直而遂之,肆也。肆而不畏强御,果也。不以小道害大道,简也。有大罪而大诛之,行也。贵贵,其等尊贤,义也。

> 简之为言犹练也,大而晏者也。匿之为言也犹匿匿也,小而轸者也。简,义之方也。匿,仁之方也。刚,义之方。柔,仁之方也。"不竞不絿,不刚不柔",此之谓也。

"义"的特点是"直"和"简",正道直行,不加掩饰,这正和作为"仁"的表现的"匿"和"隐"的精神相对应。

《六德》中曾经具体解释了"君臣之义",它说:

> 有率人者,有从人者;有使人者,有事人[者;有]教者,有学者。此六职也。既有夫六位也,以任此[六职]也。六职既分,以裕六德。六德者[□□□□□□□□□]赏庆焉,知其以有所归也。材虽在山岳之中,苟贤[□□□□□□□□□□□□□□][□□□□□□□□□]□父兄任者,子弟大材艺者大官,小材艺者小官,因而施禄焉,使之足以生,足以死,谓之君,以义使人多。义者,君德也。非我血气之新(亲),畜我如其子弟,故曰:苟济夫人之善也,劳其骶骴之力弗敢惮也,危其死弗敢爱也,谓之[臣],以忠事人多。忠者,臣德也。

虽然有很多缺文,我们还是能够了解大概的意思。以职分而论,君处于使人的位置,他应具的德行是"义",如我们前面所论的,是抛开"情"

的考虑,正道直行。譬如完全根据材艺的大小而任命官吏,定其爵禄。同样,对于臣子而言,君臣之间没有血气之亲,但君之养己如父之于子,所以反过来臣子当感恩图报,侍奉君主,甚至不惜生命。因此,臣子应具的德行是"忠",以忠来事君。

四

与父子、君臣的关系相比,夫妇的关系是比较特殊的。它没有血缘的根基,是选择性的后天建立起来的,这和君臣关系相同。但一经选择之后,则终生不改,又和父子关系有些类似。在五伦之中,如果说兄弟关系可以归入父子一类,朋友可以归入君臣一类的话,那么,只有夫妇是独立不偶的。这当然也可以显示出它的独特性来。

郭店文献对夫妇关系的看法,最突出的是所谓"夫妇有别"。"别"的强调似乎正是基于生活中夫妇之间过于亲密的关系,因此需要在其中建立某种秩序。孔子没有讨论过夫妇的关系,但他提到过"唯女子与小人为难养也。近之则不逊,远之则怨"。这可以被理解为,在和女人的关系中,孔子试图找到一种平衡远近的办法。儒家后学们提出的"夫妇有别"也许正是在这个方向上的展开。

"夫妇有别"贯穿在夫妇关系的众多方面。从最初的"男女辨姓"开始,就决定了夫妇必须分属于不同的姓氏,而同姓之间是禁止结婚的。经过了婚礼之后,看起来他们结合在一起,但其间的分别仍是重要的。如《六德》所说:"仁,内也;义,外也;礼乐,共也。内立父、子、夫也,外立君、臣、妇也。"从血缘关系的角度来说,夫妇虽然共处于一个大家庭之中,却是分属于内外的。因此,他们理当遵循不同的原则。另外,夫妇之间的角色也不能是平等的。《六德》称夫为率人者,而妇则是从人者。其云:

> 知可为者,知不可为者;知行者,知不行者,谓之夫,以智率人多。智也者,夫德也。能与之齐,终身弗改之矣。是故夫死有主,

> 终身不变,谓之妇,以信从人多也。信也者,妇德也。

在夫妇的关系中,"夫"当然应该是主导者。他知道什么可以做,什么不可以做。应该行什么,不应该行什么。所以"智"是"夫"要具有的德行。"妇"则不同,她一旦嫁给某人,最重要的就是"从",并终身不变。所以妇德最要紧的是"信",有"信"的人才有主,不会动摇。类似的话在《礼记·郊特牲》中也可以看到:

> 婿亲御授绥,亲之也。亲之也者,亲之也。敬而亲之,先王之所以得天下也。出乎大门而先,男帅女,女从男,夫妇之义由此始也。妇人,从人者也。幼从父兄,嫁从夫,夫死从子。夫也者,夫也。夫也者,以知帅人者也。

如果说《六德》偏重在"德"的讨论的话,这里则是从礼出发,来分析其背后的意义。《郊特牲》把"礼"分成"数"和"义"两部分,"数"大概是指礼仪,而"义"则指礼的精神。大婚之日,丈夫亲御授绥,出大门而先,这是"数",其背后的"义"则是"敬而亲之"、"男帅女,女从男"之类。其后的妇人从人,夫以知帅人,与《六德》所说一致,不过没有提到妇德信而已。

儒家对夫妇关系的讨论,重要者还见于《易传》、《诗大序》等文献之中。特别是《易传》,因为以阴阳的观念为核心,所以对夫妇的关系非常重视。《序卦传》说:

> 有天地然后有万物,有万物然后有男女,有男女然后有夫妇,有夫妇然后有父子,有父子然后有君臣。

这是把夫妇关系看作是父子、君臣的基础,其重要性当然可想而知。而且,夫妇的关系可以和天地相提并论,这让人想起《中庸》所说的"君子之道,造端乎夫妇;及其至也,察乎天地"。实际上,在《文言传》中,也是如此。该传解释坤卦说:

> 坤道其顺乎!……地道也,妻道也,臣道也。

坤道的精神是"顺",这同时是地、妻和臣应该遵守的原则。"顺"也就是《六德》中讲的"从"。不同的是,《六德》进一步提到"信","终身不改",这把"顺"或者"从"更绝对化了。

五

以上我们以郭店文本为主,结合其他的文献,讨论了先秦儒家关于父子、君臣和夫妇关系的看法。作为最基本的社会关系,它们处理的得当与否对于社会秩序而言,是至关重要的。《六德》说:

> 男女别生言,父子新(亲)生言,君臣义生言。父圣子仁,夫智妇信,君义臣忠。圣生仁,智率信,义使忠。故夫夫、妇妇、父父、子子、君君、臣臣,此六者各行其职,而谗谄蔑由作也。君子言信言尔,言炀言尔,设外内皆得也。其反,夫不夫,妇不妇,父不父,子不子,君不君,臣不臣,昏所由作也。

按照《六德》的设计,如果社会中的每一个人都依照自己的角色,去做应该做的事情,遵循其应该遵循的法则,那么像"谗谄"之类的行为就不会出现。关于"谗谄"的意义,我们可以参照荀子的说法。《修身篇》说:

> 以善先人者谓之教,以善和人者谓之顺;以不善先人者谓之谄,以不善和人者谓之谀。是是非非谓之知,非是是非谓之愚。伤良曰谗,害良曰贼。是谓是,非谓非曰直。

"伤良曰谗","以不善先人者谓之谄",总之是不善或者伤善的行为,与"顺"是相对的。这种解释和《六德》的语境是协调的。从这来看,《六德》和荀子的关系值得注意。谗谄不作,那么无论是门内还是门外的关系,君子都会处理得非常妥当。反之,如果不能正确地处理这三种关系的话,社会当然会出现昏乱的情形。这是把夫妇、父子和君臣看作一切社会关系的根本,因此也是社会秩序的根本。此种看法,反映了儒家重视人伦的倾向。

包括这三种关系在内的一切社会关系,在儒家看来,是互相联系在一起的。《六德》认为,父子、君臣、夫妇这三种关系之间虽然有明确的区别,但又是连为一体的。它说:

> 君子不啻明乎民微而已,又以知其一矣。男女不别,父子不新(亲)。父子不新(亲),君臣无义。

"知其一"就是了解它们是一体的。这种一体的联结当然也有秩序可循,在郭店竹简中,我们注意到,大凡提到这三种关系的时候,总是依照男女(夫妇)、父子和君臣的次序。这种次序不是没有意义的,如上引文所说,"男女不别,父子不亲",这似乎意味着男女(夫妇)之别构成了父子相亲的基础。从实际情形来看,男女的结合确实是父子关系得以成立的基础,如《序卦传》所说的,"有夫妇然后有父子",但这并不是说男女别就仅仅是为了父子亲的。而"父子不亲,君臣无义",也意味着由父子之亲可以推展出君臣之义。这种看法的主要目的,在我看来,当然是为了说明它们之间的一致性,说明它们是如何构成为一体。

在这种"一体"的论证中,如何由"父子亲"推出"君臣义",似乎得到了更多的重视。《唐虞之道》在描述尧为什么选择舜的时候说:

> 古者虞舜笃事瞽叟,乃戴其孝;忠事帝尧,乃戴其臣。

笃事瞽叟,以孝著名,这是说父子亲;忠事帝尧,以臣闻名,这是说君臣义。虞舜同时具有这两方面的德行,而它们之间也不是无关的。该篇继续说:

> 古者尧之与舜也;闻舜孝,知其能养天下之老也;闻舜弟,知其能事天下之长也;闻舜慈乎弟[□□□知其能]为民主也。故其为瞽盲子也,甚孝;及其为尧臣也,甚忠;尧禅天下而授之,南面而王天下,而甚君。

在作者看来,孝并不是一个孤立的东西,所以由事父孝就可以知其能养天下之老。而同时,由事父的孝也可以推出事君的忠,这从"故其为瞽瞍子也,甚孝;及其为尧臣也,甚忠"的说法中可以看出。从这个意义上讲,"孝"是根本性的德行,从它可以生长出其他的德行来。《六德》说:

> 孝,本也。下修其本,可以断谳。生民斯必有夫妇、父子、君臣。君子明乎此六者,然后可以断谳。道不可体也,能守一曲焉,可以讳其恶,是以其断谳速。

按照这里的说法,世上的每个人都会处在夫妇、父子和君臣的关系之中。如上所述,处理这些关系的原则是不同的。也可以说,道是不同的。这里特别提出"道不可体也",但可以"守一曲"。"体"和"曲"相对,应该是"全体"的意思。守一曲,就是要把握一个方面。看来,《六德》认为首先要把握的就是孝,因为孝是最根本的。把握了孝,也可以说是走了一个捷径。

由"孝"道的重要,我们也可以了解儒家对父子一伦的强调。在夫妇、父子和君臣这三种主要的社会关系中,父子一伦居于枢纽的地位。夫妇关系可以看作是父子的基础,而君臣关系则是它的延伸。这当然体现出儒家对血缘的重视,一切的其他关系应该让位于血缘的关系。因此,当这些关系之间发生冲突的时候,毫无疑问,血缘的东西应该放在最重要的位置。《六德》说:

> 仁,内也。义,外也。礼乐,共也。内立父、子、夫也,外立君、臣、妇也。疏斩布绖杖,为父也,为君亦然。疏衰齐牡麻绖,为昆弟也,为妻亦然。袒免,为宗族也,为朋友亦然。为父绝君,不为君绝父。为昆弟绝妻,不为妻绝昆弟。为宗族疾朋友,不为朋友疾宗族。人有六德,三新(亲)不断。

这段话的重点,其实是论内和外之间的区别和联系。如前面已经指出的,内和外的区分是以血缘为基础的。有血气之亲的是"内"或者叫

"门内",反之是"外"或者叫"门外"。处理门内的关系,要用"仁";处理门外的关系,要用"义"。但表现在礼乐制度上,门内和门外可能是相同的。如就丧礼时的"服"而言,如果对象是门内的父亲,儿子要"疏斩布经杖",而这同时也是参加君主的丧礼时应持的礼节。此外,如对门内的兄弟和对门外的妻子的礼仪是一样的,对门内的宗族和对门外的朋友的礼仪也是一样的。但是,这种礼仪的相同并不代表实质的相同。如这里由内到外的叙述次序所暗示的,内和外似乎有着本和末的区别,外是由内推出来的。所以,当内和外发生冲突的时候,毫无疑问,人们要舍外而取内。这就是所谓的"为父绝君,不为君绝父。为昆弟绝妻,不为妻绝昆弟。为宗族疾朋友,不为朋友疾宗族。"在这里,血缘关系显示出了它的力量,儒家对血缘的重视也显露无疑。

在夫妇、父子和君臣的关系中,"一体"固然是主要的方面,但紧张和冲突有时也不可避免。《左传·桓公十五年》中曾经记载了一个妇人在丈夫和父亲之间做生死抉择的例子,其文曰:

> 祭仲专,郑伯患之,使其婿雍纠杀之。将享诸郊,雍姬知之,谓其母曰:"父与夫孰亲?"其母曰:"人尽夫也,父一而已,胡可比也?"遂告祭仲曰:"雍氏舍其室而将享子于郊,吾惑之,以告。"祭仲杀雍纠,尸诸周氏之汪。

最后是这个叫雍姬的妇人听从了母亲的话,凭着"人尽夫也,父死不能复生"的想法,做出了舍夫取父的决定。这种想法,一方面是儒家学说重视血缘关系的历史基础;另一方面,却也凸显出夫妇之间由于缺少血缘的基础,因此在根本上存在的不信任。"夫智妇信"无疑是儒家提出的一种解决办法,但这是以"妇"的一方牺牲血缘关系为代价的。

至于父子和君臣关系的冲突,更为儒家所重视。这种冲突的一种表现形式就是忠和孝的冲突。一般而言,这和"移孝做忠"的情形并不矛盾,因为忠和孝的冲突只表现在极端的处境之中。郭店竹简之中,这个主题并不明显,但从"为父绝君,不为君绝父"来看,答案应该是很明显的。孟子则对这种情形有明白的讨论。《万章上》说：

> 人少，则慕父母。知好色，则慕少艾；有妻子，则慕妻子；仕则慕君，不得于君则热中。大孝终身慕父母。五十而慕者，予于大舜见之矣！

这简单的一段话，从儿子的角度提到了父子、夫妇和君臣的关系。孟子批评那些娶妻和事君之后便孝衰的人，也就是把夫妇和君臣关系置于父子关系之上的人。从郭店竹简看，无论是夫妇还是君臣，和父子相比，都属于外在的关系。而父子则是最内在的。所谓"大孝终身慕父母"，是指做儿子的一辈子都要把父子关系看成最重要的。无论是娶妻还是事君甚至为君，都是为了孝的目的。孟子和弟子曾经以舜为例讨论过这个问题。如关于舜的"不告而娶"与"孝"的关系，弟子万章引《诗》"娶妻如之何？必告父母"来怀疑舜"不告而娶"的正当性。但孟子的解释是：

> 告则不得娶。男女居室，人之大伦也。如告，则废人之大伦，以怼父母，是以不告也。

所谓"男女居室，人之大伦"，表面是指夫妇，实际是着眼在父子。夫妇一伦不立，则父子之伦不兴，不孝大矣！所以舜的不告而娶，在孟子和儒家的解释中，仍然是以孝的观念为核心的。至于"劳于王事而不得养父母"的情形，也不能叫做不孝。孟子说：

> 孝子之至，莫大乎尊亲。尊亲之至，莫大乎以天下养。为天子父，尊之至也；以天下养，养之至也。

按照这里的说法，似舜虽劳于王事而无暇父母，但其亲为天子父，舜以天下养，实际上是最大的孝，孝之极至。在孟子看来，经过这种解释，这仍然是不相矛盾的。孟子还认为，虽然舜贵为天子，但为父的瞽瞍却是不得臣的。这当然可以显示出父子一伦较君臣更具有优先的地位。所以当出现二者只能择一的情形时，当然是选择父子，而放弃君臣。《孟子·尽心上》记载：

> 桃应问曰："舜为天子，皋陶为士，瞽瞍杀人，则如之何？"孟子曰："执之而已矣！""然则舜不禁乎？"曰："夫舜恶得而禁之？夫有所受之也。""然则舜如之何？"曰："舜视弃天下犹弃敝蹝也。窃负而逃，遵海滨而处，终身䜣然，乐而忘天下。

儒家学者有时候经常讨论一些假设的极端情形，这可以显示其理论自身的限度和张力。桃应所问的就是一个假设的问题。于君臣之义而言，如瞽叟杀人，皋陶执之，此舜之所不能禁。但以父子之亲，舜也绝无罔顾之理。因此，最后的选择就只能是"窃负而逃，遵海滨而处"，乐而忘天下。按照这里提出的答案，很显然，父子一伦具有压倒一切的重要性，为了父子之亲，天下之重都应该弃之如敝屣。这正是"孝"为诸德之本的体现。

六

人伦和人道的讨论在儒家思想中占据着重要的位置，值得注意的是，和儒家内部的派别区分相一致，在这个问题上，反映在文献中的看法也不是完全一致。以《礼记·礼运》篇为例，该篇说：

> 今大道既隐，天下为家，各亲其亲，各子其子，货力为己，大人世及以为礼，城郭沟池以为固，礼义以为纪，以正君臣，以笃父子，以睦兄弟，以和夫妇，以设制度……

这里说的君臣、父子、兄弟和夫妇，当然就是儒家常讲的人伦。用来纪纲它们的，则是所谓的礼义，也就是人道的内容。《礼运》篇依据社会中各种角色的职分，来确定他们应遵循的道路，它的说法是这样的：

> 何谓人义？父慈、子孝、兄良、弟弟、夫义、妇听、长惠、幼顺、君仁、臣忠，十者，谓之人义。

所谓"人义"的"义"，与作为具体德行的"义"是不同的。它是指一般的道理或法则,也就相当于人道。这里提到"人义"包括十个方面,其实是五个对子。和《中庸》的五达道相比,唯一的区别是这里缺少了朋友,可多出了长幼。但它仍然是以人伦为基础的。如果拿这里的说法和郭店的文本比较,差别是很明显的。如关于君德,在郭店中是"义",这里则是"仁"。这个区别是非常紧要的,因为在郭店的文本中,仁和义的区别和门内门外的区分是呼应的。如果拿这个标准看《礼运》篇的说法,那么,类似于"君仁"的提法是讲不通的,因为很简单,它混淆了内和外的区别,把适用于门内的"仁"安在了属于门外的关系中。这种区分,应该就是体现了儒家内部不同派别之间的差异。因为"君仁"的说法虽然不见容于郭店竹简,但和孟子"仁政"的主张却是一致的。而同时,郭店文本中关于君臣之德的说法,我们可以在前面的《论语》和后来的《荀子》中找到呼应。《论语·八佾》篇记载:

> 孔子对曰:"君使臣以礼,臣事君以忠。"

孔子这里"使"和"事"的说法,与《六德》"有使人者,有事人者"相同。君主使人以"礼",而"礼"的基础,主要的当然是"义"。这从"君子义以为质,礼以行之"(《论语·卫灵公》)的说法中可以看出。同时,《公冶长》篇孔子评论子产的时候说:

> 子谓子产:"有君子之道四焉:其行己也恭,其事上也敬,其养民也惠,其使民也义。"

这可以说与《六德》"君以义使民"的说法完全一致。看来《六德》的说法直接继承了孔子的主张。至于荀子的意见,我们可以透过一系列的说法看出。《王制篇》说:

> 水火有气而无生,草木有生而无知,禽兽有知而无义,人有气、有生、有知,亦且有义,故最为天下贵也。力不若牛,走不若马,而牛马为用,何也?曰:人能群,彼不能群也。人何以能群?曰:分。分何以能行?曰:义。故义以分则和,和则一,一则多力,

> 多力则强,强则胜物;故宫室可得而居也。故序四时,裁万物,兼利天下,无它故焉,得之分义也。故人生不能无群,群而无分则争,争则乱,乱则离,离则弱,弱则不能胜物;故宫室不可得而居也,不可少顷舍礼义之谓也。能以事亲谓之孝,能以事兄谓之弟,能以事上谓之顺,能以使下谓之君。君者,善群也。群道当,则万物皆得其宜,六畜皆得其长,群生皆得其命。

这与孔子和《六德》以"有使人者,有事人者"来规定君臣的职分是完全一致的。此处的"君"字,从整个的句法来看,实际上是兼着君位和君德而言的。作为君德的"君",实际上就相当于"群",也就是《性自命出》说的"群物之道"的"群物"。"群"的基础,则是"分",而"分"的前提,又是"义"和"礼"。因此,荀子的说法和六德所说"君主以义使人"是一致的,不过更细密了些。荀子还具体提到了君臣、父子、夫妇等的德行,《君道篇》说:

> 请问为人君?曰:以礼分施,均遍而不偏。请问为人臣?曰:以礼侍君,忠顺而不懈。请问为人父?曰:宽惠而有礼。请问为人子?曰:敬爱而致文。请问为人兄?曰:慈爱而见友。请问为人弟?曰:敬诎而不苟。请问为人夫?曰:致功而不流,致临而有辨。请问为人妻?曰:夫有礼则柔从听侍,夫无礼则恐而自竦也。此道也,偏立而乱,俱立而治,其足以稽矣。

荀子重视礼,所以一切都与礼不可分离。但礼对于不同身份的人的规定是不同的。君主要分施均遍,臣子要忠顺不懈。为父要宽惠,为子要敬爱。做夫的要致功,做妇的要柔从。这些说法虽然用词不同,但与郭店的材料相比照,还是很类似的。

七

人伦和人道的问题,其实就是我们熟知的"伦理"的问题。"伦理"一词最早见于《礼记·乐记》:

> 凡音者,生于人心者也;乐者,通伦理者也。①

"伦理"就是"人伦之理",这个"理",最终是要落实到具体的规则和秩序上来的。《乐记》这里说,"乐"是"通伦理"的。其实"通伦理"的,全面地说,应该是礼和乐。不过,一方面"礼"和伦理的关系很直接,大家一望便知,另一方面该篇主题是论"乐",所以这里特别提出"乐"来。就《乐记》全篇而论,其实倒是多将礼乐并提的。郭店竹简中也是如此,如《性自命出》似乎重在论"乐",但处处离不开"礼"。郭店的材料重视人道,而其所谓人道的内容,最后一定是落实到礼乐上面的。《尊德义》说:

> 为故率民向方者,唯德可。德之流,速乎置邮而传命。……德者,且莫大乎礼乐焉。

这里所谓"德",就是"人道",是以礼乐为具体内容的。所以后文还有教之以礼、教之以乐的话,作为对以人道治其民的发挥。

礼乐,就是儒家所提出的处理人类社会中各种关系的具体制度。②它不同于有时也被叫做人道的仁和义。两相比较,似乎有着层次上的差别,仁义要更根本一些,而礼乐则是直接可见之物。《六德》中说:"仁,内也;义,外也;礼乐,共也。"可以这样说,礼乐作为具体的制度,乃是本着仁和义的精神建立起来的。它既要体现仁的原则,又要体现义的精神。而且,重要的是,由于仁和义有内和外的区分,所以礼乐还要在内外之间找到平衡。其具体的表现就是礼乐对于内外有时候是

---

① 《荀子·臣道篇》所说的"伦类以为理",也就是"伦理"。其实,如这里所说的,"理"就是在"伦"中分出"类"来。

② 其实这种想法在儒家出现以前已经存在,《左传·昭公二十五年》记郑国子大叔的话说:"吉也闻诸先大夫子产曰:'夫礼,天之经也,地之义也,民之行也。'天地之经,而民实则之。……为君臣上下,以则地义;为夫妇外内,以经二物;为父子、兄弟、姑姊、甥舅、姻亚,以象天明……民有好恶、喜怒、哀乐,生于六气,是故审则宜类,以制六志。哀有哭泣,乐有歌舞,喜有施舍,怒有战斗。喜生于好,怒生于恶。是故审行信令,祸福赏罚,以制死生。生,好物也;死,恶物也。好物,乐也;恶物,哀也。哀乐不失,乃能协于天地之性,是以长久。"可见礼之于人伦的关系,也可见儒家思想的渊源有自。

一样的,没有什么分别。如《六德》所说的,在丧服方面,为父和为君的做法是一样的。

如果再细致一些考察,礼乐之间也是有着很多的不同。《乐记》对此讨论的很多。从郭店的材料来看,《尊德义》已经注意到这一点。它说:

> 有知礼而不知乐者,无知乐而不知礼者。

这说法好像暗示着乐要比礼更重要和深刻。乐可以包含了礼,但礼却不能包含乐。《性自命出》把这理解为:与"礼"相比,"乐"离人心更近。因为"礼"主要是对人的容貌、言语等外在方面的规定,而"乐"则直接与人的真情实感相通。所以有像"凡声,其出于情也信,然后其入拨人之心也厚",以及"凡学者求其心为难,从其所为,近得之矣,不如以乐之速也"的说法。而另一方面,从人伦的角度来看礼乐的分别,儒家强调礼侧重在分别,而乐则侧重在调和。这种相反相成的规定使得人道更有弹性,也使得人伦更加牢固。

第五节 早期儒家的仁义说

仁义说可以说是早期儒家思想的核心。①《汉书·艺文志》认为儒家"游文于六经之中,留意于仁义之际",我一直觉得是很恰当的概括。前一句话强调其与经典的关系,认为儒学是经典解释之学,着眼于形式。后一句话描述的是其主要关注点,认为儒家的核心价值是仁义,

---

① 不同作者使用"早期"一词时的含义也许并不相同,因此需要略做解释。冯友兰在上个世纪30年代前后曾经把整个的中国哲学史区分成子学时代和经学时代,子学时代大约对应于先秦百家争鸣时代的儒家,经学时代则从汉代尤其是董仲舒开始,一直到清代。这里所谓的早期儒家,约略相当于子学时代的儒家,即成为官方意识形态之前的儒学。如果以人物为标志的话,是指从孔子到董仲舒的时期。

偏重在内容。这种概括不仅在儒家文献中可以得到验证,①而且也体现在其他学派对儒家的看法中。《庄子·天道》篇:"(孔子)往见老聃,而老聃不许,于是繙十二经以说。老聃中其说,曰:'大谩,愿闻其要。'孔子曰:'要在仁义。'"就是从经典和仁义两方面描述孔子。《韩非子·外储说右上》:"(子路曰:)所学于夫子者,仁义也。"明显是以仁义为儒家思想的要义。

这里主要想处理早期儒家的仁义说,需要说明的是,这并不是一个关于仁义说的全面研究,而只是着眼于一个特殊的角度——"仁义之际"。如上所述,"仁义之际"的提法已见于《汉书·艺文志》。此种说法颇值得玩味,这里不仅有仁义,更重要的是仁义之间的关系。事实上,正是由于把仁义置于一个内在的关系之中,它们各自的意义才得到更深入的发掘和更明确的界定,儒家思想也才呈现出更透彻、全面和均衡的性格。因此,本文的重点只是仁义说中仁义关系的方面,而不是分别地描述和分析仁与义观念各自的起源和意义,虽然这方面的内容有时候不可避免地会被涉及到。

在做这个研究的时候,我们不能不提到庞朴先生。他在《儒家辩证法研究》②中的有关论述,构成了本研究的基础。在那里,庞朴明确地把仁义作为一对既对立又统一的关系范畴加以研究。他提到了一些重要的资料,表明古人对此种关系的认识,以说明这种研究的合理性,譬如:

  立天之道曰阴与阳,立地之道曰柔与刚,立人之道曰仁与义。(《周易·说卦》)

---

① 譬如《孟子·梁惠王上》"王何必曰利,亦有仁义而已矣",《尽心上》:"何谓尚志?曰:仁义而已矣。"《易传》"立人之道曰仁与义",以及《荀子·荣辱篇》"仁义之统"等说法,都表现出对仁义核心地位的肯定。孟子极言仁义礼知,四者之中,又以仁义为根本,所以《离娄上》说:"仁之实,事亲是也。义之实,从兄是也。知之实,知斯二者弗去是也。礼之实,节文斯二者是也。"郭店竹简《语丛一》也有"仁义为之桌"之说。

② 庞朴:《儒家辩证法研究》,北京:中华书局,1984年。该书后收入刘贻群编:《庞朴文集》第一卷。据我所知,庞朴近这些年曾经以"探仁索义"为题进行过多次讲演。

> 齑万物而不为义,泽及万世而不为仁。(《庄子·大宗师》)
>
> 所谓仁者,同好者也;所谓义者,同恶者也。(《鹖冠子·学问》)
>
> (诸子之学)辟犹水火,相灭亦相生也;仁之与义、敬之与和,相反而皆相成也。(《汉书·艺文志》)

当然更重要的是,庞朴先生提供了一个从关系的角度深入理解仁义问题的思路。他说:

> 仁义是儒家学说两个最基本的范畴,它们的政治伦理方面的含义,人们已经说得够多了;现在,我们将指出它们还是一对相反相成的范畴,揭示出其辩证法方面的含义——正是这一方面,还几乎是一种拓荒的工作。①

仁义之间相反相成的关系,早已经存在于早期儒家的大量论述之中。但由于各种各样的原因,研究者也许会忽略或者漠视这样的论述,因此从研究的立场来看,接近于一种拓荒的工作。庞朴先生重新提出这个问题,当然是一个重要的贡献。令人兴奋的是,近几十年来新出土的文献对该问题的研究提供了更多资料,使我们对仁义关系有更深入和细致的了解。以下,本文拟在庞朴先生有关研究的基础之上,从几个方面对早期儒家的仁义说进行探讨。

一、情与理

作为一个追求中庸的学派,儒家思想总是追求着某种均衡感,这种均衡感表现为"执两用中"的主张,即在各种各样的对立之中发现和运用"中"。就情与理而言,它不是单纯的主情或者主理,而是崇尚情与理的平衡与交融,成就所谓合情合理的理想境界。因此作为儒家秩

---

① 庞朴:《儒家辩证法研究》,载于《庞朴文集》第一卷,第441页。

序象征的礼就被看作是"义之理"和"人之情"的结合。① 应该指出的是,这种均衡感并不是一开始就能够很好地被把握,它表现为一个动态的发展过程。具体而言,孔子由于想为秩序(礼乐)提供坚实的基础,因此针对着此前过分重视天道的态度,更多地表现出向内心发掘的倾向。很自然地,在他的思想中,情就得到了特别地强调。这种态度当然会对稍后儒学的发展产生影响,但就在重情的趋势看来要走向极端的时候,理就适时地出现在儒家思想的视野中,并与情达到了某种均衡。本文的主题不是关于情和理的讨论,我们只是关注其与儒家仁义说的关联。在这个视角中,可以发现早期儒家对于仁义的规定和解释,与情和理有密切的关联。大体来说,仁是偏重在情的,义则是理的象征。我们先来看一下《庄子·天下》篇中的说法:

> 以仁为恩,以义为理,以礼为行,以乐为和,薰然慈仁,谓之君子。

在这个显然是对儒家思想的描述中,仁被规定为恩,义则被规定为理。同时提到的还有礼和乐,对于一个君子来说,这些都是不可或缺的。可以肯定的是,这个描述显然不是庄子学派的创造,而是对儒家说法的转引。在《礼记·丧服四制》中,我们可以发现如下的记载:

> 凡礼之大体,体天地,法四时,则阴阳,顺人情,故谓之礼。……有恩有理,有节有权,取之人情也。恩者仁也,理者义也,节者礼也,权者知也。仁义礼知,人道具矣。其恩厚者,其服重,故为父斩衰三年,以恩制者也。门内之治恩掩义,门外之治义断恩。资于事父以事君,而敬同,贵贵尊尊,义之大者也。故为君亦斩衰三年,以义制者也。

这里具体讨论的是丧服问题。虽然为父和为君都是斩衰三年,但是其

---

① 《管子·心术上》:"礼者,因人之情,缘义之理,而为之节文者也。"

依据却是不同的。父子之间的关系属于门内，处理这种关系的原则是恩而不是义，即所谓恩掩义，出于父亲对自己的厚恩，所以要有三年的重服。君臣之间的关系属于门外，处理这种关系的原则是义而不是恩，即所谓义断恩，出于君主之尊贵，也要有三年的重服。很显然，恩和义是两个不同甚至对立的原则。恩也就是仁，义也就是理，两者在上述的语境中似乎可以互相置换。所以既说"恩者，仁也；理者，义也"，恩与理对，仁与义对。但后文却又直接地把恩和义对立了起来。

恩是什么？《说文》："恩，惠也。""惠，仁也。""仁，亲也。"这似乎是绕了一个圈子，又在说着"恩者仁也"的话。但是，就对"恩"字意义的理解而言，显然是有帮助的。无论是"惠"还是"亲"，表达的都是与爱相关的某种行为或情感，尤其是情感。如我们所知，"恩"字在《孟子》那里是经常使用的，如"推恩足以保四海，不推恩无以保妻子"（《孟子·梁惠王上》），"内则父子，外则君臣，人之大伦也。父子主恩，君臣主敬"（《公孙丑下》）等，其意义均与亲或者爱有关。于是我们又回到了那个对于仁来说也许是最重要的规定上面来，这就是"爱人"。① 无论如何，爱首先是一种情感，《礼运》中所说的七情之一。② 所以研究者多肯定孔子之仁和人的内在情感之间的关联。《论语》中对仁的说明很多显然是直接诉诸于情感的，譬如孔子所说的：

> 唯仁者能好人，能恶人。（《论语·里仁》）③

这是从好恶的角度来描述仁，好恶当然是情感，相当于《礼运》七情中的"恶欲"。《左传·昭公二十五年》云：

> 民有好恶喜怒哀乐，生于六气。是故审则宜类，以制六志。哀有哭泣，乐有歌舞，喜有施舍，怒有战斗。喜生于好，怒生于恶。

---

① 《论语·颜渊》："樊迟问仁。子曰：'爱人。'"
② 《礼记·礼运》："何谓人情？喜怒哀惧爱恶欲，七者，弗学而能。"
③ 又《大学》："唯仁人为能爱人，能恶人。"

> 是故审行信令,祸福赏罚,以制死生。生,好物也;死,恶物也。好物,乐也;恶物,哀也。哀乐不失,乃能协于天地之性。

六志也就是六情,指的是好恶和喜怒哀乐。在郭店竹简《性自命出》中,好恶被认为是性,所谓"好恶,性也;所好所恶,物也。"实际上,这和以好恶为情的说法并不矛盾。因为按照《性自命出》的说法,"情生于性",作为性的"好恶"只是抽象的存在,而具体的好恶(譬如好人、恶人)已经属于情的层面了。

孔子主张把礼建立在仁的基础之上,故有"人而不仁,如礼何"(《论语·八佾》)的说法。在具体说明礼之依据的时候,仁的原则就表现为内在的情感。如我们在《论语》中看到的关于三年之丧的讨论,《阳货》篇记载:

> 宰我问:"三年之丧,期已久矣!君子三年不为礼,礼必坏;三年不为乐,乐必崩。旧谷既没,新谷既升。钻燧改火,期可已矣。"子曰:"食夫稻,衣夫锦,于女安乎?"曰:"安。""女安则为之。夫君子之居丧,食旨不甘,闻乐不乐,居处不安,故不为也。今女安,则为之。"宰我出,子曰:"予之不仁也!子生三年,然后免于父母之怀。夫三年之丧,天下之通丧也。予也有三年之爱于其父母乎?"

作为礼的三年之丧,其依据不在钻燧改火所代表的天道,而是内心的感觉,即心安与否。这里显然表现出把内在的情感视为秩序终极基础的态度。因此,虽然孔子还没有明确提出"情"的概念,但他的思想的确体现出了明显的重情特征。这个特征在稍后的儒者那里得到了继承和发展,最突出的仍然是《性自命出》,它认为"道始于情",给予"情"以根本的地位,并且说:

> 凡人情为可悦也,苟以其情,虽过不恶。不以其情,虽难不贵。苟有其情,虽未之为,斯人信之矣。
>
> 凡声,其出于情也信,然后其入拨人之心也厚。闻笑声,则鲜

如也斯喜。闻歌谣,则陶如也斯奋。听琴瑟之声,则悸如也斯叹。

情的可贵是因为它直接和人心相通,因此也最真实无妄。《性自命出》对于"伪"是极端反感的,有"凡人伪为可恶也。伪斯吝矣,吝斯虑矣,虑斯莫与之结矣"。但就在这种"美情"倾向近于极端的时候,作为它的平衡者的理和义出现了。孔子虽然也提到了义,但它的地位显然不足以和与情相关的仁相提并论。以前梁启超曾认为仁义对举始于孟子,张岱年则根据《墨子》和告子之说,推测"可能始于孔门再传弟子"。① 现在来看,张先生的说法或许接近于事实。在孔孟之间,仁义确已经成为一个相对或并列的范畴,并广泛地见于郭店竹简文献之中。②《性自命出》以情和义对举:

> 道始于情,情生于性。始者近情,终者近义。知情者能出之,知义者能入之。

一端是情,另一端是义,两者相对却又相成,共同构成了所谓的道。仁显然是在情一端的,所以有"仁,性之方也,性或生之"的说法。义则属于"厉性者",即砥砺性的因素,相对于性而言是外在的。在《性自命出》看来,情固然是"虽过不恶"者,但仍然需要有义来加以节制。该篇说:

> 礼作于情,或兴之也,当事因方而制之,其先后之序则宜道也。又序为之节,则文也。致容貌所以文,节也。君子美其情,贵〔其义〕,善其节,好其容,乐其道,悦其教,是以敬焉。

这里强调对于情的制和节,而节制情折就是义。因为义是"群善之蕴",也就是善的依据和标准,所以才有节制的资格。该篇说:

---

① 张岱年:《中国古典哲学概念范畴要论》,载于《张岱年全集》,第四卷,石家庄:河北人民出版社,1996年,第617页。
② 《六德》认为"仁与义就矣",以仁义为一对关系概念。仁义对举,大量见于《五行》、《忠信之道》、《唐虞之道》、《性自命出》等篇中。

>　　䣂，义之方也。义，敬之方也。敬，物之节也。笃，仁之方也。仁，性之方也，性或生之。……爱类七，唯性爱为近仁。智类五，唯义道为近忠。恶类三，唯恶不仁为近义。

义是和敬相关的，可以成为"物之节"。仁的表现则是忠厚笃实，和情密不可分。仁体现为真诚的爱，即与性有关的爱，义则是对不仁者的厌恶。这倒有些像孟子"恻隐之心，仁也；羞恶之心，义也"的说法。仁义的这种差异也就给人们带来完全不同的感觉，《性自命出》将之描述为：

>　　恶之而不可非者，达于义者也。非之而不可恶者，笃于仁者也。

不可非是因为合理，不可恶是因为合情。这里虽然没有把理和义直接地联系起来，但在郭店竹简中，我们的确可以看到"义，天道也"的说法。与仁是发自于内心者不同，义是自天而降的道理，它代表着行为的合理性。《语丛三》说：

>　　丧，仁也。义，宜也。爱，仁也。义，处之也。

用来规定"义"的宜是适宜，处是各得其所，这都是理而非情。相反，规定"仁"的丧和爱却是和情密不可分。《礼记·表记》也用道来规定义：

>　　仁者右也，道者左也。仁者人也，道者义也。

孟子则直接地把理和义联系在一起。《告子上》：

>　　心之所同然者何也？谓理也、义也。圣人先得我心之所同然耳。故理、义之悦我心，犹刍豢之悦我口。

荀子中也是如此，譬如《议兵》云"仁者爱人，义者循理"，《大略》称"仁，爱也，故亲；义，理也，故行"，另外《乐记》有"仁近于乐，义近于礼"、"乐也者，情之不可变者也。礼也者，理之不可易者也"之说，也包含着以仁为情，以义为理的想法。可以看出，以情、理来解释仁义应该是儒家学派的共同倾向。

二、柔和刚

从情和理过渡到柔和刚是很自然的事情。情主柔而理主刚,因此仁义就分别地和柔、刚联系了起来。《礼记·乡饮酒义》:

> 天地严凝之气,始于西南,而盛于西北,此天地之尊严气也,此天地之义气也。天地温厚之气,始于东北,而盛于东南,此天地之盛德气也,此天地之仁气也。

这里虽然没有出现刚柔的词汇,但天地严凝之气、尊严气和天地温厚之气、盛德气的提法,却让人感受着刚柔的存在。《乐记》"春作夏长,仁也。秋敛冬藏,义也"之说也与此类似。比较明显地把仁义和刚柔联系起来的是《周易·说卦传》,其中有如下的文字:

> 立天之道曰阴与阳,立地之道曰柔与刚,立人之道曰仁与义。

这三句并列的话其实应该看作是一句话,因为天道、地道和人道本质上就是一个道。只不过道在天是阴阳,在地是柔刚,在人是仁义。这种说法当然有为作为人道的仁义提供依据的意味,但本文的重点并不在此,姑存而不论。我们关心的是这只是偶然的说法,还是体现在《易传》中的普遍的主张?材料看来是支持着后者,《系辞传》以仁义对举,"小人不耻不仁,不畏不义",又云:

> 天地之大德曰生,圣人之大宝曰位,何以守位曰仁,何以聚人曰财,理财正辞,禁民为非曰义。

仁代表的是生生之德,义代表的则是令行禁止。这很像《乐记》中所说的"仁以爱之,义以正之",一柔一刚,一生一杀,气象之异溢于言表。马王堆帛书《易之义》看来也有类似的看法。该篇认为:"易之义,唯阴与阳,六画而成章。曲句焉柔,正直焉刚。"这是对卦象和爻象的解释。同时它认为刚柔各有所失,所以需要的是"分阴分阳,迭用柔刚"。相应地,人道也就需要仁义的交互运用,所谓"仁□者而义行之耳"。① 人道是效法地道和天道的,"本生(性)仁义,所行以义(仪)刚柔之制也。"仁义是模仿着刚柔之制的。这种看法,当然明确地把仁义和刚柔连接在一起。

从刚柔角度论述仁义最系统的是《五行》篇。这篇早已经失传的文字先是发现于上世纪70年代的马王堆汉墓帛书,然后又见于90年代发掘的战国楚墓竹简。帛书和竹简《五行》之间存在着若干的差异,最主要的是帛书有经有说,而竹简有经无说,②但这不太影响我们此处的讨论。竹简《五行》说:

> 不变不悦,不悦不戚,不戚不亲,不亲不爱,不爱不仁。不直不肆,不肆不果,不果不简,不简不行,不行不义。

很多文字比较简单,意思也比较晦涩,但把仁义置于相对的位置上进行讨论的意思却是明确的。后文有对这段话的解说,可以让我们清楚地了解其意义:

> 颜色容貌温,变也。以其中心与人交,悦也。中心悦叠,迁于兄弟,戚也。戚而信之,亲[也]。亲而笃之,爱也。爱父,其继爱人,仁也。
>
> 中心辩然而正行之,直也。直而遂之,肆也。肆而不畏强御,果也。不以小道害大道,简也。有大罪而大诛之,行也。贵贵,其等尊贤,义也。

仁义虽然都和中心有关,但其趋向是不同的。一是悦戚之柔,一是简直之刚。前者发而为情感,后者放而为道理。如果借用帛书《五行》中"仁气"和"义气"的说法,仁气是温润,义气则是正直。《五行》继续说:

---

① 帛书《要》,缺字似可补为"守"。本章所引《要》篇的文字根据是陈长松、廖名春的释文,见《道家文化研究》第三辑,上海:上海古籍出版社,1993年。

② 详细的情形,可以参看庞朴:《竹帛五行篇校注及研究》。

>不简,不行。不匿,不辩于道。有大罪而大诛之,简也。有小罪而赦之,匿也。有大罪而弗大诛也,不行也。有小罪而弗赦也,不辩于道也。简之为言犹练也,大而晏者也。匿之为言犹匿匿也,小而轸者也。简,义之方也。匿,仁之方也。刚,义之方。柔,仁之方也。"不强不絿,不刚不柔",此之谓也。

这是对仁义的进一步申说,并直接地把它们和刚柔联系在一起。仁主柔,表现出来便是匿,也就是《论语》中讨论过的"父子相隐"。① 并不是所有的东西都是可以隐的,《五行》篇给出了一个限制,就是该局限于小罪的范围。小罪当隐,这是仁的要求,不隐则有背于道。但大罪则当诛,这就是与仁相对的义。义主刚,表现出来便是简。简就是简直,就是果决,就是有大罪则诛之的勇气和魄力。帛书《五行》把这层意思讲得非常明确:

>简,义之方也。匿,仁之方也。言仁义之用心之所以异也。义之尽,简也;仁之尽,匿。大□加大者,大仁加小者,故义取简而仁取匿。

仁义的用心是不同的,所以其表现也有异。一为隐,一为直。不过儒家对仁义之异的强调并不导致追求二者之间的冲突,相反,其终极目标则是仁义的和谐。在解释《诗·商颂·长发》"不竞不絿,不刚不柔"句的时候,帛书《五行》说:

>非强之也,非急之也,非刚之也,非柔之也,言无所称焉也。此之谓者,言仁义之和也。

不是单纯的刚和柔,而是刚柔仁义的和谐与互补,这才是儒家追求的理想境界。《礼记·表记》:"仁有数,义有长短小大。中心憯怛,爱人之仁也;率法而强之,资仁者也。"仁是爱人之柔,义是率法之刚。偏于刚

---

① 《子路》:"叶公语孔子曰:'吾党有直躬者,其父攘羊,其子证之。'孔子曰:'吾党之直者异于是。父为子隐,子为父隐,直在其中矣。'"

或者偏于柔都是不可取的,同样是《表记》说道:"厚于仁者薄于义,亲而不尊;厚于义者薄于仁,尊而不亲。"①理想的情形是仁义之和,刚柔之合,亲尊各得其所。

以刚柔来解说仁义显然更加突出了仁义内涵的差异和对立,并将此前某些模糊的东西清楚地呈现出来。它同时也意味着儒家思想自身的丰富和完善。一般而言,如学者经常道及的,孔子强调仁更甚于义,相应地,柔情也胜过义理。所以论三年之丧,则归之于心安;述吾党之直,则明之以相隐。但是在面对现实的罪恶和理论上的法家的挑战的时候,其局限性也是显而易见的。于是,在儒家思想发展的过程中,作为刚的表现的义理的角色逐渐地上升到和仁同样的地位。

三、亲亲与尊贤

就仁义之气而言,前者表现为亲,后者表现为尊。其在政治上的体现,则是亲亲和尊贤。后者本是古代社会中行之已久的两种治国原则,《吕氏春秋·长见》记载一则有关周公和太公的故事说:

> 吕太公望封于齐,周公旦封于鲁,二君者甚相善也。相谓曰:"何以治国?"太公望曰:"尊贤上功。"周公旦曰:"亲亲上恩。"太公望曰:"鲁自此削矣。"周公旦曰:"鲁虽削,有齐者亦必非吕氏也。"其后齐日以大,至于霸,二十四世而田成子有齐国。鲁日以削,至于觐存,三十四世而亡。

其实周天子之于周公和太公的倚重,就可以说是亲亲和尊贤的极好例证。这则故事指出,周公主亲亲,太公主尊贤,都有偏颇。亲亲则异姓贤人不得进,故而走向衰弱。尊贤则同姓之亲不能用,久之则末大不掉,被彼取而代之。理想的情形也许是亲亲和尊贤的结合,这倒很符合儒家的理想。儒家很强调两者的结合和平衡,并把它们看作是仁义

---

① 类似的文字也见于《语丛三》:"[厚于仁,薄]于义,亲而不尊。厚于义,薄于仁,尊而不亲。"《尊德义》有"仁为可亲也,义为可尊也"之说。

原则的体现。《礼记·中庸》云：

> 仁者，人也，亲亲为大。义者，宜也，尊贤为大。

"仁者，人也"，强调的是仁以人为主，确切地说是以人情为主，所以表现出来是亲亲。义则不同，其核心的考虑是"宜"，即是否适宜，所以表现出来是尊贤。《中庸》认为，亲亲和尊贤应该并重，它们都是实际的政治秩序——礼的基础，所以有"亲亲之杀，尊贤之等，礼所生也"之说，并且把二者安置在治国的九经之列：

> 凡为天下国家有九经，曰：修身也，尊贤也，亲亲也，敬大臣也，体群臣也，子庶民也，来百工也，柔远人也，怀诸侯也。修身则道立，尊贤则不惑，亲亲则诸父昆弟不怨，敬大臣则不眩，体群臣则士之报礼重，子庶民则百姓劝，来百工则财用足，柔远人则四方归之，怀诸侯则天下畏之。

类似的想法同样体现在《五行》篇中：

> 爱父，其继爱人，仁也。……贵贵，其等尊贤，义也。

仁是基本规定是爱人，而爱父是爱人之始，所以从孔子开始，儒家就特别强调孝之于仁德的重要性。有子"孝悌也者，其为仁之本与？"之说，明白指出了对父母兄弟的爱乃是行仁的根本。换言之，亲亲乃是仁的根本要求。由亲亲之爱，才有对他人的爱。《五行》篇这里叫做"继"，孟子中则称为推或者扩充。义的基本规定是宜，即适宜的处理，如贵者贵之，贤者则依其贤而尊重之。按照孟子的说法，"用下敬上，谓之贵贵。用上敬下，谓之尊贤。贵贵尊贤，其义一也"，但《五行》篇对尊贤的理解似乎更加复杂，它对此进行了区分，有所谓举之和事之的不同：

> 君子知而举之，谓之尊贤；知而事之，谓之尊贤者也。……后，士之尊贤者也。

帛书《五行》"说"部分的论述则更加详细：

> 贵贵，[其]等尊贤，义也。贵贵者，贵众贵也。贤贤、长长、亲亲、爵爵，选贵者无私焉。其等尊贤，义也。尊贤者，言等贤者也，言选贤者也，言足诸上位。此非以其贵也，此其义也。贵贵而不尊贵，未可谓义也。
>
> 能仁义而遂达于[君子道]，谓之贤也。君子知而举之，谓之尊贤。君子知而举之也者，犹尧之举舜[也，汤]之举伊尹也。举之也者，诚举之也。知而弗举，未可谓尊贤。君子从而事之也[者]，犹颜子、子路之事孔子也。事之者，诚事之也。知而弗事，未可谓尊贤也。前，王公之尊贤者也。后，士之尊贤者也。

这里的要点在于说明尊贤乃是"义"的要求。同时又进一步地把两种尊贤归结为王公之尊贤和士之尊贤。

不过比较起来，郭店竹简中的《唐虞之道》更集中地论述了亲亲尊贤和仁义的关系。它说：

> 尧舜之行，爱亲尊贤。爱亲故孝，尊贤故禅。孝之放，爱天下之民。禅之传，世无隐德。孝，仁之冕也。禅，义之至也。六帝兴于古，皆由此也。爱亲忘贤，仁而未义也。尊贤遗亲，义而未仁也。古者虞舜笃事瞽盲，乃戴其孝；忠事帝尧，乃戴其臣。爱亲尊贤，虞舜其人也。

这里先是把尧舜的行为归结为爱亲和尊贤，爱亲所以有舜对瞽叟的孝，尊贤所以有尧对舜的禅让。孝是仁之核心，禅是义之极至。两者都很重要，因为孝的推广，是爱天下之民。禅之所及，则是天下无隐才。《唐虞之道》认为，爱亲和尊贤不能偏废，偏重于尊贤而忽视亲亲，是有义而无仁。专注于亲亲而遗忘尊贤，则是有仁而无义。应该像虞舜那样既爱亲（笃事瞽盲）又尊贤（忠事帝尧），既仁又义，才是所谓的尧舜之道。和《五行》篇一样，这里对尊贤的理解，也可以区分为举之和事之两种。舜的忠事帝尧,是尊贤的表现。尧举舜于草茅之中,同样是尊贤。后一种尊贤也被称做"上德授贤",其表现则是禅。"上德则天下有君而世明,授贤则民举效而化乎道",从而造就一个儒家的理想社会。

我们还可以在孟子和荀子那里找到类似的说法。《孟子·梁惠王上》:"未有仁而遗其亲者也,未有义而后其君者也。"《离娄上》:"仁之实,事亲是也;义之实,从兄是也。"《尽心上》:"亲亲,仁也;敬长,义也。"《荀子·大略篇》云:"亲亲故故庸庸劳劳,仁之杀也;贵贵尊尊贤贤老老长长,义之伦也。"考虑到孟子和荀子之间已经他们和《五行》等篇之间可能属于儒家内部不同的派别,因此可以把这看作是儒家各派都承认的一个看法。把亲亲尊贤归结为仁义,可以把儒家的政治原则与其最核心的价值联系起来,从而给其提供更坚实的依据。

四、内与外

仁义内外的问题,曾经是战国时期儒家内部讨论的一个重要问题,并波及到其他的学派。根据《孟子》中的记载,告子曾经有过这样的主张。《告子上》云:

> 告子曰:"食色,性也。仁,内也,非外也;义,外也,非内也。"

此外,《管子》和《墨子》中也有与此相关的线索。前者见于《戒》篇,其说法是:

> 仁从中出,义从外作。

表面上看来,与告子的主张是近似的。① 后者见于《经下》:

> 仁义之为内外也,内,说在仵颜。

---

① 《管子》一般认为是和稷下学宫有关的一部论文汇编,其思想倾向不一,包括法家、道家、儒家、阴阳家等的文献。《戒》篇有较强的儒家色彩。

这里的意思不甚清楚,但解释《经下》的《经说下》所说却是明白的:

> 仁,仁爱也。义,利也。爱利,此也;所爱所利,彼也。爱利不相为内外。所爱利亦不相为外内。其为仁内也,义外也,举爱与所利也,是狂举也。

与告子和《戒》篇的倾向相反,《墨经》的作者从逻辑上对"仁内义外"的说法提出批评,认为仁义不相为内外,而是各有其内外。比如爱是仁的内,爱的对象是仁的外;利是义的内,义的对象是义的外。在晚近发现的郭店竹简中,也有涉及到"仁内义外"说的材料,为我们讨论此问题提供了新的线索。郭店竹简中"仁内义外"的说法可以在不同的文献中发现,其意义并不相同。一种见于《六德》:

> 仁,内也。义,外也。礼乐,共也。内立父子夫也,外立君臣妇也。……门内之治恩掩义,门外之治义斩恩。

这里所谓的"内外",从后文来看,应该是门内和门外的简称。门内和门外区别的关键在于血缘关系的有无以及远近,有血缘关系且较近者,为门内;无血缘关系或虽有但远者为门外。"仁,内也",是说"仁"是适用于门内(父子夫)的原则,即"门内之治恩掩义"。譬如父子主恩,或者主仁,他们之间的关系是以情为主的,所以如孔子所说,父子可以相隐。同样,"义,外也",是说"义"是适用于门外(君臣妇)的原则,即"门外之治义斩恩"。如君臣主敬,或者主义。对内外的这种理解在"礼乐,共也"的说法中得到进一步的证实,"共"即是通内和外而言。这是认为,仁义的适用对象和范围虽然不同,但它们都需要礼乐秩序来规定和表现,礼乐秩序是普遍适用于门内和门外者。《六德》后面所说"疏斩布绖杖,为父也,为君亦然"等,表达的就是这个意思。父是属于门内的,君是属于门外的,适用的德目不同,但在某些情况下(如丧服)为父和为君之礼可以是共同的。这种意义上的内外,不同于一般理解的以已为内以人为外,或者以心为内以形为外等。我们在考察历史上出现的仁内义外说时,应该特别注意此种说法。

另一种见于《尊德义》、《语丛一》等篇,也可以叫做"仁中义外"。《尊德义》说:

> 故为政者,或论之,或议之,或由中出,或设之外,论列其类。

这里指出要区分由中出者和设之外者,但没有具体说明其内容。《语丛一》的如下说法也许可以帮助这里的理解:

> 由中出者,仁、忠、信;由□□□□□□。

遗憾的是,这里出现了缺文。但根据句子的语气以及其他地方的论述,补出缺文的可能性还是很大的。李零将缺字补为"外入者,礼、乐、刑",是考虑到该篇中对礼乐刑的论述,当然有一定的道理。但是,我觉得如果缺文中少了"义"这一项,无论如何是有问题的。同样是《语丛一》说:

> 仁生于人,义生于道。或生于内,或生于外。

应该与上述的说法有关。仁与义相对,但来源不同。一个生于内(人),可以与"由中出者,仁、忠、信"的主张参看。一个生于外(道),在缺文中应该是有体现的。这样的考虑,若再结合《尊德义》"或由中出,或设之外"以及《六德》中关于"仁义、忠信、圣智"的说法,也许更合适的补字是"外设者,义、圣、智"。如此,那段话就变成了:

> 由中出者,仁、忠、信;由[外设者,义、圣、智]。

这是在说明"六德"的不同的来源,正属于《尊德义》所说"论列其类"的做法。所谓的中(内)、外,是相对于人而言的,似乎以是否可以从人自身产生出来为标准进行的区分。人自己可以生发出来的叫做"中"(或"内"),反之叫做"外"。"由中出者",或者说"生于内者",依照《语丛一》的说法,有仁、忠、信。这也可以在《性自命出》中得到验证:

> 笃,仁之方也;仁,性之方也,性或生之。忠,信之方也;信,情

> 之方也，情出于性。

性当然是人固有的东西，这里的"方"，应该读作"放"，①有外推或者引申的意思。仁是可以从性中引申出来的，所以说"性或生之"。忠的基础是信，而信的基础则是情，情又可以归结为性。这样，仁、忠、信都可以追溯到性，正是"由中出者"的确切内涵。②至于"由外设者"，虽然没有论述的这样明显，还是有踪迹可循。譬如圣智，《五行》说：

> 见而知之，智也。闻而知之，圣也。

无论如何，圣和智是作为两种不同性质的知识被规定的。而知识的成立，除了能知的主体以外，另一个不可缺少的因素就是外物。《五行》认为圣智建立在不同的认知基础之上，圣的基础是闻，而智的基础是见。重要的是，无论见闻，总是以外物为其对象的。正是这一点，决定了圣智"外设"的性质。"义"的情形要复杂一些。但从本文第一部分所讨论《性自命出》中的有关说法来看，义明显是在性情之外，用来约束和提升性情的东西。和"仁"的角色不同，它不是某种可以从性中生发者。所以，虽然没有使用"义外"的字眼，但《性自命出》无疑是主张"义外"的。但这个"外"进一步地可以与天道联系在一起，于是才有"义，天道也"的说法。

郭店竹简中与"仁内义外"有关的两种说法显然是不同的，不能混为一谈。《六德》是集中在仁义和门内门外的关系上，有其特殊的背景和意义。③《语丛一》等则是在仁义的来源和根据上进行讨论。所以虽然字面上相同或近似，但意义迥异。可是，似乎也不能说这两种说法

---

① 详见拙著：《论郭店楚墓竹简中的"方"字》，载于《简帛思想文献论集》，台北：台湾古籍出版有限公司，2001年，第273—286页。

② 比较而言，《唐虞之道》对忠信的讨论明显与此不同。在那里，忠信相对而且各自可以归结为仁和义。

③ 这种意义上的"仁内义外"就是孟子也表示同意。《孟子·尽心下》："仁之于父子也，义之于君臣也。"又《公孙丑下》："景子曰：'内则父子，外则君臣，人之大伦也。父子主恩，君臣主敬。'"后者虽非孟子之言，但孟子似乎并不反对。

之间全无关系。毕竟,当我们追问门内的关系为什么是仁而非义的时候,"血气之亲"的概念就不可避免地出现了。而如我们知道的,"血气之亲"也是《性自命出》中解释仁之内在性的依据。同样,门外的关系由于缺乏血气之亲,所以只能用外设的道德原则来规范,这正是"门外之治义斩恩"的基础。

告子主张的"仁内义外",如果和郭店竹简所见的两种说法来比较的话,与前一种的不同是显然的,与后一种似乎也不能等量齐观。因为,虽然告子这里也涉及到仁义的不同基础和根据的问题,但与郭店所说并不能归结为一个问题。换言之,即便它们是可以相容的,但是关注的角度仍然不同。我们看告子的具体说法,《孟子·告子上》:

> 告子曰:"食色,性也。仁,内也,非外也;义,外也,非内也。"
> 孟子曰:"何以谓仁内义外也?"
> 曰:"彼长而我长之,非有长于我也。犹彼白而我白之,从其白于外也,故谓之外也。"
> 曰:"异于白马之白也,无以异于白人之白也。不识乎马之长也,无以异于长人之长与?且谓长者义乎,长之者义乎?"
> 曰:"吾弟则爱之,秦人之弟则不爱也,是以我为悦者也,故谓之内。长楚人之长,亦长吾之长,是以长为悦者也,故谓之外也。"
> 曰:"耆秦人之炙,无以异于耆吾炙,夫物则亦有然者也,然则耆炙亦有外与?

看起来孟子和告子对于仁义内容的认识并没有太大的分别,仁主要是指爱亲,义则是敬长。他们论辩的核心在于"义"是否属于外,其具体的论题则是"我长之"这样一种道德行为是如何发生的。告子在回应孟子的问题时,对此给出了两个说法。一个是"彼长而我长之,非有长于我者",也就是说,因为长者年长,所以我产生了"长之"(即"敬长")的情感和行为。这里,对长者"敬"的情感和行为是由外在的"长"的事实来引起的,而不是出自"我",所以作为敬长的义是外而不是内。告子用了一个比喻,好比是白的东西,因为其本身是白的,所以我认为它是白的。很明显,白并不是我强加于白的事物上面的,并不是我认为它是白的,它才是白的。因此白并不在我之内,而只在白的事物之内。告子是想说,在"义"的行为中,"我"完全是被动的,并不构成这个行为的积极的依据。义的依据只在我之外,也就是长者之长的事实。这里的"外",是指其来源和依据在"我"之外。另一个是通过比较对待兄弟和长者的态度上的不同,来说明"爱"(仁)和"敬"(义)的不同基础。譬如同样是弟弟,我的弟弟我就爱,秦人的弟弟则不爱,这里,爱的情感和行为不取决于对象是否为"弟弟",而取决于是"谁"的弟弟。"我"的弟弟我就爱,秦人的弟弟就不爱,这种爱和不爱完全是根据对象与"我"的关系而决定的。这里无疑有"我"的参与,是"以我为悦者也",所以是"内"。但对长者的态度就不同,长兄固然要敬,楚之长者也要敬,这里,敬之与否的关键不在于我,或者与我的关系,而在于对象是否年长,是"以长为悦者也",所以是"外"。

告子"仁内义外"的主张,显然是由于看到了仁和义的区别,"爱"和"敬"的不同,所以力图对其发生的基础进行说明。对比郭店竹简《语丛一》中所说的"仁生于人,义生于道",那里已经包含着义外的看法。因为"道"很显然是在人性之外,所以才被看作是"长性者"。[1] 从这个意义上说,告子"义外"的说法是由来有自的。[2]

问题是,在郭店的材料中,从中出的"中"很显然可以和性联系起来。那么告子这里的所谓内外,是不是可以和郭店的中外等同?从告子的话来分析,其所谓"内",都和"我"有关,可以理解为"我"之内在具有者。譬如告子用"非有长于我者"来论证义外的时候,就包含着如果有某物于"我",则某物为"内"的意思。所以,所谓的"内"实际上就是

---

[1] 《性自命出》:"长性者,道也。"
[2] 在郭店的《语丛二》中,有"爱生于性"的说法。《性自命出》也可以看作是具有这样的想法。但是,敬从来没有被看作是可以从性之中发展出的东西。

"我之内","仁内"是指"仁"的依据是我之内的因素。相应的,"外"也就是"我之外","义外"是指"义"的基础是我之外的因素。

但是,所谓的"我之内"和"我之外"究竟是什么意义?这仍然是有待考虑的问题。在郭店的材料中,当讲到仁生于人因此是由中出者的时候,所谓的"内"和"性"是不可分的。所以,"仁生于内"最后可以落实为"仁,性之方也,性或生之"。那么,告子所说的"内"是否也可以理解为与"性"有关呢?

告子谈到内外的时候,确实曾经涉及到"性",如本文最初已经引到的,《告子上》说:

> 告子曰:"食色,性也。仁,内也,非外也;义,外也,非内也。"

这段话可以看作是涉及到了两个问题,一个是对性的看法,告子认为食色是性,或者至少属于性。另一个是仁义内外的问题,告子主张仁内义外。但真正的问题是:这两个问题之间是什么关系?它们出现在一起,是纯粹偶然的,还是另有意义?

从《孟子》的转述中,我们知道告子关于人性的主张,还有"生之谓性"和"性无善无不善"的说法。(《告子上》)这些说法和"食色,性也"的表述是一致的,突出的都是"性"的生物学的方面。所以,学者们一般认为,此种人性观也就意味着,无论仁还是义,作为善的东西,都不存在于"性"之中。也就是说,"仁内义外"中的内外,和"性"的问题无关。"义外"固然意味着"义"在"性"之外,"仁内"的说法也不意味着"仁"存在于"性"之内。因为,如果认为仁存在于性之中的话,就会与"性无善无不善"的说法相矛盾。这样的话,一个问题就出现了:所谓的"我之内"如果不是指"性之内"的话,究竟意味着什么?

如前所述,在郭店竹简中,当说到仁生于内的时候,所谓的"内"最后一定会归结为"性"。在孟子那里,似乎也是同样的意思。譬如"仁义礼智,非由外铄我也,我固有之也"(《告子上》)的说法,意味着仁义礼智不是我之外者,而是我之内的东西,这同时也就是我的性之内的东西。仔细思考"内"的内容,除了"性"之外,很难再找到任何坚实的东西。① 所以,也许我们可以换一个角度来考虑问题。即便我们承认"仁,内也"是指仁存在于人性中,是否也不必然导致和"性无善无不善"的说法相矛盾呢?

这里的关键就转到了对"善"的理解上,即究竟什么是"善"? 这样提问的时候突然会发现,对于这个经常使用的概念,我们其实很少追问它的意义。在郭店的材料中,《五行》曾经讨论到"善"的问题,认为"四行和,谓之善。善,人道也",以与"德之行五,和谓之德……德,天道也"相对照。善和德的区别主要集中在两点:其一,善为不形于内的仁义礼知诸行之和,德则为形于内的仁义礼知圣五行之和。其二,形于内是指有内心的依据,所以为德;不形于内是指徒有其行而无内心的依据,所以为善。可以看出,这里的"善"有特殊的意义,主要是为了突出与德的分别,我们暂时可以将其放在一边。就这里的讨论而言,《性自命出》中有一个非常值得注意的说法:

> 义,群善之蕰也。

这里的"群",在我看来,与后文"群物之道"的"群"一起,都应该做动词来理解。"蕰"字,见于《说文》,许慎说是"朝会束茅表位"也,在文献中常与"表"字通用。② "义,群善之蕰也"的意思,就是说义是聚集善的标尺。通俗地说,合于义的就是善的,不合乎义的就是不善的。因此善与不善,就在于看其是否合乎义,而和仁无关。与此类似的,《语丛三》中有"义,善之方也"的说法。如果把这个看法推展开去的话,也许可以认为,"仁"并不构成"善"的根本前提。换言之,仁并不等于善,而只是如《语丛一》所说的"爱善"。③ "爱善"只是追求善的倾向,不等于

---

① 当然也可以像《五行》那样,把"内"理解为心。根据孟子的说法,告子曾经讨论过"不动心"的问题,表明他对心的关注。但是,如果"仁内"是说仁存在于心之中的话,那么这是人心固有的,还是得自于外的。如果是前者,又会回到性的问题。如果是后者,又从根本上与"仁内"的说法相冲突。
② 郭店《缁衣》有"民之蕰也",《礼记》本作"民之表也"。
③ 《语丛一》:"爱善之谓仁。"

"善"本身。譬如爱父母兄弟可以看作是善的,但不爱秦人的兄弟就不能说是善的,虽然也不能用恶来定义。这样的话,即便承认告子所说"仁,内也"是指仁是人性中固有的东西,也不必和"性无善无不善"的主张相冲突。① 因此,告子的"仁内义外"之说所包含的一个重要内容,是把善理解为性之外的东西。这无疑和孟子的性善论正相反对,也是孟子不遗余力批评告子的主要原因。

到此为止,我们可以发现三种不同角度的"仁内义外"的说法。其中第一种说法偏重在强调处理门内和门外关系的不同。第二种和第三种说法都涉及到仁义的根据问题,但讨论的层次和角度有异。如就"义外"而言,第二种说法把"义"归结为人之外的天道,这可以帮助说明虽然"义"是人之外者,但人为什么仍然需要其以为行为的依据。把义归结为天道,实际上给"义"的追求提供了合法性。第三种说法的"义外"显然不具有这样的意义,它只是强调"义"的行为的实际发生是由我之外的因素引起,而不是我自身固有的东西。这里没有涉及到"义"的合法性的问题,但从逻辑上来说,它不排斥这个问题,换言之,第三种说法可以兼容第二种。也许,第二种看法已经作为第三种看法的前提存在着,后者只是进一步说明此论题而已。

围绕着"仁内义外"进行的讨论,在我看来,主要体现了孔子之后儒家为道德原则寻找根据的努力。这种寻找是在内外两个方向上进行的,这也是两个可能的向度。向内的寻找导致对人本身的关注,从而发展出人性、人情以及人心等论题,并着力探讨从人性、人情以及人心中引申出道德原则的可能性。其实真正说来,这种向内的寻找中又包含不同的进路,譬如《五行》一再强调的"形于内"和"不形于内"的区别,所偏重在道德原则和人心的关联,而不涉及到人性。《性自命出》

---

① 需要处理的是《告子上》中记载的告子的如下说法:"性,犹杞柳也;义,犹桮棬也。以人性为仁义,犹以杞柳为桮棬。"起初,告子只是提到义,这与我们的分析可以一致。但是,稍后的时候,告子又以仁义并称,似乎认为仁也是人性以外的东西。当然,可能的解决方案是把这里的"仁义"理解为古代汉语中常见的偏正结构,虽然"仁义"并称,但其意义仍然只是偏重在"义"的上面。

等沿着性与情的思路讨论,所偏重在人性,但一定不离开人心。我们可以分别称之为人性的进路和人心的进路。在人性的进路中,首先是仁,然后才是其他的德目被纳入到人性之中。向外的寻找最后一定会归结到天道,因为只有这样,外在的东西才有追求的合法性。看来,建立在天道基础上的道德原则最初主要是"义"。在郭店竹简中,有"义,天道也"的说法。① 然后,其他的德目也渐渐地和天道发生了关系。最后的结果则是内向和外向两个方向的合流。

因此,就较早的情形来看,内外的问题,在一定意义上可以转化为子贡所说"性与天道"的问题。但如同内和外的区别所显示的,这里的人性和天道之间有着明显的界限。属于人性的就不可能是属于天道的,反之亦然。这种区分,提醒我们正视早期儒家在同一个"天"的概念之下所包含的不同意义。因为如《性自命出》中"性自命出,命自天降"所表示的,人性也是从天而降的。显然,作为人性基础的天与以义为内容的天道是不同的。后者无疑是善的,道德性的,而前者则更像是自然性的。② 但是,一方面,同一个"天"字仍然为它们的可能联结创造了条件。另一方面,"天"之中的内在紧张也为后来的思想家们提出

---

① 李零说这可能是属于《语丛一》或者《语丛三》的残片。见《道家文化研究》第十七辑,第542页。

② 如果从性的内容上看,作为性的根据的"天"很难说是道德性的。"喜怒哀悲之气,性也"和"好恶,性也"的说法,让人想起古已有之的"天有六气"之说以及人情与六气的关联。《左传·昭公二十五年》说:"民有好恶、喜怒、哀乐,生于六气,是故审则宜类,以制六志。哀有哭泣,乐有歌舞,喜有施舍,怒有战斗;喜生於好,怒生於恶。是故审行信令,祸福赏罚,以制死生。生,好物也;死,恶物也。好物,乐也;恶物,哀也。哀乐不失,乃能协于天地之性,是以长久。"这里的天地之性,一方面固然是自然的天和地之性,另一方面,似乎也和人性有关。人作为"受天地之中以生"(《左传·成公十三年》)者,这种命运决定了天地对于它而言并不是绝无关系的东西。天地的性同时也就构成了人的性,这正是较早的对人性的一种了解。所以,天有六气,体现于人就有六志。六气是天之性,六志是人之性,而人之性归根到底来源于天之性。当《性自命出》用"喜怒哀悲之气"或者"好恶"来说明"性",并说"性自命出,命自天降"的时候,《左传》中"民有好恶、喜怒、哀乐,生于六气"的说法,正好可以成为其立说的背景。可以作为参考的还有文章开始时提到的《管子·戒》中的记载:"滋味动静,生之养也;好恶、喜怒、哀乐,生之变也;聪明当物,生之德也。是故圣人齐滋味而时动静,御正六气之变,禁声色之淫……"文中的六气,直接是指好恶、喜怒、哀乐而言,这更能说明它们与自然之天的关系。

要解决的问题。这正是稍后孟子提出"尽心、知性、知天"的思路,①欲以贯通天道和人性的前提。

从儒家学说发展的倾向以及和其他学派区别的角度着眼,其向内寻找道德依据的努力是最值得注意的。墨子批评孔子和儒家"以天为不明,以鬼为不神"(《墨子·公孟》),实际上是在表达对儒家向内寻找道德依据的不满。墨子认为仁义来源于天,是天的意志,所以人们应该遵守。② 这是典型的外向型的思路。仁内义外说的提出,从内向寻求的角度说,已经把仁和人性联系了起来。这当然已经是一个很大的成就,但是,由于太过于强调仁义的区别,如仁是爱亲,义是尊贤(或敬长);仁是情,义是理;仁是"非之而不可恶者",义是"恶之而不可非者"(《性自命出》)等,从而只能把"义"排斥在人性之外。这种排斥,表现出到此为止的儒家对"内"的了解仍然是很单薄的。一直到孟子出来,以"四心"的说法,大大丰富了儒家对内在资源的认识。不同的道德原则,因而都可以在人性和内心中找到依据。

五、人与我

虽然在先秦的儒家中,我们也能够发现一些从人和我的角度讨论仁义的零星片段,从人与我的角度来讨论仁和义,是董仲舒在《春秋繁露·仁义法》中的贡献。该篇开始就说:

《春秋》之所治,人与我也。所以治人与我者,仁与义也。

这是把《春秋》的问题归结为人与我,而治人与我依据的是仁义。根据董仲舒的看法,仁义分别对应着人和我:

以仁安人,以义正我。故仁之为言人也,义之为言我也。言

---

① 《孟子·尽心上》:"孟子曰:'尽其心者,知其性也。知其性,则知天矣。'"
② 《墨子·天志中》云:"今天下之君子之欲为仁义者,则不可不察义之所从出。既曰不可不察义之所从出,然则义何从出?子墨子曰:义不从愚且贱者出,必自贵且知者出。……然则孰为贵,孰为知?曰:天为贵,天为知而已矣。然则义果自天出矣。"

名以别矣。仁之于人,义之与我者,不可不察也。

具体而言,仁是用来安人的,义是用来正己的。董仲舒进一步以字形来解释字义,用仁字从人,义字从我来证明他的看法。该篇继续说:

　　是义与仁殊。仁谓往,义谓来。仁大远,义大近。爱在人谓之仁,义在我谓之义。仁主人,义主我也。故曰仁者人也,义者我也,此之谓也。君子求仁义之别,以纪人我之间,然后辨乎内外之分,而著于顺逆之处也。是故内治反理以正身,据礼以劝福。外治推恩以广施,宽制以容众。

义和仁是不同的。爱在人是仁,是外向的,所以"谓往"。义在我是义,是内向的,所以"谓来"。人则远,我则近,君子之所以要辨别仁义的区别,是为了了解处理人我关系的基本原则。内义外仁,顺而不逆。因此对自己要以义(理)正身,对他人要以仁容众。

但实际的情形往往相反,人们常见到的是"以仁自裕,而以义设人",严于律人而宽以待己,于是导致社会的混乱。在董仲舒看来,孔子正是针对此种情形,才在《春秋》中发明仁义法,其内容是:

　　仁之法在爱人,不在爱我;义之法在正我,不在正人。我不自正,虽能正人,弗予为义。人不被其爱,虽厚自爱,不予为仁。

仁的实质不在于爱,义的实质不在于正,而在于这种爱和正指向哪里。爱指向人而不是我就是仁,正指向我而不是人就是义。从名义上来说,仁就是"爱人之名",义就是"宜在我者"。合人与爱,才是仁。合我与宜,才是义。

以人我来说仁义,虽然是董仲舒的发明,但他以为是渊源有自,"《论》已见之"。"《论》"即《论语》,《雍也》有"先难后获"之言,《子路》有"先富后教"之说,《卫灵公》有"躬自厚而薄责于人"之句,均为该篇引用并发挥。又《颜渊》记子曰"君子攻其恶,不攻人之恶",《仁义法》解释说:

> 不攻人之恶,非仁之宽与? 自攻其恶,非义之全与? 此谓之仁造人,义造我,何以异乎?

《八佾》中有"居上不宽,为礼不敬"的话,也被《仁义法》所发挥:

> 是故以自治之节治人,是居上不宽也;以治人之度自治,是为礼不敬也。为礼不敬,则伤行而民弗尊;居上不宽,则伤厚而民弗亲。

可以看出,董仲舒提出仁义法的目的,表面上虽然强调仁义之异,其实在解释的趋向上,突出的却是仁义之同。其核心则是君主爱民的德政主张。仁者爱人姑且不论,原本在先秦儒学中广泛存在的以"恶"来解释义的精神消失了。因为这种"恶"很容易推出"刑"的合理性,这显然不适合于汉初儒家由于反省秦之暴政因此推崇德政的时代精神。

六、仁义之和

以上本文从情与理、柔与刚、亲亲与尊贤、内与外、人与我等几个方面讨论了早期儒家的仁义说。也许我们还可以找到更多的角度,譬如忠和信,在郭店竹简的《忠信之道》中,这两个观念被特别地突出了。其云:"不讹不孚,忠之至也。不欺弗知,信之至也。忠积而可亲也,信积而可信也。忠信积而民弗亲信者,未之有也。至忠如土,化物而不伐。至信如时,毕至而不结。……大忠不说,大信不期。不说而足养者,地也。不期而可遇者,天也。似天地也者,忠信之谓此。"这是以忠信比天地。从本文来说,尤其值得注意的是忠信和仁义的联系:

> 忠,仁之实也;信,义之期也。

其实,从"忠积而可亲也,信积而可信也"的说法与《论语·学而》"信近于义,言可复也"和《尊德义》"仁为可亲也"等的比照中,我们就能够感受到忠信与仁义的关联。这句话无非更明确地指出了这一点:忠的本质是仁,信的本质是义,于是,忠信就可以归结为仁义。其实,当儒家从情与理等几个对立的方面来解释仁义的时候,也是在有意识地丰富和扩大仁义的内涵,从而强化着仁义说在儒家思想中的核心位置。

在《孟子》中,我们经常可以发现从相对的方面对仁义进行的规定。除了我们熟悉的"恻隐之心"和"羞恶之心"外(《公孙丑上》、《告子上》),还有诸如"仁,人之安宅也;义,人之正路也"(《离娄上》),"仁,人心也;义,人路也"(《告子上》),"人皆有所不忍,达之于其所忍,仁也;人皆有所不为,达之于其所为,义也"(《尽心下》)等。从人性的角度来讲,孟子认为仁义是人人所固有。从实际的生活而言,它们也都被君子认为是不可或缺。虽然孟子讨论着"由仁义行"和"行仁义"的不同,①但重要的是"居仁由义,大人之事备矣"(《尽心上》)的宣示。孟子肯定着仁义的差异,这种差异有时会导致严重的后果,使人陷入尴尬的处境,但他追求的仍然是仁义的和谐。《尽心上》记载:

> 桃应问曰:"舜为天子,皋陶为士,瞽瞍杀人,则如之何?"孟子曰:"执之而已矣。""然则舜不禁与?"曰:"夫舜恶得而禁之?夫有所受之也。""然则舜如之何?"曰:"舜视弃天下,犹弃敝蹝也。窃负而逃,遵海滨而处,终身䜣然,乐而忘天下。"

这里假设的就是情和理、忠和孝,也就是仁和义之间的冲突。舜不执瞽瞍则不义,执之则不仁,面对这个两难处境,孟子提供了一个先义后仁的解决办法,力图在仁义的冲突之中追求二者的统一。

事实上,在把仁义规定为某种相对之物的同时,儒家也就在追求着它们的和谐和统一。从《五行》的"仁义之和",到董仲舒的"仁义法",莫不如此。在这个过程中,儒家渐渐地发现,这种统一不应该是外在的一致,仁义应该被看作是有内在关联之物。在这种内在的关联中,仁义都可以在对方那里获得自己的本质规定性。于是我们看到

---

① 《离娄下》:"孟子曰:'人之所以异于禽兽者几希,庶民去之,君子存之。舜明于庶物,察于人伦。由仁义行,非行仁义也。'"由仁义行指天性如此,行仁义则是勉力而行。

《荀子·大略篇》中的如下说法：

> 仁,爱也,故亲;义,理也,故行……推恩而不理不成仁,遂理而不敢不成义,审节而不知不成礼,和而不发不成乐。故曰:仁义礼乐,其致一也。君子处仁以义,然后仁也;行义以礼,然后义也;制礼反本成末,然后礼也。三者皆通,然后道也。

如果说孟子偏重从推恩的角度来看待仁的话,那么荀子进一步地认为,推恩如果不和理结合在一起的话,那么也不能够叫做仁。也就是说,合乎义的仁才是仁,即"处仁以义,然后仁也"。没有义的限制,仁或许会流于墨家式的兼爱。反之,如果没有仁作为基础,义也许要成为法家式的刻薄寡恩。所以义也要以仁作为根本,《礼运》云:

> 义者艺之分,仁之节也。协于艺,讲于仁,得之者强。仁者,义之本也,顺之体也,得之者尊。

艺指才而言,义是对才和仁的节制,仁则是义的根本。在这种理解之下,仁义就不再是简单的对立,而是互相蕴涵的统一体。这个统一体的表现,就是儒家所谓的秩序——礼。在孟子那里,礼就被看作是节文仁义者,[①]也就是仁义的调和者。《礼记》中就有更多这样的文字,如《礼运》称:

> 孔子曰:夫礼,先王以承天之道,以治人之情。

礼是天道与人情的统一,在《性自命出》中,礼被叫做道,是所谓情和义的统一。在某种意义上讲,也就是仁义的统一。所以《礼运》又说:

> 故治国不以礼,犹无耜而耕也。为礼不本于义,犹耕而弗种也。为义而不讲之以学,犹种而弗耨也。讲之以学而不合之以仁,犹耨而弗获也。

[①] 参见《孟子·离娄上》:"仁之实,事亲是也;义之实,从兄是也;智之实,知斯二者弗去是也;礼之实,节文斯二者是也。"

由礼而义,由义而学,由学而仁,可以看出仁义对于礼而言的基础地位。又《礼器》云:

> 祀帝于郊,敬之至也。宗庙之祭,仁之至也。丧礼,忠之至也。备服器,仁之至也。宾客之用币,义之至也。故君子欲观仁义之道,礼其本也。

正由于礼建立在仁义的基础之上,所以反过来也可以成为观仁义之道的所在。

第五章

孟　子

第一节　孟子的思想世界

在后世所构造的建立在道统说基础之上的儒学史中,孟子具有仅次于孔子的亚圣地位,并且被认为是儒家正统性的象征。这种评价固然包含着某种思想的偏见和历史的选择,却也提醒我们认真地思考孟子对于儒家思想的重要意义。生活在诸子思想蜂起的战国中期,孟子直接地感受到包括墨子、杨朱、许行等异端思想给儒家带来的压力,以及儒家内部不同派别的挑战,因此对于儒家核心话题的展开有着相当的自觉性,并提出了性善和仁政等对后世发生重大影响的主张。他以孔子思想的继承者自居,对于异端思想表现出了强烈的排斥性和批判性,同时与儒家内部的不同倾向进行了直接的对话。阅读孟子的时候,读者经常会有荡气回肠的感觉。前人说"孟子气激"(李耆卿《文章精义》),是恰当的描述。程子云:"孟子有些英气。才有英气,便有圭角,英气甚害事。"(朱熹《四书章句集注》)因此和孔子相比,缺乏温润含蓄气象,但却多了些波澜壮阔的味道。孟子云:"观水有术,必观其澜。"(《尽心上》)这种体会和他的气象有着直接的关系。其生命中的大丈夫气息使得孟子轻易不在他人面前低头,可是对于孔子,他却始终心悦诚服。一则曰"孔子之谓集大成",再则曰"孔子,圣之时者也",(《万章下》)三则曰"乃所愿,则学孔子"。(《公孙丑上》)在孔子的生命中,孟子发现了足以引起共鸣的东西。对政治的执著,对德政的推崇,得君行道的理想,授徒讲学的快乐,当然,还有现实世界中的巨大挫折感。在游历诸侯之后,孔子晚年归鲁,孟子归邹,并专注于讲学著述的事业。《史记·孟子荀卿列传》记载:

> 孟轲,驺人也。受业子思之门人。道既通,游事齐宣王,宣王不能用。适梁,梁惠王不果所言,则见以为迂远而阔于事情。当是之时,秦用商君,富国强兵;楚、魏用吴起,战胜弱敌;齐威王、宣王用孙子、田忌之徒,而诸侯东面朝齐。天下方务于合从连衡,以攻伐为贤,而孟轲乃述唐虞三代之德,是以所如者不合。退而与万章之徒序《诗》、《书》,述仲尼之意,作《孟子》七篇。

在这个很简洁的传记中,司马迁向读者提供了有关孟子的一些最关键信息。他的师承,他的政治抱负,他的失意,以及他的归宿。就后者而言,传记中特别提到了《诗》、《书》和孔子。其中《诗》、《书》是孟子最重视的两部经典,孔子则是孟子心仪和效法的对象。而他的所有主张都体现在孟子和弟子们共同完成的《孟子》七篇之中。①

关于孟子的生卒年,史书上并没有具体的记载,学者只能根据他的交游活动来进行推测。《孟氏谱》以为生于周定王三十七年,卒于周

---

① 关于《孟子》的作者,前人有不同的说法。除了孟子与弟子们共著之外,还有赵岐和朱熹的孟子自著说,韩愈的孟子死后弟子们合著说等。本书取司马迁的说法,以《孟子》为孟子师徒共同完成的作品。

赧王二十六年(公元前289年),寿八十四岁。但定王无三十七年,所以这个说法存在着明显的错误之处。不过,《孟氏谱》关于孟子卒年的说法却得到了很多人的认同,并根据被很多人所接受的寿八十四岁的说法,上溯孟子的生年为周烈王四年(公元前372年)。在缺乏明确记载的情况之下,关于孟子生卒年的说法不过都是推测,我们似乎不必执著于某个具体的年份,他与梁惠王、齐宣王同时是无疑的。这是一个混乱的时代,却也是一个充满激情的时代,和其他士人一样,孟子一定能够同时充分地感受到自己的价值和无奈。如孟子所说:"士之仕也,犹农夫之耕也",所以在依靠讲学积累起一定的声望和资本之后,他就开始了和孔子一样的周游列国以求仕的旅程,但"后车数十乘,从者数百人"的阵势明显地要超过孔子(《滕文公下》)。孟子旅行的第一站是齐国,是在齐威王的时候,与匡章的交游即在此时,事见《离娄下》。之后去了传说欲行仁政的宋国,并在这里初见那时还是世子的滕文公。然后又去宋之薛,返邹。此时滕定公去世,文公即位,听从孟子的建议,行三年之丧。并迎孟子之滕,推行仁政。与许行、陈相的辩论即发生于此。之后,孟子又离滕之魏,见梁惠王,有"王何必曰利,亦有仁义而已矣"之说。不久,惠王去世,襄王即位,孟子有"望之不似人君"之语(《梁惠王上》)。于是去魏返齐,此时的齐君是宣王,待孟子以上卿之礼,备顾问,却始终没有接受其仁政的学说。数年之后,孟子知道之不行,去齐返邹,专心与弟子万章之徒讲学著述。

关于孟子的生平,有两个问题是可以略做讨论的。第一是孟子的师承,自司马迁提出"受业子思之门人"(《史记·孟子荀卿列传》)后,又衍生出受业于子思的说法。班固《汉书·艺文志》自注、赵岐《孟子题辞》等都以孟子为子思弟子。但以年代考之,这个说法是不可能成立的。子思去世的时候,孟子尚未出生。目前还不知道司马迁"受业子思之门人"的说法根据何在,但其用意是明显的,这就是在子思和孟子之间建立起某种直接的关系。从现存文献来看,最早把孟子和子思联系在一起的是荀子,《非十二篇》提到"子思唱之,孟轲和之",认为在两者之间存在着密切的思想联系,所以把他们看作是一个派别。司马迁提出上述说法的一部分根据也许就是荀子的有关评论,当然更重要的是孟子和子思之间在思想上的相似。果真如此,这个说法就缺乏历史事实上的严肃性。思想上的连续性并不必通过具体的师承来体现,从孟子本人的自述来看,他虽然对子思保持着足够的尊重,却也就停留在此。如果说到老师的话,骄傲的孟子一直视孔子为自己的老师,授业的儒生并不在此列。"乃所愿,则学孔子也"(《公孙丑上》),"予未得为孔子徒也,予私淑诸人也。"(《离娄下》)第二是《孟子》书。司马迁说《孟子》七篇,到《汉书·艺文志》的时候,记载的是十一篇。赵岐《孟子章句》以为有内外之分,内书七篇,外书四篇。云:"又有外书四篇,《性善辩》、《文说》、《孝经》、《为政》,其文不能宏深,不与内篇相似,似非孟子本真,后世依仿而托也。"基于这个判断,赵岐甚至没有对外书四篇进行注释,它们在后世也鲜有流传。真正能够代表孟子思想的也就是《孟子》七篇。

  孟子生活在一个什么样的世界之中?当我提出这个问题的时候,所指并不是其生活的一般社会历史背景,而是真正进入到其思想中的东西。孟子曾经说过:"颂其诗,读其书,不知其人,可乎?是以论其世也。"(《万章下》)的确,如果想要了解文字背后的东西,我们非要对作者的思想世界进行一番考察不可。当我们以孟子提出的知人论世态度面对孟子的时候,其所著七篇的篇名也许可以成为一个便利的线索。众所周知,和《庄子》内七篇以义名篇不同,《孟子》各篇的篇名乃是取篇首几字而成的。换句话说,这原本不是些有意义的名字,不过是随意而偶然的安排。但当我们把这些篇名集中到一起的时候,却也能够发现某些有意义的东西。梁惠王、公孙丑、滕文公、离娄、万章、告子、尽心,这是一个纯粹的人的世界,如果与庄子内七篇的篇名相比,读者一定很容易感受到两者的巨大差距。而这个人的世界又可以分成几类,一类是如梁惠王和滕文公般的君主,一类是历史中的人物离娄,一类是告子所代表的对手,另一类是公孙丑和万章代表的弟子们。巧合的是,这些正好可以与孟子思想世界中最主要的内容相对应。

君主是儒者生命中不可或缺的角色,这是政治生活的象征。《滕文公下》曾经记载弟子陈霄、公明仪和孟子之间一段关于仕的对话,是非常值得关注的:

> 陈霄问曰:"古之君子仕乎?"孟子曰:"仕。《传》曰:'孔子三日无君,则皇皇如也,出疆必载质。'公明仪曰:'古之人三月无君则吊。'""三月无君则吊,不以急乎?"曰:"士之失位也,犹诸侯之失国家也。礼曰:'诸侯耕助,以供粢盛;夫人蚕缫,以为衣服。牺牲不成,粢盛不洁,衣服不备,不敢以祭。惟士无田,则亦不祭。'牲杀器皿衣服不备,不敢以祭,则不敢以宴,亦不足吊乎?""出疆必载质,何也?"曰:"士之仕也,犹农夫之耕也,农夫岂为出疆舍其耒耜哉?"曰:"晋国亦仕国也,未尝闻仕如此其急。仕如此其急也,君子之难仕,何也?"曰:"丈夫生而愿为之有室,女子生而愿为之有家。父母之心,人皆有之。不待父母之命,媒妁之言,钻穴隙相窥,逾墙相从,则父母国人皆贱之。古之人未尝不欲仕也,又恶不由其道。不由其道而往者,与钻穴隙之类也。"

仕就意味着在自己的生命和君主之间建立起直接的关系。孟子对于仕的态度是肯定而积极的,并特别引用《传》曰"孔子三日无君,则皇皇如也,出疆必载质",加以支持。这段话并不能被狭隘地理解为对君主个人的依赖,本质上,它是孔子执著于政治世界和承担社会责任的体现。在孟子看来,离开仕的士,就如同失位的诸侯,或者无田可耕的农夫,没有了自己的舞台,其无家可归的失落感是显而易见的。但即便如此,君子之仕,也必由其道,而非苟合之类。《告子下》云:

> 陈子曰:"古之君子何如则仕?"孟子曰:"所就三,所去三。迎之致敬有礼,言将行其言也,则就之;礼貌未衰,言弗行也,则去之。其次,虽未行其言也,迎之致敬以有礼,则就之;礼貌衰,则去

之。其下，朝不食，夕不食，饥饿不能出门户。君闻之曰：'吾大者不能行其道，又不能从其言也，使饥饿于我土地，吾耻之。'周之，亦可受也，免死而已。"

君子之仕，总是有条件的。最下者免于饥饿而死，其上者则是得君行道，两者之间是君主的致敬有礼。基本上来说，在仕的背后，不可须臾离也的道始终存在着。也因此，在如孟子般儒者的政治生活中，永远无法摆脱的是道和仕之间的紧张。正是这种紧张，让仕的活动变得困难重重，并且经常以失意作结。

我们知道，在孟子的生活中，与君主的交往是非常重要的一部分，但有始无终一词却成为对这些交往的最好描述。最初与齐国储子、任国国君之弟季子和曹国国君之弟曹交等的来往，都可以看作是预备性的实习。就我们知道的，孟子见过的国君有齐威王、宣王，梁国的惠王和襄王、宋偃王、滕文公、邹穆公等。这些碰面当然不是礼节性的会见，孟子不放过任何一个得君行道的机会，并且有时候像是已经获得了这种机会。他曾经深得滕文公的信任，在滕国实行仁政，可惜对处在大国夹缝中的滕国来说，生存显然是更重要的问题。惠王对孟子也相当礼遇，经过了几次的交谈之后，似乎已经受到了孟子的感召，但随后不久的死亡却让孟子失去了在梁国一展雄心的可能。比较起来，孟子和齐宣王的接触时间是最长的，在此期间，除了向孟子请教若干的问题之外，宣王还让孟子代表齐国参加滕文公的葬礼，并就是否伐燕的问题认真征求过孟子的意见。但这种关系终于在理想和现实越来越大的裂痕中瓦解了，衰老的孟子带着遗憾离开了齐国，从此彻底与君主的世界隔绝，回到与弟子们学问思辨的活动中去。

与君主的交往显然能够提供一个很好地观察士人气质的角度。就孟子而言，他有着强烈的政治抱负，并且自视甚高。"夫天，未欲平治天下也；如欲平治天下，当今之世，舍我其谁也？"（《公孙丑下》）因此非常珍惜已经获得的政治机会。在晚年不得已离开齐国的时候，"三宿而后出昼"的迟迟行也,曾经遭到尹士的嘲笑。① 但在孟子看来,如果三天的时间能够换来宣王的回心转意,并由此导致齐国甚至天下的太平,还是颇为值得的。但这丝毫不意味着可以在君主面前卑躬屈膝。事实上,孟子在君主面前显示出了相当的傲气。《离娄下》:"孟子告齐宣王曰:'君之视臣如手足,则臣视君如腹心;君之视臣如犬马,则臣视君如国人;君之视臣如土芥,则臣视君如寇仇。'"明确地宣称臣子在君主面前并不是完全的被动者。甚至在宣王问卿的时候,提到贵戚之卿"君有大过则谏,反覆之而不听,则易位"这般让君主勃然变色的言语。进一步来看,孟子始终没有把自己安放在臣的角色之中,他想做的是王者师。《万章下》提到"天子不召师,而况诸侯乎?"并引用鲁缪公和子思的故事:

> 缪公亟见于子思,曰:"古千乘之国以友士,何如?"子思不悦,曰:"古之人有言曰:事之云乎,岂曰友之云乎?"子思之不悦也,岂不曰:"以位,则子,君也;我,臣也。何敢与君友也?以德,则子事我者也,奚可以与我友?"千乘之君求与之友,而不可得也,而况可召与?

这无疑是孟子心迹的自我流露。按照子思的理解,在和君主的关系中,自己有可以与之分庭抗礼的资本:君主有位,而自己有德。以德抗位,这正是孟子极力赞美子思之处。因此,当宣王要召见孟子的时候,孟子辞以疾,并坚决拒绝去朝王的要求。《公孙丑下》记载孟子的话说:

> 曾子曰:"晋楚之富,不可及也。彼以其富,我以吾仁;彼以其爵,我以吾义,吾何慊乎哉?"夫岂不义而曾子言之?是或一道也。天下有达尊三:爵一,齿一,德一。朝廷莫如爵,乡党莫如齿,辅世

---

① 《公孙丑下》:"孟子去齐。尹士语人曰:'不识王之不可以为汤武,则是不明也;识其不可,然且至,则是干泽也。千里而见王,不遇故去。三宿而后出昼,是何濡滞也?'"

> 长民莫如德。恶得有其一,以慢其二哉?故将大有为之君,必有所不召之臣。欲有谋焉,则就之。其尊德乐道,不如是不足与有为也。故汤之于伊尹,学焉而后臣之,故不劳而王;桓公之于管仲,学焉而后臣之,故不劳而霸……管仲且犹不可召,而况不为管仲者乎?

从曾子到子思,再到孟子,我们可以看到一个清楚的以德抗位的线索。"说大人则藐之,勿视其巍巍然"(《尽心下》),这不仅仅是游说的技巧,更应该是对君主和自己关系的真正理解。孟子以不召之臣自许,并非是对"臣"之身份的彻底拒绝,而是要求着君主致敬而有礼式的尊重。"学焉而后臣",如伊尹如管仲是可以接受的。但招之即来挥之即去的角色,却是孟子坚决拒绝的。在孟子看来,道不仅存在于具体的政治实践中,同时也存在于君臣关系的形式之中。

除了君主之外,孟子思想世界中的第二个方面是历史。这是一个对历史有感觉的人,《公孙丑下》"五百年必有王者兴,其间必有名世者"的说法,不仅是对历史的描述,更是对未来的信念。作为天道在时间之中的呈现,历史绝不是过去的东西,它是通向未来的。因此对历史的关注并不意味着留恋过去,而是思考和寻找着未来的路。正如《离娄上》开篇所说:

> 孟子曰:"离娄之明,公输子之巧,不以规矩,不能成方员;师旷之聪,不以六律,不能正五音;尧舜之道,不以仁政,不能平治天下。今有仁心仁闻而民不被其泽,不可法于后世者,不行先王之道也。故曰:徒善不足以为政,徒法不能以自行。诗云:'不愆不忘,率由旧章。'遵先王之法而过者,未之有也。"

我们在这段话中看到的关键词就是"先王之道",先王无疑指向着历史,道则表现着规矩、秩序等。在这里,先王和道构成两个无法分割开来的东西。以尧舜为代表的先王乃是历史中的生命典范,以仁政为核心内容的道则是理想秩序的象征,两者是合为一体的。先王之道的说法表明道不是悬挂在某处的无法落实的东西,它在历史上是现实之物,因此它在现在和未来也就可以是现实之物。它给当下所有愿意平治天下的君主提供了一条曾经行之有效的路,而这条路是超越时间的,只要你愿意效法。《离娄上》云:

> 孟子曰:"规矩,方员之至也;圣人,人伦之至也。欲为君尽君道,欲为臣尽臣道,二者皆法尧舜而已矣。不以舜之所以事尧事君,不敬其君者也;不以尧之所以治民治民,贼其民者也。孔子曰:'道二:仁与不仁而已矣。'暴其民甚,则身弑国亡;不甚,则身危国削。名之曰幽厉,虽孝子慈孙,百世不能改也。《诗》云:'殷鉴不远,在夏后之世。'此之谓也。"

必须强调的是,率由旧章,或者遵先王之法,并不就是回到过去,而是回到道本身。效法尧舜,其本质是效法体现在尧舜生命之中的道。在这个时候,我们发现,历史和道已经合二为一。历史成为道之蕴,道也必须通过历史展开于世界。因此,历史不过就是道在时间之中展开的历史。王朝的更替,如三代政权的转移不过是道用来显示自己存在的方式。"孟子曰:'三代之得天下也以仁,其失天下也以不仁。国之所以废兴存亡者亦然。'"(《离娄上》)在这样的叙述模式之下,三代的更替已经成为得道则兴、失道则亡的证明。

道与历史之间的紧密联系决定了孟子对于历史的兴趣是解释性的。在孟子的弟子中,万章似乎对于历史有着特别的兴趣。《万章》上下记载了大量他和孟子之间关于历史的对话,孟子在对话中表现出了明显的以道释史、以道正史的特点。譬如针对着战国时期普遍流传的尧舜禅让之说,《万章上》记载了万章和孟子之间的如下对话:

> 万章曰:"尧以天下与舜,有诸?"孟子曰:"否。天子不能以天下与人。""然则舜有天下也,孰与之?"曰:"天与之。""天与之者,谆谆然命之乎?"曰:"否。天不言,以行与事示之而已矣。"曰:"以行与事示之者如之何?"曰:"天子能荐人于天,不能使天与之天

下；诸侯能荐人于天子，不能使天子与之诸侯；大夫能荐人于诸侯，不能使诸侯与之大夫。昔者尧荐舜于天而天受之，暴之于民而民受之，故曰：天不言，以行与事示之而已矣。"曰："敢问荐之于天而天受之，暴之于民而民受之，如何？"曰："使之主祭而百神享之，是天受之；使之主事而事治，百姓安之，是民受之也。天与之，人与之，故曰：天子不能以天下与人。"

天下是不可以私相授受的，因此尧舜禅让不过是个形式，其实质则是天与之，人与之。这个事实之所以要分辨，是因为它牵涉到权力的合法性问题。治理天下的权力是天和人共同赋予的，按照孟子的理解，"得天下有道：得其民，斯得天下矣；得其民有道，得其心，斯得民矣；得其心有道，所欲与之聚之，所恶勿施尔也。"（《离娄上》）得天下的关键并不是得乎某个人，而是得乎民，天意即在民心之中。"得乎丘民而为天子"（《尽心下》），将这个逻辑贯彻到底，那么个人之间的禅让就失去了根据。同样的道理，当万章请教对于"人有言曰：'至于禹而德衰，不传于贤而传于子'"说法的看法时，孟子给予了斩钉截铁的否定：

否，不然也。天与贤，则与贤；天与子，则与子。昔者舜荐禹于天，十有七年，舜崩。三年之丧毕，禹避舜之子于阳城。天下之民从之，若尧崩之后，不从尧之子而从舜也。禹荐益于天，七年，禹崩。三年之丧毕，益避禹之子于箕山之阴。朝觐讼狱者不之益而之启，曰："吾君之子也。"讴歌者不讴歌益而讴歌启，曰："吾君之子也。"（《万章上》）

不是传不传的问题，而是天与不与的问题。正是在这种认识之上，孟子才有"唐虞禅，夏后殷周继，其义一也"（《万章上》）之说。孟子把自己对于权力根据的认识以及权力转移的理解自觉地贯穿在对历史的解释之中。

在孟子的世界中，对手的存在是无法忽略的，这是一个需要对手的人。阅读《孟子》的时候，无论是孟子和对手之间的辩论，还是对对手的单向批评,都会给读者留下深刻的印象。《滕文公下》记载一段很宝贵的资料,"公都子曰:'外人皆称夫子好辩。敢问何也?'孟子答曰:'予岂好辩哉!予不得已也。'"并以长篇大论来为自己做辩护,让读者更明显地领略其好辩的特点。在叙述了大禹、周公、孔子等圣人的作为之后,孟子为自己排斥异端的举动寻找到了历史的合理性。他说:

> 圣王不作,诸侯放恣,处士横议,杨朱、墨翟之言盈天下。天下之言,不归杨,则归墨。杨氏为我,是无君也;墨氏兼爱,是无父也。无父无君,是禽兽也……杨墨之道不息,孔子之道不著,是邪说诬民,充塞仁义也。仁义充塞,则率兽食人,人将相食。吾为此惧,闲先圣之道,距杨墨,放淫辞,邪说者不得作。作于其心,害于其事;作于其事,害于其政。圣人复起,不易吾言矣。昔者禹抑洪水而天下平,周公兼夷狄驱猛兽而百姓宁,孔子成《春秋》而乱臣贼子惧。《诗》云:"戎狄是膺,荆舒是惩,则莫我敢承。"无父无君,是周公所膺也。我亦欲正人心,息邪说,距诐行,放淫辞,以承三圣者。予岂好辩哉,予不得已也。能言距杨墨者,圣人之徒也。

只有在和异端的对抗中,圣人之道才可以挺立,所以辩是必须的。尤其在这个缺乏圣王的时代,无处不在的异端充满着世界。不辩不足以息邪说,承三圣,阐明孔子之道。在这段话中,孟子提到的异端主要是杨朱和墨翟。这也是孟子心目中最大的对手。墨子学儒而反儒,入乎其内又出乎其外,他的学派是战国早中期儒家最主要的批判者。墨子以兼爱来反对儒家的爱有差等,以尚贤来否定亲亲,另如非命非乐、节用节葬、天志明鬼等,无一不是针对着儒家的主张。《墨子》书中更有《非儒》一篇,对孔子极尽讽刺挖苦之能事。尤其是墨家以团体的方式活动,在各诸侯国产生了重大的影响,到韩非的时代,还被称为显学。《滕文公上》记载孟子与墨者夷之通过徐辟所展开的辩论,内中主要包括节葬和爱无差等的问题,并归结为儒者一本、墨家二本之说。当孟子批评夷之"葬其亲厚"违背自己兼爱节葬主张的时候,夷之给出了

"爱无差等,施由亲始"的遁词。(《滕文公上》)在孟子看来,墨家兼爱的最大问题是使自己陷入到"无父"的困境,当把自己的父亲和他人的父亲一视同仁之时,自己父亲的特殊性就消失了。这就是二本,在理论上,这与"天之生物也,使之一本"(《滕文公上》)是矛盾的,而在实践中更行不通。杨朱是墨家的批判者,针对着墨家"腓无胈,胫无毛"(《庄子·天下》)的自苦态度,提出"拔一毛而利天下"(《尽心上》)的主张。杨氏的核心精神是轻物重生,或者说"为我"(《尽心上》),"义不入危城,不处军旅"(《韩非子·显学》),这当然是有感于墨家的主张而发,有其批判的合理性。但在孟子看来,过度地强调为我会导致"无君"的结果。把生命看得最重要的时候,社会的责任和义务都可以抛在一边。

　　孟子的对手基本上可以分为三类。杨墨属于第一类,是孟子最看重的对手。第二类的对手是为神农之言者许行等,《滕文公上》记载儒者陈良的弟子陈相及其弟陈辛自楚之滕,闻许行之道而悦之,尽弃其学而学焉。其道孟子以许子之言,以为贤者与民并耕,饔飧而治。孟子则对之以"有大人之事,有小人之事","故曰:或劳心,或劳力。劳心者治人,劳力者治于人;治于人者食人,治人者食于人:天下之通义也。"以明许行之道不可行。可以提到的还有仲子,即陈仲,《尽心上》云"仲子,不义与之齐国而弗受,人皆信之,是舍箪食豆羹之义也。人莫大焉亡亲戚、君臣、上下。以其小者信其大者,奚可哉?"批评陈仲因小失大。第三类对手是儒家内部的,典型者如告子。《孟子》书中记载告子有性无善无不善和仁内义外之论,与孟子的性善说和仁义内在说矛盾,所以二者之间有很激烈的辩论,详见《告子上》。此外,如高子、子莫等都该是儒者,而与孟子不同。《告子下》提到高子以《小弁》因其怨而为小人之诗,孟子以为"《小弁》之怨,亲亲也。亲亲,仁也。固矣哉,高叟之为《诗》也"。《尽心下》则记载"高子曰:禹之声,尚文王之声。"遭到孟子的批评。《尽心上》云:"杨子取为我,拔一毛而利天下,不为也。墨子兼爱,摩顶放踵利天下,为之。子莫执中,执中为近之。执中无权,犹执一也。所恶执一者,为其贼道也,举一而废百也。"

在孟子的世界中,不能忽略的是他的弟子们。他们既是学问思辨的伙伴,也是孟子在政事失意之后精神愉悦的一个重要来源。《尽心上》说:"君子有三乐,而王天下不与存焉。父母俱存,兄弟无故,一乐也;仰不愧于天,俯不怍于地,二乐也;得天下英才而教育之,三乐也。君子有三乐,而王天下不与存焉。"对于骄傲的孟子来说,围绕在身边的弟子当然堪称天下英才。以《孟子》书中所见,其主要的弟子有万章、公孙丑、乐正子、公都子、屋庐子、陈臻、充虞等。其中万章和孟子的对话最多,其次是公孙丑。万章和公孙丑都是齐人,前者多向孟子请教与政治和历史有关的问题,对于《尚书》似乎非常熟悉。《万章》上下篇对此有集中地记录。根据司马迁的说法,他是协助孟子完成其著作的最主要弟子。后者对政治情有独钟,赵岐以为有政事之才,并参与了《孟子》的创作。但乐正克似乎是后来影响最大的,《韩非子·显学》中提到儒家八派中有"乐正氏之儒",学者一般认为就是乐正克一派。乐正子为鲁人,曾经仕于鲁国,孟子以为"其为人也好善",(《告子下》)《尽心下》记载浩生不害问乐正子何人也,孟子有"善人也,信人也"的评价。所谓善和信有特定的含义,是指"可欲之谓善,有诸己之谓信"。

第二节 良心的发现与性善论的提出

从孔子开始的向内心发掘秩序根源的努力,经过了以《五行》篇为代表的"形于内"的自觉,到孟子终于有了标志性的结果,这就是良心的发现和性善论的提出。所谓良心的发现,是指认识到心之良善的本质,并在此基础上建立起道德的生命和世界。就目前所知,"良心"一词最早见于《孟子》,《告子上》云:"虽存乎人者,岂无仁义之心哉?其所以放其良心者,亦犹斧斤之于木也,旦旦而伐之,可以为美乎?"可见所谓良心即仁义之心,它是存乎人者,但可以因为外在的原因而遗忘或者流放。应该注意,仁义之心并不仅仅是一个可以了解或接受仁义的心,而是以仁义为本质的心。换言之,心是以仁义为其内容的。《告子上》云:

> 仁,人心也。义,人路也。舍其路而弗由,放其心而不知求,哀哉!人有鸡犬放,则知求之;有放心而不知求。学问之道无他,求其放心而已矣。

"仁,人心也"说法的意义,在于把儒家所追求的核心价值直接地规定为人心的本质。而此人心,如后面我们要讨论到的,是人人所固有的东西。同时,义作为人路来说也不是外在于人心之物,它是心之路。在这个意义上,以仁义为主要内容的良心又被称为本心。《告子上》:

> 非独贤者有是心也,人皆有之,贤者能勿丧耳。一箪食,一豆羹,得之则生,弗得则死,嘑尔而与之,行道之人弗受;蹴尔而与之,乞人不屑也。万钟则不辨礼义而受之。万钟于我何加焉?为宫室之美、妻妾之奉、所识穷乏者得我与?乡为身死而不受,今为宫室之美为之;乡为身死而不受,今为妻妾之奉为之;乡为身死而不受,今为所识穷乏者得我而为之,是亦不可以已乎?此之谓失其本心。

这个心不仅为圣贤所有,也为任何一个人所拥有。唯一的区别在于,圣贤或者君子能够保有此心,而庶民经常会遗忘或者丧失之。可是遗忘或者丧失也并不意味着他们原本就没有,本心的说法明确地显示出仁义为每个人之心所本有的性质。换言之,仁义并不是外在的,它是心所固有之物:

> 恻隐之心,人皆有之;羞恶之心,人皆有之;恭敬之心,人皆有

> 之；是非之心，人皆有之。恻隐之心，仁也；羞恶之心，义也；恭敬之心，礼也；是非之心，智也。仁义礼智，非由外铄我也，我固有之也。

在这里，孟子从四个方面来描述本心，即恻隐之心、羞恶之心、恭敬之心和是非之心。这并非四种心，它们都是那同一个良心或者本心在不同情境中的表现。进一步地，孟子以为恻隐之心为仁，羞恶之心为义，恭敬之心为礼，是非之心为智，从而彻底地把仁义礼智落实到内心之中。此段话的重心在于强调仁义礼智并非心外之物，这不是我从外部世界获得的，而是我固有者，是内在于心的东西。

但是，良心并非现成之物。为了防止把心所固有的仁义礼智视为已经完成的东西，孟子在另外一个地方特别地提出更严格的四端的说法。《公孙丑上》云：

> 人皆有不忍人之心……所以谓人皆有不忍人之心者，今人乍见孺子将入于井，皆有怵惕恻隐之心。非所以内交于孺子之父母也，非所以要誉于乡党朋友也，非恶其声而然也。由是观之，无恻隐之心，非人也；无羞恶之心，非人也；无辞让之心，非人也；无是非之心，非人也。恻隐之心，仁之端也；羞恶之心，义之端也；辞让之心，礼之端也；是非之心，智之端也。人之有是四端也，犹其有四体也……凡有四端于我者，知皆扩而充之矣，若火之始然，泉之始达。苟能充之，足以保四海；苟不充之，不足以事父母。

不忍人之心乃是恻隐之心的另一个说法，是良心的发用。孟子以人乍见孺子将入于井时皆有的怵惕恻隐之心来说明之，并特别突出其不依赖于外物的特点。此种不依赖于外物的存在是纯粹内在的，即所谓本心。与《告子上》的说法不同，这里孟子特别使用了"端"这个词来描述心和仁义礼智的关系。在这个意义上，四心被称为四端。这当然是个比喻性的说法，它意味着良心仅仅是个泉源，还不是放之四海者。此作为端的良心需要扩充才可以充分地表现出来。

在良心为我所固有的意义上，它乃是与生俱来者，非后天所添加。孟子也把它称为良知良能：

> 人之所不学而能者，其良能也；所不虑而知者，其良知也。孩提之童，无不知爱其亲者，及其长也，无不知敬其兄也。亲亲，仁也；敬长，义也。无他，达之天下也。（《尽心上》）

良能是人所不学而能者，良知是人所不虑而知者，此乃天之所赋，和后天努力无关。孟子特以未学未虑的孩提之童为例，说明爱亲敬长乃是人的本能。而爱亲敬长就是仁义，扩充就是把此仁义的本能达之天下，由亲亲而仁民而爱物。

通过良心、本心、良知和良能等观念，性善论已经呼之欲出了。《滕文公上》称"孟子道性善，言必称尧舜"，这是最明确地有关孟子性善论的说法。此外，如《尽心上》所说：

> 君子所性，虽大行不加焉，虽穷居不损焉，分定故也。君子所性，仁义礼智根于心。其生色也睟然，见于面，盎于背，施于四体，四体不言而喻。

所谓君子所性，并不就是君子的，而是包括着所有的人在内。此性与外在的穷通无关，它是分定的。具体而言，此性的表现就是"仁义礼智根于心"。心所固有的就是性，其内容就是恻隐之心等。从心善论性善，这是孟子性善论的基本思路。因此，其关于性善的论证，主要是强调人人都固有恻隐之心等。但除此之外，另外一个论证的方式则和上述"言必称尧舜"有关。尧舜即圣人，他们的存在就是性善的证明。《告子上》云：

> 故凡同类者，举相似也，何独至于人而疑之？圣人，与我同类者。故龙子曰："不知足而为屦，我知其不为蒉也。"屦之相似，天下之足同也。口之于味，有同耆也；易牙先得我口之所耆者也。如使口之于味也，其性与人殊，若犬马之与我不同类也，则天下何

> 耆皆从易牙之于味也？至于味，天下期于易牙，是天下之口相似也。惟耳亦然。至于声，天下期于师旷，是天下之耳相似也。惟目亦然。至于子都，天下莫不知其姣也。不知子都之姣者，无目者也。故曰，口之于味也，有同耆焉；耳之于声也，有同听焉；目之于色也，有同美焉，至于心，独无所同然乎？心之所同然者何也？谓理也，义也。圣人先得我心之所同然耳。故理义之悦我心，犹刍豢之悦我口。

"凡同类者，举相似也"是这段话推论的前提。人和动物是不同类的，因此也是不相似的；但人和人是同类的，所以也是相似的。如口之于味，有同耆焉，易牙先得众人之味，所以众人从之。如耳之于声，如同听焉，师旷先得众人之声，而后众人从之。以此类推，人心和口耳一样，也有所同然者。按照孟子的理解，这个心之所同然者就是理和义。它为尧舜等圣人所先得，但并非尧舜等所独有。由于尧舜和我是同类的，因此，尧舜可以做到的，人人都可以做到。正是在此意义上，孟子才有"人皆可以为尧舜"（《告子下》）的说法。

程子云："孟子有大功于世，以其言性善也。""孟子性善、养气之论，皆前圣所未发。"（《四书章句集注》）观此足见孟子性善论的意义。从儒学史上来看，人性绝不是一个新的问题，从孔子到宓子贱、漆雕开、公孙尼子、世硕等，对人性都有论述，并且呈现出纷纭的看法。王充《论衡·本性》篇：

> 周人世硕，以为人性有善有恶，举人之善性，养而致之则善长；恶性，养而致之则恶长。如此则情性各有阴阳，善恶在所养焉。故世子作《养性书》一篇。宓子贱、漆雕开、公孙尼子之徒，亦论情性，与世子相出入，皆言性有善有恶。

《论衡》所提到的这几家，在《汉书·艺文志》中都有著录。其中世硕和公孙尼子为七十子弟子，宓子贱、漆雕开属七十子之流。几家论性，略有出入，但大抵都以为人性有善有恶。《告子上》有更清楚的说法：

> 公都子曰："告子曰：'性无善无不善也。'或曰：'性可以为善，可以为不善；是故文、武兴，则民好善，幽、厉兴，则民好暴。'或曰：'有性善，有性不善；是故以尧为君而有象；以瞽瞍为父而有舜；以纣为兄之子且以为君，而有微子启、王子比干。'"

持这些说法的应该就包括王充所提到的世子、宓子贱等。"性可以为善，可以为不善"的主张是说人性中同时包含着为善和为不善的可能性，因此后天的习养就变得非常关键。"有性善，有性不善"是对人群进行的分类，有生而善者，有生而不善者，和后天的习养无关。到孟子的时代，告子和孟子看来都提出了一个新的人性论主张。告子以为性无善无不善，孟子则主张性善。两个说法的区别不仅在于对于人性的不同看法，而且也表现在论性的角度上面。此前人论性，着眼的是气，此气发而为好恶的情感，如《性自命出》所说："喜怒哀悲之气，性也"，以及"好恶，性也"。告子仍然不外乎此。但孟子论性，则完全落实在心上。"尽其心者，知其性也。"唯有尽心，才能知性，这是孟子提出的一个全新的角度。所以他关于性善的论证，完全是从心出发，和气无关。关于心与气两个不同角度的区别，孟子本人是非常注重的。《公孙丑上》记载公孙丑和孟子关于不动心的讨论，孟子说告子先于自己不动心，但他们之间的不动心是有区别的：

> （公孙丑）曰："敢问夫子之不动心，与告子之不动心，可得闻与？""告子曰：'不得于言，勿求于心；不得于心，勿求于气。'不得于心，勿求于气，可；不得于言，勿求于心，不可。夫志，气之帅也；气，体之充也。夫志至焉，气次焉。故曰：'持其志，无暴其气。'"

从"不得于言，勿求于心"的说法来看，告子显然对于心缺乏了解。其所谓不动心，按照孟子的标准，不过是不动气而已。孟子则拈出一个"志"字，来做气之帅。所谓不动心，乃是不动志，并以志来统气。"志至焉，气次焉"的说法，显然是要在志、气之间作个分辨，以突出心的主导功能。在此基础上，孟子论性就完全落实到心，而将气的一面排除在外。这一点是非常重要的,这是我们理解孟子性善论的基础。以此来看孟子之前的人性论,尽管有很大的差异,但在以气论性上,似乎是一致的。

因此,孟子性善论的提出,首先是从辩正性的意义开始。把性与天联系起来,这是天下言性者的共同认识。如《中庸》所说"天命之谓性",或者《性自命出》所说"性自命出,命自天降"。性乃是生命中由天所赋予者,孟子对此也并不否认。但从此出发,是不是可以接受"生之谓性"的说法,却是一个问题。孟子在此进行了一个重要的区分,这就是性命之辨。《尽心下》云:

> 孟子曰:"口之于味也,目之于色也,耳之于声也,鼻之于臭也,四肢之于安佚也,性也,有命焉,君子不谓性也。仁之于父子也,义之于君臣也,礼之于宾主也,智之于贤者也,圣人之于天道也,命也,有性焉,君子不谓命也。"

性和命的联系,我们在"天命之谓性"和"性自命出"等说法中可以获得一定的了解。在《中庸》中,"命"是作为动词来使用的,其意义是命与或者赋予。"性自命出"中的"命"则是动词的名词化。简单来说,性就是天之所命于人者。自天言之谓之命,自人言之谓之性。但是孟子论性命,除了这层意思之外,最要紧的还是突出其区别。口之于味等乃是有命之性,君子不谓性也;仁之于父子等是有性之命,君子不谓命也。要理解这个分别,我们还需要借助于孟子的另外一个说法,《尽心上》云:

> 求则得之,舍则失之,是求有益于得也,求在我者也。求之有道,得之有命,是求无益于得也,求在外者也。

有求在我者,如孔子所说"我欲仁,斯仁至矣"(《论语·述而》),孟子所说"思则得之,不思则不得也"(《告子上》),属于此类之物,求则得之,舍则失之。有求在外者,如耳目之欢,口腹之欲,属于此类之物,求之有道,得之有命。求在外者,得失不由己,而取决于命,因此孟子以之为有命之性。求在己者,得失由己,所以是有性之命。这个区分,对于孟子来说,是在天之所赋予我者的内部进行的。换言之,虽然性是天赋的,但并非所有天赋的东西都可以被称为人性。当孟子把某些天赋的内容称为命的时候,他实际上是把它们从性中排除了出去。而经过了这种排除之后,在性之中剩下的就是仁义礼智等内容。

孟子对于性的辨正,还有另外的一个角度,这就是人禽之辨。人性该是某种可以把人与动物区别开来的东西。"人之所以异于禽兽者,几希。庶民去之,君子存之。舜明于庶物,察于人伦。由仁义行,非行仁义也。"(《离娄下》)这个异于禽兽者的几希,就是良心,就是人性。按照徐复观的理解:"孟子这几句话的意思是说人与一般禽兽,在渴饮饥食等一般的生理刺激反应上,都是相同的;只在一点点(几希)的地方与禽兽不同。这是意味着要了解人之所以为人的本性,只能从这一点点上去加以把握。"[1]换句话说,那些与禽兽共同的性质,即便是天赋的,也不能够被看作是人性。人性是人所特有的东西,这也是人能够确立自己独特性的关键。其实人禽之辨的话题,孔子就已经提出。其论养不是孝的时候,以为犬马皆有能养,人与犬马的区别在于敬。[2] 后来荀子也特别加以强调,认为禽兽有知而无义,人有知且有义。

第三节 与告子的辩论

在此基础之上来看孟子与告子的辩论,其理路相当地清楚。他们

---

[1] 徐复观:《中国人性论史》先秦篇,台北:商务印书馆,1984年,第165页。
[2] 《论语·为政》:"至于犬马,皆能有养,不敬,何以别乎?"

的辩论主要是围绕着人性和仁义内外展开的。孟子的思想已如上述,基于性善的立场,仁义很显然都是内在的。告子关于人性的主张,乃是人性无分于善不善。但是同时,作为儒家中的一员,告子自然又肯定仁义的价值,不过他以为仁义并没有内在于人性之中,而是后天努力的结果。我们来看一下《告子上》记载的这些争论:

> 告子曰:"性,犹杞柳也;义,犹桮棬也。以人性为仁义,犹以杞柳为桮棬。"孟子曰:"子能顺杞柳之性而以为桮棬乎?将戕贼杞柳而后以为桮棬也?如将戕贼杞柳而以为桮棬,则亦将戕贼人以为仁义与?率天下之人而祸仁义者,必子之言夫!"

这段话的中心,乃是人性和仁义之间的关系。根据告子性无善无不善的说法,仁义不可能存在于人性之中。因此他的主张,乃是突出人性和仁义两者之间的差异。它们是两个东西,如杞柳和桮棬,不能混同。但在告子使用的比喻中,杞柳和桮棬却是两个既不同又互相联系之物,桮棬乃是由杞柳构造而成的。孟子循着这个比喻进一步追问杞柳和桮棬的关系,桮棬是顺着杞柳之性而成,还是逆着杞柳之性而成?如果是顺着杞柳之性而成,那么杞柳之性中就包含着可以为桮棬的内容;如果是逆着杞柳之性而成,那么桮棬就是对于杞柳的戕贼。用孟子的术语来还原这个比喻,其真正的问题是:仁义是可以从人性中扩充出来的东西,还是违背人性的东西。孟子认为,告子如果认为仁义是违背人性者,会与自己对仁义的肯定构成矛盾,成为祸仁义者。在这个情境之下,只能有一种答案是合理的,即桮棬是顺着杞柳之性而成就的。因此,仁义和人性之间就构成了一种顺向的展开关系。仁义是顺着人性的自然发展,这就和孟子的性善主张联系了起来。根据《孟子》的记载,告子还提出了另外一个比喻:

> 告子曰:"性犹湍水也,决诸东方则东流,决诸西方则西流。人性之无分于善不善也,犹水之无分于东西也。"孟子曰:"水信无分于东西,无分于上下乎? 人性之善也,犹水之就下也。人无有

不善,水无有不下。今夫水,搏而跃之,可使过颡;激而行之,可使在山。是岂水之性哉?其势则然也。人之可使为不善,其性亦犹是也。"

按照告子的看法,人性如湍水,善不善则如东流或西流。湍水本身并没有东流或者西流的性质,一切取决于决口的方向。所谓"决诸东方则东流,决诸西方则西流"。但是孟子在水的比喻中发现了另外的要素,这就是水之就下的本性。在他看来,水固然不包含东流或者西流的内在要求,但却具有"无有不下"的本性。人性之善,正如同水之下,是不容质疑的。人为不善之事,乃是后天之势的影响,如同就下之水可以在山,乃是外在环境的压力所导致。在孟子和告子的辩论中,还牵涉到了双方对性的不同理解:

> 告子曰:"生之谓性。"孟子曰:"生之谓性也,犹白之谓白与?"曰:"然。""白羽之白也,犹白雪之白;白雪之白,犹白玉之白与?"曰:"然。""然则犬之性,犹牛之性;牛之性,犹人之性与?"

告子的主张是"生之谓性",凡是生来即有的东西都包含在性的范围之内,如食与色等。这对进行了性命之分的孟子来说显然是不能接受的。在孟子看来,这种对于性的笼统理解无法把人与其他的存在区别开来,就像以白为性,无法把白羽、白雪和白玉区别开来一样;以生为性,也就无法把犬、牛和人区别开来。犬、牛和人一样同样有食色的需要,但是它们永远不会有人所独具的良心。这是孟子批评告子的最主要理由。

除了人性问题外,孟子和告子的辩论还集中在对于仁义内外的理解上面。告子主张仁内义外,遭到了孟子的激烈批评。《告子上》有两段有关的记载:

> 告子曰:"食色,性也。仁,内也,非外也;义,外也,非内也。"
> 孟子曰:"何以谓仁内义外也?"曰:"彼长而我长之,非有长于我

也。犹彼白而我白之,从其白于外也;故谓之外也。"曰:"异于白马之白也,无以异于白人之白也。不识长马之长也,无以异于长人之长与?且谓长者义乎,长之者义乎?"曰:"吾弟则爱之,秦人之弟则不爱也,是以我为悦者也,故谓之内。长楚人之长,亦长吾之长,是以长为悦者也,故谓之外也。"曰:"耆秦人之炙,无以异于耆吾炙,夫物则亦有然者也。然则耆炙亦有外与?"

孟季子问公都子曰:"何以谓义内也?"曰:"行吾敬,故谓之内也。""乡人长于伯兄一岁,则谁敬?"曰:"敬兄。""酌则谁先?"曰:"先酌乡人。""所敬在此,所长在彼,果在外,非由内也。"公都子不能答,以告孟子。孟子曰:"敬叔父乎,敬弟乎?彼将曰:'敬叔父。'曰:'弟为尸,则谁敬?'彼将曰:'敬弟。'子曰:'恶在其敬叔父也?'彼将曰:'在位故也。'子亦曰:'在位故也。'庸敬在兄,斯须之敬在乡人。"季子闻之曰:"敬叔父则敬,敬弟则敬,果在外,非由内也。"公都子曰:"冬日则饮汤,夏日则饮水,然则饮食亦在外也?"

这里一处是孟子和告子的直接辩论,另一处则是有孟子参加的双方弟子之间的辩论。我们可以指出以下的几点:第一,所谓仁义内外的问题讨论的是仁义的根据问题,即仁义的行为是根据什么而发生的。第二,仁义在辩论中落实为爱和敬两种对待他人的态度和情感。第三,双方争论的核心主要是义之内外的问题。告子主张义外,孟子主张义内。第四,所谓义内,指的是"行吾敬",即义的行为的根据乃是一个人内心中的敬,义的行为是此内心之敬的发用。而所谓义外,是指"彼长而我长之,非有长于我也。犹彼白而我白之,从其白于外也;故谓之外也。"即外在对象的长激发起了一个人敬的情感和行为,敬并存在于此人的内心之中。第五,告子仁内义外说似乎是想说明爱和敬两种情感的根据不同,爱是根据于内的,而敬是来源于外的。"吾弟则爱之,秦人之弟则不爱也,是以我为悦者也;故谓之内。长楚人之长,亦长吾之长,是以长为悦者也;故谓之外也。"第六,如果和告子的人性无善无不善说联系起来考虑,告子的仁内似乎只是说爱的情感存在于心中,但不存在于性中。如我们前面已经讨论过的,告子并不以心论性,他延续的仍然是以气论性的思路。

　　这个争论的实质,仍然是孟子基于良心、仁义礼智根于心的想法,批评告子不能了解心的意义。告子认为敬所代表的义的根据存在于外部,譬如彼长而我长之,即我之所以以某人为长而敬之,是因为他年长,而不是因为我的内部有孟子所说的恭敬之心。但孟子从两个方面进行了批评。第一,同样是年长,可是我们只尊重年长的人,却不会尊重年长的马。由此可见我们的内心有一定的标准存在着,让我们可以在年长的人和年长的马面前会有不同的反应;第二,因此,义并不存在于外在的长者之中,而是存在于长之者之中,即存在于以长者为长并由此产生恭敬之心的人之中。这就好比是耆炙,可以耆秦人之炙,也可以耆吾炙,如此做法的根据并不在炙上面,而在于我们具有的耆炙之欲。公都子把这一点说的更加清楚,"冬日则饮汤,夏日则饮水",所饮虽有不同,但无疑问的是,饮食的根据存在于饮食者的内部,而不是外部。

　　孟子与告子的争论,进一步明确和突出了孟子将道德内在化的努力。仁义等并不仅仅是我需要的,还是我生命中内在的东西。如果我们沿着这个争论还原战国中期的思想世界,发生巨大影响的应该还是如告子等所代表的主张。

第四节　养心、养气与尽心

　　在儒家和中国思想史上,良心的发现是影响极其深远的事情。但是如何理解良心的存在形态,同时,如何理解良心背景之下的为恶等等,都是无法回避的问题。按照孟子的理解,良心当然是天赋的,"非由外铄我也，我固有之也"（《告子上》）。但此天赋的良心并非一个完成的东西，换言之，尽管在乍见孺子将入于井时会生起怵惕恻隐之心，但良心并非在任何情境之下都能够顺利地发用。之所以如此，乃是因为它是以"端"的形态存在的。如火之始燃，如泉之始达，这样的比喻一方面证明着良心存在的实在性，另一方面却也呈现着它的脆弱，很容易为外界因素所影响，从而出现放其良心的状态。《告子上》云：

> 孟子曰："牛山之木尝美矣，以其郊于大国也，斧斤伐之，可以为美乎？是其日夜之所息，雨露之所润，非无萌蘖之生焉，牛羊又从而牧之，是以若彼濯濯也。人见其濯濯也，以为未尝有材焉，此岂山之性也哉？虽存乎人者，岂无仁义之心哉？其所以放其良心者，亦犹斧斤之于木也，旦旦而伐之，可以为美乎？其日夜之所息，平旦之气，其好恶与人相近也者几希，则其旦昼之所为，有梏亡之矣。梏之反覆，则其夜气不足以存；夜气不足以存，则其违禽兽不远矣。人见其禽兽也，而以为未尝有才焉者，是岂人之情也哉？故苟得其养，无物不长；苟失其养，无物不消。孔子曰：'操则存，舍则亡；出入无时，莫知其乡。'惟心之谓与？"

正如原本为茂盛的树木所覆盖的牛山，在斧斤伐之、牛羊牧之等外在因素的影响之下，可以变得濯濯一样，良心或者仁义之心也可以由于外在因素的作用而放失。牛山之濯濯并非山之性，但它可以是山的现实存在状态。正如恶不是人之性，却可以充斥于人的生命之中，使人违禽兽不远。在这段话中，我们发现的主要是孟子对于后天之养的强调。人之所以异于禽兽者的几希，就好像是清明的平旦之气，在和这个世界的接触之中，在旦昼的所为中，持续地减弱和消失。在不断的反覆中，虽有夜气之息的反省和存养工夫，①仍然不足以对抗其旦昼之所为，因此无法存留住此良心，使人不断地滑向禽兽。孟子称此种状

---

① 夜气是孟子独有的说法，以与平旦之气相对。

态为"放其心",但放其心的生命并不是"人之情",即生命的真实状态,我们需要把此丢掉的良心寻找回来。① 孟子由此极言"养"的重要。"苟得其养,无物不长;苟失其养,无物不消",这个说法让我们想起孟子之前儒家对于"养"的重视。按照王充的说法,世子曾经做《养书》一篇,以为养人之善性则善长,养人之恶性则恶长。《性自命出》也有"养性"的说法。孟子"养"的观念应该与此有关,但其前提却有很大的不同。在性善的前提之下,孟子养心的目的就不是想改变什么,只是"存"即保存,保存心里的善端,并扩充之。或许因为如此,孟子更愿意把自己和孔子联系起来,我们注意到,他在这段话的最后引用了孔子的话:"操则存,舍则亡。出入无时,莫知其乡。惟心之谓与?"天赋的善端并不会自然地扩充开来,使人成为君子或者圣人。事实上,性善只是提供了个体向善成圣的内在根据,在生活中起最重要作用的仍然是后天的努力与否。对心而言,操则善存,舍则善亡。如果缺乏养的工夫,其固有的善的方向将会被改变。

这样的说明无疑可以避免人们对于孟子性善论的可能的误解,并对现实生活中普遍存在的恶的问题有足够的解释有效性。恶是因为缺乏存养的工夫而放其良心的结果,孟子也称之为"陷溺其心":

> 孟子曰:"富岁,子弟多赖;凶岁,子弟多暴,非天之降才尔殊也,其所以陷溺其心者然也。今夫麰麦,播种而耰之,其地同,树之时又同,浡然而生,至于日至之时,皆熟矣。虽有不同,则地有肥硗,雨露之养、人事之不齐也。"(《告子上》)

孟子借富岁和凶岁子弟的表现不同,以说明外在环境对于人心的影响。丰年丰衣足食,人多为善;凶年衣食不足,人多为恶。这种不同表现并不是由于"天之降才"的差异,即人性的不同,而是由于所处的环

---

① 《告子下》:"孟子曰:'仁,人心也;义,人路也。舍其路而弗由,放其心而不知求,哀哉!人有鸡犬放,则知求之。有放心,而不知求。学问之道无他,求其放心而已矣。'"

境不同。孟子用耕种作比喻，同样的麦种，播种在同样的时间和土地，会在同样的时间成熟。如果有不同，那是"地有肥硗，雨露之养、人事之不齐"的缘故。也因此，同样善的人性，由于人事的不同，在生活中会有不同的表现，或为善，或作恶。

因此，如何在变化的环境之中保持住本心，保持住善端，便成为孟子思想中的一个重要问题。孟子用不同的语言来表达这同一个主题，如养心、存心、不动心、养气等，并从各个角度提出了不同的方法。如《尽心上》："存其心，养其性，所以事天也。"《离娄下》也说："君子所以异于人者，以其存心也。君子以仁存心，以礼存心。"按照性善的说法，每个人的心中已经包含有仁和礼，因此以仁存心以礼存心，即是通过扩充的方式来保存住本心。但在扩充的过程中，会不断地受到欲望的干扰。孟子论养心最著名的说法见于《尽心下》：

> 养心莫善于寡欲。其为人也寡欲，虽有不存焉者寡矣。其为人也多欲，虽有存焉者寡矣。

在孟子看来，对于良心最大的威胁乃是欲望，因此养心最好的方式是寡欲。多欲的人是无法保持住心中之善端的，为了欲望，可以放弃包括良心在内的一切。出于克制欲望的目的，孟子特别地对欲望进行了分层，指出生命中有比一般欲望更重要的欲望，这就对于义的追求。《告子上》云：

> 孟子曰："鱼我所欲也，熊掌亦我所欲也。二者不可得兼，舍鱼而取熊掌者也。生亦我所欲也，义亦我所欲也，二者不可得兼，舍生而取义者也。生亦我所欲，所欲有甚于生者，故不为苟得也。死亦我所恶，所恶有甚于死者，故患有所不辟也。如使人之所欲莫甚于生，则凡可以得生者，何不用也？使人之所恶莫甚于死者，则凡可以辟患者，何不为也？由是则生而有不用也，由是则可以辟患而有不为也，是故所欲有甚于生者，所恶有甚于死者。非独贤者有是心也，人皆有之，贤者能勿丧耳。一箪食，一豆羹，得之

> 则生,弗得则死,嘑尔而与之,行道之人弗受;蹴尔而与之,乞人不屑也;万钟不辩礼义而受之。万钟于我何加焉?为宫室之美、妻妾之奉、所识穷乏者得我与?乡为身死而不受,今为宫室之美为之;乡为身死而不受,今为妻妾之奉为之;乡为身死而不受,今为所识穷乏者得我而为之,是亦不可以已乎?此之谓失其本心。"

有两种不同的欲望,一种是由生所代表的追逐利益的欲望,另一种是由义所代表的追求善的欲望。二者显然是不同的,当它们发生冲突的时候,贤者会做出"舍生而取义"的选择。这个选择是由本心所决定的,而此本心不仅贤者有,它存在于每个人的生命中。本心表现出来就是"所欲有甚于生者,所恶有甚于死者"的道德情感。贤者和一般人的区别就在于,贤者可以存而勿丧,一般人则在欲望的压力之下,失去了本心。因此,要保此本心勿失,寡欲就成为一个必要的条件。

但这种工夫总显得有些消极,从积极的一面,孟子要求着确立心在生命中的主导地位。这个想法表现出来,就是其关于大体和小体关系的说法:

> 孟子曰:"人之于身也,兼所爱。兼所爱,则兼所养也。无尺寸之肤不爱焉,则无尺寸之肤不养也。所以考其善不善者,岂有他哉?于己取之而已矣。体有贵贱,有小大。无以小害大,无以贱害贵。养其小者为小人,养其大者为大人……饮食之人,则人贱之矣,为其养小以失大也。饮食之人无有失也,则口腹岂适为尺寸之肤哉?"

> 公都子问曰:"钧是人也,或为大人,或为小人,何也?"孟子曰:"从其大体为大人,从其小体为小人。"曰:"钧是人也,或从其大体,或从其小体,何也?"曰:"耳目之官不思,而蔽于物。物交物,则引之而已矣。心之官则思,思则得之,不思则不得也。此天之所与我者。先立乎其大者,则其小者不能夺也。此为大人而已矣。"

就身而言，可以区分为两部分，即大体和小体。所谓大体就是心，小体则是耳目口腹等器官。两部分的角色和地位是不同的，大体贵而小体贱，不容混淆。孟子的态度是明确的，无以小害大，无以贱害贵。从其小体之人是小人，即饮食之人。从其大体之人为大人，此大人也就是孟子所说的大丈夫："富贵不能淫，贫贱不能移，威武不能屈，此之谓大丈夫。"(《滕文公下》)小大贵贱的区分是由其各自的性质决定的，耳目等小体由于缺乏思的工夫，因此无法使自己免于物的吸引，从而使自己堕落为物的一部分。心却不同，其思的能力使自己意识到仁义等在自身中的存在，因此能够在物欲的世界中保持自身。从其大体也就是确立心的主导地位，使小体从属于大体，如此则欲寡而心存。孟子称之为"先立乎其大者，则其小者不能夺矣"。此心之立非经过思的工夫不可，而其一旦确立，由小体所产生的欲望就会受到心的节制。

心和耳目等的区分，对应的正是心和气的分别。人的生命，由大体和小体组成，也就是由心和气构成。按照孟子的理解，气者，体之充也；但志却是气之帅也。本着心对于耳目的主导态度，心对于气自然也不能听之任之。"持其志，无暴其气"(《公孙丑上》)，生命不能由气来主导，气必须要受到心的辖制。在心的辖制之下，良心转化此血气为向善的力量，孟子称此为浩然之气：

"敢问何谓浩然之气？"曰："难言也。其为气也，至大至刚，以直养而无害，则塞于天地之间。其为气也，配义与道；无是，馁也。是集义所生者，非义袭而取之也。行有不慊于心，则馁矣。我故曰：告子未尝知义，以其外之也。必有事焉而勿正，心勿忘，勿助长也。无若宋人然：宋人有闵其苗之不长而揠之者，芒芒然归。谓其人曰：'今日病矣，予助苗长矣。'其子趋而往视之，苗则槁矣。天下之不助苗长者寡矣。以为无益而舍之者，不耘苗者也；助之长者，揠苗者也。非徒无益，而又害之。"

浩然之气的说法最初由孟子提出,所以才有弟子不解之问。既然称之为气,就不能和血气全无关联。但既然称之为浩然之气,便和血气有了本质的区别。从孔子开始,儒家对于血气即保持着戒慎和节制的态度,孔子"君子有三戒"之说就是很好的证明。① 孟子这里提到的养气说,进一步地涉及到血气的转化问题。《尽心上》曾经记载孟子望见齐王之子之后发出的"居移气,养移体,大哉居乎"的感叹,居和养对于血气和身体的影响是巨大的。以王子之所居犹能移气移体若此,况居天下之广居乎!所谓天下之广居,就是道和义,居此则可以生浩然之气。从上引文可以看出,此浩然之气是以义和道为基础而产生和壮大的,所谓集义所生,非义袭而取之也。也因此,它是以良心为基础的,行有不慊于心,则馁矣。没有良心和道义为基础,此气无法靠人为的办法来积聚。孟子提出的养浩然之气的方法是:"必有事焉而勿正,心勿忘,勿助长也。"必有事焉即是养,所谓勿忘,不能放任之;但同时还要注意勿正,②即后面提到的勿助长。真正的浩然之气至大至刚,塞于天地之间,但此需要深厚的根基,所谓"直养",所谓"集义"皆是奠基的工夫。取巧者固然可以制造些假象,却不会持续下去。如宋人揠苗助长之类。

从孟子对浩然之气的描述来看,我们可以把它看作是良心扩充之后弥漫于生命整体的一种状态。很显然地,此气是由志来统帅的。因此,这与其说是养气,还不如说是养心。不过,此心扩充之后,此气会如影随形般地充斥于身体之中,毫厘不爽。"有诸内,必形于外"(《告子下》)。在这样的理解之下,孟子的养气与践形之说有了内在的相通

---

① 《论语·季氏》:"君子有三戒:少之时,血气未成,戒之在色;及其壮也,血气方刚,戒之在斗;及其老也,血气既衰,戒之在得。"

② 此处的"勿正",理解起来稍有困难。赵岐等以"必有事焉而勿正"为句,宋代有以"正"字连下"心"字读者,作"必有事焉而勿正心"。朱熹以为两通,正为预期之义:"此言养气者,必以集义为事,而勿预期其效。其或未充,则但当勿忘其所有事,而不可作为以助其长,乃集义养气之节度也。"见《四书章句集注》。

之处。按照孟子的说法,仁义礼智根于心,但会表现在形体之中。"其生色也睟然,见于面,盎于背,施于四体,四体不言而喻。"此心必见乎形体,《尽心上》称之为践形:"形色,天性也;惟圣人,然后可以践形。"每个人都会有形与色,此为天性,但只有圣人才会让形体充满道德的光辉,①动容周旋皆合乎礼。"充实之谓美,充实而有光辉之谓大"(《尽心下》),充实是就内心说的,有光辉则是就此心表现于形体而言。能够践形者就是大人,能够从其大体的大人。

养心和养气的说法,其实质是相同的,但其角度有异。养心偏重在强调对欲望的克制以及善端的扩充,养气则主要指此心扩充之后所引起的生命的变化,尤其是此种变化在形体上的体现,其中包含着变化气质的意味。此种工夫的目的,在于成就一个道德的生命,由君子而至于圣人。孟子关于此种工夫还有另外一个说法,这就是尽心。《尽心上》云:"尽其心,知其性也;知其性,则知天矣。存其心,养其性,所以事天也。殀寿不贰,修身以俟之,所以立命也。"尽心的说法,明显具有回到心之本源处的意味,并与四端的比喻有关。就尽心、知性、知天一脉相承来看,这是一个自我发现和肯定的过程。心凭借其思的工夫回到自己的本源处,发现其天赋的本性,并肯定其为生命的本质。这个本质不是别的,就是人人皆有的善端。就四端的比喻来看,此端无疑需要保存、扩充和完成,在这个角度上,尽心具有完成此心之善端的意义。用另外的语言来说,就是把此善端在生命和世界中实现出来。

---

① 《孟子·尽心上》记载孟子之言,以为"居移气,养移体,大哉居乎"。

第五节　论天道与圣人

从孔子开始,儒家便确立了圣人作为其理想生命的象征。就目前掌握的材料来看,《五行》篇第一次把圣人和天道、内心联系了起来,以为圣人知天道者也,以和仅仅知人道的贤者相区别。值得强调的是,这里所谓天道并非道家所认为的表现在自然世界里的法则,如日月星辰等运行的规律,而是某种和内心相联系的东西。这些理解,构成了孟子讨论圣和圣人的前提。孟子同样明确地在圣人和天道之间进行了连接,这从"圣人之于天道也"(《尽心下》)的表述中可以得到证明。其所谓天道延续了《五行》篇的思路,并有重要的发展,《离娄上》云:

> 孟子曰:"居下位而不获于上,民不可得而治也。获于上有道,不信于友,弗获于上矣。信于友有道,事亲弗悦,弗信于友矣。悦亲有道,反身不诚,不悦于亲矣。诚身有道,不明乎善,不诚其身矣。是故诚者,天之道也。思诚者,人之道也。至诚而不动者,未之有也。不诚,未有能动者也。"

这个说法与《中庸》所说"诚者,天之道也;诚之者,人之道也"的关系是显而易见的。① 其最引人注目的说法是用诚来理解天道,这绝对是儒学史也是整个古代思想史上的新说。这个说法的实质是把天道和人心连接起来,从而开辟出一种全新的天道观。我们看到,对于诚,孟子是用反身明善来加以限定的。这是对于生命内部善之本性的发现,也因此,诚不是别的,其实就是透过人性之善所呈现出来的生命真实无

---

① 《中庸》一般认为是子思或子思氏之儒的作品,和《五行》属于同一学派的文献。其思想上的联系是显然的,但区别也比较明显。如《五行》虽论心,却绝不牵涉到性;《中庸》开篇便讨论性的问题。当然,这可以看作是同一学派内部不同的思考角度。

妄的状态,也就是良心的无遮蔽状态。天道即在此,人性即在此,人心即在此。人道的全部就在于通过思的方式来发现生命之中的善性,并表现在获于上、信于友、悦于亲等人伦实践之中,此即所谓思诚,由思而诚。因此,思诚并不完全是内心的活动,它从内心开始,展开在修身齐家治国平天下的生活世界之中。《中庸》所说的"诚者,非自成己而已也,所以成物也。成己,仁也;成物,知也。性之德也,合外内之道也",与孟子的精神毫无二致。在此背景之下,《尽心上》所记孟子一段重要的语录也就可以得到恰当的理解:

> 孟子曰:"万物皆备于我矣。反身而诚,乐莫大焉。强恕而行,求仁莫近焉。"

作为理解的参照,我们必须提到《中庸》的"诚者,物之终始;不诚无物"之说。这个说法的核心是把整个的道德生命和世界都奠定在诚的基础之上,如果没有诚的基础,那么一切的做法都可归于刻意的做作而缺乏意义。孟子所说"万物皆备于我矣",也只有在诚的前提之下才能获得理解。对应着不诚则无物,诚则万物皆备于我。只有在反身之中发现生命中最真实的东西,才能意识到仁义礼智等都内在于我。由此出发而扩充之,即尽心、知性、知天,足以把我诚有的仁义礼智流行出来,表现在立身行事之中,从而成就一个道德的生命。反身而诚,也就是上述的思诚。圣人则是此诚的状态在生活中的充分呈现,也可以称之为天道的流行。从这个意义上讲,圣人乃是一个天成的生命,是内在生命的自然呈现,即《中庸》所谓"从容中道,圣人也"。

如上所述,圣人的生命从反身而诚开始,而呈现在事亲、信友、得君等人伦日用之中,并成为人伦日用的典范。圣人是这个世界之中的圣人,在这个意义上,孟子有"圣人,人伦之至也"的说法:

> 孟子曰:"规矩,方员之至也;圣人,人伦之至也。欲为君,尽君道;欲为臣,尽臣道。二者皆法尧、舜而已矣。不以舜之所以事尧事君,不敬其君者也;不以尧之所以治民治民,贼其民者也。"

(《离娄上》)

这个"至",有极至、标准的意思。规矩是方员的标准,圣人是人伦的标准。孟子进一步用"尽"字来解释,圣人之为君,就是把君道完全地落实到为君的生活实践之中;圣人之为臣,也是把臣道完全地落实到为臣的生活实践之中。"尽"的状态也就是生命和道合一的状态。尧舜之所以为圣人,就是能够尽君臣之道。具体而言,尧尽了君道,舜尽了臣道。后世之为君臣者,就要效法尧舜,以之作为自己行事的标准。以舜之所以事尧事君,以尧之所以治民治民。在这个意义上,圣人就成为普通人生命的老师,而普通人在效法圣人的基础上也可以成为圣贤。孟子特别举到伊尹的例子:

> 伊尹耕于有莘之野,而乐尧、舜之道焉。非其义也,非其道也,禄之以天下弗顾也,系马千驷弗视也。非其义也,非其道也,一介不以与人,一介不以取诸人。汤使人以币聘之,嚣嚣然曰:"我何以汤之聘币为哉?我岂若处畎亩之中,由是以乐尧、舜之道哉?"汤三使往聘之,既而幡然改曰:"与我处畎亩之中,由是以乐尧、舜之道,吾岂若使是君为尧、舜之君哉?吾岂若使是民为尧、舜之民哉?吾岂若于吾身亲见之哉?天之生此民也,使先知觉后知,使先觉觉后觉也。予,天民之先觉者也,予将以斯道觉斯民也,非予觉之而谁也?"思天下之民,匹夫匹妇有不被尧、舜之泽者,若己推而内之沟中,其自任以天下之重如此,故就汤而说之以伐夏救民。吾未闻枉己而正人者也,况辱己以正天下者乎?圣人之行不同也,或远或近,或去或不去,归洁其身而已矣。吾闻其以尧、舜之道要汤,未闻以割烹也。《伊训》曰:"天诛造攻自牧宫,朕载自亳。"(《万章上》)

原本耕于有莘之野的伊尹,在乐尧舜之道的过程中,由普通人成长为圣人。但这只是一面。在这段话中,孟子特别强调表现在伊尹生命中的一个变化,由成己而成物的变化。君子必须意识到自己的社会和政治责任,自觉地承担起以斯道觉斯民的重任。作为先知先觉者,圣人有教化后知后觉者的义务。而普通人也该意识到,自己和圣人之间并非是隔绝的,他们在本性上并无差异,只不过由于人事的不同,圣人先得吾心之所同然。尧舜能够做到的,一般人也可以做到。正是在此意义上,孟子才有"人人皆可以为尧舜"的说法。而其努力的一种方式,则是以圣人为师。孟子说:

> 圣人,百世之师也,伯夷、柳下惠是也。故闻伯夷之风者,顽夫廉,懦夫有立志;闻柳下惠之风者,薄夫敦,鄙夫宽。奋乎百世之上。百世之下,闻者莫不兴起也。非圣人而能若是乎,而况于亲炙之者乎?

圣人并不仅仅属于他生活的那个时代,而是属于整个的人类世界。孟子以伯夷和柳下惠为例,强调其对于人们所发生的巨大影响。伯夷之清风可以化贪欲为清廉,可以使懦夫确立自己的道德生命;柳下惠之和风可以使刻薄的人变得敦厚,狭隘的人变得宽容。这就是圣人存在的意义。圣人的生命本身就具有教化的意义,也具有"化"这个世界的能力,这种"化"超越时间和空间,奋乎百世之上,动乎百世之下,对这个世界发生着潜移默化的影响。《尽心上》云:

> 孟子曰:"霸者之民驩虞如也,王者之民皞皞如也。杀之而不怨,利之而不庸,民日迁善而不知为之者。夫君子所过者化,所存者神,上下与天地同流,岂曰小补之哉?"

不同的生命对百姓的影响和塑造是不同的。有异于霸者之君塑造的血气欢娱,王者之君塑造的则是广大自得。百姓在不知不觉之中改过迁善,移风易俗。这就是君子和圣人的价值。孟子还说过"君子之所以教者五",其第一项是"有如时雨化之者"(《尽心上》),即此处"所过者化"之义。进一步地,孟子用"大而化之"来形容圣人的生命,《尽心下》有云:

> 可欲之谓善，有诸己之谓信，充实之谓美，充实而有光辉之谓大，大而化之之谓圣，圣而不可知之之谓神。

这段话的背景是孟子对于其弟子乐正子的评价，其中包含着一个完整的对于道德生命阶梯的理解。从善人、信人开始，然后是美人、大人、圣人和神人，这是一个不断扩充的序列。可欲之谓善，此欲的对象当然是孟子所谓的道，即仁。知仁之可欲，并志于仁，可以称为善人。有诸己即是把此仁德落实到自己的生命之中，称为信人。充实即是一个集义的活动，仁德的扩充，美在其中，故谓之美人。此内在之美形之于外，畅于四肢，发于事业，有光辉可象，谓之大人。此大人所存者神，所过者化，如时雨般化民，称为圣人。①圣人之妙用，有不可知者，谓之神人。很显然的，神人并不是圣人之上的一个生命，而只是圣人生命的一个侧面。

需要辨析的是，圣人是人伦之至，是尽，但不是全。由于角色和境遇的限制，任何一个人的生命都是有限的，很难甚至于不可能同时尽得君道和臣道，圣人也不例外。为君则不能为臣，求清则不能担任，因此，孟子承认有不同类型的圣人：

> 孟子曰："伯夷，圣之清者也；伊尹，圣之任者也；柳下惠，圣之和者也；孔子，圣之时者也。孔子之谓集大成。集大成也者，金声而玉振之也。金声也者，始条理也；玉振之也者，终条理也。始条理者，智之事也；终条理者，圣之事也。智，譬则巧也；圣，譬则力也。由射于百步之外也，其至，尔力也；其中，非尔力也。"（《万章下》）

伯夷、伊尹、柳下惠和孔子，同为圣人，但其所为不同。伯夷之清、伊尹

---

① 朱熹解释"大而化之之谓圣"云："大而能化，使其大者泯然无复可见之迹，则不思不勉、从容中道，而非人力之所能为矣。"重在强调"化"的境界含义，似有偏颇。在孟子中，圣人化民化世的意思非常明确，不能忽略。

之任、柳下惠之和,皆各尽其道,可为法则。孔子则不偏一隅,随时变通,孟子称之为圣之时者也。在这个意义上,孔子可以叫做集大成。对此孟子有特别的说明:

> 孟子曰:"伯夷,目不视恶色,耳不听恶声。非其君不事,非其民不使。治则进,乱则退。横政之所出,横民之所止,不忍居也。思与乡人处,如以朝衣朝冠坐于涂炭也。当纣之时,居北海之滨,以待天下之清也。故闻伯夷之风者,顽夫廉,懦夫有立志。伊尹曰:'何事非君?何使非民?'治亦进,乱亦进,曰:'天之生斯民也,使先知觉后知,使先觉觉后觉。予,天民之先觉者也。予将以此道觉此民也。'思天下之民,匹夫匹妇有不与被尧、舜之泽者,若己推而内之沟中,其自任以天下之重也。柳下惠不羞污君,不辞小官。进不隐贤,必以其道。遗佚而不怨,阨穷而不悯。与乡人处,由由然不忍去也。'尔为尔,我为我,虽袒裼裸裎于我侧,尔焉能浼我哉?'故闻柳下惠之风者,鄙夫宽,薄夫敦。孔子之去齐,接淅而行。去鲁,曰:'迟迟吾行也,去父母国之道也。'可以速而速,可以久而久,可以处而处,可以仕而仕,孔子也。"(《万章下》)

伯夷、柳下惠、伊尹和孔子的所为不同,但不妨碍都具有圣人的品格。理由很简单,成圣的根据并不在外部,而在于其不忍人之仁心。其外部的事功可以不同,重要的是其心之所趋的相同:

> 孟子曰:"舜生于诸冯,迁于负夏,卒于鸣条,东夷之人也。文王生于岐周,卒于毕郢,西夷之人也。地之相去也,千有余里;世之相后也,千有余岁。得志行乎中国,若合符节,先圣后圣,其揆一也。"(《离娄下》)

> 孟子曰:"居下位,不以贤事不肖者,伯夷也。五就汤,五就桀者,伊尹也。不恶污君,不辞小官者,柳下惠也。三子者不同道,其趋一也。""一者何也?"曰:"仁也。君子亦仁而已矣,何必同?"(《告子下》)

此三子所为不同,孟子称之为"不同道",①但在把仁充分地展开在生活和世界这一点上,他们是共同的,其间并无高下之分。正是这共同之点才是成圣的最终根据。其心同,但其迹却不必同,孟子进一步提出"易地则皆然"的说法:

> 禹、稷当平世,三过其门而不入,孔子贤之。颜子当乱世,居于陋巷,一箪食,一瓢饮,人不堪其忧,颜子不改其乐,孔子贤之。孟子曰:"禹、稷、颜回同道。禹思天下有溺者,由己溺之也;稷思天下有饥者,由己饥之也,是以如是其急也。禹、稷、颜子易地则皆然。"(《离娄下》)

所谓"易地则皆然",是说如果将禹、稷和颜子的角色置换,他们会做同样的事情。禹、稷汲汲于用世,颜子甘居陋巷,那是因为他们所处的环境不同。使颜子处平世,其迹当如禹、稷;使禹、稷当乱世,其迹当如颜子。孔子皆贤之者,贤其心也,贤其道也。孟子说:"禹、稷、颜回同道。"就是在不同的事迹之中发现共同的东西,这就是以仁为内容的道。

但是,在各种各样的圣人中,孟子仍然突出孔子的特殊性。集大成的孔子是唯一的、无可比拟的,在伯夷、伊尹、柳下惠之间可以不别高低,但他们和孔子之间却不能相提并论。《公孙丑上》记公孙丑问伯夷等与孔子之同异:

> "伯夷、伊尹于孔子,若是班乎?"曰:"否。自有生民以来,未有孔子也。"曰:"然则有同与?"曰:"有。得百里之地而君之,皆能以朝诸侯有天下。行一不义、杀一不辜而得天下,皆不为也。是则同。"曰:"敢问其所以异。"曰:"宰我、子贡、有若,智足以知圣人,污不至阿其所好。宰我曰:'以予观于夫子,贤于尧、舜远矣。'

---

① 这里"不同道"之道,显然与"道二,仁与不仁而已矣"(《离娄上》)之道不同,是方式和路向的意思。

> 子贡曰:'见其礼而知其政,闻其乐而知其德,由百世之后,等百世之王,莫之能违也。自生民以来,未有夫子也。'有若曰:'岂惟民哉？麒麟之于走兽,凤凰之于飞鸟,泰山之于丘垤,河海之于行潦,类也。圣人之于民,亦类也。出于其类,拔乎其萃,自生民以来,未有盛于孔子也。'"

班是齐等的意思,当公孙丑问伯夷等是否和孔子齐等之时,孟子明确地给予了否定的回答。圣之为圣,当然有其中的共同点。如孟子所说的外王的能力,以及其背后的不忍之心。朱熹说:"以百里而王天下,德之盛也。行一不义、杀一不辜而得天下有所不为,心之正也。圣人之所以为圣人,其本根节目之大者,惟在于此。于此不同,则亦不足以为圣人矣。"(《孟子集注·公孙丑上》)但在此同的基础之上,仍然有重要的不同。孟子引用了孔子三大弟子的话,其中宰我认为孔子贤于尧舜,子贡和有若都主张孔子为生民以来所未有。究其原因,当然还是孟子所说的孔子"圣之时者也"(《万章下》)的品格。这种品格可以让孔子摆脱伯夷等不能"时"带来的局限,孟子认为,如伯夷和柳下惠的局限分别是隘和不恭:

> 孟子曰:"伯夷,非其君不事,非其友不友。不立于恶人之朝,不与恶人言。立于恶人之朝,与恶人言,如以朝衣朝冠坐于涂炭。推恶恶之心,思与乡人立,其冠不正,望望然去之,若将浼焉。是故诸侯虽有善其辞命而至者,不受也。不受也者,是亦不屑就已。柳下惠不羞污君,不卑小官;进不隐贤,必以其道;遗佚而不怨,阨穷而不悯。故曰:'尔为尔,我为我,虽袒裼裸裎于我侧,尔焉能浼我哉？'故由由然与之偕而不自失焉,援而止之而止。援而止之而止者,是亦不屑去已。"孟子曰:"伯夷隘,柳下惠不恭。隘与不恭,君子不由也。"(《公孙丑上》)

对清的过分追求会发展出对世界的苛察态度,以至于陷入到越来越狭隘的空间中去;而过分的和则无法与浑浊的世界保持距离,在迁就之中难以挺立自己的主体性。这种理解令人耳目一新,和俗人一样,圣人也是有局限甚至缺陷的。清之过则隘,和之过则不恭,而这些过错是君子应该努力避免的。这种细腻的辨析一方面体现出孟子开阔的视野,另一方面也是为了突出孔子至圣的地位。作为圣之时者,孔子可以化解由拘泥而导致的迂腐态度,在变通之中达到经与权的统一。

第六节　仁　政

早期儒家最核心的关注仍然是在政治的领域,建立起一个道德的政治则是其基本的方向。孔子对此方向的描述是"道之以德,齐之以礼"(《论语·为政》),具体的措施则表现为富之教之等,七十子及其弟子大概不出此范围。孟子的一大贡献是明确地提出了"仁政"的观念,儒家道德政治的理想由此变得更加清晰。从《孟子》书来看,"仁政"一词出现十次,贯穿在他中年之后的政治活动和思考之中,可以看作是他一贯而成熟的主张。以孟子和梁惠王对话中出现的一次为例:

> 王如施仁政于民,省刑罚,薄税敛,深耕易耨,壮者以暇日修其孝悌忠信,入以事其父兄,出以事其长上,可使制梃以挞秦、楚之坚甲利兵矣。(《梁惠王上》)

"省刑罚"以下可以看作是对于仁政的具体说明。可以发现,仁政是一个包含着从法律措施、经济措施,一直到礼乐教化等多方面内容的原则。但这还不是它的全部。根据孟子关于仁政的多处论述,我们大体可看出它的基本结构和内容。这是一个以爱民保民为核心,从人心入手、落实到制民之产的"与民偕乐"(《梁惠王上》)的政治。孟子前所未有地意识到民在政治生活中的根本地位,并明确提出了"民为贵,社稷次之,君为轻"的民贵君轻说。民贵之贵不是贵贱意义上的,而是轻重意义上的。就贵贱而论,当然是君贵民贱;就轻重来说,则是君轻民重。如"得乎丘民而为天子,得乎天子为诸侯,得乎诸侯为大夫"(《尽心下》)的说法所显示的,权力的最终来源是民,而不是别的任何东西。得民者得天下,失民者失天下。《离娄上》云:

> 孟子曰:"桀纣之失天下也,失其民也。失其民者,失其心也。得天下有道:得其民,斯得天下矣。得其民有道:得其心,斯得民矣。得其心有道:所欲与之聚之,所恶勿施尔也。民之归仁也,犹水之就下、兽之走圹也。"

以桀纣为例,其失去天下是因为失去了民,而失去民的原因则是失去了民心。相反,得到天下的关键在于得民,而得民的前提是得民心。由此,孟子把权力的基础进一步安放到了民心之上。得到民心,才可以获得并巩固权力。接下来的问题是:如何才能够得到民心?孟子在此给出的答案非常简单,君主应该充分地了解并满足民之好恶,"得其心有道:所欲与之聚之,所恶勿施尔也"。忧乐与民同之,则民心便如流水般归附,"乐民之乐者,民亦乐其乐;忧民之忧者,民亦忧其忧。乐以天下,忧以天下,然而不王者,未之有也。"(《梁惠王下》)换句话说,君主不该是自我中心的,要忧民之忧,乐民之乐,民才是政治的中心。在和齐宣王的对话中,孟子特别提出了"独乐乐"和"与众乐乐"的问题。一个人的快乐是不会持久的,君主的快乐必须伴随着百姓的快乐,才会避免桀纣的命运。齐宣王也承认,"独乐乐"不如"与人乐乐",而"与少乐乐"不如"与众乐乐"(《梁惠王下》)。要做到这点其实不难,便是推己之心以及人之心。由己之好恶推及民之好恶,如由己之好色好货,推而想到百姓也好色好货,于是思以满足之。孟子称此为推恩,《梁惠王上》记孟子的话说:

> 老吾老,以及人之老;幼吾幼,以及人之幼。天下可运于掌。《诗》云:"刑于寡妻,至于兄弟,以御于家邦。"言举斯心加诸彼而已。故推恩足以保四海,不推恩无以保妻子。古之人所以大过人

者，无他焉，善推其所为而已矣。今恩足以及禽兽，而功不至于百姓者，独何与？

由尊己之老推知人亦有老需尊，由爱己之幼推知人亦有幼当爱，这就是推恩。当然，推恩的前提是有"恩"可推，这"恩"不是别的，就是每个人所固有的良心或者不忍人之心。孟子认为，包括君主在内的所有人都有不忍人之心，这正是仁政即不忍人之政的基础。①齐宣王见牛之将死于祭祀，而生不忍之心，于是易之以羊。孟子以此为"仁术"的体现（《梁惠王上》）。若将此仁术由牛推及羊，由禽兽推及人民，便是所谓仁政的根本。"举斯心加诸彼"，即是推此不忍人之心于百姓，如"老吾老以及人之老，幼吾幼以及人之幼"即是。推恩乃是一个"他人有心，予忖度之"（《梁惠王上》引《诗·小雅·巧言》）的过程，即将心比心的过程。在这个比和推的过程中，君心和民心交融在一起。孟子于此极言推恩的重要，推恩足以保四海，古代圣王即是如此。不推恩则无以保妻子，如桀纣等便是。

从这个意义上来说，仁政乃是一个从心（不忍人之心）出发的政治。它的前提是每个人都具有的良心，尤其是君主的良心。"谓其君不能者，贼其君者也"（《公孙丑上》），认为君主没有良心，这是对君主的戕贼。同样，认为民没有良心，则是对百姓的戕贼。仁政不仅是唤起君主的良心，也要唤起百姓的良心。这是一个以义为本的政治，与此相对的则是以利为本的政治。《孟子》首篇的第一段话表现的就是这一主题：

孟子见梁惠王。王曰："叟！不远千里而来，亦将有以利吾国乎？"孟子对曰："王！何必曰利？亦有仁义而已矣。"王曰：'何以利吾国？'大夫曰：'何以利吾家？'士庶人曰：'何以利吾身？'上下交征利而国危矣。万乘之国，弑其君者，必千乘之家；千乘之国，

---

① 《孟子·公孙丑上》："人皆有不忍人之心，先王有不忍人之心，斯有不忍人之政矣。"

弑其君者，必百乘之家。万取千焉，千取百焉，不为不多矣。苟为后义而先利，不夺不餍。未有仁而遗其亲者也，未有义而后其君者也。王亦曰仁义而已矣，何必曰利？"

义利之辨一直是儒家的一个主题，孟子则将这一主题延续到政治的领域，成为其政治思想的一大关键。在孟子的时代，以利为本的法家政治有很大的影响，其以赏罚为中心的主张，培养的是百姓的趋利避害之心，在孟子看来，这是极其危险的事情。如果君主和百姓的思考都是以利为中心的，所谓上下交征利，那么君臣之间的争夺以及弑君之事就不可避免。以仁义为基础，君主和百姓双方的利益才可以得到根本的保证。

孟子对于心的理解远非良心可以范围，良心只是本心，除此本心之外，心还有其他的内容，如对于色与货的要求等。在仁政的设计中，孟子对于心尤其是百姓之心给予了充分的考虑。要赢得民心，必须制民之产。《梁惠王上》云：

无恒产而有恒心者，惟士为能。若民，则无恒产，因无恒心。苟无恒心，放辟邪侈，无不为已。及陷于罪，然后从而刑之，是罔民也。焉有仁人在位罔民而可为也？是故明君制民之产，必使仰足以事父母，俯足以畜妻子，乐岁终身饱，凶年免于死亡。然后驱而之善，故民之从之也轻。今也制民之产，仰不足以事父母，俯不足以畜妻子；乐岁终身苦，凶年不免于死亡。此惟救死而恐不赡，奚暇治礼义哉？王欲行之，则盍反其本矣！五亩之宅，树之以桑，五十者可以衣帛矣。鸡豚狗彘之畜，无失其时，七十者可以食肉矣。百亩之田，勿夺其时，八口之家可以无饥矣。谨庠序之教，申之以孝悌之义，颁白者不负戴于道路矣。老者衣帛食肉，黎民不饥不寒，然而不王者，未之有也。

民心不能永远建立在抽象的理想和原则之上，它和财产有着密切的关系。按照孟子的看法，只有士才可以做到"无恒产而有恒心"，在任何环境之下坚持自己的心志。至于百姓,无恒产便无恒心。因此,若使民保有此恒心,恒产就成为必要的条件。基于此种认识,孟子提出明君"制民之产"的主张。百姓的财产必须能够保证"仰足以事父母,俯足以畜妻子。乐岁终身饱,凶年免于死亡"。只有在生存的问题解决之后,礼义的教化才有一个坚实的基础。反之,礼义就无从谈起。在此,孟子描述了一个五亩之宅和百亩之田的八口规模的家庭模式,老者衣帛食肉,黎民不饥不寒。有此物质的前提,再加上礼乐之教、孝悌之义,一个理想的乡村社会就显示出了它的轮廓。

在《孟子》中,与"五亩之宅"有关的说法出现过三次,[①]显示出这不是一个偶然的比喻,而是实实在在的考虑。为此目的,孟子必须思考一套行之有效的土地和经济制度,保证"制民之产"的实现。这种制度就是据说起源于周代的井田制。《滕文公上》记载孟子对滕文公之臣毕战的话说:

> 夫仁政,必自经界始。经界不正,井地不钧,谷禄不平,是故暴君污吏必慢其经界。经界既正,分田制禄可坐而定也。夫滕,壤地褊小,将为君子焉,将为野人焉。无君子,莫治野人;无野人,莫养君子。请野九一而助,国中什一使自赋。卿以下必有圭田,圭田五十亩,余夫二十五亩。死徙无出乡,乡田同井,出入相友,守望相助,疾病相扶持,则百姓亲睦。方里而井,井九百亩,其中为公田。八家皆私百亩,同养公田。公事毕,然后敢治私事,所以别野人也。此其大略也。若夫润泽之,则在君与子矣。

作为仁政的重要部分,井田制度的核心是在确保国家赋税的同时,也保证百姓的生存权力。在农业社会中,这个保证首先是土地上的,因此孟子特别强调正经界的重要性,以之为分田制禄的根本。朱熹解释

[①] 两次出现在《梁惠王上》篇,另一次出现在《尽心上》。在最后一个地方,孟子暗示这是文王所实行的制度。

说:"经界,谓治地分田,经画其沟涂封植之界也。此法不修,则田无定分,而豪强得以兼并,故井地有不钧;赋无定法,而贪暴得以多取,故谷禄有不平。"(《孟子集注·滕文公上》)正经界乃是每个家庭都有田地的保证,其中包含着抑制豪强和贪暴的考虑,所以仁政必自此开始。按照孟子的理解,国家之中一定有君子和野人的分别,君子劳心,是野人的治理者;野人劳力,负责供养君子。这个分别在土地制度上也有体现。譬如田地会有公田和私田的分别,私田供野人以自养,公田则为君子俸禄之必需。为了管理的方便,最基本的土地单位是井,这同时也构成了最基本的乡村共同体。每井有田九百亩,中间一百亩为公田,余八百亩由八家各授田百亩,并由此八家负责公田的种植和收获。公田的事务完毕,才开始治理私田。

赋税制度在仁政的设计中也占有重要的地位。孟子基本的想法是"薄税敛"(《梁惠王上》),寡取于民,避免为富不仁的聚敛。其列举三代的赋税制度,"夏后氏五十而贡,殷人七十而助,周人百亩而彻,其实皆什一也。彻者,彻也;助者,藉也。"其大处相同,皆为什一之税。但就具体的做法而言,孟子引用龙子的话说,"治地莫善于助,莫不善于贡。"夏人的贡法是"校数岁之中以为常",即根据几年之内的收成制定一个平均的赋税数量,每年百姓所纳赋税是相同的。此法的问题在凶年变得异常突出,收获减少,赋税变重,使百姓不足以养其父母,生存发生困难甚至危机。比较起来,助法似乎要好一些。孟子引《诗》"雨我公田,遂及我私"后说:"惟助为有公田,由此观之,虽周亦助也。"(以上见《滕文公上》)以为周和殷一样,也实行助法。助法应该是和井田制度相表里,百姓通过治理公田的方式交纳赋税,可以避免贡法带来的问题。

继承着孔子"富之教之"的理念,在解决了生存问题的基础之上,人伦教化便成为孟子最核心的考虑。孟子叙述其理想的政治时,在"五亩之宅""百亩之田"后,总会提到"谨庠序之教,申之以孝悌之义"

(《梁惠王上》)。所谓庠序，原来是王朝教育机构的称呼。《滕文公上》说"设为庠序学校以教之；庠者，养也；校者，教也；序者，射也。夏曰校，殷曰序，周曰庠，学则三代共之，皆所以明人伦也。人伦明于上，小民亲于下。有王者起，必来取法，是为王者师也。"庠序之教乃是三代共同的关注，也是后来的王者无法回避的事情。各代的教化在细节上或有差异，但其核心的目的都是明人伦。人伦不明，则九族不睦，百姓不亲，社会秩序无法有效地建立起来。虽名之为人，几与禽兽无别。孟子在回顾尧舜时代的历史时说：

> 人之有道也，饱食、暖衣、逸居而无教，则近于禽兽。圣人有忧之，使契为司徒，教以人伦：父子有亲，君臣有义，夫妇有别，长幼有叙，朋友有信。(《滕文公上》)

人伦教化正是使人和禽兽区别开来的最重要环节。所谓人伦，孟子这里提到的是父子、君臣、夫妇、长幼和朋友之道，随着关系的不同，处理这些关系的原则也是不同的。如父子之间是用亲来维系，君臣之间要用义来节制等。

通过以上的叙述，我们大体可以看到构成仁政的几项最基本因素：爱民保民、制民之产、经界与井田，以及人伦教化。必须提及的是，仁政的结果是积极的王天下。孟子反复地强调这一点，从《梁惠王上》的"仁者无敌"到《公孙丑上》的"行仁政而王"，以及《离娄上》的"尧舜之道，不以仁政，不能平治天下"，都是如此。在这个意义上，仁政是通向王天下的政治，因此也被称为王政。王政的核心是对于民心的征服：

> 孟子曰："以力假仁者霸，霸必有大国；以德行仁者王，王不待大。汤以七十里，文王以百里。以力服人者，非心服也，力不赡也；以德服人者，中心悦而诚服也，如七十子之服孔子也。"(《公孙丑上》)

这里提出了两种政治，一种是霸政，一种是王政。前者以仁之名行力之实，凭力量让百姓服从；后者道之以德行之以仁，赢得百姓发自内心的服从。前者的服从是因为力量不济，是有条件的，所以霸政的前提是大国；后者的服从是中心悦而诚服，因此王政即便在小国也可以实现。如历史上的汤和文王即是如此。霸政和王政的区分显然有取于孔子"道之以政，齐之以刑"和"道之以德，齐之以礼"（《论语·为政》）的分别，并且针对着当时流行的法家政治。在孟子的理解中，法家的政治显然就是霸政。虽然也能够以耕战和赏罚为中心建立起某种秩序，但这种秩序最大的缺陷在于对人心的忽略。在另外一个地方，孟子把霸政称为善政，王政则是善教。《尽心下》说：

> 孟子曰："仁言不如仁声之入人深也，善政不如善教之得民也。善政，民畏之；善教，民爱之。善政得民财，善教得民心。"

善教是直指人心的，它要求的是民心的感化。善政则仅仅是百姓的畏惧和服从，人心在此彻底地缺失了。通过这个比较，我们对仁政会有更深刻的了解。这个政治不仅是从人心出发的，还是以人心为归宿的。君主的良心最后会转化为百姓的归心，从而建立起一个道德的和悦世界。孟子明确地提到天下将定于一，而只有"不嗜杀人者能一之"。"如有不嗜杀人者，则天下之民皆引领而望之矣。诚如是也，民归之，由水之就下，沛然谁能御之？"（《梁惠王上》）其实，不嗜杀人的提法只是消极的论述，更积极些的说法则是百姓在君主的仁政中得到适当的安顿。《公孙丑上》曾经有这样的一段描述：

> 孟子曰："尊贤使能，俊杰在位，则天下之士皆悦，而愿立于其朝矣；市，廛而不征，法而不廛，则天下之商皆悦，而愿藏于其市矣；关，讥而不征，则天下之旅皆悦，而愿出于其路矣；耕者，助而不税，则天下之农皆悦，而愿耕于其野矣；廛，无夫里之布，则天下之民皆悦，而愿为之氓矣。信能行此五者，则邻国之民仰之若父母矣。率其子弟，攻其父母，自有生民以来未有能济者也。如此，

则无敌于天下。无敌于天下者,天吏也。然而不王者,未之有也。"

这是一幅仁政之下的理想世界图景,士、农、工、商等各个阶层的人们都能够在其中产生愉悦的生存感觉,这种感觉显然来自于君主各种各样的爱民做法。如天下之士愉悦的原因是尊贤使能的措施和俊杰在位的结果。此种愉悦会使天下之民仰之若父母,孟子以为,在这种情形之下,没有人会愿意攻击这个君主和他的国家。因此,实行仁政的君主是无敌于天下的。孟子把这种君主称之为天吏,天吏而王,是再自然不过的事情。

在注重现实的思想家看来,孟子的上述逻辑无疑带有太强烈的理想主义色彩。而在面临着强大生存压力的君主们的心目中,它们简直就是天方夜谭。在《史记·孟子荀卿列传》中,司马迁曾经提到当时的人君对于孟子仁政主张的态度是"见以为迂远而阔于事情"。君主们需要的是能够解决现实急迫问题的理论,这正是主张富国强兵的法家人物能够获得更多得君行道机会的根本理由。但这不意味着我们不能够再向前多走一步,思考一下在急迫的问题解决之后的问题,譬如一个理想的政治该是如何的问题。理论上的推理永远无法完全落实到实际的世界中,但是如果没有它们,实际的世界就会丧失提升自身的可能性。孟子关于仁政的学说给中国的政治哲学提供了一个典范,也给现实的政治指出了一个方向,在历史上发生了重大的影响。

第七节　经典之学

和其他的儒者一样,孟子同样地延续着孔子注重经典的态度,并对经典系统中的《诗》、《书》表现着特别的兴趣。儒家的经典系统,在孔子的时代已经奠基,主要包括《诗》、《书》、《礼》、《乐》、《周易》和《春秋》六部古代文献。由于志趣和主旨的差异,不同的人对于这个经典系统中的某些部分可能更感兴趣,而对于另外一些部分却视而不见。就孟子而言,他的不谈《周易》是学者们都注意到的。虽然对此可以有变通的解释,诸如邵雍"孟子得易之用"之类的说法,以证明孟子和《周易》之间的内在相通,但仍然显得缺乏力量。孟子对《诗》、《书》的喜好是显然的,司马迁说孟子与万章之徒序《诗》、《书》,在《孟子》中完全可以得到验证。根据该书中的记载,孟子引《诗》论《诗》约有三十次,弟子等引《诗》约有五次,引《书》也有二十九次,在大部分时候,都是把《诗》、《书》的文字作为自己论说的根据,从中我们可以了解这两部经典在孟子心目中的位置。这种重视不仅表现在引用的次数和方式上,更表现在孟子思想和两部经典之间主题的关联。对此,我们后文会有讨论。除了《诗》、《书》之外,孟子对于礼、乐也都有比较多的涉及到。不过若与后来的荀子相比,其间的差别就非常明显,荀子曾经批评孟子"不知隆礼乐而杀《诗》、《书》",认为孟子对于礼乐之统缺乏应有的了解和重视。值得提到的是孟子对于《春秋》的关注,他把《春秋》完全归为孔子的创作,并因此突出其在经典系统中的位置。

在关于孟子和经典关系的问题上,首先应该注意的是孟子在经典面前所表现出来的诠释态度。一如其在君主之前显示出来的以德抗位的英气,孟子在经典面前丝毫没有被动的感觉。"尽信《书》则不如无《书》,吾于《武成》,取二三策而已矣。仁人无敌于天下,以至仁伐至不仁,而何其血之流杵也?"(《尽心下》)《武成》乃是《尚书》中的有一篇,其中记载武王伐纣之时,"前徒倒戈,攻于后以北,血流漂杵",渲染了战争的激烈和残酷。孟子则对此记载提出置疑,认为以至仁之武王讨伐一夫纣,当易如反掌,何来血流漂杵之事?由此出发,发展出"尽信《书》则不如无《书》"的阅读态度。在经典面前,阅读者有取舍笔削的权力。这种取舍笔削当然不是出于己意,而是以理义为根据。并不是经典中的每个字都是值得信任的,拘泥或执著于文字,却可能遗忘了最重要的东西,那就是意义。孟子在一个关于如何理解《诗》的论述中强调了这一点。《万章上》云:

> 咸丘蒙曰:"舜之不臣尧,则吾既得闻命矣。《诗》云:'普天之下,莫非王土;率土之滨,莫非王臣'。而舜既为天子矣,敢问瞽瞍之非臣,如何?"曰:"是诗也,非是之谓也;劳于王事而不得养父母也。曰:'此莫非王事,我独贤劳也。'故说《诗》者,不以文害辞,不以辞害志。以意逆志,是为得之。如以辞而已矣,《云汉》之诗曰:'周余黎民,靡有孑遗。'信斯言也,是周无遗民也。"

咸丘蒙呈现给孟子的是一个似乎无法克服的矛盾,如《诗》所说:"普天之下,莫非王土;率土之滨,莫非王臣。"按照这个逻辑,普天下所有的人都是舜之臣,这当然也包括舜父瞽瞍在内,所以传说中有舜南面而立,瞽瞍北面而朝之的说法。但是孟子对此说法坚决地予以否定,以为是"齐东野人之语"。(《万章上》)在孟子看来,那个矛盾是拘泥于文字的读者自己制造的。诗是用来言志的,因此读诗最重要的是通其大旨,弄清楚作者的心志。就上段话所出的《小雅·北山》诗而言,其主旨是"劳于王事而不得养父母也",所以后文还有"此莫非王事,我独贤劳也"之语。因此,"普天之下,莫非王土;率土之滨,莫非王臣"的描述,其要点是诗人强调劳于王事的不得已。孟子由此提出了解释《诗》的一个重要方法:"不以文害辞,不以辞害志。以意逆志,是谓得之。"所谓"文",是指对于文字的某些文饰,如孔子所说"言之无文,行而不远"(《左传·襄公二十五年》),言辞是需要修饰的,以让其更便于流传。辞便是文字,志则是作者要表现的主旨,《诗》言志之志。这个方法主张,不要以某些修辞的方式妨害对于文字的理解,也不要拘泥于文字妨害对于主旨的把握。孟子举了一个例子,如《大雅·云汉》有"周余黎民,靡有孑遗"之语,单纯就文字来说,读者会得出周无遗民的结论。但很显然的,《诗》所表现的并不是此意,只是通过这个说法来渲染灾难对于周人的巨大影响。因此,《诗》的文字需要通达的解释,能通达文字的便是"意"。"以意逆志"的"意",朱熹以为是"己意",这样,该句就被理解为"以己意迎取作者之志"。但仔细地权衡,不如理解为"文意"更恰当一些。说《诗》者通过文意来融化文字,进而把握作者之志。在这个过程中,文字被超越了,读者会进入到一个道和意义的世界。

如咸丘蒙那样拘泥于文字来说《诗》者在当时该是很多的,《告子下》曾经记载了一个说《诗》的高叟,以为《小弁》是小人之诗。公孙丑曾经就此请教过孟子:

> 公孙丑问曰:"高子曰:'《小弁》,小人之诗也。'"孟子曰:"何以言之?"曰:"怨。"曰:"固哉,高叟之为诗也!有人于此,越人关弓而射之,则己谈笑而道之;无他,疏之也。其兄关弓而射之,则己垂涕泣而道之;无他,戚之也。《小弁》之怨,亲亲也。亲亲,仁也。固矣夫,高叟之为诗也!"曰:"《凯风》何以不怨?"曰:"《凯风》,亲之过小者也;《小弁》,亲之过大者也。亲之过大而不怨,是愈疏也;亲之过小而怨,是不可矶也。愈疏,不孝也;不可矶,亦不孝也。孔子曰:'舜其至孝矣,五十而慕。'"

在这段话中,孟子两次用"固"来评价高叟的说《诗》。所谓"固",就是执著于文字的拘泥。《小弁》是《小雅》中的一篇,据说是周幽王太子宜臼之傅所作。幽王得褒姒之后,黜申后而废太子,所以该诗中充满了哀怨痛切之情。高叟的逻辑,大概认为该诗以臣子而怨君父,不忠不孝,所以为小人之诗。但孟子却认为,怨恰恰是亲亲之仁的证明。孟子举例说,远方的越国人要用弓箭射杀某人,某人可以处之泰然;但如果是自己的兄长要射杀自己,某人就会哀痛备至。其间的差别就在于亲疏不同。疏则不怨,亲而怨,所以怨有时候恰恰是亲亲的表现。而亲亲就是仁,就是爱。看到怨就以为是小人,这是说者的"固"而不通。

当公孙丑提到同样是亲有过,但《凯风》之诗为什么就没有怨的情感时,①孟子解释说,这是亲之过小的缘故。亲之过小而怨,孟子比喻为不可矶,如水激石而四溅,无丝毫涵容之量;但亲之过大而不怨,那么自己内心和亲人之间会越来越疏远。两者都是不孝的表现。在这种对《诗》的理解中,孟子以道来疏通文字,极大地拓展了经典的意义空间,并维护了经典的权威地位。

按照孟子的理解,经典并不仅仅是一些文字的堆积,或者只是一本书,它是生命的呈现。每一篇诗、每一篇文字的后面都是一个人。在这个意义上,阅读的活动其实是两个生命之间的接触。孟子形象地把它比作交友,《万章下》云:

> 一乡之善士斯友一乡之善士,一国之善士斯友一国之善士,天下之善士斯友天下之善士。以友天下之善士为未足,又尚论古之人。颂其诗,读其书,不知其人,可乎?是以论其世也。是尚友也。

经典的阅读乃是现实生活中交友的继续,这是通过文字和古人之间的交往。当我们在颂诗读书的时候,有一个东西是不能忽略的,这就是文字后面的生命。这个生命不是抽象的,而是落实到其曾经实际的生活世界之中。这就是经典阅读和解释过程中的"知人论世"。如前论《小弁》之怨、《凯风》之不怨,即体现着这种精神。只有在生活世界的实际生命中,怨的性质才能够得到清楚的判定。就怨而论怨,只是苍白和抽象的,无法做出清楚而准确的判断。又如舜之不告而娶,抽象地来看,乃是不合乎礼的举动,孟子和万章就此进行过严肃的讨论。《万章下》云:

> 万章问曰:"《诗》云:'娶妻如之何? 必告父母。'信斯言也,宜莫如舜。舜之不告而娶,何也?"孟子曰:"告则不得娶。男女居

---

① 《凯风》出自《诗·邶风》,其诗述七子之母,不能安其室,故七子作诗以自责。

室,人之大伦也。如告,则废人之大伦,以怼父母,是以不告也。"万章曰:"舜之不告而娶,则吾既得闻命矣。帝之妻舜而不告,何也?"曰:"帝亦知告焉则不得妻也。"

此所引诗见《诗·齐风·南山》,以为娶妻必告父母。孟子也主张男女之结合必须要经过"父母之命,媒妁之言"。① 但是作为大圣的舜却是不告而娶,明显地与礼制冲突,这该如何理解?孟子以告则不得娶,废人之大伦来回应。由于舜之父母对待舜的态度,使告而得娶成为不可能之事。所以不告而娶乃是不得已的选择,这种做法固然属于非礼,但是废人之大伦,其过尤甚。两相比较,后者是对父母更大的不孝。② 同理,尧不待舜父母之命而妻舜以二女,也是出于同样的认识和考虑。这种对于生活世界的体认,可以融化对经典文字的过分拘泥,从而把经典还原为实际的生命。

孟子对于经典的理解,概括起来,可以归纳为以下的几点。第一是尊崇并以之为著书立说的根据;第二是重志意而轻文字;第三是用生命去融化经典。这使得孟子虽尊崇经典但绝不会发展为盲从的态度。本着圣人先得我心之所同然的看法,经典也不过是先得我心的文字。在这个意义上,经典不是外在的,它们是和我心相同的圣人之心的呈现。在很多时候,孟子是用经典来印证自己的想法。其印证的方式则是引证。以孟子对《诗》的引用为例,大部分都是在论述的过程中提到《诗》的文字,作为自己主张的证明。例如《离娄上》引用孟子的话说:

> 孔子曰:"道二,仁与不仁而已矣。"暴其民甚,则身弑国亡;不甚,则身危国削。名之曰幽、厉,虽孝子慈孙,百世不能改也。《诗》云:"殷鉴不远,在夏后之世。"此之谓也。

---

① 《孟子·滕文公下》:"不待父母之命,媒妁之言,钻穴隙相窥,逾墙相从,则父母国人皆贱之。"
② 《孟子·离娄上》:"不孝有三,无后为大。舜不告而娶,为无后也。君子以为犹告也。"

此先引用孔子的话，以为国君当行仁政，不可暴民贼民。暴民贼民者必削必亡，如历史上周之幽王、厉王。之所以引《诗》句"殷鉴不远，在夏后之世"，乃是因为相同的以史为鉴的意义。最后以"此之谓也"作结，明显地有把经典的文字纳入到某一个意义链条中去的味道。在这个结构中，经典的引用明显具有证成某一说法的作用。并不是从经典中引出道理，经典不过是某个道理正当性的证明。

引《书》的情况和引《诗》是类似的。读者可以注意到，在一些例子中，当孟子引用《书》的文字时，也会在后面缀上"此之谓也"的字样。即便没有"此之谓也"的说法，其实际的作用也是类似的。形式上有些不同的是，引《诗》时比较少提到具体的篇名，大部分是"《诗》曰"或者"《诗》云"；但引《书》时提到的篇名比较多，有《汤誓》、《太甲》、《太誓》、《尧典》、《伊训》、《康诰》、《武成》等。大概《书》的篇目少而每一篇的字数多，所以很多是单篇流传，另外也能反映出孟子对于《书》的熟悉。我们可以同时注意到的一个现象是，在同时引用《诗》、《书》文字的段落中，总是先《诗》后《书》，这种习惯也许反映着《诗》在经典系统中更重要的位置。

在一般的印象中，孟子对于礼是比较忽略的。尤其和后来荀子隆礼的做法对照的话，就更是如此。但在孟子的体系中，从频繁出现的仁义礼知的提法中就可以看出，礼是不可或缺的要素。它被看作是恭敬或辞让之心的呈现，是对于仁义的节文。①在教化系统中占有主要的位置，并且是构成政治和社会秩序的基础。从《孟子》书来看，孟子对于礼相当地熟悉。《滕文公下》曾直接引用《礼》的文字，"《礼》曰：诸侯耕助，以供粢盛；夫人蚕缫，以为衣服。牺牲不成，粢盛不洁，衣服不备，不敢以祭。惟士无田，则亦不祭。"类似的说法我们在现存《礼记》的《祭义》和《王制》等中可以发现，在孟子的时代，它们应该是出自其

---

① 《孟子·离娄上》："仁之实，事亲是也；义之实，从兄是也；智之实，知斯二者弗去是也；礼之实，节文斯二者是也。"

他的礼经。孟子提到过的礼制包括冠嫁、丧服、朝觐、交接、祭祀、宫室等,内容相当丰富。最值得注意的是孟子对于周礼中"班爵禄"部分的熟悉,《万章下》记载:

> 北宫锜问曰:"周室班爵禄也,如之何?"孟子曰:"其详不可得闻也,诸侯恶其害己也,而皆去其籍;然而轲也尝闻其略也。天子一位,公一位,侯一位,伯一位,子、男同一位,凡五等也。君一位,卿一位,大夫一位,上士一位,中士一位,下士一位,凡六等。天子之制,地方千里,公侯皆方百里,伯七十里,子、男五十里,凡四等。不能五十里,不达于天子,附于诸侯,曰附庸。天子之卿受地视侯,大夫受地视伯,元士受地视子、男。大国地方百里,君十卿禄,卿禄四大夫,大夫倍上士,上士倍中士,中士倍下士,下士与庶人在官者同禄,禄足以代其耕也。次国地方七十里,君十卿禄,卿禄三大夫,大夫倍上士,上士倍中士,中士倍下士,下士与庶人在官者同禄,禄足以代其耕也。小国地方五十里,君十卿禄,卿禄二大夫,大夫倍上士,上士倍中士,中士倍下士,下士与庶人在官者同禄,禄足以代其耕也。耕者之所获,一夫百亩,百亩之粪,上农夫食九人,上次食八人,中食七人,中次食六人,下食五人。庶人在官者,其禄以是为差。"

虽然孟子说"其详不可得闻也",但仍然能够说出"班爵禄"的大略。在理解周代的政治和经济制度时,这里的描述和井田制度正好可以互补,让读者形成一个相对比较完整的印象。总体而言,孟子对于三代之礼尤其是周礼是相当熟悉的。

在早期儒家经典之学中,孟子的一大贡献是对《春秋》重要性的认识。作为六经中的一部,《春秋》在《论语》中并没有被提到。郭店竹简中两次涉及到《春秋》,显示出至少在战国早期,它已经进入到儒家的经典系统。孟子对于《春秋》的认识,首先是以之为孔子所作。《滕文公下》云:

> 世衰道微,邪说暴行有作,臣弑其君者有之,子弑其父者有之。孔子惧,作《春秋》。《春秋》,天子之事也。是故孔子曰:"知我者其惟《春秋》乎!罪我者其惟《春秋》乎!"……孔子成《春秋》而乱臣贼子惧。

这里明确地提出孔子作《春秋》,并说其动机乃是有感于当时的世衰道微,邪说暴行有作。依照《庄子·天下》篇的说法,"《春秋》以道名分",所谓名分,就是君君臣臣父父子子所代表的礼乐秩序。"道名分"的实质与孔子所说"必也正名乎"(《论语·子路》)一致,乃是以礼乐来匡正混乱的现实世界。按照传统的理解,制礼作乐是天子的权力,所以如《春秋》之褒贬诸侯卿大夫,也是天子之事。从这个意义上讲,孔子作《春秋》有僭越的嫌疑。但以孟子的理解,这实在是危机之中不得已的选择。在现实的天子权力阙如的情况之下,孔子勇敢地承担起了谴责乱臣贼子的责任。在表面的僭越中,埋藏着的是复兴礼乐之心。此时,知我罪我已经不再重要。重要的是通过作《春秋》的举动,可以让乱臣贼子感到畏惧。孟子一再强调《春秋》创作的背景是天下无道的乱世。《离娄下》云:

> 孟子曰:"王者之迹熄而《诗》亡,《诗》亡然后《春秋》作。晋之《乘》,楚之《梼杌》,鲁之《春秋》,一也。其事则齐桓、晋文,其文则史。孔子曰:'其义则丘窃取之矣。'"

《诗》和王者之迹是联系在一起的,而随着王者之迹的消失,《诗》也就被《春秋》所取代。在这种理解之下,《诗》和《春秋》被安放在了不同的时代,也因此具有不同的性质和意义。《诗》是王者之迹的体现,是德义之府和礼乐之则,所以常常被孟子引用来作为自己说法的支持。《春秋》则是王者之迹消失之后的产物,更多地与礼坏乐崩的政治现实有关,因此具有明显的批判色彩。在这里,孟子分析了《春秋》的三个层次,第一层次是史实上的,如齐桓、晋文之故事;第二层次是文字上的,《春秋》乃是由各国史官所记载的历史,有其不同的名字,如晋国叫

《乘》，楚国称之为《梼杌》等，也有其不同的角度和笔法；第三层次是意义上的，孔子因鲁史而作《春秋》，笔则笔，削则削，微言大义蕴涵在文字之中。这种区分的目的显然是突出孔子之《春秋》的特殊性，只有此《春秋》才是儒家经典系统的一部分，史官所记与经典无关。我们知道，就史实而言，孟子对于春秋时代持鄙视的态度，所谓"春秋无义战"，"仲尼之徒无道桓文之事者"，他感兴趣的是孔子对此时代所发生事实的评价。这就是孔子之"义"，此义存在于孔子通过其特殊的笔法而进行的褒贬之中。从"事"和"文"的角度上来说，《春秋》和孔子无关，这是鲁史官的记录。但从"义"的角度来看，《春秋》的确是孔子之"作"。在笔和削之中，孔子把儒家之义注入到《春秋》中，对历史事实的评价成为其表达政治和秩序主张的最好形式。

孟子对《春秋》的理解，除了对孔子之义的强调之外，另一个重点是突出它的批判功能。如果说《诗》、《书》、《礼》、《乐》代表着儒家秩序世界的积极建构，那么《春秋》就是通过批判乱臣贼子的方式来表达其对秩序破坏者的谴责。"昔者禹抑洪水而天下平；周公兼夷狄，驱猛兽而百姓宁；孔子成《春秋》而乱臣贼子惧。"（《滕文公下》）在把这三件事情相提并论的过程中，孔子作《春秋》的批判意义得到了特别的突显。大禹需要处理的是洪水，周公面对的是夷狄和猛兽，孔子针对的则是乱臣贼子，他们的事业不同，但其奋斗和批判的精神则同。于是，我们也许发现了孟子如此推崇《春秋》的一个重要理由，他们在精神气质上是类似的。作为一个具有批判精神的人，他当然会喜欢具有批判精神的经典。我们看到，孟子确实是把孔子作《春秋》视为自己批判异端的根据：

> 圣王不作，诸侯放恣，处士横议，杨朱、墨翟之言盈天下。天下之言不归杨，则归墨。杨氏为我，是无君也；墨氏兼爱，是无父也。无父无君，是禽兽也。公明仪曰："庖有肥肉，厩有肥马；民有饥色，野有饿莩，此率兽而食人也。"杨墨之道不息，孔子之道不

著,是邪说诬民,充塞仁义也。仁义充塞,则率兽食人,人将相食。吾为此惧,闲先圣之道,距杨墨,放淫辞,邪说者不得作。作于其心,害于其事;作于其事,害于其政。圣人复起,不易吾言矣。昔者禹抑洪水而天下平;周公兼夷狄,驱猛兽而百姓宁;孔子成《春秋》而乱臣贼子惧。(《滕文公下》)

孟子在孔子作《春秋》中找到了自己生命的典范,并成为其距杨墨等异端的精神动力。《春秋》对于孟子的影响主要是气质上的,和对《诗》、《书》等的态度不同,他并没有引用过一句《春秋》的文字,但《春秋》的批判精神却渗透在孟子的生命之中。

第六章

《易传》与易学

第一节 《易传》的形成和编纂

"易传"在古代有广和狭两种意义。广义的"易传"是解释《周易》的作品的通称,我们打开《汉书·艺文志》,在六艺略《周易》部分中,可以看到《王氏易传》、《周氏易传》、《杨氏易传》、《韩氏易传》等众多以"易传"命名的著作,一直到后世也是如此。就其本义而言,传是流传、传递的意思。《释名》解释传字说:"传,传也,以传示后人也。"传递当然要有传递的对象,这对象一般说来就是经。而在传递的过程之中,要让后人明白的话,总要进行些解释和说明,所以传可以说是解经的著作。古人有"圣经贤传"的说法,此种意义的"传"字战国时期已经使用,《孟子》中三次引用"传"的话,《荀子》中更达到十一次。至于最早使用"易传"一词的,如果《战国策》是可以依据的史料,那么与齐宣王同时的颜斶就曾经提到过。《齐策四》记他的话：

> 是故《易传》不云乎："居上位，未得其实，以喜其为名者，必以骄奢为行。倨慢骄奢则凶从之。"

这表明"易传"之名在战国中期已经出现。

不过这里讨论的"易传"是在狭义上使用的。狭义的《易传》只指相传是孔子所作的《彖传》、《象传》、《系辞传》、《文言传》、《说卦传》、《序卦传》和《杂卦传》这七种，其中前面三种因为随经文分成上下篇，所以共是十篇。于是，汉代人作的《易纬乾坤凿度》中就称它们为"十翼"。"翼"的原义指鸟的翅膀，是帮助鸟飞行的，因此引申有辅翼，辅助的意思。"十翼"是说十篇辅助了解《周易》的作品。以下，我们先就有关《易传》的一些一般性的问题做些交代。

一、从《周易》到《易传》

《易传》当然是解释《周易》的作品。从名义上来说，"周"指周代，与《周书》、《周礼》的"周"是一个意义。而"易"字，应该与它占筮之书的性质有关。古代有以"易"为名的官员，是负责卜筮的。所以《周易》即周代的卜筮之书。当时的占筮之书不只《周易》一种，据《周礼》记载，大卜掌握着三种占筮的方法，相应地就有三种书籍，号称"三易"。一种叫《连山》，一种叫《归藏》，还有一种就是《周易》。

《周易》一书，旧说认为是周文王所作，应该是依托，并不可信。根据现代人的研究，该书中包含有周文王以后的故事，所以不可能是文王的作品。譬如晋卦卦辞是"康侯用锡马蕃庶，昼日三接"，康侯指武王的弟弟，他被封为康侯是克殷以后之事，此时文王早已故去。[①] 之后，屈万里曾撰文论证卦爻辞作于周武王时，可以参考。[②] 较多的学者

[①] 参见顾颉刚：《周易卦爻辞中的故事》，原载《燕京学报》第六期，1929年12月，后收入顾颉刚编：《古史辨》第三册，上海：上海古籍出版社，1982年。

[②] 参见屈万里：《周易卦爻辞成于周武王时考》，载于台湾大学《文史哲》学报第一期，1950年6月。

认为，《周易》一书最可能成于西周时期的卜史之手，是一部在既有筮辞的基础之上，经编辑加工而成的作品。

与其他的经典相比，《周易》一书的结构有其独特性。首先，它的构成单位是卦，全书共包括六十四卦，以乾坤两卦为首，到既济未济两卦结束。其次，它不仅有文字，而且有象，并且象是最重要的部分。象有卦象和爻象的区别，相应的，文字也有卦辞和爻辞的区别。系在卦象之后的叫卦辞，系在爻象之后的叫爻辞。我们举乾卦为例作简单说明。《周易》中乾卦的形式是这样的：

乾：元亨利贞。

初九：潜龙勿用。

九二：见龙在田，利见大人。

九三：君子终日乾乾，夕惕若，厉无咎。

九四：或跃在渊，无咎。

九五：飞龙在天，利见大人。

上九：亢龙有悔。

用九：见群龙无首，吉。

乾是卦名，《周易》中每个卦都有一个名字。乾之前的☰是卦象，可以发现，它是由六个"—"组成。"—"称奇画或阳爻，与之相对的还有"— —"，称偶画或阴爻，它们是构成《周易》六十四卦卦象的两个基本符号。每一卦都由六个爻组成，这六个爻从下到上，称初，二，三，四，五和上。《周易》对阴阳爻也有不同的称呼，阳爻称九，阴爻称六。所以在初位的阳爻称初九，二位的阳爻称九二，如果是阴爻在二位，就称六二，在初位，则称初六。初六，初九等是表明一个爻在卦中的位置和性质的，叫爻题。爻题的出现较晚，春秋时期还没有，应该是在战国以后。乾之后的"元亨利贞"是卦辞，初九到上九后面的文字是爻辞。用九是乾卦特有的。

与此类似的还有坤卦的用六，这与乾坤两卦都全部由阳爻和阴爻组成有关。用九和用六不是爻题,它们后面的文字也不是爻辞。

《周易》这种特殊的结构,与其卜筮之书的性质有关。卜筮的实质,简单地说,就是通过一定的方式去了解天或鬼神的意志,从而预测吉凶。不管这些方式如何不同,象都是其中的重要因素。譬如占星术要通过天象,龟卜要通过灼龟之后的兆象,物占也要通过各种物象。占筮也需要象,这就是卦爻象。因此,卦爻象最初只是预测吉凶的符号。但是,卦爻象与其他的象相比,有其自己的特点。第一,其他的象基本上都是天然形成的,而卦爻象则是人设之象。占筮用的材料蓍草本身并不含有任何象的因素,它必须经由人的复杂运算之后,才能产生出象。这里面人的因素对占筮结果的影响明显突出了。第二,在由蓍草确定象的过程中,数学运算和数字起了决定性的作用。所以古人有"龟,象也;筮,数也"(《左传·僖公十五年》)的说法。数学运算和数字的一个重要特点在于它的确定性,这就决定了占筮过程的合理性。即占筮不是一个随意的操作,而是一个包含着理性程序的过程。第三,卦爻象的最基本组成单位能够简约为阴阳二爻,其他卦象都是此阴阳爻不同组合的产物,这就在卦象之间建立起了本质上的联系,使之成为一个象的系统。第四,卦象同时还是很多自然物象的象征,如乾象天,坤象地等,这样,由卦象推论人事吉凶,本身就包含着推天道以明人事的意义在内。

与卦爻象的特点相应,说明卦爻象的卦爻辞,若与卜辞比较的话,也有明显的不同。首先,由于卦爻象呈现出明显的系统性,因此,卦爻辞的编排也有明显的秩序。一卦六爻的爻辞往往具有某种联系,如上引乾卦爻辞,自下爻而上爻,分别由潜龙到飞龙,最后是亢龙有悔,整齐有序。这种秩序中同时包含着作者体悟出的哲理。其次,卦爻辞中经常出现人道教训的内容,如泰卦九三爻辞"无平不陂,无往不复,艰贞无咎",家人卦九三爻辞"家人嗃嗃,悔厉吉。妇子嘻嘻,终吝"等。这些内容实际上是生活经验的总结。

再者,卦爻辞中经常以自然事物来说明人事,如乾卦爻辞中的龙就是自然事物,"勿用""利见大人"等就是人事。此种情形非常多,这实际上表现出作者把自然事物和人事一起思考的倾向。

卦爻象和卦爻辞上述的特点,一言以蔽之,就是其中包含着人类大量的理性思考和智慧结晶。所以,用《周易》占筮在形式上虽然是完全神秘的,但在具体的占筮行为中,却可能表现出很强的理性倾向。另外,这种特点使得卦爻象和卦爻辞在一般的卜筮功能之外,也具有独立的价值。从《左传》和《国语》所记春秋时期人们使用《周易》的情形来看,大多数还是用于占筮的目的,卜史之官根据《周易》的卦象或卦爻辞推断事情的吉凶。但是,也有少数的例子说明,此时已经有人在占筮之外,直接根据卦爻辞以及卦象来阐明为人做事的道理。譬如宣公十二年晋国的知庄子引师卦初六爻辞"师出以律,否臧凶",说明晋师必败。他说:

> 执事顺成为臧,逆为否,众散为弱,川壅为泽。有律以如己也,故曰律。否臧且律竭也。盈而以竭,夭且不整,所以凶也。

这是直接通过引用和解释爻辞的意义来阐明师必败的道理,没有任何神秘的气息。又《左传·襄公二十八年》记载郑国的子大叔说:

> 楚子将死矣,不修其政德,而贪昧于诸侯,以逞其愿,欲久得乎?《周易》有之,在复之颐曰:"迷复,凶。"其楚子之谓乎!欲复其愿,而弃其本,复归无所,是谓迷复,能无凶乎?

此处所引为复卦上六爻辞,子大叔通过对它的解释直接说明楚子的行为会导致凶的结果。以上两例表明爻辞在当时已经可以完全脱离占筮的形式,而具有独立的价值。同时,也有直接引用卦象的例子,《左传·昭公三十二年》记史墨的话:

> 社稷无常奉,君臣无常位,自古以然。故《诗》曰:"高岸为谷,深谷为陵。"三后之姓于今为庶,主所知也。在易卦,雷乘乾曰大壮,天之道也。

这里引用大壮卦的卦象说明"社稷无常奉,君臣无常位"的道理,与其占筮的一面完全无关。

以上几个例子说明,在春秋时期,《周易》已经开始逐渐摆脱占筮的形式,而发展其自身就包含着的理性化因素。其实,即便在占筮的形式之下,理性的精神也在发展。这一点,我们可以从春秋时期的筮例看到。譬如《左传·昭公十二年》记载:

> 南蒯之将叛也……枚筮之,遇坤之比,曰:"黄裳,元吉。"以为大吉也。示子服惠伯曰:"即欲有事,何如?"惠伯曰:"吾尝学此矣。忠信之事则可,不然必败。外强内温,忠也。和以率贞,信也。故曰:'黄裳,元吉。'黄,中之色也。裳,下之饰也。元,善之长也。中不忠,不得其色。下不共,不得其饰。事不善,不得其极。外内倡和为忠,率事以信为共,供养三德为善。非此三者弗当。且夫易不可以占险。将何事也?且可饰乎?中美能黄,上美为元,下美则裳。参成可筮,犹有阙也,筮虽吉,未也。"

这个筮例中包含着两种对《周易》的态度,一种是筮人和南蒯的,另一种是子服惠伯的。前者只注意卦爻辞中的吉凶判断,而后者则对这种吉凶加以条件的限制,进行解释。在这个解释过程中,理性的因素被大大突出了。如子服惠伯对黄裳的解释,就把它和臣子的忠信之德联系起来。臣子有忠信之德则吉,无忠信之德就不吉。他所说"易不可以占险",也是对《周易》的新理解。特别是最后提到的"筮虽吉,未也",实际上具有否定占筮的意义,而把人的行事吉凶完全归于德行的方面。与此类似的还有穆姜对随卦卦辞"元亨利贞"的解释等。(《左传·襄公九年》)在这些例子中,《周易》尽管在形式上还是占筮性的,但事实上占筮已经成了一个空架子,里面充满的是德义的内容。这里明显可以看出《周易》向理性方向发展的趋势。

这种趋势到了孔子那里,表现的更加明显。《史记》中说孔子"晚而喜《易》……读《易》韦编三绝",马王堆帛书《要》也有类似的说法,并以"居则在席,行则在囊"形容。① 但孔子读《周易》的态度与一般人不同,他完全不把它当卜筮之书看待,《论语·子路》中曾经记载下孔子的一句明言:"不占而已矣!"不占就是不用《周易》占筮,这为后世儒门易学奠定了方向。根据《子路》的记载,孔子引用过恒卦九三爻辞"不恒其德,或承之羞",来说明君子做事当恒其德的道理。这完全是根据卦爻辞来引申哲理,没有丝毫的占筮气息。这种读易的态度,为《易传》的写作奠定了基础。

二、《易传》的年代和作者

依照古来的说法,《易传》十篇都出于孔子之手。司马迁在《史记·孔子世家》中说孔子"序《彖》、《系》、《象》、《说卦》、《文言》",这里还没有提到十篇。到了《易纬乾坤凿度》,便说仲尼"五十究易,作十翼明也"。班固在《汉书·儒林传》中说孔子"盖晚而好《易》,读之韦编三绝,而为之传",在《汉书·艺文志》中更明确地说:"孔氏为之《彖》、《象》、《系辞》、《文言》、《序卦》之属十篇。"自汉之唐,这种说法一直为儒者所信从。其间有人也许起了一点疑心,如韩康伯说《序卦》非《易》之蕴,但也不敢说它非圣人所作。到了宋代,随着疑古之风兴起,孔子作十翼的说法才招致明确的怀疑。首先是欧阳修著《易童子问》,以《系辞》、《文言》、《说卦》以下皆非孔子所作,并谓"众说淆乱,亦非一人之言也",只保留了《彖传》和《象传》两种。之后论者甚多。其间经过崔述等的努力,证据越提越多,因此怀疑十翼孔子作的人也越来越多。到了现代,以《古史辨》学派为代表,更总结历史上的各种说法,对《易传》的问题进行了系统的研究,形成了一些共同的看法。这些共同的看法包括:《易传》十篇都非孔子所作,而是出于儒家后学;它们也不是一人一时的作品。当然,具体到《易传》各篇的写作年代,学者间的看

---

① 本章所引《要》篇的文字根据是陈长松、廖名春的释文,见《道家文化研究》第三辑,上海:上海古籍出版社,1993年。

法并不一致。有以《易传》各篇主要作于战国时期的,也有以之主要作于秦汉之际和汉初的。

从近年的情形来看,受最近几十年考古发现的鼓舞,关于《易传》年代的研究,又出现了新的倾向。总的来说,是将《易传》的写作年代提前,甚至又回归到传统上孔子作的说法。近些年的考古发现,在很大程度上冲击了现代疑古的思潮,证明疑古派的许多结论都是错误的。典型的如关于《孙武兵法》和《孙膑兵法》的问题,古人认为是两部书,《古史辨》的很多学者则认为是一部书。随着70年代山东临沂银雀山汉墓中同时发现了这两部书籍,证明传统的说法是正确的,而《古史辨》派学者的看法则是不正确的。从这些,我们固然可以质疑疑古派的一些主张,甚至他们的出发点。但是,这些个别的例子能否从根本上否定疑古的合理性,其实是很值得怀疑的。而当对疑古的否定一变而为信古的态度时,就更值得怀疑了。我们需要的是对历史的合理解释。

就古书年代的问题来说,我们站在今天来讨论它,多多少少都要带上时代的偏见。譬如著作权的概念,在较古的时候是没有的。那时候的人写出来的东西,很多都不署名字,即便署名,也未必是笔者自己的,常常是依托了某一个圣人名人,以提高该书的权威性,使之能广为传播,为世主所用。当时的人对这种现象是很熟悉的。《淮南子·修务》曾说过这样的话:

> 世俗之人多尊古而贱今,故为道者必托之于神农黄帝而后能入说。

我们现在看到的许多以黄帝神农为名的书籍,应该就属于这一类。这篇中还说到:

> 今取新圣人书,名之孔墨,则弟子句指而受者必众矣。

这应是作者看到当时及之前有人依托孔子和墨子来著书,而发的感想和议论。这种情形说明,很多题名孔子墨子的作品,未必便是他们自己所作,而是出于后人之手。它也说明,对古书作辨伪的工作,是有一定意义的。

但是,对依托这个现象,我们的认识也不能过于简单,以为在这书和被依托的人之间一点关系也没有。依托的情形可能有好几种,有的是依托自己的祖先,有的是依托某种知识或技术的发明者,有的是依托本学派的创始者,也有的只是依托圣贤而已。这里最值得注意的一种情况是,有些内容在经过了几代的口耳相传之后,被记载下来。对于记载者来说,把作者说成是祖师似乎是再自然不过的事情,但是,对于一个历史研究者来说,又如何来处理这样的情形呢?

我们现在越来越能了解的一个事实是,古代很多书籍的形成都经历了一个或长或短的过程。某本书中的某些篇可能写作较早,某些篇可能很晚。譬如《管子》,很明显其中"经言"的部分会比较早,"解"的部分比较晚。也可能此书曾经以不同的样子流传过,如刘向校《管子》书时提到的不同篇数的传本。也可能书中的某一篇中某些内容形成较早,之后又补充了一些东西。如《礼记》中的《中庸》这一篇,很多学者都说可以分成早晚不同的两部分。对待这种复杂的情况,我们在考查某本书和某一篇写作年代的时候,就应该很清楚的意识到,我们指的是它的起点还是终点。即其开始写作的年代,还是其最后定型的年代。不同的观察角度会导致非常不同的结论。

就《易传》而言,如前人已经指出过的,并非一人一时之作。而且它们最初也不是一个整体。一般的看法,以《彖传》的写作最早,其次是《象传》,然后是《系辞传》、《文言传》、《说卦传》、《序卦传》和《杂卦传》。这十篇的内容和体例也很不同,《彖传》和《象传》是逐卦解经,《系辞传》则是通论《周易》大义,《文言传》只限于解释乾坤两卦,《说卦传》则主要论述八卦的意义,《序卦传》陈说六十四卦排列的理由,《杂卦传》则将六十四卦两两相对,叙述其意义。因此,要研究《易传》的年代和作者，首先要了解的是，它并没有一个统一的作者，所以我们应该一篇一篇的分开讨论，另外对每一篇本身也要作更具体的分析。

依照这样的说法，我们来看传统上孔子作《易传》的主张，当然是不对的。不过，它也不完全是空穴来风。因为一直到汉初的易学家们，都还是把自己的学术渊源追溯到孔子那里的。《史记·仲尼弟子列传》记载：

> 孔子传易于瞿，瞿传楚人馯臂子弘，弘传江东人桥子庸疵，疵传燕人周子家竖，竖传淳于人光子乘羽，羽传齐人田子庄何，何传东武人王子中同，同传菑川人杨何。

后来的《汉书·儒林传》也有大同小异的记载。与其他经典的传授情形相比，这个易学的传授谱系非常清楚，每个人的姓氏名字都标于其上，再加上商瞿这个人在孔子弟子中是个无名之辈，所以很多人怀疑它的准确性，认为是出于后人的编造。不过，如果考虑到《周易》因为本是卜筮之书的缘故，在秦始皇焚书坑儒的时候未受任何影响，以故"传者不绝"，那么，这个谱系也许还是值得重视的。特别是，记载这个谱系的司马迁的父亲司马谈，曾经学易于杨何，而杨何本身就出现在这个谱系之中。那么，这个谱系就具有了更大的可靠性。至少这是汉代易学家们自己认同的看法。

在这个传授谱系中，田何的地位是比较特殊的。他上承战国，下启西汉，是一个关键性的人物。汉代的正统易学虽分成数家，却都认田何为他们的祖师。譬如后来被列为学官的施仇、孟喜、梁丘贺，就都是田何的三传弟子。而从目前知道的情况来看，《易传》最终形成"十翼"的系统，正是完成在施孟梁丘三家之时。

《易传》与这个传授谱系的关系是显而易见的。实际上，《易传》孔子作的说法清楚的表明它应该出于田何所在的系统。因为正是田何的弟子才开始把《易传》抬到经的位置上。所以，关于《易传》主要部分的作者，虽然我们不能肯定是哪一个人，但是一定与这个谱系有关。

以前,高亨先生曾经推测《彖传》、《象传》与馯臂子弘和桥子庸疵有关,因为二者一是楚人,一是江东人,而《彖传》、《象传》的韵文正具有南方的特点。[①] 这个思路就是从孔子之后的易学传承谱系中去寻找《易传》的作者,应该是正确的。当然,《彖传》、《象传》是否与馯臂子弘和桥子庸疵有关,还值得进一步考虑。而作者无论是谁,只要他属于这个谱系,那么把著作权归于孔子,也不是一点没有道理。因为在他们看来,他们解释《周易》的原则是承自于孔子的,他们要注入到《周易》中的思想也主要与孔子有关。

这样说来,我们恐怕要提出一个"集体作者"的说法。也就是说,即便《易传》中的某些篇是由一个人写定的,但他只是一个执笔者,是作者之一。实际的创作过程则可能是由几代人共同完成的。因此,这几代人都可以说是作者。譬如,我们假设其中一篇为田何写定,这并不意味着其中的思想主要是田何的,也许主体部分都来自于他的老师,或者老师的老师,只是以前没有形诸文字而已。这个时候,当写定者将该作品的著作权归之于老师和老师的老师时,在当时人看来,这应该是非常合理的作法。当然,这同时也意味着,这个作品并不是由题名者本人写定的。

有了上述的一些观念,我们对《易传》作者的认识就要开放的多。我们也会了解,即便孔子自己没有写作《易传》,但他作《易传》的说法也有其部分的合理性,只是我们不要用现代的著作权概念去限定它。当然,这种灵活的了解并不是说拒绝提供一个较确定的东西。实际上,在我看来,任何时候,确定一篇文献和一个作品的写定者,即它的定型时间,都是非常重要的。对于《易传》来说,就更是如此。所以,在以后各传的具体论述之中,我将尽量给读者一个较全面也较确定的年代印象。

[①] 参见高亨:《周易大传今注》,济南:齐鲁书社,1979年。

三、《易传》的编纂

对于《易传》来说,除了作者的问题之外,还有一个编纂的问题。即由什么人,在什么时候将这七种文献编成一体。这就像六经一样,六本书原来已是有的,但它们构成为六经的系统,却又经历了一个过程。

关于《易传》的编纂,我的一个基本看法是,它是在众多易说的基础上,由汉武帝到宣帝时期的博士,编辑加工而成。我们现在知道《易传》十篇是完成在施、孟、梁丘三家之手,其主要内容,当然是田何系统所传授的东西,但其中也有很多其他易学传统的素材。譬如马王堆帛书易说所代表的易学传统。

我们首先应了解的是,战国到秦汉间解释《周易》的作品是很多的,所谓《易传》只是其中的一部分。西晋太康年间,在汲郡可能是战国中期魏襄王的墓中,曾发现过与今传本相同的《周易》上下篇,以及几种解易的文献,其中一篇"似《说卦》而异",其他几篇都与《易传》无关。前引《战国策》中所记颜斶称"易传"的文字也不见于《易传》之中,应该本于另外的解易作品。马王堆汉墓帛书中有《二三子问》、《易之义》、《系辞》、《要》、《缪和》和《昭力》诸篇,其中《系辞》与《易传》中的《系辞传》略同,但缺少一些内容,而这些缺少的内容又部分地见于《易之义》中。《易之义》中同时还有《说卦传》里的部分文字。其他各篇则与《易传》无关。

以上所说可以看出解易作品的多样性,而且,这些肯定不是当时易说的全部。譬如汉初好几部书中都称引的"易曰:失之毫厘,谬以千里",[①]就不见于上述文献以及《易传》之中。值得注意的是汲冢竹书和马王堆帛书与《易传》的复杂关系。它对于我们了解《说卦传》和《系辞传》的形成和流传,以及《易传》的编纂,都是极有意义的。它表明,《易

---

① 如贾谊:《新书》卷十;司马迁:《史记·太史公自序》。

传》可能是融合不同易学传统的产物。

汲冢竹书和马王堆帛书中的易说实际上代表了《周易》流传和解释的不同倾向和不同派别。前者更倾向于占筮,其中有一篇更把《左传》中的易说全部收集起来,其类似于《说卦传》的那篇也应该是为了卜筮的目的。而马王堆帛书易说则反对卜筮,主要是德义性的。它们可能是某一派学易者自己创作的作品,也可能是本着德义的原则,对当时流传的易学文献做的一个选编。并且,这些易说显然也以孔子为依归,所以有几篇都是依托孔子和他的弟子。从宗旨上来说,马王堆帛书易说与《易传》是类似的。但是这并不意味着马王堆帛书易说与汉代正统的田何易学属于一个谱系。相反,它们本可能属于儒家易学不同的传承系统。但在稍晚的时候实现了综合。

最能体现田何系统与帛书系统关系的是《系辞传》。如上所述,《系辞传》的主要内容也见于帛书之中。那么,这两个版本的《系辞传》之间是什么关系呢？是一先一后的前后承继,还是同时异地的流传？如果是一先一后的前后承继,又是谁在先,谁在后？这个问题的理解对认识《易传》的编纂过程,是至关重要的。我在以前写过的文章中曾经讨论过这一问题,基本的看法是,今本《系辞传》是在帛书易说的基础之上,又融合了其他一些内容之后形成的。[①] 这就意味着,《系辞传》的主体部分来自于田何系统之外,是田何系统整合西汉初期流传的各种易说的结果。

其实,不只是《系辞传》,《易传》中还有一些篇原本与田何系统并无直接的关系。《易传》应该是在田何系统传承的易说之上,又融合了像帛书易说等不同的解易文献之后形成的。田何系统的易说,最初是以《彖传》、《象传》为根本。《系辞传》是揉和帛书易说的产物,《说卦传》的来源可能更丰富,与汲冢竹书和马王堆帛书以及《彖传》、《象传》等都有关系。这些篇在司马迁作《史记》的时候已经形成一个整体,所

[①] 参见拙文:《从帛书〈易传〉看今本〈系辞〉的形成过程》,载于《道家文化研究》第三辑。

以《孔子世家》中列了它们的名字。最后融入《易传》的应该是《杂卦传》，王充《论衡·正说篇》说：

> 孝宣皇帝之时，河内女子发老屋，得逸《易》、《礼》、《尚书》各一篇，奏之。宣帝下示博士，然后《易》、《礼》、《尚书》各益一篇。

宣帝之时，正是施孟梁丘列于学官的时代，当时的博士，就是指他们而言。从《汉书·艺文志》列《易经》十二篇，施、孟、梁丘三家来看，《易传》十篇的规模应是在他们手上就确定了的。而且后来没有改变过。这样，河内女子发老屋所得，后来被增益到《易》中的那篇，肯定是在十篇之中。这十篇之中，司马迁没有提到的只有《序卦传》和《杂卦传》。由于《序卦传》曾经被《淮南子》征引过，所以这一篇应该就是《杂卦传》。《序卦传》的出现，标志着《易传》编纂的完成。

第二节 《系辞传》对《周易》一书的理解

一、《周易》的形成

从《系辞传》的有关论述来看，《周易》的形成应有一个较长的过程，至少可以分成八卦的出现、重卦和卦爻辞的完成这两个阶段。其论八卦的出现说：

> 古者包牺氏之王天下也，仰则观象于天，俯则观法于地，观鸟兽之文与地之宜，近取诸身，远取诸物，于是始作八卦。以通神明之德，以类万物之情。

这是以八卦为伏羲氏所作，其创作的依据，则是对天地万物包括人自身的观察和效法。伏羲氏的年代虽然不得而知，但从《系辞传》另外地方的表述看，他早于神农氏，也早于黄帝和尧舜，可能是作者心目中最古的帝王。因此，他的依托伏羲氏，无非是以八卦起源于远古圣王之意。而伏羲氏作八卦的目的,《系辞传》交代得很清楚,就是"定吉凶"。因此,照《系辞传》的理解,八卦从一开始就属于占筮的范畴。

当然,仅仅八卦是不能被称作《周易》的。《周易》的构成包括六十四卦,在《系辞传》看来,六十四卦是八卦两两相重的结果。其云:

> 八卦成列,象在其中矣。因而重之,爻在其中矣。

虽然《彖传》和《象传》以至于春秋时期的易说都有内外卦的观念,但明确指出六十四卦由八卦两两相重而成,最早的还是《系辞传》。这与《周礼》中经卦和别卦的说法是一致的。至于重卦发生于何时,文中并没有明确的交代。曾有学者根据"观象制器"的说法(详后),认为重卦在伏羲时已经发生,因为其中讲伏羲神农黄帝尧舜等制作器物,有取于离益乾坤等卦,这些已经是重卦。但这里并非严格地讨论重卦的问题,所以其说法的可靠性值得怀疑。比较合理的说法似乎是殷周之际。《系辞传》中有如下的说法:

> 易之兴也,其于中古乎?作易者,其有忧患乎?
>
> 易之兴也,其当殷之末世,周之盛德邪?当文王与纣之事邪?
>
> 是故其辞危,危者使平,易者使倾。

将两处文字合在一起看,所谓中古就是指殷周之际,文王与纣之时。易之兴与重卦是什么关系,虽然没有明言,却是可以推知的。如前所述,易的构成需是六十四卦,所以易之兴就可以理解为六十四卦即重卦的开始。也就是说,在《系辞传》看来,重卦也许发生在殷周之际。从"其有忧患乎"这句话看,似有暗示文王重卦之意。所以后世学者多以重卦为文王之事。这样说的依据何在,我们不得而知。《彖传》中曾提到文王和箕子,其云:

> 明入地中,明夷。内文明而外柔顺,以蒙大难,文王以之。利艰贞,晦其明也。内难而能正其志,箕子以之。

但这里丝毫没有说文王作《易》之意。另外,《说卦传》曾有"昔者圣人

之作《易》也"的话,只是笼统提到圣人,也没有指明哪一人。到了司马迁作《史记》,在《周本纪》中才说:

> 西伯盖即位五十年,其囚羑里,盖益《易》之八卦为六十四卦。

西伯就是文王,这是第一次明确说文王重卦,但还是加了一个"盖"字,表明司马迁并不能确定此事。至于卦爻辞,照《系辞传》的意见,应该与重卦同时。这可以从"其辞危"的说法中看出。

立足于今日的研究,我们已知卦爻辞中含有文王以后的史实,所以不可能是文王所作。《系辞传》将《易》与文王联系起来,仍然是借重于古代圣人之意,而且具有明显的儒家特点。《中庸》说仲尼"祖述尧舜,宪章文武",其实是儒家的共同点。将《周易》与文王联系起来,至少可以有提高其地位,扩大影响的作用。也许这正是《系辞传》作者的主要意图。

二、《周易》的性质

那么,这部被视为文王所作的《周易》究竟是一部什么样的书呢?首先,这是一部圣人总结天下万物的形态,及其运动变化的规律,而作成的书。《系辞传》说:

> 圣人有以见天下之赜,而拟诸其形容,象其物宜,是故谓之象。圣人有以见天下之动,而观其会通,以行其典礼,系辞焉以断其吉凶,是故谓之爻。言天下之至赜而不可恶也,言天下之至动而不可乱也。拟之而后言,议之而后动,拟议以成其变化。

对于《周易》这部书来说,它主要有两部分内容,即象和辞。这一段话说的就是象和辞的来源。赜是复杂的意思,拟和象都是摹拟之意,这是说卦象来源于对万物形象的摹仿,卦爻辞和爻象是表现万物的运动和吉凶情况的。天下的事物虽然很多很杂,但并非无章可循;万物的运动变化虽然形态万千,但也不是混乱无序。《周易》就是表现"章"和

"序"的。表现"章"和"序"的,首先是卦爻画,其次是卦爻后面的道理。这里使用了"拟议"一词,很形象地表现了圣人从复杂具体的事物和现象中,得出较具概括性的东西的过程。换言之,《周易》对天下万物并不限于简单的摹仿,还有概括和抽象。这概括和抽象出的,就是道。所以《周易》是一部讲道的书。《系辞传》说:

> 易之为书也,广大悉备,有天道焉,有人道焉,有地道焉。兼三才而两之,故六。六者非它也,三才之道也。

这是以《周易》为讲道之书,且其道无所不包。具体说,其中有天道,有地道,也有人道。我们知道,《周易》六十四卦,每一卦都由六爻组成。《系辞传》认为,这并不是随意的,而是与三才之道有关。每一才由两爻来表示,所以共有六爻。关于此点的详细讨论可以见《说卦传》的相关内容。至于《周易》为何能包含有如此丰富的内容,则与其来源有关。《系辞传》说:

> 是故法象莫大乎天地,变通莫大乎四时,县象著明莫大乎日月,崇高莫大乎富贵,备物致用,立成器以为天下利,莫大乎圣人,探赜索隐,钩深致远,以定天下之吉凶,成天下之亹亹者,莫大乎蓍龟。是故天生神物,圣人则之。天地变化,圣人效之。天垂象,见吉凶,圣人象之。河出图,洛出书,圣人则之。

这是说天地,四时,日月,都是圣人作易时取法的东西。立成器,指的应该是作卦而言。蓍龟指蓍草和卜龟,蓍草是占筮用的材料,用它可以预测未来,判断吉凶。后面说的神物,应该就指它们而言。天垂象,这个象指日月星辰之象,古人常常根据天象来推断吉凶,所以说"见吉凶",见就是现,是表现的意思。圣人效法它,于是设立卦象,表现吉凶。河出图,洛出书,也许本无具体的意义,只是说明圣人效法自然界的种种情形。后人据此附会出河图洛书,则是画蛇添足了。上面这段话的核心是说圣人取法天地万物而设卦作易。《系辞传》中另外一段话把这层意思讲的更明显。它说：

> 易与天地准，故能弥纶天地之道。仰以观于天文，俯以察以地理，是故知幽明之故。原始反终，故知死生之说。精气为物，游魂为变，是故知鬼神之情状。与天地相似，故不违。知周乎万物而道济天下，故不过。旁行而不流，乐天知命，故不忧。安土敦乎仁，故能爱。范围天地之化而不过，曲成万物而不遗，通乎昼夜之道而知，故神无方而易无体。

这段话中，第一句话是总说，后面则是分论。准是顺和符合的意思。这是说圣人效法天地而作易，所以易中才包含天地人之道。幽明就是后面讲的昼夜，通过观察日月星辰，山河大地，就可以知道昼夜的本质。原和反都是推原，究极之意，这是说弄清楚了始和终，也就知道了死和生。实质上是把死生和终始看作类似的东西。这种生死观与庄子的说法有类似之处。精气是稷下道家喜欢使用的概念，为是成的意思，游魂与精气是同义词。这句话是说鬼神的实质就是精气的变化，与《管子·内业》所说精气"流于天地之间谓之鬼神"相同。不违，不过，都是不违背之意，因为《周易》与天地相似，遍及万物，又有助于天下，所以和它们都不违背。旁行是周行之意，不流的流字，应该是"留"，留是遗留。旁行而不流，即周行而无所遗留。天和命是人力不可改易的，了解这一点，就不会忧愁。地厚载物，兼爱无私，效法大地，就可以爱人。这以后的文字是总结，再一次强调《周易》中包含了天地万物所有的变化和道理，所以它像神一样，并无固定的样子。《系辞传》进一步说：

> 夫易广矣大矣，以言乎远而不御，以言乎迩则静而正，以言乎天地之间则备矣。夫乾，其静也专，其动也直，是以大生焉；夫坤，其静也翕，其动也辟，是以广生焉。广大配天地，变通配四时，阴阳之义配日月，易简之善配至德。

这仍然是称赞《周易》的广大无边,包括了天地之间所有的东西。"不御"在马王堆帛书中作"不过",是没有过失的意思。用《周易》来了解久远的事情,肯定不会有差失。了解当今的事情,则精当正确。易之中有乾,它可以大生;易之中有坤,它可以广生。而这广大有似天地的性质,变通有似四时的交替,阴阳的道理有似日月代明,易简的功用有似最好的德性。总之,《周易》是把天地、日月、四时、至德等都包括了。

三、《周易》的作用

《周易》的作用最初主要是占筮性的。即便到了春秋时期,从《左传》和《国语》所记载的情形来看,《周易》的应用也主要与占筮有关。间或也有人直接引用卦爻辞或卦象来说明吉凶和阐明道理的,如《左传·宣公十二年》知庄子引用师卦初九爻辞"师出以律,否臧凶",《左传·襄公二十八年》子大叔引复卦上九爻辞"迷复凶",以及《左传·昭公三十二年》史墨引大壮卦卦象等,但并不普遍。但由于《系辞传》对《周易》的性质有了与已往完全不同的理解,因此,关于《周易》的作用,也有新的说法。

从一般的方面说,《系辞传》因为以《周易》为讲道之书,而"道也者,不可须臾离也,可离非道也"(《中庸》),所以,该书也是人生不能缺少的著作,它说"易之为书也不可远",就是人不可远离《周易》的意思。它可以给人生提供指导和帮助,就像是师和保一样。所谓"因贰以济民行,以明失得之报","又明于忧患与故,无有师保,如临父母","明于天之道,而察于民之故,是兴神物,以前民用",讲的都是这个意思。以下,就从几个方面具体说明《系辞传》对《周易》作用的看法。

(一)崇德广业

《系辞传》以《周易》为可以崇德广业之书,它说:

> 易其至矣乎!夫易,圣人之所以崇德而广业也。知崇礼卑,崇效天,卑法地,天地设位而易行乎其中矣。成性存存,道义

之门。

崇德和广业是两个既有联系又有区别的部分。前者指德性的培养,后者指事业的完成。前者是内圣的方面,后者是外王的方面。崇是天的特点,广是地的特点。所以要崇德,就要效法天。要广业,就要效法地。效法天,是要高尚其德;效法地,是要卑贱其事。所谓"知崇礼卑"是也。天地这样确定位置,《易》的道理也就具备其中了。这是认为,《周易》中包含有德和业两个方面,而且分别表现在天地和乾坤中。《系辞传》还有一段说:

> 乾知大始,坤作成物。乾以易知,坤以简能。易则易知,简则易从。易知则有亲,易从则有功。有亲则可久,有功则可大。可久则贤人之德,可大则贤人之业。

"乾知大始,坤作成物"的话,应该是从《彖传》"大哉乾元,万物资始"和"至哉坤元,万物资生"中滋生出来的。接下来讲乾易坤简,则是《系辞传》的发明。易简当然是说它的简便易从,所以实践起来非常方便,容易取得好的效果。于是就引出了"贤人之德"和"贤人之业"。具体到什么是德,什么是业,《系辞传》里也有交代,其云:

> 显诸仁,藏诸用。鼓万物而不与圣人同忧。盛德大业至矣哉!富有之谓大业,日新之谓盛德。生生之谓易。

仁就是德,它又被称为日新,日新是说历久而弥新。用就是业,它又被称为富有,富有是说无物而不容。这两方面合在一起,就是生生不息之易。如果就德和业二者的关系来说,德是业的前提,一定是先崇德,而后才能广业。《系辞传》说:

> 夫乾,天下之至健也,德行恒易以知险;夫坤,天下之至顺也,德行恒简以知阻。能说诸心,能研诸侯之虑,定天下之吉凶,成天下之亹亹者。是故变化云为,吉事有祥。象事知器,占事知来,天地设位,圣人成能。人谋鬼谋,百姓与能。

易简是德行,险阻则是事业。有此德方能有此业。业之大者,是确定天下的吉凶,成就天下的万物。《系辞传》还说:

> 天地之大德曰生,圣人之大宝曰位,何以守位曰仁,何以聚人曰财,理财正辞,禁民为非曰义。

这也是前面讲德,后面论业。天地的大德是生,所谓大生,广生是也。生,就是"日新",表现在人道上面,也就是仁和义。仁义之德是圣人持守其位置维持其秩序的根本。从这个意义上讲,崇德也是广业的根本。这个思想应该是《易传》作者的一个重要创造,是比《周易》仅以吉凶来定大业深刻的多的哲理。《系辞传》也谈吉凶,不过这个吉凶是由德来决定的。另外,它讲的业主要是指圣人之业,这从其所说"举而错之天下之民谓之事业"中即可看出。

(二)极深研几

《系辞传》又以《周易》为"极深而研几"之书。它说:

> 夫易,圣人之所以极深而研几也。惟深也,故能通天下之志;惟几也,故能成天下之务;惟神也,故不疾而速,不行而至。

深,是就其能了解天下万民的心思而说的;几,是就其能判断万物发展变化的苗头而说的。能判断万物变化发展的苗头,就可以成就天下的事业;能了解天下万民的心思,就可以吉凶与民同患。

《系辞传》对知几非常重视:

> 子曰:知几其神乎,君子上交不谄,下交不渎,其知几乎。几者动之微,吉之先见者也。君子见几而作,不俟终日。《易》曰:"介于石,不终日,贞吉。"介如石焉,宁用终日,断可识矣。君子知微知彰,知柔知刚,万夫之望。

这里对什么是几有一个解释。所谓微是指开始,苗头而言。先见的见,还是现的意思。这是说,几就是变化的苗头,吉凶的征兆。所以人若知道几的话,就像神一样,可以预知未来。君子了解了吉凶的征兆,就马上行动,一日也不耽搁。后面引用豫卦六二爻辞进一步说明。知微,知柔都是知几之意。

(三) 穷神知化

《周易》是一部讲变化之道的书,所以学习《周易》可以让人们了解运动变化的法则,以作为行事的依据。这个就是所谓"穷神知化",《系辞传》说:

> 日往则月来,月往则日来,日月相推而明生焉。寒往则暑来,暑往则寒来,寒暑相推而岁成焉。往者屈也,来者信也,屈信相感而利生焉。尺蠖之屈,以求信也。龙蛇之蛰,以存身也。精义入神,以致用也。利用安身,以崇德也。过此以往,未之或知也。穷神知化,德之盛也。

日月的往来形成了昼夜,寒暑的往来构成了一岁。事物都是由变化成就的。对立事物的往来是变化的形式,其背后的东西是它们的相推。往好比是屈,来好比是伸(信即伸),屈伸的推移中,就有利和不利。这是由自然界转向了人事,人只有掌握了屈伸的道理,才可以趋利避害。尺蠖(一种虫子)的屈体,是为了伸,先屈而后才能伸。龙蛇的蛰伏,是为了存,不蛰则不能存。君子应该从中领悟变化的精髓,以应用于人事,以在变动不居的世界上安顿自己的生命,以提升自己的德性。这就叫穷神知化,达到了这一点,就是最高的德性。

可以看出,这里所谓"神",并没有任何人格神的色彩。它与化实际上是同义词,都指变化的原因,神妙莫测的道理。在《系辞传》中,这种用法并不少见。譬如"阴阳不测之谓神",就是以阴阳的变化莫测来解释神。又如它说:

> 子曰:知变化之道者,其知神之所为乎!

更明显地把神看作是变化的原因。所以穷神知化,就是了解事物变化原因和道理的意思。

（四）彰往察来

作为占筮典籍的《周易》的一个主要作用,就是告诉人们来事的吉凶。所谓"无有远近幽深,遂知来物"。在较早的人看来,《周易》之所以具有如此的功能,是因为通过它可以探测到神明的意旨。但《系辞传》则把这视为"彰往察来"的过程,从而将《周易》的占筮行为做了理性化的理解。它说:

> 是故蓍之德圆而神,卦之德方以知,六爻之义易以贡。圣人以此洗心,退藏于密,吉凶与民同患。神以知来,智以藏往,其孰能与此哉！古之聪明睿智神武而不杀者夫！是以明于天之道,而察于民之故,是兴神物,以前民用,圣人以此斋戒,以神明其德夫！

蓍指蓍草,它是圆的,它的分合可以产生不同的结果,所以说"圆而神";卦指卦象,它是方的,是相对固定的,根据它可以了解吉凶,所以叫"方以知"。每卦的六爻则是依据不同的情形来告人以吉凶。贡是告诉的意思。洗心,与后面的斋戒联系起来看,是要求排除心中的杂念,从而培养自己的德行,了解《周易》中的道理。至于为什么根据卦爻象可以了解吉凶,后面有个说明。"神以知来,智以藏往"。神是指蓍草而言,用蓍草可以知道未来,蓍草又必须通过卦象,而卦象是包藏着过去的。这等于是说,凭借过去而知晓未来。后面说"明于天之道,而察于民之故,是兴神物以前民用",神物指蓍草卦象而言,这还是说其中有天道人事的知识,所以可以为民所用,帮助他们确定吉凶。

这层意思,被《系辞传》概括为"彰往察来",它说:

> 夫易,彰往而察来,而微显阐幽。开而当名辨物,正言断辞,则备矣。其称名也小,其取类也大。其旨远,其辞文,其言曲而中,其事肆而隐,因贰以济民行,以明失得之报。

彰是彰明,察是推察,彰往察来就是通过彰明往事来推察来事。微显,是让隐微的东西变的明显。阐幽,是让幽暗的东西变的明白。它们都是就推察来事而言。未来的事情是隐微幽暗的,但《周易》有办法让它们变的明白起来。开,是指占筮,当名辨物指根据卦爻象辨别吉凶,正言断辞指根据卦爻辞了解其意义,这是说卦爻象和卦爻辞中包含了所有彰往察来的信息和依据。六十四卦虽然有限,只涉及到具体的事情,但每一卦实际上代表了一大类,从而包含了无限的可能。其旨远是说每一卦的意旨都很深远。其辞文是说卦爻辞让人回味不尽。其言曲而中,曲是曲折,中是中理,唯其曲折,才让人回味无穷,并切中事理。其事肆而隐,肆是直白,隐是隐藏,唯其直白,才促人反思不已,探得深意。圣人据此指导百姓的行为,阐明得失的道理。

彰往而察来,实际上是把过去和未来联系为一个整体,认为它们都遵循同一个道理。正是这个道理,把往和来贯通起来。《系辞传》有句话,是"极数知来之谓占"。这句话有两层含义。一层是就占筮说的,数指蓍草数目的变化,由此确定卦画,预知未来。一层是讲一般的道理,数就指数理,规律,你了解了数理,了解了规律,就可以预测未来。这后一层意思,正是彰往察来的本质。

(五) 观象制器

《系辞传》中有一段很有名的话论述《周易》的作用,它说:

> 易有圣人之道四焉,以言者尚其辞,以动者尚其变,以制器者尚其象,以卜筮者尚其占。

这是结合《周易》的内容,论述它的作用。辞指卦爻辞,可以作为言论的依据,从中引申出一般性的道理。变指卦爻的变化,从中可以总结出行事的法则。象指卦爻象,依据它可以制作器物。占指预知未来,可以供卜筮之用。变和占的内容,前面已有论述。这里专门讨论一下观象制器。《系辞传》说:

> 古者包牺氏之王天下也……作结绳而为网罟,以佃以渔,盖取诸离。包牺氏没,神农氏作,斲木为耜,揉木为耒,耒耨之利以教天下,盖取诸益。日中为市,致天下之民,聚天下之货,交易而

退,各得其所,盖取诸噬嗑。神农氏没,黄帝尧舜氏作,通其变,使民不倦,神而化之,使民宜之。易穷则变,变则通,通则久,是以自天祐之,吉无不利。黄帝尧舜垂衣裳而天下治,盖取诸乾坤。刳木为舟,剡木为楫,舟楫之利,以济不通,致远以利天下,盖取诸涣。服牛乘马,引重致远以利天下,盖取诸随。重门击柝以待暴客,盖取诸豫。断木为杵,掘地为臼,臼杵之利,万民以济,盖取诸小过。弦木为弧,剡木为矢,弧矢之利,以威天下,盖取诸睽。上古穴居而野处,后世圣人易之以宫室,上栋下宇,以待风雨,盖取诸大壮。古之葬者,厚衣之以薪,葬之中野,不封不树,丧期无数,后世圣人易之以棺椁,盖取诸大过。上古结绳而治,后世圣人易之以书契,百官以治,万民以察,盖取诸夬。

以上共提到了十三个卦与圣人的制作有关,此种思想,被后人概括为观象制器。从思路上来说,它与《大象传》有类似之处。都是根据卦象推出人事。不同的是,《大象传》推出的多为政治和伦理思想,而这里推出的则是器物的制作。象与器的关联,有些勉强可以说通,如涣卦坎下巽上,坎为水,巽为木,木行水上,故有舟楫之象。大部分内容尽管后人有多种解释,仍有牵强附会之感,所以不必细究。这段的用意,我以为主要是推崇和神化《周易》,认为古代圣王之成圣成王,无一不与之有关。

第三节　论占筮与大衍之数

就其最初的性质而言,《周易》本是占筮用的工具书。而《易传》从整体上来说,则是一部借《周易》来表现其思想的哲学著作。这样,二者之间就必然存在着矛盾和紧张的关系。《彖传》和《象传》等因为是逐卦解经,可以避免这一问题。但作为通论《周易》大意的作品,《系辞传》对这个问题是无法回避的。阅读这篇作品可以发现,其中有很多文字涉及到占筮的内容,而且更有热情称赞其功用的段落。这些文字如何评价,对理解《系辞传》乃至于整个《易传》都有很重要的意义。学术界对此问题有不同的看法。一种认为《系辞传》确实相信占筮,仍旧没有从原始的迷信中完全摆脱出来;另一种认为作为一部理性的著作,它与占筮没有任何关系。这个问题,其实涉及到如何看待《周易》和《易传》的关系。

对《周易》和《易传》的关系,经学时代的学者往往都把二者混为一谈,虽然也有像朱熹那样的少数人认识到其间的本质区别,但并不构成主流的意见。到了现代,随着历史学的发达,《周易》和《易传》的区别得到了普遍的承认。但同时又出现了另外一种倾向,即把二者完全割裂开来。实际上,作为解释《周易》的作品,《易传》与它之间有着密不可分的联系,但作为产生于不同时代的文献,二者之间又有着本质的区别。这种复杂的关系表现在《易传》里面,就是存在着"两套语言"。一套是占筮的语言,一套是哲学的语言。但我们不要误解这两套语言是分离的,好像一段话讲占筮,一段话讲哲学,它们实际上是通过相同的文字表现出来的。这种现象的实质就是占筮的哲学化,即对占筮活动进行了哲学的解释。《系辞传》就是这种情形的典型代表。

《系辞传》中有一段话曾经提到《周易》中含有四种圣人之道,其中之一是"以卜筮者尚其占"。从这句话中可以明显看出它对占筮的肯定态度。但如果我们把《系辞传》理解的占筮和西周时期人们理解的占筮等同看待的话,那就大错特错了。譬如西周时期的人相信有意志的鬼神存在,并且可以对人事发生决定性的影响。而《系辞传》则把鬼神理解为精气的变化。这就已经有了本质的不同。与此相关,《系辞传》并不把占筮理解为通过了解鬼神意志而预知吉凶的过程,而是看作一个"彰往察来"的过程。它曾对占筮有一个类似于定义性的说明,即"极数知来之谓占"。数一方面与筮数有关,但另一方面,它又有理的意义。换言之,它把筮数给逻辑化了,从而,通过筮数的变化确定卦象并决定吉凶的过程,被理解为通过了解过去事物变化的规律来推断未来的过程。

《系辞传》对占筮活动曾经有一段很精彩的说明,它说:

> 是以君子将有为也,将有行也,问焉而以言,其受命也如响,无有远近幽深,遂知来物。非天下之至精,其孰能与于此!参伍以变,错综其数。通其变,遂成天地之文;极其数,遂定天下之象。非天下之至变,其孰能与于此。易无思也,无为也,寂然不动,感而遂通天下之故,非天下之至神,其孰能与于此!

如上面的安排,这段可以分为三个部分。第一部分讲君子有事占问,无论属于何种事情,《周易》都会马上告诉答案。第二部分讲用《周易》占筮时由筮数的变化来确定卦象的过程。第三部分讲《周易》虽然寂然不动,无思无为,但天下的道理它都包括于其中。在每一部分的结尾,都有一句赞语,分别是至精,至变和至神。《系辞传》中,这几个字的意思是类似的,指的都是对变化之道的把握。因此,这里对占筮活动的称赞,本质上是对人们通过了解变化之道,并据以推知未来的行为的称赞。这正是将占筮予以哲理解释的典型例子。

《系辞传》中与占筮有关的一个重要内容是对于筮法的说明。《周易》的筮法,与数字有密切的关系。根据最近二十年提出的数字卦学说,最初的卦象可能都是用数字来表示的。起初是用从一到十这十个数字,后来慢慢地集中于某些特定的数字上。由此足见数字的重要。从一到十这些数字,《系辞传》中分属于天地,称天地之数。它说:

> 天一,地二,天三,地四,天五,地六,天七,地八,天九,地十。
> 天数五,地数五,五位相得而各有合。天数二十有五,地数三十,凡天地之数五十有五,此所以成变化而行鬼神也。

这段话在《系辞传》中本来不属于同一个段落，但它们的意思接近，所以根据朱熹的意见合并到一起。这是把十以内的十个数字分成两类，五个奇数即一三五七九为天数，五个偶数即二四六八十为地数。天数相加之合为二十五，地数相加之合为三十。天地之数相加为五十五，《系辞传》认为，天地之数正是占筮的基础。所谓"成变化而行鬼神"，就是指占筮而言的。

但是就占筮活动实际所需要的数字来说，只是五十，而不是五十五。对此问题如何解释，也是一桩学术公案，人各异辞，我们不必管它。无论如何，五十也是五十五中的一个数字。《系辞传》说：

> 大衍之数五十，其用四十有九，分而为二以象两，挂一以象三，揲之以四以象四时，归奇于扐以象闰，五岁再闰，故再扐而后挂。……乾之策二百一十有六，坤之策百四十有四，凡三百有六十，当期之日。二篇之策万有一千五百二十，当万物之数也。是故四营而成易，十有八变而成卦。八卦而小成，引而伸之，触类而长之，天下之能事毕矣。显道神德行，是故可与酬酢，可与祐神矣。

这一段话被称作"大衍之数"章，其记载的内容通常称作揲蓍成卦。揲是数的意思，蓍指蓍草，即通过数蓍草来确定卦象。衍是演化之义，大衍指整个的演算过程。这个过程最初需要五十根蓍草。从中拿掉一根不用，实际使用的有四十九根。其后有四个具体的步骤，称为"四营"，营是经营的意思。第一营是分而为二以象两，简称分二，即把这四十九根蓍草分成两堆。象两的两指天地或两仪。第二营是挂一以象三，简称挂一，即从这两堆蓍草的任一堆中取出一根，放在一边。这样它就与两堆一起构成了三组。象三的三指天地人三才或者日月星三光。第三营是揲之以四以象四时，简称揲四，即以四为单位来数这两堆蓍草，揲四的四指春夏秋冬四时。第四营是归奇于扐以象闰，简称归奇，指把揲四之后两堆蓍草的余数归并到一起。奇是余数的意思,余数可以是从一到四的任何一种。象闰的闰指闰月,五年之中有两个闰月,所以要"再扐",即两堆蓍草的余数。这样经过四营之后,就叫一易(一变)。在第一变的基础上,再经过四营的程序,这是第二变。然后又经过四营,成为第三变。三变之后,就可以确定一爻。由于卦是从下向上数的,所以最先确定的是初爻。如此总共经过十八变,就可依次确定六爻,成为一卦。所以说四营而成易,十有八变而成卦。

以上所说只是一般性的原则,具体的数字演算和确定阴阳爻的方法还没有提及。大体说来,第一变在挂一之后,两堆蓍草的总数是四十八根,用四数过后的余数之和不是四就是八,是肯定的。因为假设一堆余数是一,另一堆一定是三;一堆余数是二,另一堆一定也是二;一堆余数是四,另一堆余数也是四。这样,经过第一变之后,去掉了余数之和的蓍草数目应该是四十四和四十两种。这就是第二变开始时的数字。再经过四营,去除余数之和四,八,参与第三变的蓍草应该是四十,三十六或者三十二根。如此再经过四营,去除余数四,八,剩下的蓍草只能是三十六,三十二,二十八和二十四这四种。(必须注意,在第二变和第三变中,与第一变稍有不同的是,挂一的那根蓍草在第一变中不算在余数里,但这里则要放在余数中。)这四个数字,就是确定阴阳爻的依据。所以它叫策数,策就是蓍的意思。从这四个数字确定阴阳爻的办法,是将它们用四来除,其结果就是九,八,七,六。其中九和七是天数,求得它们就是阳爻。六和八是地数,求得它们就是阴爻。阳爻中,九和七也有区别,九是老阳,是可变爻;七是少阳,是不变爻。阴爻中也如此,六是老阴,是可变爻;八是少阴,是不变爻。《周易》以变爻为主,所以阳爻称九,阴爻称六。九的策数是三十六,六的策数是二十四。乾卦六爻皆阳,三十六乘六,是二百一十六,所以说乾之策二百一十有六。坤卦六爻皆阴,二十四乘六,是一百四十四,所以说坤之策百四十有四。乾坤之策相加等于三百六十,正相当于一年三百六十天,所以说当期之日。期是一年的意思。二篇指《周易》上下篇,共六十四卦,三百八十四爻。其中阴阳爻各一百九十二,三十六乘一百九十二是六千九百一十二,二十四乘一百九十二是四千六百零八,二者相加是一万一千五百二十。所以说二篇之策万有一千五百二十,当万物之数也。

　　以上这段话中,值得注意的有以下几点。其一,从不用之一开始,到分二,象三,揲四,五岁再闰,再到确定阴阳爻的六、七、八、九,除了十以外,天数和地数都被依次提到。而且,如果把五十看作十的倍数的话,那么作为大衍之数的五十实际上就包含了数字十。这样来理解,整个揲蓍成卦的过程,就好比是天数和地数交替展开的过程。《系辞传》这样安排的用意,就是以天地的变化来解释卦象。这与其他地方关于卦象来源于圣人仰观俯察的说法相得益彰。其二,从大衍之数五十开始,经分二,象三,象四时,象闰,到当期之日,当万物之数。整个揲蓍成卦的过程又被理解为时间的展开过程,以及万物的形成过程。从天地,日月星辰,到四时,闰月,岁,这是一个典型的古代中国的时间展开模式。同时,这个时间展开的模式也是一个万物生成的模式,一个从天地到万物的模式。因为万物生成总归是离不开时间的。这样,经过《系辞传》的解说,揲蓍成卦又被赋予了宇宙论的意味。其三,这种宇宙论的意味因为如下的这段话,又得到了进一步的加强。这段话就是"是故易有太极,是生两仪,两仪生四象,四象生八卦,八卦定吉凶,吉凶生大业"。就其本义来说,这段话与大衍之数章有关,太极指蓍草混而未分的状态,两仪指分二,四象指六七八九这四个数字,由此可以确定八卦。但在后来的解释中,太极一般被认为是天地万物的根源,两仪指天地,阴阳等,四象指四时,而八卦则代表了万物。

　　大衍之数章,是古代文献中唯一记载筮法的段落。它所记是否真实,是否除此之外,还有其他一些筮法存在,我们都不得而知。但幸亏有此,我们才可以对古人用《周易》占筮的方法有一些了解。严格地讲,这里所说只是占筮方法的一部分。除此之外,还有占法,即求得一卦象之后,如何进一步判定吉凶的方法。这部分内容,《系辞传》根本就没有涉及到。所以,仅凭《系辞传》所记去复原古代的占筮过程,还是不可能的。这也表明《系辞传》的作者对占筮的真实态度,他对周代的占筮本身并无太大的兴趣,它关心的只是哪些占筮的素材可以更方便的被哲理化。

第四节　易象的空间

从一个角度来说,经典解释的过程其实是一个新意义注入旧文本的过程,这在"注"这个字中得到最好的体现。但是从另一个角度来看,它也是个旧文本意义空间的扩展过程,与之相应的一个字则是"传"。传,传述也,其实是通过述的方式揭示原有文本可能具有的意义空间,当然这种可能的意义必须在解释者当下所面临的情形与文本的对话之中才能被赋予。无论是注还是传,从实质上来说,都是传统与当下的连接,文本与解释的合一。但不容忽视的是,这种连接或者合一必须是建立在断裂和分离的基础之上的。解释当然是对原有文本意义的延伸,但它同时也是改变,甚至是很粗暴的改变。这里当然有高超的技巧,很柔和的手段,也许让人误以为什么都没有发生,但它们并不能掩盖意义变化的事实。儒家对于《诗经》等的解释就是非常突出的例子,我在以前的文章中也有相关的讨论。以下,我们将《周易》经传为例,进一步了解经典解释在表面的连续之下所遮蔽的巨大意义置换。如我们所知道的,通过《易传》对于《周易》的解释,作为占筮之书的《周易》从由大卜所执掌的王官时代的旧经典,逐渐变成了作为德义之书的经学时代的新经典。在这个过程中,《周易》甚至于失去了其独立性,必须和《易传》一起流传。从表面上来说,是《易传》依附于《周易》,但是骨子里,却是《周易》依附于《易传》。只有在《易传》的解释方向上，《周易》才可以被阅读和接受。

也许由于《周易》原本占筮之书的性质，它在最初并没有得到注重德义的儒家学派的普遍重视，在经典系统中也不具有和《诗》、《书》同样的地位。这一方面可以从《论语》、《孟子》、《荀子》这三部先秦儒家最重要的文献中获得了解，①另一方面也可以在马王堆帛书《要》篇中得到证实。②但这并不能说明早期儒家对于《周易》就完全没有兴趣。郭店楚墓竹简《语丛》以及《六德》中都清楚地提到了《诗》、《书》、《礼》、《乐》、《易》、《春秋》的经典结构，其中还有"易，所以会天道人道也"之说，这足以说明对《周易》的儒家解释在战国时期已经展开，并且有了足够明确的解释方向。虽然我们不能确定这种解释就是今传《易传》或者与其有关，但从学者对于《易传》和郭店楚墓竹简年代的估计上来看，二者却是大体相当的。

从内容上来说，《周易》基本是由象和辞两部分构成的。与此相关，《易传》对于《周易》的解释，基本上是围绕着象和辞两个不同的路径展开的。其对于辞的解释，极尽"想象牵连"之能事，如《乾·彖传》释卦辞"元亨利贞"云：

> 大哉乾元，万物资始，乃统天。云行雨施，品物流形。大明终始，六位时成，时乘六龙以御天。乾道变化，各正性命，保合太和，乃利贞。首出庶物，万国咸宁。

可以看出，"大哉乾元"句是对"元"字的解释，"云行雨施"句是对"亨"的解释，"乾道变化"句是对"利"和"贞"的解释，"首出庶物，万国咸宁"则是总"元亨利贞"而言。就《周易》的卦辞来说，基本上属于筮辞，其主要意义为说明吉凶，所以多有"利""不利""吉""凶""悔""吝"

---

① 《论语》中只是偶尔提到了《周易》，只引用过恒卦九二爻辞。《孟子》无一句涉及《周易》，《荀子》虽然有几处和《周易》有关，但该书经常把《诗》、《书》、《礼》、《乐》、《春秋》相提并论，却没有把《周易》安置在同样的位置上。

② 帛书《要》篇记载了孔子和子贡关于《周易》的对话，其中借子贡之口表达了对于夫子老而好易的疑虑，孔子也提出了自己的解释，表现了与巫史截然不同的理解《周易》的方向。

等字样。"元亨利贞"也该作如是观。学者一般认为,在《周易》经文之中,元的意思是大,亨指通顺,利即有利,贞基本上都是卜问之义。但在《彖传》的解释中,宇宙论和政治论的意味却异常强烈。如果我们再看一下《文言传》,"元亨利贞"更被解释为四德:

> 元者善之长也,亨者嘉之会也,利者义之和也,贞者事之干也。君子体仁足以长人,嘉会足以合礼,利物足以合义,贞固足以干事。君子行此四德者,故曰:乾,元亨利贞。

很显然,这里更注重的是《周易》与儒家最关注的"仁义礼信"等价值的连接。在这个连接之中,卦辞(文字)也许仅仅起到了话头的作用。往下面怎么说,那大抵是解释者的事情,和原文本基本上无涉了。① 但是这里我们主要讨论的并不是"辞"以及关于它的解释,本文将以"象"为中心,系统考察它在《周易》和《易传》中不同的意义内涵,以了解该观念背后所拥有的巨大解释空间。

一、卜筮世界中的象

与其他经典相比,《周易》在内容上的一大特色在于这本书不仅有文字——卦辞和爻辞等,还包括有一些特殊的符号——卦象和爻象等。《周易》为什么会有象?如果我们要了解个中的缘由,就不可避免地会涉及到其卜筮之书的身份以及卜筮活动本身。② 从本质上来说,卜筮的思想基础是对于天和鬼神等的信仰以及借助于知天而预知未来的信念,其具体内容则是以某种方式来沟通天人的活动。在这个活动中,有两个方面是非常重要的:一是相信天意可以向人呈现,二是让人能够探知这个可以向人呈现的天意。而为此需要,天人之间的媒介

---

① 关于卦爻辞在《易传》解释过程中的作用和意义,请见拙文《卦爻辞的弹性》,载于《中国哲学史》2003年第3期。

② 狭义的卜筮指龟卜和占筮,广义的卜筮可以包括一切沟通天人的活动,如星占、梦占、物占等。有兴趣的读者可以参考李零:《中国方术考》,北京:人民中国出版社,1993年。

就显得异常重要。这个媒介表现在人的方面是巫、卜、史等,而表现在物的方面,排除掉各种复杂的因素,就是所谓的"象"。

从比较早的线索来看,"象"观念的起源应该和天有着密切的关系。①《系辞传》中有"在天成象,在地成形"以及"天垂象,见吉凶"的说法,很明确地把"象"看作是和天有关的事情。当然,《易传》的出现偏晚,也许不足以成为考察"象"观念起源方面的有力证据。但是如果向前追溯的话,更早的材料似乎也都指向这一点,先来看看《尚书·尧典》中的一段记载:

> 乃命羲和,钦若昊天,历象日月星辰,敬授人时。分命羲仲,宅嵎夷,曰旸谷。寅宾出日,平秩东作。日中,星鸟,以殷仲春。厥民析,鸟兽孳尾……

所谓的"历象日月星辰",明显指后文提到的"日中,星鸟"等日月星辰在天空中的位置而言。它们和"象"字发生关联,值得注意。对于羲和,学者并不陌生,他们乃是古代著名的传天数者。在后人的历史叙述中,占有着重要的位置。② 这里说到"敬授民时",并不仅仅是农时的含义,同时也包含着某种神秘的气息。或者可以这样说,羲和并不是现代意义上的天文学家,他们的身份更接近于占星术士。

虽然目前关于占星术的起源等还没有确切的看法,但春秋时代的文献如《左传》和《国语》中对此已经有很多的记载,③它往往成为当时很多人行为的根据。而且我们可以了解的,在星占的领域,一如在《尧典》中可以看到的,象或者天象的观念特别突出而重要。占星家们正

---

① 思想史上谈到"象"的观念,学者们往往会提到韩非子的一个说法:"人希见生象也,而得死象之骨,案其图以想其生也。故诸人之所以意想者,皆谓之象也。今道虽不可得闻见,圣人执其见功以处见其形,故曰:'无状之状,无物之象。'"(《韩非子·解老》)

② 《史记·天官书》:"昔之传天数者:高辛之前,重、黎;于唐虞,羲和;有夏,昆吾;殷商,巫咸……"

③ 关于春秋时期占星术的讨论,部分晚近的研究有江晓原:《天学真原》,沈阳:辽宁教育出版社,1991年;陈来:《古代思想与文化的世界》,北京:三联书店,1996年。

是通过对天象的观察,来探知天意,预测人事。在长期的实践基础上,春秋时期的占星术士申须提出了著名的"天事恒象"①的命题,《左传·昭公十七年》:

> 冬,有星孛于大辰,西及汉。申须曰:"彗所以除旧布新也。天事恒象,今除于火,火出必布焉,诸侯其有火灾乎?"梓慎曰:"往年吾见之,是其征也。火出而见,今兹火出而章,必火入而伏,其居火也久矣,其与不然乎?火出,于夏为三月,于商为四月,于周为五月。夏数得天,若火作,其四国当之,在宋、卫、陈、郑乎!宋,大辰之虚也;陈,大皞之虚也;郑,祝融之虚也,皆火房也。星孛及汉,汉,水祥也。卫,颛顼之虚也,故为帝丘,其星为大水,水,火之牡也。其以丙子若壬午作乎!水火所以合也。若火入而伏,必以壬午,不过其见之月。"郑裨灶言于子产曰:"宋、卫、陈、郑将同日火。若我用瓘斝玉瓒,郑必不火。"子产弗与。

所谓"天事恒象",杜预注云:"天道恒以象类告示人。"即天的意志总是通过"象"得到传递的。与此相配合,也应该有可以通过象来了解天意的手段,占星术就正属于此类。因此,占星的机制其实就是以天象为媒介,来沟通天人。不同的天象被看作是天向人做的不同的提示,因此会被赋予不同的意义。与"天事恒象"接近的还有"天事必象"之说,语出《国语·晋语四》:

> (公子)乃行,过五鹿,乞食于野人。野人举块以与之,公子怒,将鞭之。子犯曰:"天赐也。民以土服,又何求焉!天事必象,十有二年,必获此土。二三子志之。岁在寿星及鹑尾,其有此土乎!天以命矣,复于寿星,必获诸侯。天之道也,由是始之。有此,其以戊申乎!所以申土也。"再拜稽首,受而载之。遂适齐。

---

① 根据《国语·周语上》的记载,内史过亦有此语。但彼处之"象"已不局限于天象,而包括人的行为姿态等。

这仍然是一个和占星术有关的记载,其中"象"的作用和意义被特别强调着。

如果我们把目光从占星转移到龟卜之上的话,同样可以发现"象"所扮演的关键角色。龟卜在古代的卜筮体系中占据很重要的地位,这从《周礼·春官·大卜》《尚书》《诗经》等文献以及甲骨文中都可以获得了解。其要点是根据在龟骨上呈现的兆象来决定吉凶。《左传·僖公十五年》记载,晋国的韩简曾经说过"龟,象也"的话,无疑等于宣示龟卜的核心就在于象。在我们对龟卜的思考中,有几个问题是应该面对的。其一是为什么会选择乌龟作为材料,并且使得它成为古代中国神秘的动物之一?其二是兆象有没有什么特别的含义?就前一个问题来说,学者们都注意到乌龟长寿的特点,《洪范五行传》云"龟之言久也,千岁而灵,此禽兽之知吉凶者也",《史记·龟策列传》对此也有特别的强调。长寿与经验、智慧等是联系在一起的。还有一点,乌龟的形状与古人对于宇宙的理解接近,《洛书》云其"上隆法天,下平法地",非常类似于"天圆地方"的宇宙图式。既然如此,如龟卜般在乌龟之上所进行的工作也就可以视为和天地有关。这就可以联系到前面提出的后一个问题,兆象也许不单纯是乌龟身上呈现的形状,在卜筮的世界里,它就是天象的模拟。这当然是个大胆的推测,如果它能够成立的话,龟卜其实可以说是另外一种形式的星占。我们看一段《尚书·洪范》中的话:

> 七、稽疑:择建立卜筮人,乃命卜筮。曰雨、曰霁、曰蒙、曰驿、曰克、曰贞、曰悔。凡七,卜五、占用二,衍忒。

这里提到七种和卜筮有关的内容,其中贞和悔属于占筮,前人说是指易的内卦和外卦。雨、霁、蒙、驿、克等属于龟卜,该是对兆象的分类,卜人依此来区分兆象,推断吉凶。值得注意的是,这些兆象的名字基本上都属于天象,或者更准确地说,自然的现象。雨和霁相对,蒙和驿意义相反,克则代表一种相持不下的状态。这种对于兆象的命名也许给我们一个启示,龟卜也许和星占分享着共同的预测机制,兆象实际上是天象的缩微的形态,或者说,天象的具体而微。

有了以上的基础,我们再来看《周易》中的卦象,其作用和意义就比较容易理解。易之有卦象,正如占星之有天象,龟卜之有兆象,乃是出自判断吉凶的需要。虽然春秋时人有"龟,象也;筮,数也"(《左传·僖公十五年》)的说法,让人觉得占筮似乎更看重数。但我们应该留意的是,这是在和龟卜比较意义上的说法,而且数和象之间并非排斥的关系,相反,在占筮活动中,数正是象的基础。根据目前的了解,用《周易》占筮的过程大约包括两个主要的阶段,其一是所谓揲蓍成卦,即通过一定数目的蓍草的变化来求得卦象,《系辞》所记"大衍之数"段讲的正是这个内容。其二是求得吉凶,这需要依据求得的卦象(本卦和之卦),根据数字确定的所谓变爻和不变爻的情形来做出判断。在任何一个阶段中,数字都是很重要的。数字正是通往象同时也是理解象的桥梁,《系辞》的"极其数,遂定天下之象",以及《说卦》所说"参天两地而倚数,观变于阴阳而立卦",表达的正是类似的含义。

关于用《周易》来占筮的具体情形,由于有《左传》和《国语》中的大量记载,学者们也进行了广泛而深入的探讨。无论如何,在占断的过程里面,卦象和其所象征的物象以及它们之间的关系,正是做出结论的最主要理由。我们且来看一个典型的例子,《左传·庄公二十二年》:

> 陈厉公,蔡出也,故蔡人杀五父而立之。生敬仲。其少也,周史有以《周易》见陈侯者,陈侯使筮之,遇观䷓之否䷋,曰:"是谓'观国之光,利用宾于王'。此其代陈有国乎?不在此,其在异国;非此其身,在其子孙。光,远而自他有耀者也。坤,土也;巽,风也;乾,天也;风为天,于土上,山也。有山之材,而照之以天光,于是乎居土上,故曰'观国之光,利用宾于王'。庭实旅百,奉之以玉帛,天地之美具焉,故曰'利用宾于王'。犹有观焉,故曰'其在后乎!'风行而著于土,故曰'其在异国乎!'若在异国,必姜姓也。

姜，大岳之后也。山岳则配天。物莫能两大。陈衰，此其昌乎！"

及陈之初亡也，陈桓子始大于齐；其后亡也，成子得政。

在这个筮例中，周史占得的本卦是观卦，由于六四爻为变爻，阴变阳，所以得出之卦否卦。观卦的卦象是坤下巽上，坤为土，巽为风。否卦的卦象是坤下乾上，乾为天。同时，乾坤两卦又有玉帛之义。因此，周史就据此卦象及物象，以及爻辞，对于敬仲的未来进行了预测。可以看出，在这个占筮活动中，卦象仍然是要被还原为某种自然的事物，然后凭借它们之间的关系来引申出吉凶的意义。或者按照我们上面关于龟卜的说法，卦象其实也是包括天象在内的自然现象的转化的形态。

通过上述的讨论，也许我们可以得出这样的印象：在卜筮的世界中，象居于核心的位置。这种象可以是直接的天象，或者它的变化的形态，如兆象和卦象等。在后面的情形中，某种兆象和卦象总是固定地对应着某种天象或者自然事物。正是通过象，天和人之间的沟通才成为可能，卜筮的活动才得以完成。

二、道之蕴

《周易》中的象可以分成几个不同的层次，首先是奇偶两画，它们在卦中也被称为阳爻和阴爻。这是整个卦象系统的基础。其次是八卦，传说由伏羲氏创制。再其次是六十四卦，由八卦两两相重而来，传统认为和周文王有关。最后是八卦所代表的物象，如乾为天，坤为地之类。如我们在上有部分看到的，这个象的系统在《周易》中已经相当明确，并在实际的占筮活动中发挥着关键的作用。

从文字的层面上阅读，我们可以发现《易传》的作者似乎不排斥占筮的神秘性。易中包含的圣人之道四中，[1]有一条就是"以卜筮者尚其

---

① 此说法见于《系辞》："易有圣人之道四焉：以言者尚其辞，以动者尚其变，以制器者尚其象，以卜筮者尚其占。"

占",并由此引申出对于卜筮的赞美:

> 是以君子将有为也,将有行也,问焉而以言,其受命也如响,无有远近幽深,遂知来物。非天下之至精,其孰能与于此?参伍以变,错综其数。通其变,遂成天地之文;极其数,遂定天下之象。非天下之至变,其孰能与于此?易无思也,无为也,寂然不动,感而遂通天下之故。非天下之至神,其孰能与于此?夫易,圣人之所以极深而研几也。唯深也,故能通天下之志;唯几也,故能成天下之务;唯神也,故不疾而速,不行而至。

不难看出,《系辞》把易看作是和这个世界相通者,所以能够洞察并预知其变化。但是,《周易》为什么会有如此大的魔力?简单的卦象背后,究竟蕴藏着什么,从而使得它具有"逆知"的神通?已经摆脱了占筮背景的《周易》解释者必须对此进行说明,并提供有足够说服力的解释。

在《易传》看来,《周易》本身就是一个世界。这是一个人造的世界,其中"象"占据着最重要的位置,《系辞》说"易者,象也",就是对这一事实的确认。或者说,《周易》的世界首先就是一个"象"的世界,但这个世界和本来的世界并不是两个不相干的东西,事实上,象的世界乃是对本来世界的模拟。"象也者,像也。"这当然不是简单的同语反复或者文字游戏,在看似平淡地描述中,包含着对"象"的深刻而明确的理解。卦象并不是圣人们的冥想或者空想,它乃是对外部世界的模拟或者"象"。《系辞传》云:

> 圣人有以见天下之赜,而拟诸其形容,象其物宜,是故谓之象。圣人有以见天下之动,而观其会通,以行其典礼,系辞焉以断其吉凶,是故谓之爻。言天下之至赜而不可恶也,言天下之至动而不可乱也。拟之而后言,议之而后动,拟议以成其变化。
>
> 是故夫象,圣人有以见天下之赜,而拟诸其形容,象其物宜,是故谓之象。圣人有以见天下之动,而观其会通,以行其典礼,系

> 辞焉以断其吉凶,是故谓之爻。极天下之赜者存乎卦,鼓天下之动者存乎辞;化而裁之存乎变;推而行之存乎通;神而明之存乎其人;默而成之,不言而信,存乎德行。

卦象乃是对错综复杂的世界的一个模拟。这种模拟当然不是简单的重复或者照相,它是一种"相似"或者"准"的状态。《系辞》说:

> 易与天地准,故能弥纶天地之道。仰以观于天文,俯以察于地理,是故知幽明之故。原始反终,故知死生之说。精气为物,幽魂为变,是故知鬼神之情状。与天地相似,故不违;知周乎万物而道济天下,故不过。

其实,这在很大程度上已经回答了我们前面提出的问题。《周易》之所以具有神秘的能力,主要是因为它本身就是与天地"相似"之物,或者说,是天地的副本。天地以及其中的万物太复杂了,前面提到的"赜"字,就是指事物杂乱的状态。但《易传》相信,在这种杂乱之中,一定存在着某种简单的规律和秩序。就像是在天下令人迷惑的运动之中,一定存在着"会通"之"一"。天地的这个副本很显然不是对复杂事物的复制或"照相",它乃是对规律和秩序的"模拟"。如果说原本的世界是繁杂的,那么《周易》的世界就是简易的,是本来世界的简约化。汉代人说,易一名而含三义,第一义就是简易。的确是如此,《系辞》借助对乾坤的叙述早就表达了类似的理解:

> 乾以易知,坤以简能。易则易知,简则易从。易知则有亲,易从则有功……易简而天下之理得矣。
>
> 天地之道,贞观者也;日月之道,贞明者也;天下之动,贞夫一者也。夫乾,确然示人易矣;夫坤,隤然示人简矣。爻也者,效此者也;象也者,像此者也。

很显然,简易之说直接与道和理的把握有关。万物是复杂的,而道和理是简单的。因此,与其说"象"是物之象,还不如说是道之象或者理

之象。① 或者更严格地说,是从物而进于道的象。我们经常引用《系辞》论八卦起源的那段话:

> 古者包牺氏之王天下也,仰则观象于天,俯则观法于地,观鸟兽之文与地之宜,近取诸身,远取诸物,于是始作八卦。以通神明之德,以类万物之情。

八卦的创制乃是圣人仰观俯察近取远取的结果,但这并不就是万物形象的复制,最重要的,它通的是"神明之德",类的是"万物之情"。"德"和"情"都与形没有大的干系,而且《系辞》似乎也有意地把象与形区分开来:

> 在天成象,在地成形。
> 见乃谓之象,形乃谓之器。

类似的区分也见于其他的文献。② 这种区分背后都表现出一种努力,即象不完全属于有形的世界,虽然它也不是一个彻底的无形的世界。《系辞》中曾经有一个重要的关于道和器的划分:

> 形而上者谓之道,形而下者谓之器。

所谓"形而上者",是指无形而言;'形而下"指有形。③ 对于象而言,庞朴认为它是道、器之间的一个状态。④ 这是可以接受的一个说法。但可以补充的是,象和道、器并非无关之物,一方面,它是器(物)的抽象;另一方面,它是道的显示或者呈现。后者尤其重要,因为正是在这个

---

① 朱熹在《周易本义》中关于象有两个不同的说法,一是"物之似也",一是"理之似也"。当然这两个说法也可以用他的"即物穷理"说统一起来。
② 如《老子》四十一章提到的"大象无形"或者十四章的"无物之象",《天问》在"上下未形"之后,也提到"冯翼惟象"的状态。最明显的是《淮南子·精神》:"古未有天地之时,惟像无形。"
③ 参见朱伯崑:《易学哲学史》第一卷,北京:昆仑出版社,2005年,第87页。
④ 庞朴有云:"因此可以这样说,在'形而上者谓之道、形而下者谓之器'之外或者之间,更有一个'形而中'者,它谓之象。"(庞朴:《原象》,载于《庞朴文集》第四卷,济南:山东大学出版社,2005年,第232页。)

地方,象的价值才得到了真正的说明。

《周易》是一部什么样的书?这不仅仅是一个历史意义上的问题,更是一个解释意义上的问题。在历史意义上,它是一部占筮的作品。在解释的意义上,它也许可以呈现出多种形象,《系辞传》所呈现的形象是,它是一部讲"道"的文献。"夫易,开物成务,冒天下之道,如斯而已者也。"但是"道"是无形的,它如何才能呈现或者显示出来?靠语言吗?可是语言的表现力太有限了。而且,天本身就是无言的。《论语·阳货》记夫子之语:"天何言哉!四时行焉,百物生焉。天何言哉!"《孟子·万章上》也说:"天不言,以行与事示之而已矣"。我们需要在语言之外找到另外的一个东西,这个东西就是象。

如我们已经知道的,《周易》的内容基本上是象和辞两个方面。在《易传》中,"观象"与"玩辞"也经常相提并论,如《系辞》所说:"是故君子居则观其象而玩其辞,动则观其变而玩其占。""是以君子所居而安者,易之象也;①所乐而玩者,爻之辞也。"但是象和辞并不具有同等的重要性。"观象"以及通过"观"对"象"的解释与发挥仍然包含着比"辞"更大的空间。《系辞》曾经严肃地讨论过辞和象在表达意义上的距离:

> 子曰:书不尽言,言不尽意,然则圣人之意其不可见乎?子曰:是以圣人立象以尽意,设卦以尽情伪,系辞焉以尽其言,变而通之以尽利,鼓之舞之以尽神。

在这里,象之存在以及作为"核心"而存在的最大理由得到了揭示。辞在表达"意"上面是有欠缺的,因此需要能够尽意的象。就和意义的距离来说,象显然比辞要近的多。"辞也者,各指其所之",辞的优点在于明确,它的缺点也在于明确,过于明确则失去了想象和发挥的空间。

---

① "象"字通行本作"序",《经典释文》引虞翻本作"象",帛书本同。从上下文意来看,"象"字为佳。朱伯崑先生已指出此点,见其《易学哲学史》第一卷,第75页。

在这方面,象既清楚又模糊的特点刚好可以弥补辞的不足,正是在确定性和不确定性之间,象显示出其意义之所在。但这还不是"象"可以尽意的根本理由。从最根本的意思上讲,"象"本身就是"意"的直接外化,换言之,它就是"意象",是揣摩了天意之后的人意的外化。这个意象不是别的,其实就是道之象。

因此,离开了象,道就如游魂般的无所依托无家可归。在这个意义上,象竟然扮演了道之家的角色。为此,《系辞》提出了乾坤为易之蕴的说法:

> 乾坤,其易之缊邪?乾坤成列,而易立乎其中矣。乾坤毁,则无以见易;易不可见,则乾坤或几乎息矣!

所谓易即指易道,它就蕴藏在乾坤所代表的卦象中,等待着人们的发掘和展开。这种理解,就给易象打开了一个无限的空间,可以容纳丰富的观念与价值。

三、阴阳与刚柔

在后来人的印象中,《周易》和阴阳是密不可分的。但是,如果我们从源头说起的话,《周易》初起时并无明显的阴阳观念。卦爻辞中只出现了一个"阴"字,见中孚卦九二爻辞:"鸣鹤在阴,其子和之,吾有好爵,吾与尔靡之。"最多从战国时期开始,阴阳的观念才和易学联系起来。《庄子·天下》篇中"《易》以道阴阳"的说法,很显然是对某种既成的易学解释的概括。从现存的《易传》来看,其中确实存在着丰富的阴阳思想,并且提炼出"一阴一阳之谓道"的命题。

从思想史的角度来看,阴阳思想应该源自于古代史官的传统。[①]春秋以降,在道家和阴阳家中得到了发展,成为理解世界构成和秩序

---

① 从目前所知的材料来看,较早用阴阳来解释世界的基本上都是史官,如伯阳父和内史叔兴等。伯阳父用来解释地震,见《国语·周语上》。内史叔兴则用来说明自然界的某些奇怪变化,见《左传·僖公十六年》。

的重要因素。现在我们要问的是,阴阳是借助着何种媒介进入易学领域的？这个时候,象的接引作用又变得异常清晰。从《易传》提供的材料来看,阴阳的介入正是缘自于对象的解释。首先是奇偶两画被赋予了阴和阳的含义,卦中用数字九来指示的爻被称为阳,而数字六指示的被称为阴。以《象传》为例,其解释乾卦初九爻辞云:"潜龙勿用,阳在下也。"阳在下的说法很显然是对于该爻居于乾卦最下位的描述。又其释坤卦初六爻辞云:"履霜坚冰,阴始凝也。"也是以阴来解释处在坤卦最下面的爻。至于《文言传》中"阴虽有美,含之,以从王事,弗敢成也。地道也,妻道也,臣道也,地道无成而代有终也"以及"阴疑于阳必战,为其嫌于无阳也"的说法,也是很明显的例子。

这个解释是重要的。由于奇偶两画构成了整个卦象系统的基础,因此卦象的世界也可以被理解为一个阴阳的世界。它刚好可以与当时以阴阳来理解世界的阴阳家以及道家的主张相呼应。① 因此,不仅奇偶两画是阴阳,八卦之象和六十四卦之象也有阴阳。关于八卦的阴阳,《系辞》云:

> 阳卦多阴,阴卦多阳,其故何也？阳卦奇,阴卦耦。其德行何也？阳一君而二民,君子之道也;阴二君而一民,小人之道也。

所谓阳卦多阴,是指属于阳类的卦阴爻多于阳爻,即二阴一阳,如震、坎和艮卦;反之,阴卦多阳,即属于阴类的卦是二阳一阴,如巽、离和兑卦。其理由何在？按照这里的说法,是因为"阳卦奇,阴卦耦"。此说法应该和数字有关,阴爻于数字为偶数,阳爻为奇数,所以二阴一阳之卦,其数为奇;二阳一阴之卦,其数为偶。② 若从德行的方面来论,阳卦

---

① 就道家来说,在《老子》中就提出了"万物负阴而抱阳,冲气以为和"的说法。帛书《黄帝四经》更把阴阳视为从道到万物的生成过程中的一个必要环节。阴阳家则把阴阳看作"天地之大理",如《管子》中的《四时》篇。

② 《说卦》有"参天两地而倚数,观变于阴阳而立卦"之说,"参天两地",应该就是天三地二之义。即阳爻之数字为三,阴爻之数字为二。果真如此,则八卦之中,乾数九,坤数六,震、坎、艮为七,巽、离、兑为八。与"阳卦奇,阴卦耦"之说合。

之一阳二阴,体现的乃是一君二民的君子之道。阴卦则正好相反。《说卦》则换了一个说法,以男女来称呼阴阳之卦:

> 乾,天也,故称乎父;坤,地也,故称乎母。震一索而得男,故谓之长男;巽一索而得女,故谓之长女。坎再索而得男,故谓之中男;离再索而得女,故谓之中女。艮三索而得男,故谓之少男;兑三索而得女,故谓之少女。

乾坤由于其纯卦的特点,阴阳属性是显然的。其他则男阳而女阴,与《系辞》所说一致。在这个背景上,《象传》解释泰否两卦时所说的"内阳而外阴"和"内阴而外阳",就很容易理解了。①

但是在我看来,引入阴阳观念来解释象还不是最重要的。更令人瞩目的,乃是其对阴阳性质和角色的规定以及通过阴阳之间或顺或逆的关系来说明吉凶。这一方面与早期简单的筮法划清了界限,另一方面从中可以引申出普遍的世界秩序的理解,以及相应的思想和行为法则,奠定《易传》作为哲理之书的基础。《系辞》一开始就提出"天尊地卑,乾坤定矣;卑高以陈,贵贱位矣。动静有常,刚柔断矣。方以类聚,物以群分,吉凶生矣"之说,认为阴阳之间的正常秩序该是阳所主导之下的阴阳相应,阴阳各有其位,顺之则吉,逆之则凶。为此,特别提出了当位说、应位说和承乘说等。所谓当位说,是指一卦的六位之中,奇数的初、三、五为阳位,偶数的二、四、上为阴位,阳爻居阳位、阴爻居阴位谓之当位。《象传》曾经提出"君子以思不出其位",与此是一致的。社会上阴阳的一方都该找准自己的位置,并依此确定行为的准则。一般而言,当位则吉,不当位则凶。应位说是指在一卦的内外卦(即上下卦)之间存在着"应"的关系,内卦的下中上三爻分别对应着外卦的上中下三爻。即初与四应、二与五应、三与上应。凡两爻为一阴一阳者,

---

① 泰卦的卦象是乾下坤上,否卦刚好相反,乾阳坤阴,所以就有内阳外阴或者内阴外阳之说。至于六十四卦的阴阳问题,《易传》里绝少谈及。《系辞》说:"乾,阳物也;坤,阴物也。阴阳合德而刚柔有体。"似乎包含着以乾坤为阴阳之义,但这很可能只是就八卦中的乾坤而言。

为有应,反之,若两爻皆阴或皆阳,则为无应。这是强调阴阳之间的感通关系。至于承乘说,最能体现阴阳秩序。一卦六位之中,相邻的两爻之间,若阴在阳下,为阴承阳。反之,为阴乘阳。《周易》认为,正常的秩序应该是阳尊阴卑,因此,阴乘阳为逆,逆则不吉。这些说法都是在解释《周易》的筮法中提出的,但是其意义早已经不局限于筮法,而进入到一般的世界和社会秩序的领域。

以阴阳来解释卦象仅仅是开始,从此出发,便是以阴阳来解释现实的世界。整个世界可以如卦象般分析为两类,阴和阳。如天为阳,地为阴;君为阳,臣为阴;父为阳,子为阴;夫为阳,妻为阴等。于是这个复杂而混沌的世界就变得豁然开朗,清楚明白起来。凡是属于阳的一方都该效法阳之性质,属于阴的一方则效法阴之性质。阳则如乾一般刚健主导,阴则如坤一般柔顺安贞。《彖传》解释乾坤两卦时说道:

> 大哉乾元,万物资始,乃统天。云行雨施,品物流形。大明终始,六位时成,时乘六龙以御天。乾道变化,各正性命。保合太和,乃利贞。

> 至哉坤元,万物资生,乃顺承天。坤厚载物,德合无疆。含弘光大,品物咸亨。牝马地类,行地无疆。柔顺利贞,君子攸行,先迷失道,后顺得常。"西南得朋",乃与类行。"东北丧朋",乃终有庆。"安贞"之吉,应地无疆。

乾坤二元就是阳和阴的总根源,也是其精神的集中代表。阳的要点在一个"统"字,阴的要点在一个"顺"字。乾代表的就是天道、君道、父道和夫道,坤代表的则是地道、臣道、子道和妻道,如此等等。

和阴阳相关的,乃是刚柔的观念。它最初也是对于奇偶两画的解释,这似乎更容易理解,如帛书《易之义》所说"曲句焉柔,正直焉刚",奇偶两画的形状就足以给人类似的联想。《彖传》已经普遍地用刚柔来解释阴阳爻,如《屯·彖》云:

> 刚柔始交而难生。

屯在《周易》中位居第三卦，仅次于乾坤。由于乾坤两卦属于纯阴纯阳，从屯卦开始，卦象中才既有阴爻又有阳爻，所以才有"刚柔始交"的说法。这里的刚柔很显然是指奇画偶画。其释五阴一阳的剥卦云"柔变刚也"，释五阳一阴的夬卦云"刚决柔也"。对于乾下离上的大有卦，《象传》说是："柔得尊位大中，而上下应之，曰大有。"其释离下乾上的同人卦，则说："柔得位得中而应乎乾，曰同人。"凡此之类甚多，不胜枚举。《系辞》亦然，而且由于其通论的性质，所以多从一般的意义上来讨论。其论刚柔处如：

> 刚柔者，立本者也；变通者，趣时者也；吉凶者，贞胜者也。

这是一个很简要而全面的描述。奇偶两画是整个六十四卦的根本，所以有"刚柔立本"的说法。有刚柔才有变化，有变化才有吉凶。刚柔之间不同的组合是变化的根据：

> 八卦成列，象在其中矣。因而重之，爻在其中矣。刚柔相推，变在其中矣。系辞焉而命之，动在其中矣。吉凶悔吝者，生乎动者也。

六十四卦就是刚柔不同方式的组合，这些不同的方式，被看作是刚柔相推造成的。因此在另一处被明确地概括为"刚柔相推而生变化"。这个命题已经不是一个简单的对于卦象构成的说明，而是对世界一般性变化的理解。在此基础之上，"一阴一阳之谓道"的命题才正式提出。

通过引入阴阳和刚柔来解释卦象以及卦象的变化，筮法的问题变成了一般的哲学问题。卦象被看作是一个展示阴阳和刚柔变化法则的舞台，而阴阳和刚柔也通过在易象中的集中体现确立了在现实世界的重要地位。换言之，不只是卦象中有阴阳，有刚柔，现实的世界也是如此。人道也由此得到了一个确定的基础。我们在下面会看到，通过阴阳和刚柔的引入，与之相关联的一些德行（如仁义）也被纳入到这个框架中来。

四、三才

对于六十四卦的卦象而言,一个明显的事实是每个卦都包括了六画。从起源和构成的角度来说,这当然是很容易理解的,三画的八卦两两相重必定是六画。但是,解释有着它自己不同于起源的立场和视野。在这个时候,六画变成了一个思想的平台。《易传》并没有放弃这样的机会,《系辞》和《说卦》对此都有说明。《系辞》云:

> 易之为书也,广大悉备,有天道焉,有人道焉,有地道焉。兼三材而两之,故六。六者非它也,三材之道也。

这是认为,《周易》作为一部广大悉备之书,包括着天人地三才之道。体现在卦象中,由于三才各以数字两来表现,所以就有了六个卦画。六画不是别的,正是三才之道的象征。这里"有天道焉,有人道焉,有地道焉"的说法是极其严格的,正是自上而下所叙述的六画对应三才的次序,具体而言,上、五爻对应天,四、三爻对应人,二、初爻对应地。《说卦》也有类似的说法:

> 昔者圣人之作《易》也,将以顺性命之理,是以立天之道曰阴与阳,立地之道曰柔与刚,立人之道曰仁与义。兼三才而两之,故《易》六画而成卦。

不同于《系辞》的是,这里具体给出了"兼三才而两之"的理由。因为三才之道都是由成对的概念来表现的,如天道是阴与阳,地道是柔与刚,人道是仁与义。因此,三才就需要靠六画来表现。

在这里,我们看到了对于儒家而言非常核心的一个观念,仁与义。很难想象儒家学派在解释《周易》的时候能够忽略它们,郭店竹简《六德》中曾经提到仁义、忠信和圣智六德在《诗》、《书》、《礼》、《乐》、《易》和《春秋》之中都有体现,但它们是依靠什么被引入的呢?当然可以依靠对辞的解释,如我们在文章开始时引用过的《文言传》把"元亨利贞"发挥为仁义礼信四德。但如果没有象的参与,终究会觉得是个遗憾。在这个地方,我们找到了仁义的象的依据。这个依据就是刚柔、阴阳,因此也就是奇偶两画。在儒家传统中,仁被看作是"柔",而义是刚。

让我们再回到六画与三才的话题,它们之间的对应,在《周易》中也并非无迹可循。以乾卦为例,其六爻的爻辞分别是:

初九:潜龙勿用。

九二:见龙在田,利见大人。

九三:君子终日乾乾,夕惕若,厉,无咎。

九四:或跃在渊,无咎。

九五:飞龙在天,利见大人。

上九:亢龙有悔。

很清楚,二爻提到了"田"字,三爻涉及到君子,五爻则提到了"天"。正符合《系辞》所说三才的结构和顺序。但是,一来这在《周易》中是暗含的,二来在诸卦中并不具有普遍性,因此,很难说乾卦的爻辞中已经明确包含着三才的观念。但在《文言传》的解释中,模糊的东西却变得异常清晰而明确:

九三重刚而不中,上不在天,下不在田,故乾乾因其时而惕,虽危无咎矣。

九四重刚而不中,上不在天,下不在田,中不在人,故"或"之。"或"之者,疑之也,故无咎。

这里的天、田、人就是天、地、人。三爻因为在人位所以才有可能出现"上不在天,下不在田"的窘境。而四爻虽然在人位,却有"跃"的动作,因此除了面对九三的处境之外,还有"中不在人"的危险。此种解释很显然是有三才的观念作为基础的。

以三才来解释六画,其最重要的意义在于把卦象看作是一个立体的结构,这个结构既是世界的结构,又是人的生存结构。《左传·成公十三年》记载,早在春秋时期,刘康公就曾经说过如下的一段话:

> 民受天地之中以生,所谓命也。

这是从人的角度所感受到的世界结构,也是人的生存处境,或者说命运。"命"字清楚地指出了这种处境并不是人的选择,而是被动的接受。无所逃的"天地之间",是人的生存所依赖的世界。因此,处理人与天地的关系就成为生活的应有之义。处理不当,则如《文言》关于九三和九四的言说,很可能陷于尴尬和危险之中。值得注意的是,三才中的人位在《周易》的六位中最为凶险,"三多凶""四多惧"(《系辞》),表现出人在天地的夹缝之中求生存的艰难处境。但正是在这种艰难中,三才的贯通才显得更加珍贵,如《文言》解释乾卦九五爻辞时描述的大人:

> 夫大人者,与天地合其德,与日月合其明,与四时合其序,与鬼神合其吉凶。先天而天弗违,后天而奉天时。天且弗违,而况于人乎,况于鬼神乎?

这是《周易》版天人合一的画面,天地、日月、四时、鬼神,都与大人融为一体。

《易传》以三才释六画,其意义在于,通过把三才安置在一卦之中,充分显示出天人之间的整体性。人是不能单纯从人的角度来获得理解的,必须回到其本原处,也就是天地那里去获得真正的理解。"天地氤氲,万物化醇;男女构精,万物化生"(《系辞》),不了解天地,也就无法真正了解人。在《易传》之前,儒家的经典系统中,《诗》占据着最重要的位置,而它的解释方向主要是心性的阐发。[①] 儒家似乎缺少对于天道的正面说明,对《周易》的解释在很大程度上弥补了这个不足。郭

---

① 参见本书第七章关于《诗》学的讨论。

店竹简《语丛》有"《易》所以会天道人道也"的说法,是对易学精神的一个很准确的概括。

五、五行

关于五行最早的记载见于《尚书·洪范》,指的是水、火、木、金、土五种自然事物。至少从春秋时期开始,五行已经用来解释自然变化和人事吉凶。战国时代,它更和天道、历史、伦理等发生了联系,成为理解世界和生活的普遍图式。子思把五行和仁义礼知圣联系在一起,邹衍则用它来说明历史和世界。它进入周易的系统实际上是相当晚的,至少比阴阳的观念要晚的多。我们从《周易》的卦爻辞中丝毫发现不了五行的痕迹,能够接引其进入易学系统的,仍然是"象"。如果说,奇偶两画引入了阴阳和刚柔,那么,易学和五行的连接主要依赖的却是八卦。

我们讨论该问题的主要文献依据是《说卦》,这是一篇从多个角度来解说八卦的文字,其中包括了八卦的性质、与身体(近取诸身)、动物(鸟兽之文)、天地等自然事物(远取诸物)的配合。某些说法一定是有着传统的依据,因为它们和我们了解的春秋时期筮例中看到的情形类似。譬如乾为天(为金)、坤为地、震为雷、巽为木(为风)、离为火、坎为水、艮为山、兑为泽等。如果我们从五行的角度加以思考的话,那么八卦所代表的这些物象就可以成为很方便的桥梁,使得它们可以联系在一起。事实上,《说卦》中正包含着类似的考虑:

> 帝出乎震,齐乎巽,相见乎离,致役乎坤,说言乎兑,战乎乾,劳乎坎,成言乎艮。万物出乎震,震,东方也。齐乎巽,巽,东南也;齐也者,言万物之絜齐也。离也者,明也,万物皆相见,南方之卦也;圣人南面而听天下,向明而治,盖取诸此也。坤也者,地也,万物皆致养焉,故曰致役乎坤。兑,正秋也,万物之所说也,故曰说言乎兑。战乎乾,乾,西北之卦也,言阴阳相薄也。坎者水也,

正北方之卦也,劳卦也,万物之所归也,故曰劳乎坎。艮,东北之卦也,万物之所成终而所成始也,故曰成言乎艮。

如果按照这里描述的次序以图画的方式来表现八卦方位的话,它就是后来被称为文王后天八卦方位的那个东西。八卦为什么以如此的方式来组织?为什么是震兑坎离占据了四正卦的位置,而不是一般认为最重要的乾坤?为什么从震卦开始?《说卦》该段话固然有一些解释,但是,如果离开五行说,一切的解释就都是枝叶的。

在《管子》的《四时》和《五行》两篇中,曾经各自提出了一个分别以四时和五行为主,但是结合两者的宇宙图式。不同的是,前者以四时来统摄五行,五行被安放在四时之中;后者则把四时纳入到五行之中,一年被分成平均的五等份,一份七十二天。但基本的东西是一致的。譬如四时和四方之间的对应关系:春天在东方、夏天南方、秋天西方、冬天北方,五行与四方的搭配:东木、南火、西金、北水,土则被安放在中方或者西南的位置。如果我们从五行的角度看一下八卦的话,它们之间最明显的搭配大概是如此的:

木:巽

火:离

土:坤

金:乾

水:坎

木、火、土、金、水,这正是阴阳五行家们所描述的一个五行相生的顺序,也是一个春夏秋冬的顺序,它与上引《说卦》所提到的八卦的次序安排是一致的。而且,巽卦居东南,离居南,坤居西南,乾居西北,坎居北,基本符合五行与四方的搭配。另外的三卦,震象为雷,义为动,很显然应该放在开始的位置上。兑有喜悦的意思,与秋天收获的意象有关。艮义为止,放在一个链条的最后是最恰当的。

因此,很显然,《说卦》此处关于八卦的说明有五行学说的支撑。

五行说也正是通过八卦进入到易学的领域，这就极大地扩展了八卦的解释能力。譬如，八卦此处具有了表述四时及四方的功能。帛书《要》特别提到："（易）有四时之变焉，不可以万物尽称焉，故为之以八卦。"也许就是对此的概括。从此，《周易》卦象与空间和时间等的联系变成了易学家们思考的问题。汉代以后流行的卦气说，即把卦象与节气配合的学说，显然可以从这里找到源头。而后世很多的易学理论，在五行说的帮助下，得到了更充分的展开。

第五节　卦爻辞的弹性

从某个角度来看，经典解释就是一个把新意义注入旧经典的过程。在这个意义注入的过程中，原经典的每一个要素，尤其是重要的要素当然会承担必要的功能。就《周易》而言，如果着眼于内容，主要包括象和辞两个部分。相应地，它们也就成为解释活动的中心。围绕卦爻象的解释，使得阴阳、刚柔、三才、五行等观念成为易学的重要范畴，也使《周易》成为"道阴阳"（《庄子·天下》）或者"会天道人道也"（郭店楚墓竹简《语丛一》）的经典。本文想讨论的是，有关辞的解释，又会给易学带来哪些新的内容？在这个过程中，我们会发现卦爻辞具有的巨大的弹性，这种弹性当然是由解释活动赋予的，并且会影响到对于语言和文字的理解。同时，我们还可以看到象和辞在解释活动中的解释学分工，对此的分析有助于我们了解中国经典解释活动的性质，并进一步认识历史还原和义理解释两种不同的工作。

一、《易传》对辞的理解

《周易》本为占筮之书，它的象和辞起初都是配合着占筮的目的，所以辞中多含有与吉凶祸福有关的判断，如利、不利、无咎、厉等。就其辞的部分来说,主要包括卦辞、爻辞和用辞三部分。卦辞是对卦象的解说,爻辞说明的是卦中某一爻的意义,用辞只出现在乾坤两卦中,即乾卦的用九"见群龙无首,吉"和坤卦的用六"利永贞"。① 对于卦爻辞的解释活动春秋时期就已经出现,如《左传·襄公九年》记载:

> 穆姜薨于东宫。始往而筮之,遇艮之八。史曰:"是谓艮之随,随其出也。君必速出。"姜曰:"亡!是于《周易》曰:'随,元亨利贞,无咎。'元,体之长也;亨,嘉之会也;利,义之和也;贞,事之干也。体仁足以长人,嘉德足以合礼,利物足以和义,贞固足以干事,然故不可诬也。是以虽随无咎。今我妇人而与于乱,固在下位,而有不仁,不可谓元;不靖国家,不可谓亨;作而害身,不可谓利;弃位而姣,不可谓贞。有四德者,随而无咎。我皆无之,岂随也哉!我则取恶,能无咎乎!必死于此,弗得出矣!"

穆姜这里对"元亨利贞"的说明很明显已经摆脱了简单的占筮范畴,而进入到德义的领域。从中可以了解,至少在春秋时期,人们开始赋予卦爻辞以比较独立的地位。但总的来说,这种解释只是零碎的,无法与后来出现的《易传》的工作相提并论。

作为系统解释《周易》的作品,《易传》对于卦爻辞是异常重视的。它首先要做的工作是给辞定位,回答什么是辞,辞的功能为何等问题,如此才能给关于辞的解释开辟广阔的空间。由于体裁和分工的关系,此类问题在《易传》中的《系辞传》里得到了集中的阐述。其基本的看法大抵可以归纳为如下的几点:一是在与象和意的关系中来定位辞:

> 子曰:书不尽言,言不尽意。然则圣人之意其不可见乎!子曰:圣人立象以尽意,设卦以尽情伪,系辞焉以尽其言,变而通之以尽利,鼓之舞之以尽神。

---

① 它们不是对某一爻的说明,所以不能被看作爻辞。用辞出现在乾坤两卦,与此两卦特殊的卦象(纯阳、纯阴)以及占法有关,此非本论文的主题,故不详述。

这等于提供了一个讨论辞之角色的坐标。在这个语境中,辞似乎与"书"相当,其最直接的目的乃是"尽其言"。但再向外延伸的话,又随着言一起通到象和意。值得注意的是,在这个多层次的链条中,辞实在是处于最外围的位置。如果我们把"意"看作是这个结构的内核的话,与"意"最接近的无疑是象,然后才是言和辞。《系辞传》经常把象和辞相提并论,又总是把辞置于象后面叙述,如"观象系辞"、"观象玩辞"之类,就是此种理解的体现。逻辑地说,"辞"当然是表现"意"的,但由于意需要通过象来表现,所以在此之前,它首先是说明"象"的。《系辞》云:

> 彖者,言乎象者也。爻者,言乎变者也。吉凶者,言乎其失得也。悔吝者,言乎其小疵也。无咎者,善补过也。是故列贵贱者存乎位,齐小大者存乎卦,辩吉凶者存乎辞,忧悔吝者存乎介,震无咎者存乎悔。是故卦有小大,辞有险易。辞也者,各指其所之。

所谓"彖"和"爻",从下文来看,应该是"彖辞"和"爻辞"的简称。彖辞即卦辞,是对一卦卦象整体意义的断定,①此即"彖者,言乎象者也"。爻辞则是系在每一爻后面的文字,用来说明该爻在本卦之中的意义。爻以刚柔变化为主,所以说是"言乎变者也"。② 上引文中的"吉凶"、"悔吝"、"无咎"等都是卦爻辞中间的占断之辞,《系辞》一一对其进行解释,认为吉凶是就得失而言,悔吝则表示有小的问题,无咎表现的是有过而善补。这可以看作是对卦爻辞体例的说明。就卦和爻而言,《系辞》认为有小大和贵贱之分,贵贱指的是爻的位置,如五贵而二贱;小大指的是卦的属性,如阳大而阴小。但要辨别吉凶,还要依赖卦爻辞。"卦有小大,辞有险易",所谓的险易应是就辞的内容而言,偏凶者为险,主吉者为易,卦爻辞就以"险易"的方式很清楚地表现了卦爻象

---

① 《系辞》云:"彖者,材也。"这里的"材"通"裁",是裁断之意。又云:"知者观其彖辞,则思过半矣",此彖辞似兼卦爻辞而言。

② 与此类似的说法还有同出于《系辞》的"爻也者,效天下之动者也"。

的意义。归结起来,就是所谓的"辞也者,各指其所之"。这里的"其"字,是指象而言。辞表现的是象之所之,即象所蕴涵的趋势与意义。按照《易传》的理解,吉凶的意义蕴藏在卦爻象中,但象是晦而不彰的,所以需要辞来阐明之。"圣人设卦观象,系辞焉而明吉凶。"在象中,意义是蕴涵着的;①在文字中,意义则是直接地呈现出来。这就是"系辞焉而明吉凶",因此辞具有明象而通意的功能,但吉凶的根据仍然是象,是阴阳两爻的相推相移而造成的具体处境,"刚柔相推而生变化。是故吉凶者,失得之象也。悔吝者,忧虞之象也。变化者,进退之象也。刚柔者,昼夜之象也。六爻之动,三极之道也。"如作为卦爻辞的"吉凶"的根据是失得之象,"悔吝"的根据是忧虞之象等。

这也就涉及到《易传》对辞的理解的第二方面,辞具有明白地表现意义的功能。《系辞》不只一次的强调这一点,除了"辞也者,各指其所之"、"系辞焉以明吉凶"之外,还有如下的说法:

> 八卦成列,象在其中矣。因而重之,爻在其中矣。刚柔相推,变在其中矣。系辞焉而命之,动在其中矣。吉凶悔吝者,生乎动者也。刚柔者,立本者也。变通者,趣时者也。

自八卦至刚柔相推,皆是论象,此为一卦的根本,所以后文总结为"刚柔者,立本者也"。"系辞焉而命之",这里的"命",无论理解为"名"还是"断",都是"明吉凶"之义。又《系辞》云:

> 爻象动乎内,吉凶见乎外,功业见乎变,圣人之情见乎辞。

仍然是同样的思路,在内的象决定着表现于外的吉凶,功业在变化中呈现,圣人则把此最真实的情形通过辞的方式表现出来。《系辞》还说:

> 易有四象,所以示也;系辞焉,所以告也;定之以吉凶,所以

---

① 如《系辞》所谓"天垂象,见吉凶",但此吉凶并不是明白易晓的,需要通过辞来揭示之。

断也。

此处的四象，承上"易有太极，是生两仪，两仪生四象，四象生八卦"而言，指八卦生成过程中的"老阳""少阳""老阴""少阴"四者。象的作用在于显示，这也是《系辞》反复论述的，但辞的功能则是告诉。显示和告诉的区别在于一个是间接的，一个则是直接的；一个是晦涩暧昧的，一个是明白清晰的。

以上的理解实际上确立了辞作为意义呈现者的角色。立体地来看，意义的呈现者应该有两级，第一级是象，第二级才是辞。但整体上说来，辞和象一起承担着这一功能，并且两者不能互相取代。辞的地位和意义就这样被肯定了下来，相应地，语言和文字的意义也就得到了确认。如果比较一下同时代道家学派的理解，就可以知道此种理解有很重要的价值。从老子到庄子，道家对于语言和文字表达意义的能力都表示了怀疑，甚至是明确的否定。《庄子·秋水》认为"可以言论者，物之粗也"，作为意义世界根源的道是无形无象，因此也"不可言"，无法言。这样的结论也使得老子和庄子对于一个立足于名言的世界秩序不感兴趣，提出"不言之教"（《老子》二章、四十三章，《庄子·德充符》、《知北游》)，以区别于儒家"正名"的主张（《论语·子路》）。《系辞》不同，由对于辞的肯定而把"理财正辞"视为义的内容。① 名言的使用被看作是正当之事，并于易象有征，即所谓"上古结绳而治，后世圣人易之以书契，盖取诸夬"。从这里的语气来看，书契的取代结绳明显被看作是一个进步的合理之事。② 又《系辞》云：

> 夫易彰往而察来，而微显阐幽。开而当名辨物，正言断辞则备矣。其称名也小，其取类也大。其旨远，其辞文，其言曲而中，

---

① 《系辞》："天地之大德曰生，圣人之大宝曰位，何人守位曰仁，何以聚人曰财，理财正辞、禁民为非曰义。"

② 可以做比较的是《老子》，其八十章云："使民复结绳而用之。"明显表现出另外的倾向，这与其对名言的态度是一致的。

其事肆而隐。因贰以济民行,以明失得之报。

根据朱熹在《周易正义》中的说法,此处的"而微显阐幽"应该读为"显微而阐幽",句式上正好和"彰往而察来"一致。"显微而阐幽"即是使微显,使幽阐,其主要的方式则是当名辨物、正言断辞。当名辨物说的是理解名和物关系的态度,对名的理解要有弹性,"其称名也小,其取类也大",不必拘泥于名所指示的某个形象,某个形象不仅是某个形象,它实际上是一个类的象征。如龙不仅仅是龙,而是属于阳之一类事物的象征。正言断辞则是理解言辞的方式,如前所述,辞是用来阐明意义("旨")的,但它往往采取的是"文"的方式。所谓"文",就有着曲折和暧昧的意思,文字背后的意义需要仔细地品味和挖掘才能够被诠释出来。在这种理解之下,卦爻辞的弹性就会被充分地展现出来。

二、元亨利贞

在所有的卦辞中,也许"元亨利贞"是最被关注的一句。这一方面是由于它是位居《周易》之首的乾卦的卦辞,然后又以不同的方式出现在坤、屯、随、临、无妄、革等卦中。① 另一方面,在历史上关于它的解释是如此之多样而丰富,让读者有既兴奋又无所适从的感觉。现代的历史学者花费了很大的精力试图去还原这条卦辞的原义,看来也取得了比较一致的意见。与主张《周易》本为占筮之书的看法相应,对"元亨利贞"也倾向于从占筮的方向来了解。高亨《周易古经今注》有"元亨利贞解",颇有代表性。他主张元为大,亨通享,贞为卜问,元亨利贞即大享(祭祀),利于贞问之义,在现代学界很有影响。

对"元亨利贞"原义的探讨看起来是一个双面刃,它一方面摧毁了关于它的过于义理化的解释的历史真实,另一方面却也帮助我们了解

---

① 在坤卦是:"元亨,利牝马之贞。"屯卦是:"元亨利贞,勿用有攸往,利建侯。"随卦是:"随,元亨利贞,无咎。"临卦是:"临,元亨利贞,至于八月有凶。"无妄卦是:"无妄,元亨利贞,其匪正有眚,不利有攸往。"革卦是:"革,巳日乃孚,元亨利贞,悔亡。"

了《易传》在解释的过程中是如何扩大了卦爻辞的空间。原本一个普通的占筮文字一变而成为阐明天道或者伦理的根据。我们先来看一下《彖传》对乾卦的解释：

> 大哉乾元，万物资始，乃统天。云行雨施，品物流行。大明终始，六位时成，时乘六龙以御天。乾道变化，各正性命。保合太和，乃利贞。首出庶物，万国咸宁。

《彖传》的解释首先是针对卦辞的，并且兼顾卦辞和卦象之间的关系。元字出现在乾卦中，因此也就和乾结合构成了"乾元"一词，被赋予了不寻常的意义。如果我们相信元字在《周易》中的本意不过是一个表示程度的副词，或者只是表示一个开始的状态，再想想之后出现的"元气""元始"诸词，甚至于现代还流行的一元、二元的说法，就会发现这个变化的源头正在《周易》。《彖传》从"乾元"字中读出了"万物资始"，从而使"元"具有了万物本原的内涵。这种解读当然与乾卦和天的联系有关，因为在此之前，天曾经被看作是万物的根源和主宰。尽管如此，读者仍然不得不感叹于《彖传》作者的创造性阅读。正是这种阅读改变了卦辞的占筮向度，使之转向哲理的世界。有了对"元"字的这种解释，就等于为"亨利贞"的解释规定了方向。"亨"被阅读为乾元所创造的世界之亨通的状态，所谓"云行雨施，品物流行。大明终始，六位时成，时乘六龙以御天"。利和贞则被解释为万物各得其性命以及"并育而不相害"的太和局面。最后的八个字"首出庶物，万国咸宁"，则是对元亨利贞四个字的高度总结。

有了乾元，坤元就呼之欲出了。坤卦中的卦辞"元"与坤结合被解释为坤元，读者由此可以体会辞与象之间的紧密关系。《彖传》说：

> 至哉坤元，万物资生，乃顺承天。坤厚载物，德合无疆，含弘光大，品物咸亨。牝马地类，行地无疆，柔顺利贞。君子攸行，先迷失道，后顺得常。西南得朋，乃与类行。东北丧朋，乃终有庆。安贞之吉，应地无疆。

因为所处卦象的不同,虽然同样有元亨利贞的字样,但是解释起来却有很大的差别。坤元也是元,与乾元配合发挥着创造化生的作用。正如从卦象上来说乾坤两卦是六十四卦的基础,这里的乾坤二元也就成为整个世界的基础。但是在这二元的内部,主从的分别还是明显的。乾元资始,坤元资生;①乾元统天,坤元顺承天。乾元之后的亨是万物创造过程中的亨通,坤元之后的亨则主要体现为厚德载物的包容。相应地,利贞主要是在柔顺的意义上获得理解。从这些地方,我们一方面可以看到《彖传》对于卦辞的创造性解释,另一方面也可以看到辞对于象的依赖关系。这种依赖关系在历史上被称为"象辞相应"之理。

通过《彖传》对于"元亨利贞"的解释,易学提出了一个独特的宇宙生成论,我们可以称之为乾坤二元论。二元观念的提出,与《周易》独特的卦象结构无疑是一致的,从卦象上来看,六十四卦的基础正在乾坤两卦。但除了卦象以外,卦辞中的"元"字显然也发挥了直接的作用。正是"元"字具有的开始的意义,使得解释者比较容易把它与本原的观念联系在一起。此种二元的生成论肯定世界是由两种既根本又不同却可以互相配合的力量构造的,在二者的共同作用下,万物化生并各得其性命,并存在于一个太和的世界之中。值得提出的是,尽管后来"太极"成为宇宙论领域的重要概念,但《易传》中"太极"并不具有这种含义,它仅仅是八卦形成的根源。②在《易传》中占主要地位的就是乾坤二元的宇宙论,这不仅在《彖传》中有体现,其他的篇章也有类似的说法。《系辞传》对此多有论述,如"天地绥缊,万物化醇;男女构精,万物化生"以及"夫乾,其静也专,其动也直,是以大生焉;夫坤,其静也翕,其动也辟,是以广生焉"之类。

如果说《彖传》主要是从天道观的角度来解释元亨利贞,提出乾坤

---

① 《系辞》"乾知太始,坤作成物"之说与此全同。始与生的区别也见于《老子》,第一章提到"万物之始"与"万物之母",就有此类似的意义。

② 朱伯崑先生在讨论《易传》的时候特别强调此点,认为"在《系辞》中,太极是作为筮法的范畴而出现的"。见《易学哲学史》第一卷,第73页。

二元的宇宙论,那么《文言传》则偏重在人道的角度把它们诠释为君子的四德：

> 元者善之长也,亨者嘉之会也,利者义之和也,贞者事之干也。君子体仁足以长人,嘉会足以合礼,利物足以和义,贞固足以干事。君子行此四德者,故曰：乾,元亨利贞。

这里的论述和前引《左传》所记穆姜的说法有类似之处,或者受到那里的启发。① 但无论如何,我们都不能低估这段话的意义。如果说二元的宇宙论是通过卦辞进入易学的话,那么仁义等儒家一些核心的价值观念也是如此。"元"先是被解释为长,并和善联系在一起,于是和诸德之首的仁发生了关联。在这个解释方向之下,义、礼、固等与亨、利、贞的结合就是顺理成章的事情了。同时,由于这是针对乾卦的解释,也为仁义与天道的连接提供了可能性。② 不难发现,此处的解释进一步确认了仁在儒家思想中的核心地位。仁是元,是善之长,这是以易学语言表达的新理解,与孟子的以仁为人心之说有异曲同工之妙。此两者无疑有结合的契机,这契机就是共同的对仁之地位的体认。《文言传》似乎特别注重君德,"体仁足以长人",表现着儒家政治的理想,与孟子的仁政说也若合符契。仁的制度化则是礼,礼的精神在于"别",但这种"别"的目的并不是割裂人群和社会,恰恰相反,乃是要让它们畅通无阻。这一方面合乎先儒"礼之用,和为贵"的说法,(《论语·学而》)也可以与"亨"字亨通的意义相连接。更引人注目的是"利",《论语》、《孟子》都极力论述义利之辨,强调舍利取义,但《周易》的卦爻辞中,"利"字几乎是随处可见。《周易》因其原本占筮的性质,趋利避害的意味相当浓厚,充满着功利主义的精神。《文言》在解释的过程

---

① 朱伯崑先生说："其(指《文言》——引者注)对乾卦卦辞元亨利贞的解释,以此四字为四德,是抄录《左传》襄公九年穆姜对随卦卦辞的解释,个别字稍有出入。"见《易学哲学史》第一卷,第53页。

② 如《说卦》"立天之道曰阴与阳,立地之道曰柔与刚,立人之道曰仁与义"之语所示。

中，采取了以义释利的办法，提出"利者，义之和也"的说法，并进一步把"利"引向"利物"，从而足以与义协调起来。关于乾卦卦辞的"利"，《文言传》称赞道：

> 乾始能以美利利天下，不言所利，大矣哉！大哉乾乎，刚健中正，纯粹精也。六爻发挥，旁通情也。时乘六龙，以御天也。云行雨施，天下平也。

乾之利物是无可比拟的，其最终的结果则是"天下平也"。观此似乎更能了解"利物足以合义"的底蕴。对于"贞"字，《文言传》突出的是其固的意义，守正而不渝，大体相当于儒家重视的"信"的观念，《易传》认为这是君子立身行事的根本。

我们再简单地看一下《文言》关于坤卦的解释：

> 坤至柔而动也刚，至静而德方。后得主而有常，含万物而化光。坤道其顺乎！承天而时行。

这里很难发现在面对乾卦时几乎逐字加以解释的方式，"坤道其顺乎，承天而时行"的说法很合乎《象传》"乃顺承天"的精神，但是就其取向来说，《文言》更偏重在君子之德的方面，这与它对乾卦的解释是一致的。其对坤卦爻辞的理解更能体现这一点，内中充满着人道的教训，我们且举初六和六二两爻为例，《文言》云：

> 积善之家必有余庆，积不善之家必有余殃。臣弑其君，子弑其父，非一朝一夕之故，其所由来者渐矣。由辩之不早辩也。《易》曰"履霜，坚冰至"，盖言顺也。
>
> 直，其正也；方，其义也。君子敬以直内，义以方外，敬义立而德不孤。直方大，不习，无不利，则不疑其所行也。

总结《文言传》的解释，可以看出是采取了与《象传》不同的思路，元亨利贞被认为是君子的四德：仁、礼、义、固。如果考虑到固和信大略可以等同的话，我们很容易就想到两个可以用来比较的坐标。其一是孟子反复强调的仁义礼知,其二是由"仁义礼知信"所构成的五常观念。我们不妨对"信"在早期儒家中的地位稍加讨论,在《论语》中它当然是一个德目,但不算是核心的角色。如"信近于义,言可复也","言忠信"等。郭店竹简所代表的战国早中期的儒者,看来更重视"信"的观念,《六德》所谓的"六德"是指"圣知仁义忠信",《忠信之道》则专门论述忠信两德,认为"至忠如土,化物而不伐;至信如时,毕至而不结",并把忠信和仁义联系起来:"忠,仁之实也;信,义之期也。"《缁衣》二十余章中,约八章的内容都与信有关。比较起来,孟子对"信"似没有如此的看重。"大人者,言不必信,行不必果,唯义所在"(《孟子·离娄下》)之说,把"信"贬低在"义"之下。《尽心下》说"可欲之谓善,有诸己之谓信,充实之谓美,充实而有光辉之谓大,大而化之之谓圣,圣而不可知之之谓神",可知"信"在孟子的评价系统中处于较低的位置。但是《易传》在整体上把"信"看作是重要的品德,先看《系辞》中的如下说法:

> 《易》曰:"自天祐之,吉无不利。"子曰:祐者,助也。天之所助者,顺也;人之所助者,信也。履信思乎顺,又以尚贤也。是以"自天祐之,吉无不利也"。
>
> 神而明之,存乎其人;默而成之,不言而信,存乎德行。

更需要注意的是《易传》对于卦爻辞中出现的五十余次"孚"字的解释,基本上都是在"孚,也信"的方向上进行的。考虑到孟子只字不提《周易》,这种差别是可以理解的。

三、占辞的德义化

卦爻辞最基本的功能乃是说明卦爻象所显示的吉凶内涵。从其产生的背景上来考虑,此种吉凶的结果虽然不能说和人的努力完全无关,但是基本上决定于天或鬼神的意志。因此卦爻辞中很多与吉凶有关的判断是很直接而武断的,并不需要给出具体的理由。其中当然也有一些历史和生活经验以及人道教训,如泰卦九三爻辞"无平不陂,无往不复,艰贞无咎"之类,但从整体上来说,卦爻辞仍然很难说是哲理性的文字。从春秋时期开始,如前引穆姜解释"元亨利贞"的例子(《左传·襄公九年》),占辞已经开始了德义化的进程。《论语·子路》上记载孔子引用恒卦九二爻辞"不恒其德,或承之羞",来说明人该有恒德,显然已经使卦爻辞摆脱了其原来所从属的占筮体系。在之后出现的《易传》中,卦爻辞更明显地被哲理和德义化了。由于各传解释体例的不同,其哲理化的途径也稍有差别。《彖传》以象辞一体为中心,偏重从象之取义的一面来解释卦辞,注入了相当多的儒家价值。如其释泰卦卦辞"泰,小往大来,吉,亨"云:

  泰,小往大来,吉,亨。则是天地交而万物通也,上下交而其志同也。内阳而外阴,内健而外顺,内君子而外小人,君子道长,小人道消也。

泰卦的卦象是乾下坤上,乾为天,为阳,其义为健;坤为地,为阴,其义为顺。结合卦辞的"往来"字样,《彖传》就有了"天地交而万物通也"之说,并很顺畅地引出了"上下交而其志同也"。由天地而上下,等于从天道过渡到人道,从天道观过渡到儒家的政治哲学。此种哲学强调君民之间的沟通,而沟通的前提是亲君子而远小人。于是《彖传》又根据卦象乾上坤下提出"内阳而外阴,内健而外顺"之说,接下来又引申出"内君子而外小人,君子道长,小人道消"。由此来解释泰卦为什么是吉亨。

在解释爻辞的过程中,《文言》和小《象》在承认象辞相应的基础之上,都有化物为人、化位为德的特点。以乾卦为例,《文言》对爻辞曾经有数番的诠释,其一云:

  君子以成德为行,日可见之行也。潜之为言也,隐而未见,行而未成,是以君子弗用也。

  君子学以聚之,问以辩之,宽以居之,仁以行之。易曰见龙在田,利见大人,君德也。

九三重刚而不中,上不在天,下不在田,故乾乾因其时而惕,虽危无咎矣。

九四重刚而不中,上不在天,下不在田,中不在人,故或之。或之者,疑之也,故无咎。

夫大人者,与天地合其德,与日月合其明,与四时合其序,与鬼神合其吉凶。先天而天弗违,后天而奉天时。天且弗违,而况于人乎,况于鬼神乎!

亢之为言也,知进而不知退,知存而不知亡,知得而不知丧。其唯圣人乎,知进退存亡而不失其正者,其唯圣人乎!

从中可以看出,第一,爻辞中的龙被解释为君子或者大人;第二,这种解释处处呼应着爻辞在一卦中所处的位置,如九二是君德,九五则是君位。九三九四不着天地,虽经努力,仅得无咎而已。第三,就爻辞来说,其所述主要和位置有关,但《文言传》却在此基础上,突出了"德"的观念。如潜龙是德之未彰,飞龙是德之广大等。经过这样的解释,占筮的意味几乎荡然无存,爻辞演变成为说理性的文字。我们再来看看《象传》的说法:

潜龙勿用,阳在下也。
见龙在田,德施普也。
终日乾乾,反复道也。
或跃在渊,进无咎也。
飞龙在天,大人造也。
亢龙有悔,盈不可久也。

爻辞中当然也有一些哲理的气息,从潜龙勿用到亢龙有悔,描述龙随着位置的变化而面临的处境,体现了物极必反的法则。《象传》解释的特点在于,它把这种爻位和君子之德紧密地联系在一起。如以"德施普也"来解释"见龙在田",具有明显的化位为德的特点。

比较起来,《系辞传》因为其通论的性质,更可以脱离卦爻之象,而直接通过卦爻辞来发挥义理。如其释损卦爻辞"三人行则损一人,一人行则得其友"云:

> 天地絪缊,万物化醇;男女构精,万物化生。《易》曰"三人行则损一人,一人行则得其友",言致一也。

《象传》的解释很简单:"一人行,三则疑也。"一般把这看作是与该卦的卦象有关。① 但《系辞》完全可以摆脱这种束缚,于是一句简单的爻辞一变而成为阐发万物变化法则的文字。观察其解释的程序,首先是由三人损一人、一人得其友引申出数字二,然后再把数字二与天地、男女联系起来,最后再提出天地或者男女二者的结合是万物化生的根据。可以看出,解释的根据完全是出自文字的想象,与卦象无丝毫的关系。又其释节卦初九爻辞"不出户庭,无咎"云:

> 子曰:乱之所生也,则言语以为阶。君不密则失臣,臣不密则失身,几事不密则害成。是以君子慎密而不出也。

《象传》的解释是"不出户庭,知通塞也",算是中规中矩。与此相比,《系辞》由"不出户庭"联想到言语之"密",于是牵涉到君臣的关系,以及君子的品德,明显拥有更大的自由度。该传对于言语的问题一直是很重视的,因为言语往往联系到君主的政令。其释中孚卦九二爻辞也体现着此种精神:

> "鸣鹤在阴,其子和之。我有好爵,吾与尔靡之。"子曰:君子居其室,出其言善,则千里之外应之,况其迩者乎!居其室,出其言不善,则千里之外违之,况其迩者乎!言出乎身,加乎民;行发乎迩,见乎远。言行,君子之枢机,枢机之发,荣辱之主也。言行,君子之所以动天地也,可不慎乎!

---

① 损卦的卦象是兑下艮上,兑卦二阳一阴,艮卦二阴一阳。一般认为该卦由泰卦(乾下坤上)变化而来,三人指泰卦下卦的三个阳爻,乾变为兑,损一阳爻。此阳爻移至上九,坤变为艮。

《象传》的解释很简单,只是"其子和之,中心愿也"。《系辞》则由鹤鸣子和以及我爵尔靡引申出君子之言行与民的感应关系。这种解释方式很容易让人想起儒家阅读《诗经》时一再被强调的"比""兴"观念,它们显然都和对语言的理解有关。① 比被看作是比方于物,兴是托事于物,对物的描述实际上是指向人,而且不是一般的人。《系辞》虽然没有提到比和兴,但其理解方式是一致的。鹤之间的"鸣"与"和"被引申为君子言语和百姓行为之间的影响,于是从一句看起来像诗歌一样的的爻辞中发挥出儒家阐述君民关系的政治哲学。又如其释否卦九五爻辞"休否,大人吉。其亡其亡,系于苞桑"云:

> 子曰:危者,安其位者也;亡者,保其存者也;乱者,有其治者也。是以君子安而不忘危,存而不忘亡,治而不忘乱。是以身安而国家可保也。《易》曰:"其亡其亡,系于苞桑。"

《象传》的解释说"大人之吉,位正当也",明显偏重在爻位。《系辞》则直接从爻辞中发挥义理,结合"亡"和"系"字,阐明忧患的意识。此例甚多,随处可见,故不详举。

总结来说,尽管《彖传》、《象传》、《文言》和《系辞》解释《周易》的方法和途径有异,但在占辞的德义化和哲理化这个大方向上,它们却是殊途同归的。占辞的哲理化,一方面是《周易》哲理化的重要途径,另一方面也使得中国哲学的语言和意义更加丰富。譬如《周易》的卦爻辞和术语就顺势进入到古代中国哲学的语言之中,并占有重要的地位。

四、卦爻辞的弹性

是什么让《易传》的作者在面对卦爻辞时可以有如此巨大的解释空间?最重要的当然是态度,阅读的态度。儒家对于经典,阅读时的

---

① 比、兴观念系统的提出是在《毛诗序》中,但可以肯定的是,其在更早的时期已经存在。《五行》篇可以提供现成的例证。需要注意的是,这不仅仅是作诗的方法,更是读诗的方法。

敬畏与利用是并存的。由敬畏所以"述",因利用所以"作"。敬畏是敬畏其代表的深厚传统和无法绕开的问题,利用则是利用其显赫的身份和广阔的解释空间。就《周易》而言,伏羲、文王以及周公、孔子这一连串圣人的名字足以令人产生尊敬的感觉,孔子说君子有三畏,圣人之言是其中之一,包括《周易》在内的经典无疑是圣人之言的主体。但是更重要的还是问题,是否占筮之书并不重要,关键在于它有没有触及到人类生活中最核心的问题。譬如《诗》的重要是因为它触及到了"心"的问题,《礼》的重要是因为它触及到了行为的规范问题,那么《周易》为什么重要呢?很大程度上是由于它涉及到了天和人、天道和人道的关系问题,尽管是在占筮的形式之下。占筮的形式可以改变,通过重新阅读和解释的方式。但问题保留了,当然在保留的过程中也会发生某些变化。马王堆帛书易类文献中有一篇叫做《要》,很能够表现儒家面对《周易》时的态度,对我们这里的讨论很有帮助。该篇说:

> 夫子老而好《易》,居则在席,行则在囊。子贡曰:夫子他日教此弟子曰:德行亡者,神灵之趋;智谋远者,卜筮之蔡。赐以此为然矣。以此言取之,赐缗行之为也,夫子何以老而好之乎?

这段对话是否是历史的事实并不重要,重要的是对话要铺陈的主题。子贡提出的问题其实就是《周易》对于儒家而言的必要性问题,或者说,儒家为什么需要《周易》? 在一般的意义上,儒家的德行取向和《周易》的卜筮取向是完全相反的,似乎该对《周易》采取排斥的态度。可是孔子为什么会发生一个很大的转变,老而好《易》呢? 孔子的回答是:

> ……察其要者,不诡其德。《尚书》多阙矣,《周易》未失也,且有古之遗言焉。予非安其用也。

这里包含了三点:第一是察其要,不能偏离德,这是大的方向,模糊不得。第二是有古之遗言,说明孔子所重在卦爻辞。第三是非安其用,即不主张占筮。概括一下,就是摆脱其占筮的形式,从德义的角度对卦爻辞进行新的解释。这种阅读《周易》的作法是创造性的,因此引起了子贡的进一步质疑:

> 夫子今不安其用而乐其辞,则是用倚于人也,而可乎?

在孔子以及之前的时代,《周易》一直被看作是占筮的文献。但孔子的阅读是去占筮的,重点着眼于卦爻辞的玩味。子贡认为这也许是另类的不合理的做法。但是孔子的回答是值得重视的,他借助于历史的还原澄清《周易》的主旨。在他看来,《周易》的创作原本就不是为了占筮:

> 谬哉,赐!吾告汝,易之道……故易刚者使知惧,柔者使知刚。愚人为而不妄,渐人为而去诈。文王仁,不得其志,以成其虑。纣乃无道,文王作讳而避咎,然后易始兴也……

虽然在要紧的地方有阙文,但大意还是清楚的。文王作易的目的并不是占筮,而是成虑避咎,阐明"刚者使知惧,柔者使知刚"的易道。这就使《周易》从根本上摆脱了占筮的领域,因此也给德义的阅读找到了根据:

> 子曰:易,我后其祝卜矣,我观其德义耳也。……吾求其德而已,吾与史巫同涂而殊归者也。

虽然同样是面对《周易》(同涂),可是孔子(儒家)与史巫的态度是不同的(殊归)。后者把《周易》看作是占筮的经典,孔子则视之为德义的渊薮。在这种阅读态度之下,经典的解释空间被有效地打开,卦爻辞的弹性也就呼之欲出了。

不过这种弹性的释放还是需要一定的技巧和方法来配合。《易传》对于卦爻辞的解释,一方面是通过辞与象的连接来扩大辞的意义空间,另一方面刚好相反,通过赋予辞以独立地位的方式彰显其空间。就我们讨论的例子来说,对乾坤两卦卦辞中"元亨利贞"的解释,正是由于把卦辞与卦象联系起来,才顺理成章地引申出乾元和坤元的概念,从而进一步提出乾坤二元论。如果没有这种连接,单凭卦辞本身就很难做到这一点。事实上,在另外几个同样出现元亨利贞卦辞的卦中,解释就走向了另外的方向。如《彖传》释屯卦卦辞"屯,元亨利贞。勿用有攸往,利建侯"云:

> 屯,刚柔始交而难生。动乎险中,大亨贞。雷雨之动满盈,天造草昧,宜建侯而不宁。

又其释随卦卦辞"随,元亨利贞,无咎"云:

> 随,刚来而下柔,动而悦。随,大亨贞,无咎,而天下随时。随时之义大矣哉!

释临卦卦辞"临,元亨利贞,至于八月有凶"云:

> 临,刚浸而长,说而顺,刚中而应,大亨以正,天之道也。至于八月有凶,消不久也。

释无妄卦辞"无妄,元亨利贞"云:

> 无妄,刚自外来,而为主于内。动而健,刚中而应,大亨以正,天之命也。

释革卦卦辞"革,巳日乃孚,元亨利贞,悔亡"云:

> 文明以说,大亨以正,革而当,其悔乃亡。

综合起来看,元字都被释为大,贞为正,亨如字义故不另出。很显然,因为所系卦象的不同,对相同卦辞的解释也会不同。这种情形非常能够说明象辞的连接对于辞的解释而言所具有的复杂意义,也让我们更加了解所谓"观象系辞"四个字的微妙。

但是把辞脱离象来进行解释同样有扩大其意义空间的效果,帛书《周易》类文献基本上都具有此种倾向。以前述《要》篇中"非安其用而乐其辞"的叙述为主要的方向,包括《二三子问》、《易之义》、《缪和》、《昭力》在内都主要以卦爻辞为中心阐发易理,几乎不涉及到卦象的内容。这与通行本《易传》注重"象辞相应"的方式有比较大的区别。但《系辞》中也有和帛书类似之处,其云:

> 易有圣人之道四焉:以言者尚其辞,以动者尚其变,以制器者尚其象,以卜筮者尚其占。

这四种圣人之道也可以说是《系辞传》诠释《周易》的四个方向。"尚其辞"其实就等于给予辞相对独立的地位,即可以成为一个独立的被解释对象。衡之于该篇的内容,确实能够呈现出这个特点。辞的独立使得其摆脱了象的限制,从而可以更自由地挥洒文字的魔力。有了这个开始,其在后世的发展便是顺理成章之事。

第七章

《诗》学与经典诠释

第一节 出土文献与经典诠释

出土文献是指由考古发掘的途径所得到的古代文献,就早期①的情形来看,它们大多是随葬品,抄写在竹简或者丝帛上,所以又有竹书或者帛书的说法。在刚刚过去的20世纪,尤其是在后三十年,发现的出土文献数量惊人,而且年代有愈来愈早的趋势,②因此其重要性也越

---

① 这里的"早期"我指的是西汉中期以前的时期,读者当然了解,这并不是就出土时间而言,而是说出土文献本身所属的时代。鉴于20世纪出土文献数量巨大,种类庞杂,时间跨度长,为了讨论的方便,特别加上"早期"以限定资料的范围。

② 20世纪70年代初发现的马王堆帛书和银雀山竹简所在墓地的下葬年代是汉代初年,90年代的郭店竹简和上海博物馆藏竹简则发现于战国中期偏晚的墓葬中。

来越得到学术界的承认。① 这些文献既有可以和现存文献相对照者，又有已经失传很久的珍贵资料，对于从古文字、古文献到历史和思想史等的研究都有重要的价值，所以吸引了很多领域学者的兴趣。本文关于出土文献的讨论，如题所示，主要是着眼于经典诠释的角度。不过，本文并不想对出土文献与经典诠释的问题做一个全景式的叙述，而仅仅是集中在几个与古代经典诠释有关的问题上面。同时，考虑到儒家和经典诠释的密切关系，这里的讨论也只集中在儒家的范围之内进行。

一、讨论的两个背景

关于早期出土文献和经典诠释问题的讨论，可以有不同的方式和视角。考虑到这一时期学术发展的一般情形，我想把该问题置于如下的两个背景中来处理：第一，从中国古代经典诠释的大宗——经学的角度来看，这些出土文献主要处在经学的酝酿和形成时期，并直接为其在汉代朝廷的确立奠定了基础。第二，这同时也是一个"哲学的突破"时期，新的观念形态出现并取代旧的东西成为时代精神的代表，在这个过程中，经典的诠释占据着很重要的位置。

儒家的经典诠释传统与经学当然是密不可分。经学一般认为确立于西汉，其标志便是武帝接受了儒生董仲舒"罢黜百家，独尊儒术"的建议，设立"五经"博士，并置弟子员。② 可是要谈论经学的历史，我们就要回头追溯很多，可以一直延伸到孔子的时代。从孔子以《诗》、《书》、《礼》、《乐》教授弟子开始，到经学确立为止，可以看作是经学的

---

① 对出土文献价值的肯定并不就是自然或者必然的。马王堆帛书《易传》释文刚刚公布的时候，我去拜访张岱年先生。印象很深的是张先生的如下说法：出土文献，特别是在历史中佚失已久的内容，往往是不大重要的。因为重要的东西一定会流传下来。另外，传统文化和哲学的主流是在阐发现存文献的过程中形成和发展的。这话在一定意义上是合理的。但是文献的传或不传除了重要性的差异外，幸或不幸也是一个重要因素。

② 关于武帝是否真的实行了董仲舒的建议，学者还有不同的看法。参见王葆玹：《今古文经学新论》，北京：中国社会科学出版社，1997年，第192—237页。

酝酿和形成阶段。在这个阶段,儒家进行着一个把原有经典和新创价值互相诠释的工作。所谓的互相诠释是指,一方面从旧有的经典中寻找新创价值的根源,另一方面则是持续的把新创价值注入到经典之中。

无论是从年代上,还是从思想上,我们所讨论的早期出土文献都处在这样一个阶段。这些文献中有很多与经典诠释有关的内容,它们又主要集中在马王堆帛书、郭店楚墓竹简以及上海博物馆藏竹简中。① 马王堆帛书于1973年12月发现于湖南长沙马王堆三号汉墓中,据考古学家的介绍,该墓下葬于汉文帝前元十二年,相当于公元前168年。其中发现大量的帛书(近三十种)和少量的竹简(四种),目前已经发表一半左右。马王堆帛书涉及到的内容相当广泛,以《汉书·艺文志》的分类而言,包括了六艺、诸子、兵书、数术、方技等不同的方面。其与经学有关者主要集中在《周易》方面,包括经文和解释性的文字。② 《周易》经文最大的特点是卦序与通行本不同,较之通行本更有规律性。③ 解释性的文字则有六种,分别是:

  第一种:二三子。④

  第二种:易之义。

  第三种:系辞。

  第四种:要。

  第五种:缪和。

---

① 安徽阜阳双古堆汉墓出土的竹简中有《诗经》和《周易》,但因缺乏与经典诠释直接有关的内容,姑存而不论。

② 马王堆帛书《易传》文字参见据陈松长、廖名春的释文,载于《道家文化研究》第三辑,上海:上海古籍出版社,1993年。

③ 帛书六十四卦卦序的排列,上卦是按照乾、艮、坎、震、坤、兑、离、巽的次序,下卦是按照乾、坤、艮、兑、坎、离、震、巽的次序,绝无错乱。

④ 该篇原题《二三子问》,张立文先生指出,依据《缪和》、《昭力》命名之例,当去掉"问"字,名以《二三子》,此说可从。张说见其著:《帛书易传的时代和人文精神》,载于朱伯崑主编:《国际易学研究》第一辑,北京:华夏出版社,1995年,第71页。

第六种：昭力。

其中《二三子》与《周易》经文抄写在同一张帛上，另外几种则单独成卷。关于这些文献的写作年代，目前尚有不同的意见，大体上有战国中期、战国末期、秦汉之际或者汉初等说法。① 这是在现存的《易传》（即"十翼"）之外发现的最系统的解释《周易》的作品，对于研究"十翼"的形成以及早期《周易》的诠释具有重要的价值。

马王堆帛书中还有与《诗经》的解释有关的内容，这主要是指被称做《五行》的一篇。该篇多次引用并解释《诗经》的文字，在一定意义上可以看作是《诗》学作品。②

郭店楚墓竹简是指1993年在湖北荆门郭店一号墓中发现的竹简。根据考古学家的意见，该墓的下葬年代当为战国中期偏晚的公元前三百年前后。墓中竹简有八百多枚，其中经过整理的带字简七百三十多枚。这些竹简被整理者分为十多篇，其中属于儒家的有十三篇，而与经典诠释有关者主要是《五行》、《缁衣》、《唐虞之道》、《成之闻之》、《性自命出》、《六德》和《语丛》诸篇。这些文献处在孔子和孟子之间，对于先秦儒家的研究具有重大的意义。③

上海博物馆藏竹简系盗墓所得，最初由湖北流入香港，后由上海博物馆买回。其年代与郭店墓相近。其中《缁衣》与郭店基本相同，《性情论》大体同于郭店竹简中的《性自命出》，都与儒家的经典诠释活

---

① 关于此问题的详细介绍，可参见邢文：《帛书周易研究》，北京：人民出版社，1997年，第54—55页。

② 《五行》和《中庸》在有关的记载中都与子思有关，它们的另一个共同点是两篇文献都只称引《诗》而不及其他的经典。在这个意义上，两篇文章都可以看作是《诗》学的作品。二者相较，又以《五行》更突出。这方面的讨论，可参见拙文：《中庸与荀学、〈诗〉学》，载于北京大学传统文化研究中心编：《国学研究》第三辑，北京：北京大学出版社，1996年。以及《荆门郭店竹简与先秦儒家经学》，收入拙著《简帛思想文献论集》，台北：台湾古籍出版有限公司，2001年，第35—49页。该文还讨论了郭店竹简中与《尚书》和《乐》的解释相关的文献。马王堆帛书《五行》释文参见国家文物局古文献研究室编：《马王堆汉墓帛书》（壹），北京：文物出版社，1980年。

③ 郭店竹简释文参见荆门市博物馆编：《郭店楚墓竹简》，北京：文物出版社，1998年。以及李零：《郭店楚简校读记》，载于《道家文化研究》第十七辑，北京：三联书店，1999年。

动有关。《孔子诗论》当然更加重要,该篇包括完整或残缺的竹简二十九枚,约一千余字,是研究早期《诗经》学的重要资料。①

从经典诠释的角度来考虑,经学的确立意味着经典意义转化的初步完成。而此前的经学酝酿和形成时期,则正是通向此一完成的过渡。过渡阶段的经学有着更活泼和丰富的特点,这一方面是指形式上的,譬如不必受一些呆板的体例的束缚,另一方面也是指内容上的,由于没有通过政治或者学术权威确立的"正义",所以对同一部经典的诠释就呈现出丰富多彩的面貌。在这一阶段,我们可以看到那些古代的文献如何在持续的诠释之中脱离其原有的面貌,转化为儒家所需要的经典。这种转化并不仅仅是在同一个意义层次上进行的,它包含着"哲学的突破"在其中。

根据余英时先生的介绍,"哲学的突破"这个说法最早出现在马克斯·韦伯的著作中,后来在美国社会学家派森思(Talcott. Parsons)那里表述得最为系统。其说法大致如下:

> 在公元前一千年之内,希腊、以色列、印度、和中国四大古代文明都曾先后各不相谋而方式各异地经历了一个"哲学的突破"的阶段。所谓"哲学的突破"即对构成人类处境之宇宙的本质发生了一种理性的认识,而这种认识所达到的层次之高,则是从来都未曾有的。与这种认识随而俱来的是对人类处境的本身及其基本意义有了新的解释。以希腊而言,此一突破表现为对自然的秩序及其规范的和经验的意义产生了明确的哲学概念。从此希腊的世界不复为传统神话中的神和英雄所任意宰制,而是处在自然规律的支配之下了。苏格拉底、柏拉图、和亚里斯多德的出现是希腊的"哲学的突破"的最高峰。整个西方文明中,理性认知的

---

① 上海博物馆藏战国楚竹书释文参见马承源主编:《上海博物馆藏战国楚竹书》(一)(二),上海:上海古籍出版社,2001年。目前已陆续出版至第七册。释文另参见李零:《上博楚简三篇校读记》,北京:中国人民大学出版社,2007年。

文化基础由此奠立,哲学、科学以至神学都跳不出它的笼罩。
....

"哲学的突破"在中国表现的最为温和,因为中国的传统寄托在几部经书之中。此一传统经过系统化之后,在宇宙秩序、人类社会、和物质世界,几个方面都发展出一套完整而别具一格的看法。①

按照余英时的看法,派森斯因为对东方的了解不够,所以谈论中国和印度的部分不免失之笼统。但是,提到经书的作用总还是值得肯定的。余英时进一步说中国哲学的突破实际上是针对着诗书礼乐所谓的王官之学而来的,譬如孔子,一方面"述而不作",承继了诗书礼乐的传统,而另一方面则赋予了诗书礼乐以新的精神和意义。就后一方面说,孔子正是突破了王官之学的旧传统。②

"哲学的突破"的说法对于我们了解从春秋末期开始的古代中国思想的巨大变化而言是大有帮助的。虽然相对于其他的传统,你可以说它是温和的,但是终究是对更早的思想形态的突破。在这里,经典诠释的意义可以充分地显示出来。《诗》、《书》等作为更早的时代的产物,作为王官之学的一部分,在"哲学的突破"之后不仅没有被放弃,反而还能够保持崇高的地位,这就要归功于以儒家为主体的经典诠释的努力。正是由于诠释,经典才完成了意义的转化,从而获得新的持久生命力。

二、经典系统:和而不同

较之于其他的学派,经典对于儒家的意义是异乎寻常的。司马谈《论六家要旨》说"儒者以六艺为法",班固《汉书·艺文志》说儒家"游文于六经之中,留意于仁义之际",都强调了儒家与经典的密切关系。就

---

① 余英时:《中国知识阶层史论》,台北:台湾联经出版事业公司,1980年,第31—32页。
② 余英时:《中国知识阶层史论》,第32—33页。

早期儒家而言,所谓的经典,主要就是指司马谈和班固所说的"六艺",即《诗》、《书》、《礼》、《乐》、《周易》和《春秋》"六经"。

对于汉代人来说,"五经"或者"六经""六艺"是作为一个既成的概念接受下来的,同时接受下来的还有普遍的对这些经典意义的认识。但这其实是一个在历史中形成之物。如果我们把目光上溯到先秦,会发现"六经"系统有一个形成的过程。并且,这个概念的出现并不只是几部书简单的相加或者拼凑,而是一个诠释过程的结果。在这个诠释的过程中,每个经典分别被赋予某些特殊的意义,然后与其他经典连接为一个意义的整体。

从历史的角度来考虑,"六经"系统的构成似乎经历了几个步骤。首先是《诗》、《书》、《礼》、《乐》,它们在春秋时期就已经结合为一个整体,是贵族教育的主要内容。《左传·僖公二十七年》记载晋赵衰说:

说礼乐而敦诗书。诗书,义之府也;礼乐,德之则也。

这是目前所见最早的将"诗书礼乐"并论的例子。① 孔子看来是延续了这个传统,也主要拿这四部书来教授弟子,②当然,在理解上一定与前人发生了很大的差异。同时,《春秋》和《周易》也都进入了孔子的视野。③ 但是,看起来孔子最重视的还是"诗书礼乐",所以《论语》上总是讲"兴于《诗》,立于礼,成于乐",(《论语·泰伯》)"子所雅言,《诗》、《书》执礼,皆雅言也"(《述而》)。如果根据现存儒家文献的线索,《春秋》地位的突出应该与孟子有关,到了荀子,则有清楚的《诗》、《书》、《礼》、《乐》、《春秋》并列的文字。④《周易》加入到经典系统中一般认为要更

---

① 《礼记·王制》:"乐正崇四术,立四教,顺先王诗书礼乐以造士。春秋教以礼乐,冬夏教以诗书。"《王制》的创作虽然晚至汉初,但这段记载还是于古有征的。

② 《史记·孔子世家》:"孔子以诗书礼乐教。"此于《论语》中可以得到证明。

③ 根据司马迁在《孔子世家》中的记载,孔子因史记作《春秋》,晚而喜《易》。《论语》中可以发现孔子引用和论述《周易》的文字。

④ 《荀子·儒效》:"《诗》言是其志也,《书》言是其事也,《礼》言是其行也,《乐》言是其和也,《春秋》言是其微也。"

晚一些,因为孟子一字不及《周易》,荀子看起来也没有把它放在和《诗》、《书》等同样的位置上。很多学者把它推到秦火之后,而且有一个很好的理由:《诗》、《书》等此时被禁毁,但《周易》却因为是卜筮之书可以流传,所以便有很多儒者借助于《周易》来表达和发挥思想。按照这种描述,"六经"系统的出现被认为是秦以后的事情。但是,考古发现看来否定了这种曾经很流行的主张。

在现存文献中,"六经"之名最早见于《庄子》。《天运》篇记载:

> 孔子谓老聃曰:"丘治《诗》、《书》、《礼》、《乐》、《易》、《春秋》六经,自以为久矣……"老子曰:"幸矣子之不遇治世之君也,夫六经,先王之陈迹也,岂其所以迹哉?

此外,《天下》篇中也有如下的论述:

> 《诗》以道志,《书》以道事,《礼》以道行,《乐》以道和,《易》以道阴阳,《春秋》以道名分。

在讨论"六经"问题的时候,学者当然会注意到这些记载。但是,《庄子》这两篇文章由于属于外杂篇,所以一般认为是晚出的作品。甚至"六经"的字眼还成为论证《天运》晚出的证据。[①]《天下》篇的那段话也依据同样的思路被很多学者视为注文混入。[②] 总之,它们并不能成为先秦已经存在"六经"系统的证据。

不过,考古发现为理解"六经"系统的形成提供了新的线索。这主要是指郭店的竹简,其中虽没有"六经"之名,但两次出现了对这六部文献的叙述,一次见于《六德》,其中论述仁义圣智忠信六种德行,认为它们体现在《诗》、《书》等之中,其文曰:

> 观诸《诗》、《书》则亦在矣,观诸《礼》、《乐》则亦在矣,观诸

---

① 如张恒寿:《庄子新探》,武汉:湖北人民出版社,1983年。
② 马叙伦有此说,后人多从之,参见陈鼓应:《庄子今注今译》,台湾:商务印书馆,1999年,第877页。

《易》、《春秋》则亦在矣。

揣摩作者的语气，显然是由于《诗》、《书》等已经具备了崇高的位置，所以引用它们来作为支持"六德"的证据。另一次则见于《语丛一》：

《诗》，所以会古今之恃（志）也者；
[《书》]……者也；
《礼》，交之行述也；
《乐》，或生或教者也；
《易》，所以会天道人道也；
《春秋》，所以会古今之事也。

其中关于《书》的内容残破了。这里不仅有六种经典的名字，而且还有关于其中每一文献大旨的叙述。

《六德》和《语丛一》所提供的这两条资料虽然简略，却是很重要的，其意义是：第一，它表明至少在此时，六经已被作为一个整体来看待，并且与儒家的价值实现了初步的融合。譬如在《六德》中，这六部书被看作是包含着仁义圣智忠信六种德行。这标志着儒家以六经为代表的经典系统至少在战国中期已经初步完成，而不是现代学者通常以为的汉初。第二，仔细分析，《六德》与《语丛一》论述的角度并不相同，前者强调的是六经中包含着仁义圣智忠信六种德行，这是其同的方面。后者则重在论述六经各自的特点，也可以说是突出其不同的方面。《语丛一》的论述其实是结合着每一部经典内容的特点，而揭示出不同的诠释方向。譬如《周易》原本是卜筮之书，巫史通过一定的方式求得天或者鬼神的意志，以推断人事的吉凶。这里包含着沟通天人的意义，从这个角度来理解这里说的"《易》，所以会天道人道也"，就能够发现其间的联系。当然，这里"会天道人道"的意义，与巫史的沟通天人，显然不是一回事。但是，诠释方向依然会受诠释对象的影响，而不完全是随意的东西。

在现存文献中，关于六经的各有其用，却又互相配合，已经有很多

的记载。较早的除前引《庄子·天下》篇的文字外,《荀子》中也有述及,《儒效篇》云:

> 《诗》言是其志也,《书》言是其事也,《礼》言是其行也,《乐》言是其和也,《春秋》言是其微也。

《劝学篇》亦有语曰:

> 故《书》者政事之纪也,《诗》者中声之所止也,《礼》者法之大分,类之纲纪也。故学至乎礼而止矣。夫是之谓道德之极。《礼》之敬文也,《乐》之中和也,《诗》、《书》之博也,《春秋》之微也,在天地之间者毕矣。

在汉初的文献中则表现得更加明显。如《淮南子·泰族训》云:

> 五行异气而皆适调,六艺异科而皆同道。温惠柔良者,《诗》之风也;淳庞敦厚者,《书》之教也;清明条达者,《易》之义也;恭俭尊让者,《礼》之为也;宽裕简易者,《乐》之化也;刺讥辩义者,《春秋》之靡也。故《易》之失鬼,《乐》之失淫,《诗》之失愚,《书》之失拘,《礼》之失忮,《春秋》之失訾。六者,圣人兼用而财制之。

《史记·滑稽列传》云:

> 六艺于治一也。《礼》以节人,《乐》以发和,《书》以道事,《诗》以达意,《易》以神化,《春秋》以义。

《汉书·艺文志》亦云:

> 六艺之文,《乐》以和神,仁之表也;《诗》以正言,义之用也;《礼》以明体,明者著见,故无训也;《书》以广听,知之术也;《春秋》以断事,信之符也。五者盖五常之道,相须而备,而《易》为之原。

而最有名的说法则见于《礼记·经解》篇,其云:

> 孔子曰:入其国,其教可知也。其为人也温柔敦厚,《诗》教

也;疏通知远,《书》教也;广博易良,《乐》教也;絜静精微,《易》教也;恭俭庄敬,《礼》教也;属辞比事,《春秋》教也。故《诗》之失,愚;《书》之失,诬;《乐》之失,奢;《易》之失,贼;《礼》之失,烦;《春秋》之失,乱。

上引关于"六经"意义的众多说法之间,虽然有很多的不同。但有一点是共同的,就是突出六经各有各的用途,可以互相的配合。这种论断当然都是以一定的诠释为基础的。值得注意的是,我们也能发现与此有关的另外一种倾向。由于六经的诠释方向不同,更重要的是,诠释的承担者不同,因此还有扬此抑彼的倾向。以马王堆帛书《要》为例,其中有如下的文字:

《尚书》多阙矣,《周易》未失也。

作为解释《周易》的作品,这里对《尚书》表现出了某种程度的轻视,虽然其理由仅仅是《尚书》的残缺和《周易》的完整。《要》又说:

有君道焉,五官六府,不足尽称之;五正之事,不足以至之;《诗》、《书》、《礼》、《乐》不□百篇,难以致之。

这里存在着一个重要的缺文,或补"读"字,或补"足"字,无论如何,都有贬抑《诗》、《书》、《礼》、《乐》,抬高《周易》的倾向。

三、数与义

如前引余英时所说,哲学的突破在某种意义上是对传统王官之学的突破。这种突破最集中地表现在王官(王官之学的承担者)和以儒者为代表的诸子("哲学的突破"的承担者)对某些共同知识譬如所谓"经典"意义的把握上面。他们一方面分享着某些共同的东西,另一方面他们的理解又是如此不同,这给当时人的心理震撼一定是非常强烈的。相应地,在儒者的面前也摆放着重要的挑战:如何说明新的理解的合理性?毕竟,相对于这些经典而言,王官是先行者,因此他们也就代表着传统,并在整个社会中占据着心理的优势。就儒者而言,要改变这种理解的传统,就要解答存在于人们心目中的具有普遍性的疑问。

诸子学和王官学的承继关系在《汉书·艺文志》中被揭示得非常明显。所谓"儒家者流盖出于司徒之官"、"道家者流盖出于史官"等说法虽然受到现代学者的批评,①但是这并不能割断诸子学和王官学之间内在的联系。就事实而言,老子原本就是史官,孔子也有很多请教王官的记载。②可是如果由此说王官学和诸子学区别不大,就显然是进入了另一个误区。我们可以以《周易》为例来进行说明,在这方面,马王堆帛书提供了很好的讨论基础。

《要》是马王堆帛书《易传》中重要和引人注目的一篇。其中有关于孔子老而好易的记载,被认为是司马迁写作《孔子世家》时的一个材料来源。文中假托子贡和孔子对话,主要说明儒者理解的《周易》和巫史的不同。篇中有如下的文字:

> 夫子老而好易,居则在席,行则在囊。子贡曰:夫子它日教此弟子曰,德行亡者,神灵之趋。智谋远者,卜筮之蔡。赐以此为然矣。以此言取之,赐缗行之为也。夫子何以老而好之乎?

对话体在表达上的一个优势就是它可以通过提问者很方便地把问题直接地突出出来。在《要》篇设计的对话中,子贡充当了提问者的角色。问话中明显有两个对子即德行和神灵、智谋和卜筮,很显然,《周易》是被归入后一方的,与之相反的则是儒家强调的价值。问题本身就包含着作者的关注:《周易》作为卜筮之书,具有与儒家价值相矛盾的特点,可是孔子为什么会对《周易》发生兴趣,并且爱不释手呢?这个疑问虽然在文中仅仅以子贡提问的方式表达出来,却有着普遍的意

---

① 这种批评可以以胡适为代表,其著《诸子不出于王官论》,直接针对章太炎,并追溯到《汉书·艺文志》。见《胡适学术文集·中国哲学史》上册,北京:中华书局,1991年,第591—597页。
② 典型的如《史记》中有"问礼于老子"、"学鼓琴师襄子"等的记载。

义。也就是说,当你想利用一个旧有的材料来说明新的东西,并且这个材料已经被赋予了某种具体的意义,同时在人们心目中已经存有固定印象的情况下,新与旧的冲突是不可避免的。因此如何调和新与旧的冲突,也就是必须要做的事情。我们先看看孔子的回答:

> 君子言以榘方也。前祥而至者,弗祥而好也。察其要者,不诡其德。《尚书》多阙矣,《周易》未失也,且有古之遗言焉。予非安其用也。

这里给出了几个理由,如《周易》较《尚书》完整,同时有很多前人包含着哲理性的文字等,但最重要的似乎是最后的一句话,即"予非安其用也"。《周易》之用当然在卜筮,"非安其用"就是不把《周易》看作是卜筮之书,这显然和当时一般人的理解又发生了冲突。那么,为什么不用直接的方式表达自己要表达的思想,却偏偏要采用迂回又复杂的方式呢?《要》的作者显然有同样的疑问,子贡继续提问说:

> 赐闻诸夫子曰:逊正而行义,则人不惑矣。夫子今不安其用而乐其辞,则是用倚于人也,而可乎?

孔子对于《周易》,不是安其卜筮之用,而是乐其哲理之辞,这和传统的做法是相违背的。子贡似乎是觉得,这种做法并不符合"逊正而行义"的精神,因此会给很多人带来迷惑。可是孔子自有他的想法:

> 子曰:校(谬)哉,赐!吾告汝,易之道□□□而不□□□百姓之□□□易也。故易刚者使知惧,柔者使知刚,愚人为而不妄,渐人为而去诈。文王仁,不得其志以成其虑,纣乃无道,文王作,讳而避咎,然后易始兴也。予乐其知之□□□之□□□予何日事纣乎?

虽然由于缺文的大量存在,给我们理解这段话带来很多困难,可是我们还是能发现作者的一个解释方向。就是通过追究文王作易之用心的方式,来完成对"安其用"的超越。而文王作易之用心就表现在所谓的易道中。对于"孔子"而言,这才是《周易》中最重要的东西。如果仅仅执著于其卜筮之用,反而是忘记了根本。在《要》的作者看来,巫史代表的王官就是知用而不知本的人:

> 易,我后其祝卜矣,我观其德义耳也。幽赞而达乎数,明数而达乎德,又仁□者而义行之耳。赞而不达乎数,则其为之巫。数而不达于德,则其为之史。史巫之筮,向之而未也,好之而非也。后世之士疑丘者,或以易乎?吾求其德而已,吾与史巫同涂而殊归者也。君子德行焉求福,故祭祀而寡也;仁义焉求吉,故卜筮而希也。祝巫卜筮其后乎?

经过了前面的铺垫之后,这段话可以说是对巫史和儒者对待《周易》的不同态度的一个集中的叙述。"孔子"所象征的儒者是"观其德义"的,如果结合前面"乐其辞"的说法,也就是从《周易》的卦爻辞中引申出"德义"的内容,这正是儒家解释《周易》的一个重要方向。"孔子"极力强调其与巫史的区别,认为后者是以占筮为目的的,所以只是能够达到"幽赞"与"数"的层次。而儒者相信的是德行和仁义,他们之所以对《周易》发生兴趣,也只是因为其中有德行和仁义之道。

《要》篇上述的讨论,为我们了解先秦儒家经典诠释提供了一个活的化石。这里涉及到了很多与诠释有关的问题:譬如为什么需要诠释,诠释的目的,以及如何进行诠释等。这些问题实际上又是相关的,你并不能把诠释的意义、目的和诠释的方法截然分开。就一般的情形而言,诠释的最重要的目的乃是从诠释对象中寻找到你所需要的东西。这个东西看起来是诠释对象内在地具有的,诠释者的目的只是去发现它们。如《要》所说的"观其德义",好像是认为"德义"就在《周易》中,你只要"观"就可以了。但是为什么儒者可以"观"到,巫史就不能呢?在这个"观"的活动中,观察者(诠释者)充当着一个什么样的角色?

这个观察者可不是什么旁观者,他实际上是一个主导并参与的人。在诠释的过程中,诠释者与其说是从诠释对象中发现或者引申出什么东西,还不如说是给诠释对象"注入"些什么东西。之所以使用"注入"的说法,主要是受"注"字的启发,同时也部分地考虑到诠释者的意图一定程度上的外在性。在古代中国的解经方式中,"注"是很通行的一种。从字面上来讲,"注"有灌注的意思。在我看来,把解释经典的文字称为"注"是一个很形象的也很有意义的说法,说明"注"并不是简单的从属于注释对象之物,它同时也包含着主动的意义赋予。对于诠释对象而言,这种"注入"也可以看作是由旧的意义向新的意义的转化。旧的意义可以是指文献的作者最初要赋予文献的意义,或者是相对于后来的诠释的较早的诠释。新的意义则只存在于诠释者的理解中。旧与新的差异是必然的,其冲突也不可避免。在任何一个时代,都存在着经典旧意义的维护者,他们往往具有强大的势力。因此,新意义的代表(诠释者)面临着来自诠释对象的巨大压力。这种压力要求诠释者必须借助于某种诠释技巧或者方法,以证明其诠释的合法性。

就《要》提供的例子而言,这种诠释方法是以数和义(德)的区分为核心的。在这个区分中,较早的诠释者——巫史——被安放在"数"的层次,这代表着一个较低的诠释境界,与儒者"德"或者"德义"的诠释境界相对立。在这个对立模式中,巫史很显然是被矮化了。"数"可以让我们想起"数术"类的古代的技术,或者一些有形可见的形名度数,作为占筮著作的《周易》也确实和"数"有着内在的关联。[①] 与之相反,"义"则属于有形世界背后的无形的世界,和道、德等相连。数和义的区分可以看作是儒者想要突破已有意义的一个努力。在这个过程中,原有的意义甚至被看作是无意义的东西,我们可以称之为去意义化。从而,旧的文献就仅仅具有了材料的价值,可以"任意的"处置。

[①] 《左传·僖公十五年》记韩简云:"龟,象也;筮,数也。"其中龟指龟卜,筮指占筮。龟卜的基础在于象(即兆);占筮的基础在于数,因为象由数定。

我们可以先来看一下现存文献中有关"数"与"义"的讨论,就会发现这确实是一个普遍的诠释模式。《荀子·荣辱篇》称:

> 循法则、度量、刑辟、图籍,不知其义,谨守其数,慎不敢损益也,父子相传,以持王公……是官人百吏之所以取禄秩也。

"官人百吏"就是所谓的王官,其身份如《要》提到的巫史,荀子说他们是"不知其义,谨守其数,慎不敢损益"。拿这话去找王官们对证,他们肯定是不能服气。很显然,王官有王官的意义世界,有他们的诠释目的。但是,在新的诠释者面前,那些意义是不足以成为意义的。

数与义的对立在荀子这里与王官和君子的对立是一致的。《君道篇》说:

> 法者治之端也,君子者法之原也。……不知法之义,而正法之数者,虽博,临事必乱。……故械数者,治之流也,非治之原也。君子者,治之原也。官人守数,君子养原。

而《王霸篇》也有近似的说法:

> 若夫贯日而治平,权物而称用,使衣服有制,宫室有度,人徒有数,丧祭械用皆有等宜,以是用挟于万物,尺寸寻丈莫得不循乎制度数量然后行,则是官人使吏之事也。不足数于大君子之前。

这里处处可以看出君子在王官面前的傲慢,也是中国古代哲学的突破的一个缩影。王官代表着哲学的突破之前的意义世界,君子则是突破者。突破者的一个重要说辞就是他们是"义"的代表者,而王官只是知道"数"的人。

从经典诠释的角度来看,数与义的区分并不是一个意义有无的区分,而是一个由旧义到新义的转换。在这个转换中,新旧意义的载体保持着某种程度的连续性。但是如果我们认为这中间没有任何的变化,可就大错特错了。譬如巫史的《周易》和儒者的《周易》表面上看起来并无不同,但实际上却是改变了。这并不是说"诠释目的"的不同,这种不同是显然的。我指的是由于诠释目的不同,而导致的对诠释对象本身的态度的差别。王官们出于对"数"的执著,对文献是不敢损益的。可是儒者不同,因为对"义"的重视,所以仅仅把诠释对象看作是从属之物。于是我们就看到了从孔子就开始的对古代文献的整理和损益的工作,我们看到了马王堆帛书《周易》卦序的调整,我们还可以看到《礼记·缁衣》与郭店和上海博物馆藏竹简《缁衣》的结构差异。在这个过程中,诠释对象处在一种尴尬的位置上。看起来是受到尊崇,实际上又遭到贬抑。

四、有为之言与通论

在诠释的过程中,诠释对象和诠释者的距离是显而易见的。诠释对象作为一个在历史中生成之物,作为某个时间和空间中的创造物,曾经有其相对确定的功能和意义。这种意义经过长时期的流布在人们的心目中已经生根并固定下来。在这种情形之下,诠释者为了将新的意义注入到诠释对象中去,同时又照顾到"合法性"的要求,就需要运用很多的技巧来拉近诠释对象和诠释者的距离。其中的一种就是肯定诠释对象是有为之言,然后将其转化为通论。

"有为之言"的说法在现存文献中见于《礼记·檀弓上》,其中有如下的一段记载:

> 有子问于曾子曰:"问丧于夫子乎?"曰:"闻之矣。丧欲速贫,死欲速朽。"有子曰:"是非君子之言也。"曾子曰:"参也闻诸夫子也。"有子又曰:"是非君子之言也。"曾子曰:"参也与子游闻之。"有子曰:"然。然则夫子有为言之也。"曾子以斯言告于子游,子游曰:"甚哉!有子之言似夫子也。昔者夫子居于宋,见桓司马自为石椁,三年而不成。夫子曰:'若是其靡也!死不如速朽之愈也。'死之欲速朽,为桓司马言之也。南宫敬叔反,必载宝而朝。夫子曰:'若是其货也!丧不如速贫之愈也。'丧之欲速贫,为敬叔言之

也。"曾子以子游之言告于有子,有子曰:"然。吾固曰夫子有为言之也。"曾子曰:"子何以知之?"有子曰:"夫子制于中都,四寸之棺,五寸之椁,以斯知不欲速朽也。昔者夫子失鲁司寇,将之荆,盖先之以子夏,又申之以冉有,以斯知不欲速贫也。"

在这个故事性很强的叙述中,包含着一个很重要的思想,就是有为之言不足以为通论。孔子针对某种特殊情形所说的话,并不能成为一个一般性的道理。这段话有明显地抑曾子而扬有子的味道,因为曾子执著于夫子的有为之言,不能分辨其与通论的区别。有子则可以根据夫子他日的所为,一以贯之地了解孔子的想法。

如果把孔子的话(譬如"丧欲速贫,死欲速朽")看作诠释对象,曾子和有子看作是两个诠释者的话,那么这段话很容易就会和儒家的诠释传统联系起来。的确,诠释的工作有时候就是一个有为之言和通论之间的活动。也许表现的形式是不同的,有时候会以通论来否定有为之言,(其实也不仅仅是否定,确切的说,是解释)并借这种否定来突出通论的重要;有时候则要把有为之言转化为通论,使其具有普遍的价值和意义。但是,有为之言与通论的区别总是存在的。

在郭店竹简《性自命出》中,我们也发现了在类似意义上使用"有为"的文字,并直接地和经典诠释发生了关联。其云:

《诗》、《书》、《礼》、《乐》,其始出皆生于人。《诗》,有为为之也。《书》,有为言之也。《礼》、《乐》,有为举之也。圣人比其类而论会之,观其先后而逆顺之,体其义而节度之,理其情而出入之,然后复以教。教,所以生德于中者也。

这是一段应该引起特别注意的文字,不可轻轻放过。因为它是很难得的儒家关于自己如何诠释经典的说明。按照这里的说法,儒者承认《诗》、《书》等的"始出"都是"生于人",这话听起来没有什么深意,却值得仔细玩味。"生于人"强调的是《诗》、《书》等原来就是在某个时空中某些具体的人为应付具体的需要而作的东西,换言之,它们是具体和特殊的,而不是抽象和普遍的。"生于人"和"生于天"不同,"生于天"者是普遍的,譬如"性","四海之内,其性一也"。"生于人"者就不同。这就是后来反复出现的"有为"两个字眼。① 参照上引《礼记》中的内容,"有为"强调的正是那种特殊性而不是普遍性。

"有为之言"的属性和人们对经典的要求显然是有距离的。有为之言不足以为通论,而经典恰恰应该是可以提供"通论"的东西,是常道的载体。这就需要诠释。就《性自命出》而言,它提到了圣人诠释的工作,无论是"比其类而论会之,观其先后而逆顺之",还是"体其义而节度之,理其情而出入之",都明显地含有赋予"秩序"的意味。圣人把一些杂乱的具体的东西依照某种类别或者次序或者意义统合起来,节度和会通之,这样的话,秩序和意义也就被注入到那些原本杂乱和具体的文字中。从这段话最后特别提出"德"字来看,儒者想要注入的东西主要就是"德",以及作为"德"的表现的东西。

这里的描述仍然是粗略的,也许我们可以通过具体的例子来说明有为之言转化为通论的途径。以《孔子诗论》为例,其中有几支简数次提到《关雎》等七篇,按照我个人的理解,这些竹简似乎可以以如下的方式排列:

《关雎》之改,《樛木》之时,《汉广》之智,《鹊巢》之归,《甘棠》之保,《绿衣》之思,《燕燕》之情曷? 曰动而皆贤于其初者也。《关雎》以色喻于礼(10)……好,反纳于礼,不亦能改乎?《樛木》福斯在君子,不……(12)……可得,不穷不可能,不亦知恒乎?《鹊巢》出以百两,不亦有离乎? 甘……(13)……两矣。其四章则喻矣。以琴瑟之悦,凝好色之愿。以钟鼓之乐……(14)……及其人,敬爱其树,其保厚矣。《甘棠》之爱,以邵公……(15)《关雎》之改,则其思益矣。《樛木》之时,则以其禄也。《汉广》之智,则知不可得

---

① 此处的"有为"与道家著作中经常讨论的"无为""有为"并无干系。

也。《鹊巢》之归,则离者[也](11)[《甘棠》之报,美]邵公也。《绿衣》之忧,思古人也。《燕燕》之情,以其独也……(16)

《关雎》等七篇原来分属于《风》的不同部分,每一篇都有不同的意义。但在这里,通过反复的论述,原本独立的各篇似乎就被归入了一个由情和礼为中心而构造的意义整体,并成为这个整体的一部分。这里《关雎》七篇的论述模式,从形式来说,很类似于《系辞传》中的"三陈九卦":

> 是故履,德之基也;谦,德之柄也;复,德之本也;恒,德之固也;损,德之修也;益,德之裕也;困,德之辨也;井,德之地也;巽,德之制也。履,和而至;谦,尊而光;复,小而辨于物;恒,杂而不厌;损,先难而后易;益,长裕而不设;困,穷而通;井,居其所而迁;巽,称而隐。履以和行,谦以制礼,复以自知,恒以一德,损以远害,益以兴利,困以寡怨,井以辨义,巽以行权。①

自履至巽的九卦,以德为中心在这里被串联了起来。这是不是《性自命出》所说的"比其类而论会之,观其先后而逆顺之"呢?也许是。经过了这个工作,那些原本孤立而杂乱的内容就开始进入了一个意义的链条,并完成了从有为之言到通论的转换。

第二节 《孔子诗论》的意义

一、《孔子诗论》简介

上海博物馆所藏战国楚简中,有被命名为《孔子诗论》的一篇,因其内容的重要,颇受学者们的关注。根据整理者的介绍,《孔子诗论》

---

① 这段文字见于帛书《易之义》,其中巽作涣。

共包括完、残简二十九支,所存完整的一简简长达五十五点五厘米,现存一千余字。由于该部分内容的前后尚抄有其他的文字,且其间仅用墨钉区分,所以所谓的《孔子诗论》是否可以独立成篇,学者间尚有不同的看法。马承源说:

> 本篇(指《孔子诗论》)与《子羔》篇及《鲁邦大旱》篇的字形、简之长度、两端形状,都是一致的,一个可以选择的整理方案是列为同一卷。我们发现在《子羔》篇第三简的背面有卷题为《子羔》。其后可顺序排列的尚存七支简。从内容来看,《子羔》篇纯属子羔问孔子"三王者之作"。残存的最后一简在孔子回答了三王者之作问题后,子羔又提出了其他问题,但孔子作答的内容已残失,而残失数量未可估计。《鲁邦大旱》是孔子评论鲁国大旱乃是当政者刑与德的问题,其后二简还有孔子对子贡关于御旱灾的答问。《诗论》的第一篇(根据文意,"篇"当为"简"字,疑为笔误或误排)接抄在另一篇的文末:"……行此者其有不王乎?"此辞的语气既非对子羔、子贡,也非对鲁哀公的答问,因此,恐怕还有其他关联内容。而《诗论》则纯粹是评论《诗》,三者区别很是清楚。①

但参加过初期整理的李零则有不同的看法。"……行此者其有不王乎?"李零认为明显是属于子羔问三王者之作的内容,而且正是该部分内容结束时的总结之语。从语气上判断,这看起来是非常可能的。如果这样的话,在马承源所区分的《孔子诗论》和《子羔》之间,就不会有另外的某篇。李零也不同意卷题的说法,他倾向于认为被现整理者区分为三篇的内容都属于同一篇,这一篇原本就有名字,即《子羔》。因为无论是从竹简的形制,还是字体上来看,所谓的"三篇"都是一样的。另外,在这些内容之间,也没有发现通常所使用的分篇符号。相反,表

---

① 马承源:《上海博物馆藏楚竹书》(一),第121页。

示分章的墨钉则很明显。① 不过,这并不是说不可以根据内容在同一篇内进行进一步的区分。事实上,论《诗》的内容确实可以单独提出来讨论。这里暂时采用整理者所定的名称,以《孔子诗论》来指代这部分文字。鉴于竹简的编连问题非常复杂,学者之间的看法不一,这里暂时忽略该问题。但竹简至少可以分成几个主题相关的组,这是大家都可以承认的。所以我们先以主题组的方式对《孔子诗论》的内容进行初步的介绍和分析,然后再进行综合的讨论。

1.《关雎》组:

学者们普遍注意到了《孔子诗论》中有一个明显的集中论述《关雎》七篇的内容,目前共存有七支简,它们无疑可以被编入一个拼连组。至于如何排列相关的竹简,已知的意见并不相同。如果按照整理者所定的简号来描述的话,李学勤先生排列的顺序是:10、14、12、13、15、11、16。李锐同意李先生的看法。李零先生的做法与此差别很大,其顺序是:11、16、10、12、13、14、15。曹峰也给出了一个次序:10、14、12、13、15、11。② 多种意见的并存很能反映该工作的尝试和推理的性质。很显然,在不知道有多少支缺简,以及现存简残缺也很严重的情形之下,要复原固有的次序,找到一个大多数人能够接受的拼连,如果不是不可能的,也是非常困难的。这当然不是说对这个问题可以弃置不顾。其实,学术工作的意义正是在这里体现出来。真正重要的也许不是某一个具体的结论,而是讨论的过程本身。基于上述的想法,根据现存七支简提供给我们的线索,在学者们已有工作的基础上,我也尝试着分析一下《关雎》组的结构,并描述这七支简的相对次序。

首先可以讨论的是现存竹简中是否可以看出这一组的首简和末简。答案看来是积极的。简 16 应该可以看到该组的结束,因为它已

---

① 李零:《上博竹简三篇校读记》,第 7 页。
② 以上关于《关雎》组排序的各种意见,除李零说见前书外,均见于朱渊清、廖名春编:《上博馆藏战国楚竹书研究》,上海:上海书店出版社,2002 年。

经完成了对《关雎》七篇的论述,转到了其他部分的讨论,所以这无疑是该组最后的一支简。李学勤先生的排列明显的考虑到了这一点。简10:"《关雎》之改(止),《樛木》之时,《汉广》之智,《鹊巢》之归,《甘棠》之保,《绿衣》之思,《燕燕》之情,害(曷)?曰:动而皆贤于其初者也。"以提问的方式,揭示出要论述的《关雎》七篇的主题,而其他的简文都是围绕该问题进行的解释和发挥。将它看作是该组的开端,应该是合理的。我们看到,李学勤、李锐和曹峰的编排都体现着这样的理解。

这样的话,我们就基本确定了该组首简和末简的位置。到此为止的理解和李学勤先生是一致的,但问题在于其他简的位置和顺序。如我们看到的,简10的后部有"关雎以色喻于礼"的字样,后面虽然残缺不可知,但可以推测是依序来说明前面提出的问题。从这个角度来考虑,和简12相接是合理的。简12现保存18点5厘米,18个字,上下端均残,是论述《关雎》和《樛木》的。李学勤和李锐都以简14和简10相接,(后面再接以简12)当然是考虑到了简14也是讨论《关雎》的。但是,这种拼连可能面临两方面的问题。一是预设了整个的简14都是讨论《关雎》的,《孔子诗论》满简抄写大约有56字左右,这样的话,整个的简14,再加上简10的后部和简12上的前部内容,在第二层中讨论《关雎》的文字就差不多有80余字。根据李零先生的校读记,我们可以大体推测出《关雎》组讨论每一篇的字数,如简10上端保存完整,下端残缺约八九字左右,加上简12上端残缺的字数,以及还保存的字数,大约三十五字。简13和12的连接是不容置疑的,和简12类似,13也是上下端残破,其中已论到《汉广》和《鹊巢》。根据李零的补字,论《樛木》的有二十九字。论《汉广》的有二十二字。如果简14与简10相接,《关雎》的字数与讨论其他篇所用字数的差距太大,篇幅上明显不平衡。二是体例上的,简14论到了《关雎》的第四章,这种比较细节的讨论,和其他篇的讨论方式也不类。所以,将简14接到这里不大合适，应该另做考虑。

从简 16 向前来考虑，最可能与之相接的是简 11。简 16 涉及到《关雎》组的现存内容是："邵公也。《绿衣》之思，思古人也。《燕燕》之情，以其笃也。"作为该组的结束，它的论述正呼应着开始，并很简要的提出理由。从论《绿衣》和《燕燕》的体例看，"邵公也"前面应该可以补出"《甘棠》之报，以"的字样。以此类推，之前应该是以相同格式概括另外四篇意义的文字。简 11 的相关内容是：

《关雎》之改，则其思益矣。《樛木》之时，则以其禄也。《汉广》之智，则知不可得也。《鹊巢》之归，则离者

简 11 下端弧形完整，没有缺文。简 16 现存四十七点八厘米，五十字，下端完整，上端略有残缺。缺字当在六七字左右。这正好相当于论《鹊巢》和《甘棠》部分的缺文。

简 11"《关雎》之改"的前面，尚存有"情爱也"几个字，我觉得是和"《燕燕》之情"的内容有关。可以看作是某一层次论述的结束。它并非简 13 和 12 中所见到的那种结尾处使用的反问式的语气，所以不能和那里的讨论相混同。但可以考虑和简 14 和 15 的内容有关。简 14 是比较详细的关于《关雎》的讨论，简 15 则是关于《甘棠》的内容，也比较详细。它们也许可以看作是同层次的关于《关雎》组的论说。李零认为这两支简可以拼合为一支。如果这样的话，我们可以大体推测出这一层论述的规模。它们的位置无疑是在简 10、12、13 和简 11、16 之间。这样，《关雎》组现存几支竹简的相对位置大体是：10、12、13、14、15、11、16。其中有相当数量的缺简也是可以肯定的。《关雎》组拼连之后的样子大概是：

《关雎》之改，《樛木》之时，《汉广》之智，《鹊巢》之归，《甘棠》之报，《绿衣》之思，《燕燕》之情，曷曰动而皆贤于其初者也？《关雎》以色喻于礼(10)……好，反纳于礼，不亦能改乎？《樛木》福斯在君子，不……(12)……可得，不穷不可能，不亦知恒乎？《鹊巢》

出以百两,不亦有离乎? 甘……(13)……两矣。其四章则喻矣。以琴瑟之悦,凝好色之愿。以钟鼓之乐……(14)……及其人,敬爱其树,其褒厚矣。《甘棠》之爱,以邵公……(15)《关雎》之改,则其思益矣。《樛木》之时,则以其禄也。《汉广》之智,则知不可得也。《鹊巢》之归,则离者[也(11)《甘棠》之报,美]邵公也。《绿衣》之忧,思古人也。《燕燕》之情,以其独也。孔子曰:吾以《葛覃》得氏初之诗,民性固然。见其美,必欲反,一本夫葛之见歌也,则(16)

《关雎》组论述《关雎》到《燕燕》七篇,反复陈说,层层深入。在这过程中,每一层论说的语气并不相同。如第一层提出一字来概括每篇之义,揭出论题。第二层则开始详细申说,每篇并以反问语气结束,如"(《关雎》)不亦能改乎?""(《甘棠》)不亦知恒乎?"等。第三层看来更加细致,如关于《关雎》的讨论已经论到了篇中具体的章("其四章"),以下"琴瑟之悦"和"钟鼓之乐"都和篇中文字息息相关。第四层或许就是结语,呼应第一层的概括,并简述理由。这种论说的方式,在经典的解释中看来是经常使用的。可以做比较的是《系辞传》的如下一段话:

> 是故履,德之基也;谦,德之柄也;复,德之本也;恒,德之固也;损,德之修也;益,德之裕也;困,德之辨也;井,德之地也;巽,德之制也。履,和而至;谦,尊而光;复,小而辨于物;恒,杂而不厌;损,先难而后易;益,长裕而不设;困,穷而通;井,居其所而迁;巽,称而隐。履以和行,谦以制礼,复以自知,恒以一德,损以远害,益以兴利,困以寡怨,井以辨义,巽以行权。

这里三次重复的论述从履到巽这九卦,在易学史上称"三陈九卦"。模仿这个称呼,《孔子诗论》"关雎组"对《关雎》七篇的论述,可以称为"四陈七诗"。

值得关注的是顺序的问题。《系辞传》的"三陈九卦",从履到巽,都是按照通行本《周易》六十四卦的排列顺序,并无任何的紊乱。"四陈七诗",从《关雎》到《燕燕》,也是循着通行本《诗经》的次序。这说明当时传授经典的人对于顺序的问题是非常注意的。这一方面可以理解为对于传统的尊重,如我们知道的,无论是《周易》还是《诗》,都是旧有的文献,原本都有着一定的面貌和规模。《诗》的顺序,从吴公子季札到鲁国观乐时乐师的演奏次序来看,应该早就是如此的。对于"述而不作,信而好古"(《论语·述而》)的孔子及其后学而言,如果没有特别的理由,当然不能轻易的改变。另一方面,在传授和解释的过程中,内容的编序一定会成为关注的问题,因此会被赋予未曾有过的意义。典型的例子是《周易》的《序卦传》,另外后来的经学家常常会花很大的篇幅去解释某一经典为什么从某处开始,并说明其内容必须如此排列的理由,都属于类似的情形。

2. "民性固然"组:

简16以下,有几支简的连接看来也是可以成立的。这就是简24、20和18。这一组的关键词是"民性固然",其语气全部是孔子的自称,所以多用"吾"字。论述的篇目有《葛覃》、《甘棠》、《木瓜》和《杕杜》:

> 孔子曰:吾以《葛覃》得氏初之诗,民性固然。见其美,必欲反。一本夫葛之见歌也,则(16)以□薮之故也。后稷之见贵也,则以文武之德也。吾以《甘棠》得宗庙之敬,民性固然。甚贵其人,必敬其位,悦其人,必好其所为。恶其人者亦然。[吾以](24)[《木瓜》得]币帛之不可去也。民性固然。其吝志必又以输也,其言又所载而后入,或前之而后交,人不可干也。吾以《杕杜》得雀(20)……《木瓜》之报,以输其怨者也。《杕杜》则情,喜其至也。孔子曰……(18)

这里讨论的几篇诗都出自《国风》部分,"民性固然"的说法,提示的是一种读诗的方法。读者从诗中读到的是民性,如从《葛覃》中读到的是"见其美,必欲反",如人见文王武王之美,则思其祖后稷之德。从《甘棠》读到的是"甚贵其人,必敬其位;悦其人,必好其所为。恶其人者亦然"。这样的读诗,显然是超越了文字的层次,直指诗人之心。

3.《宛丘》组:

和《关雎》组类似,《宛丘》组见于简21、22和6。和《关雎》组不同的是,这里是以"孔子曰"开始,文中并有多个"吾……之"的字样。这部分讨论了《宛丘》、《猗嗟》、《鸤鸠》、《文王》、《清庙》、《烈文》等篇。其内容是:

孔子曰:《宛丘》吾善之,《猗嗟》吾喜之,《鸤鸠》吾信之,《文王》吾美之,《清[庙]》吾敬之,《烈文》吾[悦(21)之,《昊天有成命》吾□]之。《宛丘》曰:洵有情,而亡望,吾善之。《猗嗟》曰:四矢反,以御乱,吾喜之。《鸤鸠》曰:其仪一兮,心如结也,吾信之。《文王》曰:文王在上,於昭于天,吾美之。(22)[《清庙》曰:肃雍显相,济济]多士,秉文之德,吾敬之。《烈文》曰:亡竞维人,不显维德。於乎前王不忘,吾悦之。《昊天有成命》,二后受之,贵且显矣。讼(6)

李学勤先生认为这一组的讨论还应该包括《昊天有成命》。但如果认为简21和22可以连接的话,那么缺文的字数难以容纳关于《昊天有成命》的内容。简21目前长四十七点六厘米,上端完整,下端残,现存四十九字,其中合文一。简22为两段缀合,上段长三十八点四厘米,现存四十一字。下段长九点三厘米,下端完整,现存十字。两段之间可以补出两字。根据这批简一般的情形,简长多为五十六厘米左右,字数也约是五十六字,简21大概可以补出八字左右,简22可以补出三字左右,加起来是十个字的样子。可以肯定补出的字是"庙吾敬之,烈文吾悦",共八个字,基本上就是满简的规模。也就是说,并没有容纳论述《昊天有成命》内容的空间。另外,后面论述该篇的体例也与他篇不同,并没有"吾×之"的字样,从体例上来看,应属于另一部分的内容。所以,这段讨论的几篇依次出现在《陈风》、《齐风》、《曹风》、《大雅》和《周颂》,《周颂》中的几篇也是按照其在这部分出现的顺序排列。可以看出,这些诗篇在《诗经》文本中的顺序仍然得到了尊重。这和《关雎》组的情况是一致的。"吾善之"、"吾美之"等句法,明显突出的是诗歌在阅读者心中所唤起的情感。

4. 上下留白组:

这二十九支竹简中,有六支简的形制非常特别,与众不同。那就是在第一道编线的上面和第三道编线的下面都不抄写文字,上下留白。造成这种情形的原因目前尚不是很清楚,但李零特别提醒大家注意这种特殊的情形。整理者马先生也把它们编排在一起。李零认为它们应该放在这部分内容的最后,如果是这样的,一个可能的情形是,这批竹简由于事先已经编好,抄手在抄到后来的时候发现竹简会有余,所以临时决定要抄写的宽松一些,于是就出现了上下的留白。这也许完全是一个偶然事件,并无特别的意义。这一组文字和《宛丘》组的连接是显然的,第六简正是这种连接的过渡。该简的文字是:

> [《清庙》曰:济济]多士,秉文之德,吾敬之。《烈文》曰:乍竞唯人,丕显唯德。於呼,前王不忘,吾悦之。《昊天有成命》,而后受之,贵且显矣。颂

到"吾悦之"处,宛丘组已经结束。下面开始另外的讨论,从内容上来看,主要与受命的问题有关,这与简 7 有类似之处。李学勤和李锐都将这两支简相连,但李零的看法不同。考虑到残简的因素,我们可以暂时不下结论。

这一组中,简 2 与简 3,简 4 与简 5 的联系都是显而易见的。简 2 讨论颂和大雅,简 3 提到邦风,中间有一简应该是关于小雅的内容,现在遗失了。简 4 论邦风,简 5 有关于颂的论述,其格式完全一样,可以肯定是接续的讨论。中间论到雅的内容也遗失了一些。

> 曰:诗其犹平门与!贱民而逸之,其用心也将何如?曰:邦风是也。民之有戚患也,上下之不和者,其用心也将何如?(4)……

是也。有成功者何如？曰颂是也。《清庙》王德也，至矣。敬宗庙之礼，以为其本；秉文之德，以为其质；肃雍(5)……[王，予]怀尔明德曷，诚谓之也；有命自天，命此文王，诚命之也，信矣。孔子曰：此命也夫。文王虽欲已，得乎？此命也(7)时也，文王受命矣。颂，平德也，多言后，其乐安而犀，其歌绅而逖，其思深而远，至矣。大雅，盛德也，多言(2)……也，多言难，而怨怼者也，衰矣少矣。邦风其纳物也博，观人欲焉，大敛材焉，其言文，其声善。孔子曰：唯能夫(3)

这一组共由五支竹简构成，因为这些竹简上下均留白，所以又可以称为留白组。其内容和其他部分也有不同，主要是对于风、小雅、大雅和颂的认识。《诗》之分风、雅、颂几个部分，至少在春秋时期已然。《诗论》显然是要对《风》、《雅》、《颂》几个部分的区别进行解释。从上述的文字来看，这种解释可以分为两个部分，第一部分是着眼于其不同的用心，如《邦风》是"贱民而逸之"的心声，《小雅》是"民之有戚患也，上下之不和者"的心声，《颂》则是成功者的心声。这种理解的基础显然是"诗言志"的观念。另一部分则是着眼于其德的不同，并涉及到对乐歌等的评价。就其性质而言，与《左传》记载的季札观乐论乐有些相似。

5. 杂论组：

以上我们已经讨论了大约二十支竹简，余下的不到十支，其内容涉及到《诗》中的若干篇章，其形式都是以几个字来概括该篇的大旨，非常简洁明快。如：

如此。何斯诮之矣。离其所爱，必曰吾奚舍之，宾赠是也。孔子曰：《蟋蟀》知难，《仲斯》君子，《北风》不绝人之怨，子立不……(27)……《卷耳》不知人，《涉溱》其绝，《芣苢》士，《角幡》妇，《河水》知……(29)……恶而不闵，《墙有茨》慎密而不知言，《青蝇》知……(28)……《[君子]阳阳》小人，《有兔》不逢时，《大田》之卒章,知言而有礼。《小明》不……(25)……忠,《邶柏舟》闷,《谷风》负,《蓼莪》有孝志,《隰有苌楚》得而悔之也……(26)……《东方未明》有利词,《将仲》之言不可不畏也,《扬之水》其爱妇悡,《采葛》之爱妇……(17)

《十月》善諀言,《雨亡政》、《节南山》,皆言上之衰也,王公耻之。《小旻》多疑,疑言不中志者也。《小宛》其言不恶,少又佞焉。《小弁》、《巧言》则言谮人之害也。《伐木》□□(8)实咎于其也。《天保》其得禄蔑疆矣,巽寡德故也。《祈父》之刺,亦有以也。《黄鸟》则困天欲,耻其故也,多耻者其病之乎?《菁菁者莪》则以人益也。《裳裳者华》则□□(9)……

《鹿鸣》以乐始,而会以道交,见善而学,终乎不厌人。《兔置》其用人,则吾取(23)贵也。《将大车》之嚣也,则以为不可如何也。《湛露》之益也,其犹酡与?孔子曰:《宛丘》吾善之……(21)

这里所讨论的诗篇基本上是以《小雅》和《国风》为主。《诗论》基本上是用一句话、甚至一个字来概括一篇诗的意义,风格简洁明快。

二、诗无吝志

根据李零等的意见,《孔子诗论》的第一支简应该是:"孔子曰:诗无吝志,乐无吝情,文无吝言。"这个意见至少对于把握该篇文献的主旨来说是有帮助的。该篇的文字,大多在讨论某些具体的诗篇,只有这几句话是对于《诗》的综合性理解。其中"诗无吝志"尤其重要,句中"吝"的含义,以及和"隐"字的区别,饶宗颐先生有详细的说明:

> 隐是完全隐藏而不显露,吝是有所吝惜而保留。吝有所惜,故又训为啬。《老子》说:治人事天莫若啬。亡吝则无所惜,尽情尽意而为之,比隐更进一层。诗亡吝志者,谓诗在明人之志;乐亡隐情者,谓乐在尽人之情;文亡吝言者,谓为文言之要尽意,无所

吝惜。①

其实诗无吝志就是我们熟悉的"诗言志"之说的另外一种表述。众所周知,"诗言志"的说法比较早地见于《尚书·尧典》,在春秋战国时代颇为流行,如见于《庄子·天下》的"诗以道志",《荀子·儒效》的"诗言是,其志也"等。这种说法基本是着眼于作者的角度,以为诗是作者之志的表达。"诗无吝志"的说法,很显然也是在诗和志之间进行了连接。但比较起来,更偏重在阅读的角度。"诗无吝志"一方面肯定了诗是言志的,另一方面则要求读者或者解释者要把诗人之志充分地揭示出来。这也让我们想到孟子,《孟子·万章上》说:

> 故说《诗》者,不以文害辞,不以辞害志。以意逆志,是为得之。

仍然强调的是求诗人之志,而想要了解作者之志的话,孟子提出的办法是"以意逆志",即根据诗意来求诗人之志。要做到此点,阅读者就要"不以文害辞,不以辞害志"。读诗求取其志,看来这是儒家的共同认识。"不以文害辞"的说法,对于理解"文无吝言"是有帮助的。

从《孔子诗论》来看,诗无吝志成为其解诗的最根本原则。无论是对风、雅、颂区别的理解,还是对具体诗篇的解释,都重在发掘其志,至于其具体的写作背景、文字的训诂等都是被忽略的。其论风雅颂的区别,归结为不同人的不同用心,就是此方法的运用。同时能够体现该方法的,是对一些具体诗篇的理解。兹举如下的一段话为例:

> 《十月》善諀言,《雨亡政》、《节南山》,皆言上之衰也,王公耻之。《小旻》多疑,疑言不中志者也。《小宛》其言不恶,少又佞焉。《小弁》、《巧言》则言谗人之害也。《伐木》□□(8)实咎于其也。

---

① 饶宗颐:《竹简〈诗序〉小笺》,载于《上博馆藏战国楚竹书研究》,第231页。饶先生不同意一些学者把该句话释读为"诗无隐志,乐无隐情,文无隐意",以为应该是"诗亡吝志,乐无吝情,文无吝言"。所以讨论释吝字的理由和与隐字的区别。

《天保》其得禄蔑疆矣,巽寡德故也。《祈父》之刺,亦有以也。《黄鸟》则困天欲,耻其故也,多耻者其病之乎?《菁菁者莪》则以人益也。《裳裳者华》则□□(9)……

这段话共讨论到十三首诗,都见于《小雅》。按照《诗论》的认识,《小雅》的创作心态与"民之有戚患也,上下之不和者"有关。所以这里论到的诗,几乎都属于刺的一类。其论《祈父》,更是直接提到"刺",应该是后来以美刺论诗的滥觞。后来出现的《诗序》,以为《祈父》是刺宣王诗。《十月》即《十月之交》,《诗序》以为是刺幽王,郑玄认为是刺厉王。諀是訾的意思,其中多责备君主的文字。《雨无正》、《节南山》也都属于刺诗,《诗论》并不引用其中的文字,只是揭示其用心为"皆言上之衰也"。"王公耻之"的说法,应该就是"诗可以兴"的具体表现,王公读到此类诗,当会兴起"耻"的感觉。《小旻》中有"谋夫孔多""发言盈庭"的句子,《诗论》以为该诗是表现对言不中志的怀疑。《小宛》之讥用心婉转,《小弁》、《巧言》主要表现的是谗人之害。此类解诗直指人心,没有拖泥带水的感觉,读起来也相当地明快。

其实,就《诗》的阅读和解释而言,发掘诗人之志的过程同时也就是唤起读者之志的过程。《诗论》对此有相当的自觉。文中多次有借孔子第一人称的表达,来突出读者读诗所唤起的情感。如前面提到的《宛丘》组,"吾善之"、"吾美之"、"吾信之"等的说法突出的乃是读者阅读不同诗篇时引发的不同心志。之所以引发此种而不是其他的心志,当然与《诗》的文字所表达的诗人之志有关。譬如文中的孔子之所以以"吾善之"论《宛丘》,是因为其中的"洵有情""而无望";《文王》中有"文王在上,於昭于天",因此引起"吾美之"的感受。但诗人之志和读者之所感显然是不同的事情,不能混为一谈。

和诗无吝志相关的一个命题是乐无吝情。古代诗、乐的一体,这是大家都熟悉的事实。乐的内容,从表面上来看是声音与节奏。但究其实,却是人心与人情。诚如《乐记》所说:"凡音者,生人心者也。情动于中,故形于声。声成文,谓之音。"声音的节奏其实乃是情感的节奏。乐无吝情的命题,首先指出的是乐和情之间的内在联系。因此,随着情感的不同,乐也就会表现出明显的差异。对乐的理解,也要扣住情的主题。《诗论》的所重并不在音乐的方面,但对此仍然有涉及到。其综论风雅颂的部分,提到:"颂,平德也,多言后,其乐安而犀,其歌绅而逖,其思深而远,至矣。大雅,盛德也,多言(2)……也,多言难,而怨怼者也,衰矣少矣。邦风其纳物也博,观人欲焉,大敛材焉,其言文,其声善。"在颂的乐、歌和思之间,显然存在着内在的联系。安而迟的乐、绅而逖的歌,才能够和深而远的思匹配,这也就是音和心之间的内在关系。

三、德与礼

儒家对于《诗》的解释,在主张"诗言志"的同时,也强调"思无邪"的观念。思无邪之语本出自《鲁颂·駉》,孔子云:"诗三百,一言以蔽之,曰思无邪。"(《论语·为政》)以之为阅读《诗经》的基本原则。所谓的无邪,也就是把思引入到德和礼的方向,以德正志,以礼节情。作为儒家《诗》学传统的一部分,《诗论》在解《诗》的过程中,着力突出德和礼的观念,以为情志的统帅。其论《颂》和《大雅》,分别使用"平德"和"盛德"的字眼,就可以看出其以德为主的阅读角度。这个角度当然会渗透到对某些诗篇的理解,以第五简和第七简等为例:

> 《清庙》王德也,至矣。敬宗庙之礼,以为其本;秉文之德,以为其质;肃雍(5)……[王,予]怀尔明德曷,诚谓之也;有命自天,命此文王,诚命之也,信矣。孔子曰:此命也夫。文王虽欲已,得乎?此命也(7)时也,文王受命矣。

《清庙》是《颂》的首篇,本为祭祀文王之诗,其中有"於穆清庙,肃雍显相。济济多士,秉文之德"的字样。《诗论》以为该篇诗体现着王德,乃是德之极至。具体来说,其中有作为本的敬宗庙之礼,作为质的秉文之德等。《大雅·皇矣》有"帝谓文王,予怀明德",《大明》有"有命自天,命此文王",第七简的讨论就该涉及到这两篇和文王有关的诗。《诗论》使用了很有特色的"诚谓之也"和"诚命之也"句式,庞朴已经指出和《五行》篇有类似之处。"诚"字的使用,以及它和天及帝的关系,让读者想起《中庸》和《孟子》中"诚者,天之道"的说法。对这些诗句的重视,显然是要发挥以德配天的观念,并有赞美及为文王辩护的味道。文王乃是受命者,这是由天决定的无法改变的事实,和个人的意志无关。

从经典解释的角度来看,《诗论》对德的重视并不仅仅是解释者的主观意图,德的观念在《诗》的文本中就占有重要的位置。《诗经》形成的西周时代,也是德的观念兴起和流行的时期。反映在诗的文字中,就有很多和德有关的字样。但我们显然不能说《诗论》在这方面是被动的。它有意识地突出了这些和德有关的文字,如第六简:

> [济济]多士,秉文之德,吾敬之。《烈文》曰:乍竞唯人,不显唯德,於呼,前王不忘,吾悦之。

这里涉及到《清庙》和《烈文》两篇,诗中都有赞美德的句子,《诗论》把它们摘了出来,显示出这是解释者要强调的内容。比较而言,《小雅》诸篇多是上下不和的产物,刺的味道比较突出,《诗论》则用"寡德"来评论之。

抽象地谈论德毕竟有些空洞,于是至少从西周时期开始,人们就提炼出一些德目,用来具体把握德的内涵。《尚书》中有四德、九德、三德的说法,多偏重在政治的方面。《国语·周语》以忠、信、礼、义为四德;《中庸》有三达德之说,指的是知、仁、勇;《周礼·大司乐》提到六德,指中、和、祗、庸、孝、友;《大司徒》的六德指知、仁、圣、义、忠、和。郭店竹简有六德之说,指圣、知、仁、义、忠、信。这些文献所说的德目可以适用于普遍的生活领域。如果从德目的角度来看《诗论》,其中涉及到的有孝、知、忠、信、礼等。其论孝特别突出《小雅》中的《蓼莪》一篇,谓

"《蓼莪》有孝志"。我们知道,这是《诗经》中吟颂父母最感人的诗篇,其中"哀哀父母,生我劬劳"、"哀哀父母,生我劳瘁"、"无父何怙,无母何恃"、"父兮生我,母兮鞠我。拊我畜我,长我育我。顾我复我,出入腹我。欲报之德,昊天罔极"等文字充满了对于父母的热爱和感念,以及欲报之德而不可得的无奈。《诗论》评之以有孝志,是很准确的,同时也表现着儒家对孝的理解更突出其内心的一面。其论知则特举《汉广》为例,云"汉广之知,则知不可得也"。案《汉广》之诗,出自《周南》,其诗云:"南有乔木,不可休息。汉有游女,不可求思。汉之广矣,不可泳思。江之永矣,不可方思。"虽有乔木,而不可休;虽有游女,而不可求。如汉水之不可游泳,江水之不可行船。知其不可得,当然是明智的体现。早期儒家对于知是非常看重的,孔子经常是把仁和知相提并论。因此《诗论》在解《诗》过程中特别留意知的德行,并不意外。此外,如《鸤鸠》"其仪一兮,心如结兮"的说法,很容易让人联想到"信",引起孔子"吾信之"的感叹。《诗论》中还有"忠"字,可惜之前的文字残缺过甚,无法了解这是关于哪一篇的理解。

需要特别讨论的是礼。从西周以来,它一直是德的核心部分。作为维系社会政治、人群、和个人生命的基本秩序,礼成为儒家思想的一个重要支柱。如果考虑到《诗》本是周代礼乐文明的一部分,那么在《诗》的解释中突出礼的意义就是再自然不过的事情。《诗论》论《清庙》时说"敬宗庙之礼,以为其本",既是对该诗的解释,又是对礼尤其是宗庙之礼作用的理解。其论《小雅·大田》说:

《大田》之卒章知言而有礼。

该诗以四季的次序叙述农事活动,从耕种而收获而祭祀。其卒章是:"曾孙来止,以其妇子。馌彼南亩,田畯至喜。来方禋祀,以其骍黑,与其黍稷。以享以祀,以介景福。"叙述丰收之后以牛豕和黍稷祭祀祖先等的活动,被《诗论》认为是"知言而有礼"。这种对礼的重视渗透在对诸诗的看法之中。如:"吾以葛覃得氏初之诗,民性固然。见其美,必欲反其本。"所说正是礼之报本反始的精神。于是后文才有"后稷之见贵也,则以文武之德也"之说。"[吾以木瓜知]币帛之不可去也,民性固然。其隐志必有以喻也,其言有所载而后纳,或前之而后交,人不可干也",乃是对《木瓜》一诗的说明。该诗云"投我以木瓜,报之以琼琚","投我以木瓜,报之以琼瑶","投我以木瓜,报之以琼玖",一投一报,很容易让读者联想到礼的精神。周凤五说:"古者相见必以贽,《周礼·太宰》'币帛之式',郑注:'币帛,所以赠劳宾客者。'简二十七:'离其所爱,必曰:吾奚舍之？宾赠是也。'谓舍其所爱以为宾赠,所论与此有关,可以参看。简文论《木瓜》之朋友赠答,连类论及宾客币帛之不可废。"①币帛之不可去,即礼之不可去。《诗论》评《甘棠》云:"吾以甘棠得宗庙之敬,民性固然。甚贵其人,必敬其位;悦其人,必好其所为;恶其人者亦然",《甘棠》之诗,旧说以为美召公也,郑玄笺云:"国人被其德,说其化,思其人,敬其树。"于是《诗论》另有"甘棠之报"的说法。宗庙之敬与报,涉及到礼的根本。礼的本质不在于外在的形式,而是行礼者内心的真情实感。如孔子所说:"礼,与其奢也,宁俭;丧,与其易也,宁戚。"(《论语·八佾》)

情与礼的关系,乃是儒家思想中的重要内容。关于这个问题的思考,与《诗经》的解释是密不可分的。由于诗言志的特点,诗的世界首先是情感的世界。在《诗经》的阅读过程中,读者可以感受到无所不在的诗人的喜怒哀乐。但这种情感又不是放纵的,诚如《礼记·经解》所说:"温柔敦厚,诗教也。"这种温柔敦厚来自于礼对于情感的节制。《诗论》对诗的解释,一方面揭示其情感的世界,如《绿衣》之思、《燕燕》之情、《柏舟》之闷、《木瓜》之怨、《杕杜》之喜等;另一方面则是礼对于情的节制。最典型的是对于《关雎》的解说,《诗论》着意提炼出一个"改"字。这个改就是以礼改情,把爱的情感纳入到礼的秩序之中。"《关雎》以色喻于礼(10)……好,反纳于礼,不亦能改乎？"虽然有缺

---

① 周凤五:《〈孔子诗论〉新释文及注解》,见《上博馆藏战国楚竹书研究》,第162页。

文,但其意义是相当清楚的。色即是对美色的爱慕之心,将此心反纳于礼,此所谓改也。《诗论》特别提到的是该诗的第四章:

> 其四章则喻矣。以琴瑟之悦,拟好色之愿。以钟鼓之乐……(14)

由好色而至于琴瑟之悦、钟鼓之乐,显示的是一个由色进于礼的过程。在这里,琴瑟和钟鼓成为礼的象征。情而纳于礼,这是精神和心灵的提升,《诗论》以为是"其思益矣"。

四、《诗大传》的可能性

把《孔子诗论》放在经学史的角度来考察,会发现它是一部非常重要的《诗》学文献。就过去的材料来看,先秦时期儒家对于《诗经》的解释是很零散的,缺乏如《易传》解《易》般系统解释《诗》的作品。这似乎与《诗》的地位并不符合,《诗论》的发现,恰好填补了这个空白,让我们知道在战国时期就已经存在系统解释《诗经》的作品。这对于我们了解《诗》的传承,《诗》学传统的形成,以及一些重要《诗》学观念的来源,都有极大的帮助。

《诗》在早期儒家经典中的重要程度是众所周知的。"不学诗,无以言"(《论语·季氏》)和"兴于诗,立于礼,成于乐"(《泰伯》)的说法足可以显示出它的孔门学说中的根本地位。在后世称为"六经"的六部文献中,从《论语》的记载来看,孔子与其弟子们讨论《诗》的内容是最多的。与《孔子诗论》比较,这些讨论显得有些零散,但二者的联系还是显然的。如《阳货》篇所记:

> 子曰:"小子何莫学夫诗?诗可以兴,可以观,可以群,可以怨。迩之事父,远之事君,多识于鸟兽草木之名。"

这是孔子说《诗》的功用。在《孔子诗论》中,有如下的文字:

> 邦风其纳物也博,观人俗焉,大敛材焉。其言文,其声善。

《论语》中的"观"字,郑玄注云"观风俗之盛衰",就是这里"观人俗"的意思。"多识于鸟兽草木之名",也可以和《诗论》的"大敛材"以及"其纳物也博"相对照。这些都是明显的相似之处。需要进一步讨论的是"兴"的观念,郑玄注说是"引譬连类",好像讨论的是《诗》的作法,其实不然。这里的观、群和怨都与读诗有关,兴也不会例外。所以,"引譬连类"也应该说的是读《诗》的方法。如《八佾篇》记载的子夏和孔子论"巧笑倩兮,美目盼兮,素以为绚兮",从孔子的"绘事后素"到子夏的"礼后乎",就该是《诗》可以兴"之"兴"的表现。"兴"的观念,通过联想的作用,极大地拓展了《诗》义的空间。《诗论》对此是有体现的,比较典型的如前述的"民性固然"组,以甘棠得宗庙之敬,以木瓜得币帛之不可去也等。此种得的方式,就是兴。

《毛诗序》论诗有六义,除了风雅颂之外,还有赋比兴。赋是指直接地铺陈,比是比喻,兴是兴发。《诗论》很明确地提到了"喻"。其论《关雎》时说:

> 《关雎》以色喻于礼……其四章则喻矣。以琴瑟之悦,拟好色之愿。以钟鼓之乐……

喻就是比,在《诗论》看来,《关雎》的性质乃是"以色喻于礼",由表面的好色,来比喻实质的好礼。马王堆帛书《五行》把这称为"喻而知之","喻之也者,自所小好,喻乎所大好",如以思色之情比喻好礼之心。比也可以称拟,如"以琴瑟之悦,拟好色之愿"。在这样的阅读原则之下,《诗》的文字就不再是凝固的,而成为流动的东西。譬如《关雎》的文字,从表面上来说是讲男女相悦的,但在比喻的原则之下,就可以引申为对于礼的追求。这些内容,可以看作是阅读和解释《诗经》的基本方法。

关于这篇文献的性质,整理者的态度似乎从"诗论"的命名中便可以看出一些。也许在整理者那里,只是取"论"字最平常的意义,并没有太多太深的考虑。不过若考虑在战国的时期,"论"应该被看作是一种作文体裁的话，就确实值得慎重对待。读者在战国的文献中很容易就可以发现各种以"论"名篇的东西，典型者如《庄子》的《齐物论》，《荀子》的《天论》、《礼论》、《乐论》，《吕氏春秋》的《六论》，以及慎到的"十二论"等。一般来说，"论"似乎是以发挥己意为主，并有较强的系统性，因此也不依附于其他的典籍。与之相比，"传"似乎有着传述的意味。这一方面是传述较早的说法，另一方面是传述更权威的典籍（譬如经）的意思，所以总和某种"经典"发生联系。从这个意义上来讲，《孔子诗论》确实不大象"论"，称之为"传"也许更恰当一些。徐复观曾经推测，"先秦本有一叙述诗本事并发挥其大义之传，为汉初诸家所共同祖述，而不应强分属于某一家。"① 这个推测看来是非常有道理的。也许我们可以在此基础上更进一步，承认先秦时期或许不只存在一部叙述诗本事及发挥其大义的传，而是有多种。就如同《春秋》有着《公羊》和《谷梁》等不同的传统，或者《周易》也有不同的解释派别与倾向。这样的话，我们就不必把《孔子诗论》看的太死。当然，《孔子诗论》并没有叙述到诗本事，基本上属于发挥《诗》之大义的文献。其中"诗无吝志"是对《诗》之根本性质的理解，德和礼是其解释的基本方向，观、兴和喻等是其一些基本的阅读和解释方法。《诗论》还包含着对于《诗》之结构的看法，并抽取约六十篇左右的诗进行评论，以配合其对于《诗》的整体把握。

　　从比较的意义上来考虑，《诗论》和解释《周易》的《系辞传》是类似的。我们知道，《系辞传》一方面通论《周易》的大义，另一方面又选择出若干的卦，就卦象和卦爻辞等进行讨论；其中也出现很多"子曰"开头的文字。《诗论》同样是通论《诗》的大义，并选择若干的诗篇说明其意义，文中多见"孔子曰"开头的内容。司马迁引用《系辞传》文字的时候称之为《易大传》，以此例之，《孔子诗论》或许可以称之为《诗大传》。有学者主张《诗论》应该称为"古《诗序》"，但从体例上来看，《诗序》重

---

① 徐复观：《两汉思想史》，第三卷，上海：华东师范大学出版社，2001年，第8页。

在解释诗篇的顺序,并按照这种顺序来说明每首诗的创作背景等,《孔子诗论》的体裁显然与此有很大的差别。

第三节 《五行》与《诗》学

《五行》篇最初发现于马王堆汉墓中,抄写在帛书之上,由经和说两部分构成。后来,在郭店竹简中又发现约略相当于"经"部分的内容。原来的文献并没有发现篇名,整理者根据内容名之为《五行》,为大家所普遍接受。该篇的发现,在思想史上具有重要的意义。一个直接的意义就是明确了《荀子·非十二子》在批评子思和孟轲时所说的"案往旧造说,谓之五行"中的"五行"的内涵,并且基本上确定了这篇文献和子思学派之间的关系,直接推动了学术界关于思孟学派以及早期儒学的研究。其实,从经学的角度来看,《五行》篇还是一篇比较典型的《诗》学文献。①

从经典解释的角度来看,《五行》篇的一个重要特点是其与《诗经》的关系。该篇多次引用《诗经》的文字,却绝不涉及到其他的经典,足见这并不是一个偶然的现象。郭店《五行》之引用《诗经》,共有如下的七例:

1. 未见君子,忧心不能惙惙;既见君子,心不能悦。亦既见之,亦既觏之,我心则□,此之谓也。

2. 淑人君子,其仪一也。能为一然后能为君子,慎其独也。

3. □□□□,泣涕如雨,能差池其羽,然后能至哀,君子慎

---

① 美国的王安国(Jeffery Rigiel)教授比较早地讨论过《五行》对《诗经》的解释,见"Eros, Introversion, and the Beginnings of Shijing Commentary," *Harvard Journal of Asiatic Studies* 57.1 (June, 1997), pp143—177.

其□□。

4. 明明在下，赫赫在上，此之谓也。

5. 文□□□□□于天，此之谓也。

6. 不强不絿，不刚不柔，此之谓也。

7. 上帝临女，毋贰尔心，此之谓也。

其中第一例见于《召南·草虫》，原文是："未见君子，忧心忡忡。亦既见止，亦既觏止，我心则降。"第二例出自《曹风·鸤鸠》："鸤鸠在桑，其子七兮。淑人君子，其仪一兮。"第三处出自《邶风·燕燕》："燕燕于飞，差池其羽。之子于归，远送于野。瞻望弗及，泣涕如雨。"第四例和第七例都见于《大雅·大明》。第五例出自《大雅·文王》："文王在上，於昭于天。"第六例见于《商颂·长发》。就竹简《五行》引用《诗》的形式来看，其特点是很明显的。第一，并不称引"诗云"或者是"诗曰"，而是在行文中直接引入《诗》句。给人的感觉是作者对于《诗》非常熟悉，因此有得心应手随手拈来的味道。如果从文献比较的角度来看，即便是马王堆帛书《五行》，也在引用的部分《诗》句前面增加了"诗云"或者"诗曰"的字眼。其他的文献如《孟子》、《荀子》就更是如此。这种情形或许表明该篇文献的作者或作者群和《诗经》之间的特殊关系，以至于不需要指出这是《诗》的文字。第二，引用诗句之后即以"此之谓也"作结，这种形式广泛地见于各类文献对经典的称引中。此种形式，具有把引用的经典纳入到某个意义或语境中去的作用。换句话说，《诗》句在原来文本的意义和在此语境中的意义之间或有相当大的距离。严格地说，这不是以《诗》为主的解释，而是引用诗句以证成某种意义。第三，同样引人注目的是，《诗经》的文字以某种变化的方式直接地进入到《五行》的文本之中。如："未见君子，忧心不能惙惙；既见君子，心不能悦。""未见君子，忧心不能忡忡；既见君子，心不能降。"显然是化"未见君子，忧心惙惙；既见君子，我心则悦"和"未见君子，忧心忡忡；亦既见止，亦既觏止，我心则降"而来。这样的情形仍然暗示出该文献和《诗经》之间非同一般的联系。第四,就《风》、《小雅》、《大雅》和《颂》部分的比例而言,《五行》的引用显然更偏重在《大雅》和《颂》的部分。这和其他的儒家文献之间有着某种相似性,显示出《大雅》和《颂》在《诗经》中的特殊地位。从《孔子诗论》来看,儒家的《诗》学对于《诗经》各部分的价值确实有不同的评价,其中《颂》和《大雅》分别被冠以"平德"和"盛德"。第五,其引《诗》仍然是采用断章取义的形式,并不大考虑其在原来文本脉络中的含义。这种方式无疑增加了《诗》句意义的灵活性。

与竹简《五行》相比,就引用《诗》的情形而言,帛书《五行》经的部分虽说大致与之是相同的,但在一些细节上却表现出了很大的差异。首先是"《诗》曰"字样的增加,在上述 1、5、6、7 四例中,引用《诗》句前都有"诗曰",以显示这是引用的《诗》的文字。但在 2、3、4 三例中,之前仍然没有任何的提示。其次,在前三例中,帛书《五行》经的部分引用的《诗》句明显多于竹简,我们且把帛书这几例引《诗》的情况描述于下:

  1.《诗》曰:未见君子,忧心惙惙。亦既见之,亦既觏之,我□□悦。此之谓也。

  2. 鸤鸠在桑,其子七氏(兮)。淑人君子,其仪一兮。能为一,然后能为君子,君子慎其独[也]。

  3. 燕燕于飞,差池其羽。之子于归,远送于野。瞻望弗及,泣涕如雨。能差池其羽然[后能]至哀,君子慎其独也。

竹简和帛书《五行》在文本上的差异当然不止于此,比较典型的如帛书多出了"说"的部分,以及中间一大段论述顺序的不同。有经无说比较容易解释,因为"说"明显是后起的解释性的文字。至于两者某些论述顺序的不同,学者的理解就有差异。譬如有错简说和人为调整说两大类,而在人为调整说中,如何估计这个调整的性质,也存在着争议。在我看来,这种不同当然不能简单地用错简来解释,它牵涉着编者对于某些观念的重要理解,譬如圣智和仁义礼的关系。如果以此为参照的话,帛书《五行》"诗曰"和某些文字的增加应该也属于有意为之。①这种有意为之一方面可能更符合当时流行的引经据典的模式,另一方面也让经典有了更丰富地被解释的空间。

当我们把《五行》视为《诗》学文献的时候,帛书《五行》"说"部分的重要性就变得非常突出。经文对于《诗》的引用是比较简单的,但在"说"之中,《诗》和文本之间的意义联系得到了比较充分地揭示。以"鸤鸠在桑"句为例:

鸤鸠在桑,直之。其子七也,鸤鸠二子耳,曰七也,兴言也。□□□□,其□□□。□人者□□者,义也。言其所以行之义之一心也。能为一然后能为君子,能为一者,言能以多为一;以多为一者,言能以夫五为一也。君子慎其独,慎其独也者,言舍夫五而慎其心之谓□。

首先要指出的是,从《诗》学的角度来阅读《五行》说的内容,要注意区分几个层次:第一是《诗》的引用,第二是经部分对《诗》句的理解,第三是说部分对经之理解的解释。换句话说,说部分并不是在直接地面对《诗》句,而是通过经部分的理解来间接地面对。文中"直之"的说法在"说"的部分出现多次,如庞朴指出的:"当系彼时训诂术语,即文意自明、毋庸赘言之意。"②该句的意思确实比较显豁,不需要多加解释。比较费解的是"其子七也,鸤鸠二子耳,曰七也,兴言也。"似乎"说"的作者认为鸤鸠只有二子,之所以说"其子七也",完全是"兴言也"。我们知道,"兴"是一个典型的《诗》学术语,其与"比"的区别在于,比是"比方于物",而"兴"是"托事于物",以此物而引出彼事。《毛诗》多以兴来

---

① 竹简《五行》应该是更原始的文本,这不仅是因为它出土的年代更早。从引用《诗经》的形式来看,"诗曰"的出现显然应该被理解为后来的增加,而不能把竹简无"诗曰"的文本看作是有"诗曰"文本的删除。

② 庞朴:《竹帛五行篇校注及研究》,台北:万卷楼图书有限公司,2000年,第41页。

解诗,其释《鸤鸠》首句就认为是"兴也"。"□□□□,其□□□。□人者□□者,义也。言其所以行之义之一心也。"根据上下文和文意,补上缺字后此句话该是:"淑人君子,其仪一也。淑人者仪,仪者义也。言其所以行之义之一心也。"以仪为义,从郑笺开始,就是后来《诗经》解释者普遍接受的理解。其仪一也,在这里被理解为行义一心,又被称为"能为一也"。能为一然后能为君子,而所谓"能为一"的表现,就是以多为一,具体而言,则是以五为一。所谓的"五",在这里当然指的是五行,以五为一,也就是五行之和,即五行皆形于内。于是,我们也就发现了"其子七也,鸤鸠二子耳,曰七也,兴言也"说法后面所包含的数字游戏,在帛书《五行》说的作者看来,二子而曰七,其中相差的数字五正是为了"兴"起五行之说。五行之和、以五为一的实现,当然是要归结到一心,于是就有慎其独的说法。慎其独即是慎其心,在这个时候,五行不再是五个东西,而是一心的呈现。这就是德,就是天。

我们再来看一下其对"燕燕于飞"句的解释:

> 燕燕于飞,差池其羽。燕燕,兴也,言其相送海也。方其化,不在其羽矣。之子于归,远送于野。瞻望弗及,泣涕如雨。能差池其羽然后能至哀,言至也。差池者,言不在衰绖。不在衰绖也,然后能至哀。夫丧,正绖修领而哀杀矣,言至内者之不在外也。

该诗的主题与送别有关,因此,"燕燕于飞"句被看作是兴,以引出送别的场景和心情。"言其相送海也",海读为晦,是指相送而至于不见,即瞻望弗及的意思。差池其羽是说羽毛杂乱无序,未加修饰。在《五行》看来,诗之所以如此地描述此点,就在于表达相送之时的心情。当一个人的心完全沉浸在送别的悲伤中时,是不会在意其衣服的整齐与否的,就像燕子的差池其羽。因此,差池其羽乃是内心悲哀之至的体现。如同丧礼之时,作为丧服的衰绖固然重要,它们是悲哀的表现,但最重要的却不是衰绖。当衰绖成为关注的重点,有亲丧者忙于正绖修领的

时候,其悲哀的心情就会受到影响而减损。因此,内心真正悲哀的表现,乃是对于衰绖的忽略。所谓"至内者之不在外也",

以上的两例引诗和对于诗的解释,包含着丰富的《诗》学内涵。首先是《诗》的做法和读法,两次出现的"兴"的说法,显示出这是一种成熟地理解《诗》的文字的态度。孔子说"诗可以兴"(《论语·阳货》),《诗》可以唤起人们的丰富联想和感受。在这个时候,《诗》的文字甚至字面的意义,都可以被看作是引子。这个引子和阅读者的心灵结合,可以化出阅读者最关注的问题,如孔子和子夏读"巧笑倩兮,美目盼兮,素以为绚兮"时引申出的"礼后乎"(《八佾》),以及在上述后一例中出现的有关丧礼的问题。其次,不可否认的一点是,文字仍然发挥着重要的作用。正是由于诗句中的"淑人君子,其仪一也",才会给解释者提供机会围绕着君子和一的意义进行发挥。同样地,《燕燕》中的"差池其羽"和"泣涕如雨",给解释者讨论内心的伤悲和外在的表现之间的关系,提供了不可多得的素材。最后,在这两个例子中,我们可以发现《诗》学的一个重要主题,这就是心的主题。"诗言志"的性质使得诗与心灵之间的关系相当密切,因此,对诗的解释很容易地会使心的主题呈现出来。比较特别的是,《五行》篇把心称之为"独",并两次出现了"慎其独"的字样。慎独的概念此前比较早地出现在《中庸》和《大学》中,汉人倾向于把它解释为慎其闲居独处也。但在《五行》的说中,慎其独明确地被理解为慎其心。"夫丧,正绖修领而哀杀矣,言至内者之不在外也。是之谓独。独也者,舍体也。"所谓舍体,即是舍其体而独其心。在我看来,独和心之间的联系有一个必要的媒介,这就是一。正是一和独之间的意义联系,以及一和心之间的解释关联,使得独和心之间的互相诠释成为合理的。而这种诠释更容易突出心的独立性和主体性,它不是被动的角色。如我们可以在《老子》二十五章"独立不改"句中看到的,"独"也被用来形容在老子中具有本原地位的道。

不仅是心的主题,在《诗》的解释中,天始终是一个不能或缺的向度。这在很大程度上是因为《诗经》文本和天之间的关联。^① 在儒家的文献中,经常提到的如"上天之载,无声无臭"(《大雅·文王》)、"天生烝民,有物有则"(《大雅·烝民》)等诗句都被看作是和天道有关的描述。《五行》篇中特别选择的句子是"明明在下,赫赫在上"、"文王在上,於昭于天"和"上帝临汝,毋贰尔心"。先来看与此有关的第一例,我们把经和说与此相关的文字先列于下:

> 经:见而知之,智也;闻而知之,圣也。明明,智也;赫赫,圣也。明明在下,赫赫在上,此之谓也。

> 说:闻而知之,圣也。闻之而遂知其天之道也,圣也。见而知之,智也。见之而遂知其所以为之□□,智也。明明,智□□也。由所见知所不见也。赫赫,圣貌也。□□言□□□□□□□□□□。明明在下,赫赫在上,此之谓也。明者始在下,赫者始在上,□□□□□谓圣智也。

这段话的主题是讨论圣与智的分别。它包括两个方面,第一是知的方式,智是见而知之,圣是闻而知之;第二是其气象,智貌是明明,圣貌是赫赫。后一方面的用词很显然是借用了《诗经》的文字,所以很方便地就把《诗》引了出来。值得注意的是在下和在上的说法,当《五行》引用此诗来说明圣和智之区别的时候,它事实上肯定了圣在上和智在下的不同。这里的上下大抵可以理解为天人,结合同样出现在该篇的"圣始天,智始人;圣为崇,智为广"的说法,引诗的意义在于明确肯定圣和天道之间的关联,并突出智只是关于人道的知识。圣和智的分别,乃是知天道和知人道的不同,因此是本质性的。这种分别突显出知天道的重要性。我们再来看一下其对"文王在上,於昭于天"的引用:

> 经:和则乐,乐则有德,有德则邦家兴。

---

① 关于此主题的讨论,请参看本书第一章的有关内容。

> 说：乐而后有德，有德而国家兴。国家兴者，言天下之兴于仁义也，言其□□乐也。文王在上，於昭于天，此之谓也。言大德备成矣。

就诗的字面意义而言，是叙述文王在天帝的左右，其德行昭示于天。在这里，重要的因素是文王和天之间的联系，它也成为《五行》关注的重点。在周初的意识形态中，这种联系就是通过德来达成的。《五行》篇的论述显然有此背景，但是德的意义被进行了新的诠释。德乃是仁义礼智圣五者和乐的状态，只有达到了此种状态，才是有德。有德的表现则是邦家与。关于邦家与的状态，我们可以通过舜的例子获得理解。自匹夫而为天子，正是所谓的邦家与、天下与，而其根据则是舜之大德。文王也是如此，三分天下有其二，以至于受命于天，所凭借的正是其德。这里所谓"大德备成"，一方面是对文王的歌颂，另一方面也是以德配天观念的发展。

和天有关的另外一个材料是"上帝临女，毋贰尔心"。《五行》篇在引用这句话的时候，是用来说明一种知的方式和状态。经文云：

> [几而知之，天]也。[诗曰]上帝临女，毋贰尔心。此之谓也。

说云：

> 几而知之，天也。几也者，赞数也。唯有天德者，然后几而知之。上帝临女，毋贰尔心。上帝临女，□几之也；毋贰尔心，俱几之也。

对于"几而知之"句的确切含义，目前似乎还没有一个恰当的解释。作为知的方式，它明显是与"见而知之"和"闻而知之"并列的。见而知之是智，闻而知之是圣，我们有理由认为几而知之是不同于智和圣，而且又高于智和圣的知的方式。根据说部分的解释，"几也者，赞数也"，这该和数字有关。考虑到《五行》说部分与孟子的联系，我们当然会想到孟子和数字有关的论述。其中最典型的是《尽心下》的最后一段文字：

> 由尧舜至于汤，五百有余岁。若禹、皋陶，则见而知之；若汤，则闻而知之。由汤至于文王，五百有余岁。若伊尹、莱朱，则见而知之；若文王，则闻而知之。
>
> 由文王至于孔子，五百有余岁。若太公望、散宜生，则见而知之；若孔子，则闻而知之。

与此有关的论述，是《公孙丑下》："五百年必有王者兴，其间必有名世者。由周而来，七百有余岁矣。以其数则过矣，以其时考之则可矣。"这里最值得注意的有两点。第一是数的观念，五百年必有王者兴，固然可以看作是对于从尧舜到孔子之历史的总结，但重要的是，孟子的这个命题在历史和数字之间进行了连接，历史包含了数字，因此，数字也就可以解释和预言历史。具体来说，这个数字就是五百年。与之相关的历史就是五百年必有王者兴。当《五行》篇说"鑯而知之"的时候，其中也包含着通过数字来理解世界的意义。第二是有关见而知之和闻而知之的说法。从孟子的话来看，其所谓见而知之，是指和圣人生活在同时代，所以可以通过亲眼所见的方式来了解圣人。闻而知之者则和此前的圣人相距五百年，因此只能通过间接的方式来了解。孟子在见而知之和闻而知之之间并没有进行直接的高下分别。如果考虑到各自的代表人物，见而知之者包括禹、皋陶、伊尹、莱朱、太公望、散宜生，闻而知之者指汤、文王和孔子，后者显然得到了孟子更多的重视和更高的评价。因此，我们似乎可以认定孟子和《五行》一样，承认闻而知之是比见而知之更高的一种状态。从以上的分析看，上引孟子《尽心下》的文字应该有着《五行》的背景在内。因此五百年必有王者兴的历史周期，或许就可以看作是鑯而知之的一种表现。"唯有天德者，然后鑯而知之"，这意味着鑯而知之是一种很特别的知的状态，或许只有孔子所说的生而知之者才足以当之。

就《五行》篇引《诗》所涉及到的心和天这两个主题来说，最值得注意的是它们之间的内在连接,这是《诗》学的一个重要部分。《五行》所谓的天道,和外在的自然之天毫无关系,而是和心相关的某种状态。该篇的开始,提出的就是仁义礼知等是否形于内的问题:

> 仁形于内谓之德之行,不形于内谓之行。义形于内谓之德之行,不形于内谓之行。礼形于内谓之德之行,不形于内谓之行。智形于内谓之德之行,不形于内谓之行。圣形于内谓之德之行,不形于内谓之德之行。德之行五,和谓之德;四行和,谓之善。善,人道也。德,天道也。

这里所谓的内,指的就是中心。仁义等行为是否有中心的根基,即形于内或不形于内,这是德之行和行的区分,也是善和德的区分。《五行》以善为人道,德为天道,实际上即是以有无内心的根基为标准来辨别天人:

> 君子无中心之忧则无中心之知,无中心之知则无中心之悦,无中心之悦则不安,不安则不乐,不乐则无德。君子无中心之圣则无中心之圣,无中心之圣则无中心之悦,无中心之悦则不安,不安则不乐,不乐则无德。

这段话表达的更加明显,从中心之忧到中心之知、中心之圣、中心之悦再到安乐,共同构成了德的基础,因此也就是天道的基础。以心言天,从经学的角度来看,是通过《诗》的诠释完成的。这在《中庸》那里也有体现。

第四节 《中庸》与《诗》学

历史上,《中庸》与《五行》都被看作是和子思有密切关系的文献。《史记·孔子世家》云:"子思作《中庸》。"这两篇文献确实有着某些共同的特征,譬如从经学的角度来看,《中庸》表现出与《五行》同样的情形,即只引用《诗》而不涉及到其他经典。兹将其引用《诗》的文字先叙述于下:

1.《诗》云:鸢飞戾天,鱼跃于渊。(《大雅·旱麓》)

2.《诗》云:伐柯伐柯,其则不远。(《豳风·伐柯》)

3.《诗》曰:妻子好合,如鼓瑟琴。兄弟既翕,和乐且耽。宜尔室家,乐尔妻帑。(《小雅·常棣》)

4.《诗》曰:神之格思,不可度思!矧可射思!(《大雅·抑》)

5.《诗》曰:嘉乐君子,宪宪令德。宜民宜人,受禄于天,保佑命之,自天申之。(《大雅·假乐》)

6.《诗》曰:维天之命,於穆不已!(《周颂·维天之命》)

7. 於乎不显,文王之德之纯!(《周颂·维天之命》)

8.《诗》曰:既明且哲,以保其身。(《大雅·烝民》)

9.《诗》曰:在彼无恶,在此无射。庶几夙夜,以永终誉!(《周颂·振鹭》)

10.《诗》曰:衣锦尚絅。(《卫风·硕人》、《郑风·丰》)

11.《诗》云:潜虽伏矣,亦孔之昭!(《小雅·正月》)

12.《诗》云:相在尔室,尚不愧于屋漏。(《大雅·抑》)

13.《诗》曰:奏假无言,时靡有争。(《商颂·烈祖》)

14.《诗》曰:不显惟德!百辟其刑之。(《周颂·烈文》)

15.《诗》曰:予怀明德,不大声以色。(《大雅·皇矣》)

16.《诗》曰:德輶如毛。(《大雅·烝民》)

17. 上天之载,无声无臭。(《大雅·文王》)

总结起来,《中庸》共引《诗》17次,其中《大雅》8次、《小雅》2次,《周颂》4次、《商颂》1次,另外《卫风》、《豳风》各1次。《雅》、《颂》相加共15次,《风》2次。可以看出,其引《诗》偏重于《雅》、《颂》,这与《五行》等的情形完全相同。

从形式上来看,《中庸》基本上是通过"《诗》云"或"《诗》曰"的方式引出《诗》句,然后再加以解释和引申。最典型的是最后一章中的几例:

> 《诗》曰:"衣锦尚䌹。"恶其文之著也。故君子之道,黯然而日章;小人之道,的然而日亡。君子之道,淡而不厌,简而文,温而理,知远之近,知风之自,知微之显,可与入德矣。《诗》云:"潜虽伏矣,亦孔之昭。"故君子内省不疚,无恶于志。君子所不可及者,其唯人之所不见乎!《诗》云:"相在尔室,尚不愧于屋漏。"故君子不动而敬,不言而信。《诗》曰:"奏假无言,时靡有争。"是故君子不赏而民劝,不怒而民威于铁钺。《诗》曰:"不显惟德,百辟其刑之。"是故君子笃恭而天下平。《诗》曰:"予怀明德,不大声以色。"子曰:声色之于以化民,末也。《诗》曰:"德輶如毛。"毛犹有伦。"上天之载,无声无臭",至矣!

如此集中地引用《诗》的文字,足见作者是很有意识地从《诗》中发挥哲理。在这里,《诗》意和作者的己意融为一体。偶尔也有引《诗》以证成其意的例子,如:

> 君子之道,辟如行远,必自迩;辟如登高,必自卑。《诗》曰:"妻子好合,如鼓瑟琴,兄弟既翕,和乐且耽。宜尔室家,宜尔妻帑。"

行远自迩、登高自卑,意谓治国平天下从齐家开始,故引此《诗》以证明之。在这里,《诗》的权威有助于加强某个主张的正当性。

除了对《诗》的征引之外,《中庸》的问题意识和一些主要观念,如中和、慎独和诚等,与《诗》的解释之间也都有着密切的联系。我们知道,由于《诗》言志的特点,《诗》学文献大都偏重在对于情、性、心等观念的阐发。比较起来,《五行》篇以心为主,《孔子诗论》讨论情的内容略多。《中庸》则呈现出一个更宽广的规模,心、性、情数者兼有之。如

中和之说,是《中庸》学和儒学思想史上的一个重要问题。《中庸》云:

> 喜怒哀乐之未发,谓之中;发而皆中节,谓之和。中也者,天下之大本也;和也者,天下之达道也。致中和,天地位焉,万物育焉。

以喜怒哀乐来论中和,明显是基于情的角度。情之未发,蕴于性中,此天命之谓性也;发而皆中节,见于形外,此率性之谓道也。性和道问题的核心即所谓"发乎情,止乎礼"。由于《诗》言志的缘故,儒家对于《诗》的解释普遍注重情的问题以及情与礼的关系。同时围绕着情的讨论,作为情之根据的性也被特别提了出来,《中庸》"天命之谓性"的意义就在于此。内中的逻辑,我们通过郭店竹简《性自命出》和荀子都可以获得了解,此不赘述。特别要说明的是"中和"一词,乃是和乐密切相关的。从春秋时期开始,人们即经常以和言乐,如《左传·僖公二十四年》"五声之和",《襄公十一年》"八年之中,九合诸侯,如乐之和,无所不谐",《昭公二十一年》乐官伶州鸠论乐所说的"和声入于耳而藏于心"等。到了战国时期的诸子,《庄子·天下》云"乐以道和",《荀子·儒效》云"乐言是其和也"。在《劝学》中,荀子更是提出"乐之中和也"的说法。《乐论》也说:"故乐者,天下之大齐也,中和之纪也。"可知中和是乐的核心精神。古代诗乐一体,密不可分。所以"中和"观念进入作为《诗》学文献的《中庸》,是很自然的事情。由此,我们更可了解《中庸》用喜怒哀乐之"未发"与"发而皆中节"来规定中与和的意义。乐与人情有着本质性的联系,如《荀子·乐论》所说"夫乐者乐也,人情之所必不免也","夫民有好恶之情而无喜怒之应则乱,先王恶其乱也,故修其行,正其乐,而天下顺焉"。乐之起一方面是由于人情之所必需,另一方面则对人之情感起引导与节制之作用。

总结地说,中和是古人赋予乐的基本精神。一方面,乐本身体现了中和。这又可分两层,一层是五声之和,一层是作为五声之和基础的心之和;另一方面,乐之社会作用主要也在中和。这也可分为两层,一层是五声之和可以给人们以感官上美、乐的享受,另一层则由耳入心,中和情感与人心,进而移风易俗。而无论从哪一方面来说,乐之中和的两层意义都是一致的。因此,最高的乐也就是通过五声之和而表现出来中和之德行。《左传·襄公二十九年》记载吴国公子季札至鲁国观周乐,自国风始,至颂为止,每歌毕则为之评论,最后歌《颂》完毕后,季札云:

> 至矣哉!直而不倨,曲而不屈,迩而不偪,远而不携,迁而不淫,复而不厌,哀而不愁,乐而不荒,用而不匮,广而不宣,施而不费,取而不贪,处而不底,行而不流,五声和,八风平,节有度,守有序,盛德之所同也。

这十几个"×而不×"的句子,与《论语》中讲君子"和而不同"(《子路》)、"矜而不争,群而不党"(《卫灵公》)等格式一致,《中庸》中也有类似的用法,如"和而不流"、"中立而不倚"、"淡而不厌"等。它们表达的都是一种有度有序,既不过分,也非不及的中和之德。这其实也就是《论语》及《中庸》所谓的中庸之德。在季札看来,只有《颂》才完满地、集中地表达了此种中和之德。

由中和的精神导出了具体的实践原则——中庸。统言之,中和与中庸无别;析言之,则有用法与意义上的不同。大体说来,中和偏重于指本体,故有"致中和,天地位焉,万物育焉"之说;而中庸则指在日常生活中体现中和的原则。"中庸"之"庸"如"庸德"、"庸言"等词所揭示的,即是"平常日用"之义。由此,我们也可以附带引出一个结论,即中庸的学说主要地乃是来自于诗教和乐教,而非易教。《易传》中虽然也有尚中的精神、多讲"时中",但彼处之"中"一般指事物在运动变化的过程之中较好或适当之位置,偏重于客观的情形,无论主体如何,居此种地位,一般会得到较吉利的结果。《易传》之"中"与吉凶密切相关。但中庸则指主体之内在德行及表现,且与吉凶无必然联系。

慎独是一个同时出现在《五行》和《中庸》这两个《诗》学文本之中

的观念,并且在同样的意义上使用着。《中庸》云:"是故君子戒慎乎其所不睹,恐惧乎其所不闻。莫见乎隐,莫显乎微,故君子慎其独也。"关于慎独之义,郑玄解释为"慎其闲居之所为"(《礼记正义》),以独为闲居独处。但细审文意,像《五行》一样把"独"解释为心似乎更加恰当。文中的不睹、不闻、隐、微等均可看作是对心的形容,因此慎独实际上便是慎心。这与篇末的一段文字可以呼应:

> 《诗》云:"潜虽伏矣,亦孔之昭。"故君子内省不疚,无恶于志。君子所不可及者,其唯人之所不见乎?

此处"人之所不见"者即潜伏的"志",也就是前处所说的"其所不睹"、"其所不闻"或所谓"隐"、"微"。志乃心之所之,当然指的是人的内心世界。

慎独的学说充分表现出对于心的重视,潜伏的心志而不是外在的行为才是不可须臾离之道的根本。这正是从孔子到《五行》的一贯思路,把价值和秩序安放在内心之上。《五行》为此提出德和善的区分,把内心和天道紧密地联系在一起。到此为止,诚的观念已经呼之欲出了。我们看到,在《中庸》中"诚"备受重视,被认为是"天之道":

> 诚者,天之道也。诚之者,人之道也。诚者,不勉而中,不思而得,从容中道,圣人也。

诚是天之道,人道不过是以某种方式实现此诚,从而达到与天道的合一。此种对天道的规定明显不同于《周易》或者道家、阴阳家等,在它们那里,天道与天象、阴阳等密不可分。而诚所关乎的主要是人的内心世界,并由此内心与性相通,进而上达于天。这种对天道的理解,与《五行》"德,天道也"的思路是完全一致的。不过,比《五行》更进了一步的是性的提出。我们知道,在《中庸》看来,人道与天道相通的中介就是性。"天命之谓性"之说,即指出性乃是天之所以在人者。"自诚明,谓之性;自明诚,谓之教",性是天对于人的赋予,"自诚明"是也;教是人对于天的觉悟,"自明诚"是也。"诚则明矣,明则诚矣",天与人之间贯通无碍。因此,由尽己之性可以尽人之性、尽物之性,最终达到与天地参之境界。

在讨论有关《中庸》和《诗》学问题的最后,我们看一下《礼记·经解》的一段话:

> 孔子曰:入其国,其教可知也。其为人也,温柔敦厚,《诗》教也;疏通知远,《书》教也;广博易良,《乐》教也;絜静精微,《易》教也;恭俭庄敬,《礼》教也;属辞比事,《春秋》教也;故《诗》之失愚,《书》之失诬,《乐》之失奢,《易》之失贼,《礼》之失烦,《春秋》之失乱。

这显然不是孔子所说,当出自汉代人的依托。其中所述诸经之教,恐怕不是随口的胡言,而是表现了当时一般人的想法,并且都有一定的文献依据。如描述礼教的"恭俭庄敬",或本于荀子。因荀子重礼学,又曾用"恭俭"、"恭俭敦敬"等词形容礼。描述易教的"絜静精微",则可以在《易传》特别是《系辞传》中找到根据。如《说卦传》有"万物之絜齐"语,此言"絜"者也;《系辞传》说"动静有常"、"以言乎迩则静而正"等,此言"静"者也;《文言传》说"纯粹精也"、"精义入神"、"非天下之至精"等,此言"精"者也;《系辞传》说"几者动之微"、"君子知微知彰"、"而微显阐幽"等,此言"微"者也。至于描述诗教的"温柔敦厚",则明见于《中庸》。《中庸》说"唯天下至圣……宽裕温柔,足以有容也",此言"温柔"。又说"故君子……温故而知新,敦厚以崇礼",此言"敦厚"。这或许不是偶然的巧合,《礼记·经解》在写"温柔敦厚,《诗》教也"的时候,可能依据的是《中庸》,或者至少有《中庸》在内。就像写"絜静精微,易教也"时,或许依据了《易传》一样。这也可以为论证《中庸》与《诗》学的关系增加一个有趣的例子。

第五节 《民之父母》与《诗》学

近几十年来考古发现对于古代研究的意义，已经得到学术界充分的肯定和重视。因此，与考古发现有关的新材料的公布，总是会迅速地吸引学者的目光。最近几年，我们先是在郭店楚墓的竹简，然后是在上海博物馆藏战国楚竹书中，都可以体会到上述的情形。因为知识背景和观察角度的差异，学者的研究呈现出多样性的特点，这当然有助于揭示新材料中所蕴涵的丰富的价值。事实上，不同角度之间的了解和对话，对于学术研究来说，其益处是不言自明的。

本文要处理的是《上海博物馆藏战国楚竹书》（二）中一篇被整理者题名为《民之父母》的文献。濮茅左先生已经指出它与《礼记·孔子闲居》、《孔子家语·论礼》可以对观。[①] 确实，这篇的文字基本上可以在上述的两种传世文献中发现，因此从内容上来说，并不象是同书中的《容成氏》等那般引人注目。但是，从研究的立场来看，《民之父母》的价值却不可低估。它所引出的关于古代文献方面的问题以及经学范围内的《诗》学的问题，都值得学者足够的关心和注意。本文即就此方面的内容进行初步的讨论，最后并归结到早期儒家中重要的心和秩序的关系问题。

一、《礼记》的文献问题

近些年在湖北发现的战国竹简中，多包含有与《礼记》有关的内容。如郭店和上博简中的《缁衣》，以及这里论及的《民之父母》，这使得围绕着《礼记》的文献方面的问题重新吸引了人们的注意。现代的

[①] 马承源主编：《上海博物馆藏战国楚竹书》（二），第151页。

历史学家大多以为《礼记》是汉初才出现的作品，我们很容易在各种各样的哲学史的安排中发现这种理解。① 但是，考古发现的新材料给人们重新估计《礼记》提供了新的刺激。一些学者认为《礼记》应该是先秦时期已经存在的文献。在竹简《缁衣》和《礼记·缁衣》的对照中，我曾认为尽管二者之间存在着很大的共同点，但是我们还是不能很轻易地把它们看作是同一个文本。因此，也不能把郭店《缁衣》和《礼记·缁衣》简单地等同起来。换言之，郭店《缁衣》的发现并不能得出《礼记·缁衣》成于先秦的结论，当然也就更不能把整个的《礼记》上推到战国的时期。②

《民之父母》的发现，以及它与《礼记·孔子闲居》的关联，为有关《礼记》的文献问题的讨论提供了新的素材。从文本的角度来考虑，《民之父母》只是《孔子闲居》的一部分，《孔子闲居》还多出了孔子与子夏论"三王之德"的内容。也就是说，如果从考察《孔子闲居》材料来源的角度立论的话，除了《民之父母》，应该还有另外的文献。《礼记》中的篇章，多是在旧有材料基础上整合而成的。譬如我们曾经提到过的《王制》、《乐记》等。③ 从材料上来说，有些甚至大部分都是较早的，但是从文本上看，我们仍然要承认其是晚出的东西。同时，仅就《孔子闲居》中与《民之父母》可以对应的部分而言，也有若干可以注意的差别值得讨论。整理者濮先生已经指出其中若干的差别，譬如二者所述"五起"的次序不同，以及用字上的不同。这些不同之处都值得认真的分析，以发现造成此种情形的原因。就本文的讨论而言，值得注意的一些差别首先是修辞所带来的，譬如：

---

① 诸如冯友兰著《中国哲学史新编》，以及任继愈主编《中国哲学发展史》，关于《礼记》的内容都被放在汉初来讨论。
② 这些意见参见本书第四章有关郭店《缁衣》的讨论。
③ 《史记·封禅书》记载："（文帝）使博士诸生刺六经中做《王制》，谋议巡狩封禅事。"又《汉书·艺文志》："武帝时，河间献王好儒，与毛生等共采《周官》及诸子言乐事者，以作《乐记》。"是《王制》与《乐记》皆由采辑旧书而来。

子夏问于孔子(《民之父母》)

孔子闲居,子夏侍。子夏曰(《孔子闲居》)

孔子答曰(《民之父母》)

孔子曰(《孔子闲居》)

从思想内涵的角度来考虑,这些修辞上的区别是可以忽略不计的。但是,对于那些着眼于人物关系的读者而言,它们就变得重要得多。在一个特别重视人伦的学派中,人物关系的安排总是和某种秩序联系在一起的,儒家的信徒当然不会忘记这一点。孔子与其弟子之间的关系,就《论语》所见,基本上是比较轻松自由的。弟子们对于孔子自然是尊敬的,可是也没有到如"敬鬼神"般远之的程度。孔子有时候还会和弟子开一些玩笑,如到子游治下的武城,听到弦歌之声不绝的时候,就戏言说"割鸡焉用牛刀"。弟子如宰我等经常和孔子抬杠,也不会是一副唯唯诺诺的样子。(《论语·阳货》)这应该是比较真实的孔子与弟子关系的反映。但是到了汉代,随着孔子地位的提高,其与弟子间的距离好像也越来越远。于是,像"子夏问于孔子"那般朴实的笔法就显得不够有力,取而代之是"孔子闲居,子夏侍。子夏曰"的字样,一个"侍"字,突显出子夏在孔子面前的类似于臣子的身份。原本那种比较平等的活泼泼的关系消失了,新出现的是强调等级和秩序的画面。

如果把包括《孔子闲居》在内的《礼记》和先秦儒家文献做一个比较的话,这个变化就会显得更加明显。除了《孔子闲居》外,《礼记》中还有一些地方也用"侍"字来表现弟子或时人和孔子之间的关系,例如:

仲尼燕居,子张子贡言游侍,纵言至于礼。(《仲尼燕居》)

宾牟贾侍坐于孔子,孔子与之言及乐。(《乐记》)

这种描写是绝不见于先秦儒家文献的。即便是重礼且推崇孔子如荀子者,在述及孔子与弟子关系时,仍然一如《论语》以及《民之父母》中所表现的比较平等的态度。

有同样意义的是《民之父母》中的"孔子答曰"在《孔子闲居》中被置换成了"孔子曰"。如果说"答"字对应着前面的"问"字,因此在某种意义上体现着问答双方平等的关系的话,那么,"答"字的省略似乎也是在刻意表现着某些内容。就《论语》中所见,弟子和孔子之间的问答,多是"弟子问某"或者"弟子问曰"然后是"孔子曰"的形式,如《八佾》:

> 子夏问曰……子曰……

或者如《颜渊》:

> 颜渊问仁。子曰……

《论语》中记载孔子回答问题,有时候也使用"孔子对曰"的语气,但都是针对着国君或者执政者的。如《颜渊》:

> 齐景公问政于孔子,孔子对曰……
> 季康子问政于孔子曰……孔子对曰……

而没有针对弟子提问者。这一方面说明以《论语》为代表的早期儒家的记录或者编辑在形式上有比较严格的考虑,另一方面,也可以看出加"对"字者更能显示出与孔子对话者的重要身份。从这方面来考虑,《孔子闲居》对《民之父母》中"孔子答曰"的改变也许不只是去掉一个字那么简单。其意义仍然与上一例相同,是在突出孔子相对于弟子而言的特殊身份。

可以附带讨论的是《中庸》中"哀公问政"一段,孔子的回答是以"子曰"的方式来记载的。如果按照《论语》的叙述模式来衡量的话,就没有遵循一般体例所要求的"孔子对曰"的形式。《荀子·哀公》中记录了很多孔子和哀公的问答,哀公提问的时候,基本上都是采取"孔子对曰"的方式,与《论语》是一致的。《中庸》的这段话,也许可以看作是羼杂了后人修改的成分,其背景和《孔子闲居》一样,都是汉代孔子地位的上升。

《民之父母》与《孔子闲居》的另一个重要区别是关于"五起"的顺序以及论述"五起"中的部分文字的使用。濮茅左先生说：

> 竹书与《礼记·孔子闲居》"五起"次序不同。竹书与《礼记·孔子闲居》的"五起"内容基本相同，但是，所序有异（参见本篇附录）。竹书的出现，使我们看到了秦"焚书"之前孔子说"五起"的原序。其最明显的是最后一句，所序原则是由内（族内）至外（族外），范围由小至大，"内恕孔悲"、"纯德孔明"、"为民父母"、"施及四国"、"以畜万邦"相继，由"近亲"至"外族"至"民父母"，由"四国"至"万邦"，德业逐渐发扬，恩泽日益扩展，叙述有条不紊。但是，《礼记·孔子闲居》已失其次，有乱孔子原序的严密逻辑，不见循序渐进之意。①

二者的次序不同是显然的。但是，如何理解这种不同，以及伴随着这种不同的部分文字的差异，应该是更重要的。《民之父母》所述五起的顺序固然如整理者所说，体现了由内到外，范围由小至大的原则，其中有严密的逻辑，与《大学》所论"修齐治平"的精神是类似的。但是，《孔子闲居》的次序是单纯的错乱或者"失其次"，还是也有自己的逻辑？如果有的话，这种逻辑是如何的？这些问题更值得认真的考虑。就《孔子闲居》而言，其述五起的次序是：

> 无声之乐，气志不违；无体之礼，威仪迟迟；无服之丧，内恕孔悲；
>
> 无声之乐，气志既得；无体之礼，威仪翼翼；无服之丧，施及四国；
>
> 无声之乐，气志既从；无体之礼，上下和同；无服之丧，以畜万邦；
>
> 无声之乐，日闻四方；无体之礼，日就月将；无服之丧，纯德

---

① 马承源主编：《上海博物馆藏战国楚竹书》（二），第152页。

孔明；

　　无声之乐，气志既起；无体之礼，施及四海；无服之丧，施于孙子。

其述"无声之乐"，从"气志不违"、"气志既得"、"气志既从"、"日闻四方"到"气志既起"，其中也有其内在的理路在。尤其是"起"字落在最后，似乎可以与"五起"之说相应。其述"无体之礼"，从"威仪迟迟"到"施及四海"，体现的正是自内而外的次序。其述"无服之丧"，次序是"内恕孔悲""施及四国""以畜万邦""纯德孔明"和"施于孙子"。和《民之父母》比，不仅次序有异，而且文字上有变动，这主要是《孔子闲居》中"施于孙子"在《民之父母》中作"为民父母"。这里，文字的变动与次序的变化是呼应的，所以更可以看出"故意"的痕迹。前三项仍然体现着由内而外的秩序，第四项"纯德孔明"，强调德的既大又明。第五项的"施于孙子"，如果与"为民父母"相比，其意义就由可以为"民主"，而变成对于"子孙以祭祀不辍"的强调。两相比较，其重点显然是不同的。前者关心的是如何可以成为"民主"，仍然是一个"进取"的问题。而后者就如秦始皇想要让他的帝国可以二世、三世以至于千秋万世传递下去一样，表现的是帝国建立之后想要永存的理想。这是一个如何"守成"的问题。进取与守成的不同，反映在很多战国和汉初的文献之中。从中我们正可以看出时代的不同在文献中留下的印记。

通过以上的比较和分析，我们可以了解尽管《民之父母》与《孔子闲居》在文字和内容上有很多共同之处，而且《民之父母》很可能是构造《孔子闲居》的一个材料来源，可是其间仍然存在着重要的差别。这些差别对于了解有关《礼记》的文献问题的复杂性而言是至关重要的。在很多地方，包括一些细节，《孔子闲居》对于可能作为材料来源的《民之父母》都进行了有意的改变，以适应时代和主题的变化。这些变化包括突出孔子相对于弟子而言的特殊地位，以及更强调权力的长期维系。从现在我们的了解来看，这些变化明显带有汉代的色彩。因此也更进一步加强了《礼记》中很多文献完成于汉代的说法。这些文献至少包括史书中已经明白提到的《王制》和《乐记》，以及我们讨论过的《缁衣》和《孔子闲居》。从中我们大概可以了解现存《礼记》中的文献编撰过程中的一些情形：

第一，这些文献可能大部分（如果不是全部的话）编撰于汉代初年，其材料的来源很多是较早的，甚至可以上推至战国时期。而且其来源也不一定是单一的，更多情况下具有杂糅的特点。就我们现在讨论的《孔子闲居》而言，《民之父母》是一个来源，孔子和子夏论"三王之德"的内容应该另有来源。今本《缁衣》中也包含有多于郭店《缁衣》的内容，譬如第一章等。本来就已有的记载看，《史记·封禅书》中就提到："（文帝）使博士诸生刺六经中作《王制》，谋议巡狩封禅事。"《汉书·艺文志》说："武帝时，河间献王好儒。与毛生等共采《周官》及诸子言乐事者，以作《乐记》。"从这些记载已经可以推知《礼记》中作品构成的复杂。现在有了《缁衣》和《孔子闲居》的例子，情形就更加清楚。我们可以了解，《礼记》中很多的文献都有很早的材料来源，并不是汉初的人向壁虚构的。另一方面，我们也该了解在编撰这些文献的过程中，汉人根据当时的需要对这些材料进行的整合和改变。上引《史记·封禅书》中提到作《王制》和巡狩之事直接有关，就是一个很好的实例，说明这些文献的制作和现实需要之间的密切关联。因此，很多的材料在放置到这些汉初构造的文献中时，就都打上了汉初的烙印。

第二，如果比较《礼记》中文献和作为其材料来源的文献的话，可以发现体现汉人特点的因素主要集中在两个方面。其一是突出的主题的差异，譬如今本《缁衣》中对于刑德问题的强调，很适合汉初对于秦暴政的反思。又如《孔子闲居》中对于权力"施于孙子"的突出，也适合大一统帝国建立后守成的需要。这些内容都有现实的意义。其二是修辞的变化反应出的人物关系的升降。这在我们讨论的孔子和弟子的情形中表现的最为明显。表现在《礼记》中的孔门师弟关系，已经不像《论语》中记载的那般活泼自然,而是深深地打上了秩序的烙印。这与汉代初年儒家为了获取朝廷意识形态的角色,因此极力抬高孔子的地位不无干系。

二、《诗》学

考古发现中与《诗经》学有关的文献,从数量上来看是比较多的。譬如安徽阜阳双古堆的《诗经》,①湖南长沙马王堆的《五行》经说,②郭店中发现的《五行》,③以及上博简中的《孔子诗论》,这从一个方面印证了《诗经》在早期儒家思想中的重要地位。这种重要地位一方面可能直接地根据于春秋时期的贵族教育,④另一方面也与儒家思想的特征有关。

作为《诗》学文献的特征,我们大概可以从两个方面去了解。其一是形式上的,即文献本身对《诗经》的称引和解释。这种称引当然不是偶然的或零碎的,诸如在某种讨论中偶而出现一个《诗》云或《诗》曰,显然不能满足作为《诗》学文献的形式上的理由。一般而言,在儒家推崇的诸多经典中,《诗》学文献并不涉及到《诗》以外的其他书籍,而且,其对《诗》的称引和解释应该与其主题有内在的关联。《中庸》、《五行》、《孔子诗论》等显然可以满足这些要求。其二是内容上的,即该文

---

① 发现于汉初的墓葬,同墓出土的还有《周易》等重要文献。关于阜阳《诗经》的情形,参见胡平生、韩自强著:《阜阳汉简诗经研究》,上海:上海古籍出版社,1988年。

② 《五行》以其仁义礼智圣五行之说为学界注目。其另一个特点是全篇称引和解释《诗经》,堪称《诗》学文献。

③ 与马王堆帛书《五行》相比,郭店《五行》有经无说,其"经"的部分与帛书《五行》大同小异。在称引《诗经》的问题上,二者间有一个重要的差异。帛书多以"《诗》云"或"《诗》曰"的方式,竹简则直接写出诗句。这个现象似乎表明竹简作者对于《诗》非常熟悉。

④ 至少自春秋以来,《诗》就是贵族教育的一个重要内容。《国语·楚语上》记载申叔时论傅太子曰:"教之《春秋》,而为之耸善而抑恶焉,以戒劝其心;教之《世》,而为之昭明德而废幽昏焉,以休惧其动;教之《诗》,而为之导广显德,以耀明其志;教之礼,使知上下之则;教之乐,以疏其秽而镇其浮;教之令,使访物官;教之语,使明其德,而知先王之务用明德于民也;教之故志,使知废兴者而戒惧焉;教之训典,使知族类,行比义焉。"又《礼记·王制》:"先王顺《诗》、《书》礼乐以造士,春秋教以礼乐,冬夏教以《诗》、《书》。"

献讨论的主题与《诗》的解释之间有着内在的联系。这种联系可以分为一般的和具体的两种。就其一般的方面来说，由于"《诗》言志"的性质（后文详论），《诗》学文献的主题多与心的讨论（以及相关的性）有关。就其具体的方面来说，对具体诗句的称引总是伴随着朝此方向的某种解释。

以这个标准来衡量，《民之父母》也是一篇与《诗经》学有关的文献。在所谓的"六经"中，《民之父母》仅仅涉及到《诗》，这和《中庸》、《五行》等是类似的。① 而其论题，也与心有着密切的关联。事实上，《礼记正义》中记载陆德明引郑玄的话就说：

> 名《孔子闲居》者，善其倦而不亵，犹使一子侍，为之说《诗》。

这当然是就《孔子闲居》而言，但"说《诗》"的评论也同样适用于《民之父母》。以下我们就具体地进行讨论。

从形式上来看，该篇与《诗》的联系是显而易见的。最初的问题就由《诗》而起：

> 子夏问于孔子："《诗》曰'凯悌君子，民之父母'，敢问何如斯可谓民之父母矣？"

所引的诗句"凯悌君子，民之父母"出自《诗·大雅·泂酌》，这种提问的方式是很引人注目的。对于读者来说，印象最深的其实是作者以《诗》来说话，这也许是作者最想告诉读者的东西，以提示读者注意到这篇文献与《诗》的关系。孔子的回答中似乎也有这方面的考虑：

> 民之父母乎，必达于礼乐之原，以致五至，以行三无，以横于天下。四方有败，必先知之。其[可]谓民之父母矣。②

礼乐之原，是这篇文献的一个重要问题，其与《诗》学的关联，后文有详

---

① 关于《中庸》作为儒家《诗》学文献的特征，请参见拙著：《中庸与荀学、〈诗〉学》。
② 此所补"可"字，原释文补为"之"字。从提问的方式"敢问何如而可谓民之父母？"以及语境两方面来考虑，"可"字都较"之"字更为恰当。

细的讨论。"五至"和"三无"也是如此。值得注意的是，这里使用的"四方"一词，就具有明显的《诗》的特征。这个在其他文献中并不算常用的词，在《诗》中却出现了二十九次。

就《民之父母》而言，其内容大体由论"五至"和"三无"的两部分构成。所谓的"三无"，是指无声之乐、无体之礼和无服之丧。而对其具体的解说，就特别引《诗》以为证：

> 子夏曰："无声之乐，无体之礼，无服之丧，何诗是近？"孔子曰："善哉商也，将可教（学）诗矣！'成王不敢康，夙夜其命宥密'，无声之乐；'威仪逮逮，[不可选也'，无体之礼也；'凡民有丧，匍匐救之'，无服之丧也。]"

一般的理解，乐当然表现于声音，礼当然要施及于身体，丧也总要有一定的服与之配合。而"三无"所论，显然是超越了具体的礼乐仪式，将问题引到了关于"礼乐之原"的思考。这里讨论的特色仍然是从《诗经》中寻找"三无"的依据，所以在提问中就特别提出《诗》来，以表现出该文献特别重视《诗经》的特点。"成王不敢康，夙夜其命宥密"出自《诗·周颂·昊天有成命》，关于其意义，《礼记正义》云："夙，早也；夜，暮也；基，始也；命，信也；宥，宽也；密，静也。言文、武早暮始信顺天命，行宽弘仁静之化。"从字面的依据来说，诗中的"密"字有静的意思，当然可以引起无声的联想。因此和无声之乐可以联系起来。如果把范围再扩大一些，那么天命其实也属于无声之乐，如孔子所说："天何言哉！四时行焉，百物生焉，天何言哉！"（《论语·阳货》）进一步地，还可以联系到《诗·大雅·文王》中"上天之载，无声无臭"的说法上去。而王者的"宽弘仁静之化"也属于此列，这颇有些类似于《中庸》已经引用到的《诗·大雅·皇矣》篇中的"予怀明德，不大声以色"。"威仪逮逮，不可选也"出《邶风·柏舟》，原诗说威仪并非通过升降揖让之礼等外在的东西来体现，所以用来说明"无体之礼"。"凡民有丧，匍匐救之"出《邶风·谷风》，"言凡人之家有死丧，邻里匍匐往救助之"（《礼记正义·孔子闲居》),非必服也。所以用来说明"无服之丧"。

"三无"之说,由有以入无,即追求有形事物背后的无形者。表现在人上面,有形的事物就是和形体有关者,譬如礼对于颜色、容貌、辞令等方面的要求。无形者就是存在于有形事物背后作为其基础的东西,对于人而言,总是和内心相关。因此,三无之说实际上是把思考的目光由身体转到了内心,由外在转到了内在。如果用《民之父母》中的说法,也就是从礼乐转到了礼乐之原,即礼乐的根本。就《论语》中所见,如《八佾》所记的林放问礼之本,孔子回答说:"大哉问!礼,与其奢也,宁俭;丧,与其易也,宁戚。"(《论语·八佾》)就表现着类似的精神。"奢"显然指的是对外在的仪式或者礼器的注重,这样反而容易忽视内心的真情实感,不如"俭"更能将注意力放到最重要的"人心"上面来。就丧礼而言,与其多礼而慢易,还不如固守最内在的悲戚的情感。孔子这里理解的"礼之本",也就是《民之父母》中说的"礼乐之原",它们都和内心有关。这正是"三无"之说关心的问题所在,与前述《诗》学的主题是一致的。

对内心和礼乐之原的关注其实也是"五至"说的主题。所谓的"五至",如《民之父母》所说,是指:

> 五至乎:勿(物)之所至者,志亦至焉;志之所至者,礼亦至焉;礼之所至者,乐亦至焉;乐之所至者,哀亦至焉。哀乐相生,君子以正,此之谓五至。

这段文字与《孔子闲居》中的相关记载比较,有很大的差异。我们把《孔子闲居》中的相关文字也引录如下:

> 志之所至,诗亦至焉;诗之所至,礼亦至焉;礼之所至,乐亦至焉;乐之所至,哀亦至焉。哀乐相生,是故正明目而视之,不可得而见也。倾耳而听之,不可得而闻也。志气塞乎四海,此之谓五至。

在最初的整理者濮茅左先生的释文中,由于受《孔子闲居》等的影响,所以径直地把竹简中的"勿(物)"字看作是"志"的讹误,同时把"志"读为"诗"。从释文的角度来看,这样的处理显得有些草率。而从思想史的角度来看,则是忽略了重要的思想论题。在发表于北京简帛网站的一篇文章中,季旭升先生对这个问题进行了讨论,并结合经学史对"五至"的问题进行了疏理。他的基本看法是,《民之父母》所述由物而志而礼而乐而哀的"五至"次序该是本来的情形,《孔子闲居》等的说法乃是出于后人的变动。① 这个意见是值得重视的。

关于"五至"的意义,后人的解释并不相同。但是看来它是提出了一个递进的次序,如果以《民之父母》为基础来讨论的话,它是从物开始的,然后依次是志、礼、乐和哀。作者提出这个顺序的用心何在?在我看来,仍然不能离开对于礼乐之原的思考。也就是说,礼乐究竟应该奠定在什么样的基础之上,还有,礼乐的终极用心何在?在这个顺序中,位居礼乐之前的是"物"和"志",很显然,这应该是和礼乐之原有关之物。可是它们的具体关系如何呢?如果在《民之父母》中还不甚清楚的话,那么,郭店竹简中的《性自命出》就提供了比较系统的答案:

> 凡人虽有性,心无定志。待物而后动,待悦而后行,待习而后定。

"五至"中最先涉及到的两个因素物和志,在这里都有出现。志是属于心的,物则是身外的东西。可是心内的志只有在外物的刺激之下才可以动,也就是表现出来。没有物的话,就没有志。《性自命出》说:

> 凡性为主,物取之也。……虽有性心,物弗取不出。
> 凡心有志也,无与不可。

这两条资料说的都是志对于物的依赖,也可以说是物对于志的影响。

---

① 季旭升:《〈民之父母〉"五至"解》,载于简帛研究网,http://www.jianbo.org/Wssf/2003/jixusheng02.htm。

有什么样的物,就有什么样的志。我们来看下面的话:

> 凡物无不异者也。刚之树也,刚取之也。柔之约,柔取之也。
> 四海之内,其性一也。

四海之内,其性一也,但每个人的做法各各不同。其故何在呢?在于物取的不同。刚物取之,则表现为刚性。柔物取之,则表现为柔性。这是对于物如何影响人心的具体说明。那么什么是物呢?《性自命出》说:

> 凡见者之谓物。

这里的"见"如果读作"现",也许更合适。表现在人面前的就是物,这显示出物并不是和人无关的东西。物当然不限于自然事物,其实它主要地也不是指自然事物,而是和人有关的事物,譬如人伦日用。

物与志的关系,在《诗》学以及与《诗》学有密切关系的文献中,是经常被提及的。典型的如《乐记》,就屡次说到:

> 凡音之起,由人心生也。人心之动,物使之然也。感于物而动,故形于声……乐者,音之所由生也,其本在于人心之感于物也。
>
> 人生而静,天之性也;感于物而动,性之欲也。物至知知,然后好恶形焉。

在这样的背景之下,我们看《民之父母》中所谓的"物之所至者,志亦至焉",其实就是《性自命出》中说的"(志)待物而后动"。也就是和什么样的物接触,就有什么样的志。这里所述仍然是强调物对于志的影响。如果我们把这与孟子所说做一个比较的话,会看出其间明显的差异。对于孟子来说,由于对心的强调,因此物被安置在从属的地位。其云:

> 耳目之官不思而蔽于物,物交物则引之而已矣。心之官则

思。思则得之,不思则不得。(《孟子·告子上》)

不思的耳目之官很容易为外物所牵引。但是心则不同,心是有定志的,也就是有明确的方向。譬如所谓的四端。这种理解显然与《性自命出》有一定的距离,因此也和《民之父母》有异。在这个背景上来看《孔子闲居》对于《民之父母》的改造,似乎可以看出孟子影响的痕迹。

在《性自命出》中,对于志和物关系的强调,主要是为了引出教化的问题。《乐记》中也是同样的逻辑。因为所谓的教化,其本质就是以善物来培养善心。而最大的善物,在儒家看来,就是礼和乐。这也就是"五至"中的第三和第四个环节。所谓"志之所至者,礼亦至焉。礼之所至者,乐亦至焉。"如果沿着和"物之所至者,志亦至焉"同样的思路来理解的话,乃是强调志对于礼乐而言的基础地位。如果说,物是激发志的,那么志也就是兴起礼乐的因素。换言之,礼乐的存在,正是因着志的存在。这种说法可以从两个不同的方面来理解:一是礼乐的出现本是由于规范志的需要,也就是为志确立一个方向。二是志于礼乐,也就是人内心对于礼乐的追求。无论哪一种理解,这里要解决的问题都是:礼乐应该奠定在什么基础之上?也就是所谓礼乐之原的问题。

礼乐毫无疑问是儒家教化理论的核心内容之一。儒家对于教化的主张,如果和法家进行比较的话,一直是把民众的意愿考虑在其中的。其具体的表现就是把人情纳入到思考的范围中。同样是《性自命出》,在提出了物和志以后,就涉及到了道和情的问题。其云:

道始于情,情生于性。始者近情,终者近义。知情[者能]出之,知义者能入之。

所谓的道,在《性自命出》中,很显然就是指礼乐而言,也就是人所应该遵循的秩序。这个秩序包含着两端,一端是情,一端是义。在这个意义上,道也就是在情和义的两端中取得的一种平衡。但是情和义对于道而言的意义显然是不同的。一个是始,一个是终,不能颠倒和错乱。

知情者能出之,是说只有了解"情"才可以知道"道"之所从出。这样说的理由在于,道正是建立在情的基础之上。这也就是同篇中所说的"礼作于情"。《性自命出》是十分看重情的,在它看来,只要是发自于情的东西,都是很可贵的:

　　凡人情为可悦也。苟以其情,虽过不恶。不以其情,虽难不贵。

人情是最真实的东西,因此也是秩序奠基的最牢固的基础。秩序如果不能够建立在人情的基础之上,就好比是空中楼阁。人情的真实是因为它乃是生于性者,而不是后加的东西。以此为基础来了解《民之父母》中的说法,也许意义要显豁的多。不过这里仍然有一个过渡,就是情和志之间的过渡。《性自命出》中讲的情,和《民之父母》中说的志,可以有连接的桥梁吗?

　　仅仅就《性自命出》而言,情和志之间的关联好像是很自然的。它们都和心有关,都是心在外物刺激之后的某种表现。所以在说到心无定志之后,很自然地就提到了情的问题。其实所谓志和情,在很多时候是可以通用的,也就是说,它们指称同样的内容。譬如春秋时期人们所谓的六志——喜怒哀乐好恶,也就是六情。《左传·昭公二十五年》记载:

　　民有好恶喜怒哀乐,生于六气。是故审则宜类,以制六志。哀有哭泣,乐有歌舞,喜有施舍,怒有战斗。喜生于好,怒生于恶。是故审行信令,祸福赏罚,以制死生。生,好物也;死,恶物也。好物,乐也;恶物,哀也。哀乐不失,乃能协于天地之性。

这是志和情通用的典型例子。因为所谓的好恶喜怒哀乐,正是一般所谓的人情,而在这里是被称为六志的。这个地方同样提到哀乐的问题,正好让我们讨论"五至"中的第五个因素:哀。

"乐之所至者,哀亦至焉。哀乐相生,君子以正",这前一个乐字,当然是礼乐的乐。哀乐相生的乐,则是喜怒哀乐的乐。君子以正,如果和《左传·昭公二十五年》的文字比较的话,应该和"哀乐不失"的意思类似。这里显然是把礼乐之乐视为兴起哀的情感的基础。对此,孔颖达解释说:

> "乐之所至,哀亦至焉"者,君既与民同其欢乐,若民有祸害,则能悲哀忧恤,至极于下,故云"哀亦至焉"。"哀乐相生"者,言哀生于乐,故上云"乐之所至,哀亦至焉"。凡物先生而后死,故先乐而后哀。哀极则生于乐,是亦乐生于哀,故云"哀乐相生"。(《礼记正义·孔子闲居》)

从儒家政治学的角度来看,这种解释该是尽善尽美的。不过,如果仔细琢磨的话,也会发现很多问题。譬如孔颖达把"乐之所至,哀亦至焉"的乐读为哀乐的乐,就可以重新考虑。其实在《性自命出》中,曾经有如下的话:

> 凡至乐必悲,哭亦悲,皆至其情也。哀乐,其性相近也,是故其心不远。哭之动心也,浸杀,其央恋恋如也,戚然以终。乐之动心也,浚深郁陶,其央则流如也以悲,悠然以思。

乐的动人和哭的动人,是不同的,虽然它们都可以达到悲的效果。乐和礼不同,同样作为秩序的表现,礼更注重分别,而乐则注重和同。乐是以通过感人心的方式达到天下和平的效果,而感的终极表现则是哀。但是,此种哀由于体现了人与人之间的通而不隔,因此反而会产生乐的感觉。这正是哀乐相生的意义所在。

"乐之所至,哀亦至焉"的说法,其意义在于,在把礼乐秩序建立在志的基础之上后,又把它们还原到情感上去。从而突出礼乐和人情之间错综复杂的关联。如果我们把视野放的更开阔一些,当然会发现,礼与情的关系原本就是儒家思考的一个核心问题。礼一方面是因人之情的,另一方面,又是对于人情的节制。如《礼记·坊记》所说:"礼者,因人之情而为之节文,以为民坊者也。"

在疏理了"五至"说的意义之后,我们可以勾画其与《诗》学的关系了。在"五至"中,看来"志"是很重要的一个环节。物是用来取志的,礼、乐则是从志中生发出来者,同时又作为节制志的秩序,哀本身就是志的一部分。也许这可以作为我们理解"五至"说与《诗》学关系的一个线索。因为传统儒家对于诗的理解,一直有"诗言志"的观念。从目前的文献线索来看,我们较早可以在《尚书·尧典》中发现"诗言志,歌永言"的说法,其他如《左传》、《庄子·天下》、《荀子》、《诗大序》等中也都有类似的记载。[①] 在新发现的郭店竹简《语丛一》中,也有"《诗》,所以会古今之志也者"的文字。这种对《诗》的理解很显然可以影响人们对于《诗》的解释,或者它原本就是人们对《诗》的解释的一种概括。而同时,在有关"志"的问题的讨论中,《诗》也自然地成为可以依据和发挥的素材。

三、秩序、价值与心

《民之父母》中关于"礼乐之原"的思考,涉及到的是自孔子以降的早期儒家的一个根本问题:如何重建礼乐秩序?从"三无"到"五至",《民之父母》显然把思考的重心放在了内心上面。也就是说,从内心去发掘礼乐秩序的基础和依据。这和孔子的努力方向是一致的,却不同于此前传统的"礼以顺天"(《左传·文公十五年》)的理解。《左传·昭公二十五年》记载子大叔云:

> 吉也闻诸先大夫子产曰:"夫礼,天之经也,地之义也,民之行也。"天地之经而民实则之。则天之明,因地之性,生其六气,用其五行。气为五味,发为五色,章为五声,淫则昏乱,民失其性。是故为礼以奉之,为六畜、五牲、三牺,以奉五味;为九文、六采、五

[①] 《左传·襄公二十七年》:"诗以言志。"《庄子·天下》:"诗以道志。"《荀子·儒效篇》:"诗言是其志也。"《诗大序》:"诗者,志之所之也。在心为志,发言为诗。"

> 章,以奉五色;为九歌、八风、七音、六律,以奉五声。为君臣上下,以则地义;为夫妇外内,以经二物;为父子、兄弟、姑姊、甥舅、昏媾、姻亚,以象天明;为政事、庸力、行务,以从四时;为刑罚威狱,使民畏忌,以类其震曜杀戮;为温慈惠和,以效天之生殖长育。民有好恶、喜怒、哀乐,生于六气,是故审则宜类,以制六志。哀有哭泣,乐有歌舞,喜有施舍,怒有战斗。喜生于好,怒生于恶。是故审行信令,祸福赏罚,以制死生。生,好物也;死,恶物也。好物,乐也;恶物,哀也。哀乐不失,乃能协于天地之性,是以长久。

这是一段难得的关于礼的依据的说明。礼是民之所行,上下之纪,人之所不可或缺者,可是其依据却是在天和地,所以说是"天之经也,地之义也"。民之所行要以天地之经为基础。具体地说,如"为君臣上下,以则地义",杜预注:"君臣有尊卑,法地有高下",即人间君臣上下的区分乃是效法地形的有高有下。"为夫妇外内,以经二物",夫妇一主外一主内,这是效法阴阳二物。"为父子、兄弟、姑姊、甥舅、昏媾、姻亚,以象天明",杜预注:"六亲和睦,以事严父,若众星之共辰极也。"居北辰而众星拱之,此即天之明示于人者。"为政事、庸力、行务,以从四时",杜预注:"在君为政,在臣为事;民功曰庸,治功曰力;行其德教,务其时要,礼之本也。"(《左传·昭公二十五年》)此谓政事当效法四时,如《国语·周语》说"三时务农而一时讲武"之类。"为刑罚威狱,使民畏忌,以类其震曜杀戮",震谓雷震,曜谓电曜,可以杀人,杜预注:"雷震电曜,天之威也。圣人作刑戮,以象类之。"凡此种种,都是在具体地说明礼之内容与天地之关系,以显示天地之于礼的基础地位。

可是孔子不同。孔子对于礼的重建,其最重要的贡献就是对内心依据的发掘。"人而不仁,如礼何?人而不仁,如乐何?"(《论语·八佾》)就是一个典型的宣示。而与弟子宰我就三年之丧问题进行的争论就更具有代表性。《阳货》篇记载:

> 宰我问:"三年之丧,期已久矣!君子三年不为礼,礼必坏;三

年不为乐,乐必崩。旧谷既没,新谷既升。钻燧改火,期可已矣。"子曰:"食夫稻,衣夫锦,于女安乎?"曰:"安。""女安则为之。夫君子之居丧,食旨不甘,闻乐不乐,居处不安,故不为也。今女安,则为之。"宰我出,子曰:"予之不仁也!子生三年,然后免于父母之怀。夫三年之丧,天下之通丧也。予也有三年之爱于其父母乎?"

这是一个很好的帮助我们了解孔子对礼之依据看法的例子。三年之丧当然是礼之要求,可是在礼崩乐坏之际,要维系此种礼制,必须给出新的理由。在上引一段话中,宰我以为三年之丧太久,欲以一年之丧替代之,其理由有两点:一是"君子三年不为礼,礼必坏;三年不为乐,乐必崩";二是"旧谷既没,新谷既升。钻燧改火,期可已矣"。前者是一个实用的理由,其妙处还在于"以礼变礼",变礼的目的在于维持礼乐。后者可以简单地看作是一个比喻,但是往深一处看,也许可以留意到天道的问题。如邢昺所说:

"旧谷既没,新谷既升。钻燧改火,期可已矣"者,宰我又言,三年之丧,一期为足之意也。夫人之变迁,本依天道。一期之间,则旧谷已没,新谷已成。钻木出火谓之燧,言钻燧者又已改变出火之木。天道万物既已改新,则人情亦宜从旧,故丧礼但一期而除,亦可已矣。(《论语注疏·阳货》)

这或者是宰我从天道出发为其主张的礼寻找依据。可是孔子强调的并不在这里,他突出的只是"心安"二字。子生三年,方免于父母之怀。父母故后,行三年之丧才可以获得心安的感觉。这里,心安取代了天道或者功利的目的,而成为礼的基础。

《子路》篇中还有一个关于"直"的例子,同样可以反映出孔子类似的态度:

叶公语孔子曰:"吾党有直躬者,其父攘羊,其子证之。"孔子曰:"吾党之直者异于是。父为子隐,子为父隐,直在其中矣!"

这不应只是被看作两种对于"直"的理解,而要被看作是一种旧的理解和一种新的理解。孔子的理解之新就在于充分地考虑到人之为人的特殊性,把人当作人来对待。因此所谓的"直"就包括了人心的感受也就是人情在其中。缘人情则父子相亲,与路人当然不同,遇事相隐反而成了"直"的表现。这样对"直"的考虑,就不仅仅是注意外在的事实,更把人心的因素含括在其中。

这是一个新的方向,即是把秩序("礼")或者价值("直")建立在内心的基础之上。其实就《论语》所见,我们还可以指出更多的例子,用来说明孔子沿着此方向对其他价值规范的解释。譬如就对父母的"孝"而言,一般人的理解,多以能养为标准。但是在孔子看来,不仅人能养,犬马也能养,如果没有发自内心的"敬"的因素在其中,人和犬马有什么区别呢?这里的"敬",显然突出的和"孝"有关的内心因素。①在孔子看来,这才是最根本的东西。

这里的问题是:这个新的方向和《诗》学有什么关系?换言之,在儒家把礼乐秩序以及其他的价值规范和内心紧密地联系起来的过程中,《诗》及其解释在其中发挥了什么样的作用?

儒家对《诗》的解释一开始就和礼及内心有着密切的关联。就《论语》中所见,孔子及其弟子对于《诗》是极其留意的,而且很自觉地把它朝着礼的方向来引导。《论语·八佾》记载:

> 子夏问曰:"'巧笑倩兮,美目盼兮,素以为绚兮。'何谓也?"子曰:"绘事后素。"曰:"礼后乎?"子曰:"起予者商也,始可与言诗已矣!"

子夏所问的文字见于《诗·卫风·硕人》,今本"素以为绚兮"佚。原诗很明显是描述一个漂亮可爱的女子,虽然不施粉黛,却是绚丽无比。可

---

① 《论语·为政》:"子游问孝。子曰:'今之孝者,是谓能养。至于犬马,皆能有养。不敬,何以别乎?'"

是经过孔子和子夏的处理,就变成了是讲述"礼后乎"的问题。孔子所说"绘事后素",显然是对原诗意义的引申。先素而后绘,文采乃是后加的。而子夏更进一步,认为礼如文采,也是后出的。这种理解得到了孔子的高度赞许,一方面当然是由于子夏的百尺竿头更进一步,更重要的,则是由《诗》文字中的"色"读出了"礼"的问题,并认为礼是在后的东西。在后就意味着它还另有本原,那么,其本原何在呢?

这个本原仍然是在心上。所谓的礼不是别的,其实就是对待"色"的态度。好色之心或者爱美之情,人皆有之,这是和人情关联的心。可是人情需节制,"窈窕淑女,君子好逑",以至于思念的辗转反侧,可是当以"钟鼓乐之""琴瑟友之"。这就是和节制关联的心。人情和节制,这两者对于礼来说都是不可或缺的。或者说,礼就是二者之间的平衡。孔子说:"《关雎》乐而不淫,哀而不伤。"(《论语·八佾》)这就是人情和节制的平衡,也就是礼的精神和实质。该注意的是,节制并不仅仅表现为外在的"非礼勿视,非礼勿听,非礼勿言,非礼勿动",(《颜渊》)更重要的,它还要求着"非礼勿思"。孔子说:

《诗》三百,一言以蔽之曰:思无邪!(《为政》)

在对《诗》的解释中,如果说"多识于鸟兽草木之名"(《阳货》)"出使专对"(见《子路》)等讲的是学诗之用,那么这里就是直指本原的说法,把注意力直接带到了"思"也就是"心"上面来。孔子强调思要"无邪",也就是正,这就等于给心或者志确定了一个方向。这方向当然也就是他所说的"道",于是我们可以看到所谓"志于道,据于德,依于仁,游于艺"(《述而》)的说法。这与《性自命出》中以"习"与"道"来养志、长志的主张是一致的。"道"不是别的,在孔子和儒家这里,它就是礼乐秩序。我们在儒家的思想中一直可以看到一个双向的运动:一方面是把礼乐秩序奠基在内心上面,另一方面是把内心向礼乐的方向去引导。但无论如何,它体现的都是秩序和心的连结。

这种连结的努力在和《诗》学有关的文献中表现的是非常突出。

除了《民之父母》外,《五行》篇是一个很好的例子。这一篇正好包含着上述所说的双向的运动,先来看第一方面,即把礼乐秩序奠基在内心上面。郭店竹简《五行》篇说:

> 五行:仁形于内谓之德之行,不形于内谓之行;义形于内谓之德之行,不形于内谓之行;礼形于内谓之德之行,不形于内谓之行;知形于内谓之德之行,不形于内谓之行;圣形于内谓之德之行,不形于内谓之德之行。

这是开宗明义的一段话,可以看出作者想突出的一个重要分别是"形于内"和"不形于内"。所谓"形于内",是指某种行为有内心的基础,即发自内心的东西,而不仅仅是外在的。"不形于内"则刚好相反。"形于内"者才可以用"德之行"来称呼,反之,则只是"行"。这里讨论的范围有仁义礼知和圣,包含着儒家认为的最主要的价值和秩序。《五行》篇显然是借助于上述的区分来强调它们应该有内在的基础,这和孔子的方向是一致的。

另一方面,《五行》篇也体现出以礼乐来引导内心的特点。这集中的表现在"由色喻于礼"的说法上,马王堆帛书《五行》篇说:

> 榆(喻)而知之,胃(谓)之进之。弗榆(喻)也,榆(喻)则知之矣,知之则进耳。榆(喻)之也者,自所小好榆(喻)虖(乎)所大好,"茭(窈)芀(窕)淑女,寤眛(寐)求之",思色也。"求之弗得,唔(寤)眛(寐)思伏",言其急也。"繇(悠)才(哉)繇(悠)才(哉),婘榑(转)反厕(侧)",言其甚[急也。急]如此其甚也,交诸父母之厕(侧),为诸?则有死弗为之矣。交诸兄弟之厕(侧),亦弗为也。交诸邦人之厕(侧),亦弗为也。畏父兄,其杀畏人,礼也。繇(由)色榆(喻)于礼,进耳。

就字面上而论,《关雎》中所说"窈窕淑女,寤寐求之"等,表现的都是对于美色的追求和思念。如何把这种追求和思念转移到父母兄弟或者邦人上面呢？换言之，如何把对美色的爱升华为对人的爱，譬如父子之爱、兄弟之爱，也就是"由色喻于礼"，①这是上述说法的问题所在。这个问题其实就是由礼乐来主导内心的方向，以达到"思无邪"的结果。

在《诗》的解释中所表现出的秩序、价值和内心的连结，在早期儒家中，代表着其思想的主要方向。而且无论在纵向还是在横向的比较中，都能够表现其特质和意义。从纵的一面而言，春秋时期人们对于礼乐根源的理解，无疑的是以天道为主的。礼作为百姓需要遵循的东西，乃是天之经和地之义。这正是当时人所认为的礼的基础。因此从内心来思考礼乐等的基础，就是一个新的创造。就横的方面而言，同时期的老子和墨子看来也是更关心天的问题，并把天作为秩序和价值的依据。老子显然是把道和天道作为秩序基础的，因此有"人法地，地法天，天法道，道法自然"（《老子》二十五章）的说法。他所提出的关于人事的主张，总是以天道和道作为依据的。墨子同样批评孔子和儒家由对人心的重视而来的对天的漠视，在墨子看来，儒以天为不明，使人对于天失去了敬畏，②同时，秩序和价值也失去了源头。依照墨子的说法，用来规范人的义是从天而出的（而不能是人），换言之，天是价值之原。③

对心的重视在彰显出儒家特点的同时，也似乎在暗示着它的不足。在孔子那里，似乎它是以牺牲传统的天的权威作为代价的。这种不足在与道家和墨家的对比中表现的更加突出。如果缺少了天的一极，仅仅依靠着内心，秩序和价值的合法性和权威性会得到认可吗？还好，孔子虽然罕言天道，但并没有完全地把天排除到思想的视野之外，这给后来儒家天的观念的发展提供了一个弹性的空间。事实上，

---

① 上海博物馆藏《孔子诗论》中，有"以色喻于礼"的说法，与此相似。
② 见《墨子·公孟》。
③ 《墨子·天志中》："子墨子曰：义不从愚且贱者出，必自贵且知者出……然则孰为贵，孰为知？曰：天为贵，天为知而已矣。然则义果自天出矣。"

我们在稍后的发展中,确实可以看到儒家对于天的更为积极的态度。而且,这种对天的积极的态度,或者可以称为天的回归,与对心的强调并行不悖,其结果则是天道与人心的连结。

从目前的材料来看,这种连结是循着两个途径来进行的。其一是《五行》篇代表的,以"形于内"的价值和秩序为天道的表现。如前所述,《五行》篇以"形于内"者为德,而所谓的德,就是天道。① 这就把在内的心和在外的天联系了起来。其二是以《性自命出》等代表的,由对礼乐秩序内在基础的发掘,因此发展出对人性的深入讨论。无论对人性如何理解,它总是和天有关的,即所谓"性自命出,命自天降"。

在天道和人心的连结上,孟子的努力更加明显。孟子承继了儒家对于性的讨论,并提出了性善的主张。性一方面是出自天的,另一方面又表现在心上,因此很自然地成为天道和人心之间的桥梁。在孟子看来,人生而具有仁义礼智等价值,其表现就是所谓的四心:"恻隐之心,仁也;羞恶之心,义也;恭敬之心,礼也;是非之心,智也。"(《孟子·告子上》)仁义礼智等以"端"的方式存在于人心,需要扩充,这就是所谓的尽心。扩充之后,更能发现自己原本就具有这些东西,因此可以知性。性自天出,因此也可以了解天的善的本质。这就是孟子提出的"尽其心者,知其性也。知其性则知天矣"(《孟子·尽心上》)的意义所在。

---

① 《五行》:"德者,天道也。"

第八章

荀　子

第一节　辩者与儒者

尽管在后世构造的道统中没有一席之地，但在儒家思想史上，荀子却是一个极重要的人物。他和孟子一起呈现出儒家思想内部的张力和弹性，自汉至唐，孟荀多并称于世，已足见其深远的影响。司马迁作《孟子荀卿列传》，也颇具象征意义。该传云：

> 荀卿，赵人。年五十始来游学于齐。驺衍之术迂大而闳辩，奭也文具难施，淳于髡久与处，时有得善言。故齐人颂曰："谈天衍，雕龙奭，炙毂过髡。"田骈之属皆已死，齐襄王时，而荀卿最为老师。齐尚修列大夫之缺，而荀卿三为祭酒焉。齐人或谗荀卿，荀卿乃适楚，而春申君以为兰陵令。春申君死而荀卿废，因家兰陵。李斯尝为弟子，已而相秦。荀卿嫉浊世之政，亡国乱君相属，

> 不遂大道而营于巫祝,信机祥,鄙儒小拘,如庄周等又猾稽乱俗,于是推儒、墨、道德之行事兴坏,序列著数万言而卒。因葬兰陵。

这个有关荀子的最早传记非常简略,从游学于稷下学宫开始,到葬于兰陵结束。"荀卿嫉浊世之政,亡国乱君相属,不遂大道而营于巫祝,信机祥"的提法是值得注意的,一方面能够表现出荀子对于政治的关注,而另一方面传达的则是失望的情绪。确切地说,这不完全是荀子的情形,而是那个时代儒者普遍的境遇。就政治生涯来说,和孔子、孟子相同,荀子也是相当失意的。在齐国,不过就是"不治而议论"的稷下先生。在秦国和赵国,尽管曾经游说过秦昭王及秦相范雎,与临武君议兵于赵孝成王之前,但都没有得到仕进的机会。到了晚年,因得到春申君的信任,荀子从齐至楚,为兰陵令。这只是个地方性的职位,而且伴随着春申君的死亡,兰陵令的职位也被剥夺。荀子的政治成就远不如他的弟子李斯,后者曾经担任过秦国的丞相。政治上的挫折让荀子把更多的精力投入到思想的论辩和创造中去,并认真地思考权力与道之间的关系。"从道不从君"的著名说法首见于《荀子》,而且也确实是荀子遵循的原则。同时,有关君道、臣道的严肃思考更可以看作是对政治现实的直接回应。而从整体上来说,荀子的思想呈现出一种政治哲学的面向。

稷下学宫的经历对荀子来说是至关重要的,因此在传记中才会得到特别的强调。荀子到学宫的时间,学者之间的说法差别极大,或云宣王之时、或云襄王之时。司马迁在本传中说荀子年五十始来游学于齐,晁公武《郡斋读书志》以为"年五十"是"年十五"之误,此说影响甚大。但考之于刘向、颜之推等,都以为荀子五十游学,可知《史记》古本即如此。从其整个的经历来看,荀子当湣王、襄王之时在稷下是比较合理的。湣王末期,诸儒分散,所以荀子于襄王之时最为老师,并三为祭酒。众所周知,稷下学宫是战国中后期最重要的学术和思想场所,不同倾向的学者会聚于此,使之成为一个辩论和沟通的所在,也因此成为思想创造的中心。荀子来此之时,其儒家的思想无疑已经基本定型。作为一个坚定的儒者,面对着各种各样丰富而不同的主张,辩论是不可避免的事情,通过辩论不断地完善自己的主张也可以想象。和孟子一样,荀子同样是辩论的高手,而且对于辩论本身有着比孟子更自觉而系统的思考。《非相》云:

> 君子必辩。凡人莫不好言其所善,而君子为甚焉。是以小人辩言险而君子辩言仁也。言而非仁之中也,则其言不若其默也,其辩不若其呐也。言而仁之中也,则好言者上矣,不好言者下也。故仁言大矣。起于上所以道于下,政令是也;起于下所以忠于上,谋救是也。故君子之行仁也无厌。志好之,行安之,乐言之,故言君子必辩。小辩不如见端,见端不如见本分。小辩而察,见端而明,本分而理;圣人士君子之分具矣。有小人之辩者,有士君子之辩者,有圣人之辩者:不先虑,不早谋,发之而当,成文而类,居错迁徙,应变不穷,是圣人之辩者也。先虑之,早谋之,斯须之言而足听,文而致实,博而党正,是士君子之辩者也。听其言则辞辩而无统,用其身则多诈而无功,上不足以顺明王,下不足以和齐百姓,然而口舌之均,噡唯则节,足以为奇伟偃却之属,夫是之谓奸人之雄,圣王起,所以先诛也,然后盗贼次之。盗贼得变,此不得变也。

比较起孟子"予岂好辩哉,予不得已也"(《孟子·滕文公下》)的说法,荀子的"君子必辩"显得更加底气十足。身处稷下学宫之中,面对着众多差异的主张,如果不通过辩论,怎么能够确立自己说法的地位,进而体现出仁言的价值和意义呢?在荀子看来,辩论最重要的乃是立言的宗旨,究竟是"言而仁之中也",还是相反的"言而非仁之中也"。这当然是基于其明显的儒家立场。为此,荀子提出了辩论的几个重要区分,即"小辩不如见端,见端不如见本分。小辩而察,见端而明,本分而理"。由察而明而理,才算是摆脱了蒙蔽,舍枝叶而达到了根本。在这个原则的基础之上,小人之辩、君子之辩和圣人之辩的区分也得以明确。对于"上不足以顺明王,下不足以和齐百姓"的小人之辩,荀子没有表现出丝毫的容忍,这从其主张圣王应先于盗贼而诛之即可看出。本着这个理解,荀子对于所谓的奸言邪说表现出非常坚定的态度。读者一定能够感觉到,《荀子》三十二篇大都充满着强烈的批判精神,而以《非十二子》、《正论》、《解蔽》、《乐论》等最为典型。《乐论》基本上是以墨子作为批评的对象,《正论》针对着世俗之为说者——他们该是荀子在稷下的所见所闻。《解蔽》涉及到的更加宽泛:"墨子蔽于用而不知文,宋子蔽于欲而不知得,慎子蔽于法而不知贤,申子蔽于埶而不知知,惠子蔽于辞而不知实,庄子蔽于天而不知人。故由用谓之,道尽利矣;由欲谓之,道尽嗛矣;由法谓之,道尽数矣;由埶谓之,道尽便矣;由辞谓之,道尽论矣;由天谓之,道尽因矣:此数具者,皆道之一隅也。"其核心的主张是诸子皆有所蔽,因此不能见道之全体,所谓"蔽于一曲而暗于大理"。"仁知且不蔽"者,唯有孔子,故"德与周公齐,名与三王并。"

至于《非十二子篇》,所论就更加明了透彻。其篇首即说道:

> 假今之世,饰邪说,文奸言,以枭乱天下,矞宇嵬琐,使天下混然不知是非治乱之所存者有人矣。

接下来便列举了它嚣、魏牟、陈仲、史鰌、墨翟、宋钘、慎到、田骈、惠施、邓析、子思、孟轲共十二位学者,他们几乎包括了当时最主要的派别,如墨家、道家、名家、法家和儒家。在荀子看来,它嚣们所主张的不过是邪说奸言,虽然持之有故、言之成理,但"不足以合文通治"(它嚣、魏牟)、"不足以合大众,明大分"(陈仲、史鰌)、"不足以容辨异、县君臣"(墨翟、宋钘)、"不可以经国定分"(慎到、田骈)、"不可以为治纲纪"(惠施、邓析)。值得注意的是,荀子对于同属儒门的子思和孟子的批评相当严厉,指责他们略法先王而不知其统,提出了"甚僻违而无类,幽隐而无说,闭约而无解"的五行说,并以仲尼和子游的名义误导后世儒者。

荀子对诸子的批评大抵是基于两个方面,第一是实际的政治功用;第二是他所理解的儒家的核心观念。而这两方面又共同地指向荀子以为人道之极的礼义,这同时也就是评论诸子的标准。在这个标准之下,无论是它嚣辈的纵情性,还是陈仲辈的忍情性,都是邪说和奸言。其对于惠施等的评论,以为"不法先王,不是礼义,而好治怪说,玩琦辞,甚察而不惠,辩而无用,多事而寡功,不可以为治纲纪",表现出鲜明的以礼义为宗旨、以功用为导向、以政治为归宿的特点。同属于儒家的子思、孟子之所以受到荀子的猛烈批评,就是因为他们没有把握到荀子以为最重要的东西,即礼义。在那个时代的思想家中,荀子心目中的楷模只有孔子和子弓,《非十二子》说:

> 若夫总方略,齐言行,壹统类,而群天下之英杰而告之以大古,教之以至顺,奥窔之间,簟席之上,敛然圣王之文章具焉,佛然平世之俗起焉,六说者不能入也,十二子者不能亲也。无置锥之地,而王公不能与之争名。在一大夫之位,则一君不能独畜,一国不能独容,成名况乎诸侯,莫不愿以为臣,是圣人之不得埶者也,仲尼、子弓是也。一天下,财万物,长养人民,兼利天下,通达之属,莫不从服,六说者立息,十二子者迁化,则圣人之得埶者,舜、禹是也。今夫仁人也,将何务哉?上则法舜、禹之制,下则法仲尼、子弓之义,以务息十二子之说。如是则天下之害除,仁人之事毕,圣王之迹著矣。

子弓或云即仲弓,荀子将其与仲尼并列,以为不得势之圣人。若舜、禹等则是得势之圣人,亦称圣王。荀子所自居的角色是仁人,其职责为"上则法舜、禹之制,下则法仲尼、子弓之义,以务息十二子之说"。舜禹在儒家内部的地位是毫无争议的,仲尼也是如此,但仲弓就不同。在孔子弟子中,仲弓被孔子列入德行之科,且有政事方面的才能,曾经为季氏宰。《论语·雍也》"子曰:雍也可使南面",便是孔子对于仲弓(冉雍)的夸赞。上海博物馆藏竹简中有《仲弓》一篇,内容以仲弓向孔子请教为政之道为主。战国早中期的儒者似乎并没有特别地重视此人，如我们了解的，孟子最推崇的是曾子和子思，其他经常被提到的弟子们是子游、子夏、子张、子贡等。从这个角度来看荀子把子弓与仲尼并列的意义，除了思想上的一致之外，应该是具有把自己与其他的儒者区分开来的作用。

荀子对于自己儒者的身份是很乐于接受的，并且在权力面前坚定地捍卫着儒的声誉。《儒效》记载秦昭王认为"儒无益于人之国"，荀子回答说：

> 儒者法先王，隆礼义，谨乎臣子而致贵其上者也。人主用之，则执在本朝而宜；不用，则退编百姓而悫，必为顺下矣。虽穷困冻喂，必不以邪道为贪。无置锥之地，而明于持社稷之大义。呜呼而莫之能应，然而通乎财万物、养百姓之经纪。执在人上则王公之材也，在人下则社稷之臣，国君之宝也。虽隐于穷阎漏屋，人莫不贵之，道诚存也。

无论人主用与不用，儒者对于国家而言都大有裨益。在稍后的言论中，荀子还概括出"儒者在本朝则美政，在下位则美俗"之说。但这不意味着荀子认同所有自称为儒的人。孔子曾经对子夏说"女为君子儒，毋为小人儒"，荀子也要在儒的内部进行区分。如《儒效篇》就提出有俗儒者、有雅儒者、有大儒者。所谓大儒，是指"法先王，统礼义，一制度"者，唯周公、仲尼、子弓之辈可以当之；至于孟子、子游、子夏、子张等，不过是"略法先王而足乱世术，缪学杂举，不知法后王而一制度，不知隆礼义而杀《诗》、《书》"的俗儒而已。《非十二子篇》或称之为贱儒：

> 弟佗其冠，神襌其辞，禹行而舜趋，是子张氏之贱儒也。正其衣冠，齐其颜色，嗛然而终日不言，是子夏氏之贱儒也。偷儒惮事，无廉耻而耆饮食，必曰君子固不用力，是子游氏之贱儒也。

这种批评显然有清理门户的意味,在纷乱的儒门之内确立某种正统性。荀子的弟子韩非曾经描述"儒分为八"的局面,"有子张之儒、有子思之儒、有颜氏之儒、有孟氏之儒、有漆雕氏之儒、有仲良氏之儒、有孙氏之儒、有乐正氏之儒"(《韩非子·显学》),取舍相反不同,然皆自谓真孔子。这八派之中就包括着荀子(孙氏之儒)在内。韩非的说法可以帮助我们了解荀子所面对的儒家内部的丰富性,以及其思想鲜明的批判性格。

虽然比不上孔子和孟子的规模,荀子也应该有为数不少的弟子。其中最著名者当推韩非和李斯。《史记·老子韩非列传》云韩非"与李斯俱事荀卿,斯自以为不如非"。吊诡的是,韩非和李斯都是法家的著名人物,前者集法家之大成,后者则把法家和实际的政治紧密地结合起来。这种师徒的关系可以让我们重新去思考儒家和法家之间可能的思想联系。另外一个有据可查的弟子是浮丘伯,作为汉初的大儒,《诗》学之宗,申公、穆生、白生和楚元王刘交等都曾经随他习《诗》。包括浮丘伯在内的一些弟子们活跃在汉初,使荀子在此时的思想界具有重要影响。《荀子·尧问》曾经有如下的一段记载:

> 为说者曰:"孙卿不及孔子。"是不然。孙卿迫于乱世,鰌于严刑,上无贤主,下遇暴秦,礼义不行,教化不成,仁者绌约,天下冥冥,行全刺之,诸侯大倾。当是时也,知者不得虑,能者不得治,贤者不得使,故君上蔽而无睹,贤人距而不受。然则孙卿怀将圣之心,蒙佯狂之色,视天下以愚。《诗》曰:"既明且哲,以保其身。"此之谓也。是其所以名声不白,徒与不众,光辉不博也。今之学者,得孙卿之遗言余教,足以为天下法式表仪。所存者神,所过者化,观其善行,孔子弗过,世不详察,云非圣人,奈何!天下不治,孙卿不遇时也。德若尧、禹,世少知之。方术不用,为人所疑。其知至明,循道正行,足以为纪纲。呜呼!贤哉!宜为帝王。天地不知,善桀、纣,杀贤良。比干剖心,孔子拘匡;接舆避世,箕子佯狂;田

常为乱,闾间擅强。为恶得福,善者有殃。今为说者又不察其实,乃信其名。时世不同,誉何由生?不得为政,功安能成?志修德厚,孰谓不贤乎!

从"上无贤主,下遇暴秦"以及"今之学者,得孙卿之遗言余教,足以为天下法式表仪"来看,这段话很显然出于生活在汉初的荀子弟子之手,因此对本师才有如此的了解与感情。汉初的儒者已经初步地获得了政治地位,这让生于乱世的荀子显得更加不遇时。无论如何,"名声不白,徒与不众,光辉不博"是对荀子现实生活的真实写照,但这丝毫不会遮掩其思想在后世的光辉。

第二节 《劝学篇》在《荀子》及儒家中的意义

《四库全书总目提要·荀子》云:"况之著书,主于明周孔之教,崇礼而劝学……至其以性为恶,以善为伪,诚未免于理未融,然卿恐人恃性善之说,任自然而废学,因言性不可恃,当勉力于先王之教。故其言曰:凡性者天之就也,不可学,不可事;礼义者,圣人之所生也,人之所学而能,所事而成者也。不可学、不可事,而在人者谓之性,可学而能、可事而成之在人者谓之伪,是性伪之分也。"这段话当然有很强的针对宋儒的味道,并有回护荀子的意思,但总的说来,还是持平之论。"明周孔之教,崇礼而劝学"的概括,阐明了荀子之学的大体,如果再加上"化性而起伪"这五个字,就是对荀学精确而全面的理解。作为战国末期的儒家巨匠,活跃在百家争鸣的思想氛围之中,荀子的学问必须在丰富的诸子学背景里才能获得了解。而尤其重要的,则是儒家内部丰富的传统。如果从《荀子》书里来看,儒家内部的子思和孟子无疑构成了荀子不可或缺的对话者。这种对话直接地表现在《非十二子》和《性恶》等篇。荀子的很多主张,在某种意义上都可以看作是对思孟的反动。如以性恶对抗孟子的性善,已经为学者所熟知。本文想以《劝学篇》为主,从学与思的角度,对荀子与思孟的差别,进行另一角度的理解。

一、学的主题

《劝学》一篇,位居《荀子》三十二篇之首。此种编排,始自刘向,为后来治《荀子》诸家所沿袭。① 其中有无深意,值得探讨。古代文献中,大凡居首者,多被赋予特殊之意义。如《诗》之《关雎》,《易》之乾坤,《道德》之首章,《南华》之《逍遥》,在后世的解释者看来,都有标明宗旨或突出主题的作用。儒家文献中,《论语》的编纂结构和《荀子》颇有类似之处。《论语》始于《学而》,终于《尧曰》;《荀子》始于《劝学》,终于《尧问》。这种相似也许不是出自偶然,如果相信《论语》的编定是在《荀子》之前的话,那就该是《荀子》编纂者在形式上刻意的模仿前者。二者共同形式背后体现的则是类似的义理结构,即"由学以致圣"的思想路径。此路径在《论语》中已见端倪,到了荀子,表达的更加显豁。如果从此角度来考虑的话,那么《劝学篇》之被安置在《荀子》之首,就不是偶然的事情,而是包含着一个整体的思想上的考虑。这个考虑的核心乃是对"学"本身的重视,而其隐含的问题比这要复杂的多。我们如果把它放在儒家思想内部"判教"的角度上来考虑,《劝学篇》其实具有明显的针对性。具体来说,它针对的是思孟学派过分强调"思"的倾向,以及与此相关的对于性与心等的不同理解。由此阅读的话,《劝学篇》在《荀子》以及儒家思想史的意义就重要的多。

从内容上来看,《劝学篇》当然是一个全面的关于"学"的讨论。对于现代的读者来说,首先要注意的就是把这里的"学"和一般意义上的

---

① 关于《荀子》版本问题的讨论,请参考高正:《荀子版本源流考》,北京:中国社会科学出版社,1992年。

学习区别开来。该篇的首句"君子曰：学不可以已"，提示着学与君子之间的紧密联系。随着该篇的展开，我们会逐渐了解，荀子论述"学"的角度，主要的不是和知识相关，而是和德性与生命密不可分。在荀子看来，学习的过程就是生命不断塑造和提升的过程，或者一个道德生命成就的过程。与"木受绳则直，金就砺则利"类似，"君子博学而日参省乎已，则知明而行无过矣。"如果把知明理解为道德知识，行无过理解为道德践履的能力，那么可以说，这种知识和能力并非生而具有，必须通过"学"的方式才能实现。荀子认为，人是很容易受外界环境影响的存在，"干、越、夷、貉之子，生而同声，长而异俗，教使之然也。"接受什么样的教育，或者从事何种内容的学习，对一个人来说有着决定性的意义。这句话看起来似乎是对孔子"性相近也，习相远也"（《论语·阳货》）说法的直接解释，无论如何，荀子和孔子都共同强调着后天努力尤其是学习对于生命而言的重要价值。正是后天的学习与否以及学习的内容，决定了一个人生命成长的方向。这并不是一蹴而就的事情，荀子把学习理解为一个"积"的过程。"积土成山，风雨兴焉；积水成渊，蛟龙生焉；积善成德，而神明自得，圣心备焉。"此种积，如积善成德所指示的，主要的仍然不是知识的积累，而是德性的蓄积。《周易·象传》在解释"大畜"卦时所说"君子多识前言往行，以畜其德"，和这里的说法是接近的。此种积累需要持续的努力和专一的用心，"螾无爪牙之利，筋骨之强，上食埃土，下饮黄泉，用心一也"。君子当效法之，如《诗·曹风·鸤鸠》中所描述的"淑人君子，其仪一兮"，"故君子结于一也"。

这种对学的理解也就规定了学的范围。按照荀子的说法，学习的对象主要是经典所代表的先王之遗言：①

　　学恶乎始，恶乎终？曰：其数则始乎诵经，终乎读礼；其义则

---

① 《荀子·劝学》："不闻先王之遗言，不知学问之大也。"

始乎为士,终乎为圣人。真积力久则入,学至乎没而后止也。故学数有终,若其义则不可须臾舍也。为之,人也;舍之,禽兽也。故《书》者,政事之纪也;《诗》者,中声之所止也;礼者,法之大分,类之纲纪也,故学至乎礼而止也。夫是之谓道德之极。礼之敬文也,乐之中和也,《诗》、《书》之博也,《春秋》之微也,在天地之间者毕矣。

在这里,学被从两个层次上进行了描述。一个是数的层次,即学习的具体科目和次序,从诵经开始,到读礼结束。从这里的叙述方式和后文来看,所谓诵经中的经,主要该是指《诗》、《书》而言。从孔子开始,《诗经》和《尚书》就是儒家最注重的经典。"终乎读礼",既是指阅读和学习的次序,又体现着荀子一再强调的隆礼的旨趣。此种顺序,与孔子所说"兴于诗,立于礼,成于乐"(《论语·泰伯》)有表面的相似之处,但在实质的精神上却有很大的差别。另一个是义的层次,即学习的宗旨和方向,从为士开始,到为圣人结束。根据这种理解,学习主要地是和人格生命的培养和完成有关。结合荀子他处的说法,士、君子、圣人是他关于人格生命几个阶段的基本区分。① 学习的终极目的乃是成为圣人,这乃是一种"全之尽之"的状态,荀子在该篇的篇末也称之为"成人":

> 君子知夫不全不粹之不足以为美也,故诵数以贯之,思索以通之,为其人以处之,除其害者以持养之……是故权利不能倾也,群众不能移也,天下不能荡也。生乎由是,死乎由是,夫是之谓德操。德操然后能定,能定然后能应。能定能应,夫是之谓成人。天见其明,地见其光,君子贵其全也。

---

① 荀子在几个不同的地方都做出了类似的区分,如《修身》:"好法而行,士也;笃志而体,君子也;齐明而不竭,圣人也。"《儒效》:"我欲贱而贵,愚而智,贫而富,可乎?曰:其唯学乎!彼学者,行之曰士也,敦慕焉君子也,知之圣人也。"

这里的成人,其实就是大成之人的简称。如孟子所说"孔子之谓集大成",(《孟子·万章下》)乃是人格生命完成了的状态。因此目的,学习就不是为人的口耳之学,而是为己的身心之学。

> 君子之学也,入乎耳,箸乎心,布乎四体,形乎动静;端而言,蝡而动,一可以为法则。小人之学也,入乎耳,出乎口,口耳之间则四寸耳,曷足以美七尺之躯哉?古之学者为己,今之学者为人。君子之学也,以美其身;小人之学也,以为禽犊。

君子之学和小人之学的区别就在于,后者的学问仅仅表现在口耳,是一种外在的装饰;前者则是关乎整个生命之事,通过真积力久而入心的工夫,德性可以在整个的生命中呈现出来。也因此,学习最切近的办法是"近其人"。不是简单的文字或者知识或者死的东西,而是对活生生的生命的体认。通过一个理想的生命形象,例如古代的圣王或者圣人,来感受理想的生命人格,从而找到一条最方便的路径。拘泥于过去的经典是无用的,"《礼》、《乐》法而不说,《诗》、《书》故而不切,《春秋》约而不速。方其人之习君子之说,则尊以遍矣,周于世矣。故曰:学莫便乎近其人。"文字化的经典是死的僵化的,表现的只是过去的经验,只有把它们和生命联系在一起,才会有普遍的价值。

荀子的为学,除了近其人之外,最重要的是"隆礼","学之经莫速乎好其人,隆礼次之"。在荀子看来,这关乎整个学问的宗旨。隆礼才能知其统类,得其经纬。不如此,即便终日读书,仍是一无所得。基于此,荀子对于仅仅知道"顺《诗》、《书》"的"陋儒"表达了不满:

> 上不能好其人,下不能隆礼,安特将学杂识志,顺《诗》、《书》而已耳,则末世穷年,不免为陋儒而已!将原先王,本仁义,则礼正其经纬、蹊径也。……不道礼宪,以《诗》、《书》为之,譬之犹以指测河也,以戈舂黍也,以锥飡壶也,不可以得之矣。故隆礼,虽未明,法士也;不隆礼,虽察辩,散儒也。

荀子的学术，可以说是外辟诸子，内正儒门。但以《劝学篇》而言，明白针对的主要是儒门内部。"儒分为八"，虽然荀子没有明白地指出他所谓的"散儒"或者"陋儒"何指，但稍作分析就不难发现，这里针对的主要是子思和孟子一系。一方面，思、孟对《诗》、《书》的注重是毋庸置疑的，《五行》全篇只引用《诗经》，和子思关系密切的《中庸》也是如此。①《孟子》之作，司马迁认为是"序《诗》、《书》，述仲尼之意"（《史记·孟子荀卿列传》）的结果，衡之于全书，这个说法是合理的；另一方面，他们从《诗》、《书》中引出的主要是注重内省的心性之学，而不是荀子所看重的礼学，因此才批评思孟是"不道礼宪"的散儒。

《劝学篇》包含着几个对于了解荀子以及儒家思想来说相当要紧的观念，我们需要集中地澄清一下。首先，荀子对于学的理解，并不仅仅是着眼于教育或者修身的角度，而是把它视为涉及到生命本质的问题。从"学不可以已"，到"学至乎没而后止也"的说法，都表明学该是和生命相始终，不可须臾离也之物。对于道德生命而言，学是其得以成就的前提。所以，"学"可以看作是荀学的中心观念，并和其他一系列的观念有着内在的联系；其次，对学的强调，从逻辑上来说，包含着一个重要的前提，即人是非自足的或者有缺陷的存在，所以需要通过后天的工夫来塑造和弥补。至于这种缺陷是什么，以及到什么程度，可以有不同的理解。在荀子那里，当然是其性恶的主张。性恶代表着人的生命中存在着根本上的缺陷，因此需要转化。而在化恶为善的过程中，学就构成了重要的枢纽；再次，生命的缺陷决定了生命主体需要借助于他者来改进和完善自己，单纯依赖生命内部的发掘并不能解决问题。所以学习的过程被荀子描述为"善假于物"的过程。在道德生命成就的过程中，外在的东西是非常重要的。"君子生非异也，善假于物也"应该有明确的针对性，这就是孟子"万物皆备于我矣，反身而诚，

---

① 参见拙作：《〈中庸〉与荀学、〈诗〉学》，载于《国学研究》第三卷，北京：北京大学出版社，1996年，第61—78页。

乐莫大焉"(《孟子·尽心》)的主张。因此就有第四点,如果说孟子的"万物皆备于我"会导向反身的内省,即所谓的"思",而荀子则对于"思"表现出了明白的怀疑和否定。"吾尝终日而思矣,不如须臾之所学也",如果把这句话放在和孟子的对话中,其意义就变得异常的明晰。

二、思的工夫

如上所述,荀子《劝学篇》的论述乃是有为之言,明显地针对着子思和孟子一系的主张。这里尤其要强调的是学与思之间的相对和紧张的关系。学者都熟知的,孔子就曾经在相对的意义上讨论过学与思,最著名的说法是"学而不思则罔,思而不学则殆"。(《论语·为政》)在《论语》中,孔子一方面强调"好学",另一方面也突出"近思",似乎表现着一种学思并重的态度。但是,从子思开始,"思"得到了压倒性的强调。最有代表性的作品是近几十年来陆续发现的帛书和竹简的《五行》篇,学者一致认为它们是子思或者子思学派的作品。帛书的《五行》有经有说,竹简《五行》只有相当于经的部分内容。[①] 该篇的主要内容是强调仁义礼知圣五行与心的连接,它从"形于内"和"不形于内"出发,发展出一套独特的天道和人道的学说。在这个学说中,"思"占据了非常重要的地位。我们先来看看如下的一些说法:

> 思不精不察,思不长不得,思不轻不形。不形不安,不安不乐,不乐无德。

在一系列的双否定句法中体现出来的逻辑是:思不能达到某种状态则无德。不难看出,思被看作是有德的逻辑前提。这里所谓"德",如果结合《五行》篇的论述来看,指的是仁义礼知等"形于内"的状态。

---

① 郭店竹简释文参见荆门市博物馆编:《郭店楚墓竹简》,北京:文物出版社,1998年。以及李零:《郭店楚简校读记》,载于《道家文化研究》第十七辑,北京:三联书店,1999年。马王堆帛书《五行》释文参见国家文物局古文献研究室编:《马王堆汉墓帛书》(壹),北京:文物出版社,1980年。

> 仁形于内谓之德之行,不形于内谓之行;义形于内谓之德之行,不形于内谓之行;礼形于内谓之德之行,不形于内谓之行;知形于内谓之行,不形于内谓之德之行……

此处的"内",其实就是心的代名词。因此,所谓的"形于内",指的是落实或者扎根到内心之中。德的状态是指,仁义礼知等并不仅仅是口头或者表面的东西,这些德目的实践也和其他的目的无关,而是完全根据着内心的要求。唯有如此,此种德行活动的实践才会伴随着安与乐的感觉。① 同时,德也被描述为天道,以与作为善的人道相区分。② 德与善、天道与人道的区别就在于那些德目有没有心灵的根基,帛书《五行》云:

> 君子无中心之忧则无中心之智,无中心之智则无中心之悦,无中心之悦则不安,不安则不乐,不乐则无德;君子无中心之忧则无中心之圣,无中心之圣则无中心之悦,无中心之悦则不安,不安则不乐,不乐则无德。

可以看出,德的前提乃是中心之忧,以及由此而来的中心之智和中心之圣。正是由于这种理解,和中心有关的"思"作为达到"德"的工夫才被正式地提了出来。通过某些形式的"思","形"("形于内"的简称)才成为可能,换言之,仁义礼知等才会被内在化,成为和心不可分割之物。我们现在感兴趣的,子思学派是如何理解思的呢?首先可以肯定的,这是一种与心有关的活动。其次,由于"心无定志",这种与心有关的活动需要在方向上被加以规定。孔子所说"《诗》三百,一言以蔽之曰:思无邪",(《论语·为政》)就是要给心之思规定一个方向。而在《五

---

① 安和乐的使用,在《论语》中也可以发现,如"心安"与"知者乐""不改其乐"等,用来指道德活动产生的心理感觉。

② 《五行》:"善,人道也;德,天道也。"人道与天道的区分在这里是以是否"形于内"来决定的,由此,天和心开始有了密切的关系。沿着此路向发展,就引出了《孟子·离娄上》和《礼记·中庸》里"诚者,天之道也"的说法。

行》中,这个方向由无邪被明确化为仁义礼知圣。不难看出,"形于内"的过程不仅仅是仁义礼知等在内心的扎根过程,同时也是给内心规定方向的过程。这样,我们就可以知道《五行》为什么对思进行了具体的规定,思被要求着从"精"、"长"和"轻"的方向展开。什么是思之精、思之长和思之轻呢?《五行》继续说:

> 不仁,思不能精;不智,思不能长……不仁,思不能精;不圣,思不能轻……仁之思也精,精则察,察则安,安则温,温则悦,悦则戚,戚则亲,亲则爱,爱则玉色,玉色则形,形则仁;知之思也长,长则得,得则不忘,不忘则明,明则见贤人,见贤人则玉色,玉色则形,形则知;圣之思也轻,轻则形,形则不忘,不忘则聪,聪则闻君子道,闻君子道则玉音,玉音则形,形则圣。

所谓思之精乃是对仁的思,由精而察,经过了安、温、悦、戚、亲、爱等,达到玉色的状态,至此,仁才算是最终落实到了心上,并表现在整个的生命中。色在《论语》中就常被提起,孔子说的君子九思中,就包含"色思温"(《论语·季氏》)一项。从《五行》来看,玉色显然是经过了内在心灵润泽之后的形体之颜色。它的获得是在一系列的精微之思的基础之上,从安到爱,所表现的都是内在心灵很细腻的情感变化,正是在这个意义上,仁之思才被称为精。相应地,思之长和思之轻则分别对应着知和圣。所谓的长应该是指思向外部的延伸,譬如贤人的发现。轻则是思的上升之旅,伴随着对君子道的把握。在阅读这段话的时候,读者一定可以发现《五行》关于思的很细腻的分疏,这在之前的文献中是从来未见的。需要强调的是,这种分疏首先针对的是内心的世界,而不是外部的物理世界。孔子曾经说过:"仁远乎哉?我欲仁,斯仁至矣!"(《论语·述而》)他所提供的工夫主要是在生活世界的人伦实践中展开的。而在这里,求仁而仁至的工夫则表现为有节奏、合秩序的心之思。当然,此种心之思也会表现在生活世界之中,表现为爱有差等的人伦实践,但它毕竟是通过思来完成的。对于知之思和圣之思,我们也可以做出同样的理解。不难发现,在子思这里,思被看作是德行内在化的必由之路。正是通过思,仁义礼知等才和心建立起了内在的联系,从而进一步地呈现在人的整个生活世界之中。

与重视"思"的工夫相适应,作为能思主体的心在《五行》中被明白地确立为生命的主体。"耳目鼻口手足六者,心之役也。心曰唯,莫敢不唯;诺,莫敢不诺;进,莫敢不进;后,莫敢不后;深,莫敢不深;浅,莫敢不浅。"如果把生命分为心和耳目等两部分的话,那么心无疑该是处于主导地位的,耳目鼻口等的活动必须由心来安排。中国哲学的研究者对这个说法当然不陌生,战国中期以后的孟子、庄子、《管子》、荀子等都有类似的表述。① 但是若从思想史的角度来看,这几乎是类似主张的最早者。事实上,如果考虑到《五行》中的"形于内"即是指扎根于内心的话,那么心的概念就该是《五行》思想的核心。

子思和孟子是否可以构成所谓的"思孟学派",还是一个有争议的话题,但是在对"思"的重视上,孟子确实是受到了子思的重要影响,并给予了进一步的发挥。思被明确看作是心的重要功能,因此有"心之官则思"的提法。而且除了心之外,身体的其他部分都不具备此种能力。孟子说:

> 耳目之官不思,而蔽于物,物交物则引之而已矣。心之官则思。思则得之,不思则不得也。此天之所与我者,先立乎其大者,则其小者不能夺也。(《孟子·告子上》)

以"思"为标准,孟子把生命分别为两个部分,一部分是能思的心,他也称之为大体;另一部分是不能思的耳目等器官,他称之为小体。思的意义在于,生命通过它才可以把自身与他者区别开来,并理解自身的

---

① 孟子对此最明确的文字见于他有关大体和小体,以及耳目之官和心之官区分的论述。(《孟子·告子上》)《管子·心术上》有"心之在体,君之位也"的说法。荀子在《天论》中把耳目等称为"天官",相应地,心则是"天君","心居中虚,以治五官"。《解蔽》也说"心者,形之君也而神明之主也,出令而无所受令。"

存在本质,从而确认自身的独立性与主体性。耳目之官不思,因此耳目是没有"自己"的,逻辑地推下来,也就没有自我和他者区分的自觉。当耳目和外物接触之时,就会因无法区分自身和外物而被外物蒙蔽和牵引。但是心不同,通过其思的能力,心可以确认自己在生命和世界之中的独立存在,并且确认自己内在地固有某些东西,正是这些内在固有的东西构成了生命的根基:

> 仁义礼智,非由外铄我也,我固有之也。弗思耳矣。(《孟子·告子上》)

如果说在《五行》中,仁义礼知等只是通过"思"实现了和心的连接,那么,孟子则大大地进了一步,在思中,心意识到仁义礼知乃是自身固有之物。它们是天赋予的,和后天的努力无关,因此也不可能通过后天的工夫嵌入到内心中去。在这里,我们发现了孟子论述心其实有两个层次,一个是良心或者本心,它的内容就是作为仁义礼知之端的恻隐之心、羞恶之心、恭敬之心(或辞让之心)和是非之心;另一个则是作为能思主体的心。对孟子来说,这当然不能说是两个心,它们之间有着紧密地关系,正是通过能思的心,良心或者本心才可以呈现出来,不至于淹没在物的世界中。孟子言:"孔子曰:'操则存,舍则亡,出入无时,莫知其向。'惟心之谓与?"(《孟子·告子上》)操舍决定了存亡,这当然不是在本心有无的意义上来说的,它所突出的该是良心的呈现与否和操舍有着直接的关系。从孟子的立场看来,操就是"思",舍则是对思的放弃。因此,学问的目的就是通过此"思"的工夫,来保持和扩充此先天的良心。"学问之道无他,求其放心而已矣。"(《孟子·告子上》)而所求的方式,也舍"思"莫属。如果离开了思,则心的放是必然之事。孟子论天爵与人爵道:

> 有天爵者,有人爵者。仁义忠信,乐善不倦,此天爵也;公卿大夫,此人爵也。古之人修其天爵,而人爵从之。今之人修其天爵,以要人爵;既得人爵,而弃其天爵,则惑之甚者也,终亦必亡而

已矣。(《孟子·告子上》)

天爵是内在于自己者,人爵则是求在外者。两者的本末轻重只有在思中才能被理解,孟子继续说:

> 欲贵者,人之同心也。人人有贵于己者,弗思耳矣。人之所贵者,非良贵也。赵孟之所贵,赵孟能贱之。《诗》云"既醉以酒,既饱以德",言饱乎仁义也。

如所谓的"贵"、"人爵",乃是他人给予的,他人当然也就可以剥夺。在这个领域,生命永远不能显示自身的主体性。这个结论只有通过思才能完成,因此思的结果就是确立以仁义为核心内容的道德生命对于人而言的根本价值。不思的话,就无法了解比"欲贵"更重要的德。

如果我们深入到孟子的思想之中就会发现,思已经不局限于工夫的领域,它直接地就是人的本质的一部分,也就是人道的一部分。"是故诚者,天之道也;思诚者,人之道也"(《孟子·离娄上》)就是一个很清楚的表达。值得注意的是,这里把天道的内容规定为诚,显然是开辟了不同于传统的以天象来言说天道的新视域,从而把孟子的学派与道家等区分了开来。这个新视域的本质是把天道和人心进行一个内在的连接。诚不是别的,它首先是某种最真实无妄的状态,其次是最真实无妄的存在。因此,诚是合天人的。如果说通过天象来表示和规定的天道还需要借助于推的方式——推天道以明人事——连接到生活世界的话,那么以诚为内容的天道不需要任何的媒介就可以直接地落实到人的生命中。诚不是别的,就是根源于人心深处的状态和存在。在这种理解中,天和人通为一体。因此,思诚既可以说是对天道之思,又可以说是对人性中最真实的存在之思。逻辑地说,就是对作为生命本质的仁义礼知等的思。在思中,人发现了"仁义礼知根于心"的事实,发现了"恻隐之心,人皆有之;羞恶之心,人皆有之;恭敬之心,人皆有之;是非之心,人皆有之"(《孟子·告子上》)的事实。这种思的结果,就是确认了"仁也者,人也;合而言之,道也。"(《孟子·尽心下》)确认了人作为道德生命存在的优先性。

如果说《五行》之思实现了仁义礼知等德目和心的连接以及心与天的连接,孟子的思则通过引入性的观念,把这些德目与心、性、天都贯通了起来。在这种贯通之下,实践仁义礼知不再是人为的要求,而是内心的要求,人性的要求,天的要求。因此道德行为同时就是事天和乐天的行为。孟子认为,只有如此,才能保证道德生命的成立。这种结论的获得不是通过学的方式从外部世界能够获得的,而只能是内向反省的结果。事实上,这是思的逻辑结论。思并不满意于仅仅是无邪的,或者把仁义等和内心联系起来,它必定要求着仁义等就是心的本质,是所谓的"本心",并且这个本心同时就是性与天道。唯有如此,思才算是暂时地达到了它的终点。

三、学思之辨

荀子和子思、孟子虽然同属于儒家,但他们在学派内部的对立却是显而易见的。在《非十二子》等篇中,荀子对子思和孟子进行了激烈的批评。这种批评集中在诸如五行说和性善论等论题上,由于有帛书和竹简《五行》的发现,我们知道《非十二子》中所说"案往旧造说,谓之五行",也就是子思有关仁义礼知圣的理论,不过荀子批评的并不是这些德目本身,而是子思对这些德目与人心及人性之间关系的理解。子思和孟子一直在强调它们和心以及性之间的联系,[①]因此对五行和性善的批评其实是二而一的。由此出发,对于思孟特别注重"思",荀子就提出劝学来对抗。最直接的说法见于《劝学》如下的一段话:

吾尝终日而思矣,不如须臾之所学也;吾尝跂而望矣,不如登高之博见也。登高而招,臂非加长也,而见者远;顺风而呼,声非加疾也,而闻者彰。假舆马者,非利足也,而致千里;假舟楫者,非

---

① 如果以《五行》作为子思的代表作品,那么其中只是提到了心,丝毫不涉及到性的内容。孟子则不同,由于性善落实为良心,因此心与性已经合二为一。

能水也,而绝江河。君子生非异也,善假于物也。

尤其是第一句话,其中思和学对比且对立的意味是非常清楚的。终日而思不如须臾之所学,也给这两种工夫定了高下。值得注意的是后面一连串的比喻,其实都和思与学有关。在荀子看来,学习的本质是借助于自我以外的事物来扩展、延伸或者提升自己,如同登高而招、顺风而呼,虽然手臂和声音并没有改变,但可以达到"见者远""闻者彰"的效果。假舆马或者舟楫,虽非利足非能水,却可以致千里绝江河。这都是善假于物的结果。思却只是局限于自我的内部,如同翘足而望之所得,终不能与登高之博见相提并论。在荀子看来,自我之外有一个广大的世界,此世界不是通过闭门之思可以了解的:

不登高山,不知天之高也;不临深溪,不知地之厚也;不闻先王之遗言,不知学问之大也。

必须是通过学习,外在世界的博大以及自我的局限和缺陷才可以呈现出来,被我们自己意识到。同样也是通过学习,自我才可以得到提升,此即"青,取之于蓝,而青于蓝;冰,水为之,而寒于水"。因此,外向的见闻就变得非常重要,它是通向外部世界的桥梁。荀子说:"不闻不若闻之,闻之不若见之,见之不若知之,知之不若行之。""不闻不见,则虽当,非仁也。"(《儒效》)① 纯粹的思是无意义的,《解蔽》中曾经写到如下的一段话:

空石之中有人焉,其名曰觙。其为人也,善射以好思。耳目之欲接,则败其思;蚊虻之声闻,则挫其精。是以辟耳目之欲,而远蚊虻之声,闲居静思则通。思仁若是,可谓微乎? 孟子恶败而出妻,可谓能自强矣,未及思也;有子恶卧而焠掌,可谓能自忍矣;

---

① 徐复观说:"孟子以恻隐之心为仁之端;恻隐之心,只能由反省而呈显,不能由见闻而得。荀子说:'不闻不见,则虽当,非仁也。'这实际是反驳孟子由反省所把握到的内在经验;而说明他是完全立足于以见闻为主的外在经验之上。"见其《中国人性论史》先秦篇,台北:商务印书馆,1984年,第224页。

未及好也。辟耳目之欲，可谓能自强矣，未及思也。蚊虻之声闻则挫其精，可谓危矣，未可谓微也。夫微者，至人也。至人也，何强！何忍！何危！故浊明外景，清明内景，圣人纵其欲，兼其情，而制焉者理矣；夫何强！何忍！何危！故仁者之行道也，无为也；圣人之行道也，无强也。仁者之思也恭，圣者之思也乐。此治心之道也。"①

这段话同样有着很强的针对性。空石中人的名字皲或者就影射着子思(孔伋)，②这是个好思的人，因为担心与外物接触而影响他的思，所以就弃绝耳目之欲和蚊虻之声，在闲居静思的时候似乎能够达到通的状态。可是什么叫做通呢？通该是心灵和整个世界的相通，③而不仅仅是内心的自通，这种自通不过是不真实的幻觉。问题的关键在于：我们是不能回避和外物接触的。闲居的时候可以通(空石之人似乎有这样的寓意)，那么和外界接触的时候呢？因此荀子反问道："思仁若是，可谓微乎？"前面只讲到思，这里就出现了思仁。我怀疑它是直接地针对着子思而说的，《五行》中曾经提到"仁之思也精"的话，精不就是微的意思吗？但在荀子看来，这样的依赖弃绝外物的方式来思仁的做法，恐怕是不能够称为精的。与其说是精，还不如说是危！诸如孟子因为恶败而出妻，有子由于恶卧就焠掌，这也许可以称为自强、自忍，虽然难能可贵，但都属于此类。以荀子的看法，至人是无所谓忍、强和危的。圣人并非靠远离情欲的方式来控制情欲，如孟子所说的"养心莫善于寡欲"(《孟子·尽心下》)；他会直面情欲，但以理来进行节

---

① 徐复观试图对荀子的此段话给出颠覆性的解释，见其《中国人性论史》先秦篇，第 245—246 页。

② 北京大学《荀子》注释组《荀子新注》在此段话下注云："一说，这可能是荀况用来影射孔丘的孙子子思(名伋)的。"北京：中华书局，1979 年，第 358 页。梁涛《荀子对思孟五行说的批判》一文中也提到了这种可能性，载于《中国文化研究》，2001 年第 2 期。

③ 如荀子所描述的人在获得"大清明"之后的状态。此见于《解蔽》："虚一而静，谓之大清明。万物莫形而不见，莫见而不论，莫论而失位。坐于室而见四海，处于今而论久远，疏观万物而知其情，参稽治乱而通其度，经纬天地而材官万物，制割大理而宇宙里矣。"

制。这里有的只是心灵实现大清明状态之后的从容,"兼陈万物而中悬衡焉",(《解蔽》)如孔子所述的"从心所欲不逾矩"(《论语·为政》)的自由状态,而不是勉强、苦行和脆弱。"故仁者之行道也,无为也;圣人之行道也,无强也。"没有刻意的造作,也没有外力的勉强。如果真有思的话,那么这种思也该是到达某个阶梯之后的一种心情,如"仁者之思也恭,圣者之思也乐",[①]而不再是一种主要的德行内在化的工夫。

到此,我们可以明确地了解,思孟与荀子确实是主张着两种非常不同的路径。前者看重的是思,后者而重视学。如果从成圣的角度来考虑,孟子主张"人皆可以为尧舜"(《孟子·告子下》)和荀子说"涂之人可以为禹"(《性恶》)是类似的,都在肯定普通的人能够成为圣人。但是其成圣的基础和工夫却截然不同。对孟子来说,其基础是每个人都有的善性或者良心,其工夫则是"反身而诚"(《孟子·尽心上》)的思。对荀子来说,其基础却是人性的恶,以及通过后天学习而能够掌握的化性而起伪的能力。我们可以把这两种工夫分别概括为思以致圣和学以致圣,它们代表着儒家内部的学思两途。思以致圣肯定生命内部的善性以及良心,道德的根源不能从外部去寻找,必须返回到生命的内部,因此把反身的思看作是确立道德生命的根本途径;学以致圣则相反,人性是恶的,没有所谓的本心或者良心,生命需要借助于外在的力量才能确立其道德的一面。因此需要通过学,通过虚一而静的心来了解作为生命之衡的道,进而由此道来规范自己的自然生命。可以看出,学与思的不同显然不能够孤立地去了解,它们实际上牵连着荀子和思孟各自的核心观念。学注重外向的索取,思强调内在的发掘。但这只是表面的东西。更要紧的是,对两者的侧重关涉到对生命的基本理解:或者乐观或者悲观的看法。徐复观说:"孟子认为人之性善,只要存心、养心、尽心,便会感到万物皆备于我矣;所以孟子反求诸身而

[①] 其实荀子此处"仁之思""圣之思"的说法,从形式上说该是受了《五行》"仁之思""知之思""圣之思"的影响,但意义上有根本的区别。这也更加证实了荀子此段话和思孟的关系。

自足的意味特重。但荀子认为性恶,只能靠人为的努力(伪)向外面去求。从行为道德方面向外去求,只能靠经验的积累。把经验积累到某一程度时,即可把性恶的性加以变化。由小人进而为士君子,由士君子进而为圣人。当非一朝一夕之功;所以荀子特别注重学,而学之历程则称之为积;积是由少而多的逐渐积累。伪就是积,所以荀子常将积伪连为一辞。"①这里的观察是正确的。总的来看,孟子对于生命的理解是乐观的,人在根本上是善的,所以偏重在内向的思。荀子不同,性恶的主张决定了生命必须通过外向的努力才能获得改变。

《劝学篇》在荀子思想以及儒家思想史中的意义,在过去的研究中并没有被特别地强调。本文上述的描述和分析表明,它其实代表着一种迥然不同于子思和孟子的儒学路径。《劝学篇》呈现出来的学以致圣理路也呼应着《荀子》整部书的编排理念,并与《论语》从《学而》到《尧曰》的结构相一致。与此相对,子思和孟子代表的则是思以致圣的方向。学与思的分别并不仅仅关系到修身的方法,同时也牵涉着各自的核心主张,如对人性、人心以及天道等的理解。从这个意义上来说,《劝学篇》所突出的"学"的观念给我们提供了一个进入荀子乃至整个儒家思想的门径。

第三节　天人之分

荀子天论的最大特色,就是把前此哲学家认为是价值、意义或者秩序根据的天的地位进行了消解,并把天理解为是需要"化"和"制"的对象。在荀子之前,无论是儒家内部,还是外部的道家、墨家和阴阳家,都对于天或者天道保持着某种敬畏和信任。孔子罕言天道,但至

---

① 徐复观:《中国人性论史》先秦篇,第249页。

少从子思开始,天道的问题就被正面地提了出来,在《五行》中成为德行的根据和标志。沿着此一思路,孟子提出了"诚者天之道也"之说(《孟子·离娄上》),并把思诚视为人道的基本内容。以天志观念为象征,墨家把道德的基础完全建立在天的基础之上,其所主张的兼爱非攻等的根据都要从天志那里去寻找。道家则通过对天道的推崇,建立起一套由天而及人的价值和秩序。荀子不同,在他那里,天和价值无关,和秩序无关,和道德也无关。天就是一个自然的混沌,无意志也无义理的存在,价值、秩序等的成立完全交付给了人以及属人的东西。荀子由此建立起一套明确的天人相分学说,这在先秦诸子中是十分独特的。由于天和人各自意义的复杂性,使得讨论天和人的关系成为一个很困难的问题。按照冯友兰先生的说法,中国哲学中的"天"大致有五种意义:物质之天、自然之天、意志之天、主宰之天和义理之天。这些不同的用法之间既有着某些联系,但又无法完全把它们等同起来。因此,不同的哲学中处理的天人关系就不完全相同。譬如孟子和荀子理解和处理的天人关系就不必相同。孟子中天的用法偏重在义理之天的方面,荀子的天则基本上是在物质之天和自然之天的意义上使用的,尤其偏重在自然之天的方面。这样的分疏有助于我们更好地讨论荀子思想中的天人问题。

荀子系统讨论天人关系是在《天论》中。该篇一开始即强调明确天人之分的重要:

> 天行有常,不为尧存,不为桀亡。应之以治则吉,应之以乱则凶。强本而节用,则天不能贫;养备而动时,则天不能病;修道而不贰,则天不能祸。故水旱不能使之饥渴,寒暑不能使之疾,祆怪不能使之凶。本荒而用侈,则天不能使之富;养略而动罕,则天不能使之全;倍道而妄行,则天不能使之吉。故水旱未至而饥,寒暑未薄而疾,祆怪未至而凶。受时与治时同,而殃祸与治世异,不可以怨天,其道然也。故明于天人之分,则可谓至人矣。

这是荀子天论的出发点，其要点在于：第一、人的治乱与天无关；第二、天的运行与人无关；第三、天人各有其分，不容混淆。可以看出，荀子天论的核心是要确立天和人的界限，区分出什么是天的职责，什么又是人的职责。所谓的至人，就是明了此种天人之分的人。在此区分的基础之上，适当的天人关系才可以建立。《天论》云：

> 不为而成，不求而得，夫是之谓天职。如是者，虽深，其人不加虑焉；虽大，不加能焉；虽精，不加察焉。夫是之谓不与天争职。天有其时，地有其财，人有其治，夫是之谓能参。舍其所以参，而愿其所参，则惑矣。

何谓天职？即是对人而言的不为而成，不求而得者。对此天职的领域，人是无能为力，也不必为力的。人能用力的领域即人职乃是治，这是可为而成，可求而得者。人以其能来面对天地之所能，这就是所谓的"能参"。放弃人职，而把治乱的希望寄托于天，乃是愚昧的想法。"能参"的提法，表面上与《中庸》有相通之处。但究其实质，却存在着极大的差异。《中庸》"唯天下至诚为能尽其性，能尽其性则能尽人之性，能尽人之性则能尽物之性，能尽物之性则可以赞天地之化育，可以赞天地之化育则可以与天地参矣"的说法，是认为己、人、物和天地之间存在着内在的贯通，因此"参"天地可以通过尽己之性的方式实现。荀子则不然，人和物之间，人和天地之间是断裂的，能参意味的是不同东西之间的配合，如所谓"天有其时，地有其财，人有其治"，或者如本篇稍后部分提到的"天有常道矣，地有常数矣，君子有常体矣。"在这个前提之下，荀子首先对属于天的内容进行了规定：

> 列星随旋，日月递照，四时代御，阴阳大化，风雨博施，万物各得其和以生，各得其养以成，不见其事，而见其功，夫是之谓神。皆知其所以成，莫知其无形，夫是之谓天。唯圣人为不求知天。

所谓的天功，即是天职范围之所为，其中有人所不可明了及理解者，如不见其事,而见其功的"万物各得其和以生,各得其养以成",名之为神。"神"的说法并无神秘的味道,仅仅是突出其与人的因素无关的性质。对于这一人力无所加的部分,人应该保持的态度是"不与天争职",即此处的"不求知天"。相应地,荀子在后文还提到了"知天":

> 天职既立,天功既成,形具而神生,好恶喜怒哀乐臧焉,夫是之谓天情。耳目鼻口形,能各有接而不相能也,夫是之谓天官。心居中虚,以治五官,夫是之谓天君。财非其类以养其类,夫是之谓天养。顺其类者谓之福,逆其类者谓之祸,夫是之谓天政。暗其天君,乱其天官,弃其天养,逆其天政,背其天情,以丧天功,夫是之谓大凶。圣人清其天君,正其天官,备其天养,顺其天政,养其天情,以全其天功。如是,则知其所为,知其所不为矣;则天地官而万物役矣。其行曲治,其养曲适,其生不伤,夫是之谓知天。

这里提到了一系列天字号的名词,如天情、天官、天君、天养、天政等,仔细地分析,天情、天官和天君是人所具有的材性知能,乃先天所具有者。自天君以下,包括天政和天养,显然涉及到了人的职责所在。人可以在天的基础之上与天地相参,如圣人者可以"清其天君,正其天官,备其天养,顺其天政,养其天情,以全其天功"。清、正、悲、顺、养和全的说法很清楚地指出了人对于天所进行的改造和补充,圣人乃是一个在天的基础之上充分发挥了人的能力者,其前提是理解了天人之分的人,如此自然能够"知其所为,知其所不为"。

因此,表面上矛盾的"知天"和"不求知天"其实是一回事。不求知天是要求人对于天职保持一份尊重,不要越位到人无法用力的领域。知天则是在明确天职的基础之上了解人可以努力的范围。其核心的精神都是天人之分。知天和不求知天的说法当然也让我们想起了孟子。在《尽心下》中,孟子提到"尽其心者,知其性也,知其性则知天矣"。在孟子看来,由于心、性和天之间的内在关联,所以人只要充分地扩展自己的内心,就可以了解自己的善性,并进而知晓作为性善根据的天。这种说法建立在天人一也的基础之上,如果以荀子的标准,孟子显然没有把握到最核心的天人之分的观念。正如在人性论的领域,孟子不能够理解性和伪的分别。此外,孟子明显是把天道德化了,因此也是人化了。如果套用荀子惯常使用的批评句式,他对孟子的评价也许是"蔽于人而不知天"。从表面上来看,荀子似乎和庄子有类似之处。《大宗师》中说:"知天之所为,知人之所为者,至矣",颇有明于天人之分的意味,但庄子区分天人的目的乃是通向"从天而颂之",因此是"蔽于天而不知人"(《解蔽》)。荀子在孟子和庄子之间坚持着天和人的区分,《天论》云:

> 故大巧在所不为,大智在所不虑。所志于天者,已其见象之可以期者矣。所志于地者,已其见宜之可以息者矣。所志于四时者,已其见数之可以事者矣。所志于阴阳者,已其见和之可以治者矣。官人守天,而自为守道也。

大巧和大智都是就圣人而言。这里的说法似乎有些道家无为无虑的影子,但究其实质,却是大不相同。在所不为的意思是知所为知所不为,在所不虑指知所虑知所不虑。其立足的基础是天人之分。天象可期、地宜可息、四时之数、阴阳之和,这些属于天职,因此都在不为不虑的范围之内,官人守之可也。人所能为和虑的则是道。"官人守天,而自为守道"的说法,突出了天和人基础之上天和道的分立。这个说法意味着,道和天无关,它的基础和根据在人而不在天。可以看出,到此为止荀子对于天的理解,带有浓厚的物质和自然的色彩,与秩序和道德没有什么干系。他把道德和秩序的根据完全扎根于人的领域,因此表现出强烈地对于人的自信。在天面前,人不是匍匐的,去除了道德与秩序根据意义的天也不再是敬畏的对象。荀子说:

> 大天而思之,孰与物畜而制之!从天而颂之,孰与制天命而用之!望时而待之,孰与应时而使之!因物而多之,孰与骋能而化之!思物而物之,孰与理物而勿失之也!愿于物之所以生,孰

与有物之所以成！故错人而思天，则失万物之情。

"大天而思之"，疑是针对着子思和孟子的。子思特别地强调一个"思"字，有仁之思、知之思以及圣之思等的区别。马王堆帛书《五行》说的部分就指出，所谓的圣之思，其实就是思天也。孟子提出"诚者，天之道也；思诚者，人之道也"（《孟子·离娄上》），所谓的思诚，可以看作是思天的另外一种表达。思孟之学，把天道提升到极高的位置，以之为道德和秩序的基础，并逻辑地引出性善的理论，显然和荀子相左。招致荀子的批评，也是正常的。"从天而颂之"，或是针对着道家，尤其是庄子的一派。荀子在《解蔽》中批评庄子蔽于天而不知人，确实是一语中的。庄子极力突出着天的伟大和人的渺小，《德充符》说"眇乎小哉，所以属于人也；謷乎大哉，独成其天"；《大宗师》有"且夫物不胜天久矣"以及"死生，命也，其有夜旦之常，天也。人之有所不得与，皆物之情也"之说。因此，人在天面前最好的态度就是顺从。"望时而待之"，"因物而多之"的批评，主要也是针对着道家的。道家重天时而主因循，司马谈《论六家要旨》对此曾经有很好的概括。其中说道家"以虚无为本，以因循为用……有法无法，因时为业；有度无度，因物与合。故曰：圣人不朽，时变是守"，可以与荀子这里的批评对观。思孟与道家虽然分属不同的学派，但在天人关系上的错位却是一致的。其共同的问题在于"错人而思天"，即重天而轻人。

　　因此，从这里也可以看出荀子天论的思想史意义。这不是自说自话，而是一个对话，一个与此前不同思想传统的对话。消解天的意义，使天与道一分为二，这在思想史上是重要的转变，也是宋儒不满荀子的所在。说到这里，我们就不能不提一下孔子对于天的态度。子贡说："夫子之文章，可得而闻也；夫子之言性与天道，不可得而闻也。"（《论语·公冶长》）对于这句话，历来就存在着不同的解释。但是无论如何，孔子不谈天道，就目前的材料而言，却是一个事实。孔子对于天的角色是矛盾的，一方面是大之畏之，一则曰"唯天为大，唯尧则之"

（《泰伯》），再则曰"畏天命"（《季氏》），三则曰"天丧予"（《先进》），但另一方面，其思想中最核心的仁和礼与天之间并无内在的关联。这使得天更多地具有象征和限制的意味。于是才引来墨子的批评，说孔子"以天为不明，以鬼为不神"（《墨子·公孟》）。从墨子的立场来看，他把天志视为价值和道德的源头及保证，兼爱非攻尚同尚贤莫非如此，当然不会满意于孔子对天的理解。墨子的批评对于儒家思想的展开而言是重要的。墨子之后的儒家必须正面地去思考天的位置，于是才有《五行》到《孟子》、《中庸》的天道说，或者解释《周易》的《易传》的天道理论。这些说法或理论之间尽管并不一致，但是其共同的倾向是把天作为道德和秩序的源头及根据。天与道是一体的，人道是本于天道的。至于道家，就更是如此。从这个意义上来看，就知道荀子天与道分离主张的重要性所在。这是对一个强大传统的反动，把天从高处拉到和人平等的地位，不需要仰视，不需要敬畏，不需要歌颂。

　　为什么天与道必须是分离的？这个问题可以进一步地追溯到如下的问题，为什么天与人必须是分离的？或者说把天人理解为一事会带来什么样的后果？荀子最重要的思考是，如果把道归之于天的话，人的地位该如何体现？譬如如果把治乱归之于天的话，那么人是否就可以不必对其负有责任？在这个地方，我们分明可以看到墨子的影子，非命的说法中直接就包含着关于人的责任的思考。孟子也曾经进行过一个很重要的区分：求在我者和求在外者。《尽心上》云："求则得之，舍则失之，是求有益于得也，求在我者也；求之有道，得之有命，是求无益于得也，求在外者也。"具体而言，如口之于味目之于色等的满足，不完全操之在我，就属于求在外者。但仁义礼知等德性，则是求在内者。荀子接过了这个区分，但他用来描述的是天人之分。其云：

　　　　楚王后车千乘，非知也；君子啜菽饮水，非愚也；是节然也。若夫心意修，德行厚，知虑明，生于今而志乎古，则是其在我者也。故君子敬其在己者，而不慕其在天者；小人错其在己者，而慕其在

天者。君子敬其在己者,而不慕其在天者,是以日进也;小人错其在己者,而慕其在天者,是以日退也。(《天论》)

楚王之富贵、君子之贫贱,与人的知愚无关,与德行无关,这是属于天的事情,是在外者也。如《论语·颜渊》上所说的"死生有命,富贵在天"。但心意之修、德行之厚、知虑之明,却是属于在我者也。如《论语·述而》所说的"我欲仁,斯仁至矣"。这个区分在荀子这里就是天和人的区分。君子最看重的该是其在己者,即求可以得之的德行。对于属于天者,则抱持着不羡慕的态度。从表面上来看,这和孟子所述似乎一致,但其前提是完全不同的。对于孟子,德行是天赋的,同样是属于天的。求在我者和求在外者是性命之别,而非天人之别。荀子则完全地把德行从天那里剥离了出来,[①]因此这个区分也就成为了天人之分。

这种态度同样适应于对待属于天的灾异,即某些异常的变化。对于这些变化的意义,一直存在着不同的理解。如《国语·周语下》记载,发生在西周幽王二年的地震,就被伯阳父视为周将亡矣的征兆。"夫天地之气,不失其序。若过其序,民乱之也。"这是认为天地的异常变化和人事有着对应的关系。两周时期的史官大多有这样的理解。但《左传》提到六鹢退飞过宋都,内史叔兴仅仅认为是"阴阳之事",和人事的吉凶无涉。战国时期,大部分的思想家并不主张天地之异常变化和人事之间有必然的关系。只是在《春秋》学的某些传统中,天人相与之际经常被强调,而灾异是一个重要的表现。这与《春秋》本身多记灾异之事的特点有关,灾异一般被看作是天对于人的警告或者惩罚,最低限度是预示。根据天人相分的理论,它们很显然会失去这种对于人

[①] 很多学者把《荀子》的天人之分与郭店竹简《穷达以时》联系起来,如果从这个片段来看有一定的道理,但整体上来说,会轻忽荀子主张的意义。《穷达以时》"有天有人,天人有分"的论述,其所谓天的意义主要是偏重在时命的方面,比较接近于荀子此处关于天的理解。但如我们所知道的,荀子所谓天的意义要丰富的多,其天人之分也包含着天与道、性与伪、性与心等多方面的分别。

而言的重大意义。在荀子看来，如"星队，木鸣"之类的异常情形，无非是"天地之变，阴阳之化，物之罕至者也"。"怪之，可也；而畏之，非也。"（《天论》）其与人事无关，因此人也是不必对此负有任何的责任。"子不语怪力乱神"（《论语·述而》）在荀子这里获得了新的理解。"传曰：万物之怪，书不说。"（《天论》）此处的"传"虽然不知道是哪一本书，与孔子的精神是一致的。

虽然不必对天灾负责，但是如果出现人事的异常变化，那就是人的责任。荀子把人事的异常之变称之为人袄。其云：

> 物之已至者，人袄则可畏也。楛耕伤稼，耘耨失岁，政险失民，田薉稼恶，籴贵民饥，道路有死人，夫是之谓人袄；政令不明，举措不时，本事不理，夫是之谓人袄；礼义不修，内外无别，男女淫乱，则父子相疑，上下乖离，寇难并至，夫是之谓人袄；袄是生于乱。三者错，无安国。其说甚尔，其灾甚惨。勉力不时，则牛马相生，六畜作袄，可怪也，而不可畏也。传曰：万物之怪，书不说。无用之辩，不急之察，弃而不治。若夫君臣之义，父子之亲，夫妇之别，则日切磋而不舍也。

如果说《天论》开始的时候主要是阐明人可以做什么，不可以做什么，那么在这里，主要想说明的就是人应该为什么负责，不应该为什么负责。两者结合起来，就归结为一弃一取。弃的是天职，取的是人职。如星坠、木鸣等，弃之可也。但耕稼之时、政令之明、礼义之修等，则一日不可弃也。由于后一方面原因制造的混乱和灾难，称之为人袄。如此则不仅要怪之，还要畏之。

经过了这里清楚的说明之后，荀子需要解释儒家思想中的一些矛盾。譬如作为礼的一部分，儒家特别重视的祭祀，包括对天和鬼神等的祭祀。如果它们是无用的，人们为什么还要祭祀？在此，荀子提出了著名的"君子以为文，而百姓以为神"之说：

> 雩而雨，何也？曰：无何也，犹不雩而雨也。日月食而救之，

> 天旱而雩,卜筮然后决大事,非以为得求也,以文之也。故君子以为文,而百姓以为神。以为文则吉,以为神则凶也。(《天论》)

荀子这里提到了几种常见的现象,遇日月食则有救之的仪式,天大旱则有求雨的祭祀,国家大事之前则要经过卜筮征得鬼神的同意等。如我们知道的,这些都是所谓礼的一部分,对于重视礼的荀子来说,当然是要肯定的对象。可是如果如日月食等都是天地之变,阴阳之化,与人无关的人亦无法控制的内容,那么祭祀的意义体现在哪里?在这里,荀子又一次地表现出其非功利性的一面,就像他在批评墨子非礼非乐时所表现出来的那样。"非以为得求也,以文之也",即是说并非认为祭祀会取得实际的效果,其作用和意义仅仅在于"文之也"。文者,文饰也,是对某种情感的文饰。大旱之时的求雨,对日月食的恐惧,都是人们正常的情感反应。因此需要通过某种方式把它表现出来。这个方式就是各种形式的祭祀。要记住,祭祀不过是文饰,不可看作是人和天或者鬼神之间的真正对话,不可看作是思天的行为。其真正的意义乃是表现人们对于雨的期盼,对于大事的郑重,或者希望日月尽快地恢复常态。荀子在这里区分了君子和百姓不同的态度,百姓以为神,即认为祭祀是有效的,可以帮助人们达到某种目的。君子则不同,明确地知道那不过就是文饰。不同的态度会导致不同的结果,以为神则凶,会"错人而思天";以为文则吉,祭祀而不废人职。由此,荀子提出了"国之命在礼"的说法:

> 在天者莫明于日月,在地者莫明于水火,在物者莫明于珠玉,在人者莫明于礼义。故日月不高,则光晖不赫;水火不积,则晖润不博。珠玉不睹乎外,则王公不以为宝;礼义不加于国家,则功名不白。故人之命在天,国之命在礼。君人者隆礼尊贤而王,重法爱民而霸,好利多诈而危,权谋、倾覆、幽险而尽亡矣。(《天论》)

天地物人,各有其所明,不可混淆,这仍然是荀子一贯的天人相分的思路。对人而言,最重要的不是日月水火珠玉,而是礼义。人之命在天,并非说人的命运譬如成为君子或者小人决定于天,只不过是孔子"死生有命,富贵在天"的另外一种表达。由此人命的含义便可知后面国命的所指,主要的还是偏重在存亡的方面。个人的死生决定于天,但国家的死生却一本于礼。故重礼法则王霸,反之则危亡矣。

礼义就是道,荀子《天论》的落脚处在此也就完全地呈现了出来。如前所述,天人相分的意义在于明确天职和人职,从而把价值的主体归之于人。沿此展开,天和道的分离就成为必然之事。如果我们关注下《天论》的结构,就可以知道它始于天人之分的论述,而终于对一贯之道的强调:

> 百王之无变,足以为道贯。一废一起,应之以贯,理贯不乱。不知贯,不知应变,贯之大体未尝亡也。乱生其差,治尽其详。故道之所善,中则可从,畸则不可为,匿则大惑。水行者表深,表不明则陷;治民者表道,表不明则乱。礼者,表也。非礼,昏世也;昏世,大乱也。故道无不明,外内异表,隐显有常,民陷乃去。

道不是别的,就是荀子一直突出的礼,这是百王所共同遵守者,也是变化历史中的不变者,荀子称之为"贯"。废起治乱,与天无关,却都和道有关。与道相悖则乱,尽道中道则治。在这里,道成了意义、秩序和价值的象征。

第四节 礼 论

礼对于荀子而言的重要性是无需论证的,"道德之极"(《劝学》)和"人道之极"(《礼论》)的提法足以显示出它的位置。从低的方面来说,这是人和禽兽区别开来的关键。《非相》中说到"禽兽有父子而无父子之亲,有牝牡而无男女之别",人之所以为人者的核心是"有辨",而"辨莫大于分,分莫大于礼"。《王制》认为人和世界其他部分区别开来的根据不是气、生或者知,而是"义",而义则要落实到礼的上面。从高的方面来说,礼是君子和圣王之所以为君子和圣王的根据。《儒效》说"积礼义而为君子","积善而全尽谓之圣人"。《解蔽》云"圣也者,尽伦者也;王也者,尽制者也"。所谓的伦和制,指的就是礼。如果把荀子和孟子进行一个比较,那么其重礼的特征就更加明显。学者大都承认孟子重仁义,经常把两者相提并论;而荀子则以礼义取代了仁义。①《荀子》中无一篇不言礼,系统的讨论则见于《礼论》和《乐论》之中。

一、礼与欲

《礼论》提出的第一个问题是:"礼起于何也?"抽象地来看这个问题,至少会包含着两个不同的方面,其一是礼的起源问题,其二是礼的根据问题。起源和根据当然是不同的,前者突出的主要是礼的必要性一面,即礼为什么是必需的,它的出现是要应对什么样的问题? 后者对应的则是礼的可能性的方面,即礼是如何可能的? 就《礼论》来说,"礼起于何也"主要是在发生学意义上追问礼的起源。荀子对此的解释是:

> 人生而有欲,欲而不得,则不能无求;求而无度量分界,则不能不争;争则乱,乱则穷。先王恶其乱也,故制礼义以分之,以养人之欲,给人之求,使欲必不穷乎物,物必不屈于欲,两者相持而长,是礼之所起也。

按照这里的说法,人生而有欲望,欲望不得满足时会表现为求,无约束的求会导致争斗,争斗则混乱,混乱则不可收拾。于是先王针对此种局面创制了礼义,用来规范此种混乱的情形,合理地满足人们的欲望和追求,在欲望和外物之间达到一个相对的平衡。可以看出,这种对

---

① 这当然不是说荀子不使用仁义这个概念,事实上,荀子也会提到仁义一词,如"仁义之统"等,但与礼义相比,这显然是一个一般性的说法,没有能够在荀子思想中占据核心的地位。

礼的起源的解释是以欲望为其逻辑前提的,正是欲望的存在才使得礼的出现成为必要的事情。我们可以从另外一个方面来假设,如果人从根本上来说是无欲的,那么礼是不是就失去了存在的基础?老子也许可以成为一个思想实验的例证。我们知道,在他的秩序设想中,礼是被强烈否定的因素。《老子》三十八章"夫礼者,忠信之薄而乱之首也"的表述集中地表达了这种态度。与此相关,最好的政治是"常使民无知无欲"(三章),"使民复结绳而用之"(八十章)。尽管没有直接地关于人性的讨论,但如果我们相信《老子》中的"德"具有性的意义,那么德和欲望确实是相反的东西。于是我们看到在无欲和非礼之间的逻辑联系。应该指出,在老子那里的非礼并不限于对礼的否定,那是对一切有为秩序的否定,包括法家所谓的法等。

　　荀子哲学思考的基础,一直把情欲视为生命的本始状态,需要去正视和面对的东西。如我们知道的,在他的思想中,性、情和欲乃是一组有内在联系的观念,所以这里的"人生而有欲",实际上和其对人性的理解密不可分。从性恶到情欲之恶,这是荀子的基本主张,此主张也就规范了对人的基本理解。就其质或者朴的一面而言,人是恶的。人首先是一个欲望的主体,而不是道德的或者理性的主体。本着这种理解,荀子对于那些认为人本无欲或者寡欲的主张进行了批评。这里特别该提到的是宋钘,荀子多次地批评他,一般称之为宋子或者子宋子。《解蔽》说:"宋子蔽于欲而不知得",这里的"蔽于欲",也就是他"人之情欲寡"的主张。《正论》对此有详细的批评:

　　　　子宋子曰:人之情欲寡,而皆以己之情为欲多,是过也。故率其群徒,辨其谈说,明其譬称,将使人知情欲之寡也。应之曰:然则亦以人之情为欲。目不欲綦色,耳不欲綦声,口不欲綦味,鼻不欲綦臭,形不欲綦佚。此五綦者,亦以人之情为不欲乎?曰:人之情欲是已。曰:若是,则说必不行矣。以人之情为欲,此五綦者而不欲多,譬之是犹以人之情为欲富贵而不欲货也,好美而恶西施也。古之人为之不然。以人之情为欲多而不欲寡,故赏以富厚而罚以杀损也,是百王之所同也。故上贤禄天下,次贤禄一国,下贤禄田邑,愿悫之民完衣食。今子宋子以是之情为欲寡而不欲多也,然则先王以人之所不欲者赏而以人之所欲者罚邪?乱莫大焉。今子宋子严然而好说,聚人徒,立师学,成文曲,然而说不免于以至治为至乱也,岂不过甚矣哉!

宋钘的核心主张是"人之情欲寡",这里的"情"乃是"情实"的意思,就人的本来情形而言,是"欲寡"的。因此宋子对过多的欲望持批评的态度。隐藏在宋子主张背后的乃是其对欲望完全消极和否定的看法。荀子批评的第一步是"然则亦以人之情为欲",即宋子也承认人生来是有欲望的。对于所谓的五綦:"目不欲綦色,耳不欲綦声,口不欲綦味,鼻不欲綦臭,形不欲綦佚",宋子也认为是错误的。果真如此,那就陷入了"以人之情为欲是五綦者而不欲多"的自相矛盾之中。第二步涉及到这种主张背后的政治效果,先王在承认人之情欲多的前提之下,才制定了行之有效的赏罚之法。如果依据宋子的主张,那么这种赏罚就成为荒唐的事情,是导致天下大乱的源头。综此两点,荀子指出宋子的主张是错误而行不通的。

通过对宋子的批评,我们更可以了解欲在荀子思想中的地位,这是一个首先该被肯定之物。如老子或者宋子等仅仅看到了欲望的消极一面,因此主张去欲或者寡欲,都是因为无法了解欲望的积极一面,并找到适当的处理之方。《正名》云:

> 凡语治而待去欲者,无以道欲而困于有欲者也。凡语治而待寡欲者,无以节欲而困于多欲者也。有欲无欲,异类也,生死也,非治乱也。欲之多寡,异类也,情之数也,非治乱也。欲不待可得,而求者从所可。欲不待可得,所受乎天也;求者从所可,受乎心也。所受乎天之一欲,制于所受乎心之多,固难类所受乎天也。人之所欲生甚矣,人之所恶死甚矣,然而人有从生成死者,非不欲

> 生而欲死也,不可以生而可以死也。故欲过之而动不及,心止之也。心之所可中理,则欲虽多,奚伤于治!欲不及而动过之,心使之也。心之所可失理,则欲虽寡,奚止于乱?故治乱在于心之所可,亡于情之所欲。不求其所在而求之其所亡,虽曰我得之,失之矣。

此处的"道欲"读为导欲,这段话的一开始就下了一个断语,想通过去欲或者寡欲而达到国治的人,都是困于欲望而无法找到导欲节欲之方者。在荀子看来,治乱与欲望无关,与欲望的有无多寡无关。治乱在心不在欲,就如同在《天论》中提到的,治乱在人不在天。"治乱在于心之所可,亡于情之所欲。"在此基础上,荀子提出要以道导欲:

> 以所欲为可得而求之,情之所必不免也;以为可而道之,知所必出也。故虽为守门,欲不可去,性之具也;虽为天子,欲不可尽。欲虽不可尽,可以近尽也;欲虽不可去,求可节也。所欲虽不可尽,求者犹近尽;欲虽不可去,所求不得,虑者欲节求也。道者,进则近尽,退则节求,天下莫之若也。(《正名》)

这所谓的道不是别的,就是礼。礼之发明,正是因为有欲望的存在,也是因为欲望的不可去绝。这个思路,也许是荀子有得于黄老学派者。以荀子在稷下学宫的经历,他对黄老学者的思想是相当了解的。马王堆帛书中的《经法·道法》曾经提到"道生法"的必要性:

> 道生法。法者,引得失以绳,而明曲直者也。故执道者,生法而弗敢犯也。法立而弗敢废也。故能自引以绳,然后见知天下而不惑矣。虚无形,其裻冥冥,万物之所从生。生有害,曰欲,曰不知足。生必动,动有害,曰不知时,曰时而动。动有事,事有害,曰逆,曰不称,不知所为用。事必有言,言有害,曰不信,曰不知畏人,曰自诬,曰虚夸,以不足为有余。

法的起源,正是由于欲望、不知足等引起的混乱。这与荀子的论证思

路是一致的。而荀子强调的赏罚与欲望的关系,与慎子也有相似之处,《慎子》云:

> 天道因则大,化则细。因也者,因人之情也。人莫不自为也,化而使之为我,则莫可得而用矣。是以先王见不受禄者不臣,禄不厚者,不与入难。人不得其所以自为也,则上不取用焉。故用人之自为,而不用人之为我,则莫不可得而用矣。此之谓因。

欲望的存在乃是臣子可以为君主所用的前提,舍此则一切都是不可靠的。

不过,荀子仍然是在儒家的范围之内来接受这些影响的。从欲望出发导出的并不是黄老的法,或者慎子特别强调的因,而是礼的建立。需要指出的是,荀子的讨论仍然可以看作是儒家传统的继续。在他之前,礼的起源问题早已经成为儒家思考的对象。这种思考基本上都没有离开人情的观念。如郭店竹简《性自命出》所说:

> 道始于情,情生于性。始者近情,终者近义。知情者能出之,知义者能入之……礼作于情,或兴之也,当事因方而治之。

所谓的道,即是以礼为主的人道秩序,它是从情开始的。后文更很明白地指出礼乃是建立在人情的基础之上,并根据不同的情形进行适当的调整。该篇把道看作是情与义的结合,《礼记·礼运》也有类似的看法:

> 夫礼,先王以承天之道,以治人之情。

以天道治人情,这就是礼的本质。郭店竹简曾经有"义,天道也"之说,可以帮助我们了解这里所谓的天道并非就苍苍之天而言,乃是某种道德原则。《管子·心术上》亦云:

> 礼者,因人之情,缘义之理,而为之节文者也。

《心术上》从整体上来说是道家的作品,但这个说法该是从儒家那里接过来的。不难发现,以上的几个说法都显示出一个共同的思路,即礼和人情之间有着紧密的关系。这个思路在荀子那里仍然延续着,只不过转化为礼和欲望的关系。我们知道,荀子对于人之情的理解是以欲望为主的。从性到情到欲是一个有内在联系的整体。但是有一个重要的区别是不容忽视的,这就是荀子中礼和欲之间的关系不同于前此儒家讨论的礼与情之间的关系。以《性自命出》为例,如果把"道始于情"和"美其情"的说法对观,就可知其中更多地表达的是积极的意义。"爱类七,唯性爱为近仁",显示出在发自于性的情中包含着爱等积极的情感,从而构成了道德的内在基础。《心术上》的说法"因人之情"也有类似的味道。《礼记》中的"治人之情"稍有不同,但结合篇中人情为田的说法,可以知道这是礼展开的场所。但荀子中的礼与欲的关系,基本上是以礼来制欲。礼与欲的关系就是善和恶的关系,礼是善而欲是恶。正是欲望之恶以及它的与生俱来的性质,作为善的礼才有了存在的绝对理由。

但是善不是在恶之外的东西,善就是对恶的疏导,礼就是对情欲的疏导。礼的发明并不是用来弃绝人的情欲的。荀子很清楚地意识到情欲不可绝,不可去,因此提出了"养人之欲"的说法。养欲并不是抽象的欲望的满足,它是通过引导和限制的方式找到合理地安顿人之情欲的途径。具体而言,就是在有限的外物和无限的欲望之间、在不同的人群之间寻找到一个合理的平衡。物和欲在这个过程中相持而长,而非两灭。基于此,荀子特别强调礼所具有的养的意义:

> 故礼者养也。刍豢、稻粱,五味调香,所以养口也;椒兰、芬苾,所以养鼻也;雕琢、刻镂、黼黻、文章,所以养目也;钟鼓、管磬、琴瑟、竽笙,所以养耳也;疏房、檖䫉、越席、床笫、几筵,所以养体也。故礼者,养也。(《礼论》)

在这个叙述中,我们发现了礼和欲的交汇点。从表面上来看,礼仅仅是对于欲望的节制。但更深层地来思考,正是礼才从最根本的意义上

保证了欲望的合理满足。这在和墨家的比较中会看的更清楚。墨家曾经把礼看作是奢侈品,是对财富和生活的破坏,如《非乐上》云:

> 子墨子言曰:仁之事者,必务求兴天下之利,除天下之害。将以为法乎天下,利人乎即为,不利人乎即止。且夫仁者之为天下度也,非为其目之所美,耳之所乐,口之所甘,身体之所安,以此亏夺民衣食之财,仁者弗为也。是故子墨子之所以非乐者,非以大钟鸣鼓、琴瑟竽笙之声以为不乐也,非以刻镂华文章之色以为不美也,非以刍豢煎炙之味以为不甘也,非以高台厚榭邃野之居以为不安也。虽身知其安也,口之其甘也,目知其美也,耳知其乐也,然上考之不中圣王之事,下度之不中万民之利。是故子墨子曰:为乐非也。

将荀子与墨子此处的文字两相对照,便可看到针锋相对的味道。墨子以为礼乐是"亏夺民衣食之财",因此虽然承认其乐美甘安,却采取了非之的态度。荀子针对墨子的批评,特别地指出礼并非亏夺民衣食之财者,而是发挥着"养人之欲,给人之求"的作用。在这种比较中,"礼者,养也"的意义更能够体现出来。这个说法强调的是礼和欲望的统一,义和利的统一。

二、群与别

但是,欲望不足以成为礼之所起的唯一前提。如果仅仅是一个人个体式的生存,哪怕他有再大的欲望与要求,礼都是不需要的。礼的存在和群体生活不可分割,而人,在荀子看来,就正是能群的生命。《王制》云:

> 力不若牛,走不若马,而牛马为用,何也?曰:人能群,彼不能群也。人何以能群?曰:分。分何以能行,曰:义。故义以分则和,和则一,一则多力,多力则强,强则胜物,故宫室可得而居也。故序四时,裁万物,兼利天下,无它故焉,得之分义也。故人生不

能无群,群而无分则争,争则乱,乱则离,离则弱,弱则不能胜物,故宫室不可得而居也,不可少顷舍礼义之谓也。

人和动物的一个根本分别就是是否具有群的能力,而群的能力则是来自于建立在义之基础上的分。人生不能无群,因此,礼义也就成为必不可少之物。这里的分,《礼论》称之为别:

君子既得其养,又好其别。曷谓别?贵贱有等,长幼有差,贫富轻重皆有称者也。

群体的存在必须建立在群体内部的分别之上,如贵贱有等,长幼有差,这是儒家一贯的精神。孟子明确地指出"物之不齐,物之情也"(《孟子·滕文公上》),并在和许行的辩论中论证了分别对于社会的不可或缺。荀子所谓"斩而齐,枉而直,不同而一,是之谓人伦"(《荣辱》),体现的是同样的内涵。《礼论》曾经以祭祀为例来说明这种分别的精神:

故王者天太祖,诸侯不敢坏,大夫士有常宗,所以别贵始,贵始得之本也。郊止乎天子,而社止于诸侯,道及士大夫,所以别尊者事尊,卑者事卑,宜大者巨,宜小者小也。故有天下者事七世,有一国者事五世,有五乘之地者事三世,有三乘之地者事二世,持手而食者不得立宗庙,所以别积厚者流泽广,积薄者流泽狭也。

不仅是祭祀,此种分别体现在生活世界的各个方面,构成人伦秩序的根基。荀子一再强调,分别非但不会把人群割裂,反而是群居和一之道。在这一点上,荀子和墨家进行了直接的对话。如我们知道的,墨家主张兼爱,反对分别,《兼爱下》特别地把兼与别对立了起来,主张以兼易别:

子墨子言曰:……分名乎天下,恶人而贼人者,兼与?别与?即必曰别也。然即之交别者,果生天下之大害者与?是故别非也。子墨子曰:非人者必有以易之,若非人而无以易之,譬之犹以水救水也,其说将必无可焉。是故子墨子曰:兼以易别。然即兼之可以易别之故何也？曰：藉为人之国若为其国，夫谁独举其国以攻人之国者哉？为彼者由为己也。为人之都，若为其都，夫谁独举其都以伐人之都者哉？为彼犹为己也。为人之家，若为其家，夫谁独举其家以乱人之家者哉？为彼犹为己也。然即国都不相攻伐，人家不相乱贼，此天下之害与？天下之利与？即必曰天下之利也。姑尝本原若众利之所自生。此胡自生？此自恶人贼人生与？即必曰非然也，必曰从爱人利人生。分名乎天下爱人而利人者，别与？兼与？即必曰兼也。然即之交兼者，果生天下之大利者与？是故子墨子曰兼是也。且乡吾本言曰：仁人之事者，必务求兴天下之利，除天下之害。今吾本原兼之所生，天下之大利者也。吾本原别之所生，天下之大害者也是故子墨子曰别非而兼是者，出乎若方也。

在墨子看来，危害天下的根本不是别的，正是儒家倡导的别的理论，爱有差等的学说。别的学说在人我之间建立起明确的界限，这正是矛盾冲突攻伐的思想基础。因此墨子提出兼来作为救治的办法，主张以兼易别。兼别之辨，就是墨子和儒家的分野。荀子之前，孟子就曾经进行过反驳。以为墨子兼爱，是无父也，与禽兽无以异。并且兼的主张实际上意味着有二本，背离了一本的原则，正是对于秩序的破坏。荀子更直接针对着墨家批评的"别"字进行辩护，在他看来，别是群体存在的最重要基础，也是养得以进行的前提。换句话说，养和别并非二事，养就在别中，别也在养中。《礼论》说：

> 故天子大路越席，所以养体也；侧载睪芷，所以养鼻也；前有错衡，所以养目也；和鸾之声，步中《武》、《象》，趋中《韶》、《护》，所以养耳也；龙旗九斿，所以养信也；寝兕、持虎、蛟韅、丝末、弥龙，所以养威也；故大路之马必信至教顺，然后乘之，所以养安也。孰知夫出死要节之所以养生也，孰知夫出费用之所以养财也，孰知夫恭敬辞让之所以养安也，孰知夫礼义文理之所以养情也。故人

> 苟生之为见,若者必死。苟利之为见,若者必害。苟怠惰偷懦之
> 为安,若者必危。苟情说之为乐,若者必灭。故人一之于礼义,则
> 两得之矣;一之于情性,则两丧之矣。故儒者将使人两得之者也,
> 墨者将使人两丧之者也,是儒墨之分也。

别则两得,兼则两丧,儒墨的分别就在于此。墨家之所以不了解别的意义,主要在于简单地把对立的两端割裂开来,这是墨子最大的迷思。仅仅知道出费用是费财,而不知道它同时也是养财;仅仅知道利是利,而不知道利也会是害;仅仅知道分别是分别,不知道分别是群居合一之道。正是在礼义的分别之中,贵贱、长幼才各得其所。

三、情与文

在郭店竹简《性自命出》中,礼被看作是始于情而终于义者。荀子则在《礼论》中提出了情文俱尽之说,此说的实质是把礼视为情与文的统一,以文统情。其云:

> 凡礼,始乎梲,成乎文,终乎悦校。故至备,情文俱尽;其次,
> 情文代胜;其下复情以归大一也。

梲字,《史记》作"脱",是疏略的意思,文不胜情。文的意思刚好相反,乃是对于某物的文饰或者修饰,情不胜文。所谓"悦校",诸家说法不一,《史记》作"税",《大戴礼》作"隆",以理度之,该是梲与文的平衡之义,或者就是指后面说的情文俱尽,既尽情又尽文;情文代胜是指情胜文(始乎梲)或者文胜情(成乎文);复情以归大一则无文以饰情,一任情感的发泄,完全属于情的世界。此处的大一,并无一般文献中具有的本体意义,指的只是没有文饰的原初状态。①《礼论》继续说:

> 礼者,以财物为用,以贵贱为文,以多少为异,以隆杀为要。

---

① 《礼记·礼运》:"夫礼必本于大一,分而为天地,转而为阴阳,变而为四时,列而为鬼神。"或谓本于荀子,但仔细斟酌其用法,似乎有比较大的差别。

> 文理繁,情用省,是礼之隆也。文理省,情用繁,是礼之杀也。文理情用相为内外表里,并行而杂,是礼之中流也。故君子上致其隆,下尽其杀,而中处其中。步骤驰骋厉骛不外是矣,是君子之坛宇宫廷也。

此处的"文理繁,情用省,是礼之隆也。文理省,情用繁,是礼之杀也",应该就是情文代胜。"礼之中流",就是"情文俱尽"。由此可见,在荀子讨论礼的过程之中,情和文成为重要的词汇。值得注意的是,《礼论》中大量使用了"文"字,其意义并不完全相同。与情相对的文的意义,大略与文理、文饰相当:

> 大飨,尚玄尊,俎生鱼,先大羹,贵食饮之本也。飨,尚玄尊而用酒醴,先黍稷而饭稻粱,祭,齐大羹而饱庶羞,贵本而亲用也。贵本之谓文,亲用之谓理,两者合而成文,以归大一,夫是之谓大隆。

这是以具体的大飨和祭祀之礼为例,来说明"文"的意义。大飨之所以崇尚清水、生鱼和无味之羹,乃是贵饮食之本之义。飨和祭祀的规定也都能体现出"贵本而亲用"的精神。在荀子看来,此种贵本的做法,并非如道家所说的雕琢复朴,恰恰是文的体现。贵本为文,亲用为理,两者合而成文,共同奠定了礼的基础。其实文与理含义类似,统言之无别,其根本的内涵就是文饰、合宜。明白了此点,就知道不仅文饰是文饰,粗恶也是文饰。《礼论》云:

> 礼者,断长续短,损有余,益不足,达爱敬之文,而滋成行义之美者也。
>
> 故文饰、粗恶、声乐、哭泣、恬愉、忧戚,是反也,然而礼兼而用之,时举而代御。故文饰、声乐、恬愉,所以持平奉吉也;粗衰、哭泣、忧戚,所以持险奉凶也。故其立文饰也不至于窕冶,其立粗衰也不至于瘠弃,其立声乐恬愉也不至于流淫惰慢,其立哭泣哀戚

> 也不至于隘慑伤生,是礼之中流也。故情貌之变足以别吉凶,明贵贱亲疏之节,期止矣。外是,奸也,虽难,君子贱之。故量食而食之,量要而带之,相高以毁瘠,是奸人之道也,非礼义之文也,非孝子之情也,将以有为者也。……两情者,人生固有端焉。若夫断之续之,博之浅之,益之损之,类之尽之,盛之美之,使本末终始莫不顺比,足以为万世则,则是礼也。

所谓的长短、有余不足,是就情而言。礼并非私人的物事,如我们前面所讨论的,它乃是适应着群的需要并且是为了群的目的而制定的,因此并不能任由个人的情感无节制的表达。面对同样的事件,不同的个体反应也许是不同的。礼的规定对于某个人的情感来说也许是断长,对另外一个也许是续短,或者是损有余,或者是补不足,①但整体上来说,其目的都是要成就爱敬之情,即所谓"达爱敬之文",从而追求适宜之美。礼的最高境界乃是不偏不倚的"中流",既充分地抒发了喜怒哀乐的情感,又不至于走向情绪的极端。文饰声乐不至于流于窈冶,粗衰哭泣不至于流于伤生。荀子称之为礼之中流,与之相对的则是某些极端的做法,譬如情感的极端表达。荀子一贯主张君子并不追求某些难能之事,《不苟》对此曾经有过专门的讨论。"君子行不贵苟难,说不贵苟察,名不贵苟传,唯其当之为贵。"而"当之"的标准,就是"礼义之中"。所以对于一般人推崇的某些做法,并不以为然。"故怀负石而赴河,是行之难为者也,而申徒狄能之,然而君子不贵者,非礼义之中也。"同样的,按照礼的要求,仪式中的情貌之变并不应该以夸张的方式表现出来,"足以别吉凶,明贵贱亲疏之节"则可矣。超越礼义之中的做法,虽然难能,君子贱之,为其奸也。它们可能是别有用心的行为,看人下菜的做法。

因此,并非情的极端(过或不及)表达就是善的或者适宜的行为。

---

① 可以比较的是庄子学派,本着其注重个体性的精神,一直否定着整齐划一的规矩的合理性。《庄子·骈拇》云:"凫胫虽短,续之则忧;鹤胫虽长,断之则悲。"

礼的最高境界乃是真情实感和外在文饰的完美结合,在这里就体现着"以道治欲""以礼化情"的主张。以亲丧为例,也许某些子孙在数月之后就哀痛全无,而另外一些则会持续很多年,礼的"断长续短,损有余而补不足"的作用在此就显现了出来。所谓的三年之丧,就是情与文交融的结果:

> 三年之丧,何也?曰:称情以立文,因以饰群,别亲疏贵贱之节,而不可益损也。故曰:无适不易之术也。创巨者其日久,痛甚者其愈迟,三年之丧,称情以立文,所以为至痛极也。齐衰、苴杖、居庐、食粥、席薪、枕块,所以为至痛饰也。三年之丧,二十五月而毕,哀痛未尽,思慕未忘,然而礼以是断之者,岂不以送死有已,复生有节也哉!凡生乎天地之间者,有血气之属必有知,有知之属莫不爱其类。今夫大鸟兽则失亡其群匹,越月逾时,则必反铅;过故乡,则必徘徊焉,鸣号焉,踯躅焉,踟蹰焉,然后能去之也。小者是燕爵犹有啁噍之顷焉,然后能去之。故有血气之属莫知于人,故人之于其亲也,至死无穷。将由夫愚陋淫邪之人与?则彼朝死而夕忘之;然而纵之,则是曾鸟兽之不若也,彼安能相与群居而无乱乎!将由夫修饰之君子与?则三年之丧,二十五月而毕,若驷之过隙,然而遂之,则是无穷也。故先王圣人安为之立中制节,一使足以成文理,则舍之矣。(《礼论》)

所谓的"称情以立文",即是要衡量情之轻重,而后加以适当的文饰。儒家一直认为,因着关系亲疏远近的不同,情的厚薄也有差异。譬如人子对于父母亲的情感要超过对于兄弟或者朋友的情感,礼的制定当然要考虑这种具体的情形。不同的情感关系,会导致在面对类似情形之时有不同的心理反应。譬如失去兄弟朋友的悲痛和失去父母的悲痛是不可同日而语的,后者乃是人生中最巨大的创痛,此其平复也就需要更长的时间。三年之丧的设立考虑的正是此种特殊而具体的情形,这是为人生中之至痛所立的标准。所以从丧礼的时间上来看,当然比其他的关系对象要长。三年之丧的具体时间，按照荀子的说法，其实是二十五个月，也就是两个整年再加上第三年的第一个月。如此规定的理由，存在着不同的说法。譬如孔子曾经提到"子生三年，然后免于父母之怀"（《论语·阳货》），依此，则三年之丧乃是对于父母之抱的回报。根据荀子，这首先是在愚陋淫邪之人和君子之间立中制节的结果。其次则是根据天道的理由：

> 然则何以分之？曰：至亲以期断。是何也？曰：天地则已易矣，四时则已遍矣，其在宇中者莫不更始矣，故先王案以此象之也。然则三年何也？曰：加隆焉，案使倍之，故再期也。

此种天道的理由，在《论语·阳货》的记载中孔子的学生宰我曾经提到过，其云"三年之丧，期已可矣……旧谷既没，新谷既升，钻燧改火，期已可矣"，被孔子以"于女安乎"的理由来加以批评。荀子显然并不是孤立地谈到这个理由，情的因素被视为最重要的前提。在此基础之上，天道的理由才可以成立。就至亲之丧而言，一年的时间是一个起点。一年代表着一个世界的循环和彻底的变易，万象更新，因此人的心情也该有一个变化。之所以不限于一年，而制定三年（二十五个月）之丧的标准，乃是隆而重之的表现。这也就把父母亲与其他人区别了开来。譬如九月之丧，适用于夫之为妻，或者父在而为母的情形，就显示出关系重要性的不同。九月与三年的区别，反映的是关系的远近与情的厚薄。

四、丧礼的意义

《礼论》相当篇幅的讨论与丧礼有关。这一方面固然是由于丧礼在礼中的重要地位，另一方面也是由于丧礼集中地体现了礼的精神：根据对象而进行的分别、情与文的平衡等。同时，还有一个重要的理由，那就是儒家之外的学派对于丧礼的不同角度的批评。这里面最主要的恐怕是墨家和道家。墨家的批评见于《墨子》，特别是其中有关节用和节葬的论述,其立意的基础主要是"兴天下之利,除天下之害"。道家的批评则见于庄子,其立意的基础则是生死气化的主张,因此并不必对生死太过重视。但无论如何,这都是对于丧礼合法性的挑战。从这个角度来看的话,荀子极其重视丧礼就更多了几分理由。

丧礼成立的基础,其实是对于生命和死亡的理解。如果根据庄子,生命和死亡不过如四时或者昼夜一般,乃是大化流行中最正常不过的事情,它们自然没有什么特别的意义。但是荀子不同,他紧紧地把死亡和个体生命联系在一起,这个时候,死亡就变成生命中最重大的事件。《礼论》云:

> 礼者,谨于治生死者也。生,人之始也;死,人之终也。终始俱善,人道毕矣。故君子敬始而慎终。终始如一,是君子之道,礼义之文也。

生死之所以重要,就在于它们规定了作为人的生命的开端和终点,生命和人道正是在这个由起点和终点规定的时间中展开。礼之谨于治生死的理由正在于此。对生死的敬重乃是对于生命和人道本身的敬重。有始而无终或者相反,显然都是有缺失的。终始如一,才是君子之道,合乎礼义的行为。荀子继续说:

> 夫厚其生而薄其死,是敬其有知而慢其无知也,是奸人之道而倍叛之心也。君子以倍叛之心接臧谷,犹且羞之,而况以事其所隆亲乎!故死之为道也,一而不可得再复也,臣之所以致重其君,子之所以致重其亲,于是尽矣!故事生不忠厚,不敬文,谓之野;送死不忠厚,不敬文,谓之瘠。君子贱野而羞瘠。

相对于生而言,死更容易被轻忽。一般人的理由是人死则无知,因此任何的仪式对于死者而言都是无意义的。但是,丧礼并不仅仅是针对死者之事,这更关乎生者的心术。生则厚之,死则薄之;生则敬之,死则慢之。其倍叛之心、奸人之道可知。死乃是一而不可得再复之事,死亡意味着臣子所致重之君亲一去不返,因此,死亡并不仅仅是一个物理或生理的事件,它更是一个心理的事件,对于生者而言的心理事件。简单地说,生者需要在心里接受君亲的死亡。

这个时候,我们接触到了丧礼的一个重要的意义:死亡不是一个瞬间发生的事件,也不是瞬间就过去的事件,死亡乃是一个过程。三月之葬的意义就在于此:

> 礼者,谨于吉凶不相厌者也。紸纩听息之时,则夫忠臣孝子亦知其闵已,然而殡殓之具,未有求也;垂涕恐惧,然而幸生之心未已,持生之事未辍也;卒矣,然后作具之。故虽备家必逾日然后能殡,三日而成服。然后告远者出矣,备物者作矣。故殡,久不过七十日,速不损五十日。是何也?曰:远者可以至矣,百求可以得矣,百事可以成矣。其忠至矣,其节大矣,其文备矣。然后月朝卜日,月夕卜宅,然后葬也。当是时也,其义止,谁得行之!其义行,谁得止之!故三月之葬,其貌以生设饰死者也,殆非直留死者以安生也。是致隆思慕之义也。

虽然确认了死亡的发生,但并不急求殡殓之具;君亲死后的悲伤恐惧之时,仍然希望死者可以复生;即便已经准备就绪,也要次日入殡;三日之后,才可以正式发出讣告;三月之后,方可下葬。礼的条目相对于死亡事实而言的滞后,体现的正是生者对于死者的留恋,以及对于死亡的逐渐接受。"以生设饰死者也",即是事死如事生。这其中包含的情感,并非是以为死者可以复生,乃是思慕之情的突出表现。

丧礼的基本步骤也可以反映出类似的想法。荀子把丧礼大略分为三个阶段:变而饰,动而远,久而平。变指的是死亡,饰是对于死者的修饰,如后文指出的,其目的乃是保持尸体的完整和尊严,避免生者对之产生厌恶的情绪。动而远,即死者由近及远的移动,如《礼记·檀弓上》记子游曰:"饭于牖下,小敛于户内,大敛于阼,殡于客位,祖于庭,葬于墓,所以即远也。"这种渐行渐远的位置移动,表现的其实是对死者由生而死的变化的确认。久而平突出的是生者心理的逐渐平复，换言之，即是对死亡事实的接受和承认。在这个背景之下，三月之殡的意义也就显示了出来：

> 三月之殡，何也？曰：大之也，重之也，所致隆也，所致亲也。将举错之，迁徙之，离宫室而归丘陵也。先王恐其不文也，是以繇其期，足其日也，故天子七月，诸侯五月，大夫三月，皆使其须足以容事，事足以容成，成足以容文，文足以容备，曲容备物之谓道矣。

君亲故后的三月之殡，当然是隆重其事的表现。隆重的理由，则是君亲一去不返的事实。此种从生到死的转化，表现在物理的空间上，便是离宫室而归丘陵，是生命最后的一次迁徙，也是由生而死的迁徙。

五、祭祀的意义

五礼之中，祭祀居于重要的地位。《礼记·祭统》有"礼有五经，莫重于祭"之说。祭祀的对象主要是天地山川社稷与祖先，于五礼中属吉礼。如何理解祭祀的意义，对于儒家而言，是一个无法回避的问题。《祭统》把祭祀视为教化的根本，其中蕴涵着所谓的十伦，即："见事鬼神之道焉，见君臣之义焉，见父子之伦焉，见贵贱之等焉，见亲疏之杀焉，见爵赏之施焉，见夫妇之别焉，见政事之均焉，见长幼之序焉，见上下之际焉。"《礼论》中虽然没有如此系统的论述，但是对于祭祀的意义，仍然有相当深入的讨论。首先值得注意的，荀子首先把祭祀的基础理解为"志意思慕之情"：

> 祭者，志意思慕之情也。愅诡唈僾而不能无时至焉，故人之欢欣和合之时，则夫忠臣孝子亦愅诡而有所至矣。彼其所至者，甚大动也；案屈然已，则其于志意之情者惆然不嗛，其于礼节者阙然不具。故先王案为之立文，尊尊亲亲之义至矣。故曰：祭者，志意思慕之情也，忠信爱敬之至矣，礼节文貌之盛矣，苟非圣人，莫之能知也。圣人明知之，士君子安行之，官人以为守，百姓以成

俗。其在君子，以为人道也；其在百姓，以为鬼事也。故钟、鼓、管、磬、琴、瑟、竽、笙，《韶》、《夏》、《护》、《武》、《汋》、《桓》、《箾》、简《象》，是君子之所以为悼诡其所喜乐之文也。齐衰、苴杖、居庐、食粥、席薪、枕块，是君子之所以为悼诡其所哀痛之文也。师旅有制，刑法有等，莫不称罪，是君子之所以为悼诡其所敦恶之文也。卜筮视日，斋戒修涂，几筵、馈荐，告祝，如或飨之。物取而皆祭之，如或尝之。毋利举爵，主人有尊，如或觞之。宾出，主人拜送，反，易服，即位而哭，如或去之。哀夫！敬夫！事死如事生，事亡如事存，状乎无形影，然而成文。

祭祀首先不是别的，而是对于祭祀对象的志意与思慕的情感。① 对于礼而言，包括荀子在内的儒家一直强调其情感的基础，这是共同的。此处迭用志意和思慕，也许是想用来区分不同的对象。思慕更多地是针对祖先，志意或者是针对天地山川。② 忠臣孝子于欢欣和合之时，内心会有对于死去君父的感动发生，因此需要相应的仪式来表现这种情感，祭祀的基础就在于此。祭祀乃是针对志意思慕的情感而"为之立文"的结果，这仍然符合着荀子所说"情文俱尽"的立礼的精神，如此则"尊尊亲亲之义至矣"。因此，祭祀并不是相信鬼神等的真实存在，或者如一般人所了解的可以趋吉避凶。事死如事生，事亡如事存，于无形影之物表现其哀和敬的情感，乃是人道之文的表现。从最根本的意义上来说，文乃是对于情感的文饰，祭祀之时想象先祖可以享用子孙的贡献时，一定会有喜乐的情感，此时就需要各种的乐器、音乐和舞蹈，以文饰其喜乐的情感。而阴阳两隔的现实又会引起悲伤哀痛的情

---

① 《礼记·祭统》云："夫祭者，非物自外至者也，自中出生于心也。心怵而奉之以礼，是故唯贤者能尽祭之义。"

② 王先谦《荀子集解》引王念孙说："情与志意，义相近，可言思慕之情，不可言志意思慕之情，情当为积，字之误也。"又引杨注："或曰：情当为积。"以为"志意思慕积于中而外见于祭，故曰：祭者，志意思慕之积也"。其说虽言之有据，未必然也。情之一字，足以突出荀子对于礼之精神的理解，且与"情文两尽"之说呼应。

感,此时就需要齐衰、食粥、席薪、枕块等来体现。

六、乐论

和礼一样,乐是儒家所继承的三代文明的重要部分,在其教化学说中占有重要的位置。孔子对于乐是极其热爱和重视的,尤其是对舜之韶乐,有"尽善尽美"的评语。《论语·述而》云:"子在齐闻韶,三月不知肉味。曰:不图为乐之至于斯也。"《论语》记载着他和乐师们的交往,以及以乐教授弟子的事实。"兴于诗,立于礼,成于乐"(《泰伯》)的说法,似乎表现着他把乐教放到了极高的位置。正因为如此,面对着礼坏乐崩的现实,孔子艰难地从事着正乐的工作。"吾自卫反鲁,然后乐正,雅颂各得其所。"(《子罕》)在其有关理想制度的设计中,"乐则《韶》舞,放郑声,远佞人,郑声淫,佞人殆"(《卫灵公》)是包括在其中的。

乐教的重要,在于其直指人心的效果。郭店竹简《性自命出》大约是战国早中期儒家的文献,其中对于乐有如下的理解:

> 凡声其出于情也信,然后其入拨人之心也厚。闻笑声,则鲜如也斯喜。闻歌谣,则陶如也斯奋。听琴瑟之声,则悸如也斯叹。观《赉》、《武》,则齐如也斯作。观《韶》、《夏》,则勉如也斯敛。咏思而动心,嘳如也,其居次也久,其反善复始也慎,其出入也顺,始其德也。郑卫之乐,则非其声而从之也。

声(乐)由于出自人情,因此对于人心有着如影随形的作用。该篇后文云"其声变,则(心从之);其心变,则其声亦然",对于心和声的相互关系有着明确的认识。正因为如此,君子对于乐的取舍,就该异常慎重。继承着孔子的理解,这里提到了《赉》、《武》、《韶》、《夏》与郑卫之乐的对立。《性自命出》推崇古乐和益乐,认为"古乐龙心,益乐龙指,皆教其人者也。《赉》、《武》乐取,《韶》、《夏》乐情"。至于过度的郑卫之乐,则是要坚决拒绝的。

乐之所以能够有如此的作用,如上所述,乃是因为它是出于情的。《性自命出》对此有具体的讨论:

> 喜斯陶,陶斯奋,奋斯咏,咏斯犹,犹斯舞。舞,喜之终也。愠斯忧,忧斯戚,戚斯叹,叹斯辟,辟斯踊。踊,愠之终也。

喜和愠都是人的情感,这些情感通过声音和舞蹈表现出来,就构成了乐的基础。乐和人心人情之间此种直接的关联,使得由乐以察心成为一种可能的方式。这在《性自命出》中被表述为"凡学者求其心也为难,从其所为,近得之矣,不如以乐之速也"。

以上的叙述可以让我们简单了解荀子乐论的部分儒家资源。同时成为荀子乐论资源的还有墨家非乐的主张,正是这种主张让荀子对于乐的论述充满了对话和批判的色彩。我们知道,墨子从"兴天下之利,除天下之害"的理念出发,以为儒家的主张乃是"亏夺民衣食之时以拊乐"、"亏夺民衣食之财以拊乐"(《墨子·非乐上》),所以认为"为乐非也"。但在批评墨子"蔽于用而不知文"的荀子看来,乐乃是人情之所必不免者:

> 夫乐者,乐也,人情之所必不免也,故人不能无乐。乐则必发于声音,形于动静,而人之道,声音、动静、性术之变尽是矣。故人不能不乐,乐则不能无形,形而不为道,则不能无乱。先王恶其乱也,故制《雅》、《颂》之声以道之,使其声足以乐而不流,使其文足以辨而不諰,使其曲直、繁省、廉肉、节奏足以感动人之善心,使夫邪污之气无由得接焉。是先王立乐之方也,而墨子非之奈何!(《乐论》)

荀子不愧是个辩者,我们知道,对乐与人情之间关系的认识并不从他开始,但由此出发达到"人情之所必不免"和"人不能无乐"的认识,却具有极强的感染力和说服力。我们可以从两方面来理解这段话的意义,第一、乐出于人情;第二、乐是对于人情的节制和引导。这两方面的逻辑联系异常紧密,既然乐是不可避免的,那么为了防止其混乱,树立一个标准就是应该而且必须的事情。这个标准不是别的,就是雅、颂之声。此雅颂之声导善去邪,从而达到感动人心、移风易俗的效果。具体而言,乐的作用主要表现为"和":

> 故乐在宗庙之中,君臣上下同听之,则莫不和敬;闺门之内,父子兄弟同听之,则莫不和亲;乡里族长之中,长少同听之,则莫不和顺。故乐者,审一以定和者也,比物以饰节者也,合奏以成文者也,足以率一道,足以治万变。是先王立乐之术也,而墨子非之,奈何!
>
> 故乐者,天下之大齐也,中和之纪也,人情之所必不免也。是先王立乐之术也,而墨子非之,奈何!(《乐论》)

在荀子看来,先王立乐之术乃是为了节文人的情感,使之趋向于中和。如《中庸》所说"喜怒哀乐之未发,谓之中;发而皆中节,谓之和"。这是乐的真精神,也是乐的灵魂。在这个意义上,乐和礼的作用根本是一致的。郑卫之音之所以被拒绝,正是因为其"姚冶以险"的特点不符合中和的标准:

> 夫声乐之入人也深,其化人也速,故先王谨为之文。乐中平则民和而不流,乐肃庄则民齐而不乱。民和齐则兵劲城固,敌国不敢婴也。如是,则百姓莫不安其处,乐其乡,以至足其上矣。然后名声于是白,光辉于是大,四海之民莫不愿得以为师,是王者之始也。乐姚冶以险,则民流僈鄙贱矣。流僈则乱,鄙贱则争;乱争则兵弱城犯,敌国危之。如是,则百姓不安其处,不乐其乡,不足其上矣。故礼乐废而邪音起者,危削侮辱之本也。故先王贵礼乐而贱邪音。(《乐论》)

孟子曾经说过:"仁言不如仁声之入人深也。"(《尽心上》)荀子对此是完全接受的。由于其直指人心的特点,乐的教化作用更加明显。不同的乐会塑造不同的民心，进而决定国家的治乱，所以自先王始便"贵礼乐而贱邪音"。礼乐的实质乃是"以道制欲"，以郑卫之音为代表的邪音则是"以欲忘道"：

> 故曰：乐者，乐也。君子乐得其道，小人乐得其欲。以道制欲，则乐而不乱；以欲忘道，则惑而不乐。故乐者，所以道乐也；金石丝竹，所以道德也。乐行而民乡方矣。故乐者，治人之盛者也，而墨子非之。（《乐论》）

乐所代表的乐的精神只有在道的主导之下才能真正实现，从这个意义上说，乐不过是德的载体，由此引导百姓归之于道的载体。在这个意义上，乐乃是治道中重要的一部分。而墨子对此显然缺乏了解，所以才视之为财用的浪费。

需要说明的是，按照荀子的理解，礼乐在根本上的一致并不影响其在教化中扮演不同的角色。如果说礼偏重在别异的话，那么乐更多地起到合同的作用。《乐论》说：

> 且乐也者，和之不可变者也；礼也者，理之不可易者也。乐合同，礼别异。礼乐之统，管乎人心矣。穷本极变，乐之情也；著诚去伪，礼之经也。

乐主和而礼主理，乐合同而礼别异，这个看法对于汉代才完成的《乐记》产生了重要的影响。在和《易传》合流的情形之下，《乐记》发展出了"大乐与天地同和，大礼与天地同节"以及"乐由天作，礼以地制"之说，在相对意义上更系统地阐述了儒家的礼乐观。

第五节 性 恶

一、何谓性

关于人性的讨论,显然不能离开关于性字意义的考察。对于注重正名的荀子来说,这种考察尤其显得必要。《正名篇》的一开始,就提到"散名之在人者"。而这类中的第一项,就是关于性的定义。由此足见性在荀子关于人的理解之中的地位。《正名》云:

> 散名之在人者:生之所以然者谓之性。性之和所生,精合感应,不事而自然谓之性。

这是两个并列的关于性的说法。生之所以然的意思,乃是指向生的根据,说的明白一些,就是生而如此的根据。"所以"一词的用法,一般而言,总是和理由与根据有关。如《庄子》中提到的迹和所以迹的区分,是很有代表性的。《天运》说"夫六经,先王之陈迹也,岂其所以迹哉!"其中的所以迹,就是迹后面的根据。性不是生而如此者,更是生而如此者的理由和根据。这是荀子对于性最直接明快也是最直指根源的说法,显然较告子"生之谓性"(《孟子·告子上》)之说更进了一步。告子的说法,如果用荀子的语言来叙述,该是生之然者(而非所以然者)谓之性。经由荀子的分疏,性一变而为生之所以然者。但是,荀子仍然是继承了告子由生以论性的传统,这一点也是不容忽视的。荀子之前儒家的性论已经相当的丰富,就脉落上来说,大体有以命论性、以生论性和以心论性三种不同的角度。而这三个角度,都会通过某种方式把性和天联系在一起。以命论性,见于《性自命出》,内中有云:"性自命出,命自天降。"《中庸》"天命之谓性"也可以归为此路。以生论性的代表是告子,最典型的说法就是"生之谓性"。孟子则主张"以心论性",独树一帜。如果把荀子的性论和这三个脉落进行一个比较,就可以知道它和告子的路数比较的接近,但如前所分析的,并不相同。荀子《正名篇》关于性的后一个说法,重点是放在"不事而自然"的一面,即突出性非人为或后天所成就者。这个说法,很显然是承继着其关于天和人的理论,突出人的生命中有天有人,不可混为一谈。由此来体会"性之和所生,精合感应"的意义,乃是强调性为生命中天然的一面,而非生命的全体。杨注云:"和,阴阳冲和气也。事,任使也。言人之性,和气所生,精合感应,不使而自然。言其天性如此也。"指出"天性",大体是对的。

荀子关于性的两个说法,徐复观曾经认为是两个不同的层次。他说:"一般人忽略了荀子言性,有两面的意义;更忽略了荀子言性的两面的意义,同时即含有两层的意义。"①所谓两层,一层是指生之所以然即生的根据,一层是指经验中可以直接把握到的性。徐复观认为,比较而言,荀子更注重从经验的一面来论性,作为生之根据的性,只是不得已而提及。荀子论性的两个说法,是否属于根据和经验两个不同的层次,还可以进一步的讨论。很明显的,荀子很强调性作为根据的意义。这种强调的意义在于把性与物理的生命区别开来,性并不是就生命的构成而言的。因此虽然同属于天然,即与生俱来者,但如属于天官的耳目鼻口以及四体等、属于天君的心等就与性的内容无关。换言之,性并非仅仅依靠着"天"来定义的。

不容否认的是,荀子关于性的讨论首先是在天人的架构中展开的。荀子一再强调"性者天之就也","不事而自然"(《正名》),"凡性者,天之就也,不可学,不可事。不可学,不可事,而在天者,谓之性。"(《性恶》)并经常把属于天的性和属于人的伪进行对比。但是值得注意的是,并非所有与天有关者一定都可以归到性里面去。与天人的架构并行的,我们还可以看到荀子论性时存在着的性情结构。这两个架

---

① 徐复观:《中国人性论史》先秦篇,第232页。

构必须综合的考虑,荀子论性的意义才可以准确地勾勒出来。《正名》云:

> 性之好恶喜怒哀乐谓之情。
>
> 性者天之就也,情者性之质也,欲者情之应也。

在性、情和欲之间,存在着直接的联系。性是与生俱来者,所谓天之就也。其呈现在经验的世界,就是情和欲。所谓性之质的质,有形质的意思。如果说性还是隐而不彰的话,情则是性的有形化。这与"性之好恶喜怒哀乐谓之情"的说法是一致的。这种论性的性情结构,其实是儒家的老传统。郭店竹简《性自命出》就非常突出性情的关系,而认为情本于性。其云:

> 性自命出,命自天降。道始于情,情生于性。
>
> 喜怒哀悲之气,性也。及其见于外,则物取之也。

从相关的材料可以看出,这种性情的结构力图寻找的是人情的根据,并为人道的成立提供论证。在这里,情作为生命的重要内容基本上是从积极的方向上获得了理解。此处"道始于情"以及篇中"美其情"的提法显示出对情的肯定,并力图把人道建立在情的基础之上。孟子"乃若其情,则可以为善矣"(《孟子·告子上》)的说法可以看作是此说的发展。另外,如果细致地阅读《中庸》的话,性与情的联系也是显然的,从"天命之谓性"开始,稍后谈到的就是"喜怒哀乐"的问题。所谓的未发,大体相当于性;已发则是情。其中的性情结构是非常明显的。荀子继承了儒家传统中的性情结构,但对于情的性质却给予了消极的理解。顺情而下的是就是欲,所谓"欲者,情之应也",情欲的方向和礼义是相背离的。

如果综合考虑荀子论性的天人和性情架构,那么作为生而如此者的根据的性,其实更多是指向情的根据。换言之,生的根据在此一转而为情的根据,而并非生命全部内容之根据。荀子是落到自然的情欲上来谈性的,这是荀子论性之内涵的核心。正是这种天人和性情的架构,让荀子和孟子对于性的理解区别开来。对孟子来说,他所一直致力的是一些区分性的工作,譬如性与生的区分、性与命的区分,而最重要的则是人与禽兽的区分。第一个区分在孟子与告子的辩论中体现的非常明显,虽然笼统而言,孟子也可承认性一定是与生俱来者,但并非与生俱来者都可以看作是人性。人性同时还必须满足其他的条件,譬如可以把人与禽兽区别开来的东西。但是荀子显然不认为人性必须承载如此沉重的功能,把人和禽兽区别开来的是礼义,而这是属于伪的范畴,与人性无关。性与伪各有特点:

> 性者,本始材朴也;伪者,文理隆盛也。无性则伪之无所加,无伪则性不能自美。(《礼论》)

二、性恶与道德的成立

在对人性如上的理解之上,荀子非常明确地提出了他的性恶之论。《性恶篇》断言:

> 人之性恶,其善者伪也。今人之性,生而有好利焉,顺是,故争夺生而辞让亡焉;生而有疾恶焉,顺是,故残贼生而忠信亡焉;生而有耳目之欲,有好声色焉,顺是,故淫乱生而礼义文理亡焉。然则从人之性,顺人之情,必出于争夺,合于犯分乱理而归于暴。故必将有师法之化,礼义之道,然后出于辞让,合于文理,而归于治。

在这段话中,性、情和欲几个词是交替出现的,构成情欲核心的是"好恶"的情感,如"好利""疾恶""好声色"等。这里首先该注意的,以好恶论性,比较早见于《性自命出》:"好恶,性也;所好所恶,物也。"孟子"羞恶之心"的说法也明显有好恶的影子。其次,在荀子看来,人先天的好恶是趋向于所谓恶的方面,如好利而不是好义等。好义等善的举动,乃是师法之化的结果。《性恶》继续说:

> 今人之性,饥而欲饱,寒而欲暖,劳而欲休,此人之情性也。今人饥,见长而不敢先食者,将有所让也;劳而不敢求息者,将有所代也。夫子之让乎父,弟之让乎兄,子之代乎父、弟之代乎兄,此二行者,皆反于性而悖于情也。然而孝子之道,礼义之文理也。故顺情性则不辞让矣,辞让则悖于情性矣。用此观之,然则人之性恶明矣,其善者伪也。

孟子以"辞让之心"为人固有之者,荀子则认为辞让是对情性的悖离,是礼义教化的产物。在这段话中,荀子反复使用"情性"一词,是其论性的性情结构最直接的体现。在对人性恶论证的过程中,荀子一再地强调性伪之别:

> 孟子曰:人之学者,其性善。曰:是不然。是不及知人之性,而不察乎人之性伪之分者也。凡性者,天之就也,不可学,不可事。礼义者,圣人之所生也,人之所学而能,所事而成者也。不可学,不可事而在人者,谓之性;可学而能,可事而成之在人者,谓之伪;是性伪之分也。

荀子要否定的当然不是善本身,而是关于善和性之间关系的理解。孟子以性为善,善为性所固有,被荀子批评为不理解性和伪的区分。以礼义为代表的善是圣人的创造物,是人通过学与事可以获得的能力和品质,并非性所固有者。《性恶》进一步论证了性和伪的分别:

> 若夫目好色,耳好声,口好味,心好利,骨体肤理好愉佚,是皆生于人之情性者也;感而自然,不待事而后生之者也。夫感而不能然,必且待事而后然者,谓之生于伪。是性伪之所生,其不同之征也。故圣人化性而起伪,伪起而生礼义,礼义生而制法度。然则礼义法度者,是圣人之所生也。故圣人之所以同于众,其不异于众者,性也;所以异而过众者,伪也。

判断生命中某个内容属于性还是伪的最重要根据是其生于何处?生

于情性者是"感而自然"的,生于伪者是"感而不能然"的。"感而自然"的提法让我们想起了荀子对于性的定义,"精合感应,不事而自然谓之性"。在性和外物之感的过程中自然所具有者才是性,在后天努力中所获得者都是伪。性和伪的区别其实就是荀子版的自然和人为之辨。我们注意到,荀子在关于性与伪的讨论中,经常提及的是圣人和众人。他所强调的有两点:第一,在性的方面,圣人和众人是相同的。圣人并没有过于众人之性,譬如性善;第二,之所以有圣人和众人的不同,其根据不在性,而在后天之伪。圣人在伪的工夫上要远远地超过众人。

性和伪的区别给荀子带来的方便是显然的。一方面可以解释生活中大量存在的恶的现象,另一方面又可以论证礼义法度的必要和重要。但是这种截然的两分也会带来解释上的困难。困难之一就是:如果人的性是恶的,那么最初的礼义是从哪里产生的?换言之,礼义的根据何在?荀子对此的回应是:

> 凡礼义者,是生于圣人之伪,非故生于人之性也。故陶人埏埴以为器,然则器生于工人之伪,非故生于人之性也。故工人斲木而成器,然则器生于工人之伪,非故生于人之性也。圣人积思虑,习伪故,以生礼义而起法度,然则礼义法度者,是生于圣人之伪,非故生于人之性也。(《性恶》)

在性恶论的前提之下,善的来源问题构成了一个解释上的困难。荀子对此的说法是:是生于圣人之伪。他给出的比喻是陶人埏埴以为器和工人斲木而成器,埴和木非器,但陶人、工人可以化之以为器。在这里,很显然的,埴和木比喻人性,器比喻礼义,陶人和工人比喻圣人。这个比喻在一个孤立的环境中是可以成立的,但是在荀子要说明的问题面前,质疑者可能会提出"陶人和工人"的来源问题。换言之,如果圣人之性也是恶的,那么创造出礼义的圣人自身又是如何产生的?圣人从何处获得了化性的能力从而使自己摆脱了恶的限制成了善的化身?我们当然知道荀子在他处给出的答案,这是学和积的结果。但是质疑者也许会认为这个解释是有矛盾的,他们会认为,如果圣人可以产生礼义,那是因为他们的性中已经包含了礼义。这个质疑背后的逻辑是很清楚的,没有无中生有的事情。如果原本没有善,那么善是不会出现的。如果世界上存在善的话,那么这种善一定存在于人性之中。荀子对此的回应是:

> 夫陶人埏埴而生瓦,然则瓦埴岂陶人之性也哉?工人斲木而成器,然则器木岂工人之性也哉?夫圣人之于礼义也,辟则陶埏而生之也。然则礼义积伪者,岂人之本性也哉?凡人之性者,尧舜之与桀跖,其性一也;君子之与小人,其性一也。今将以礼义积伪为人之性邪,然则有曷贵尧舜,曷贵君子矣哉?凡所贵尧舜、君子者,能化性,能起伪,伪起而生礼义;然则圣人之于礼义积伪也,亦犹陶埏而生之也。用此观之,然则礼义积伪者,岂人之性也哉?(《性恶》)

荀子仍然沿袭了前面的比喻,陶人和工人可以把埴变成瓦,把木变成器,但是瓦埴和器木并不是他们的性或者在他们的性之中。荀子用这个例子的意思是说,工匠加工出来的产品未必就是工匠本性中固有的东西,就如同圣人创造出礼义,但礼义未必就是圣人本性中所固有。圣人可以化性起伪,但伪并非性中所有。对于荀子来说,这个比喻是相当清楚的。可是对于批评者而言,这个比喻有一个漏洞:在这个涉及到三个要素的比喻中,荀子似乎回避了另外两个要素即埴瓦和木器之间是何种的关系。但这个问题是无法回避的。读者一定会想起孟子和告子之间关于杞柳和桮棬关系而展开的著名争论,是顺杞柳之性以为桮棬,还是逆杞柳之性以为桮棬?两种理解导致出对人性的看法是截然不同的。对于荀子的反对者来说,器是不是隐藏在木的性中,瓦是不是蕴涵在埴的性中,是值得提出来的问题。这与瓦是否在陶人和工人的性中无关。

在儒学史上,荀子最为后儒所诟病的,就是他的性恶论。荀子的性恶论,就其用心而言,显然不是对于道德秩序的破坏,而是要解决道德秩序何以必要的问题。按照荀子的理解,孟子性善的说法会让道德礼义的必要性成为问题。换言之,如果每个人的人性已经是善的,即已经是生而为善的,那么圣人、礼义等等还有存在的必要吗?其云:

> 今人之性恶,必将待师法然后正,得礼义然后治。今人无师法,则偏险而不正;无礼义,则悖乱而不治。古者圣王以人之性恶,以为偏险而不正,悖乱而不治,是以为之起礼义、制法度,以矫饰人之情性而正之,以扰化人之情性而导之也。始皆出于治,合于道也。(《性恶》)

礼义、法度的必要性和正当性只有在人性恶的前提之下才能得到成立。人性恶使得外在的"正之""导之"的行为具有适当的基础。性善论则会起到相反的结果:

> 孟子曰:人之性善。曰:是不然。凡古今天下之所谓善者,正理平治也;所谓恶者,偏险悖乱也。是善恶之分也已。今诚以人之性固正理平治邪?则有恶用圣王,恶用礼义矣哉!虽有圣王仁义,将曷加于正理平治也哉!今不然,人之性恶,故古者圣人以人之性恶,以为偏险而不正,悖乱而不治,故为之立君上之势以临之,明礼义以化之,起法正以治之,重刑罚以禁之,使天下皆出于治,合于善也;是圣王之治而礼义之化也。(《性恶》)

荀子把善描述为所谓的"正理平治",恶是"偏险悖乱"。以此为基础,为他的如下提问进行铺垫:如果人性果然为善,即意味着其已经有正理平治,那么圣王和礼义的作用又如何体现呢?圣王和礼义的作用就是使人群可以正理平治,如果自身的性分中已经有如此的能力,那么他们的存在就失去依据。依照荀子的理解,性善的主张会削弱圣王、师法以及礼义的必要性。性善说最大的问题在于可以发展出一种个体道德生命自足的倾向,如孟子所说:"万物皆备于我矣。反身而诚,乐莫大焉。"(《孟子·尽心上》)因此使外在的师法之化显得没有多大的必要。《性恶》云：

> 故善言古者必有节于今,善言天者必有征于人。凡论者,贵其有辨合,有符验,故坐而言之,起而可设,张而可施行。今孟子曰人之性善,无辨合符验,坐而言之,起而不可设,张而不可施行,岂不过甚矣哉！故性善则去圣王,息礼义矣;性恶则与圣王,贵礼义矣。故檃括之生,为枸木也;绳墨之起,为不直也。立君上,明礼义,为性恶也。用此观之,然则人之性恶明矣,其善者伪也。直木不待檃括而直者,其性直也;枸木必将待檃括、烝、矫然后直者,以其性不直也。今人之性恶,必将待圣王之治,礼义之化,然后皆出于治,合于善也。用此观之,然则人之性恶明矣,其善者伪也。

荀子将对性善论的批评引申到实际效果的层次。认为孟子的主张会导致"去圣王,息礼义"的结果。他提到了直木和枸木的比喻,直木比喻性善,枸木比喻性恶。

与此相关,檃括和绳墨则比喻礼义。檃括和绳墨的存在对于不直的枸木而言才有意义,如果这个世界里都是直木的话,那么檃括和绳墨就无所可用,完全可以不必存在。在荀子看来,圣王和礼义存在的必要性也只有通过性恶的主张才能够突显出来。

但是在论证道德秩序必要性的同时,道德秩序何以可能的问题却突显了出来。如果性之中没有道德秩序的话,那么,它是根据什么才建立起来的呢？落实到一个人的生命之中,怎么样才可以从一个性恶的人变成一个君子,有没有内在的根据？这个时候,心的问题就必然地呈现了出来。心成了道德生命能够成立的最后根据。

三、性与心

不难看出,在关于人性的讨论中,荀子其实是想把善和恶建立在不同的基础之上。恶是基于性的,善则是伪的结果。恶属于天,善根于人。这种两分的结构进一步延伸,则是荀子思想中性与心的分离。如果说荀子性恶论主要是解决道德秩序的必要性的问题,那么我们可以继续说,他把道德秩序可能性的基础留给了心。

性与心很显然是两个不同的概念,性偏重在强调生命中某些与生俱来的品质,与之相关的一组观念通常是天或者情。心则是具备思之能力的生命的一部分,经常与四体一起相对地被讨论。在早期儒家中,心和性原本是两个独立发展的观念,譬如郭店的《五行》篇,大量讨论心的问题,并突出心相对于四体而言的主导地位,却绝口不提一个性字。但是在后来的发展中,性与心之间不可避免地发生了纠葛。这一方面是由于以性为根据的情同时也与心本身有着密切的联系,因此对性的讨论难免会涉及到心;另一方面,与人性相关的人道问题,也无法离开作为生命主体的心而获得独立的解决。

在先秦儒学中,性与心的关系问题呈现着极为不同的理解模式,我们至少可以提出性心合一和性心二分两种类型的存在。孟子代表着前者,荀子则是后者的典型。所谓的性心合一,并非简单地认性与心为一回事,而是认为性通过心来显现,因此把性落到心上来谈,如孟子的以恻隐之心来说仁等。性根于心,在这种理解之下,心和性之间存在着直接的通道,尽心便可以知性。这样的话,性善就直接地表现为心之善,于是有"良心"或者"本心"概念的成立。与此不同,荀子严格地把性与心区别了开来。《正名篇》开始着力解决的就是这个问题:

> 散名之在人者:生之所以然者谓之性。性之和所生,精合感应,不事而自然谓之性。性之好恶喜怒哀乐谓之情。情然而心为之择谓之虑。心虑而能为之动谓之伪。虑积焉、能习焉而后成谓之伪。正利而为谓之事,正义而为谓之行。所以知之在人者,谓之知;知有所合谓之智。智所以能之在人者,谓之能,能有所合谓之能。性伤谓之病。节遇谓之命。是散名之在人者也。

荀子论散名之在人者的最突出的思路,就是所谓人内部存在的天和人之分别,以及进一步来看的性与心的分别。自情而上,是属于天的,也是属于性的。自虑而下,是属于人的,也是关联着心的。所以,性与心的分别构成了荀子理解人的重要基础。如我们熟悉的,性之最大的特点是"不事而自然",丝毫没有人为的因素在内。自虑以下,则有了心的活动,所以称之为伪。伪就是人为,以及人为的能力。以下论所以知之在人者和所以能之在人者,虽然没有提到心字,但如杨注提到的,"知之在人者,谓在人之心有所知者……智有所能,在人之心者,谓之能",却都和心脱不了干系。从这个分别来看荀子如下一句容易引起混乱的提法,就相当的清楚:

> 凡以知,人之性也;可以知,物之理也。以可以知人之性,求可以知物之理,而无所疑止之,则没世穷年不能遍也。(《解蔽》)

这段话中的"凡以知,人之性也"中的"性"字,学者或理解为人性之性,考虑到"以知"并不属于恶的范围,因此觉得荀子性恶的说法有逻辑上的不周延。但如果立足于性、心分别的前提,这里的"以知",明显是属于心的能力,即"所以知之在人者,谓之知"的"知"。虽然用了"人之性"的说法,当与《正名》严格意义上讨论的人性观念无关。所以这段话并不能真正构成对性恶论的挑战。另一段经常被讨论的话是有关"仁义法正之质"和"仁义法正之具"的,《性恶》云:

> 涂之人可以为禹,曷谓也?曰:凡禹之所以为禹者,以其为仁义法正也。然则仁义法正有可知可能之理,然而涂之人也,皆有可以知仁义法正之质,皆有可以能仁义法正之具,然则其可以为禹明矣。今以仁义法正为固无可知可能之理邪?然则唯禹不知仁义法正,不能仁义法正也。将使涂之人固无可以知仁义法正之质,而固无可以能仁义法正之具邪?然则涂之人也,且内不可以知父子之义,外不可以知君臣之正。不然,今涂之人者,皆内可以知父子之义,外可以知君臣之正,然则其可以知之质,可以能之具,其在涂之人明矣。今使涂之人者,以其可以知之质,可以能之

> 具，本夫仁义之可知之理，可能之具，然则其可以为禹明矣。今使涂之人伏术为学，专心一志，思索孰察，加日县久，积善而不息，则通于神明，参于天地矣。故圣人者，人之所积而致也。

这是讨论成圣的根据。荀子认为，即便是涂之人也有可以知仁义法正之质和可以能仁义法正之具，仁义法正本身也有可知可能之理，因此每个人都具有成为圣人（禹）的可能性。读者必须注意，每个人都具有的并不是"仁义法正之质"和"仁义法正之具"，而是"可以知"此质和此具的能力。荀子强调的是先天的"知"的能力，而非先天的存在。将此说法与前引"凡以知，人之性也；可以知，物之理也"对照就可以发现，它们说的其实是一回事。"可以知仁义法正之质"和"具"仍然不能从"性"的角度进行理解，它们乃是心所具有的能力，所以后文特别说"专心一志，思索孰察"。同样在《性恶》中，荀子明白地说"性不知礼义，故思虑而求知之也"。性和思虑的区别是明显的，而这个区别也就是性和心的区别。思虑仅仅是心的功能，与性无关。这种功能为所有人所具有，也正是如此，才保证了涂之人可以为禹的成立。

因此我们看到心对于荀子而言的重要，尤其是在性恶的前提之下，就更是如此。心可以保证在性恶之上建立起一个道德的生命。宋儒对荀子的批评，基本上是集中在性恶上面，认为大本已失。于是就有后来的儒者为荀子进行辩护，认为荀子虽然说性恶，但其实隐含着性善的因素，譬如人有知的能力。如果换一个关于性的定义，这个说法也许可以成立。仅就荀子关于性的描述来说，这个说法却是困难的。心虽然是天君，但其具备的思虑选择的能力却不在性的范围之内。正是这种能力，使得"化性而起伪"成为可能。在此，我们发现了心对于人而言的重要性。在荀子看来，心而不是性才是生命的主宰，同时也是道之工宰。就前者而言，《解蔽》云：

> 心者，形之君也，而神明之主也，出令而无所受令。自禁也，自使也，自夺也，自取也，自行也，自止也。

《天论》也有"心居中虚,以治五官,夫是之谓天君"之说,与此处"形之君"的说法一致,都是强调心对于形而言的支配地位。"神明之主"是说心乃是认知的主体,一切知识建立的前提。在荀子看来,心完全是自主的,而非被动的存在,自己可以决定自己的状态。就后者来说,《解蔽》云:

> 心也者,道之工宰也。道也者,治之经理也。

道是为治的关键,而心是道之工宰。工宰的说法突出了心之于道的创造意义。道并非天地所生的现成之物,而是圣人构造的产品。"道者,非天之道,非地之道,人之所以道也,君子之所道也"(《儒效》)。如果是天地之道,那就意味着它是天地所固有的,人心的作用仅限于发现。"人之所以道"的提法,显示出道是为了解决人的问题而由人所进行的创造。在这个过程中,具有思虑功能的心起着决定性的作用。

基于此种认识,荀子在《解蔽篇》中详细讨论了心和道之间的关系。他首先把道确立为一个无蔽的衡,即标准。在他看来,这个世界上存在着各种各样的"蔽",如人君之蔽、人臣之蔽以及宾孟之蔽,造成蔽的原因是什么?荀子云:

> 故为蔽:欲为蔽,恶为蔽;始为蔽,终为蔽;远为蔽,近为蔽;博为蔽,浅为蔽;古为蔽,今为蔽。凡万物异则莫不相为蔽,此心术之公患也。

归结起来,都可以说是"蔽于一曲而暗于大理"。要摆脱蔽的局面,就要借助于对道的把握。《解蔽》云:

> 故心不可以不知道,心不知道,则不可道而可非道。人孰欲得恣而守其所不可以禁其所可?以其不可道之心取人,则必合于不道人而不知合于道人。以其不可道之心与不道人论道人,乱之本也。夫何以知?曰:心知道然后可道。可道然后能守道以禁非道,以其可道之心取人,则合于道人而不合于不道之人矣。以其

> 可道之心与道人论非道，治之要也。何患不知？故治之要在于知道。

知道是行道的前提，因此乃是治之要。此道的内容，从荀子整体的思想观之，很清楚地是指礼义而言。在这种认知之下，人如何可以知道就变成最关键的一个问题。荀子在此把心的作用特别地提了出来：

> 人何以知道？曰：心。心何以知？曰：虚壹而静。心未尝不藏也，然而有所谓虚；心未尝不满也，然而有所谓一；心未尝不动也，然而有所谓静。人生而有知，知而有志。志也者，藏也；然而有所谓虚，不以所已藏害所将受谓之虚。心生而有知，知而有异，异也者，同时兼知之；同时兼知之，两也；然而有所谓一，不以夫一害此一谓之壹。心，卧则梦，偷则自行，使之则谋。故心未尝不动也，然而有所谓静，不以梦剧乱知谓之静。未得道而求道者，谓之虚壹而静，作之，则将须道者之虚则人；将事道者之壹则尽；尽将思道者，静则察。知道察，知道行，体道者也。虚壹而静，谓之大清明。（《解蔽》）

人能够知道的根据在心，而不在性或者其他的什么地方。这种说法无疑极大地提升了心在荀子思想中的地位，并使其在和性的关系上处于优势的位置。当然，心要知道是有前提的。这对于心而言，并非是自然的事情。《解蔽》非常突出心术的紧要，不同的心术会导致不同的结果。通常的情形是，无论是人君、人臣还是宾孟，都处在各种各样的蒙蔽之中。要想知道，心必须摆脱这些蒙蔽，进入虚壹而静的状态。所谓的虚，并非如道家所说的虚无或者无藏，那种状态是不存在的，因为心自然就具有"志"的功能。虚只是不以已经收藏在心的东西妨碍将要接受的东西。换言之，虚不是和实相对的，虚不碍实，实不碍虚。所谓的壹，并非是说心只能认识或者接受关于一个或一类事物的知识，乃是使同时而兼得的知识统类分明，此不碍彼，彼不碍此。所谓的静，也不是说形如槁木，心如死灰，而是不以虚妄而混乱的知识妨害正常的知识活动。静不碍动,动不碍静。虚才可以入,壹才可以尽,静才可以察。如此则达到心与道一的状态,荀子称之为体道。体道谓之大清明,"万物莫形而不见,莫见而不论,莫论而失位。坐于室而见四海,处于今而论久远,疏观万物而知其情,参稽治乱而通其度,经纬天地而材官万物,制割大理而宇宙理矣。"

在此基础之上,荀子分别了心的两种状态:精于物者与精于道者。"精于物者以物物,精于道者兼物物。故君子壹于道而以赞稽物。精于道则正,以赞稽物则察,以正志行察论,则万物官矣。"精于道的心也就是所谓道心,这个观念出自于前此不为人知的文献《道经》,其中有"道心惟微,人心惟危"之语:

> 昔者舜之治天下也,不以事诏而万物成。处一危之,其荣满侧;养一之微,荣矣而未知。故《道经》曰:人心之危,道心之微。危微之几,唯明君子而后知之。故人心譬如槃水,正错而勿动,则湛浊在下,而清明在上,则足以见须眉而察理矣。微风过之,湛浊动乎下,清明乱于上,则不可以得大形之正也。心亦如是矣。故导之以理,养之以清,物莫之倾,则足以定是非决嫌疑矣。小物引之,则其正外易,其心内倾,则不足以决庶理矣。(《解蔽》)

和否定性善相一致,孟子良心的概念在荀子那里彻底地消失了。良心意味着心本有或者固有某些基本的道德原则,譬如仁义礼知。但在荀子看来,如仁义法正等当然在性之外,同时也在心之外。心所具有的仅仅是可以知此仁义法正之质和之具,但并不包含着仁义法正本身。以孟子和告子辩论的语言来说,荀子是主张义外的。荀子的心,如果我们用他自己的术语加以概括,最准确的也许是"知能心"或者"思虑心"。此知能心与本性一样为每个人所拥有,如《荣辱》所说:"材性知能,君子小人一也。"此处的材性为性,知能为心,不可混淆。另外,《正名》提到:"所以知之在人者,谓之知;知有所合谓之智。智所以能之在人者,谓之能,能有所合谓之能。"《荣辱》中知能即《正名》前一种意义上的知和能,指其在人者的部分,非指其所合之后的内容。良心的概念虽然不能成立,但是荀子保留了心可以知道"良"的能力。换句话说,在性恶的前提之下,道德成立的责任就完全地由知能心担当了起来。此知能心可以思虑,经由思虑而可以起伪,可以化性。

第六节 君道与臣道

对于注重治道的古代中国思想而言,君道和臣道一直是讨论的中心问题。其中由于道家"君人南面之术"(《汉书·艺文志》)的性质,所以关于君道及臣道的讨论尤为突出。著名者如属于《伊尹书》的《九主》,在马王堆帛书中重新发现。其中提到九种不同类型的君主,最推崇的是法君和法臣。帛书《经法》把"主道"视为核心的话题,《管子》中则有《七臣七主》篇等。即便如《庄子》中,亦有多篇讨论该主题,并提出"君无为而臣有为"的主张。法家当然不会忽略该问题,在某种意义上讲,法家思想就是围绕着君臣之道而展开的思考。就儒家传统而言,虽然孔子和孟子等对此主题都有论述,但集中讨论君道和臣道的当为荀子。《荀子》中有《君道篇》和《臣道篇》,此外,如《王霸》、《王制》等篇中都有关于该主题的论述。

一、君主的角色

对君道的讨论,应该从君主在国家中的角色说起。无论是老子的"四大"说,还是《经法》"观国者观主"之言,都把君主看作是国家的枢纽,以及解决治道问题的关键。这当然是由君主在国家中的地位决定的。《诗经·小雅·北山》:"溥天之下,莫非王土;率土之滨,莫非王臣",王无疑是天下权力的中心,君主则是国家中最有势力者。诚如荀子在《王霸篇》中所说:"国者天下之制利用也,人主者天下之利势也。"所谓的利势,根据王先谦的注释,是"势之最利者也"(《荀子集解·王霸》)。这个说法最明白地指出了君主这个位置所拥有的巨大力量。这个力量以何种方式存在于天下国家之中,对于天下国家而言显然具有非常重大的影响。我们可以说,关于君道的探讨实际上是想给这种巨大的力量施加理性的或者道德的限制,使它不至于毁灭世界以及自身。荀子对此有相当的自觉,在《王霸篇》中,他认为此天下之利势必须和道结合起来,才能保证自身和世界的安荣。"得道以持之,则大安也,大荣也,积美之源也。不得道以持之,则大危也,大累也,有之不如无之……故人主,天下之利势也,然而不能自安也,安之者必将道也。"如果没有道的话,那么有权力还不如没有权力。人主是无法自安的,只有道才可以给作为天下利势的君主奠定坚实的基础。

在荀子的思想中,道的核心内容乃是礼或者礼义,它的基础乃是人之"群"的特点。因此,荀子首先是要求把君主放在人群中进行理解。君主的存在和人的群本质有着必然的联系,如果没有群,君主的存在也就失去了意义。如我们所知道的,儒家经常在人禽之辨的结构中来思考人的特质,荀子也是如此。《王制篇》说:

> 水火有气而无生,草木有生而无知,禽兽有知而无义,人有气有生有知亦且有义,故最为天下贵也。力不若牛,走不若马,而牛马为用,何也?曰:人能群,彼不能群也。人何以能群?曰:分。分何以能行?曰:义。故义以分则和,和则一,一则多力,多力则强,强则胜物。故宫室可得而居也。故序四时,裁万物,兼利天下,无它故焉,得之分义也。故人生不能无群……

与禽兽相比,人最大的特点乃是能群,这是把人和世界的其他部分区别开来的关键。能群至少有两个前提,第一是群道即群的原则,就是这里提到的义,通过它才能把人们组织起来。第二就是能群的主体,即君,这是群的象征和保证。从表面上来看,君当然是某一个人。但在能群的理解之下,君又不仅是一个人,而是代表着群的个人。因此作为君主,最重要的品质就是"善群"或者"能群",依据"义"和"道"来安顿不同的生命和存在。如《王制》所说:"君者善群也,群道当则万物皆得其宜,六畜皆得其长,群生皆得其命。"《君道》更细致地论述了这一问题:

> 道者何也？曰:君道也。君者何也？曰:能群也。能群也者何也？曰:善生养人者也。善班治人者也。善显设人者也。善藩饰人者也。善生养人者,人亲之。善班治人者,人安之。善显设人者,人乐之。善藩饰人者,人荣之。四统者具而天下归之。夫是之谓能能群。

荀子所谓道,其核心就是礼义,君主正是通过礼义才完成了人之"群"的特质。在这里,礼义首先被看作是君道,是君主治理国家和安顿人群的根本原则。对于君主而言,他的角色决定了他必须通过治理和安顿他人的方式来处理自己与民的关系。围绕着这个关系,《君道》从四个方面对于"能群"进行了描述,这就是善生养人、善班治人、善显设人和善藩饰人,其具体的意义是:

> 省工贾,众农夫,禁盗贼,除奸邪,是所以生养之也。天子三公,诸侯一相,大夫擅官,士保职,莫不法度而公,是所以班治之也。论德而定次,量能而授官,皆使其人载其事,而各得其所宜。上贤使之为三公,次贤使之为诸侯,下贤使之为士大夫,是所以显设之也。修冠弁衣裳,黼黻文章,雕琢刻镂,皆有等差,是所以藩饰之也。

所谓生养主要偏重在民生的方面,其中充满着重农抑商的精神。班治、显设和藩饰主要涉及到的是官僚体系的建立,其中包括官僚制度的设置、官员的选择原则和与之相应的礼乐秩序等。从根本上来说,并不脱离传统儒家一直强调的君道的两个方面:富之和教之。《论语·子路》记载:"子适卫,冉有仆。子曰:'庶矣哉!'冉有曰:'既庶矣,又何加焉？'曰：'富之。'曰：'既富矣，又何加焉？'曰：'教之。'"这段话历来被儒者所看重，朱熹《论语集注》云："庶而不富，则民生不遂，故制田里，薄赋敛以富之。富而不教，则近于禽兽，故必立学校，明礼义以教之。"如果说"富之"解决的是民生的问题，那么，"教之"则直接地和成人与秩序有关。朱熹此注大概是受到了孟子的影响，孟子述治道，恒云五亩之宅、百亩之田，谨庠序之教、申之以孝悌之义等，见《梁惠王上》、《尽心上》等。《滕文公上》云："后稷教民稼穑，树艺五谷，五谷熟而民人育。人之有道也，饱食、暖衣、逸居而无教，则近于禽兽。圣人有忧之，使契为司徒，教以人伦：父子有亲，君臣有义，夫妇有别，长幼有序，朋友有信。"后稷和契分别扮演了生养和教化的角色。《尽心上》云："仁言不如仁声之入人深也，善政不如善教之得民也。善政民畏之，善教民爱之。善政得民财，善教得民心。"区分了政和教的不同功能。荀子也有类似的说法，《大略》云：

> 不富无以养民情，不教无以理民性。故家五亩宅百亩田，务其业而勿夺其时，所以富之也；立大学，设庠序，修十礼，明十教，所以道之也。诗曰：养之食之，教之诲之，王事具矣。①

这里的"富之""道之"，也就是《论语》上所说的"富之""教之"。富以养民情，教以理民性，两者共同构成了"王事"的基本内容。结合这里关于君道的说法，其中贯穿着同样的精神：君主必须具有安顿和教化人民的能力，并在这种能力之中获得其身份的合法性。不具备这种能力，君主则不成其为君主：

> 不能生养人者，人不亲也。不能班治人者，人不安也。不能显设人者，人不乐也。不能藩饰人者，人不荣也。四统者亡而天

---

① 此文中"所以道之也"，可以帮助我们理解《论语》："民可使由之，不可使知之"句的意义。郭店竹简《尊德义》有"民可使道之，不可使知之"句，"道之"即引导而使之从道，《论语》中的"由之"亦当作如此解。"不可使知之"的"知"，乃知其所以然义。此句意为百姓可以被引导而从道，却无法知晓道之所以然。与《系辞》"百姓日用而不知"说近似。

> 下去之,夫是之谓匹夫。

如果不能够做到上述的四点,君主不过就是天下都抛弃的匹夫。匹夫的说法让我们想起孟子说的"一夫",《梁惠王下》云:"贼仁者谓之贼,贼义者谓之残,残贼之人谓之一夫。闻诛一夫纣矣,未闻弑君也。"无论一夫还是匹夫,都可以看作是缺乏能群的能力,以及对"群"的精神的背离。这在本质上和君主的角色是不相容的。

二、治人与治法

在先秦时期有关治道的讨论中,我们明显可以看出有两种很不同的倾向,一种是重法而轻人,法家以及黄老学派可以作为代表。这种倾向中进入荀子视野的主要是慎到,《解蔽》说"慎子蔽于法而不知贤",《非十二子》中也以"尚法而无法"来概括慎到和田骈的学说。此种倾向会导致出对于知识、智慧以及圣贤价值的否定,如《庄子·天下》评论慎到等时所说:"离知去己""无用贤圣"。另一种是主张人重于法,主要以儒家和墨家为代表,以为"人能弘道,非道弘人"(《论语·卫灵公》),或者"尚贤,为政之本也"(《墨子·尚贤中》)。荀子显然是继承了儒家的思路,他一方面强调治到有法和人两个方面,另一方面又强调人是最关键的因素。《王霸篇》说:

> 国者,天下之大器也,重任也,不可不善为择所而后错之,错险则危;不可不善为择道然后道之,涂秽则塞,危塞则亡。彼国错者,非封焉之谓也,何法之道,谁子之与也?故道王者之法与王者之人为之,则亦王;道霸者之法与霸者之人为之,则亦霸;道亡国之法与亡国之人为之,则亦亡。三者,明主之所以谨择也,而仁人之所以务白也。故国者,重任也,不以积持之则不立。故国者,世所以新者也,是惮惮,非变也,改王改行也。故一朝之日也,一日之人也,然而厌焉有千岁之固,何也?曰:援夫千岁之信法以持之也,安与夫千岁之信士为之也。人无百岁之寿,而有千岁之信士,

何也？曰：以夫千岁之法自持者，是乃千岁之信士矣。故与积礼义之君子为之则王，与端诚信全之士为之则霸，与权谋倾覆之人为之则亡。三者，明主之所以谨择也，而仁人之所以务白也。

"何法之道？谁子之与？"，这两个问题突出了治道的法和人两端。荀子认为，这个世界中有不同的法和人，譬如有王者之法与王者之人，有霸者之法与霸者之人，还有亡者之法与亡者之人。不同之人行不同之法，其结果也有不同，或王或霸或亡，若合符节。而在法和人之中，人无疑是更重要的。很显然，不同的人会选择不同的法，而同样的法在不同的那里，其运用也大为不同。这一点在《君道篇》中有明确的讨论，该篇开始就说：

有乱君，无乱国。有治人，无治法。羿之法非亡也，而羿不世中。禹之法犹存，而夏不世王。故法不能独立，类不能自行。得其人则存，失其人则亡。

对于国家的治乱而言，法当然是不可或缺的。但最重要的因素不是法，而是人，尤其是君主。这也是荀子为什么会专门讨论君道的根本理由。古代的治法虽存，但不得其人则不能自行，法必须附著在人上面才能真正的发挥作用。荀子强调法和人的结合，这可以看作是对于早期法家传统的直接回应。因此，在人和法的关系上，人是本原，而法是末端。《君道》说：

法者治之端也，君子者法之原也。故有君子，则法虽省，足以遍矣。无君子，则法虽具，失先后之施，不能应事之变，足以乱矣。

这很明确地说明了君子相对于法而言的优先地位，如果说法是治的基础，那么君子就是法的根本。离开了君子的法不过就是一堆死寂的东西，失去了面对现实世界的功能。君子的重要在于其能够通晓法的真谛，即法之义，因此可以摆脱数的限制，通权达变：

不知法之义，而正法之数者，虽博，临事必乱……故械数者，

> 治之流也,非治之原也。君子者,治之原也。官人守数,君子养原。原清则流清,原浊则流浊。(《君道》)

徒有法数是无用的,它仍然不能转化成应变处事的智慧。法数与它的拥有者官人只具有工具性的价值,通晓法义的君子而不是法本身才是治乱与否的关键。荀子把君子比做"原",法的械数比做"流","原清则流清,原浊则流浊"的说法很清楚地表现了荀子的理解:法数的意义完全取决于君子,而不是相反。因此,对于君主来说,最重要的是乃是得其人,如君子般的人。荀子说:

> 故明主急得其人,而暗主急得其势。急得其人,则身佚而国治。急得其势,则身劳而国乱,功废而名辱,社稷必危。故君人者劳于索之,而休于使之。(《君道》)

暗主在乎的仅仅是权力给他带来的威势,明主则不同,他最关心的是如何得到贤人君子的辅助。因此,对于君主而言,其最大的任务就是得其人,所谓的"劳于索之"。在得到之后,则将权力充分地赋予之,即所谓的"休于使之"。如此,君主便在贤人君子的辅助之下,收到身佚而国治的效果。《君道篇》继续论述得其人的重要:

> 故人主欲强固安乐,则莫若反之民。欲附下一民,则莫若反之政。欲修政美国,则莫若求其人。彼或蓄积而得之者不世绝。彼其人者,生乎今之世,而志乎古之道。……故君人者,爱民而安,好士而荣,两者无一焉而亡。

这是从爱民和重士两方面来论述得其人。爱民则得民,重士则得士。而在爱民和重士之间,荀子特别强调重士乃是爱民的前提。只有"志乎古之道"的士君子才能够带来美政,才能够爱民安民。士君子乃是君主治国安民最好的辅助,在得人重士之中,荀子尤其强调"取相"的重要:

> 为人主者,莫不欲强而恶弱,欲安而恶危,欲荣而恶辱,是禹

桀之所同也。要此三欲，辟此三恶，果何道而便。曰：在慎取相。道莫径是矣。故知而不仁不可，仁而不知不可。既知且仁，是人主之宝也，而王霸之佐也。(《君道》)

此点在《王霸篇》中也有强调："相者论列百官之长，要百事之听，以饰朝廷臣下百吏之分。""善择之者制人，不善择之者人制之。彼持国者必不可以独也，然则强固荣辱在于取相矣。身能相能，如是者王。身不能，知恐惧而求能者，如是者强。身不能，不知恐惧而求能者，安唯便辟左右亲比己者之用，如是者危削。"荀子以为，相的选择在很大程度上决定了君主和国家的命运。身能相能则可以王，如汤用伊尹、文王用吕尚、武王用召公、成王用周公旦等。身不能而相能，也仍然可以成为霸主，如齐桓公之用管仲。当然，除了相之外，人君还需要个方面的人才，荀子称之为"国具"：

> 墙之外目不见也，里之前耳不闻也，而人主之守司如是其广也，其中不可以不知也。如是其危也，然则人主将何以知之？曰：便嬖左右者，人主之所以窥远收众之门户牖向也，不可不早具也。故人主必将有便嬖左右足信者，然后可。其知慧足使规物，其端诚足使定物，然后可。夫是之谓国具。人主不能不有游观安燕之时，则不得不有疾病物故之变焉，如是国者，事物之至也如泉原，一物不应，乱之端也。故曰：人主不可以独也。卿相辅佐，人主之基杖也，不可不早具也。故人主必将有卿相辅佐足任者然后可。其德音足以镇抚百姓，其知虑足以应待万变然后可。夫是之谓国具。四邻诸侯之相与不可以不相接也，然而不必相亲也，故人主必将有足使喻志决疑于远方者然后可。其辩说足以解烦，其知虑足以决疑，其齐断足以拒难。不还秩，不反君，然而应薄扞患，足以持社稷然后可。夫是之谓国具。故人主无便嬖左右足信者谓之暗，无卿相辅佐足任者谓之独，所使于四邻诸侯者非其人谓之孤。孤独而晻谓之危，国虽若存，古之人曰亡矣！《诗》曰"济济多

士,文王以宁",此之谓也。(《君道》)

所谓的国具,从"不可不早具"的说法来看,是指国家必须具有者。君主一人的能力总是有限的,因此在治国上必须需要他人的帮助,这些人就是所谓的国具。荀子对国具的论述是从三方面进行的,一是便嬖左右,属于君主的近臣和耳目,其作用是"规物"和"定物";二是卿相辅佐,是君主的重臣,负责处理国家政事,其作用在于"镇抚百姓,应对万变";三是使于四邻诸侯者,周礼所谓行人之官,负责处理外交事务,其作用在于"解烦"、"决疑"、"拒难"等。可以看出,国具涉及到的其实是官僚系统的基本架构。在周代,王朝的官吏一般被分成太史寮、卿事寮和王事寮三类。太史寮主要是负责天事与神事;卿事寮负责政务;王事寮则负责宫廷之事。荀子关于国具的理解,很明显地去除了太史寮的部分,外交方面的官员则得到了突出,这很显然是为了因应战国时期新的社会政治情形。卿相辅佐略相当于卿事寮,便嬖左右则相当于王事寮。君主正是借助于这三种"国具"来实现对于国家的治理。无此三者,君主不过就是孤独的暗主,一夫而已,危亡无日矣。

三、公道与公义

如上所述,君主的职能主要在得其人,劳于索之,这首先就有一个如何知人的问题。《大略篇》"主道知人,臣道知事"的概括是精到的,知人决定了择人,而择人的确当与否又决定了君主和国家的命运。这必然牵涉到索人和用人的原则和标准等问题。《君道》对此多有留意:

> 其取人有道,其用人有法。取人之道参之以礼,用人之法禁之以等。行义动静度之以礼,知虑取舍稽之以成。日月积久校之以功。故卑不得以临尊,轻不得以县重,愚不得以谋知,是以万举不过也。

取人和用人是两个不同的方面。取人之道最重要的乃是礼,而不是君主个人的好恶。"故校之以礼,而观其能安敬也。与之举错迁移,而观其能应变也。与之安燕,而观其能无流慆也。接之以声色权利,忿怒患险,而观其能无离守也"。此四观之法,都是以礼为核心的考察。荀子一再指出取人"内不可以阿子弟,外不可以隐远人",为此,公而不私的观念就得到了强调:

> 人主欲得善射,射远中微者县贵爵重赏以招致之,内不可以阿子弟,外不可以隐远人,能中是者取之,是岂不必得之之道也哉! 虽圣人不易也。欲得善驭速致远者,一日而千里,县贵爵重赏以招致之,内不可以阿子弟,外不可以隐远人,能致是者取之,是岂不必得之之道也哉! 虽圣人不能易也。欲治国驭民,调壹上下,将内以固城,外以拒难,治则制人,人不能制也,乱则危辱灭亡可立而待也。然而求卿相辅佐,则独不若是其公也。案唯便嬖亲比己者之用也,岂不过甚矣哉!(《君道》)

这里先提到射和驭的例子,然后延伸到治国。其重点则落到以公的方式取卿相辅佐,不能唯便嬖亲比己者之用。该问题的重要乃是由于它直接地和国家的安危存亡有关。君主可以"私人以金石珠玉",但不可以"私人以官职事业"。一旦后者的情形出现,则是主臣两失,灭亡无日:

> 彼不能而主使之,则是主暗也。臣不能而诬能,则是臣诈也。主暗于上,臣诈于下,灭亡无日,俱害之道也。(《君道》)

因此,不私人以官职事业,对于荀子来说,于君主和便嬖乃是两得之事。以文王为例,其于太公非亲非故,加之本有贵戚子弟,但必用太公者,是因为文王"欲立贵道,欲白贵名,以惠天下,而不可以独也。"权力只有在与贤者的分享中才更加巩固。正是由于太公的辅助,周才得以兼制天下,立七十一国,姬姓独居五十三人,其子孙苟不狂惑者莫不为天下之显诸侯,这正是文王对子孙的大爱之处。"故曰:唯明主为能爱其所爱,暗主则必危其所爱。"这种爱的方式就是与贤者共治天下,给所爱者的生活奠定稳固的基础。

此种公的观念的展开,则是官员任命中的"论官",即各依据其材能而酌用之。类似的说法,之前在黄老学派和法家的形名之学中有比较多的讨论。荀子的特色在于把材分为三类,即官人使吏之材,士大夫官师之材,卿相辅佐之材:

> 材人愿悫拘录,计数纤啬而无敢遗丧,是官人使吏之材也。修饰端正,尊法敬分而无倾侧之心,守职循业,不敢损益,可传世也,而不可使侵夺,是士大夫官师之材也。知隆礼义之为尊君也,知好士之为美名也,知爱民之为安国也,知有常法之为一俗也,知尚贤使能之为长功也,知务本禁末之为多材也,知无与下争小利之为便于事也,知明制度权物称用之为不泥也,是卿相辅佐之材也。未及君道也。能论官,此三材者而无失其次,是谓人主之道也。若是则身佚而国治,功大而名美。上可以王,下可以霸,是人主之要守也。(《君道》)

人主的职责乃是根据人们不同的材能而使之发挥不同的作用,不可混淆。《王霸篇》有云:"人主者以官人为能者也,匹夫者以自能为能者也。"所谓的官人,即是这里的论官。能论官,则整个的世界处在有序的状态之中,荀子称之为"至道大形":

> 至道大形,隆礼至法而国有常,尚贤使能则民知方,纂论公察则民不疑,赏克罚偷则民不怠,兼听齐明则天下归之。然后明分职,序事业,材技官能,莫不治理,则公道达而私门塞矣,公义明而私事息矣。如是则德厚者进而佞说者止,贪利者退而廉节者起。书曰:"先时者杀无赦,不逮时者杀无赦。"人习其事而固,人之百事,如耳目鼻口之不可以相借官也。故职分而民不探,次定而序不乱,兼听齐明而百事不留。如是,则臣下百吏至于庶人,莫不修己而后敢安正,诚能而后敢受职。百姓易俗,小人变心,奸怪之属莫不反悫,夫是之谓政教之极。故天子不视而见,不听而聪,不虑

而知,不动而功,块然独坐而天下从之如一体。如四肢之从心。夫是之谓大形。(《君道》)

在这种状态之下,整个国家就好比一个人的身体,君主如心,而臣下百吏如耳目鼻口,职分次定,兼听齐明。"不视而听,不听而聪,不虑而知,不动而功,块然独坐而天下从之如一体"的说法,颇有些"无为而无不为"的味道,这或许是受到了道家特别是黄老学的某些影响,但从根本上来说,黄老学与荀子之间有着巨大的差异。这从下面的讨论中可以看得更加清楚。

四、修身与为国

儒家论治道的传统,一直突出君主的修身是治国的根本。《论语·子路》记孔子语:"其身正,不令而行;其身不正,虽令不行。""苟正其身矣,于从政乎何有？不能正其身,如正人何？"《孟子·离娄上》云:"人有恒言:皆曰天下国家。天下之本在国,国之本在家,家之本在身。"把这点阐述最清楚的则是《大学》,八纲领之说层层递进,一直推出"自天子以至于庶人,壹是皆以修身为本"的结论。荀子承此说而进一步论证之,《君道》云:

> 请问为国。曰:闻修身,未尝闻为国也。君者仪也,仪正而景正。君者槃也,槃圆而水圆。君者盂也,盂方而水方。君射而臣决。楚庄王爱细腰,故朝有饿人。故曰:闻修身,未尝闻为国也。

为国之道即在修身之中,所以才有"闻修身,未尝闻为国"之论。荀子把君主比做仪、槃和盂,民则是景和水。君主的作为和形象决定了民的作为和形象。此论的关键乃是把君主视为百姓的模范,突出君主巨大的示范作用。君主的修身并非只是一己之事,而是国家大事。从这里再来理解前述的"不视而见,不听而聪,不虑而知,不动而功",就可以明显发现其与道家思想的分际。道家无为的主张重在君道的居后和因循,和而不唱,这正是荀子所激烈批评者。《正论》有如下的一段

话,可以看作是对于道家等的回应:

> 世俗之为说者曰:主道利周。是不然。主者民之唱也,上者下之仪也。彼将听唱而应,视仪而动。唱默则民无应也,仪隐则下无动也。不应不动,则上下无以相有也。若是,则与无上同也,不祥莫大焉。故上者下之本也,上宣明则下治辨矣,上端诚则下愿悫矣,上公正则下易直矣。治辨则易一,愿悫则易使,易直则易知。易一则强,易使则功,易知则明,是治之所由生也。上周密则下疑玄矣,上幽险则下渐诈矣,上偏曲则下比周矣。疑玄则难一,渐诈则难使,比周则难知。难一则不强,难使则不功,难知则不明,是乱之所由作也。故主道利明不利幽,利宣不利周。故主道明则下安,主道幽则下危。故下安则贵上,下危则贱上。故上易知则下亲上矣,上难知则下畏上矣。下亲上则上安,下畏上则上危。故主道莫恶乎难知,莫危乎使下畏己。传曰:恶之者众则危。书曰:克明明德。诗曰:明明在下。故先王明之,岂特玄之耳哉!

这里把"明"和"玄"做了一个对比。荀子捍卫儒家的明德与明道,以批评世俗的玄道。这种玄道集中的体现是"主道利周"之说。关于"主道利周",王先谦谓:"周,密也,谓隐匿其情,不使下知也。"即君主在百姓中确立玄虚的形象。学者一般以为这是法家的术论,但法家论术更多地是围绕着君主和臣子的关系,与百姓无涉,和荀子这里的论述有相当的距离。其实此种说法与道家的关系恐怕更加直接,尤其是"玄"字,让我们想起老子说的"玄之又玄,众妙之门"以及道家一直喜欢说的"玄德"。道家的道论,其核心乃是君道,因此关于道的描述,多与君德有关。如帛书《道原》篇云:

> 恒先之初,迵同太虚。虚同为一,恒一而止。湿湿梦梦,未有明晦。神微周盈,精静不熙……是故上道高而不可察也,深而不可测也……故唯圣人能察无形,能听无[声]。知虚之实,后能大虚。乃通天地之精,通同而无间,周袭而不盈。

这里由上道而圣人，突出其高不可察、深不可测的特点。圣人要效法道之虚无，无形无声，周盈周袭，因此需要做到无好无恶，无欲无事，显然是符合荀子批评的"主道利周"之论。从《正论》来看，利周的表现包括"唱默""仪隐"等，这当然合乎老子"不敢为天下先"的说法，但与《管子》的某些论述更为接近。《心术上》云："毋先物动，以观其则。动则失位，静乃自得。"后文解释说：

> 毋先物动者，摇者不定，躁者不静，言动之不可以观也。位者，谓其所立也。人主者立于阴，阴者静，故曰动则失位。阴则能制阳矣，静则能制动矣，故曰静乃自得。

人主之道以阴静为主，因此《管子》明确反对阳动，而持贵因之说：

> 过在自用，罪在变化。自用则不虚，不虚则仵于物矣；变化则为生，为生则乱矣。故道贵因。因者，因其能者言所用也。君子之处也若无知，言至虚也。其应物也若偶之，言时适也，若影之象形，响之应声也。故物至则应，过则舍矣。舍矣者，言复所于虚也。

人主的应物乃是物至则应，所谓"感而后应"，物动而已静，故能收到以静制动之效。荀子的主张，以为君道利明而不利幽，利宣不利周，而《管子》此论，正是幽、周之旨。《内业》篇更有明确的"凡道，必周必密"的说法，结合荀子在稷下的学术经历，以及《管子》与稷下学宫的紧密关系，所谓的"主道利周"之论也许正是以《管子·心术上》为代表的道家学说。事实上，道家与儒家在君道问题上的分歧，司马谈在《论六家要旨》中曾经有很好的概括：

> 道家使人精神专一，动合无形，赡足万物。其为术也，因阴阳之大顺，采儒墨之善，撮名法之要，与时迁移，应物变化，立俗施事，无所不宜，指约而易操，事少而功多。儒者则不然。以为人主天下之仪表也，主倡而臣和，主先而臣随。如此则主劳而臣逸。

> 至于大道之要,去健羡,绌聪明,释此而任术。夫神大用则竭,形大劳则敝。形神骚动,欲与天地长久,非所闻也。

从以上的讨论背景来看司马谈所谓的"与时迁移,应物变化",可知正是《心术上》提到的"感而后应,迫而后动"。《论六家要旨》后文还说道家"无常势,无常形","不为物先,不为物后",也可以看作是以幽、周为代表的"玄"的体现。此中特别地批评儒家对于人主的理解,以君主为天下之仪表,"主倡而臣和,主先而臣随,如此则主劳而臣逸",导致神竭形敝。不如道家"指约而易操,事少而功多"。但荀子并不如此看。类似于司马谈这里的批评也许在战国时代就已经存在,荀子的某些说法看起来像是对此的回应。《王霸篇》说:

> 故治国有道,人主有职。若夫贯日而治详,一日而曲列之,是所使夫百吏官人为也,不足以是伤游玩安燕之乐。若夫论一相以兼率之,使臣下百吏莫不宿道乡方而务,是夫人主之职也。若是则一天下,名配尧禹。之主者,守至约而详,事至佚而功,垂衣裳,不下簟席之上,而海内之人莫不愿得以为帝王。夫是之谓至约,乐莫大焉。人主者,以官人为能者也;匹夫者,以自能为能者也。人主得使人为之,匹夫则无所移之。百亩一守,事业穷,无所移之也。今以一人兼听天下,日有余而治不足者,使人为之也。大有天下,小有一国,必自为之然后可,则劳苦耗悴莫甚焉。如是,则虽臧获不肯与天子易势业。以是县天下,一四海,何故必自为之?为之者,役夫之道也,墨子之说也。论德使能而官施之者,圣王之道也,儒之所谨守也。

这里把儒家和墨家的君道做了个比较。墨家主张君主事必躬亲,所谓"必自为之而后可",如此乃役夫之道,儒者所不与。① 荀子所谓的儒家对于君道的理解,认为君主"守至约而详,事至佚而功,垂衣裳,不下簟

---

① 《伊尹·九主》有"劳君",《管子·七臣七主》有"劳主",与荀子所批评的"役夫之道"类似。

席之上,而海内之人莫不愿得以为帝王。夫是之谓至约,乐莫大焉",由于使官得当,所以不失其游玩安燕之乐。这与道家对于儒家型君主的理解是相去甚远的。此种说法,显示出荀子在面对道家批评后对于道家君道思想的消化和容纳,但仍不失其儒家的基调。

五、臣道

臣道的核心是如何处理与君主之间的关系,其中当然包含着对于君主、百姓以及国家社稷等诸要素的理解。众所周知的是,规范臣和君之间关系的首要价值应该是忠。这既是一般人所熟悉和接受的规范,同时也是儒家一直强调的内容。《论语·八佾》篇有如下的一段记载:"定公问:'君使臣,臣事君,如之何?'孔子对曰:'君使臣以礼,臣事君以忠。'"也许有人会突出这个说法中蕴涵的君臣关系中的相对性,但无论如何,臣对于君的忠被视为合理和必须的原则。郭店竹简《六德》更明确地以义为君德,忠为臣德。《礼记·礼运》所谓人义十目中有"君仁,臣忠"的内容。荀子承此传统,也以忠为臣道的基本内容,因此我们可以看到《臣道篇》中对于忠的讨论。但这种讨论主要的并不是重复,其突出的特点是对于忠的反省和重新规定,从而呈现出忠观念中所包含的相对性。忠并不意味意味着臣子对于君主的绝对服从,由于忠之德行牵涉到臣和君之间的关系,并且内在地牵涉到与民人社稷的关系,因此此种德行的表现不仅取决于臣子,同时还取决于君主的存在形态。譬如当君主已经成为独夫民贼的情形之下,服从和忠之间的关系就需要重新检讨,对忠的僵化式的理解显然就失去了意义。我们如果阅读《臣道篇》,一个突出的感觉是荀子对于谏争辅拂的论述:

> 君有过谋过事,将危国家、殒社稷之惧也,大臣父兄有能进言于君,用则可,不用则去,谓之谏;有能进言于君,用则可,不用则死,谓之争;能比知同力,率群臣百吏而相与强君挢君,君虽不安,不能不听,遂以解国之大患,除国之大害,成于尊君安国,谓之辅;

> 有能抗君之命,窃君之重,反君之事,以安国之危,除君之辱,功伐足以成国之大利,谓之拂。故谏争辅拂之人,社稷之臣也,国君之宝也,明君所尊厚也,而暗主惑君以为己贼也。故明君之所赏,暗君之所罚也;暗君之所赏,明君之所杀也。伊尹、箕子,可谓谏矣;比干、子胥,可谓争矣;平原君之于赵,可谓辅矣;信陵君之于魏,可谓拂矣。传曰:从道不从君。此之谓也。

谏、争、辅、拂四者之间虽然有程度上的不同,但其共同之点在于对君主的不盲从。可以去,可以死,可以强君挢君,甚至抗君窃君,却都与个人利益无关。有关的只是道,这是比君主,比权力更重要的东西。从道不从君的说法,荀子这里说是"传"曰,看来是渊源有自。该说法也见于《子道篇》,同样是引"传曰"不过又加上了"从义不从父"一句,并以之为"人之大行",与"如孝出弟,人之小行也;上顺下笃,人之中行也"相对。在这种理解之下,对于君父单纯的服从仅仅是小行或者中行。重要的不是服从,而是知道为什么要服从,如此才能知道为什么有时候可以不服从。《子道篇》曾经提到一个对话:

> 鲁哀公问于孔子曰:子从父命,孝乎?臣从君命,贞乎?三问,孔子不对。孔子趋出以语子贡曰:乡者,君问丘也,曰:子从父命,孝乎?臣从君命,贞乎?三问而丘不对,赐以为何如?子贡曰:子从父命,孝矣。臣从君命,贞矣,夫子有奚对焉?孔子曰:小人哉!赐不识也!昔万乘之国,有争臣四人,则封疆不削;千乘之国,有争臣三人,则社稷不危;百乘之家,有争臣二人,则宗庙不毁。父有争子,不行无礼;士有争友,不为不义。故子从父,奚子孝?臣从君,奚臣贞?审其所以从之之谓孝、之谓贞也。

贞即忠,这里所述的要旨便是对于孝和忠的重新理解。如子贡所了解的,一般的认识以为孝就是子从父命,忠就是臣从君命。但这段文字中的孔子却有不同的看法。面对哀公的提问,孔子的沉默并不是默认,而是不敢苟同。以服从为忠孝的说法不过是小人之见,比较而言,孔子更强调争臣争子的意义。君有争臣,国家乃存;父有争子,不行无礼。"审其所以从之之谓孝、之谓贞也"的说法是值得认真注意的,重要的不是从,而是知其所以从。王先谦注云:"审其可从则从,不可从则不从也。"这个注释还有欠缺之处,审的主体当然是臣子,但标准则是道义。合乎道义则从之,不合乎道义则不从,这就确立了道义相对于君父而言的优先性。但我们也要避免另外一种误解,以为道义和君父是矛盾的。道义就存在于对于君父利益的根本保证之中,换言之,对于君父的谏争正是为了维护君父,而不是相反。我们看《子道篇》关于孝子不从命的论述:

> 孝子所不从命有三:从命则亲危,不从命则亲安,孝子不从命乃衷;从命则亲辱,不从命则亲荣,孝子不从命乃义;从命则禽兽,不从命则修饰,孝子不从命乃敬。故可以从命而不从,是不子也;未可以从而从,是不衷也;明于从不从之义,而能致恭敬、忠信、端悫,以慎行之,则可谓大孝矣。

孝子的不从命是有严格条件的,首先,从命和不从命会带来截然不同的结果;其次,从命的结果对于父亲而言是不利的;最后,不从命会对父亲有利。所以不是盲目的从或者不从,"可以从命而不从,是不子也",在可以从父的时候选择不从,换句话说,在服从并不会把父亲置于危险或侮辱等之中的时候,却选择不服从,这并不合乎孝子之道。"未可以从而从,是不衷也",但在服从会给父亲带来危险或侮辱的情形之下,不从命就成为孝子的必然选择,否则就是不衷。真正的孝子必须明白"从不从之义",并且始终保持恭敬、忠信和端悫之心。

这里有关孝子的讨论对于我们理解忠臣是有帮助的。对于忠臣的一般要求当然是唯君命是从,如孝子之唯父命是从。但如同我们在上面讨论过的,在某些情形之下,孝子可以而且必须不从父,才能够真正地完成其孝。如果移到忠臣这里来,我们可以说,在某些情形之下,忠臣可以而且必须不从君,才可以完全其忠德。这当然取决于君主的

命令是否合乎道义,因此也就取决于君主的存在形态。对此,《臣道篇》有如下的说法:

> 事圣君者,有听从,无谏争。事中君者,有谏争,无谄谀。事暴君者,有补削,无挢拂……恭敬而逊,听从而敏,不敢有以私决择也,不敢有以私取与也,以顺上为志,是事圣君之义也。忠信而不谀,谏争而不谄,挢然刚折,端志而无倾侧之心,是案曰是,非案曰非,是事中君之义也。调而不流,柔而不屈,宽容而不乱,晓然以至道而无不调和也,而能化易,时关内之,是事暴君之义也。

面对着圣君、中君和暴君等不同类型的君主,忠臣的表现方式是不同的。对于圣君,由于他的言行无一不合乎道义,所以臣子只有顺从而已。至于中君,功过参半,谏争不可避免,最忌讳的是不问是非的谄谀。关于暴君,荀子的要求是以调柔宽容的方式、坚定不屈的态度,化之以至道。这里的方式非常值得注意,面对着暴君,荀子说"有补削,无挢拂",却没有说谏争。因为谏争可能会加重暴君的暴虐,此时需要采取智慧的即调柔的方式。忠臣不仅需要仁,同时具备的还有知。基于此,荀子对于忠德进行了区分:

> 有大忠者,有次忠者,有下忠者,有国贼者。以德复君而化之,大忠也;以德调君而补之,次忠也;以是谏非而怒之,下忠也;不恤君之荣辱,不恤国之臧否,偷合苟容,以之持禄养交而已耳,国贼也。若周公之于成王也,可谓大忠矣;若管仲之于桓公,可谓次忠矣;若子胥之于夫差,可谓下忠矣;若曹触龙之于纣者,可谓国贼矣。(《臣道》)

国贼则无所谓忠心可言,只是为了一己的私利而阿谀君主,可存而不论。所谓的下忠,乃是以是谏非而怒之,有忠而无智。臣是君非而谏之,当然是忠德的表现,但招致君主之怒因此加重君主之非,事与愿违,去不可以说是智慧的体现,被归为下忠是合理的,如子胥以死谏吴王,即属此类。所谓的次忠,是臣子以德调君,调者和也,以他平他谓之和,臣与君不同而和,成互补之势,如管仲与桓公。所谓的大忠,是指臣子以德复君,复者覆也,冒也,臣强主弱而化君,无丝毫非分之想。如周公之辅政成王。大忠者,乃非常之人行非常之事,不可以常理度之。具有此种品德的臣子,荀子也称之为圣臣,如管仲之伦可称之为功臣,其他还有篡臣、态臣等。《臣道篇》说:

> 人臣之论:有态臣者,有篡臣者,有功臣者,有圣臣者。内不足使一民,外不足使距难,百姓不亲,诸侯不信;然而巧敏佞说,善取宠乎上,是态臣者也。上不忠乎君,下善取誉乎民,不恤公道通义,朋党比周,以环主图私为务,是篡臣者也。内足使以一民,外足使以距难,民亲之,士信之,上忠乎君,下爱百姓而不倦,是功臣者也。上则能尊君,下则能爱民,政令教化,刑下如影,应卒遇变,齐给如响,推类接誉,以待无方,曲成制象,是圣臣者也。故用圣臣者王,用功臣者强,用篡臣者危,用态臣者亡。态臣用则必死,篡臣用则必危,功臣用则必荣,圣臣用则必尊。故齐之苏秦,楚之州侯,秦之张仪,可谓态臣者也。韩之张去疾,赵之奉阳,齐之孟尝,可谓篡臣也。齐之管仲,晋之咎犯,楚之孙叔敖,可谓功臣矣。殷之伊尹,周之太公,可谓圣臣矣。是人臣之论也,吉凶贤不肖之极也。

这是荀子从整体上对于人臣所进行的一个分类。可以看出,他始终在是臣与君、民关系的结构中来思考臣的角色,并以尊君爱民为最高的价值标准。对这种标准的坚持让人臣具有足够的弹性来应付变化无方的现实,而不必拘泥于某些固定的法条。如果与《管子·七臣七主》比较,其关于臣子的理解以及分类的标准显然不同。管子所谓的七臣是:法臣、饰臣、侵臣、谄臣、愚臣、奸臣、乱臣,此七臣中六过一是,是的只有法臣,其余皆过。其关于法臣的描述是:

> 法断名决,无诽誉。故君法则主位安,臣法则货赂止而民无

奸。呜呼美哉,名断言泽。

这种描述具有明显的法家背景,其中表现出对于法的格外关注。一个好的臣子就是一个法断名决者,体现着法家重法不重人之特点。而荀子所谓的圣臣,同样渗透着其一贯的重人轻法的精神,突出其变通的智慧,所谓"应卒遇变,齐给如响,推类接誉,以待无方,曲成制象"是也。由于对法之义的领悟,因此可以避免来自于法的拘泥和束缚。由此,下述的话语就是可以理解的:

> 通忠之顺、权险之平、祸乱之从声,三者,非明主莫之能知也。争然后善,戾然后功,出死无私,致忠而公,夫是之谓通忠之顺,信陵君似之矣。夺然后义,杀然后仁,上下易位然后贞,功参天地,泽被生民,夫是之谓权险之平,汤武是也。过而通情,和而无经,不恤是非,不论曲直,偷合苟容,迷乱狂生,夫是之谓祸乱之从声,飞廉、恶来是也。传曰:"斩而齐,枉而顺,不同而壹。"诗曰:"受大球小球,为下国缀旒。"此之谓也。(《臣道》)

此段话中最值得重视的,就是在荀子关于臣道的论述中,以及其关于忠的理解中,竟然包含着君臣易位的空间。首先是争和戾,然后是夺和杀,臣子在君主面前无是非的和被看作是祸乱的原因。在什么情形之下,忠可以由对于君主的顺从一变而成为取而代之的根据?我们必须对于忠的观念进行正本清原的认识,才能够弄清楚其中包含着的巨大弹性。在最根源的意义上,忠的对象不是权力或者某个人,而是生民。《左传·桓公六年》记载随国季梁的话说:"所谓道,忠于民而信于神也。上思利民,忠也;祝史正辞,信也。"因此,当权力的拥有者彻底背离了仁义,成为残贼百姓利益者的时候,基于利民考虑的夺和杀就成为正当的事情。如汤武革命,顺乎天而应乎人,虽然诛杀所谓的君主,但仍然不违背忠的原则。

第七节　经典之学

《汉书·艺文志》评论诸子，说儒家"游文于六经之中，留意于仁义之际"，从两个方面准确地把握了儒家的特点。"留意于仁义之际"说的是该学派的核心价值，"游文于六经之中"说的是其经典体系。的确，儒门内部尽管有相当大的差异，①但在这两方面基本上是共同的。以经典体系而言，在孔子的时代已经有了雏形。②《论语》上记载孔子经常和弟子讨论有关《诗》、《书》、《礼》、《乐》的问题，他也曾阅读过《周易》，并引用过恒卦九二的爻辞。③孔门弟子中，对经典最熟悉的该推子游和子夏，孔子列他们为"德行、言语、政事、文学"四科中文学科的代表，而"文学"基本上就相当于后来所说的经学。郭店竹简所反映的战国早中期儒家中，后来流行的"六经"的经典系统已经初步形成，所以《六德》和《语丛一》中两次都提到《诗》、《书》、《礼》、《乐》、《易》、《春秋》。但未必所有的儒家流派都接受这个系统，如孟子就绝口不提《周易》，但很看重另外的五部经典。④而且即便面对同样的经典，其理解和所得也不尽相同。本文想以荀子的经典之学为中心进行讨论，希望可以了解荀子所理解的经典体系及其诠释经典的特殊性，并对先秦儒

---

① 《论语》中就可见孔门弟子内部倾向的不同，典型者如《子张》篇的若干记载。《孟子》、《荀子》都提到子游、子夏、子张氏之儒等，至于孟子与荀子的明显不同，更为学者所熟知。《韩非子·显学》篇说孔子死后，"儒分为八"，虽不必如此具体，但可见儒家内部的分化。

② 《诗》、《书》、《礼》、《乐》在春秋时期已经成为一个经典体系，在贵族教育中发挥着重要的作用。《左传·僖公二十七年》记载赵衰语："臣亟闻其言矣，说礼乐而敦《诗》、《书》。《诗》、《书》，义之府也；礼乐，德之则也。"孔子以《诗》、《书》礼乐教授弟子，例见《论语》。表面上看与春秋时期的贵族教育无异，但孔子对于《诗》、《书》等的解读显然有着不同的意义，并奠定了儒家经典之学的基础。

③ 《论语·子路》："子曰：'南人有言曰：人而无恒，不可以作巫医。善夫！不恒其德，或承之羞。'""不恒其德"八字，出自《周易》恒卦。

④ 以宋儒为代表的后世儒者强调孟子与《周易》思想的贯通，但这是哲学解释的结果，不能改变孟子对《周易》不感兴趣的历史事实。

家的经典之学有一个更深入的把握。

一、五 经

司马迁《孔子世家》曾经专门讨论孔子与六经的关系,按照他的说法,孔子对于六经都有整理和解释性的贡献。这种说法是否合乎事实,在学者中间是颇有争论的。近年来的倾向,似乎肯定者居多,这在很大程度上是受到了出土文献尤其是马王堆帛书以及郭店和上博竹简的鼓舞。郭店竹简中虽然没有"六经"的说法,但很明确地把这六部书相提并论。《六德》以仁义、圣智、忠信为六德,并说此六德"观诸《诗》、《书》则亦在焉,观诸《礼》、《乐》则亦在焉,观诸《易》、《春秋》则亦在焉。"明显地把《诗》、《书》等视为一个整体。《语丛一》亦云:

> 《诗》,所以会古今之志也者;《书》,□□□□者也;《礼》,交之行述也;《乐》,或生或教者也;《易》,所以会天道人道也;《春秋》,所以会古今之事也。

学者们据此认为六经的系统在战国中期前后已经形成,这是正确的。需要指出的是,在此时期的儒家内部,并非所有的人都接受六经的系统。争论的关键似乎是在《周易》,一些人出于不同的理由仍然把它拒之于门外。马王堆帛书《要》的有关记载颇能显示儒家对于《周易》曾经出现过的矛盾态度。根据《要》篇的说法,孔子老而好《易》,居则在席,行则在囊,这种态度引起了子贡的疑问和不满,以为违背了夫子他日的教诲。所以后文才引出了孔子一番关于《周易》的理解和辩护。[①]再以孟子为例,他大量地引用《诗》、《书》,讨论礼乐和《春秋》,却只字不涉及到《周易》。这种对《周易》的漠视或者怠慢显然是故意的,它让我们相信孟子并不接受"六经"的经典系统,而只是承认五经的地位。于是,我们也许可以提出在先秦儒家中至少存在着"五经"和"六经"两

[①] 马王堆帛书《易传》文字参见据陈松长、廖名春的释文,载于《道家文化研究》第三辑,上海:上海古籍出版社,1993年。

个经典系统的不同。它们之间应该不是历时的关系,而是同时存在着。随着《周易》全面的儒家化以及时代背景的变化,六经的经典系统才得到最后和普遍的承认。这显然应该是汉代的事情了。

如果以此为前提来讨论荀子,会发现在这方面他和孟子的态度是比较接近的。荀子在正式提到经典系统的时候,只承认《诗》、《书》、《礼》、《乐》、《春秋》五经的地位,这在不同的篇章中都有体现。如《劝学》云:

> 学恶乎始,恶乎终?曰:其数则始乎诵经,终乎读礼;其义则始乎为士,终乎为圣人。真积力久则入,学至乎没而后止也。故学数有终,若其义则不可须臾舍也。为之人也,舍之禽兽也。故《书》者,政事之纪也;《诗》者,中声之所止也;《礼》者,法之大分、类之纲纪也;故学至乎礼而后止矣。夫是之谓道德之极。《礼》之敬文也,《乐》之中和也,《诗》、《书》之博也,《春秋》之微也,在天地之间者毕矣。

《礼》、《乐》法而不说,《诗》、《书》故而不切,《春秋》约而不速。

又《儒效》云:

> 圣人也者,道之管也。天下之道管是矣,百王之道一是矣。故《诗》、《书》、《礼》、《乐》之归是矣。《诗》言是其志也,《书》言是其事也,《礼》言是其行也,《乐》言是其和也,《春秋》言是其微也。

荀子有时候会只提到《诗》、《书》、《礼》、《乐》,如《荣辱篇》"况夫先王之道,仁义之统,《诗》、《书》、《礼》、《乐》之分乎!"以及"夫《诗》、《书》、《礼》、《乐》之分,固非庸人之所知也。"这可能只是一种言说的方便,或者春秋以来的习惯使然,并不代表着《春秋》被排斥在经典系统之外。

但是《周易》在经典系统之外是确定的。荀子当然是知道《周易》的,现存《荀子》中有好几次引用或者讨论《周易》的例子。如《非相》篇:"故《易》曰:'括囊,无咎无誉',腐儒之谓也。"引用的是坤卦六四爻辞。《大略》云:"《易》曰:'复自道,何其咎?'《春秋》贤穆公,以为能变也。"所引乃是小畜卦初九爻辞。但其对爻辞的解释很显然不同于《易传》。《象传》解释"括囊,无咎无誉",以为是"慎不害也"。《文言传》说:"天地变化,草木蕃;天地闭,贤人隐。《易》曰:括囊,无咎无誉,盖言谨也。"都发挥并肯定其谨慎一面的意义,荀子却以为是腐儒的象征,对"括囊"的态度嗤之以鼻。但《大略篇》还有如下的一段文字:

> 《易》之咸,见夫妇。夫妇之道不可以不正也,君臣父子之本也。咸,感也,以高下下,以男下女,柔上而刚下。

学者早已经指出和《象传》对于咸卦的解释是一致的。《象传》云:

> 咸,感也。柔上而刚下,二气感应以相与。止而说,男下女,是以亨,利贞,取女吉也。

两相比较,荀子承自《易传》的可能性是非常大的。① 其实还应该提到的是《序卦传》,其论咸卦云:

> 有天地然后有万物,有万物然后有男女,有男女然后有夫妇,有夫妇然后有父子,有父子然后有君臣,有君臣然后有上下,有上下然后礼义有所错。

这正是荀子夫妇之道为"君臣父子之本"说的根据。但这些都只是零碎的,就整体上来说,荀子和《易传》之间的距离相当遥远,这或许是荀子没有把《周易》加入到经典系统的最主要原因。

战国时期对于《周易》的解释,以郭店竹简《语丛一》"《易》,所以会天道人道也"和《庄子·天下》"《易》以道阴阳"两个说法最为重要。前者恰当地指出了其主要处理的问题,后者则进一步明确了易道的核心

---

① 前辈学者对此多有讨论,如张岱年先生在《中国哲学史史料学》中就批评郭沫若的意见,认为《大略》篇的特点是抄录资料,纂辑成篇,因此应该是《大略》抄自《象传》。见《张岱年全集》,第四卷,石家庄:河北人民出版社,第291页。朱伯崑先生也有类似的看法,见《易学哲学史》第一卷,北京:昆仑出版社,2005年,第48—49页。

内容。以《易传》为例,主张天道的内容就是阴阳,人道在此基础之上得以建立。这里有三点是最重要的,第一、天道和人道是通贯的,三才之道之间有内在的一致性,所以才有《说卦传》"立天之道曰阴与阳,立地之道曰柔与刚,立人之道曰仁与义"之说。第二、此天道的内容,即是所谓的阴阳。道就是阴阳变易的法则,《系辞传》所谓"一阴一阳之谓道"是也。第三、就孟子和荀子都很重视的性和心的观念来说,性有时候还被提起,如《系辞传》:"继之者善也,成之者性也",以及《说卦》中"穷理尽性以至于命"之说。心在《易传》中基本上没有任何的地位。复卦《象传》有"复,其见天地之心乎"的说法,但此处的心很显然和人心无关。如果我们把这三点和孟子与荀子的主张进行一个比较,就会发现,在第一点上,荀子是无论如何不能接受的,他最强调的就是"天人之分",天道和人道在他的哲学中断为两截,落实到人的领域,就是性和伪的断然的分别。因此会通天道和人道的易学宗旨和荀子的精神是矛盾的,这也是荀子批评孟子的重要前提。在第二点和第三点上,孟子是无法表示赞同的。孟子把天道理解为"诚":"诚者,天之道;思诚者,人之道也。"(《孟子·离娄上》)并且提供了一个尽心、知性、知天的思路。实际上,孟子所谓的天道已经完全摆脱了外在的天象的影响,而落实到生命内部的性和心上的。但是《易传》不同,天对于性和心来说特别是对于心来说仍然是外在的对象。据此,则孟子和荀子把《周易》排斥在他们的经典系统之外,实在是因为当时关于《周易》的理解和他们的思想矛盾的缘故,而他们也并没有热衷于发展出一个适合各自思想体系的《周易》诠释。

二、近其人

同样是注重经典,但其对经典的态度以及阅读的方法仍然可能有显著的区别。孟子曾经提出"尚友古人"之说,主张读书要知人论世和以意逆志。《万章下》云:

> 颂其诗，读其书，不知其人，可乎！是以论其世也。是尚友也。

又《万章上》云：

> 说《诗》者，不以文害辞，不以辞害志，以意逆志，是为得之。

读书并不是孤立地对文字的阅读，对经典的学习要和其作者的生命联系起来，并还原到经典和作者所处的时代中去。如此才能体会作者之志，了解经典的意义。其实这是儒家阅读经典时所采取的普遍做法，如《系辞传》关于《周易》的解释，强调"《易》之兴也，其于中古乎！作《易》者，其有忧患乎！""《易》之兴也，其当殷之末世，周之盛德邪！当文王与纣之事邪！"就是力图把《周易》还原到文王和纣的时代，以及文王坎坷的人生际遇中去获得理解。在此基础上，荀子则进一步提出"近其人"和"好其人"的说法，《劝学篇》说：

> 学莫便乎近其人。《礼》、《乐》法而不说，《诗》、《书》故而不切，《春秋》约而不速。方其人之习君子之说，则尊以遍矣，周于世矣。故曰：学莫便乎近其人。

孤立地来看，那些经典都是灰色而没有生命力的。《礼》、《乐》不过是死的僵化的条文与法则，而不是活的道理的言说；《诗》、《书》是过去时代的产物，因此不会有切近的感觉；《春秋》也因为文字的过于简约，而失之于晦涩难明。单纯拘泥于经典的文字一定是不足取的，必须要近其人。这种对经典的态度颇有些反省的味道，荀子当然是看过《庄子》的，《解蔽篇》曾经批评过庄子的学说是"蔽于天而不知人"。他一定知道庄子学派对于儒家经典的嘲讽，《天运》篇曾经记载一个老子和孔子的寓言，作者借老子之口提出"夫六经，先王之陈迹也，岂其所以迹哉！今子之所言，犹迹也，夫迹，履之所出，而迹岂履哉"之说。《天道》篇亦有轮扁议论桓公读书的精妙之言：

> 桓公读书于堂上。轮扁斫轮于堂下，释椎凿而上，问桓公曰：

"敢问,公之所读者何言邪?"公曰:"圣人之言也。"曰:"圣人在乎?"公曰:"已死矣。"曰:"然则君之所读者,古人之糟粕已夫!"桓公曰:"寡人读书,轮人安得议乎!有说则可,无说则死。"轮扁曰:"臣也以臣之事观之。斫轮,徐则甘而不固,疾则苦而不入。不徐不疾,得之于手而应于心,口不能言,有数存焉于其间。臣不能以喻臣之子,臣之子亦不能受之于臣,是以行年七十而老斫轮。古之人与其不可传也死矣,然则君之所读者,古人之糟粕已夫!"

在这段让轮扁免于桓公惩罚的话中,无论是迹与履的比喻,还是糟粕和不可传也之说,庄子学派都表现出一副对经典的不屑态度。这当然是针对儒家的。在《庄子》看来,经典只是某些表面东西的记录,真正的精华和圣人一起已经永远消失了。就这样,《庄子》成功地把圣人之言和圣人分裂开来。必须承认,这个区别是有其合理性的。这种合理性的最大根据就是文字和意义之间的距离。对于《庄子》来说,"道不可言,言而非也。知形形之不形乎,道不当名"(《知北游》),已经决定了文字永远不能呈现意义。这对于重视经典的儒家来说当然是无法接受的。儒家一方面需要捍卫经典的地位,另一方面也要回应来自庄子学派的挑战。于是,强调经典和圣人之间的联系就成为一个不错的选择。

"近其人"的说法很显然是着眼于经典和人之间的关系。读书并不仅仅是面对文字,更是面对着人。近其人的"人",杨倞注"谓贤师也",郭嵩焘注"近其人"为"得其人而师之",考之于荀子的主张,他们的说法当然是有根据的。荀子极重师法,《修身篇》云:

> 礼者,所以正身也;师者,所以正礼也。无礼何以正身,无师吾安知礼之为是也。礼然而然,则是情安礼也;师云而云,则是知若师也。情安礼、知若师,则是圣人也。故非礼,是无法也;非师,是无师也。不是师法,而好自用,譬之是犹以盲辨色,以聋辨声也。舍乱妄无为也。故学也者,礼法也。夫师以身为正仪,而贵自安者也。

《儒效》也说：

> 人无师法，则隆性矣；有师法，则隆积矣。而师法者，所得乎情，非所受乎性。不足以独立而治。性也者，吾所不能为也，然而可化也；情也者，非吾所有也，然而可为也。

但我们对于师却不能狭义地去理解，师不必就是当下的老师。比较而言，荀子更强调的是以圣王为师。如《解蔽篇》所说：

> 故学也者，固学止之也。恶乎止之？曰：止诸至足。曷谓至足？曰：圣也。圣也者，尽伦者也；王也者，尽制者也。两尽者，足以为天下极矣。故学者以圣王为师，案以圣王之制为法，法其法以求其统类，以务象效其人。

这里讲的相当明白，师法分别指的是圣王和圣王之制。"以务象效其人"，也就是《劝学》中说的"方其人之习君子之说"。学者真正的老师只能是圣王，当下之师不过是通向圣王和圣王之制的媒介。《中庸》里说"仲尼祖述尧舜，宪章文武"，就是以圣王为师之义。经典的真正意义在于它们是圣王之道的体现，而这种道又呈现在圣人的生命之中，随时而变化。因此，传承着道的经典只有通过圣王的生命才能获得真正的了解。《儒效篇》说："圣人也者，道之管也。圣人之道管是也。"圣人才是道的枢纽，圣人之道就体现在圣人的生命和生活之中。因此，必须通过文字并穿透文字，把经典还原为圣王的心灵，把固定的制度还原为道，把僵化的东西还原为灵动的东西。由此，荀子特别注重从人格生命的角度来描述所谓儒者或者君子的形象，这在此前的儒家文献中是少有的。《儒效篇》的意义也许就在于此，该篇开始就以周公为例来呈现大儒的形象：①

---

① 周公在儒学中的地位奠定于孔子，孔子盛赞"周公之才之美"（《论语·泰伯》），又以不梦周公为凶兆："甚矣吾衰也！久矣吾不复梦见周公！"（《论语·述而》）加之"吾从周"（《论语·八佾》）的宣言，使后世常常以"周孔"并称。在这个"周孔"并称的过程中，荀子发挥了重要的作用。

> 大儒之效：武王崩，成王幼，周公屏成王而及武王以属天下，恶天下之倍周也。履天子之籍，听天下之断，偃然如固有之，而天下不称贪焉。杀管叔，虚殷国，而天下不称戾焉。兼制天下，立七十一国，姬姓独居五十三人，而天下不称偏焉。教诲开导成王，使谕于道，而能掩迹于文武。周公归周，反籍于成王，而天下不辍事周；然而周公北面而朝之。天子也者，不可以少当也，不可以假摄为也；能则天下归之，不能则天下去之。是以周公屏成王而及武王以属天下，恶天下之离周也。

这种大儒的形象不是可以用僵化的礼来规范的。如果以一般的"君君臣臣"之礼来衡量的话，"周公屏成王而及武王以属天下"也许是篡是越，是小儒俗儒等无法想象的做法。但正是这种行为保证了周的天下能够延续下来，衡之于当时的实际情况，这实在是最合理的选择。更重要的，周公并非有篡位的想法，原其心乃是"恶天下之倍周也"，这从后来归政于成王看的非常明显。所以《儒效篇》继续说：

> 成王冠成人，周公归周反籍焉，明不灭主之义也。周公无天下矣；乡有天下，今无天下，非擅也；成王乡无天下，今有天下，非夺也；变埶次序节然也。故以枝代主而非越也，以弟诛兄而非暴也，君臣易位而非不顺也。因天下之和，遂文武之业，明枝主之义，抑亦变化矣，天下厌然犹一也。非圣人莫之能为，夫是之谓大儒之效。

在屏与反之间，天下得以和，文武之业得以成，而枝主之义得以明。周公以自己活生生的经历向后人展示着礼的真谛。在看似错乱的表象背后，其实"次序节然"。这就是"变化"的能力，只有圣人和大儒才具有的能力，该篇继续说：

> 彼大儒者，虽隐于穷阎漏屋，无置锥之地，而王公不能与之争名；用百里之地，而千里之国莫能与之争胜；笞棰暴国，齐一天下，

> 而莫能倾也；是大儒之征也。其言有类，其行有礼，其举事无悔，其持险应变曲当；与时迁徙，与世偃仰，千举万变，其道一也；是大儒之稽也。

这是大儒的形象，也是"近其人"的"人"的形象。"与时迁徙，与世偃仰；千变万变，其道一也"，真正的圣王不是守一不变者，而是持道应变者。这种形象无法单纯地从文字里学到，它是面对圣王生命时的理解与感悟。也许如《儒效》中记载的："客有道曰：孔子曰：周公其盛乎！身贵而愈恭，家富而愈俭，胜敌而愈戒。"这种普遍而抽象的道德教诲并非是错误的，相反，这应该是某些人必须的品质。但并不适合"持险应变"的情况，于是遭到了荀子断然的反驳：

> 是殆非周公之行，非孔子之言也。武王崩，成王幼，周公屏成王而及武王。履天子之籍，负扆而立，诸侯趋走堂下。当是时也，夫又谁为恭矣哉！兼制天下，立七十一国，姬姓独居五十三人焉，周之子孙，苟不狂惑者，莫不为天下之显诸侯。孰谓周公俭哉！

"近其人"的意义在这里才真正地呈现了出来。从人出发，而不是从文字或者抽象的道理出发，才可以对经典有切近而深刻的理解。作为道的载体，经典需要和圣人的生命交融才能显示出其真正的意义和价值。经典是人所创造的，是人的经典，本着此种理解，在"近其人"的基础之上，荀子又提出"好其人"的说法：

> 学之经莫速乎好其人，隆礼次之。上不能好其人，下不能隆礼，安特将学杂识志顺《诗》、《书》而已耳！则末世穷年，不免为陋儒而已。

如果说"近其人"还只是表达一种对经典和人之间关系的肯定，"好其人"则更进一步说出了学者对于圣人应该有的一种态度。孔子曾经有"君子有三畏"的提法，内中包含着"畏圣人之言"（《论语·季氏》）。对于圣人之言需要的是敬畏，但对于圣人本身则需要"好"的态度，需要如孟子所说的"中心悦而诚服"的状态,如七十子之服孔子,亦如孔子对于尧舜文武周公之态度。从根本上来说,这种"好"既拉近了圣人和作为读者的"我"的距离,同时又给对圣人之道的效法提供了情感的基础。① 在这个基础之上,"法先王"或者"法后王"的提出就是很自然之事。② 无论学术界在这个问题上有多大的争论,都不影响这样的一个事实,即对先王或者后王的效法其实是"近其人"或者"好其人"态度的具体落实。后来者首先面对的是"王",是某些生命,然后才是体现在先王或后王世界里的"道"。在人与道的关系之中,人始终是绝对的主角,如孔子所说:"人能弘道,非道弘人。"(《论语·卫灵公》)在这个基础之上,由人而道,隆礼的主题才会顺利成章地被提了出来。这既是荀子整体思想的内在逻辑,也是其经典解释的逻辑。

三、隆礼

按照一般的理解,六经中的每一部经典都有其特殊的内容和作用,这也就构成其特殊的解释方向。如前引郭店竹简《语丛一》的文字,或者《庄子·天下》篇所记载的"《诗》以道志,《书》以道事,《礼》以道行,《乐》以道和,《易》以道阴阳,《春秋》以道名分"等。荀子的问题是,在这些不同的内容和作用背后,有没有一个一以贯之的东西?答案当然是肯定的。这个一贯的东西不是别的,就是体现在圣人生命之中的圣人之道。前引《儒效篇》所说:"圣人也者,道之管也。圣人之道,管是矣;百王之道,一是矣。故《诗》、《书》、《礼》、《乐》之归是矣。"明确地指出圣王之道乃是《诗》、《书》、《礼》、《乐》之所归,《荣辱篇》也几次提

---

① "近其人"或者"好其人"的诠释态度,可以让我们想到陈寅恪先生比较早提到的"了解之同情"或者"同情的了解"的方法。二者的共同之处在于:它们并不把处理的对象看作完全外在的东西,或者与己无关之物,而是承认阅读者或者研究者与对象之间能够取得某种精神或者心灵的默契。陈说见《冯友兰中国哲学史》上册审查报告,《陈寅恪史学论文选集》,上海:上海古籍出版社,1992年。

② 荀子以"法后王"著称,同时也在某些情形下主张"法先王",这种看似矛盾的说法引起了学术界的争论。在我看来,后王不过是先王中的后王。从广义上说,后王也属于先王,是先王中时间较晚近者。

到了"先王之道,仁义之统,《诗》、《书》、《礼》、《乐》之分",这是大本大根的问题。经典的精神只有在此基础之上才能获得理解。只见其分不见其合,或者只见其文不见其道都是不够的。什么是圣王之道呢?《儒效篇》说:

> 先王之道,仁之隆也,比中而行之。曷谓中?曰:礼义是也。道者,非天之道,非地之道,人之所以道也,君子之所道也。①

道就是"中",就是礼义。这个想法,荀子在很多篇章中都讨论到。《劝学篇》说:"礼者,法之大分,类之纲纪也。故学至乎礼而止矣。夫是之谓道德之极。"《礼论篇》说:"礼者,人道之极也。"因此,说的更明白一些,经典之归就是礼或者礼义。在此基础上,荀子提出了阅读经典时隆礼的重要性,《劝学篇》说:

> 学之经莫速乎好其人,隆礼次之。上不能好其人,下不能隆礼,安特将学杂识志顺《诗》、《书》而已耳!则末世穷年,不免为陋儒而已。将原先王,本仁义,则礼正其经纬蹊径也。……不道礼宪,以《诗》、《书》为之,譬之犹以指测河也,以戈舂黍也,以锥飡壶也,不可以得之矣。故隆礼,虽未明,法士也;不隆礼,虽察辩,散儒也。

学之经的"经"是"要"的意思,"好其人"最要紧,前文已有讨论。次要紧的就是"隆礼",这是经典的根本主旨。如果不能把握此点,那么终日颂《诗》读《书》也是无用的。荀子很明显地不满于儒家内部的经典阅读传统,这种传统既不能"近其人"和"好其人",又不能"隆礼",只能是"学杂识志"、顺《诗》、《书》的陋儒。这里需要对"学杂识志"做一些说明,自从王引之提出:"此文本作'安特将学杂志、顺诗书而已耳!'

---

① 我们仍然可以把这里的说法和《易传》进行一个比较,在那里,天道、地道和人道是一贯的,但是对于荀子来说,他们是割裂的。郭店竹简《性自命出》"所为道者四,惟人道为可道也"的说法,在字面上与荀子有接近之处。

志,即古识字也。今本并出识、志二字者,校书者旁记识字,而写者因误入正文耳!'学杂志''顺诗书'皆三字为句,多一识字则重复而累于词矣。"(王先谦:《荀子集解·劝学》)学者多从之。王说看起来当然很有道理,却未必确当。实际上,"学杂""识志"当分读,乃是一事的两方面。"学杂"是说不知统类,即是后面的"不道礼宪",荀子《非十二子》中批评子思和孟子说:

> 略法先王而不知其统,犹然而材剧志大,闻见杂博。案往旧造说,谓之五行。甚僻违而无类,幽隐而无说,闭约而无解。案饰其辞而祗敬之曰:此真先君子之言也……是则子思孟轲之罪也。

这个批评的中心意思就是"学杂"而不知其统,在荀子这里,统就是所谓的礼。这当然不是说思孟不讲这个"礼"字,而是说他们不了解"礼"是道德和人道之极,没有把它置于最重要的地位。一般认为属于子思学派的《五行》篇以"仁义礼知圣"为五行,仁圣是五行之始终,内中经常讨论到仁义和圣知的关系,礼却显得无关紧要。该篇一则言"圣知,礼乐之所由生也",再则言"仁义,礼所由生也"。把仁义、圣知看作是礼的基础,很显然与荀子的理解是不同的。至于"识志",更是现成的说法,而且是接着"学杂"来的。正因为不懂得礼的地位,因此才片面地强调"志"。这个"志",首先与所谓的《诗》言志"有关。荀子虽然也说"《诗》言是其志也",但这个"志"不是独立的,而是志于礼的志。但思孟的解释《诗》,却由"《诗》言志"而发展出一套心性之学来,这在子思的《五行》和《孟子》中看得非常明显。《五行》篇:"五行皆形于内而时行之,谓之君子。士有志于君子道,谓之志士。善弗为无近,德弗志不成,知弗思不得。"对于"志"的作用给予了极大的肯定,由此发展出以"思"为主的内向工夫,并把道德秩序建立在心性的基础之上。对此种"识志",与"学杂"一样,荀子当然是不能接受的。在荀子看来,这都是"略法先王而不知其统"的表现。

因此重要的不在于是否阅读经典,而在于以什么样的态度阅读经典。必须以"礼宪"为中心，本着隆礼的态度，才算是了解了读书之要。在《儒效篇》中，荀子明确地把是否"隆礼义而杀《诗》、《书》"看作是俗儒和雅儒区别的一个重要标准：

> 略法先王而足乱世，术缪学杂，不知法后王而一制度，不知隆礼义而杀《诗》、《书》，其衣冠行伪已同于世俗矣，其言议谈说已无以异于墨子矣，然而明不能别，呼先王以欺愚者而求衣食焉……是俗儒者也；法后王，一制度，隆礼义而杀《诗》、《书》，其言行已有大法矣，然而明不能齐法教之所不及闻见之所未至，则知不能类也。知之曰知之，不知曰不知，内不自以诬，外不自以欺，以是尊贤畏法而不敢怠傲，是雅儒者也。

雅儒虽然和大儒还有一定的距离，但与俗儒却是不可同日而语。若把这里对俗儒的评价与《非十二子篇》对思孟的批评对观，会发现二者基本上是一致的。思孟就是荀子心目中的俗儒，"略法先王而足乱世，术缪学杂，不知法后王而一制度"即是"略法先王而不知其统……闻见杂博"。体现在对经典的态度上，就是"不知隆礼义而杀《诗》、《书》"。"杀"是降、减，与"隆"刚好相反。我们试比较一下前文提到的"顺《诗》、《书》"和这里的"杀《诗》、《书》"，其间的不同是非常清楚的。前者是被《诗》、《书》所左右，后者则要确立阅读者的主体性。其实这不是读者的主体性，这是道的主体性，是礼义的主体性。"隆礼义而杀《诗》、《书》"是说，《诗》、《书》等经典仅仅是道的载体而不是主体，真正的主体只是道，是礼义。思孟似乎走了相反的路，他们虽然也是很重视《诗》、《书》的，但从《诗》、《书》中引出的并不是礼，只是"形于内""性善"之类的主张。以荀子的立场，这显然是不知统类的表现。

这样我们就可以了解《大略篇》所说"善为《诗》者不说"的真正意义。孟子曾经说过："说《诗》者，不以文害辞，不以辞害意。以意逆志，是为得之。"说《诗》者局限于诗篇的具体文辞意志之中，容易遗忘《诗》的大体。譬如孟子说《诗》的《凯风》和《小弁》，《孟子·告子下》云：

> 公孙丑问曰:"高子曰:'《小弁》,小人之诗也。'"孟子曰:"何以言之?"曰:"怨。"曰:"固哉,高叟之为诗也!有人于此,越人关弓而射之,则己谈笑而道之;无他,疏之也。其兄关弓而射之,则己垂涕泣而道之;无他,戚之也。《小弁》之怨,亲亲也。亲亲,仁也。固矣夫,高叟之为《诗》也!"曰:"《凯风》何以不怨?"曰:"《凯风》,亲之过小者也。《小弁》,亲之过大者也。亲之过大而不怨,是愈疏也。亲之过小而怨,是不可矶也。愈疏,不孝也。不可矶,亦不孝也。孔子曰:'舜其至孝矣!五十而慕。'"

这就是"说《诗》",对《诗》义辨析的相当细致。同样是亲之过,在什么样的情况之下应该怨,什么样的情况之下又不该。此种仔细的品味注重琢磨诗人的内心世界,对于强调"以意逆志"的孟子而言是正当的。但在荀子看来,也许就是"学杂识志"的证明。和孟子一样,荀子也很喜欢引用和解释《诗》。根据学者的统计,《荀子》中共引《诗》八十三次,在诸子中是最多的。但他对的《诗》态度以及从中引申出来的意义和孟子却有很大的区别。这种区别的核心就在于荀子始终把《诗》置于礼的标准之下进行讨论。先来看一个《解蔽篇》提到的例子:

> 《诗》云:"采采卷耳,不盈顷筐,嗟我怀人,寘彼周行。"顷筐易满也,卷耳易得也,然而不可以贰周行。故曰:心枝则无知,倾则不精,贰则疑惑。

所引《诗》出自《周南·卷耳》,对此《诗》的解释,《毛诗》认为是"后妃之志也。又当辅佐君子求贤审官,知臣下之勤劳,内有进贤之志,而无险诐私谒之心……壹于道而赞稽之,万物可兼知也"。《诗三家义集疏》记鲁说云:"思古君子官贤人,置之列位也。"多是从"美其情"(《性自命出》)的角度出发,肯定其心志。但荀子明显是走了另外的路。他批评诗中的人三心二意,因此不能专心致志,偏离了正道("周行")。这种评价的不同很显然是基于不同的宗旨,《毛诗》等是主情,荀子则是主礼。荀子在这个解释中明显要求着以道来统率心志,这该就是所谓

"隆礼义而杀《诗》、《书》"的一个明显例证。

荀子对《诗》的解读，确实是以礼义作为根本的标准。这从他对《风》、《雅》、《颂》等几个部分的评价中看的非常清楚。《儒效篇》说：

> 圣人也者，道之管也。天下之道管是矣，百王之道一是矣。故《诗》、《书》、《礼》、《乐》之归是矣……故《风》之所以为不逐者，取是以节之也。《小雅》之所以为小雅者，取是而文之也。《大雅》之所以为大雅者，取是而光之也。《颂》之所以为至者，取是而通之也。天下之道毕是矣。乡是者臧，倍是者亡。

在荀子看来，《风》之所以好色而不淫，即这里的"不逐"，是有取于道而加以节制的结果。所以《风》体现的是道之节。以下依次地，《小雅》是道之文，《大雅》是道之光，《颂》是道之通。如我们知道的，荀子所谓的道，其内容就是礼或者礼义。廖名春认为"荀子对《风》、《小雅》、《大雅》、《颂》价值的肯定，完全是以礼为标准的"[①]一说是成立的。并且也是依着礼的标准，对其价值的高下进行了论述。可以对比的是上海博物馆藏楚竹书的《孔子诗论》以及《左传·襄公二十九年》的有关记载。先来看《孔子诗论》的说法：

> 《讼》，平德也，多言后；其乐安而犀，其歌绅而逖，其思深而远，至矣。《大雅》，盛德也，多言……也。多言难而怨怼者也，衰矣少矣。《邦风》其纳物也博，观人欲焉，大敛材焉。其言文，其声善。[②]

这里的关键词是"德"，《颂》是平德，《大雅》是盛德等，同时被关注的是与"思"相关的一些和心有关的字眼。《孔子诗论》以此为标准来衡量《诗》的各个部分的高下，与《左传·襄公二十九年》的记载有一致之处：

---

① 廖名春：《中国学术史新证》，成都：四川大学出版社，2005年，第512页。
② 《孔子诗论》释文参见马承源主编：《上海博物馆藏战国楚竹书》（一），上海：上海古籍出版社，2001年；李零：《上博楚简三篇校读记》，北京：中国人民大学出版社，2007年。

吴公子季札来聘，……请观于周乐。使工为之歌《周南》、《召南》，曰："美哉！始基之矣，犹未也，然勤而不怨矣。"为之歌《邶》、《鄘》、《卫》，曰："美哉！渊乎，忧而不困者也。吾闻卫康叔、武公之德如是，是其《卫风》乎？"为之歌《王》，曰："美哉！思而不惧，其周之东乎？"为之歌《郑》，曰："美哉！其细已甚，民弗堪也。是其先亡乎？"为之歌《齐》，曰："美哉！泱泱乎，大风也哉。表东海者，其大公乎？国未可量也。"为之歌《豳》，曰："美哉！荡乎，乐而不淫，其周公之东乎？"为之歌《秦》，曰："此之谓夏声，夫能夏则大，大之至也，其周之旧乎？"为之歌《魏》，曰："美哉！沨沨乎，大而婉，险而易行，以德辅此，则明主也。"为之歌《唐》，曰："思深哉，其有陶唐氏之遗民乎？不然，何忧之远也？非令德之后，谁能若是？"为之歌《陈》，曰："国无主，其能久乎？"自《郐》以下，无讥焉。为之歌《小雅》，曰："美哉！思而不贰，怨而不言，其周德之衰乎？犹有先王之遗民焉。"为之歌《大雅》，曰："广哉，熙熙乎，曲而有直体，其文王之德乎？"为之歌《颂》，曰："至矣哉！直而不倨，曲而不屈，迩而不偪，远而不携，迁而不淫，复而不厌，哀而不愁，乐而不荒，用而不匮，广而不宣，施而不费，取而不贪，处而不底，行而不流。五声和，八风平，节有度，守有序，盛德之所同也。"

可以看出，季札论乐的核心乃是"德"的观念，如《小雅》体现了周德之衰，《大雅》表现了文王之德，《颂》则是盛德之所同的气象等；同时辅之以"思"的心理状态，如《王风》是思而不惧，《唐风》是思深，《小雅》是思而不贰。这与《孔子诗论》有类似之处，但和荀子有着明显的区别。就《诗》学来说，先秦时期明显存在着至少两种不同的倾向。子思、孟子偏重在《诗经》解释基础之上的心性之学的阐发，《孔子诗论》近之；荀子则是注重礼义的弘扬。概括地说，孟子是以心性说《诗》，荀子则是以礼统《诗》。

四、数与义

从某个意义上来说,经典解释的过程实际上是经典话语权易手的过程。这些经典原本是由旧时代的知识权威——巫或者史所代表的王官——来控制的,他们当然有自己的经典意义系统,如《诗》之于宴享祭祀,或者《易》之于幽赞占筮等。到了战国时代,随着新的知识权威尤其是儒者对于经典的浓厚兴趣,以及一个新的解释传统的形成,他们迫切需要把自己与此前的巫史区别开来。以今天的视野来看,这显然是两个时代的区分,也是两个经典意义系统的区分。身临其境的儒者很清楚这一点,他们采取了一个说法来表现。这个说法就是把此前巫史的知识归结为"数",而把自己的理解称之为"义"。这样,经典旧义和新义的区别,就一变而为数和义的不同。这个说法并不是荀子的独创,但很显然的,他接受了这一说法,并把它应用到对经典的理解活动之中。

在讨论荀子之前,我们也许可以提到马王堆帛书的《要》篇。这个解释《周易》的文献特别突出地分别儒者和巫史等看待同一部经典的不同态度:

> 易,我后其祝卜矣,我观其德义耳也。幽赞而达乎数,明数而达乎德,又仁□者而义行之耳。赞而不达乎数,则其为之巫。数而不达于德,则其为之史。史巫之筮,向之而未也,好之而非也。后世之士疑丘者,或以易乎?吾求其德而已,吾与史巫同涂而殊归者也。君子德行焉求福,故祭祀而寡也;仁义焉求吉,故卜筮而希也。祝巫卜筮其后乎?

巫史和儒者同样面对着《周易》,其间的差异何在?最简单地说,这个差异就是数和义的不同。史是"数而不达于德",以孔子为代表的儒则是"观其德义",于是造成了两者的"同涂而殊归"。在这个对立模式中,作为言说主体的儒者很显然把巫史矮化了。"数"可以让我们想起

"数术"类的古代的技术,或者一些有形可见的形名度数,作为占筮著作的《周易》也确实和"数"有着内在的关联,[①]但这应该和此处的"数"无关。在和"义"相对的语境中,"数"表达了一种去意义化的态度。在这个态度之下,巫史们所掌握的旧的经典仅仅具有了材料的价值,可以被"任意的"处置。我们当然知道这是一种扭曲,巫史的经典并不是一个无意义的世界,只不过那个意义现在变成要放弃和突破的东西,所以也就变得可有可无了。

荀子显然接受了"数"与"义"的区分模式,我们甚至可以感受到他对这个区分的喜欢。《荀子·荣辱篇》称:

> 循法则、度量、刑辟、图籍,不知其义,谨守其数,慎不敢损益也,父子相传,以持王公……是官人百吏之所以取禄秩也。

"官人百吏"就是所谓的王官,其身份恰如《要》篇提到的巫史,荀子说他们是"不知其义,谨守其数,慎不敢损益",不过把书籍作为取禄秩的工具。拿这话去找巫史们对证,他们肯定是不能服气。很显然,巫史有巫史的意义世界,有他们解释经典的目的。但是,在新的诠释者面前,那些意义已经被"数"化,即被材料化和知识化了。《君道篇》继续说:

> 法者治之端也,君子者治之原也。……不知法之义,而正法之数者,虽博,临事必乱。……故械数者,治之流也,非治之源也。君子者治之源也。官人守数,君子养原。

君子和官人的区分,不过是《要》篇儒者和巫史区分的另外一个说法。官人所了解的,不过就是"法之数"。至于最重要的"法之义",那是一个仅仅属于君子的世界。《王霸篇》还有类似的说法:

> 若夫贯日而治平,权物而称用,使衣服有制,宫室有度,人徒有数,丧祭械用皆有等宜,以是用挟于万物,尺寸寻丈莫得不循乎

[①] 《左传·僖公十五年》记韩简云:"龟,象也;筮,数也。"其中龟指龟卜,筮指占筮。龟卜的基础在于象(即兆);占筮的基础在于数,因为象由数来确定。

制度数量然后行,则是官人使吏之事也。不足数于大君子之前。

君子的前面直接加上了一个"大"字,突出地显示着君子在官人面前的傲慢。这是"义"对于"数"的傲慢,或者新义对于旧义的傲慢。当然更全面地看,荀子并非完全地否认"数"的作用,它毕竟是引导我们进入"义"的必由之路。以荀子的理解,经典的阅读有数和义两个方面,如《劝学篇》所说:"其数则始乎诵经,终乎读礼。其义则始于为士,终于为圣人。"这两个方面当然不是割裂的,读书的过程就是一个由数而及义的过程,数有终而义无穷。"故学数有终,若其义则不可须臾舍也。"经典是有限的,很容易可以阅读完,但经典的意义却是无限的,任何时候都不能放弃。数的必要性仅仅在于它是通向义的阶梯,阅读的目的永远是"义"而不是"数"。

荀子的经典之学,一方面是先秦儒家经学的一部分,另一方面也在儒学内部开辟了一个新的境界。就其在历史上的地位来说,由于时间上处于战国到秦汉的转折之际,以及荀子尊经劝学的思想特点,使他直接地成为汉代儒家经学的主要来源。我想引用汪中在《荀卿子通论》中的一大段文字来结束此节,以见荀子在汉代经学成立过程中不可或缺的贡献:

> 荀卿之学,出于孔氏,而尤有功于诸经。《经典叙录毛诗》:"徐整云:'子夏授高行子,高行子授薛仓子,薛仓子授帛妙子,帛妙子河间人大毛公,毛公为《诗故训》传于家,以授赵人小毛公。'一云:'子夏传曾申,申传魏人李克,克传鲁人孟仲子,孟仲子传根牟子,根牟子传赵人孙卿子,孙卿子传鲁人大毛公。'"由是言之,《毛诗》,荀卿子之传也。《汉书·楚元王交传》:"少时尝与鲁穆生、白生、申公同受《诗》于浮丘伯。伯者,孙卿门人也。"《盐铁论》云:"包丘子与李斯俱事荀卿。"刘向叙云:"浮丘伯受业为名儒。"《汉书·儒林传》:"申公,鲁人也,少与楚元王交俱事齐人浮丘伯,受

《诗》。"又云:"申公卒以《诗》、《春秋》授,而瑕丘江公尽能传之。"由是言之,《鲁诗》,荀卿子之传也。《韩诗》之存者,《外传》而已,其引《荀卿子》以说《诗》者四十有四。由是言之,《韩诗》,荀卿子之别子也。《经典叙录》云:"左丘明作《传》以授曾申,申传卫人吴起,起传其子期,期传楚人铎椒,椒传赵人虞卿,卿传同郡荀卿,名况,况传武威张苍,苍传洛阳贾谊。"由是言之,《左氏春秋》,荀卿之传也。《儒林传》云:"瑕丘江公受《谷梁春秋》及《诗》于鲁申公,传子,至孙为博士。"由是言之,《谷梁春秋》,荀卿子之传也。荀卿所学,本长于《礼》。《儒林传》云:"东海兰陵孟卿善为《礼》、《春秋》,授后苍、疏广。"刘向叙云:"兰陵多善为学,盖以荀卿也。长老至今称之曰:'兰陵人喜字为卿,盖以法荀卿。'"又二《戴礼》并传自孟卿,《大戴礼·曾子立事》篇载《修身》、《大略》二篇文,《小戴·乐记》、《三年问》、《乡饮酒义》篇载《礼论》、《乐论》篇文。由是言之,曲台之《礼》,荀卿之支与余裔也。盖自七十子之徒既殁,汉诸儒未兴,中更战国、暴秦之乱,六艺之传赖以不绝者,荀卿也。周公作之,孔子述之,荀卿子传之,其揆一也。……刘向又称荀卿善为《易》,其义亦见《非相》、《大略》二篇。盖荀卿于诸经无不通,而古籍阙亡,其授受不可尽知矣。[①]

[①] 《荀卿子通论》出自汪中《述学》补遗,此处转引自王先谦《荀子集解》。